W9-BIL-404

Yves Courrière est né en 1935 à Paris. Ecrivain, journaliste, il a « couvert » pendant des années tous les points chauds du monde, depuis 1957. Pour son reportage Cent Millions de sous-hommes, *il a obtenu en 1966 le Prix Albert-Londres, dont il deviendra juré, administrateur, et vice-président (1984).*
En 1967, il entreprend la rédaction, de La Guerre d'Algérie *qui reçoit du public et de la critique un accueil enthousiaste (un million d'exemplaires vendus) :* Les Fils de la Toussaint, Le Temps des Léopards *(couronné par l'Académie française),* L'Heure des Colonels, Les Feux du désespoir.
Grand reporter, réalisateur et scénariste, il est aussi romancier : Le Roman des Hauts de Saint-Jean, Les Excès de la passion, Les Aubarède, La Toque dans les étoiles, *et la biographie de son ami Joseph Kessel :* Sur la piste du lion.

LA GUERRE D'ALGÉRIE — I

YVES COURRIÈRE

Les Fils de la Toussaint

Préface de
Joseph Kessel
de l'Académie française

Collection
marabout université

à Estelle.

« *Saint Augustin, ce bougnoul...* »

FRANÇOIS MAURIAC.

« ... La France qui dit si bien les routes droites
Et emprunte si souvent les chemins tortueux... »

LÉOPOLD SEDAR SENGHOR.

Préface

Même aujourd'hui, malgré les instruments que l'homme s'est donnés pour répandre et recevoir les échos du monde entier, et qui eussent paru miraculeux il y a quelques années encore, l'histoire de leur temps, ceux qui la vivent est celle qu'ils connaissent le moins.

L'instinct national, la passion politique, les combinaisons d'intérêt, les haines personnelles, déforment et colorent à leur guise le récit. Et, pour le fait lui-même, rapporté nu et brut, il n'est que le reflet ou bien la somme de forces d'une importance capitale qui restent immergées dans l'ombre.

Et puis, de jour en jour, sur les colonnes de la presse, les ondes de la radio, les écrans de la télévision, une nouvelle chasse l'autre, une crise remplace la précédente. Et le contemporain quand il lit, écoute, regarde l'événement où son sort peut être engagé, n'en perçoit que l'anecdote et la trame superficielle. Il ne pénètre jamais dans le ténébreux et sanglant tréfonds qui l'a nourri, enfanté.

Il faut, pour vraiment savoir, que s'éteignent peu à peu les flammes d'où jaillissaient les marionnettes en feu et que, dans les décombres et les cendres du passé, les chercheurs commencent leurs fouilles.

C'est ce que montre, une fois de plus, ce livre et de la façon la plus étonnante.

Le jour où a éclaté la révolte algérienne fut, dans le siècle, l'un des plus graves, les plus décisifs pour le destin français. Les attentats sans nombre, les combats sans fin, les tortures et les destructions affreuses, les rébellions civiles et militaires, les tentatives de coup d'Etat, le changement de régime, l'exode d'une population entière, la sécession d'un vaste territoire dont on apprenait depuis cent ans à l'école qu'il était sol de France, tout cela était inscrit dans le soulèvement du 1er novembre 1954.

La date est restée dans les mémoires parce qu'elle était celle de la Toussaint. Mais quoi de plus?

Que sait-on du cheminement qui mena à l'heure fatidique ? Des conditions matérielles, sociales, morales où l'action a germé ? Des gens enfin par qui elle fut méditée, préparée, accomplie ? Rien, avouons-le. Ou si peu que c'est tout comme.

Or, dans ce premier livre d'Yves Courrière, se dévoile enfin la démarche de la tragédie. Et cette révélation inspire un tel étonnement, une telle stupeur que, d'abord, le lecteur hésite à y ajouter foi. Mais les faits sont là, et les chiffres, et les dates, et les documents, et les témoignages. Et surtout une résonance indéfinissable qui est celle de l'authentique. Alors, il faut bien accepter, croire l'incroyable.

Le mouvement qui a jeté l'Algérie dans une guerre de huit années et lui a donné l'indépendance a été l'œuvre de six hommes — oui, six en tout — dépourvus de troupes, d'armes, d'argent, d'appui extérieur et même du soutien populaire. Quand on découvre la pénurie, la misère des moyens et que l'on pense à l'objet immense de l'entreprise, sa démesure paraît véritablement insensée, démentielle.

Les six pourtant n'étaient pas des fous.

Simplement, il leur était devenu impossible de supporter davantage l'inégalité, l'indignité auxquelles, sur sa propre terre, on obligeait leur peuple. Et ils voyaient que le M.T.L.D., seul parti révolutionnaire algérien, était voué à l'inaction par des querelles de tendances et le despotisme jaloux de son vieux chef, Messali Hadj.

Ils nétaient ni fous, ni même inconscients.

Ils savaient qu'ils auraient à se battre contre la police et l'armée françaises et contre un million d'Européens résolus à ne rien céder de leur pouvoir, leurs richesses, leurs prérogatives et qu'appuyaient toutes les ressources de la métropole. Ils savaient que pour affronter ces forces écrasantes leurs effectifs se réduisaient, dans les villes, à une poignée de fidèles et, ailleurs, à des groupes de partisans et des bandes perdues dans le bled ou la montagne. Ils savaient que leur armement était dérisoire : quelques fusils désuets, quelques vieux revolvers, des bombes d'amateurs.

Mais ils sentaient que, malgré et contre tout, l'insurrection était chose nécessaire et sacrée. Il fallait que jaillissent les étincelles de l'explosion. L'incendie une fois allumé trouverait ensuite, pen-

saient-ils de quoi nourrir, enfler sa flamme et ne s'éteindrait plus. A condition de mettre le feu partout, d'un bord à l'autre de l'Algérie, et le même jour.

Le 1er novembre 1954 il en fut ainsi.

Ce défi à la raison, Yves Courrière en met à nu les causes et les origines, en établit la toile de fond, en suit les étapes, les arcanes et les personnages essentiels et leurs seconds. Cela dans les deux camps. Chez les Français aussi bien que chez les rebelles. Bref, il fait comprendre à merveille pourquoi et comment est née, a grandi, s'est organisée la révolte de l'indignation, du désespoir et de la foi et a fini par réussir.

Mieux encore, il la fait vivre.

Ici, le grand reporter qu'a été longtemps Courrière vient épauler l'historien dans son premier essai. Le récit va tout droit. Prompt, net et fort. Les lieux s'animent. Les gens prennent visage, chair et souffle. On les voit, on les sent, on les connaît, on est avec eux depuis le commencement jusqu'à la fin de la secrète et folle entreprise.

Chacun des conspirateurs a ses traits propres, son comportement, sa nature. Chaque asile pour les réunions clandestines, hâtives, chuchotées, passionnées, porte sa marque singulière. Que ce soit un café maure de la Casbah, un refuge à Bab-el-Oued, une ferme de Kabylie, un atelier d'artisan, une boutique, une impasse grouillante et sordide ou la splendeur sauvage des Aurès, le lecteur a le sentiment d'être là, imprégné des couleurs, des rumeurs, des odeurs de l'endroit et de prendre part à l'action, aux risques, aux espérances, à l'acharnement de ces hommes furtifs, traqués, illuminés.

De chapitre en chapitre la tension monte. Malgré soi, on tourne les pages plus vite. Les péripéties emportent le lecteur d'un ouvrage construit, conduit comme un magistral roman d'aventures. Seulement, ici, chaque pas dans l'intrigue est un fait historique et chacun de ses instants a été vécu, voulu, subi, souffert.

C'est pourquoi, grâce au talent d'Yves Courrière, mais aussi par l'effet de sa rare générosité de cœur et d'esprit, une précieuse chaleur humaine baigne ce livre dru et dur.

Joseph Kessel.

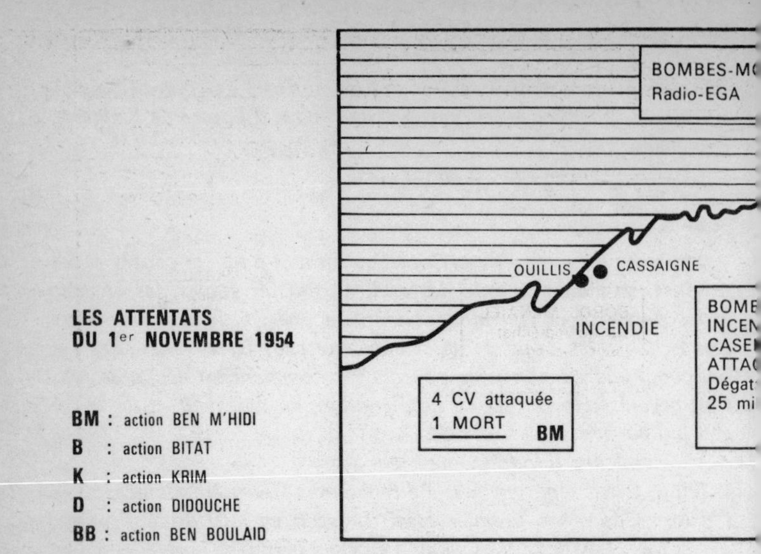

LES ATTENTATS DU 1er NOVEMBRE 1954

BM : action BEN M'HIDI
B : action BITAT
K : action KRIM
D : action DIDOUCHE
BB : action BEN BOULAID

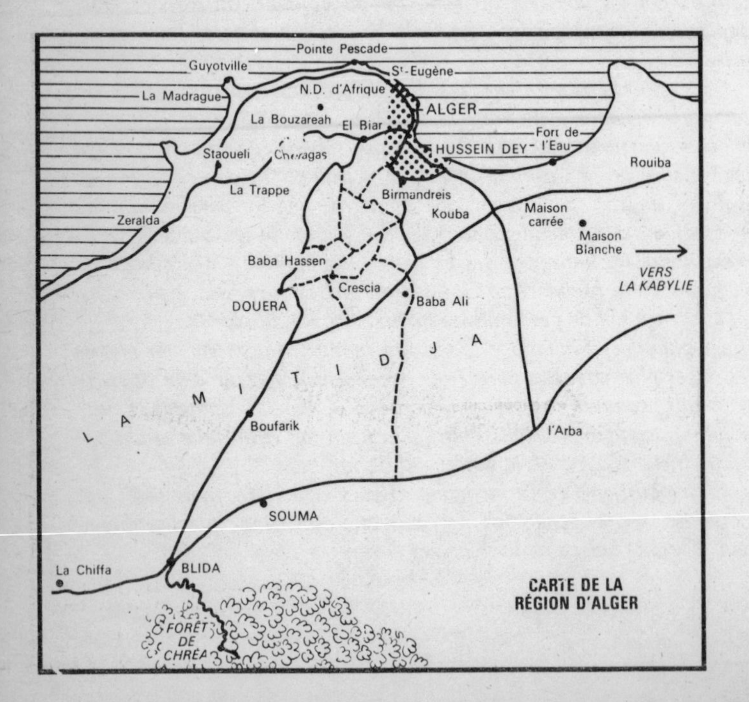

CARTE DE LA RÉGION D'ALGER

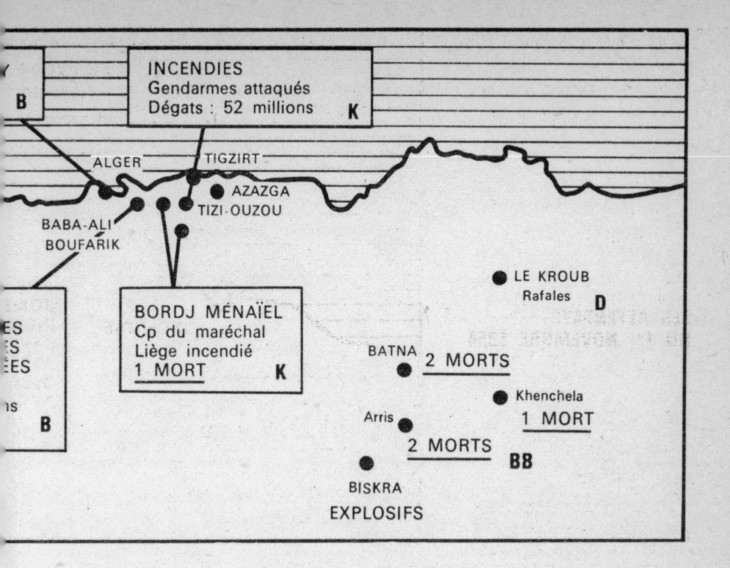
B
INCENDIES
Gendarmes attaqués
Dégats : 52 millions
K
ALGER
TIGZIRT
AZAZGA
TIZI-OUZOU
BABA-ALI
BOUFARIK
BORDJ MÉNAÏEL
Cp du maréchal
Liège incendié
1 MORT
K
LE KROUB
Rafales
D
BATNA
2 MORTS
Khenchela
1 MORT
Arris
2 MORTS
BB
BISKRA
EXPLOSIFS
B

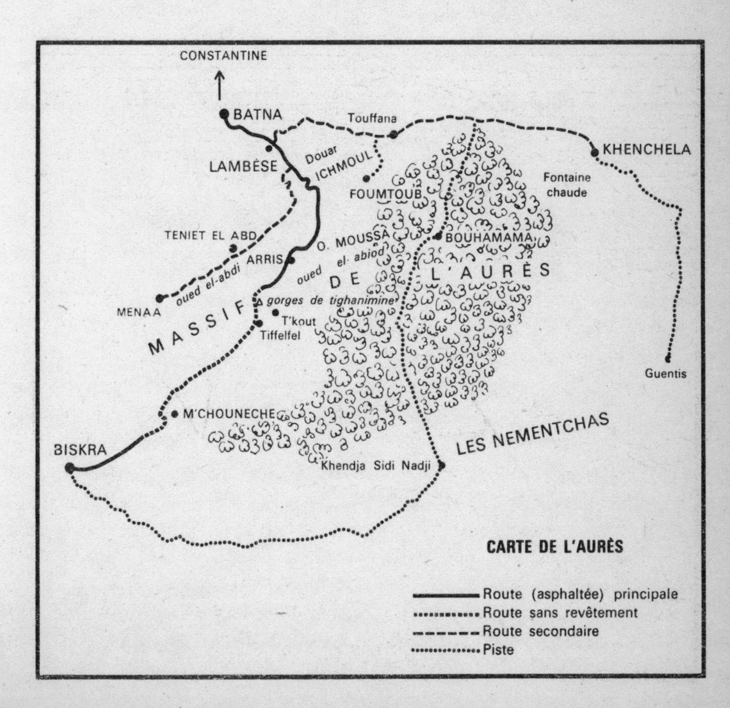
CONSTANTINE
BATNA
Touffana
KHENCHELA
LAMBÈSE
Douar
ICHMOUL
FOUMTOUB
Fontaine
chaude
TENIET EL ABD
O. MOUSSA
BOUHAMAMA
ARRIS
oued el-abiod
MASSIF DE L'AURÈS
oued el-abdi
MENAA
gorges de tighanimine
T'kout
Tiffelfel
Guentis
M'CHOUNECHE
BISKRA
LES NEMENTCHAS
Khendja Sidi Nadji
CARTE DE L'AURÈS
Route (asphaltée) principale
Route sans revêtement
Route secondaire
Piste

Préambule

De la colombe au massacre

ALGER 19 MARS 1962.

La Paix. C'est la Paix. Le monde vient d'apprendre avec soulagement la signature des accords d'Evian. Krim Belkacem au nom du G.P.R.A. a apposé son fin paraphe auprès de ceux, groupés, de MM. Joxe, de Broglie, Buron, au bas des 93 pages du protocole d'accord qui marque la fin de l'Algérie française.

Tous les corps d'armée d'Algérie ont reçu le télégramme du général Ailleret, signé GENESUP : « Cessez le feu lundi 19 mars midi. Stop. Instructions pour application exécutoire même jour même heure. Stop. Genesup. Fin. »

Si l'armée vient d'interrompre toutes les opérations militaires elle reste sur le qui-vive. Aujourd'hui, à l'heure où les combats avec l'A.L.N. ont cessé, elle craint l'affrontement sanglant entre les deux communautés.

Dans la nuit on a collé les affiches imprimées depuis longtemps en vue du cessez-le-feu. Croit-on encore à « l'action psychologique »? Mais ce sont les ordres et l'armée colle sur les murs d'Alger des affiches où l'on voit deux gosses, un Européen, un musulman, qui se sourient : « Pour nos enfants, la Paix en Algérie. » Sur une autre affiche deux hommes marchent l'un près de l'autre. Une seule mention : « Paix. Concorde. » Il faudra moins de trois heures à des commandos de jeunes Européens pour qu'il n'en reste plus que des lambeaux dans le centre de la ville. Tout le monde s'en moque. Alger penchée sur ses transistors a appris la veille le cessez-le-feu. A Bab-el-Oued on a chanté *La Marseillaise* puis on s'est couché consterné, effondré, groggy.

On se réveille ce matin avec un goût de cendres dans la bouche et la rage au ventre. Pourtant il fait déjà beau. Alger resplendit, blanche sous le soleil. Mais les rues sont vides. Seules les voitures de la police et de l'armée circulent. Malgré leurs plaques elles sont arrêtées par des barrages militaires. On se contrôle entre soi! On ne sait plus qui est qui, qui est ami, qui est ennemi. C'est le chaos.

Depuis le début de l'année, l'Algérie vit en pleine anarchie. On ne sait plus de l'armée, du F.L.N., de l'O.A.S. qui « tient » les grandes villes. L'attentat, l'assassinat sont monnaie courante. La terreur règne. On plastique les terroristes. On « contre-terrorise » à tour de bras. Les Français d'Algérie assassinent des musulmans convaincus d'avoir participé à des attentats F.L.N., et bientôt — très vite — on ne s'arrête plus à ce détail. Les « ratonnades » se succèdent. Les membres du F.L.N. poursuivent de leur côté leur action contre certains Européens, mais sont bientôt débordés par de jeunes voyous, puis de moins jeunes, qui n'ayant jamais participé à la révolution veulent aujourd'hui se « dédouaner » et tuent aveuglément.

Les Européens de l'O.A.S. règlent aussi des comptes avec les Européens libéraux et avec les « barbouzes » des commandos anti-O.A.S. On en est au contre-contre-terrorisme! Les Algériens de leur côté commencent leur « campagne d'assainissement » en supprimant des musulmans « collaborateurs » — harkis, moghaznis ou simplement des mous, des tièdes —. Qui tue qui? Qui peut se croire à l'abri? Qui est protégé?

En cette année 1962 la « grande conscience » de beaucoup de Français écrit :

« Que le général de Gaulle me pardonne : nous avons honte d'être le seul des Grands Etats modernes qui ne paraisse pas être policé. » Et François Mauriac de poursuivre : « Notre France de coupe-jarrets est anachronique au point que nous en mourrons de honte. Nous pensons au spectacle que nous donnons au monde : celui d'une grande nation à la fois anarchique et atone. »

Le 21 février l'état-major O.A.S. a su — quel criminel a-t-il pu communiquer ces renseignements? — que les entretiens secrets des Rousses avaient été fructueux et que des négociations officielles allaient s'ouvrir. Les commandos se sont déchaînés. 23 morts le 22 février; 66 morts et 72 blessés le 24, et une ratonnade à Bab-el-Oued le 25 pour faire bon poids! 19 musulmans massacrés. C'est l'hystérie.

Et déjà dans les deux camps on a de la difficulté à maintenir ses troupes, les blousons noirs de la Casbah assassinent à la chaîne dans les quartiers limitrophes, jetant les derniers Européens raisonnables sous la « protection » de l'O.A.S. Au moins dans les quartiers qu'elle tient on ne risque rien! Au sein de l'Armée Secrète on ne tient plus les jeunes. En Oranie, Jouhaud doit quitter son P.C. ultra-secret d'Ain-Temouchent pour « remettre de l'ordre » et « appliquer sa poigne » à Oran en folie. Des forfaits se commettent que n'ont pas voulu les chefs de l'O.A.S. En pleine conférence d'Evian, c'est le meurtre sur les hauts d'Alger de six dirigeants des centres sociaux. Parmi eux : le grand écrivain Mouloud Ferraoun, l'ami intime d'Albert Camus. L'action fut particulièrement atroce, odieuse. Une voiture s'est arrêtée devant le Centre, les membres du commando, masqués, ont aligné six responsables contre le mur de la cour de récréation. Les rafales de mitraillettes ont terrassé des hommes qui, malgré les événements, dans la terreur et le sang, avaient réussi, à force de respect, de sympathie et d'amour, à faire l'unaminité des Pieds-Noirs et des musulmans. Une erreur de parcours. Bon. On ne va pas en faire une affaire. Devant ce qui se passe...

Car la paix se fait, cahin-caha, avec mille difficultés. Lorsque le 19 mars le cessez-le-feu est effectif, que de Gaulle l'annonce, que Christian Fouchet arrive à Alger, comme haut-commissaire, comme garantie aussi, c'est le déchaînement. Ou plutôt cela va être le déchaînement. Le général Salan, chef incontesté de l'O.A.S., décrète l'application du « plan offensif » de l'O.A.S.

J'arrive à Alger quelques jours après la signature des accords d'Evian. Je ne reconnais plus la capitale. Je suis pourtant habitué depuis des années à l'insécurité, aux colonnes de soldats ou de policiers l'arme au poing qui patrouillent le long de la rue d'Isly ou Michelet, aux fouilles à la porte des cinémas ou du prisunic, aux sirènes des ambulances, à celles plus aiguës des jeeps de déminage, aux explosions du plastic, aux attroupements autour d'un cadavre qu'il soit européen ou musulman. J'ai vécu ici la période qui a suivi le 13 mai, la « fraternisation », les barricades, le putsch et la naissance de l'O.A.S.

Mais ce jour où, pour la première fois, je mets les pieds sur ce sol algérien « en paix » ne ressemble à aucun autre. Aucun de mes amis — des amis de longue date — ne veut le contact avec le « patos » qui vient de France. De là-bas où on a signé « les accords »! Les Européens d'Algérie se sont retranchés, ils restent « entre eux ». « Puisqu'on nous livre, puisqu'on nous abandonne, vous allez voir si nous nous laisserons faire. » Le désespoir aveugle les plus sensés. Et il y en a. Ou plutôt il y en avait.

Quant aux musulmans que je connaissais depuis longtemps ils se terrent dans « leurs » quartiers et n'osent en sortir. Ils ont bien essayé, timidement, au premier matin de paix, d'aller voir ce qui se passait chez les Européens. Ils n'ont trouvé qu'indifférence apparente. Beaucoup se sont rendus à leur travail, tôt le matin, mais la grève générale ordonnée par l'O.A.S. pour boycotter l'arrivée du haut-commissaire Christian Fouchet et paralyser Oran, Alger et le littoral, les a vite ramenés dans leurs quartiers. Il ne fait pas bon se promener chez les Européens un jour de grève.

Quand j'arrive à Alger, trois jours se sont écoulés depuis la signature des accords. A l'hôtel, ce microcosme d'Alger, je ressens physiquement et le mépris et la crainte constatés lorsque j'ai tenté d'établir le contact avec Européens ou musulmans. « Vous allez rester longtemps? », me dit le patron de l'hôtel où je loge depuis quatre ans. Il n'y tient pas. Il a peur lui aussi. Comme tous les Européens d'Alger qui ne veulent avoir aucun contact avec un métropolitain, encore moins avec un journaliste.

De tous les employés musulmans de l'hôtel je ne retrouve qu'Ahmed. « Depuis hier, me dit-il, tous les autres restent chez eux, ils n'osent pas venir jusqu'au centre. Moi je couche ici. » Pourtant la basse Casbah où il habite n'est qu'à cinq minutes de l'avenue Pasteur. Mais la veille l'O.A.S. a réagi aux accords sur le cessez-le-feu : elle a bombardé la place du Gouvernement au mortier.

A 16 h 15 la place du cheval, comme l'appellent les musulmans, faisant allusion à la statue équestre du duc d'Orléans, symbole de la colonisation, qui se dresse en son centre, grouillait d'une foule compacte descendue de la Casbah. La place du Gouvernement borde la basse Casbah, c'est le lieu de promenade préféré des Algériens, un lieu de passage aussi pour les habitants du « quartier indigène » qui descendent en ville. Les hommes y bavardent ou y jouent au tchic-tchic, les conteurs y racontent de longues histoires sous les yeux étonnés des enfants. C'est le royaume des marchands de beignets et des *yaouleds* (les petits cireurs). Quatre obus de 60 ont explosé au milieu de cette multitude colorée. La panique a saisi la foule. En un instant la place était nette. Il n'y restait que les éventaires renversés, les beignets qui flottaient dans l'huile et le miel, et 65 corps qui se vidaient de leur sang. Les sauveteurs ont relevé 5 morts et 60 blessés, la plupart très grièvement.

« La résistance réelle commencera après la grève de vingt-quatre heures » avait annoncé un tract de l'O.A.S. Elle tient promesse. C'est le début de la folie.

L'O.A.S. sait qu'elle joue sa dernière chance. La plupart des Européens sont de cœur avec elle, mais elle les voudrait actifs, déchaînés, elle veut qu'ils « se mouillent », tous sans exception. Le plan établi par les plus « activistes » de l'état-major de l'Organisation Secrète est simple. Il faut amener les musulmans à descendre sur les quartiers européens. Il faut que le service d'ordre F.L.N., qui tente désespérément de contenir cette poudrière qu'est la Casbah, soit débordé. Il ne restera plus à l'armée qu'à choisir : tirer sur la foule musulmane ou abandonner les Européens.

Deux avantages immédiats pour l'O.A.S. : faire « basculer » cette armée où elle compte certains amis sûrs et beaucoup de sympathisants et contraindre tous les Européens à se défendre, à se « faire du raton ». Que vaudraient dans cette anarchie les 93 feuillets des accords d'Evian? Chiffon de papier!

Le plan faillit réussir. Les blessés et les morts ne sont pas encore relevés place du Gouvernement que la nouvelle de l'attentat O.A.S. se transmet de bouche à oreille, de ruelles à terrasses dans toute la Casbah si proche. La rumeur grandit, on entend les you-you des femmes qui appellent à la vengeance. Les ruelles se remplissent d'une foule qui ne contient plus sa colère. Une marée humaine, où se mêlent les haïks blancs, les djellabas, les chemises à l'européenne, s'avance, menaçante, vers les barrages militaires hâtivement constitués. Les zouaves et les bérets noirs du contingent ont les doigts crispés sur la crosse de leur fusil, sur la culasse de leur mitraillette. Un coup de feu suffirait.

Un de mes amis voit un sous-officier musulman encerclé par la foule qui veut lui faire un mauvais sort. Il brandit son revolver, va tirer quand un commandant français, magnifique de sang-froid, bondit et l'étend d'un crochet du droit. Instantanément la foule se calme. Plus loin c'est un groupe du service d'ordre du F.L.N. qui vient au secours d'une patrouille de zouaves en difficulté. Les F.L.N. persuadent les gens de rentrer chez eux et emploient avec les récalcitrants la manière forte. Poings et gourdins entrent en action. Le prestige des hommes du F.L.N. et le brassard vert et blanc ont suffi. La foule se disperse. En dix minutes, par deux fois, on a été au bord de la catastrophe. C'est un miracle. On ne pourra le renouveler tous les jours.

BAB-EL-OUED, CAMP RETRANCHÉ

Parce qu'à Bab-el-Oued on s'appelle plus volontiers Gomez, Fernandez que Berger ou Duval, que l'origine espagnole ou maltaise ne remonte qu'à une génération ou deux, trois au plus, on y est plus Algérie française que partout ailleurs. C'est à la Casbah que s'est abrité le F.L.N. naissant, c'est Bab-el-Oued qui sera le camp retranché des activistes.

C'est du moins le raisonnement que tiennent les « civils » de l'état-major de l'O.A.S. Pendant qu'à Rocher-Noir Christian Fouchet, avec les hommes désignés lors de la conférence d'Evian, prépare l'arrivée de l'Exécutif provisoire, l'O.A.S. veut frapper un grand coup, montrer qu'elle est assez forte pour couper le quartier le plus populaire d'Alger du reste de la capitale, et y installer son état-major. Une capitale dans la capitale. Un Etat dans l'Etat.

Mais ce projet et son exécution vont révéler au sein de l'O.A.S. une divergence grave entre les « civils » et les « militaires ». A Oran déjà Jouhaud se sent dépassé par ses civils, il a du mal à en être encore le patron. A Alger le désaccord oppose franchement le colonel Gardes, l'ancien chef des services psychologiques de l'armée et les civils menés par l'ancien préfet Achard et le docteur Pérez. Ce sont eux les véritables patrons des petits commandos de quartier, ceux de Bill, de Jésus, de Longs-Cheveux. Ils ont failli atteindre leur but en bombardant la place du Gouvernement et pour eux rien n'est perdu. On peut encore réussir. Et, réussie, l'opération Bab-el-Oued sera d'une immense portée psychologique tant sur les Européens que sur les musulmans. Sans compter la métropole.

« Vous n'y arriverez jamais, dit Gardes, l'armée interviendra. » Achard réplique qu'il a, lui qui n'est pas de l'armée — c'est une pierre dans le jardin de Gardes qu'il trouve trop idéaliste, pas assez « dur » — des assurances formelles. « Jamais l'armée ne pénétrera dans Bab-el-Oued, affirme-t-il. Et tout se passera sans pépin... » Gardes s'est-il laissé fléchir? A-t-il pensé à ce putsch qui avait si bien réussi, du moins dans un premier temps? Aux quatre généraux, ses chefs, presque maîtres de l'Algérie, sans qu'on ait un mort à déplorer? L'opération se fera.

Au début de la nuit du jeudi au vendredi, Alger est réveillée par des fusillades intenses qui viennent d'abord de Clos Salembier et des hauts de Bab-el-Oued, puis du centre de la ville. Des postes de gendarmerie ont été attaqués. Ils ont riposté. Par réflexe les habitants européens sont sortis sur leur balcon en pyjama, en chemise de nuit, la casserole à la main sans savoir ce qui se passe, et le concert a commencé. Une habitude d'après le putsch : Al-gé-rie fran-çaise! Tititi Ta-ta. Les gendarmes énervés ont envoyé quelques rafales en direction des façades. « Assassins... Vendus... Pourris... » Puis tout s'est calmé.

A la Casbah les choufs, ces guetteurs qui nuit et jour depuis les premiers attentats de l'O.A.S. surveillent la cité musulmane pour prévenir l'infiltration de commandos européens, ont vu une fusée rouge s'élever d'une terrasse de Bab-el-Oued. C'était le signal de fin d'opération. Achard, à la faveur de cette diversion, est parvenu à infiltrer ses commandos venus de Blida et des villes de la Mitidja. Tout redevient calme dans Alger. Ni les patrouilles ni les postes n'auront plus à intervenir cette nuit-là! Mieux, il n'y aura pas un attentat!

Mais les quelques patrouilles qui ont parcouru Bab-el-Oued dans le courant de la nuit n'ont pas remarqué l'intense activité qui régnait dans certaines maisons. Dans les couloirs de ces immeubles des fûts d'huile sont prêts. Dans de nombreux appartements dominant les points névralgiques, places, carrefours, on prépare des paquets de clous. Et à 5 heures du matin huile et clous sont répandus sur la chaussée. Quelques voitures dérapent mais oubliant leur accident les conducteurs matinaux, tous de Bab-el-Oued, sourient à la bonne blague que l'on a préparée aux forces de l'ordre. Ce n'est pas aujourd'hui qu' « ils » viendront patrouiller dans le centre du quartier!

A 8 h 30 on apprend à l'état-major qu'une patrouille militaire est « tombée en embuscade ». Après avoir dérapé sur une flaque d'huile le camion a été assailli par des jeunes gens sans armes qui ont encerclé les militaires — des gars du train, à bérets noirs —, leur ont pris leurs armes et leurs tenues de combat et les ont laissés là torse nu sous les quolibets des locataires des immeubles. Les hommes du train, des jeunes du contingent, n'ont pas voulu se servir de leurs armes contre des Européens. Immédiatement les patrouilles sont renforcées à Bab-el-Oued. Il y aura deux camions au lieu d'un.

Malgré ces précautions, à 10 heures c'est le drame. Deux camions surgissent place Desaix. Deux camions de bérets noirs, des appelés du train. Flaque d'huile, dérapage. Une foule de jeunes gens, certains sont des enfants, entourent les deux camions en criant. Ils sont près d'une centaine. Aucun n'est armé mais un commando O.A.S., une dizaine d'hommes parmi ceux arrivés la nuit même de la Mitidja, les couvre. Les jeunes gens veulent s'emparer des armes des appelés. Mais cette fois les soldats se sont dressés dans les camions et refusent d'obéir. Un instant les jeunes gens se regardent, ceux en uniforme et ceux sans uniforme. Ils sont pâles, énervés, les visages sont tendus. Un appelé musulman, dans le deuxième camion, arme sa M.A.T. Cliquetis fatal. La fusillade éclate.

Avant que les militaires du contingent aient pu tirer une seule cartouche ils sont pris sous le feu du commando O.A.S. Des hommes s'écroulent, basculent du camion sur la chaussée. La fusillade n'a duré que quelques secondes, le temps de vider un chargeur! C'est la stupéfaction. Les civils qui entouraient le camion n'ont même pas eu le temps de s'égailler. Six gosses en battle-dress kaki, en tenue de combat, gisent sur le sol souillé d'huile, morts. D'autres gémissent. Des habitants des immeubles voisins sont sortis, atterrés par ce qui vient de se passer. Ils sentent bien que là, à ce moment précis, place Desaix à Bab-el-Oued, on a été trop loin. Des Français ont tiré sur des Français. Et sur des gars du contingent! Mais on n'avait pas voulu cela! Trop tard! Le commando O.A.S. a déguerpi. Les civils aident les militaires à ramasser les morts et les blessés. On les charge dans des voitures pour les transporter à l'hôpital.

La nouvelle se transmet comme une traînée de poudre. Bab-el-Oued attend. Quelle va être la réaction? Que va-t-il se passer? Place Desaix une femme en robe de chambre, des rouleaux sur la tête, pleure à longs sanglots devant les flaques de sang qui se mêlent à l'huile renversée il y a quelques heures. A 5 heures du matin c'était encore une farce. Certains égarés ont souhaité le drame. Ils l'ont. Mais voulant hier opposer musulmans et Européens pour que l'armée « bascule » en leur faveur, ils n'ont réussi aujourd'hui qu'à tirer sur des hommes du contingent qui, pour la plupart, depuis un an « crapahutent dans le djebel » pour protéger les Européens des actions du F.L.N.

Une demi-heure après le drame, les gendarmes encerclent Bab-el-Oued, prennent position sur les terrasses, sur les balcons, dans certains appartements. On retire les bérets noirs de Bab-el-Oued. Seuls les gendarmes mobiles et les zouaves habitués au maintien de l'ordre en ville participeront au « ratissage ». A la bataille, devrait-on dire, car ce sera le plus important accrochage qui ait jamais eu lieu à Alger. Mais que d'hésitations avant l'expédition contre Bab-el-Oued! Achard ne s'est peut-être pas vanté en parlant d'assurances données par certains militaires. Il faudra quatre heures à l'état-major pour décider de l'action à suivre et pour recevoir des ordres, peut-être de Paris? Ils sont sans appel. L'agression du matin doit être impitoyablement châtiée. D'autant qu'à Paris le Premier ministre, M. Michel Debré, a pris avec le ministre des

Armées, M. Messmer, et le ministre de l'Intérieur des mesures draconiennes pour venir à bout de « ces bandes terroristes » comme les appelle le général de Gaulle.

Il est 14 h 30 lorsque la « danse » commence.

Ce sont les gendarmes qui y entrent les premiers. A la limite de la Casbah et de Bab-el-Oued, ils arrosent les façades, les terrasses, à la mitrailleuse 12,7. Depuis le matin, par haut-parleurs, ils ont demandé aux habitants de fermer leurs volets et de se calfeutrer dans leurs appartements. Aux rafales puissantes de 12,7 succèdent celles plus aigrelettes des mitraillettes des zouaves et des commandos O.A.S. Car le « contact » a eu lieu au cœur de Bab-el-Oued. Les zouaves ont des morts. Plus de quartier.

Des blindés entrent dans le centre. Les gendarmes mitraillent les façades; les voltigeurs, abrités derrière les blindés, tirent sur tout ce qui leur paraît suspect. La tenaille se referme sur les commandos O.A.S. de Achard qui donne l'ordre de décrocher. Il les couvrira avec un commando réduit mais bien armé. Des ambulances parcourent les rues mais doivent bientôt s'arrêter, les forces de l'ordre leur tirent dessus. Les commandos de l'O.A.S. en ont trop fait, ils peuvent aussi bien fuir à l'abri de la Croix-Rouge.

Vers 17 heures, les combats ont presque cessé. La dernière attaque sérieuse, le coup de grâce, vient du ciel. Une Alouette qui lance des grenades sur les terrasses essuie le feu d'une mitrailleuse lourde O.A.S. L'hélicoptère fuit rapidement. On crie de joie à travers les volets des appartements d'où l'on a suivi la scène. Mais en un instant la joie se transforme en terreur. Des T. 6, avions de chasse qui depuis des années ont fait leurs preuves dans le bled contre les mechtas des zones suspectes, piquent sur la terrasse. La mitrailleuse O.A.S. ajuste les premiers, mais la seconde escadrille de quatre appareils a repéré le commando. Rafales de mitrailleuses, rockets. La mitrailleuse du commando s'est tue. Les servants sont morts. Il est 18 heures. Bal-el-Oued est maté.

Achard s'enfuira dans la nuit grâce à la complicité d'un de ses amis, militaire de carrière. On dit que celui-ci, après l'avoir tiré du guêpier, lui fit les plus violents reproches. Combien justifiés!

Car en fait de camp retranché, d'Etat dans l'Etat, de capitale dans la capitale, le chef de l'O.A.S. à Alger ne laisse derrière lui qu'un quartier dévasté où la guerre civile vient de passer, où la population est désespérée. Le bilan de la bataille est impossible à établir dans la population. Il y a des morts, beaucoup de morts, des blessés, certains grièvement. Mais l'état d'esprit est tel en ce

23 mars 1962 que les habitants de Bab-el-Oued préfèrent garder leurs blessés et leurs morts plutôt que de les confier aux ambulances qui parcourent la ville.

La répression est très dure. Les gendarmes entament des perquisitions systématiques. Ils vont faire payer leurs morts. Les appartements sont saccagés, les postes de télévision enfoncés, les armoires dévastées. La soldatesque se venge. On peut le comprendre et le déplorer. Le quartier est bouclé. Personne n'y entre, personne n'en sort. Le blocus durera cinq jours.

Et lorsque j'entrerai à pied à Bab-el-Oued au cinquième jour je découvrirai un quartier jonché d'ordures, des murs écaillés, marqués par les balles et les obus de 37, des vitrines aveugles, des fils téléphoniques, des câbles électriques de trolleybus sectionnés pendant les combats et qui pendent lamentablement, des carcasses de voitures brûlées ou écrasées par les chars, mais surtout, dans les yeux des habitants, une immense lassitude. Le bilan officiel des combats : 20 morts, 80 blessés dans la population civile, 15 morts, 71 blessés chez les militaires. Un bilan qui aurait suffi à expliquer la lassitude et le découragement. Mais entre-temps il y avait eu la fusillade de la rue D'Isly...

LE COUP DE GRÂCE

La journée du 26 mars sera fatale à l'O.A.S. L'opération Bab-el-Oued n'a pas donné les résultats escomptés. Loin de là. Les 15 morts chez les militaires ont fait « basculer » l'armée. Mais dans le sens contraire à celui souhaité par les chefs de l'O.A.S. Gardes le modérateur avait raison face aux excités civils. Mais il a quitté Alger et va jouer sa dernière chance en essayant de constituer un maquis dans l'Ouarsenis. Ses hommes s'y perdront. Lui avec. Et ce n'est que grâce à l'amitié de certains militaires qu'il pourra fuir l'Algérie et gagner l'Amérique du Sud. L'idéaliste qui s'est laissé entraîner par une certaine pureté d'esprit que d'aucuns appelleront peut-être de « l'innocence », le chef tout-puissant de l'action psychologique qui est tombé lui-même dans le piège des idées qu'il avait tendu à longueur de mois et d'années, vivotera dans la banlieue de Buenos Aires en fabriquant du pâté de lièvre suivant une recette que sa mère, une brave restauratrice de la rue du Bac, lui avait donnée. Ex-colonel, ex-héros condamné à mort. Exilé. Quels dégâts cette folle équipée n'aura-t-elle pas produit chez les meilleurs! Mais c'est une autre histoire.

Ce 26 mars l'armée n'a pas pardonné ses morts à l'O.A.S. Il n'est plus question de « bienveillance » même chez les plus anti-gaullistes des officiers. On s'est aperçu dans toutes les popotes que l'O.A.S. a compris elle-même que tout était perdu et qu'elle n'a plus qu'un désir, qu'un espoir : le chaos sanglant. Perdu pour perdu, qu'on ne laisse aux « ratons » que la terre brûlée! Les chefs F.L.N. aussi l'ont compris, qui, quelques semaines plus tard, entameront des négociations directes avec Susini, l'ancien président des étudiants, devenu chef de l'O.A.S.-Alger. Le 26 mars au matin un tract circule : « A 14 heures grève générale. A 15 heures rassemblement au Monument aux Morts. Ensuite nous défilerons avec nos drapeaux jusqu'à Bab-el-Oued pour prouver notre solidarité à la population. »

La population européenne d'Alger qui ne sait trop ce qui s'est passé à Bab-el-Oued, qui ne voit dans ce blocus qu'une preuve supplémentaire de la trahison de la France à son égard, comprend que cet après-midi on ira délivrer Bab-el-Oued, l'enfant chéri d'Alger, que les « mobiles torturent et massacrent ».

L'O.A.S. a bien sûr cet objectif, mais les civils de l'état-major veulent aussi effacer par une grandiose manifestation suivie de la « libération » de Bab-el-Oued un coup très dur porté à l'organisation à Oran. Jouhaud a été arrêté. Le général a été « donné » aux gendarmes et cette fois il n'y a pas eu un militaire pour le prévenir. Au cours de son arrestation les trois grandes artères d'Oran, la rue d'Alsace-Lorraine, la rue du Général-Leclerc et la rue de Mostaganem ont été transformées en champs de bataille. Mitrailleuses, rockets ont été opposés aux blindés des gendarmes. Des voitures, des autobus ont brûlé. La guerre civile. Pire qu'à Bab-el-Oued. Mais Jouhaud a été arrêté dans un immeuble du Front de Mer, le fameux « Panoramique ».

L'effet de cette arrestation sur la population, pour laquelle Jouhaud est un chef prestigieux doublé d'un enfant du pays, peut être déplorable. Il faut la « regonfler ». Des drapeaux, de *La Marseillaise,* des *Africains* et le soleil par-dessus. La recette est bonne. On l'a tellement employée depuis le 13 mai! Il faut aussi effacer ce que Christian Fouchet, le haut-commissaire, a dit aux Français d'Algérie : « Ne gâchez pas les chances d'une paix qui s'ouvre... Vous êtes ceux qui souffrent le plus... Je suis ici pour vous aider. Mais si vous vouliez revenir sur ce qui a été décidé, le monde entier se liguerait contre vous! »

Ces paroles ont porté chez certains Européens qui en ont assez de tout ce sang. Qui s'aperçoivent bien que la situation est irréversible. Qu'on ne peut revenir en arrière. Le bilan de Bab-el-Oued a joué aussi. On s'est tiré dessus entre Français... L'O.A.S. sait les Pieds-Noirs versatiles. Mais qui ne le serait à leur place?

Il faut frapper un grand coup. La manifestation est interdite par la préfecture de police. Mais en cette fin mars 1962 qui se soucie à Alger d'un ordre de la préfecture de police?

Depuis 14 heures la foule s'est massée sur le plateau des Glières, face au Monument aux Morts, au pied des escaliers du Forum. Le haut lieu des heures folles et tragiques de l'histoire de l'Algérie française. Il fait beau. Chaud même. L'une des premières belles journées de printemps. De celles qui vous font trouver Alger la plus belle ville du monde.

Je viens de faire un tour en ville et je suis frappé par l'absence presque totale de service d'ordre. Il n'y a pas de barrages ou si peu. Un cordon de soldats de l'Infanterie coloniale (on dit Infanterie de marine) est tendu en travers de la rue d'Isly séparant cette artère de la Grande Poste et du plateau des Glières. Un autre barrage, important celui-là, se trouve plus loin dans la rue d'Isly, près du square Bresson. Sur le chemin de Bab-el-Oued, ce sont des C.R.S. Sous le tunnel des Facultés il y a le poste de gendarmes mobiles qui s'y trouve habituellement.

Tout va se dérouler dans un T. La barre verticale c'est l'avenue Pasteur avec, à sa base, le tunnel des Facultés puis le Monument aux Morts. La barre horizontale, c'est la rue d'Isly avec à sa droite la Grande Poste et le premier cordon de militaires, à sa gauche en direction de Bab-el-Oued le barrage le plus important.

A 14 h 30 le plateau des Glières est noir de monde et il en arrive encore par centaines, par milliers, semblables à des colonnes de fourmis. Cérémonie au Monument aux Morts, couronnes, *Marseillaise.* A 14 h 50 la foule qui piétinait se met en marche. Comme une coulée compacte. Deux cortèges se forment, l'un qui descend l'avenue Pasteur vers la rue d'Isly. En tête, des jeunes gens, presque des gosses, qui brandissent des drapeaux tricolores. On chante *Les Africains, La Marseillaise,* puis *Les Africains* encore. Des femmes suivent. Des hommes. Des vieillards. Beaucoup tiennent un drapeau d'ancien combattant. On a mis le béret et la batterie des décorations de 1914. Tous sont tendus. Les plus excités sont les jeunes et les femmes en tête.

Le second cortège venu de la Grande Poste se heurte au cordon d'Infanterie coloniale. C'est là, quelques minutes plus tard, que le drame va se jouer. Il y a neuf hommes qui pointent leurs armes vers la foule grondante. Neuf hommes seulement. Les plus proches renforts sont à plus de 600 m. Sur les neuf soldats, huit musulmans! Quand on sait l'ambiance de ratonnade, d'assassinat F.L.N. ou O.A.S., de règlement de compte qui règne à Alger depuis quelques semaines, l'homme qui a pris la décision de placer un seul barrage aussi faible pour contenir la foule et d'y placer huit musulmans, celui-là est un assassin. On ne le connaîtra jamais. Existe-t-il seulement?

Les militaires tentent de repousser la foule. Mais le premier cortège qui par l'avenue Pasteur a gagné la rue d'Isly se trouve maintenant dans leur dos. Ils sont pris en sandwich, noyés dans la foule. Le faible obstacle est rompu et c'est la marche vers Bab-el-Oued. On s'excite mutuellement. On est décidé. On va libérer les martyrs. On ne va pas loin. Au bout de la rue d'Isly les C.R.S. sont là. Casqués. Bottés, l'arme au poing. Les mitrailleuses des blindés démuselées. Effrayants de puissance, de sûreté. *Les Africains* s'éteignent dans les gorges, on s'arrête, on piétine un instant, désemparés, puis — sagement — on fait demi-tour. Il ne faut pas s'y frotter. On relève les drapeaux haut au-dessus des têtes. *Les Africains* jaillissent à nouveau. On repart en sens inverse et on se retrouve presque au point de départ, rue d'Isly. Près de la Grande Poste. Là où se trouvent les soldats musulmans. Leurs visages sont crispés. Ils ont peur malgré leurs mitraillettes, perdus au milieu de cette foule. Ils ont essayé de se regrouper près de la poste. Il n'est plus question de barrage.

Et soudain un coup de feu éclate. Une rafale plutôt. Sèche. Dure. L'enfer s'abat sur le centre d'Alger. Les soldats affolés tirent sur la foule, des balles sifflent de tous côtés. Je me jette à terre. Les mitrailleuses lourdes de 12,7 crépitent. On tire du tunnel des Facultés; ce sont les gendarmes. De la poste; ce sont les militaires. Des toits, des fenêtres, des balcons; c'est l'O.A.S. ou simplement les Européens. Coups de pistolet secs et presque ridicules, aboiements rageurs des M.A.T., grondements, répercutés par les murs, des mitrailleuses lourdes. Des hommes s'effondrent en tournoyant. Au carrefour Pasteur-Isly, à quelques mètres de moi, je vois le premier mort de la manifestion. Il n'a plus de visage. Une balle de mitrailleuse l'a atteint en pleine tête.

En un instant les rues grouillantes d'une foule excitée se sont vidées. Une femme passe près de moi en hurlant. Je suppose qu'elle hurle car elle a la bouche grande ouverte mais on ne l'entend pas au milieu du fracas des armes. C'est la lutte pour une encoignure de porte, un renfoncement de vitrine, une place derrière un arbre.

La fusillade est de plus en plus dense. La rue d'Isly et l'avenue Pasteur sont prises en enfilade par les 12,7. Des manifestants, hommes et femmes, se sont jetés par paquets dans l'entrée d'une boutique dont les vitres volent en éclats. Dans un magasin de mode à l'intersection des deux lignes de tir c'est le carnage. Ceux qui s'y étaient réfugiés sont dans la ligne de feu de la 12,7 des gendarmes mobiles. Ils seront hachés par les rafales. Puis soudain c'est l'accalmie. On est abasourdi. L'air sent la poudre, le sang. C'est âcre. C'est fade aussi. C'est le silence et l'on croit entendre encore l'écho des rafales. Des corps gisent sur la chaussée. On n'ose sortir. Des hommes sautent d'un refuge à l'autre. On tente de secourir des blessés qui geignent. Un prêtre court, par bonds, d'un moribond à l'autre. Il a retroussé sa soutane. Il porte un vieux pantalon rayé de cérémonie.

Puis la fusillade se déclenche à nouveau. Moins violente mais meurtrière encore. Je vois un homme et une femme s'abattre lourdement. Le feu semble venir des toits, des balcons. Le fracas des 12,7 qui arrosent les façades reprend. Terrifiant. Et c'est à nouveau l'accalmie.

La fusillade a duré 12 mn. J'ai cru passer des heures à plat ventre, faisant corps avec le sol. Les premières ambulances arrivent, suivies de voitures de pompiers, dans un grand bruit de sirènes et de klaxon. Je me relève. Le tableau est effrayant, lamentable. Des corps baignent dans des flaques de sang. La chaussée, les trottoirs sont jonchés de verre brisé, de débris de toutes sortes abandonnés par une foule paniquée : chaussures, chapeaux, foulards, lambeaux de vêtements. Des infirmiers en blouse blanche chargent des blessés sur un brancard. Appuyé contre un arbre de l'avenue Pasteur un homme dépoitraillé se tient le ventre. Du sang macule son pantalon. Un autre brancard passe, le blessé est blême, une tache rouge s'élargit sur sa poitrine. Sur le trottoir où je suis d'énormes flaques noirâtres se coagulent déjà au soleil. Car il fait de plus en plus beau. De plus en plus chaud à Alger. Un prêtre à longue barbe accompagne les infirmiers, administrant aux blessés les derniers sacrements.

Des coups de feu isolés proviennent encore des toits. Les forces de l'ordre, gendarmes, C.R.S., militaires sortent de leurs abris, rasant les murs, l'arme pointée vers le ciel. Des groupes commencent à sortir. Hébétés, stupéfaits, les Algérois contemplent l'affreux spectacle. Au fracas des armes ont succédé les hurlements des sirènes, le crissement des pneus des ambulances. Des jeunes gens, filles et garçons, trempent un drapeau dans une flaque de sang. Des injures fusent à l'adresse des militaires du contingent. Les visages sont déformés par la haine ou par le désespoir. Des femmes hurlent en proie à une crise de nerfs. Le mari de l'une d'entre elles la gifle à plusieurs reprises. Elle s'écroule en sanglotant.

Dans le haut de l'avenue Pasteur, devant la clinique Lavernhe, une femme demande désespérément aux rares passants de donner immédiatement leur sang. Des camions militaires qui transportent des morts et des blessés traversent à toute allure le plateau des Glières. Il n'y a plus de coup de feu. Des automitrailleuses et des blindés prennent place sur le plateau, aux angles des grandes artères. Il est bien temps! Quelques groupes stationnent dans les rues, mais la plupart des manifestants tentent maintenant de regagner leur domicile, de retrouver leurs parents, leurs amis. Ils veulent s'assurer qu'il ne leur est pas arrivé malheur dans cette effroyable tuerie. Ils rentrent chancelants, essayant d'éviter les monceaux de verre brisé qui jonchent la rue, et les flaques de sang qui maculent les trottoirs et s'écoulent lentement dans les caniveaux.

Alger est assommée au soir de ce 26 mars 1962. On se posera des questions. Qui a tiré le premier coup de feu? Les soldats musulmans, diront les uns. L'O.A.S. sur les toits, diront les autres, selon leurs opinions. Qui saurait dire la vérité? J'y étais, je ne pourrais confirmer l'une ou l'autre hypothèse. Et puis qu'importe. Ce soir-là le massacre a marqué la fin de l'Algérie pour les dizaines de milliers de Pieds-Noirs.

Si on en était arrivé là, alors il fallait partir. Vite. Très vite. Pour la France. Pour l'Espagne. Pour Israël. Mais partir. Oublier. Tenter d'oublier. Se faire une vie nouvelle. S'il était encore temps. Terrible journée. Terrible bilan : on dira 46 morts, plus de 200 blessés, le lendemain. L'information fera l'ouverture des journaux. L'arrestation de Jouhaud ne sera qu'en bas de page.

On saura plus tard qu'il y eut plus de 70 morts. La population d'Algérie attendra encore un mois, traumatisée, incapable d'arracher de son esprit ces images atroces. Indécise. Masse en équilibre instable qui ne sait encore trop que faire. Et le 8 avril le référendum est là. Ecrasant. Les Accords d'Evian et la politique algérienne du général de Gaulle sont approuvés par 90,70 % des suffrages exprimés. Alors c'est « foutu ». Et l'exode commence. Au milieu des morts, des attentats, des explosions, des familles se groupent en longues files à Maison-Blanche, l'aéroport d'Alger, à la Sénia, à l'aéroport d'Oran, attendant une place dans l'avion pour la France. Des centaines de cadres qui contiennent le mobilier d'une vie, les pauvres souvenirs qu'on voudrait encore conserver, sont empilés sur les quais. Jusque-là l'O.A.S. avait interdit les départs, pensant toujours « mouiller » la population et « faire basculer » l'armée. Elle sait elle aussi qu'il n'y a plus d'espoir. Déjà les moins sincères ont fui avec le magot. D'autres s'en constituent. Les hold-up sont quotidiens. On en est aux règlements de compte entre soi. La résistance se réduit à quelques poignées de déserteurs et d'extrémistes. Ils font des dégâts. Ils n'ont plus rien à perdre.

Je quitte Alger au milieu des explosions, des crimes par dizaines. Oran brûle. A Maison-Blanche je passe devant de longues files d'hommes, de femmes, d'enfants. On va les connaître bientôt en France sous le nom de « rapatriés ». Sur 1 100 000 Français il ne devait en rester au bout de quelques mois que 170 000. A Evian, aux Rousses, les négociateurs les plus pessimistes pensaient que, au maximum, 50 % des Français d'Algérie quitteraient l'Algérie indépendante!

Dans l'aérogare de Maison-Blanche, c'est le caravansérail. Il est difficile de traverser le hall tant les groupes sont serrés les uns contre les autres. Près d'un millier d'hommes, de femmes, d'enfants attendent anxieux, angoissés. L'atmosphère est lourde de fumée, d'odeur de transpiration, de victuailles aussi. Certaines familles campent ici depuis plusieurs jours sans pouvoir quitter l'aéroport faute d'avions assez nombreux. Les hommes font la queue, interminablement, devant des guichets qui n'ouvrent que par intermittence.

Les femmes attendent près des gosses, découragées. Les sièges ont été pris d'assaut. On s'assoit maintenant à même le carrelage souillé de mégots, de peaux de saucisson, de vieux papiers. Plus rien n'a d'importance si ce n'est fuir. Vite, à tout prix. C'est la foule lasse et vaincue des grands exodes. Des hôtesses, des infirmières de la Croix-Rouge aident les mères des tout-petits à préparer un biberon. Un bébé c'est un passeport pour la famille. Elle aura priorité pour la Caravelle. Priorité pour la France!

Un des canapés de cuir rouge de la salle d'attente sert de foyer à toute une famille. La mère tient un bébé dans les bras, des mèches tombent en paquets sur son visage brun. Elle a parfois un geste pour les écarter. Trois autres gosses, deux garçons, blue-jeans et souliers de tennis, et une fille avec un gros nœud bleu dans les cheveux, jouent autour d'une vieille dame vêtue de noir. La grand-mère sans doute. Elle semble dormir, la main posée sur un amoncellement de valises, de paquets ficelés, de couffins débordants.

Le père reste debout près d'eux. Il n'a pas quarante ans. Il fume à petits coups, nerveusement. Il veille. Mais il n'est plus le protecteur de la famille. L'homme fort. On lit le désarroi sur son visage comme sur celui de tous les hommes qui fuient, qui abandonnent tout. Il est aux petits soins pour sa femme. Mais il ne sait que faire. Son seul désir? Prendre l'avion le plus vite possible. Pour Paris. Pour Lyon. Pour Marseille. Qu'importe le lieu? Il ne connaît personne en France. Ils sont des dizaines de milliers comme lui à attendre, ce soir, en Algérie.

Je passe près d'eux. Moi j'ai mon billet, une place est retenue et je n'ai qu'une valise! Au passage elle heurte une pyramide de paquets, de couffins, une casserole roule à terre. Je m'excuse. Le père m'aide à refaire la pyramide. Il a un regard doux, ses gestes sont maladroits. Il ne dit rien. La grand-mère éveillée nous regarde faire de ses yeux vides, délavés qui mangent un visage ridé, basané. Elle se tient dans son coin, tassée sur elle-même, indifférente semble-t-il. Pourtant lorsque je me relève elle s'anime, elle pose sa vieille main tavelée, déformée par le travail et les ans, sur mon bras. On croirait qu'elle veut faire un long discours mais que les mots ne peuvent franchir ses lèvres qui tremblent. Je ne sais si c'est l'émotion ou l'âge, ses yeux sont pleins d'eau.

« Pourquoi, Monsieur, hein? Pourquoi? », murmure-t-elle. Sa main est retombée. « Allez, maman, ça va... ça va. » Il a l'accent de Bab-el-Oued. « Excusez-la, Monsieur, me dit-il, c'est l'âge... et puis c'est dur. »

Je ne sus que dire. Je m'enfuis vers le comptoir d'Air France où l'on m'appelait.

Oui. Pourquoi tout cela? Comment en était-on arrivé à cet engrenage fatal? A cette folie collective? Pourquoi devaient-ils quitter par centaines de milliers cette terre où ils étaient nés, où ils avaient travaillé, où leurs parents et leurs grands-parents étaient enterrés?

Comment pouvaient-ils considérer comme leurs ennemis mortels ces musulmans qui, quelques années auparavant, ne désiraient qu'une chose : être français, être leurs égaux? Comment ont-ils pu croire que ce serait le massacre lorsque « les Arabes » seraient indépendants? Peut-être pensaient-ils aux exactions du F.L.N., aux « ratonnades » aussi?

Comment une armée de 480 000 hommes avait-elle été vaincue, non sur le terrain militaire mais sur le plan politique, par une « poignée de hors-la-loi », par des « fellouzes » armés de vieux fusils, par des « diplomates » de Tunis qui avaient à peine leur certificat d'études? Comment tout cela a-t-il pu commencer?

C'est ce que je voudrais raconter. Le temps a passé. Les plaies se sont refermées même si la cicatrice est inneffaçable. On peut tenter aujourd'hui de répondre aux questions, de retracer cette période tragique de l'histoire de la France d'après-guerre. Cette histoire des occasions manquées. Cette partie perdue par l'aveuglement d'une poignée de « potentats » d'Algérie, soutenus par un groupe de parlementaires, suivis par un petit peuple dont on se servait, que l'on flattait et qui perdit tout. Cette partie qui aurait pu si bien finir...

Mais on n'avait jamais voulu regarder le problème en face. La Métropole ne s'est intéressée à l'Algérie que lorsque le sang y a coulé. Le sang européen. On n'a pas voulu croire au conflit. On n'a pas voulu considérer le conflit comme une guerre. On n'a pas voulu considérer les musulmans comme des hommes. Quand on l'a fait c'était trop tard. Bien trop tard.

Première partie

Les germes de la révolution

C'est au printemps 1954 que tout a commencé. La France vit sous le régime de Joseph Laniel. René Coty est président de la République. Deux bonnes grosses figures aux rides rassurantes dont la matoiserie et la roublardise se dissimulent derrière un sourire bonhomme. Celui de René Coty est paterne et bon enfant. Celui de Laniel semble forcé.

La France s'est donné des maîtres à son visage de l'heure. Traditionnels. Bons républicains. Attachés aux institutions. Braves comme on l'entend dans le Midi. René Coty, tout étonné d'être à l'Elysée, inaugure un septennat tragique qu'il ne terminera pas. Cet homme, heureux jusque-là, sait très bien qu'on l'a choisi, qu'on s'est enfin décidé sur son nom, à Versailles au treizième tour, parce que l'élection présidentielle tournait à la farce, qu'il fallait quelqu'un et qu'il ne gênerait pas. Tout le monde le connaissait. Et personne. En plus de cinquante ans de politique il a bien été ministre, député, sénateur, président de ceci ou cela mais sans grand éclat. On ne s'en souvient plus très bien. Il a la prestance très IIIe République. Il ira!

Le pauvre homme va tout perdre en devenant par hasard le premier personnage de France. Sa tranquillité et la femme qu'il adorait. La politique qui jusque-là lui semblait avoir tenu la première place dans sa vie lui paraîtra ignoble quand il aura perdu sa véritable raison de vivre. Les secrets d'Etat sont souvent trop lourds et étouffent facilement ceux pour qui ils ne sont point passion. Et ce n'est pas l'inauguration des chrysanthèmes — en 1954 cela tient une grande place dans sa fonction — qui lui fera passer le goût amer de l'aloès politique. Pour l'instant, au printemps 1954, il n'en est qu'à la découverte! Et ses entretiens avec le président du Conseil ne sont pas réjouissants. Laniel, qui n'en revient pas de durer si longtemps — il est en place depuis neuf mois, il atteindra presque l'année, un miracle! —, est accablé sous le poids de dossiers affligeants. En Indochine on est au bord de la catastrophe. En Tunisie et au Maroc ça ne va pas fort. Laniel applique une politique « attentiste », statique mais en apparence « à poigne ». Bourguiba est toujours déporté — il faudra bien tout de même se décider à faire un geste — et Mohamed Ben Youssef, le sultan du Maroc, a été « déposé ». On l'a remplacé par un autre, Ben Arafa, plus docile. Ben Youssef est en exil, à Madagascar. De ce côté-là on est à peu près tranquille. Pour combien de temps?

L'Algérie? Connaît pas. Là-bas tout semble aller pour le mieux. C'est-à-dire qu'on n'en parle pas. Les rapports du gouverneur Léonard sont « satisfaisants ». Depuis que l'on a su « réduire » comme il le fallait les émeutes qui ont ensanglanté Sétif en 1945, on n'a jamais eu à déplorer d'incidents graves dans les « départements » d'outre-Méditerranée.

De l'Algérie, en Métropole on ne connaît que les légions minables de travailleurs qui peuplent les chantiers, les mines, les grandes industries automobiles. Ils ont pris la relève des Italiens et des Polonais. Un sous-prolétariat que l'on croise dans la rue. Qui fait un peu pitié le jour et un peu peur la nuit. Avec ces bicots on ne sait jamais! A Paris ils ont déjà « annexé » des quartiers entiers : La Chapelle-Goutte d'Or, une partie du XVe, on en voit beaucoup au Quartier latin. Ils sont plus de 200 000 en France! Les Français d'Algérie? Des gens comme nous, semble-t-il. Il arrive d'en croiser un, lors d'une cure à Evian, à Vichy. « Et chez vous, comment ça va les Arabes? — Oh! très bien. Pas de problèmes. Ils sont heureux. Nous aussi. Et puis, vous savez, entre nous, chez nous c'est pas comme ce que l'on raconte sur l'Indochine, les Arabes ils ont été à l'école avec nous. A la communale. On se connaît bien. On s'aime bien. On est presque comme des frères. D'ailleurs, la meilleure preuve : ils préfèrent travailler chez les Européens que chez un patron arabe... »

Et l'on parle d'autre chose puisque tout va bien en Algérie.

Il pleut ce jour de mars à Paris. C'est le printemps. C'est le printemps mais on supporte encore un pardessus. Et Haouassi M'Barek regrette de n'avoir qu'un imperméable. Il a hâte d'arriver au Royal Odéon, le plus modeste des cafés du carrefour Odéon-Saint-Germain. Il vient de la gare de l'Est, rue de Balfond où il loge dans une chambre de bonne. Il a pris le métro à la gare de l'Est et a été tenté de descendre à Saint-Michel pour prendre un verre dans un des cafés de la place. Un de ces cafés qu'il aime bien. Mais il faut être prudent et en ce moment il lui a semblé qu'il y avait trop de flics dans les cafés de Saint-Michel. Sa carte d'identité a beau être en règle, il ne tient pas à un contrôle trop poussé. Car Haouassi M'Barek, né à Ghassiria (Algérie) en 1926, domicilié officiellement à Montrouge, étudiant en langues orientales, inscrit à l'école libre de Sciences sociales et économiques est recherché par la police — les inspecteurs parisiens n'ont pas toujours sa photo en poche, loin de là, mais certains policiers algérois voudraient bien le voir sous les verrous. Haouassi M'Barek s'appelle en réalité Ali Mahsas et il est né en 1923 à L'Alma près d'Alger. Condamné à cinq ans de prison pour activité antifrançaise et pour complicité dans un hold-up à la Grande Poste d'Oran en 1950. Son chef, un certain Ben Bella Ahmed, a été condamné à dix ans de prison. En mars 1951 ils se sont évadés ensemble de leur cellule grâce à une lime procurée par un avocat, Me Kiouane, actuellement membre du conseil municipal d'Alger. Ben Bella est parti au Caire. Ali Mahsas, alias Haouassi M'Barek, vit depuis deux ans à Paris où il est étudiant, un vieil étudiant de 31 ans, et occupe les fonctions vagues de membre de la commission de la presse de la section du M.T.L.D. de Messali Hadj à Paris. Il est en contact avec le siège du M.T.L.D., rue Xavier-Privas, et l'Association des étudiants algériens de Paris, 115 boulevard Saint-Michel, où le secrétaire Mahdi Zidi est la véritable boîte aux lettres de ceux qui ne veulent pas se faire trop remarquer. Ali Mahsas est soucieux lorsqu'il sort du métro Odéon. Le parti « file en quenouille », c'est la crise au sein du M.T.L.D. Les membres du seul parti qui « puisse faire quelque chose » en Algérie sont divisés. Le vieux Messali se prend pour Staline et verse dans le culte de la personnalité. Et Lahouel, le jeune et dynamique secrétaire général, ne pense qu'à prendre les rênes du parti. Ils ont bien assimilé les leçons du parlementarisme français! Querelles internes, discussions stériles. Ce n'est pas avec ça qu'on fera la révolution.

Et pourtant cette révolution proche Mahsas y croit de toutes ses forces. Pas depuis longtemps mais il a confiance. Il a rendez-vous au Royal Odéon avec Mohamed Boudiaf, le responsable du M.T.L.D. en France. Une puissance, car le M.T.L.D. compte 50 à 60 000 membres dans la région parisienne, mais tous attachés à Messali qui est leur dieu. Mourad Didouche sera là aussi. C'est l'adjoint de Boudiaf, chef de région du M.T.L.D. Un jeune. Un pur. Tous trois depuis quelques semaines se retrouvent régulièrement dans les cafés de Saint-Michel ou d'Aubervilliers.

Depuis des semaines ils parlent de leurs déceptions, de leur désespoir de voir le parti scindé en deux groupes qui ne font que se livrer des querelles stériles où le prestige, les préséances, le contrôle de l'argent jouent un plus grand rôle que le nationalisme et l'indépendance. Au cours de ces discussions Boudiaf, Didouche et Mahsas se sont aperçus que leurs idées étaient les mêmes. Qu'ils ne croient plus en Messali, que Lahouel n'est pas le chef « en pointe » qu'ils espéraient... « Tout cela c'est de la palabre, avait lâché Boudiaf, on n'arrivera à rien en dehors de l'action, de la bagarre. » Didouche avait renchéri. Mahsas, lui, y pensait depuis longtemps. Depuis 1950 où au sein de l'Organisation spéciale, mouvement clandestin du M.T.L.D. dont Didouche et Boudiaf étaient également, il avait essayé, de « faire bouger » le parti, de montrer aux Français qu'il existait une « résistance algérienne ».

Pourtant, après le démantèlement de l'O.S. par la police, après l'affaire de la poste d'Oran, on s'était endormi, on ne pensait plus à l'action qu'aux moments de dépression. Mais depuis ce jour où Boudiaf a lâché la grande idée d'action directe, les réunions ont été fréquentes. Ils ont eu besoin de développer leurs idées, de les éclaircir. Ce ne sont ni des lettrés, ni des intellectuels rompus à la dialectique politique. Ils ont besoin de discuter longuement. Et puis il y a l'atavisme. Au cours de ces palabres, ils sont arrivés à la conclusion que l'Algérie avait besoin d'une troisième force bien décidée à l'action. Ainsi on « réveillerait » ces Algériens amorphes.

Ali Mahsas est arrivé devant le petit café. Une façade tranquille qui ne paye pas de mine. Un bistrot discret qui contraste avec les grandes machines à néons éclatants du carrefour Odéon. Ni Boudiaf, ni Didouche ne sont là. Mahsas s'est assis et a commandé un jus d'ananas. Il est un peu anxieux car cette réunion est la dernière. Boudiaf et Didouche prennent l'avion ce soir pour Alger. Le Bréguet deux ponts de la nuit, qui coûte moins cher. Car les fonds sont en baisse. Pour l'instant c'est encore le M.T.L.D. qui subvient à leurs besoins. Qui y subvient chichement.

« Salam.

— Salam. Labès? »

Boudiaf et Didouche sont là. Les trois hommes se serrent la main et touchent leur cœur. Le garçon s'approche : « Et pour ces Messieurs? »

— Café. Jus de fruit. Peu importe.

Ni Mahsas, ni Boudiaf, ni Didouche ne boivent d'alcool. Ils sont entrés en révolution comme on entre en religion. Leur décision prise, ils se sont imposé un régime auquel le plus croyant ne pourrait trouver à redire.

« Seule une grande rigueur morale, a dit Didouche — le plus jeune — nous soutiendra jusqu'au bout de la lutte. » C'est Boudiaf qui va tenir la réunion. Car cette conversation bénigne de quelques « crouillats » entre eux, comme a dit le garçon à la caissière, est une véritable réunion. Une réunion récapitulative.

« Nous sommes bien d'accord, dit Boudiaf, sur la création le plus rapidement possible d'une organisation « en flèche »? »

Mahsas et Didouche approuvent.

« Comment l'appellera-t-on?

— On verra quand on aura suffisamment de membres. A ce propos il faut commencer à recruter les anciens membres de l'O.S. qui, pour la plupart, présentent toutes les garanties de sécurité indispensable à la clandestinité. »

Pendant près d'une heure, mêlant l'arabe et le français, Boudiaf, soutenu par Didouche, développe les idées maîtresses du futur mouvement. La création de groupes de combat dans la perspective d'une action violente et directe est indispensable. Au moment où le Maroc et la Tunisie ont entamé une lutte armée contre la domination française, l'Algérie, elle, est en retrait. Le parti le plus représentatif est en proie aux dissensions internes.

« Le processus révolutionnaire avec embrigadement des masses est indispensable aujourd'hui », ajoute Didouche.

Mahsas approuve et sourit. Il lui semble avoir déjà entendu cela quelque part! Boudiaf d'une voix sourde poursuit son développement. Il est impossible dans l'état de colonisation actuelle de créer une organisation révolutionnaire politique puissante. Les cadres, désorientés par les querelles intestines du parti, sont en pleine disponibilité. Il suffit de les réunir, de leur redonner confiance. Le peuple amorphe peut être réveillé. Les militants du M.T.L.D. sont révolutionnaires, il suffit de les regrouper. Pour cela il est indispensable de créer un noyau dynamique, décidé, dur, qui puisse, le moment venu, servir de détonateur. En outre la situation internationale peut devenir favorable. Il faut que l'on parle de l'Algérie sur le plan mondial. « Mais, ajoute Boudiaf, il ne faut pas créer une organisation politique qui ne soit qu'une nouvelle tendance de parti, qui ne fasse que de la parlote. Il doit passer à l'action. Très rapidement. C'est notre seule chance. »

Ali Mahsas, restant à Paris, devra développer l'idée d'action directe au sein de l'émigration algérienne, sans parler de l'éventuelle constitution d'un mouvement. Celle-ci doit rester secrète. Avant de se séparer c'est une nouvelle fois l'énumération des noms dont on est sûr. Ceux que l'on peut « affranchir » sans risque. Puis les trois hommes se quittent. Sur le trottoir luisant du boulevard Saint-Germain ils s'embrassent. Mahsas souhaite bonne chance à ses compagnons qui se dirigent vers Saint-Germain-des-Prés. Il est convaincu par les idées de Boudiaf, mais il a le sentiment que celui-ci en est beaucoup plus loin qu'il veut le dire dans ses contacts. Peut-être l'attachement sentimental que Mahsas porte au parti de sa jeunesse est-il pour beaucoup dans les réticences de Boudiaf à son égard. Peu importe.

Ce soir de mars 1954, Mahsas est bien décidé à accomplir sa mission. Amener les 60 000 militants du M.T.L.D. de Paris à l'idée d'action directe. Ce sera long mais, sans le savoir, Ali Mahsas, futur ministre de l'Algérie indépendante, vient de jeter les bases de ce qui sera la puissante fédération F.L.N. de France, aux ramifications innombrables, au pouvoir immense.

Pour comprendre comment certains hommes de valeur qui vont jouer un rôle essentiel dans la préparation de cette révolution, de cette guerre d'Algérie, en sont arrivés à l'action armée, ils est nécessaire de retracer l'histoire de leurs déceptions, de leurs rancunes, car aucun d'entre eux n'est « né révolutionnaire ». Pour la plupart, à un moment de leur vie, ils ont désiré passionnément être Français, en avoir les devoirs et les droits. Beaucoup d'entre eux ont fait la guerre 1939-1945 avec héroïsme. Il y a des croix de guerre et des médailles militaires sur la poitrine de beaucoup d'entre ceux qui chasseront la France d'Algérie. Ils le feront souvent avec cruauté comme on le fait avec une maîtresse après laquelle on a trop soupiré, qui a trop demandé et qu'un jour on se prend à haïr.

1945. Cela peut être la chance que les musulmans attendent depuis toujours. La guerre se termine. Un monde nouveau va naître, croit-on. Beaucoup d'Arabes, de Kabyles ont fait la guerre : l'Italie, la France, l'Allemagne même. Ils reviennent maintenant. Et ils racontent. Au milieu des balles, de la mitraille, des attaques furieuses où ils se sont conduits comme des héros — à tel point que le maréchal Juin les appelle : « Ces furieux qui, s'ils ne savent pas lire, n'en ont que plus le combat dans les veines », ils ont découvert la fraternité des champs de bataille. Avec des Européens! Les tirailleurs algériens ont été accueillis avec enthousiasme lors de la libération de la patrie. On les a fêtés, embrassés, on leur a même donné des fleurs. La moisson de médailles et le chiffre des pertes montrent l'ampleur du sacrifice, la vaillance et la fidélité à la France. Ils ont aussi découvert qu'on pouvait les respecter tout comme les autres. Là-bas ils ont trouvé ce qu'ils recherchaient depuis toujours : la dignité.

Et à longueur de soirée, chez eux, au café maure, les coudes appuyés sur les petites tables poisseuses, ils racontent. Ils enjolivent peut-être un peu. Mais l'essentiel y est. Dans le bled, dans les douars qu'ils ont regagnés, ils font figure de héros. Mais ils ne ressemblent pas à ceux de 1914 qui n'ont plus quitté leurs médailles ternies épinglées sur le burnous, à ceux qui se sont un peu trop tournés vers les colons, vers les Européens, qui sont devenus caïds ou khodjas. Eux sont jeunes et veulent retrouver dans leur Algérie cette drogue à laquelle ils ont goûté en Europe : la Liberté, l'Egalité. Sur ce point le retour au pays est décevant. Rien n'a changé. Au contraire. Ce qu'ils découvrent les atterre. Messali Hadj est en exil, quelque part en Afrique à ce que l'on dit. Et c'est Ferhat Abbas qui cristallise autour de ses amis du Manifeste toutes les aspirations nationalistes. Le P.P.A. de Messali, interdit depuis 1939, vit toujours clandestinement. La plupart de ses membres ont adhéré aux Amis du Manifeste. Les services de renseignements signalent ce noyautage du rassemblement de Ferhat Abbas par le P.P.A. clandestin. Les Européens, eux, pensent qu'il est temps d'étouffer ce regain de « nationalisme » venu d'outre-Méditerranée. Il est temps que tout redevienne normal. Ils ont très sincèrement bonne conscience. De quoi se plaint l'Arabe? Quand on voit ce qu'on a fait pour lui! C'est l'éternel refrain : « Vous savez, la plupart ne se plaignent pas. Ce sont surtout ces agitateurs, les Messali — encore que celui-ci soit un exalté pas bien dangereux —, les Ferhat Abbas — celui-là sous ses airs doucereux est certainement le pire — qui excitent les Arabes. On ne devrait pas les laisser faire. On est d'une faiblesse! Parce que les Arabes qui travaillent sont heureux. Voyez chez nous les ouvriers agricoles, mon gardien, mes fatmas qui s'occupent de la maison, ils ne se plaignent pas. Ils me sont fidèles et ils m'aiment tous. D'abord, ici ils ont tout ce qu'il faut. Moi je les paye comme il faut. Ils ont l'hôpital, certaines assurances. Ils sont presque comme nous. Et c'est tout de même nous qui leur avons apporté le progrès : les routes, l'eau, la mise en valeur de la terre. Voyez ici, toute ma propriété de la Mitidja; eh bien! avant que les Français arrivent, c'était des marécages. Non, croyez-moi, ils sont heureux. Ce sont d'ailleurs de braves gens, mais il ne faut pas laisser les meneurs les contaminer. Puis il faut que nous regagnions notre prestige. Il en a pris un coup depuis 1940. Vous savez, les Arabes, je les connais bien, ne respectent que le vainqueur. Celui qui a du prestige. Qui tient le bâton quoi! »

Il faut bien dire que depuis 1940 le prestige du Français d'Algérie est en baisse. Pourtant il a tout fait pour se trouver du côté du plus fort, lui aussi. En 1940 il est loin de l'occupant allemand, n'en subit pas le contact, ne souffre pas de sa présence. Alors c'est à bras ouverts qu'il accueille la politique du bon vieillard qui s'est sacrifié pour la France. Lui au moins prend les mesures qu'on aurait dû prendre depuis longtemps. Les Juifs redeviennent des Juifs. Ils n'ont jamais été des Français comme lui. Même si Crémieux en a décidé ainsi en octobre 1870. Les haines, les clans, les jalousies travaillent le Français d'Algérie partisan depuis toujours d'un ordre bien établi, ouvert aux idées fascistes de l'Etat fort, tenant bien en main les minorités. Nulle part en France ou dans l'Empire la propagande du Maréchal ne recevra un aussi bon accueil. Le « fer à repasser », comme on appela l'insigne de la légion, fleurit à la boutonnière de tous les gens « respectables ». Les affiches de propagande envahissent les murs — une habitude qu'on ne perdra jamais en Algérie —, partout le portrait du bon Maréchal offre sa tête de grand-papa protecteur de l'ordre. Humain mais ferme. On aime ça en Algérie. Les Arabes ne bougent pas. Ils font leur travail, c'est tout ce qu'on leur demande même si ce Ferhat Abbas s'adresse directement au chef de l'Etat pour lui proposer un plan d'émancipation des Algérien, l'égalité de la loi pour tous. Heureusement que le Maréchal sait les réponses vagues qu'il faut donner à ces « illuminés ».

Quant aux Juifs, on leur a retiré la carte d'identité française. Ils ne peuvent aller à l'école. Ils sont retournés au niveau des Arabes, d'où ils n'auraient jamais dû sortir. Enfin, pour ceux des « Européens » qui ne pensent pas comme il faut... ou qui sont par trop gênants, il y a les camps du Sud où ils seront remis dans le droit chemin de la pensée. Jacques Soustelle, qui a fait un portrait remarquable des Français d'Algérie de 1940 à 1942, soulignera chez eux l'opportunisme plutôt que la conviction profonde. C'est la sacro-sainte loi : être du bon côté du manche. C'est difficile lorsqu'il change de mains. Mais on y parvient. C'est ce qui se passe lors du débarquement allié en novembre 1942. Eux aussi ont choisi Sidi-Ferruch, comme les Français en 1830. Là encore le coup porté au prestige français est considérable. Les moyens déployés par les Alliés sont gigantesques et à côté d'eux ceux des Français paraissent dérisoires. D'autant que ceux-ci ont « changé de veste » et les insignes de la légion, les « fer à repasser » pétainistes jonchent les caniveaux des grandes villes.

Les mois de mai 1945, explosion de joie pour le monde entier, sera tragique pour l'Algérie. Le 1er mai est marqué à Alger par des manifestations. La Casbah descend dans la rue. Elle ne va pas loin. Les manifestants font 500 m dans la rue d'Isly et sont arrêtés à la hauteur du Casino-Music-Hall. La population musulmane veut marquer son désir d'indépendance avec les Européens. Les membres du P.P.A. de Messali, les partisans de Ferhat Abbas, et les Oulemas fanatiques de l'Islam, tous ceux dont le cœur est envahi par l'idée nationaliste, sont unis pour la première fois au sein des Amis du Manifeste, mouvement créé en avril 1945. Il compte déjà 500 000 membres! C'est le moment de montrer qu'on veut l'égalité. Cette première manifestation d'Alger est interdite et vite réprimée. Un commissaire est blessé d'un coup de poignard. On refoule sans ménagement la racaille vers ses quartiers. Des hommes s'écroulent. Dans la foule un tout jeune homme, Zoubir Bouadjadj, charge un blessé sur ses épaules et gagne très vite la Casbah. En haut du quartier musulman, à la prison de Barberousse, un prisonnier entend le bruissement de la foule en ébullition qui parvient jusqu'à sa cellule. Les informations arrivent vite, même à l'intérieur des prisons. Ce soir du 1er mai 1945 Ali Mahsas, accusé d'activité antifrançaise pour son appartenance au P.P.A. clandestin, sait que la manifestation a été sévèrement matée. Il espère pourtant que cela montrera au gouvernement français à quel point les Algériens sont décidés à obtenir l'égalité. Il se trompe lourdement. A Paris on a autre chose à faire qu'à s'occuper de l'Algérie. L'ordonnance du 7 mars 1944 a déjà accordé la citoyenneté française à 60 000 musulmans et a promis d'accélérer l'assimilation. C'est assez pour un premier temps. Il faut relever le pays de ses ruines et lui insuffler une nouvelle vie économique. Et en Algérie, huit jours plus tard, c'est Sétif.

Il y a grand péril pour l'objectivité à raconter cet épisode de l'histoire tragique de l'Algérie. Le déroulement en est confus. Et chacun, selon son opinion, en possède une version si différente! Je vais m'efforcer, employant des témoignages provenant d'horizons extrêmement divers, de retracer ces événements tels qu'ils se sont passés.

Sétif, c'est le sud de la petite Kabylie, déjà le Constantinois. Le cœur des riches terres à blé. Dans la région de Sétif la règle est : Tout pour le grain. A perte de vue des champs immenses. C'est la Beauce de l'Est algérien. Les blés verts déjà hauts frissonnent au vent, formant de larges vagues bleutées qui vont s'écraser sur les premiers contreforts de la petite Kabylie. La région est riche et cette prospérité rejaillit un peu sur la population musulmane. Ce n'est pas l'opulence mais, contrairement à beaucoup d'autres régions d'Algérie, ce n'est pas la misère. Cette riche région du Constantinois n'en est pas pour autant insensible aux idées progressistes. Le département de Constantine a toujours été le terrain de prédilection de l'activité nationaliste. Depuis quelques jours, presque deux semaines, les indices d'une nouvelle campagne nationaliste sont flagrants. Des slogans s'étalent sur les murs, sur les chaussées : « Rien ne pourra transformer un Arabe en Français. » « Un seul but : la victoire du P.P.A. Un seul moyen, la lutte. » « Algériens, le maquis vous appelle. Le châtiment approche. » Déjà le leitmotiv des discours de Ferhat Abbas est : « Se tenir prêt au sacrifice suprême pour obtenir l'indépendance de l'Algérie. »

En mai 1945 déjà l'idée d'assimilation, d'intégration totale, d'égalité avec les Européens, que demandent tous les musulmans, est dépassée par certains d'entre eux. C'est l'indépendance qu'ils veulent. Ils sont une toute petite fraction. Mais il faut en tenir compte et éviter la « contamination ». Déjà M. Cazagne, secrétaire général du Gouvernement général de l'Algérie, conclut son rapport par ces mots : « Il faut redresser la situation et l'accompagner de réformes sociales substantielles. »

La première proposition sera entendue. Oh! combien. Quant à la seconde...

Ce 8 mai 1945 à Sétif c'est jour de marché, la ville est en effervescence depuis que l'on sait la victoire proche. Un mot d'ordre du P.P.A. clandestin a circulé : le jour de la victoire, manifestation pour exiger, après le sacrifice et la conduite des Algériens dans l'armée française, un peu de démocratie et de justice! Dès 8 h 30 une foule de citadins auxquels se mêlent des paysans, des fellahs et aussi des scouts musulmans et des membres du parti se groupent près de la gare de Sétif. Ils se mêlent à la foule du marché. Les Européens s'inquiètent. Pour les comprendre il faut se replacer dans l'ambiance qui suit l'effondrement de l'Allemagne et la victoire des Alliés. Les Européens sont partagés en deux clans : ceux qui ce jour fêtent la victoire alliée — les cloches vont sonner à 15 h 45 annonçant la capitulation — et ceux qui, satisfaits de la victoire, pensent néanmoins que ces gaullistes ne vont leur apporter que des malheurs, que si « ils » laissent faire les Arabes les Européens n'auront plus qu'à « faire la valise ». Déjà le déplorable slogan circule. Combien il faudra d'erreurs, d'injustices, d'atrocités de part et d'autre avant qu'il se vérifie! M. Lestrade-Carbonel, préfet de Constantine, s'est fait le porte-parole des colons outrés. La police a des ordres très stricts pour rétablir l'ordre s'il en est besoin. Depuis près de quinze jours le préfet n'hésite pas à dire : « Nous allons assister à de grandes opérations. Le parti sera dissous. »

Cet A.M.L., ces amis du Manifeste inquiètent. Si des troubles se produisent le gouvernement de Paris sera obligé de constater que ces mesures de « libéralisation » — prises par les gaullistes entre parenthèses — sont prématurées. 60 000 musulmans que l'on « décrète » Français! Ce décret du 7 avril 1944 les colons ne l'ont pas digéré! Et *L'Echo d'Alger*, bien avant le 8 mai, « éditorialise » ainsi : « Quand la maison brûle, quand le navire sombre, c'est le pompier qu'il nous faut. Et pour nous, en Algérie, ce pompier c'est le gendarme... » Inutile de préciser que si la manifestation musulmane est « encadrée » par le P.P.A., les provocateurs européens ne manquent pas! Le mot d'ordre pour les musulmans est de manifester en sortant, pour la première fois, le drapeau algérien : vert et blanc. La manifestation se dirige vers le centre. On chante *Min djibalina*, « De nos montagnes »; les femmes encouragent les hommes de leurs you-yous stridents. Des pancartes sont brandies : « Démocratie pour tous. » « Libérez Messali. » « Libérez les leaders en prison. » Paradoxalement c'est la plus anodine de ces pancartes qui va mettre le feu aux poudres. Un inspecteur de police qui sort du café de France lit sur celle-ci : « Vive la victoire alliée. » Il est entouré, perd son sang-froid et tire sur le porteur de pancarte qui s'effondre touché au ventre. Le détonateur fait son office. Des coups de feu partent de toutes les directions. Un jeune scout, Bouzid, qui tient le drapeau nationaliste, s'écroule touché à mort. La foule réagit. Des Européens sont assassinés à bout portant. On lance le cri de guerre sainte : « El jihad ». Qui le lance? Le massacre se poursuit, s'étend. Le maire socialiste de Sétif, M. Deluca, favorable aux musulmans, est abattu. Qui l'a tué? On s'accusera mutuellement de sa mort.

Alors se déclenche dans la nuit, à Sétif et dans les environs, l'abominable processus d'assassinats en série. On tue, on martyrise de part et d'autre. Des colons isolés sont attaqués par des domestiques. De ceux qu'ils ont depuis trente ans. De ceux dont ils disaient : « Nous les connaissons bien. Ils nous sont soumis. D'ailleurs ils sont heureux. » Le massacre de Sétif vient de commencer. Il durera huit jours. On viole. On étripe. On mutile. On égorge. Une opération considérable de ratissage est menée par le général R. Duval à la tête de légionnaires, de Sénégalais. On dit qu'il employa des prisonniers italiens. Tous ceux qui sont fichés comme P.P.A., comme A.M.L. ou comme suspects sont embarqués. Les fusillades sont innombrables. La répression est sauvage. Les Européens, dont certains ont eu à cruellement souffrir dans leurs familles des exactions de cette journée, se sont fait donner des armes et décident de faire leur propre répression. Une femme européenne a-t-elle été violée dans telle ferme? Un commando ratisse la région et fusille par dizaines les musulmans qu'il trouve sur son passage. C'est, répondant au meurtre aveugle, le meurtre aveugle. Œil pour œil. Dent pour dent. Mais ni les yeux ni les dents n'ont la même valeur selon qu'ils sont européens ou musulmans. On ne saura jamais où sont les responsabilités; qui a déclenché le massacre. On pourra malheureusement juger de ses conséquences.

Car on peut parler de massacre. Des douars entiers ont disparu. On retrouvera des fosses communes remplies à ras bords de cadavres. D'après le rapport officiel du ministre de l'Intérieur d'alors, M. Texier, à peine 5 % de la population musulmane du Constantinois (soit 50 000 hommes) ont participé aux manifestations. Rares seront pourtant les familles qui ne seront pas touchées par la répression. On y a été un peu fort. A tel point qu'une commission d'enquête va être envoyée d'Alger par le Gouverneur général.

Et va se dérouler l'un des épisodes les plus frappants de la mentalité de l'Algérie d'alors. La commission portera le nom de commission Tubert, du nom de son président. Le général de gendarmerie Tubert a été maire d'Alger et est membre de l'Assemblée consultative provisoire. Il a une réputation bien établie de libéral. Si dans certains milieux réactionnaires de la colonisation on ne l'aime pas beaucoup, on est obligé de reconnaître sa parfaite honnêteté. Le général Tubert est accompagné dans sa mission de M. Labatut, avocat général à la cour d'appel d'Alger et du bon Arabe de service, le cadi de Tlemcen, M. Taleb Choiab ould Benaouda.

La commission arrive sur place le vendredi 25 mai au matin et commence son travail d'investigation. Elle est décidée à ne travailler que sur des faits précis, prouvés ou « gravement présumés ».

Mais le général de gendarmerie ne se contente pas de bavarder avec les officiels, de recevoir la version « européenne » de la manifestation, du massacre puis de la répression : c'est un fouineur, il interroge les Européens, il note les récits, puis les compare. Il va bavarder avec les musulmans, écoute avec patience leurs doléances, va voir sur place les traces des fosses, la chaux vive. Il entend les pleurs des familles de colons assassinés, mais aussi les gémissements qui s'élèvent de douars sans hommes. Tous massacrés. Il accumule notes et preuves, pendant quarante-huit heures il travaille comme un bœuf. Cette équipe inquiète une fraction des colons du Constantinois, en particulier ceux de la toute-puissante Chambre d'agriculture, ceux qui assuraient quinze jours avant les manifestations : « Nous aurons des troubles et le Gouvernement sera bien obligé de revenir sur le décret du 7 mars, sur sa décision de faire de 60 000 indigènes des citoyens français. » Paroles étrangement prémonitoires! Qu'est-ce qu'il vient fourrer son nez dans nos affaires, ce libéral à la gomme. Ici on a réglé nos comptes entre nous. Ils ont assassiné, violé nos femmes, massacré nos familles et on ne se défendrait pas? Et ils se concertent, unissent leur puissance. C'est qu'ils ont le bras long! Le samedi soir, quarante-huit heures après son arrivée, la commission Tubert est rappelée d'urgence à Alger. Le général Tubert a compris. Il sait qu'il ne reviendra pas.

Alors il décide de ne rentrer à Alger que lundi matin. Ça lui laisse encore le dimanche devant lui. Son opinion est faite mais il veut accumuler une masse de preuves irréfutables. Rentrée à Alger la commission Tubert rédige son rapport au Gouvernement général. Rapport ultra-secret dont on ne parlera jamais. Bien mieux, les exemplaires, les copies de ce rapport sont rassemblés et mis au pilon! Jamais, officiellement, on ne saura ce qui s'est passé à Sétif. Pourtant on a conservé trois exemplaires du rapport de la commission Tubert. L'un classé aux archives du Gouvernement général, un second qu'a dû conserver le général Tubert, et un troisième que j'ai eu en main.

Qu'il est significatif dans sa sécheresse, dans son souci d'objectivité! Quelle mise en garde dès mai 1945!

La commission établit que du 8 au 13 mai 1945, 104 Européens ont été tués dans le département de Constantine, plusieurs femmes ont été violées. Des colons de Chevreul, des petits et moyens colons qui travaillent dur, qui sont les plus proches des Arabes, ont reconnu parmi les assaillants certains de leurs domestiques élevés à la ferme, qui les servaient depuis trente ans. L'attaque s'est menée aux cris de « Jihad », guerre sainte. Pour expliquer ces exactions, la commission s'efforce de retracer le climat psychologique avant les événements.

« Inutile d'insister longuement sur un état d'esprit navrant et bien connu. Alors que la fraternité régnait sur les champs de batailles de l'Europe, en Algérie le fossé se creusait de plus en plus entre les deux communautés. Déjà les provocations fusent. Les indigènes menacent les Français. Beaucoup n'osent plus se promener avec des Européens. Les pierres volent, les injures pleuvent. Les Européens répliquent par des termes de mépris. « Sale race » résonnait trop fréquemment. Les indigènes n'étaient pas toujours traités, quel que soit leur rang, avec le minimum d'égards. Ils sont l'objet de moqueries, de vexations.

« Trois faits nous ont été racontés, prouvant l'état d'esprit de la population musulmane. Un instituteur de la région de Bougie donne à ses élèves un modèle d'écriture : « Je suis Français, la France est ma patrie. » Les enfants musulmans écrivent : « Je suis Algérien, l'Algérie est ma patrie. »

« Un autre instituteur fait un cours sur l'Empire romain. Il parle des esclaves. « Comme nous », crie un gosse.

« A Bône enfin une partie de football opposant une équipe entièrement européenne à un « onze » musulman doit être arrêtée par crainte d'émeute...

« La multiplicité des renseignements qui nous sont parvenus permet d'affirmer que les démonstrations de cet état d'esprit couvraient *tout le territoire algérien.*

« Actuellement, la presque totalité de la jeunesse des Facultés est acquise aux idées nationalistes ou, au moins, autonomistes... les musulmans ayant séjourné en Métropole comme soldats ou travailleurs ont porté leur attention sur des faits sociaux qui passaient inaperçus aux yeux de leurs parents. Ils font des comparaisons entre leur situation et celle des Européens qu'ils jugent privilégiés. En outre ils acceptent difficilement que des Espagnols, des Maltais, des Italiens qui, souvent pas naturalisés, ne sont pas appelés à défendre le pays où ils vivent, jouissent d'une position sociale supérieure à la leur. Enfin ils jalousent les colons propriétaires de grands domaines. Un seul colon règne en maître sur des milliers d'hectares et ils comparent sa richesse à leur misère.

« La répression des événements dont nous venons d'analyser certaines des causes a été sévère. On peut l'établir *officiellement* ainsi : 500 à 600 indigènes tués par l'armée. 500 à 700 tués par les colons. 20 à 40 musulmans tués à Sétif par la police et la gendarmerie.

« Conclusion incontestée : les émeutes avaient un caractère politique et tendaient à réclamer la libération de Messali Hadj et l'indépendance de l'Algérie. Il est permis de s'étonner que la conjonction des éléments P.P.A., Amis du Manifeste et Oulemas ait pu se préparer, se conclure et étendre ses effets avec une telle ampleur sans que l'administration ait paru lutter contre un danger dont elle ne semble avoir compris la gravité que peu de jours avant les événements.

« La commission, en conclusion, signale la psychose de peur qui étreint les colons. Elle signale également cette peur chez les musulmans. Peur qui, mêlée à des sentiments de mécontentement et de suspicion, agite les masses musulmanes.

« Il est nécessaire de rassurer les uns et les autres et de définir *sans tarder* et avec *netteté* et sincérité, les programmes politiques et économiques que les pouvoirs publics décideront d'appliquer à l'Algérie. »

Au panier, au pilon, le rapport! D'autant que le général Tubert qui, dans les chiffres de la répression produits dans son rapport, n'a cité que les morts officiellement établis, recensés, parle en réalité de 15 000 morts! On ne saura jamais le chiffre exact. Les musulmans et plus tard le F.L.N. diront 45 000 morts! 6 000, 15 000, 45 000 morts. Qu'importe! Le résultat est atteint. Il fallait étouffer dans l'œuf ce mouvement de rébellion, ont dit les colons. C'est fait. Le sang a tout recouvert. Et le rapport de ce libéral de Tubert est enterré à tout jamais. Au Gouvernement général on n'a entendu ni son enquête, ni ses conclusions. Et pourtant elles recoupaient celles du général Duval. On ne peut lui coller l'étiquette de « progressiste » au général Duval. C'est lui qui a dirigé la répression militaire avec ses Sénégalais, ses légionnaires et ses prisonniers italiens. Il a

« maintenu l'ordre ». Et pourtant le 16 mai 1945 — le sang de la répression n'est pas sec — il ne peut s'empêcher d'écrire ce qu'il a sur le cœur dans le rapport ultra-confidentiel qu'il adresse à son chef le général Henry Martin, commandant le 19e corps d'armée à Alger.

« L'épreuve de forces des agitateurs s'est terminée par un échec complet dû *essentiellement au fait que le mouvement n'a pas été simultané.* L'intervention immédiate a brisé toutes tentatives, mais le calme n'est revenu qu'en surface. Depuis le 8 mai un fossé s'est creusé entre les deux communautés. Un fait est certain : il n'est pas possible que le maintien de la souveraineté française soit exclusivement basé sur la force. Un climat d'entente doit être établi.

« Avons-nous assisté à la phase culminante du mouvement anti-français? Il faudrait être optimiste pour le croire. Le déclenchement du mouvement du 8 mai n'était pas prévu « ferme » pour le 8 mai. Nous avons assisté à un essai qui ne s'est pas généralisé grâce à l'efficacité et à la rapidité des mesures « contre-feux ». Mais il s'en est fallu de peu que l'Algérie entière ne s'embrase... Beaucoup de colons demandent une sévère répression. Beaucoup de Français oublient que seule une fraction de la population indigène a participé aux troubles; ils critiquent (les Français) l'intention de poursuivre l'œuvre d'assimilation entreprise par l'ordonnance du 7 mars... »

Et c'est l'homme de la répression qui écrit cela! Mais son rapport ne touchera pas plus les autorités que celui du général Tubert. Le calme est revenu. C'est vrai. Et plus que le calme. Il fallait détruire dans le peuple l'idée même d'indépendance nationale. C'est réussi. Mais les familles font le bilan. Il est affreux. On en parlera encore dix ans, vingt ans plus tard. Il marquera profondément des écrivains comme Kateb Yacine : « Là se cimenta mon nationalisme, écrira-t-il, j'avais seize ans. » Il nourrira les rancœurs, il enflammera le cœur des jeunes militants dix ans après, en 1954. Le nom d'Achiary, sous-préfet de Guelma qui laisse faire et aide la répression européenne, sera encore exécré, vomi.

Tout ou presque est parti de Sétif. Même si en apparence le premier but est atteint : l'éclatement des Amis du Manifeste. Tous les dirigeants connus sont arrêtés. Un sentiment de découragement, un vent de défaitisme enveloppe la population et les militants. Mais un petit groupe d'hommes durs et décidés savent maintenant que les musulmans ne parviendront à rien avec des moyens politiques. Il faudra créer un instrument révolutionnaire. Ces hommes ne se connaissent pas encore; ils s'appellent : Mohamed Belouizdad, Rabah Bitat, Ali Mahsas, Krim Belkacem, Didouche Mourad, Ben M'hidi, Ben Boulaïd et bien d'autres. Ils sont à Alger, à Oran, en Kabylie, dans les Aurès. Il leur faudra dix ans pour se rencontrer, s'entendre, s'unir.

Pour l'instant l'héroïque 7e régiment de tirailleurs algériens débarque à Alger. Il vient de perdre en Alsace plus d'un tiers de ses effectifs. Les hommes, presque tous originaires du Constantinois, rentrent chez eux, couverts de gloire. Ils vont revoir leur famille, leurs femmes, les enfants, le douar tranquille dont ils ont rêvé dans la boue d'Alsace, sous le feu des canons allemands. Ils découvrent les carrières de fusillés de Guelma, les fours à chaux d'Héliopolis, de Villars. Ils ont encore des fleurs de France à la main et ils trouvent chez eux la haine la plus atroce. Aux quatre coins de l'Algérie, des médailles, des « bananes » pendent encore sur la poitrine de l'adjudant Ben Bella de Marnia, du sergent Ouamrane de Dra-el-Mizan, de l'adjudant Boudiaf de M'sila : ils apprennent Sétif, 8 mai 1945. Partout ailleurs c'était le jour de la victoire...

Les dix années qui vont suivre seront des années de calme, de tranquillité, de paix pour les Européens d'Algérie. Le soudain réveil de novembre 1954 n'en sera que plus brutal.

Pourtant ces dix années ne vont pas se passer sans protestations musulmanes. Mais Sétif a cassé le ressort. Tout espoir de lutte directe, « d'action directe » comme on dira en 1954, est pour l'instant abandonné. C'est l'heure de la politique, de la tentative politique. Deux hommes la dominent, Ferhat Abbas et Messali Hadj. Avec des moyens différents, avec des succès divers aussi. Ils ne vont pas intervenir directement dans le déclenchement de la Révolution de 1954 que je veux raconter ici, mais, par leur personnalité, leur opiniâtreté, leurs erreurs aussi ils en ont été les catalyseurs. On verra combien Messali Hadj était plus dur, plus excité, plus violent contre les Français que ne l'était Ferhat Abbas. Et paradoxalement c'est celui-ci que les Européens redoutent. Sa dialectique, sa pensée leur sont plus proches, plus compréhensibles.

En 1946, en mars, Abbas qui a été arrêté le 8 mai 1945 au Gouvernement général, alors qu'il venait féliciter le gouverneur Chataigneau pour la victoire alliée, est relâché. Ferhat Abbas, qui ne se sentait pas à l'aise avec les hommes du P.P.A. clandestin, reprend sa liberté et réunit ses fidèles au sein d'un nouveau parti, l'U.D.M.A., l'Union Démocratique du Manifeste Algérien, qui obtient onze sièges aux législatives de juin 1946. Le voilà député. Il a quarante-sept ans, les tempes grises. Il est marié à une Française. Il s'est séparé de sa première épouse, la fille d'un riche propriétaire musulman de Djidjelli, pour incompatibilité d'humeur. Pas avec la jeune femme mais avec son beau-père, homme pieux et traditionnel que les sentiments laïques du leader politique offensaient abominablement! Le pharmacien de Sétif est certainement la figure la plus attachante, l'exemple parfait, le plus représentatif des occasions manquées en Algérie. Du jeune président de l'Association des étudiants musulmans au président du G.P.R.A. à Tunis, que de chemin parcouru, que d'efforts, que d'humiliations, que d'espoirs déçus, quelle révolte qui explosera soudain!

La vie de Ferhat Abbas c'est trente ans de l'histoire d'Algérie. Il faudrait un livre pour la raconter, mais ce qu'il dit, ce qu'il publie à dix ans de distance suffit pour se faire une idée de l'évolution du leader algérien, de sa façon de penser, de ses espoirs aussi. La plus célèbre déclaration, d'abord, celle toujours citée par les Européens quand ils voulaient montrer dans un premier temps que les musulmans étaient fidèles à la France, que l'Algérie c'était la France, et dans un second temps, bien plus tard, pour tenter de prouver la versatilité de Ferhat Abbas : « Si j'avais découvert la nation algérienne, je serais nationaliste — écrit-il dans son journal *L'Entente* en 1936 — et je n'en rougirais pas comme d'un crime. Les hommes morts pour l'idéal patriotique sont journellement honorés et respectés. Ma vie ne vaut pas plus que la leur. Et cependant, je ne mourrai pas pour la patrie algérienne parce que cette patrie n'existe pas. Je ne l'ai pas découverte. J'ai interrogé l'histoire, j'ai interrogé les vivants et les morts, j'ai visité les cimetières : personne ne m'en a parlé... On ne bâtit pas sur du vent. Nous avons écarté une fois pour toutes les nuées et les chimères pour lier définitivement notre avenir à celui de l'œuvre française dans ce pays... Personne d'ailleurs ne croit à notre nationalisme... »

En général ceux qui veulent prouver quelque chose par cette citation « oublient » la fin : « Ce que l'on veut combattre derrière ce mot de nationalisme, conclut Abbas, c'est notre émancipation économique et politique... Sans émancipation des indigènes, il n'y a pas d'Algérie française durable... » Les cimetières! On en parlera longtemps...

Sortant de prison en mars 1946, alors qu'il sait combien Sétif a marqué les musulmans, il espère encore. Il lance à la jeunesse algérienne un appel qui devrait faire réfléchir. Ce deuxième texte montre l'état d'esprit de Ferhat Abbas en 1946.

« Ni assimilation, ni nouveaux maîtres, ni séparatisme. Un peuple jeune... poursuivant son renouvellement intellectuel et moral, associé à une grande nation libérale, telle est l'image et l'expression la plus nette de notre mouvement de rénovation algérienne... Que les moins de quarante ans prennent leurs responsabilités et réfléchissent aux graves problèmes de l'heure. Ni la force, ni la basse soumission ne lui apporteront la solution véritable.

« Il s'agit de libérer l'Algérie du vieux système de domination coloniale... en respectant le principe des nationalités... Si la jeunesse algérienne ne dominait pas ses différences d'origine, si elle n'écartait pas délibérément de la vie publique les antagonismes qui s'inspirent obscurément des concepts religieux... elle aboutirait à un suicide moral lourd de conséquences.

« Un double et sincère effort est à réaliser. Le 8 mai nous a ramenés aux croisades, avec cette circonstance aggravante, pour les Français d'Algérie, que c'est une partie de leur élite, qui, de sang-froid, a torturé, assassiné durant les semaines des êtres innocents. Cela n'a été possible que parce que l'Arabe a toujours été considéré comme un être à part, un ennemi, un homme inférieur... Du côté musulman, le concept théocratique du Moyen Age doit aussi disparaître. L'époque du prosélytisme religieux est révolu... Un Algérien chrétien, israélite, doit être le frère d'un Algérien musulman, sans que celui-ci cherche à exclure l'autre de la communauté, ou que l'autre se croit obligé de l'assimiler ou de le réduire à l'esclavage... »

Cet appel à la jeunesse, l'un des textes les plus émouvants, les plus sincères, les mieux écrits et pensés du leader algérien, va devenir le programme du nouveau parti : l'U.D.M.A. Le succès de Ferhat Abbas est foudroyant. Sa personnalité, ses idées consolident son premier noyau de « clientèle ». Il est l'homme des intellectuels musulmans, des évolués, de la bourgeoisie. Il sait ce qu'il veut. Il demande, il exige presque mais avec un bon sens, une modération qui rassurent. Et c'est un homme avec qui les Français peuvent discuter.

Il est très européanisé. Sans parler de sa femme alsacienne, il manie mieux le français que l'arabe. Il est même très IIIe République d'aspect. Le profil sémitique et la moustache du Constantinois s'effacent très vite devant les manières rondes, bonhommes, familières. Il a commencé si jeune sa vie publique qu'il sait y faire. Il a le costume sobre, un peu avachi, la poignée de main très radicale-socialiste. Il pourrait même ainsi être suspect aux yeux des jeunes intellectuels si sa sincérité, sa foi n'étaient si flagrantes. Car s'il est à l'aise au milieu des meneurs politiques, si son assurance s'est développée au cours des épreuves, au long des années, il en est tout autrement lorsqu'il doit exposer ses idées devant une assemblée, lorsqu'il sait que la partie est importante. Le pharmacien de Sétif a une sensibilité exacerbée qui lui nuit à la tribune. Il s'emballe comme un moteur qui tourne trop vite. Il veut tant en dire, il veut si fort convaincre, qu'il lui arrivera de ne plus jouer le jeu parlementaire à la tribune, de se laisser aller à prononcer des phrases qui dépassent sa pensée ou qu'il exprime trop crûment! Mais qu'importe ce petit défaut, Ferhat Abbas sait se faire respecter et la bourgeoisie intellectuelle le trouve représentatif. Quant au peuple qui va lui apporter cette victoire aux législatives de 1946, il est impressionné. Il ne se sent pas proche de cet Arabe si occidentalisé mais l'admire. Ferhat Abbas c'est un peu le cousin qui est monté à la ville, qui s'y est instruit, qui a réussi mais qui n'a pas oublié ses origines, bien mieux qui défend sa famille, qui s'en fait le champion. Et puis Sétif est si proche. Le peuple, maté par l'effroyable répression, ne veut pas se risquer à penser à une action antifrançaise. Avec « Monsieur » Abbas on sait où l'on va. Il nous défend sans sortir de la légalité.

Enfin, le concurrent de toujours, le vieux Messali, est encore en exil. Le P.P.A. est clandestin, le M.T.L.D. embryonnaire, les conditions sont réunies. 1946 sera la grande année Abbas. Sur les treize sièges réservés à l'Algérie à l'Assemblée nationale, l'U.D.M.A. en remporte onze. Et Ferhat Abbas entre au Parlement à la tête des dix députés algériens. Le bougre fait peur aux Européens. Peur est un bien grand mot, disons que l'on se méfiera de lui. Pour les Français d'Algérie en 1946 et pour un bon bout de temps le nationalisme algérien aura le visage de Ferhat Abbas. Ils ont oublié que le leader algérien a lui-même déclaré dans son appel à la jeunesse : « Le nationalisme musulman est un anachronisme. » L'ont-ils seulement su? Encore une incompréhension basée sur le mépris, sur le refus du dialogue.

Si Ferhat Abbas séduit par sa prudence, son respect de la loi, la bourgeoisie intellectuelle des villes d'Algérie, s'il rassure, pour un temps, une population en partie terrorisée, la personnalité fracassante de Messali Hadj n'est pas pour autant oubliée. Et c'est dans l'ombre de Messali que vont grandir et s'affirmer la plupart des hommes qui vont préparer et déclencher la révolution de novembre 1954. Mais ils se seront séparés du vieux prophète. Pour l'heure, dans les années 1946-1947, c'est Messali, qui, pour eux, représente le mieux le nationalisme algérien.

Un personnage étonnant ce Messali. Il a cinquante et un ans. Une tête intelligente de prophète barbu. Il soigne son personnage. Il s'est fait « une gueule ». Le front large est en partie caché par un fez rouge qui retient avec peine une masse de cheveux grisonnants qui bouclent sur la nuque. Il ne quitte pas une djellaba de drap fin bordé d'un galon de soie tressée. C'est toute une histoire cette djellaba, c'est une profession de foi aussi. Messali, qui est né à Tlemcen, la ville sainte, a flirté dans la première partie de sa vie avec le communisme. Expulsé d'Alger dans les années 1930 comme agitateur, il vit misérablement à Paris. Il est ouvrier chez Renault — combien de leaders de la révolution mondiale la célèbre fabrique d'automobiles aura-t-elle vu passer dans ses ateliers? — et là prend contact avec le syndicalisme et les communistes. Il voyage. Beaucoup. Il prend des contacts. Beaucoup de contacts. A Bruxelles, au Caire, à Moscou. Il dirige le journal communiste *L'Etoile Nord-Africaine* qui, après cinq ans de vie officielle, est publié clandestinement.

Il n'y a pas chez Messali la subtilité, la prudence, le désir d'entente avec la France qu'il y a chez Ferhat Abbas. Non. Lui a annoncé la couleur dès le début de son « action révolutionnaire » : « L'indépendance de l'Algérie, le retrait des troupes d'occupation, la naissance d'une armée nationale. » Ses séjours en prison ne se comptent plus. En mars 1937 il a fondé le P.P.A., Parti Populaire Algérien qui remporte tout de suite un immense succès dans le peuple. Il faut dire que Messali sait y faire. Il a pris ses distances avec les communistes, tout en appliquant les techniques d'agitation apprises lors de ses stages à Bobigny! Mais il les adapte à son pays. Se rendant compte qu'il valait mieux jouer la carte de l'Orient que celle de l'Occident, même appuyé par les communistes, il met au point son personnage : mi-agitateur, mi-saint homme. Il ne boit plus, ne fume plus et ne se sépare plus de la fameuse djellaba. C'est la campagne des réunions de masse, des discours. Les tournées de Messali sont extraordinaires. Son succès foudroyant. Lorsqu'il prend la parole dans quelque petite ville on voit dès le matin la cité envahie par de longues files d'hommes qui viennent de la montagne, du bled, qui font des kilomètres à pied ou à dos d'âne pour entendre le leader. C'est le Grand Marabout qui séduit plus que le chef politique car il possède à fond l'art de mêler, avec une subtilité tout algérienne, versets du Coran et appels au peuple. C'est un orateur remarquable. Il enflamme. Son personnage galvanise les foules, les emporte dans un torrent verbal. Le contact avec le peuple est plus mystique que politique. On lui apporte de l'argent. Mais c'est à lui-même qu'on veut le remettre. Et s'il n'y a pas d'argent on apporte des poules, des œufs, un mouton!

Et lorsque Lahouel, son fidèle lieutenant — pour l'instant — « fait les comptes », la caisse du parti, pour hétéroclite qu'elle soit, est florissante. Mais la situation n'est pas tranquille. Le P.P.A. s'est tout de suite révélé comme le parti dur et la répression s'abat très vite sur lui. Interdit il n'en sera que plus fort car ses militants se sont organisés clandestinement.

En 1946 Messali vient de passer cinq années en prison ou en résidence surveillée. Il a été condamné en mars 1941 à seize ans de travaux forcés, vingt ans d'interdiction de séjour et à la confiscation de ses biens par le gouvernement de Vichy. Libéré par le général Giraud, on l'a mis immédiatement en résidence surveillée. Son activité n'en est pas interrompue pour autant! On a vu comment il a conseillé aux membres du P.P.A. clandestin de rejoindre les Amis du Manifeste. Mais il y a eu Sétif, l'éclatement des Amis du Manifeste, et le succès de l'U.D.M.A. de Ferhat Abbas. Il est temps de se ressaisir. Ce n'est pas la résidence forcée à laquelle il doit se plier qui entrave le leader. Aucune prison, aucun exil, aucune déportation ne l'ont empêché de transmettre ses ordres, fidèlement appliqués par l'appareil clandestin du P.P.A. Avec ses durs il crée le M.T.L.D., le mouvement pour le triomphe des libertés démocratiques, parfait paravent légal au P.P.A. clandestin.

Si les législatives de 1946 ont été favorables à Ferhat Abbas, aux élections municipales d'octobre 1947 c'est le triomphe de Messali. Le M.T.L.D. « coiffe » la plupart des municipalités. Dès lors le M.T.L.D. va devenir la « bête noire » du Gouvernement général. Si la population européenne se méfie plus de Ferhat Abbas — qu'elle trouve trop sage pour être honnête — que de Messali, un excité que d'ailleurs on connaît peu dans les milieux européens, la répression officielle va s'abattre sur les membres du M.T.L.D. et sur ceux qui auront le front de se présenter aux élections. Et avec un programme pareil! « Election d'une Assemblée constituante algérienne souveraine au suffrage universel, sans distinction de race ni de religion. »

Cette répression va avoir une conséquence essentielle pour la préparation de la révolution. Elle va regrouper les plus durs. Ceux qui, déjà, ont balayé le défaitisme et le « découragement face à l'action » qui règnent même au sein du M.T.L.D. Si Messali, conseillé par le secrétaire de la Ligue arabe, s'est décidé à jouer le jeu parlementaire, eux voient grâce à cette répression contre le M.T.L.D. naissant, que les moyens politiques ne seront pas suffisants.

A Alger, des hommes parlent, discutent des heures durant. Ils sont tous du M.T.L.D. « Nous avons une organisation politique de masse, disent-ils, mais sans organisme spécialisé dans la révolution. Il faut créer un instrument révolutionnaire. » Ces hommes s'appellent Mohamed Belouizdad, Ahmed Ben Bella, Aït Ahmed, Ali Mahsas.

NAISSANCE D'UN RÉVOLUTIONNAIRE

Un jeune homme, en Kabylie, a porté aux élections de 1946 un intérêt passionné. Il s'appelle Krim Belkacem. Il a vingt-quatre ans. Il est mandaté par le P.P.A.-M.T.L.D. pour surveiller le déroulement des élections dans la région du douar Ouled-Yahia-Moussa. La famille de Krim est très connue dans la région, elle est liée aux Français. Le père de Belkacem a été caïd puis, à sa retraite, sa grande sagesse, ses conseils éclairés lui ont valu de devenir président de la Djemaa, le conseil de village. Krim Belkacem a également un cousin caïd et un autre garde des Eaux et Forêts. Ces fonctions de garde champêtre, de caïd, de garde forestier semblent subalternes et pourtant le pouvoir de ceux qui les exercent est considérable dans cette Algérie de l'après-guerre.

Le caïd par exemple est choisi par les autorités françaises. Et, dans les douars dépendant de communes mixtes, c'est le seul contact que l'administrateur et les deux administrateurs adjoints aient avec la population. C'est au caïd que l'on s'adresse pour savoir ce qui se passe, quel est l'état d'esprit de la population. C'est à lui que l'on indique la tendance que doit prendre telle ou telle élection, c'est lui qui « fait voter ses ouailles », en échange de quoi on donne tel ou tel poste de sous-ordre, tel ou tel avantage aux « protégés » du caïd à qui en outre on laisse toute liberté pour

« faire ses affaires ». Et la plupart ne s'en privent pas. Un papier d'état civil, pour lequel l'administration française demande le prix d'un timbre ou du papier timbré, devient un document fabuleux que le malheureux habitant du douar devra « acheter » au caïd mille ou deux mille francs! La plupart de ces fonctionnaires avec la complicité de l'administration locale deviennent des petits seigneurs, tout dévoués aux Français, mais qui exploitent littéralement la masse des fellahs. Si le père de Krim Belkacem était de l'ancienne race des caïds qui défendaient leurs concitoyens, qui les faisaient bénéficier des avantages que l'administration française avait prévus, son cousin est de la « nouvelle vague ». Il a souvent proposé au jeune homme son appui, à condition de l'aider à savoir ce qui se passe, à ficher les membres ou les sympathisants du P.P.A. clandestin. Mais les relations se sont aigries car le jeune homme, délégué du M.T.L.D., devient lui-même l'un des « meneurs » de la Kabylie. Il a politisé la population. Et le cousin caïd ignorera toujours que c'est une de ses réflexions qui a été le détonateur de la révolte chez le jeune homme. Parlant de la population de son douar il a l'habitude de l'appeler : « le troupeau de moutons dont je fais ce que je veux ». Et le jeune Belkacem s'est juré de « faire des hommes de ce troupeau de moutons ».

C'est au jour des élections de 1946 que les deux cousins s'opposent sérieusement. Le caïd a réuni « sa » population et la dirige vers les bureaux de vote où il a placé comme chef de bureau son autre cousin, garde des Eaux et Forêts. Comme cela, aucun risque que l'on vote dans le sens qui n'a pas été prévu! Mais c'est la surprise. La population n'entre pas dans le bureau de vote. Elle obéit à Krim Belkacem. Elle ne votera que s'il en donne l'ordre. Le caïd fait très vite appel aux forces de l'ordre. Un léger accrochage se produit. Des chars prennent position pour intimider la population. La journée se passe sans autre incident. Krim a donné le feu vert. La population vote. Les élections comme dans beaucoup de douars seront truquées, préparées à l'avance. Le jeune Krim s'en est aperçu, mais il verra bien mieux en 1948 et surtout en 1951.

Rentrant chez lui, c'est l'incident qu'il redoutait tant avec son père, l'ancien caïd. Il a pour le vieil homme le respect que tout fils musulman a pour son père. Mais celui-ci est outré de l'attitude de son fils.

« Ils t'ont monté la tête, hurle-t-il, jamais la famille Krim n'a été contre la France. Et ce n'est pas mon fils qui va commencer!

Occupe-toi donc de mes figuiers et des champs comme je te l'ai proposé au lieu de monter les jeunes gens contre l'autorité!

— Mais ils sont malheureux, on doit les tirer de là...

— C'est ce maudit Messali qui t'a fourré ces idées dans la tête!

— Nous avons tous la même idée : libérer cette population, ces hommes de leur malheur...

— Malheur! J'ai bien vécu comme cela et tous ceux avant aussi. Restons à notre place... et tout ira bien. Avec l'instruction que je t'ai donnée tu pourrais trouver une place meilleure encore que celle que j'avais! Au lieu de travailler tu cours la campagne, tu ne sais que parler, parler... pour nous apporter le malheur! Comme s'il y en avait pas eu assez! »

Le vieux Krim s'est aperçu pour la première fois de l'influence politique de son fils sur la population. Il en est effrayé. La discussion continue, longtemps. Le père et le fils sont butés. C'est la rupture.

« Va-t'en et fais ce que tu veux. Mais tu n'apporteras que le malheur. Sur toi, sur nous, sur la population... »

La famille n'a pas renoncé, malgré la rupture, à faire rentrer au bercail, le jeune « écervelé ».

Quelques jours plus tard, Krim Belkacem rencontre « par hasard » le sous-préfet Ferret qui engage la conversation. « Vous savez combien nous avons d'amitié pour votre famille qui fait honneur au douar... »

Krim Belkacem est frappé par le ton décontracté, familier de celui qui, pour lui, est un haut fonctionnaire, le représentant de la France. Le vouvoiement même le surprend.

« Il ne faut pas perdre votre temps à faire de la politique. Vous êtes intelligent. Ne suivez pas les mauvais bergers... »

Krim a sa gueule butée des mauvais jours. Il ne répond pas. Le sous-préfet soupire.

« Enfin, réfléchissez. Venez frapper à la porte de la sous-préfecture. Elle vous sera toujours ouverte. Vous pourriez même y trouver un emploi...

Comme la carotte ne semble pas avoir de prise sur le jeune homme, les autorités vont utiliser du bâton. Une semaine après cette conversation, dix-sept gendarmes arrivent au douar avec l'ordre d'arrêter quinze hommes dont on connaît les opinions nationalistes. Quatorze sont arrêtés, enchaînés. Le quinzième, Krim Belkacem, est introuvable. Il est à vingt kilomètres de là. Il a profité du jour de marché dans un douar voisin pour faire de la propagande pour le M.T.L.D. Les gendarmes vont se retirer avec leurs quatorze prisonniers lorsqu'ils se heurtent à la population qui s'est réunie, hostile, et barre le chemin aux forces de l'ordre. Les gendarmes ont dégainé. Ils ne sont pas rassurés. Le vieux Krim, le président de la Djemaa, se précipite. Il craint l'effusion de sang. Il est atterré par l'attitude de la population qu'il parvient tout de même à calmer. « J'irai demain à la commune mixte. On les relâchera. Je vous le promets. » Son pouvoir est grand sur la population qui fait confiance au vieux patriarche. Les gendarmes peuvent partir, emmenant les hommes qu'ils ont arrêtés. Belkacem, revenant le soir, apprend les événements et donne ses ordres : « Tous demain chez l'administrateur de Dra-el-Mizan. Il faut prévenir les populations voisines. Asseyez-vous par terre, devant la commune, et n'en bougez plus jusqu'à la libération de nos frères. J'irai avec vous. Et même si l'on doit rester des jours assis là, nous n'en bougerons pas. On nous apportera de la galette, ce sera suffisant pour tenir. »

A Dra-el-Mizan une commission composée du juge, de l'administrateur et de l'adjoint du sous-préfet doit statuer sur le cas des hommes arrêtés. Le lendemain, le bordj de l'administrateur est littéralement envahi par une foule silencieuse qui en bloque les abords. Dans le bureau de l'administrateur, le vieux Krim tente de défendre les hommes arrêtés. « Il faut les libérer. Ils n'ont rien fait, dit-il.

— Et vous croyez que c'est par l'intimidation que vous y arriverez, Krim, tonne l'adjoint du sous-préfet, vous vous trompez! »

Le juge et l'administrateur renchérissent.

« Mais je vous assure que ce n'est pas de l'intimidation, réplique le vieillard, c'est la Touzia!

— La Touiza?

— La Solidarité. Chez nous elle joue pour tout. Pour les moissons tout le monde y participe même si ce n'est pas son champ. Pour ramasser les récoltes. Pour construire une huilerie. Pour remplacer un bœuf qui meurt chez l'un d'entre nous. Pour un mort, tout le monde est là. Pour quatorze des nôtres en prison, on est là aussi...

— Bon, je vous crois, dit le juge, mais si nous relâchons les hommes pouvez-vous nous garantir que votre fils ne fera plus de politique?

— C'est difficile à dire! Il est majeur et...

— C'est à vous de le convaincre. Vous avez de l'autorité... »

Là l'ancien caïd lève un bras au ciel.

« Enfin, essayez, poursuit le juge, nous vous faisons confiance pour cette fois. Les élus de Djemaa pourront aller les chercher demain à la prison. Ils seront libérés. Dites cela à la population. Et qu'elle déguerpisse. Allez! »

Se redressant dans sa djellaba le vieux Krim annonce en kabyle ces décisions à la population. Au balcon de la commune les trois membres de la commission l'observent. Mais personne ne bouge. « Allez, rentrez chez vous! Nous irons les chercher demain. »

Les hommes accroupis mangent leur galette en silence, regardent le sol, gênés de ne pas obéir au vieux chef. Celui-ci est bouleversé. Il ne sait que faire. Apercevant son fils à qui pourtant il s'est juré de ne plus parler il lui dit d'une voix tremblante d'émotion :

« Allez, va. Dis à « tes » hommes qu'ils doivent rentrer. » Il a parlé en français. Krim Belkacem s'est levé lorsque son père s'est adressé à lui. Il voudrait lui prendre le bras, lui dire qu'il est toujours le chef respecté, incontesté du douar, mais que pour cette affaire politique seulement c'est à lui que l'on obéit. Mais le vieil homme a tourné les talons.

« Rentrez chez vous, crie Belkacem en kabyle, ils seront libérés demain.

— Et si la promesse n'est pas tenue? crie-t-on.

— Eh bien nous irons tous à Tizi-Ouzou, je vous le promets. Allez, rentrez! »

Tous les hommes éclatent en applaudissements à l'adresse du jeune homme. On se sépare, on gagne les cars, les charrettes, les baudets en chantant les chants kabyles où il n'est question que de réveil du fils d'Amazir, le premier homme kabyle, de vie, de liberté. De la fenêtre, au premier étage du bordj, le juge désigne Krim Belkacem du doigt.

« Voilà, le vrai responsable, dit-il à l'adjoint du sous-préfet. On devrait s'en occuper sérieusement. »

Et ça ne tarde pas. Si quarante-huit heures après le siège de la commune mixte les quatorze hommes sont libérés, moins de deux semaines plus tard Krim Belkacem est « invité » à comparaître le 23 mars 1947 pour atteinte à la souveraineté de l'Etat. Krim a compris. C'est la prison à coup sûr. Faut-il y aller? Il se rend à Alger et demande conseil aux responsables du P.P.A. « Prends ta décision seul », lui dit-on.

« J'ai hésité, me dira-t-il plus tard. J'ai revu en un instant ma courte vie de militant. J'étais né comme ça. Tout gosse je ne pouvais comprendre cette discrimination. J'ai été à l'école Sarrouy à Alger, j'ai passé le certificat d'études européen, puis le certificat « indigène » plus facile. Pourquoi déjà français-indigène? Aux chantiers de jeunesse, plus tard, je suis secrétaire, c'était à Laghouat, je devais écrire les noms des Européens en bleu et ceux des musulmans en rouge. Je crois que c'est cette image de liste bicolore qui m'a décidé. Cela va peut-être vous paraître stupide mais elle m'a rendu enragé. Mon frère est revenu d'Europe avec des médailles et des pieds gelés! Là-bas on est bien égaux. Pourquoi pas ici? J'ai pris contact avec le P.P.A. et rentrant chez moi je me suis attaqué à cette immense zone vierge qu'était la Kabylie pour y développer l'idée nationaliste. Je quittais la maison le soir après dîner et je ne rentrais qu'à 4 heures du matin. Mon programme était simple. Je disais aux jeunes : la dignité humaine n'a pas de prix. On ne doit pas accepter l'humiliation quotidienne. Il faut secouer les joueurs de dominos, les fumeurs, les buveurs d'alcool. Il faut nous libérer. En un an j'avais organisé 1 900 jeunes en cellule de 4 hommes. Je travaillais en même temps chez mon père à distribuer les vivres dont il était dépositaire. Je faisais l'apprentissage de la vie semi-clandestine. »

Cette vie devient tout à fait clandestine le 23 mars 1947. Krim ne se présente pas à la convocation du juge d'instruction. Il sort une vieille Sten dont la contrebande était importante à cette époque en Kabylie et part vers la montagne.

Krim Belkacem a pris le maquis. Il a vingt-cinq ans. Commence alors une des aventures les plus extraordinaires de la guerre d'Algérie qui conduira le fils de caïd d'un douar perdu de Kabylie à la table de conférence d'Evian où, quinze ans plus tard, représentant le peuple algérien, il signera les accords et le cessez-le-feu...

Krim Belkacem devient une figure de la Kabylie. Sans relâche il parcourt le djebel, tentant de politiser la masse kakyle. Il est nommé chef de région du P.P.A. clandestin, recueille les cotisations, entreprend un programme d'éducation politique de la population.

Il est infatigable. Il fait des rapports sur l'état d'esprit du peuple, sur ses réactions à chaque événement important. En même temps il commence une préparation psychologique au « coup dur ». « Si ça se déclenche, dit-il aux hommes, êtes-vous prêts à y aller? »

Les nouvelles recrues sont de plus en plus nombreuses. La bande rebelle de Krim Belkacem impressionne la population, galvanise les jeunes. Car Krim n'est plus tout seul, un sergent de l'armée française, Omar Ouamrane, l'a rejoint, puis bien d'autres. Ouamrane devient son lieutenant. Ils sont tous deux de taille moyenne. Krim a le front large, les yeux perçants, le visage plein. Sa vitalité et la Sten qu'il tient toujours sous sa veste lui donnent un grand prestige. Il sait aussi parler à la population, convaincre, donner confiance.

Ouamrane, lui, ce n'est pas pareil, il fait peur. Il a un visage large et des mâchoires démesurées. Sa force est colossale. On a l'impression d'avoir un bison devant soi. Des yeux en amande semblent transpercer, fouiller à l'intérieur de celui sur qui ils se posent. Ouamrane, avec ses épaules de lutteur, surprend dans ces montagnes kabyles où les hommes paraissent si frêles, si secs, malgré une endurance extraordinaire. Il paraît déplacé, d'une autre race, venu d'un autre monde. Ouamrane c'est une demi-douzaine de ces Kabyles, avec une seule tête. Enorme. Un bulldozer.

Les autorités s'inquiètent de l'activité de la bande. On va créer des milices kabyles qui les traqueront avec l'aide des caïds et de leurs protégés. Puisque la population soutient ces hors-la-loi, tant pis pour elle. Perquisitions, arrestations, interrogatoires se succèdent. En vain. Krim court toujours et plus que jamais. Et la population des douars de cette partie de la kabylie fait connaissance, avant l'heure, de ce qui sera la vie atroce de l'Algérien moyen, du fellah, pendant la guerre d'Algérie. La population a peur. Krim semblait bien sympathique; bien sûr qu'il a raison quand il parle mais il amène tous ces ennuis. Les milices qui viennent n'importe quand, les jeunes qui veulent tout casser, qui veulent partir. L'antagonisme qui a opposé Krim à son père se retrouve dans maintes familles de Kabylie. Le père de Belkacem n'est d'ailleurs pas au bout de ses ennuis. On l'a convoqué. On est brave avec lui. Pour l'instant.

« On vous connaît, Monsieur Krim, vous nous avez bien servis. Vous avez été un bon caïd, mais c'est de votre fils que tout le malheur vient...

— Ah! je lui avais bien dit, gémit le vieillard.

— Alors, livrez-le. C'est dans son intérêt. C'est ce qui peut lui arriver de mieux avant qu'il ne fasse de grosses bêtises. Et la population sera délivrée. Elle a peur, vous le savez bien, et elle risque de s'en prendre à vous, à votre famille, à votre maison. On peut vous tenir pour responsable. Ils vont tout démolir... »

Si l'administrateur tient pareil langage c'est qu'il sait qu'une milice est en train de tenter de dresser la population contre la famille de Krim. On s'assemble aux alentours de la maison. C'est l'intimidation. Que faire? Où est Krim? Il ne revient que tous les deux ou trois mois chez lui pour embrasser les siens. Une nuit au maximum. Mais le hasard veut qu'il ait quitté l'autre partie de la Kabylie à laquelle il s'est attaqué pour venir voir les siens. Il arrive ce même soir au douar Ouled Yahia Moussa. Son père, affolé, lui explique la situation. Belkacem est fou de rage.

« Jamais je ne me rendrai, crie-t-il, si vous avez peur, alors chassez-moi. »

Il découvre sa Sten — « Je vais y aller, face à eux. J'essaierai de parlementer mais s'ils veulent me prendre je tire dans le tas. J'en tuerai le plus possible. Et comme ça vous serez débarrassés! »

Protestation de la famille qui l'entoure. Au fond tout le monde en est fier! On lui sert à manger, on l'embrasse. Il partira à l'aube.

Voyant que le chantage auprès du vieillard n'a pas réussi, les gendarmes ordonnent le boycott, la mise en quarantaine de la famille Krim. Personne n'a le droit de travailler pour elle, ni même d'adresser la parole à l'un de ses membres sous peine de prison!

« On ne pourra faire la récolte! » Le vieux Krim, le sage président de la Djemaa, de l'assemblée de village, voit les gens du douar, qui hier lui témoignaient de leur affection et de leur respect, faire un détour dans la campagne pour ne pas le saluer, pour ne pas lui adresser la parole! Le vieux est atterré, mais les événements ne lui laissent pas le temps de réfléchir sur l'ingratitude humaine.

Krim Belkacem et ses hommes ont décidé de passer à l'action, de punir ceux qui mènent les milices et participent à la mise à l'index de sa famille, qui perquisitionnent méthodiquement les mechtas. Ils dressent une embuscade contre le caïd et le garde champêtre. Le caïd est le propre cousin de Krim, l'homme qui disait : « le troupeau de moutons... » La vengeance sera double! L'embuscade est tendue à 2 km de Dra-el-Mizan. Le garde champêtre Aomar Mohamed est tué, le cousin l'Agha Dahmoun Slimane s'échappe de justesse. C'est le coup de tonnerre en Kabylie. Krim Belkacem a franchi le pas. Il ne s'agit plus d'activité antifrançaise où il risque un ou deux ans de prison. Il est passé à la lutte armée. Il sera condamné à mort par contumace. Pour lui et ses hommes la révolution armée commence. Pourtant cela ne fait pas l'affaire du M.T.L.D. Krim a dépassé le parti qui, pour l'instant, ne veut pas d'incidents de ce genre. Messali veut jouer le jeu parlementaire. Mais chez le jeune Kabyle l'esprit traditionnel a pris le dessus sur la politique. « Parti ou pas Parti, dit-il, on ne peut nous empêcher de régler nos comptes avec nos ennemis. Cela s'est toujours fait chez nous! » Déjà le parti voit ce jeune loup avec d'autres yeux. Il est décidé. Il peut servir, mais il inquiète. Il faut le mettre au pas!

Pendant que Krim Belkacem organise la Kabylie, créant des cellules prêtes à l'action, entraînant des hommes à la technique de la guérilla, l'instrument révolutionnaire, dont les durs du M.T.L.D. parlaient dès la fin de l'année 1946, a été créé lors du Congrès clandestin du P.P.A. C'est cette O.S. — Organisation Spéciale — qui sera l'embryon de la révolution de 1954. C'est au sein de l'O.S. que se rencontrent pour la première fois la plupart de ceux dont les noms vont apparaître sur les fiches de recherche de police, puis dans les titres des journaux, enfin — pour certains — entrer dans l'histoire de l'Algérie. C'est un très jeune homme Mohamed Belouizdad qui est l'âme du mouvement.

Il a vingt et un ans, il est instruit. C'est l'un des rares intellectuels du mouvement. La plupart sont d'habitude plus attirés par la dialectique de Ferhat Abbas que par les « décisions » de Messali Hadj.

Mohamed Belouizdad, qui a déjà créé des « groupes expérimentaux » dans le Chélif, met sur pied l'organisation secrète. Il réunit et contacte les hommes dont il est sûr. L'O.S. est organisée selon la technique pyramidale classique. Un chef connaît trois hommes. Ces trois hommes contactent et organisent chacun trois hommes en section. La section 1 ne connaît ni la section 2 ni la section 3, ni les chefs 2 et 3, encore moins le grand chef. Le cloisonnement est étanche. Cette technique servira pendant toute la guerre d'Algérie aux réseaux urbains. Mohamed Belouizdad déploie une activité sans rapport avec une santé précaire. Il est tuberculeux et se sait condamné. Il est pressé. Il faut au moins mettre en contact les hommes dont il est sûr. Avant tout Aït Ahmed et Ben Bella. Aït Ahmed vient de Kabylie, il a présenté un rapport très remarqué au congrès clandestin de mars 1947. Fils de caïd, instruit, Aït Ahmed est très proche de Mohamed Belouizdad. Ils ont presque le même âge. Aït a vingt-trois ans.

Ben Bella, lui, vient de l'Oranie, de Marnia. Il est plus âgé, vingt-huit ans et l'expérience des armes. Adjudant aux tabors marocains il vient de faire la campagne d'Italie, puis de France. Il compense son manque de culture, d'éducation par un dynamisme et un sens de l'organisation armée qui séduit Belouizdad. D'autres hommes rejoignent le petit groupe. Ben Boulaïd, un meunier des Aurès, Ben M'Hidi dont l'influence est grande en Oranie, Didouche — le gosse — qui n'a pas vingt ans, Rabah Bitat, du Constantinois, Ali Mahsas, d'Alger. Mohamed Khider, député d'Alger depuis novembre 1946, et Boudiaf bien sûr. Chacun dans sa région organise son groupe, ses sections. La contrebande d'armes à cette époque bat son plein. Le débarquement américain, la guerre si proche permettent de constituer sans grand mal des réserves d'armes. En Kabylie c'est la Sten qui a la cote! Dans l'Algérois les Statti italiens, dans les Aurès les Mausers. Des caches d'armes fort importantes se constituent. Mais seuls quelques chefs en connaissent l'emplacement.

C'est Ali Mahsas qui me racontera plus tard comment fonctionnait l'O.S. : « Le découpage du territoire en zones, régions, secteurs et groupes auquel a procédé le M.T.L.D. sert à l'O.S. qui adopte le même fractionnement. A chaque homme amené à la « cause », on fait subir une épreuve. Pour voir s'il tient, s'il est décidé. Pour le « mouiller » aussi, il doit être prêt à une mission dangereuse : dynamiter un local stratégique, abattre un traître. On « chauffait » le nouveau et au dernier moment on l'arrêtait ou on le laissait aller jusqu'au bout. Toujours ça de fait! »

Le premier petit noyau de l'O.S. va être renforcé à la suite du scandale des élections de 1948. Beaucoup de musulmans, qui ont encore espoir de participer à la vie politique légale, vont se décider à passer à l'action. L'année précédente au mois de septembre, la loi sur le statut de l'Algérie a été promulguée. Le statut de 1947, comme on l'appellera toujours, doit donc être appliqué. S'il n'est pas révolutionnaire ce statut peut apporter une détente considérable dans les rapports qui se tendent de plus en plus entre les Européens et une fraction du peuple musulman. Fraction relativement peu importante mais organisée, décidée.

L'Algérie reste composée de trois départements français. Un gouverneur général nommé par Paris représente le pouvoir central. Une Assemblée algérienne sera constituée de 60 représentants du premier collège (les Européens et les quelques musulmans — 63 194 exactement — qui ont le statut français) et 60 représentants du second collège (le reste de la population de l'Algérie). En outre l'article 2 précise : « L'égalité effective est proclamée entre tous les citoyens français. » Enfin le statut prévoit la suppression des communes mixtes, c'est-à-dire celles qui sont à majorité musulmane mais dirigées par un administrateur nommé par le Gouvernement général.

C'est la panique chez les dirigeants européens qui parviennent à faire dépendre cet article — ainsi que le vote des femmes — d'un vote à l'Assemblée algérienne. Il suffit donc que la majorité de cette Assemblée soit dévouée à certains groupes européens pour que le tour soit joué et que le Statut ne soit jamais appliqué. Ce jour d'élection pour l'Assemblée algérienne va marquer une victoire d'importance pour la Grande Colonisation mais aussi, sans qu'elle s'en doute, l'humiliation fera « plonger » dans l'action révolutionnaire des hommes qui au fond d'eux-mêmes espéraient toujours un réglement pacifique.

Les 4 et 11 avril 1948 c'est le grand jeu. Rien n'a été négligé. Les chars, les avions en rase-mottes au-dessus des douars réputés « durs ». Près de Djelfa c'est le commissaire de police qui « tient » le bureau de vote. Dans des villes importantes comme Blida, Orléansville, Cherchell, ce sont des urnes déjà pleines que l'on apporte au matin du 4 avril! A Dechmya on va employer la force. La population ne veut pas voter. Les gardes mobiles entrent en action. En vain. Cela tourne à l'échauffourée, les gendarmes tirent. Huit morts musulmans. A Michelet on a été plus habile : on n'a pas convoqué les électeurs! Ce qui bien sûr, à l'heure du dépouillement, n'empêche pas de trouver le nombre exact de votants. Dans le bon sens! Le truquage est si mal fait, ou plutôt fait avec tant de mépris que certains « bons » candidats sont élus avec 98, 99, 100 et parfois 102 % des voix! Les caïds ont si bien fait voter « leurs » populations que cela soulève même l'indignation de parlementaires métropolitains. L'un d'entre eux venu en observateur est resté célèbre pour ses rapports au ministre de l'Intérieur. Et pourtant M. Fonlupt Esperaber est loin d'être mêlé à « l'Affaire algérienne », il est député du Haut-Rhin, encore moins soupçonné d'être extrémiste, il est M.R.P.! Il deviendra le « témoin spécialisé » des fraudes électorales algériennes. « Si on se cachait, encore... Si c'était vraisemblable. Mais on avoue tout. Avec un mépris regrettable... »

Et pour faire bon poids, pour ne négliger aucun atout, on a arrêté le matin du vote 36 des 59 candidats M.T.L.D.! Prison et amendes les frappent. Le 12 avril au matin, dix ou onze députés M.T.L.D. sont élus. Ils ne seront plus que cinq ou six lors de la première séance de l'Assemblée algérienne!

Ce matin du 12 avril la voie est toute tracée pour les « durs » de l'O.S. Ils sont convaincus que l'action politique seule ne serait pas suffisante. Il n'y aura pas d'autre voie que la lutte clandestine et armée.

Mohamed Belouizdad est mort à Paris en 1949. La tuberculose l'a emporté. Aït Ahmed le Kabyle lui succède à la tête de l'O.S. Il est bientôt remplacé par Ben Bella. Car l'éternel, l'ancestral antagonisme arabe-kabyle a joué au sein de l'O.S.

Les kabyles qui, dans leurs montagnes, sont les plus « durs », les plus en flèche dans la préparation de l'action révolutionnaire, se considèrent maintenant comme les seuls chefs valables. Les Arabes sont des « étrangers ». Le berbérisme fait une nouvelle flambée. Les Kabyles sont peu à peu exclus de l'O.S. Krim Belkacem dont la force révolutionnaire fait l'admiration du parti, mais que sa puissance en Kabylie inquiète un peu, vit alors une étrange aventure. Le parti a pris peur lorsque Krim a « réglé ses affaires de famille ». On le convoque à Bordj Menaïel, puis à Alger. Par décision du parti il est affecté aux Aurès. Il doit partir à Constantine. Ses maquisards sont dispersés à travers Alger. Ceux qui sont restés en Kabylie sont abattus par les milices ou repérés et arrêtés par la P.R.G. (Police des Renseignements Généraux) dont maintenant les informateurs pullulent.

Krim Belkacem descend du train à la gare de Constantine. Il tient un baluchon à la main gauche et une orange à la main droite. C'est le signe de ralliement. Il se dirige vers la sortie. Un homme l'aborde, il a également une orange dans la main droite.

« Salam. Je viens de la part de Sidi El Hadj. »

C'est le code. Krim suit l'homme qui doit le conduire dans les Aurès. Il est fatigué. Le train a roulé toute la nuit. Les deux hommes s'arrêtent auprès d'un marchand ambulant et achètent des beignets.

« Quand dois-je partir?

— Je ne sais pas. Tu dois attendre les instructions à Constantine. Je vais te conduire à ton logement. »

Krim, condamné à mort par la justice française, n'ose bouger de sa chambre. Autant il est à l'aise dans sa Kabylie, autant Constantine, qu'il ne connaît pas, lui paraît hostile. D'autant que dans l'immeuble où il se cache, habite un agent de la P.R.G.! Krim n'a que mille francs en poche; pendant une semaine il se nourrit de pommes de terre, attendant le contact. Puis il perd patience et sort. Il va directement au siège officiel du M.T.L.D. à Constantine et fait un éclat auprès du responsable.

« Qu'est-ce que cela veut dire? On se méfie de moi! »

Le responsable prend peur et lui donne un peu d'argent. Il lui explique ensuite que certaines dissensions se font sentir à l'intérieur du parti. Huit jours plus tard, Krim, qui n'a toujours aucune nouvelle de son « affectation » dans les Aurès, vient à Alger et donne quarante-huit heures au responsable de Belcourt pour régler son cas.

« Sinon, je repars chez moi. »

La décision du parti est vite prise. On renvoie Krim en Kabylie où il va s'efforcer de faire jouer toute son influence pour lutter contre la scission arabe-kabyle. L'unité doit être conservée. On verra après la victoire. La crise est surmontée, mais le maquis kabyle « en a pris un coup ». Krim et le sergent, comme il appelle son lieutenant Ouamrane, le reconstituent et réunissent les sections qu'ils avaient formées. Le « flottement » du parti à son égard a fait perdre du temps. Et Krim se demande déjà si ce « flottement » n'était pas organisé, voulu, pour saper une autorité que l'on trouvait déjà envahissante...

Les durs de l'O.S. trouvent eux aussi que le parti « flotte » singulièrement. Déjà se précise entre eux l'idée de dissoudre l'O.S. si on ne se décide pas à l'action directe. Les sections sont formées. On a appris aux responsables les techniques de la guerre et de la guérilla. La plupart des jeunes qui se refusent au service militaire français et sont insoumis apprennent le maniement d'armes, l'organisation de l'armée française. Deux groupes de spécialistes en explosifs sont mis sur pied. Mais l'O.S. ne fait pas de véritable action directe.

« Quelques attentats sans importance réelle et sans réaction sur l'opinion publique », dira plus tard Mahsas, des « actions romantiques »... Ben Bella qui est las d'avoir à demander de l'argent à un parti qui trouve ses « cadres » bien turbulents, décide d'un hold-up pour procurer des fonds à la caisse de l'O.S. Ce sera l'affaire de la poste d'Oran.

Le déroulement même de ce hold-up montre à quel point, mis à part ceux de la montagne, les « révolutionnaires » de l'O.S. sont loin d'être prêts. Combien, pour reprendre le mot de Mahsas, leur action est encore « romantique »!

Ben Bella a un complice à l'intérieur de la poste d'Oran. Il pourra faire le coup à la fermeture. Mais une voiture est indispensable. Aït Ahmed qui doit l'assister ne sait pas plus que son compagnon comment en voler une! Pour se procurer un véhicule les deux chefs « nationaux » de l'O.S., prennent des risques énormes. Ils se présentent chez un médecin, le docteur Moutier.

« Venez vite, docteur, ma femme et mon fils sont malades. Il faut venir tout de suite. On va vous montrer le chemin. »

Une fois installés dans la voiture, Aït Ahmed « braque » le médecin.

Voilà la voiture trouvée. Le hold-up se fait très facilement. On embarque 3 070 000 F mais Ben Bella, ému, ne remarque pas un autre sac contenant plusieurs dizaines de millions! Les deux hommes fuient. Le coup est réussi. Les 3 070 000 F constituent le début d'un trésor de guerre que l'on évaluera 15 ans plus tard à plusieurs milliards et qui vaudra à l'un des hommes de l'ex-O.S., devenu un des personnages les plus importants de l'Algérie indépendante, puis passé à l'opposition, d'être assassiné à Madrid. Mais, pour l'heure, le député Mohamed Khider, qui protège l'O.S. des facilités que lui donne son immunité parlementaire, compte les sous pendant que Ben Bella se remet de ses émotions...

Le hold-up de la poste d'Oran ne soulève aucune émotion. *L'Echo d'Oran* n'en fait pas ses choux gras. Une agression. Un fait divers. Quelques voyous. Sans plus.

Ce n'est qu'en 1950, au cours du démantèlement de l'O.S. par la police française, qu'on saura à qui était destiné le butin du hold-up de la poste d'Oran. L'O.S. compte 4 500 membres organisés sur tout le territoire algérien quand commence l'opération de police qui va l'anéantir. Les Renseignements généraux connaissent l'existence du mouvement. Ils ne font pas encore la distinction entre le P.P.A. clandestin et l'O.S., mais ils savent que le M.T.L.D. sert de paravent. Leurs informateurs les tiennent au courant. Ils savent que les contradictions internes sont nombreuses, ils connaissent la crise berbéro-arabe.

« Laissons-les se dépatouiller, ouvrons l'œil mais ce n'est pas la peine d'en faire des martyrs et de risquer de déclencher un processus révolutionnaire quelconque. » D'autant que le scandale des élections, scandale qui va bientôt se renouveler en 1951, n'a pu qu'excéder une partie des musulmans qui pensent, qui réfléchissent. Inutile de les pousser plus qu'on ne l'a fait. C'est bien joué. Ce n'est pas étonnant. La police des Renseignements généraux, toute-puissante en Algérie, est dirigée par un homme remarquable : M. Costes. Un grand flic. Il connaît son Algérie sur le bout du doigt. Certainement mieux que beaucoup de Pieds-Noirs. Il est très lié avec M. Borgeaud, potentat de l'Algérie, dont la puissance immense traverse sans difficulté la Méditerranée. Costes jouera, à l'heure du 1er novembre 1954, un rôle très important et son amitié indéfectible avec le groupe Borgeaud lui vaudra d'être « déplacé » par le gouvernement Mendès-France.

Costes est grand, mince, musclé. Il impressionne et pourtant il sait se mettre à la portée de son interlocuteur. Le visage intelligent, creusé, osseux, un peu chevalin est surmonté d'une brosse longue châtain clair. Il a du charme. Un poulain et non un cheval de retour malgré sa déjà longue expérience de l'Algérie. Son intelligence lucide et passionnée lui a évité les faux pas si faciles à commettre pour un fonctionnaire important en poste en Algérie bien avant 1940! Car il est en Algérie depuis 1932. C'est rare pour un fonctionnaire métropolitain de valeur. En général le poste en Algérie c'est la corvée, le stage que l'on effectue — le plus vite possible — avant de gravir un échelon. Mais Costes est d'une autre trempe, d'une autre ambition. Il est originaire de Pamiers, il en a gardé une pointe d'accent. Ses parents ne sont pas riches. A force de sacrifices, de privations, il « pousse » jusqu'à la licence de droit. Là, deux issues : le barreau ou l'administration. Pour être avocat il faut de l'argent. Ce sera donc l'administration. Mais, dans l'administration, il choisit la branche la moins statique, la moins « endormante », car il y a du pur-sang chez Costes. Ce sera donc la police. Il y fait vite son trou. Mais ce sont les « crêtes » que vise le jeune ambitieux. En Algérie, où l'on ne s'arrache pas les postes, cela ira plus vite. En 1937, cinq ans après son arrivée, il est adjoint au chef des Renseignements généraux à Alger. De 1938 à 1940 le voilà contrôleur général de la sécurité du territoire. Il adore son métier et veut tout y faire. En outre l'Algérie l'a déjà « accroché ». Mais voilà 1940 et Pétain. Il « s'écrase ». On ne le voit plus nulle part. Et il revient tout naturellement dans les bagages des Alliés qui débarquent. Nommé commissaire divisionnaire en 1943 il prend la direction de la P.R.G. d'Alger qu'il connaît bien. Il commence à bâtir son empire. Borgeaud qui s'y connaît en hommes habiles préfère l'avoir dans son clan. Il y restera jusqu'au bout. Costes est un spécialiste de « l'opposition » musulmane. C'est lui qui, sut l'ordre du général Catroux, a arrêté Ferhat Abbas en 1943. C'est lui qui, le premier, inscrit le nom du sergent Ouamrane dans la liste des « durs », des irréductibles. Il sait l'antagonisme Arabes-Kabyles. Il en joue avec subtilité. Ses liens avec la toute-puissante famille Aït Ali seront célèbres. La loi d'amnistie de 1946 qui libère tous les prisonniers politiques, sauf ceux convaincus d'assassinats, n'a pas de plus farouche détracteur. « C'est, dit-il, une marque de faiblesse vis-à-vis des Arabes. » Voilà un langage qui plaît à Alger. Il ne s'est pas trompé en parlant des amnistiés de 1946. Il les a suivis du coin de l'œil. Ils sont tous du mouvement clandestin de l'O.S.

Costes les surveille. Ce n'est pas encore le moment de démanteler l'organisation. C'est par hasard que, en 1950, l'occasion se présente.

Rhaïm, un membre de l'O.S. de Tebessa, à deux pas de la frontière tunisienne, « tourne mal ». Il parle trop, critique l'organisation. Bref la section locale décide de l'enlever. En cours de route, comme dans les romans policiers, Rhaïm parvient à sauter de la vieille Citroën brinquebalante qui le conduit vers un sort « qu'il juge indigne de lui », et va tout raconter à la police. Tout ce qu'il sait sur l'O.S. de Tebessa. La police arrête la brigade locale de l'O.S., saisit des armes, du matériel, des médicaments. L'opération s'est déclenchée toute seule. Costes la mène à bien. Des arrestations ont lieu dans toute l'Algérie. Ali Mahsas qui est militaire à Orléansville — il s'est fait prendre comme insoumis — obtient 48 heures de permission et rejoint les chefs de l'O.S. à Alger. Ils sont inquiets. Pour eux, maintenant, il y a deux solutions devant la menace policière : soit que l'O.S. doit réagir, bouger, commettre des attentats, soit que les dirigeants doivent se cacher, prendre le maquis. Bref, faire quelque chose. L'état-major de l'organisation secrète demande des directives au parti. Il est atterré par la réponse : « Attendre. Rester sur ses positions... Etudier la situation. »

Ali Mahsas regagne son unité d'Orléansville. Ce sont les ordres. Mais pour lui les dirigeants du parti, Messali et son lieutenant Lahouel, sont devenus des « révolutionnaires qui attendent derrière une table ». L'opération Costes réussit au-delà de toute espérance, sans casse importante. Seul un policier, l'inspecteur Cullet, a été tué. La plupart des membres importants de l'O.S. sont en prison ou en fuite. L'organisation est démantelée. Ali Mahsas sera arrêté dans son unité par la sécurité militaire. Ben Bella le rejoindra le dernier. Après avoir été condamnés, Mahsas à cinq ans, Ben Bella à dix ans de prison, ils parviendront à s'évader ensemble de la prison de Blida en 1952. Ben Bella ira au Caire où il rejoindra le député Khider, qui s'est enfui la veille de l'expiration de son mandat, et Aït Ahmed. Ils représenteront le M.T.L.D. dans la capitale égyptienne. Mahsas ira à Paris. Boudiaf et Didouche également. Ben Boulaïd et Zirout parviennent eux aussi à s'enfuir de la prison de Bône, ils gagnent les Aurès. D'autres ont échappé à l'immense rafle. Ils sont entrés dans la clandestinité, soit en rejoignant Krim et Ouamrane en Kabylie, soit en se fondant dans l'immensité loqueteuse des quartiers arabes d'Alger. Boudiaf, Bitat, Boussouf, Ben

Tobbal, Ben M'hidi, Didouche, etc., figurent en lettres rouges dans le fichier de Costes. Personne ne se doute encore au Gouvernement général qu'ils vont devenir célèbres! Au M.T.L.D. on n'est pas faché de les voir de loin! Ces jeunes devenaient gênants. On dissout l'O.S. La page est tournée.

Les « durs » sont en prison ou en fuite. Les élections législatives de 1951 vont pouvoir se dérouler « tranquillement ». On a considérablement amélioré la technique des fraudes. Elle va dépasser ce que l'on peut imaginer. Le résultat sera atteint. Il n'y aura aucune représentation nationaliste algérienne au Palais Bourbon! Les cinq députés M.T.L.D. sont « blackboulés », tous les U.D.M.A., Ferhat Abbas en tête, échouent. Pas de détail cette fois! Plus de subtilité. De l'efficacité. Il faut dire que l'on n'a pas ménagé les efforts. La grosse artillerie coloniale a donné! Des candidats sont expulsés lors du dépouillement. Des réunions régulièrement déclarées sont interdites. Des circulaires, des « conseils » sont donnés aux caïds, aux maires, aux administrateurs. On envoie une circulaire dans laquelle on leur recommande « d'exercer des pressions sur leurs administrés et de dicter leur vote aux électeurs en faveur des candidats soutenus par l'administration ». La circulaire est parfaitement entendue. Dans la commune mixte — elles ne devraient plus exister depuis le statut de 1947 — du Chélif par exemple où la liste de l'administration obtient 10 225 voix sur 12 166 votants. A Port-Gueydon où, « disciplinés », 23 645 des 23 671 votants ont élu le candidat officiel. A Alger pourtant, où le truquage est plus difficile, une liste officielle n'obtient que 142 voix sur 7 233 votants. Mais qu'importe ce bureau d'Alger!

Ce soir-là, on exulte chez les Européens. Paris s'en fout. On a posé à l'Assemblée nationale le problème de la fraude électorale, les trois quarts des députés ne sont pas là et les « députés » algériens sont validés devant des travées désertes.

Lorsque quelques semaines plus tard le M.T.L.D. de Messali, l'U.D.M.A. de Ferhat Abbas, auxquels se joignent l'Association des Oulemas (les orthodoxes musulmans) et le parti communiste algérien, publient un « mot d'ordre » dans lequel ils réclament la liberté de vote dans le second collège, la fin de la répression et l'amnistie des prisonniers politiques, ils n'ont droit qu'à une réponse « par personnes interposées ». Le tout-puissant M. Laquière, président de l'Assemblée algérienne s'adresse aux « bons musulmans » :

« Braves gens, ne suivez en aucune manière un mot d'ordre qui, s'il était obéi, ne saurait que créer une confusion pénible pour tous ceux qui ne désirent que la paix bienfaisante. » On ne peut être plus méprisant dans le « paternalisme blessant ».

Aux élections d'octobre 1951 il n'y a pas un seul candidat M.T.L.D., pas un seul U.D.M.A. L'administration devrait s'inquiéter. Elle triomphe. « Ils » sont matés...

Le M.T.L.D. prendra une petite revanche dix-huit mois plus tard. Le conseil municipal d'Alger, deuxième collège, sera entièrement M.T.L.D. A cette époque Messali Hadj sera à nouveau assigné à résidence en Métropole. Et les militants découragés — ils sont de moins en moins nombreux, à peine 15 000 sur tout le territoire d'Algérie — assisteront à l'éclatement du parti que rongeait depuis longtemps une lutte interne, sourde, entre le vieux leader Messali et son « homme de barre », son lieutenant Hocine Lahouel.

Cette querelle interne sera l'ultime raison qui décidera les anciens chefs de l'O.S. à créer un nouveau mouvement qui n'ait qu'un seul but : l'Indépendance, et une seule façon d'y parvenir : l'action armée.

Depuis que Messali a décidé de jouer le jeu politique, malgré l'opposition farouche de l'administration qui traque, au moindre prétexte, les membres du M.T.L.D. officiel, le parti tend à se « radicaliser ». Les contradictions internes s'aggravent. D'aucuns, parmi les plus durs, parlent même de « collaboration avec l'administration ». Lahouel, secrétaire général du parti, leader du Comité central, siège à la mairie d'Alger, il est conseiller municipal et premier adjoint auprès de M. Jacques Chevallier, le jeune maire libéral qui a tout fait pour que son conseil municipal soit représentatif de l'opinion musulmane.

Si l'on a prévenu Sidi el Hadj dans son exil métropolitain, on ne lui a pas trop demandé son avis. Dans l'esprit des jeunes du M.T.L.D., réunis autour de Hocine Lahouel, El Zaïm, « l'unique, le seul » — tel était le nom que ses admirateurs dévoués avaient donné au prophète barbu —, avait tendance à devenir « le Vieux », tout prêt à entrer dans l'histoire du nationalisme mais non plus à la faire! Hocine Lahouel est un Kabyle d'une grande intelligence, d'une grande habileté. Il est agacé depuis longtemps par l'attitude du « patron ». Messali Hadj sait qu'il n'a qu'à paraître pour séduire et convaincre les foules. On l'entoure comme une idole, on s'arrache les cartes postales à son effigie, de pauvres paysans montrent comme une relique quelques poils de sa barbe vendus à prix d'or par un de ses familiers! Sidi el Hadj a institué le culte de la personnalité en Algérie. Aucun leader nationaliste n'a un pouvoir aussi grand sur les foules incultes du bled. Et le vieux prophète en profite pour diriger son parti à coup d' « ukases » sans demander l'avis de son Comité central et encore moins celui de ce galopin de Hocine Lahouel qu'El Zaïm considère tout juste comme un bon intendant.

Mais Messali est maintenant en résidence surveillée en Métropole et Lahouel n'est pas impressionné par les « diktats » que lance Messali Hadj. Les anciens chefs de l'O.S., les durs, l'inquiètent beaucoup plus. Bien que Ben Boulaïd soit membre du Comité central et que Boudiaf lui soit très attaché, il y a les autres. En avril 1953 Lahouel a réussi à convoquer le Comité central.

A cette réunion devaient participer tous les éléments de l'O.S. traqués par la police, tous les anciens de l'Organisation spéciale écartés prudemment par les jeunes plus calmes qui veulent jouer le jeu politique. Lahouel s'aperçoit que si ces éléments durs assistent au Congrès ils risquent de le balayer, l'accusant de « coopérer » avec l'administration. Par un de ces beaux tours de passe-passe que l'astucieux Kabyle affectionne particulièrement, invoquant la sécurité de ces hommes « en cavale », il scinde le Congrès en trois départements : Alger, Oran, Constantine et y ajoute la Kabylie.

En marge de ces quatre congrès le Comité central se réunira tranquillement. De cette réunion sort un nouveau Comité central où figure Messali Hadj. Mais ses deux plus fidèles lieutenants, Mezerna et Filali, sont exclus du bureau politique. Jusque-là le linge sale s'est lavé en famille. Mais Messali Hadj rue dans les brancards.

Puisqu'on veut, sinon l'éliminer, du moins limiter son pouvoir qu'il ne conçoit qu'absolu et sans discussion, il va faire appel à ses fidèles, à ceux qu'il séduit, qu'il envoûte : les militants. Il met à la porte les délégués qui veulent éviter la rupture au sein du parti. Parmi eux Ben Boulaïd qui rapporte les propos d'El Zaïm. « Je veux les pleins pouvoirs et un vote de confiance absolu, hurle-t-il. Et qu'est-ce que c'est que cette campagne contre le « culte de la personnalité » menée par Lahouel et Ben Khedda! Dehors! On verra bien ce que diront les militants... »

Le vieux Messali est malin comme un singe. Il sait que Lahouel bénéficie du soutien des jeunes « intellectuels » du parti. De ceux qui trouvent plus agréable les limousines de la mairie d'Alger que la lutte et l'exil. Voilà des arguments qui ne manqueront pas de faire effet sur la masse. Et aussi sur les « durs » de l'O.S., ceux qui sont traqués par la police.

La première partie du raisonnement de l'exilé est sans faille. Les militants, désemparés par cet antagonisme qu'ils ne soupçonnaient pas à l'intérieur du parti, se tournent vers la figure qui pour eux incarne depuis toujours le nationalisme. Mais pour garder les « durs » de l'O.S. l'affaire sera plus rude et ne tournera pas à son avantage. Sans le savoir Messali Hadj vient de se couler. Il a donné le coup d'envoi d'une révolution à laquelle il ne participera jamais. La vieille bête politique va mourir dans l'arène pour s'être crue plus forte que les matadors de la nouvelle vague.

Les sympathies des jeunes turcs de l'Ex-O.S. iront d'abord à Lahouel et à ses centralistes. L'un d'entre eux, Ben Boulaïd, fait même partie du Comité central. Mais on ne peut effacer d'un trait les décades de la lutte farouche qu'a menée le vieux Messali. Au début de l'année 1954 les Boudiaf, Didouche, Mahsas qui, à Paris, discutent à perte de vue de la révolution, prennent contact avec les deux clans avant de donner leur appui, de se « rallier » à Messali ou Lahouel. Et là, surprise... et déception. Pour une fois les deux clans sont d'accord. Ils voient la révolution d'une façon très précise. Avant de déclencher l'action directe armée contre les Français, il faut que l'organisation clandestine atteigne — sous le couvert d'une organisation officielle — un certain degré de préparation. Et, pour Messali comme pour Lahouel, ce déclenchement de l'action est lié à trois facteurs :

Que le peuple participe à la manifestation.

Que les moyens qualitatifs et quantitatifs soient déjà importants.

Qu'enfin la situation extérieure soit favorable.

Boudiaf, qui a déjà repris contact en Algérie avec ses anciens amis de l'O.S. et qui, à Paris, est en train de convaincre Ali Mahsas au café de l'Odéon, a compris. « Jamais ces trois facteurs ne seront réunis en même temps, dit-il. Ou alors dans combien de temps? C'est une habile façon de remettre à une date indéterminée le déclenchement de la révolution. »

Et de continuer leurs querelles intestines. Les jeunes turcs sont maintenant décidés. Il faut passer à l'action, créer un troisième mouvement et réunifier ce parti qui « file en quenouille ». Bien loin du café de l'Odéon, en pleine Kabylie, l'autre fraction des « durs », les Kabyles, dont certains comme Krim et Ouamrane tiennent déjà le maquis depuis près de sept ans, se posent des questions. Krim, qui tient la haute Kabylie, et Ouamrane, responsable de la basse

Kabylie, se réunissent au début de l'année 1954, en compagnie de leurs chefs de région. Chacun fait le point sur l'état d'esprit des militants. Ils arrivent aux mêmes conclusions. « Les militants sont tous pour l'action et les responsables du parti ne pensent qu'à être députés ou conseillers municipaux... » La réunion se passe à Tizi-Ouzou.

« Nous voulons rester fidèles à l'esprit et à la pensée qui nous a fait prendre le maquis, dit l'un des chefs de région. C'est à toi, Krim, de prendre contact en notre nom avec les responsables nationaux.

— La Kabylie est unie, renchérit un autre, ce n'est pas la peine que ni Messali ni les centralistes essaient de nous avoir. Il faut savoir ce qu'ils pensent.

— D'accord, dit Krim, je vous représente. J'irai à Alger mais je veux un témoin. Le sergent viendra avec moi. »

Krim Belkacem me racontera la réunion.

« J'ai vu Lahouel, j'ai contacté Messali. Et des deux côtés ça n'a été que des protestations d'amitié. Nous aussi nous sommes pour l'action, m'ont-ils dit. Mais il faut encore attendre. Ouamrane et moi nous sommes revenus écœurés. De la parlote. Voilà tout ce qu'ils savaient faire alors qu'en Tunisie et au Maroc la lutte était commencée. Un proverbe de chez nous compare le Maghreb à un corbeau. Quand les ailes battent, le corps bouge, dit-il. Eh bien nous, le corps, on ne se décidait pas à suivre les ailes. »

Pour les Kabyles, le coup final est porté en mars 1954. Ouamrane se trouve à Guynemer, dans la région de Bétrouna, avec la majorité des maquisards de basse Kabylie, lorsque arrive le contrôleur envoyé par le M.T.L.D. L'homme s'appelle Omar Aliane.

« Je peux vous le dire maintenant, annonce-t-il, la scission est presque officielle. D'un côté il y a Lahouel et les centralistes. De l'autre le vieux Messali. »

Il a une grimace de mépris à l'égard d'El Zaïm.

« Il faut que vous me disiez, poursuit-il, avec qui de Lahouel ou de Messali vous allez marcher?

— On va se consulter, répond Ouamrane, prudent. Nous te donnerons notre réponse plus tard.

— Mais c'est maintenant..., insiste le contrôleur.

— Plus tard... » reprend Ouamrane d'une voix douce...

Omar Aliane n'insiste pas. Avec ces Kabyles on ne sait jamais. Et puis ce colosse, ce sergent le met mal à l'aise. Avec son sourire qui fait paraître ses mâchoires encore plus démesurées!

Le choix est tout fait. Pour les hommes de Kabylie les centralistes sont déjà condamnés. Pour ces hommes qui vivent depuis si longtemps dans la montagne, souffrant des conditions précaires de leur vie clandestine, la sympathie va à l'exilé, au vieux prophète. Sentimentalement c'est lui qui l'emporte sur son trop ambitieux adjoint. Le vieux c'est un dur, un ancien détenu. Pour les maquisards c'est un père, un frère. Malheureusement il ne veut pas se laisser convaincre que la lutte armée est maintenant la seule issue. Peut-être y arrivera-t-on? On a oublié que, quelques années auparavant, au temps de l'O.S., Messali commençait à craindre la puissance de Krim et lui avait « démoli » son maquis.

Toutes les conditions sont réunies. Les durs n'ont plus d'espoir de voir le peuple participer efficacement à la vie politique de l'Algérie. L'administration et la Grande Colonisation ont donné trop de preuves de leur inflexibilité. Même le statut de 1947, une loi française pourtant, n'est pas appliqué! Ils sont en outre déchirés par la scission politique qui affaiblit un parti qui leur avait donné tant d'espérances. Ils sont découragés par ces luttes stériles. Quant à l'immensité musulmane, elle ne sait pas, elle ne comprend pas. Elle vit, c'est tout.

Qu'ils soient à Alger, dans le bled, dans les montagnes de Kabylie ou des Aurès, quelques hommes savent maintenant qu'ils devront agir seuls et ne compter que sur eux-mêmes. Ils entament la grande aventure.

Jamais révolution n'aura vu le jour avec si peu d'hommes et si peu de moyens... Ainsi, en mars 1954, s'entame le fabuleux match, la formidable histoire d'hommes qui — comme le dira plus tard Krim Belkacem, bien après Evian — n'avaient ni armes, ni argent, ni même le peuple... simplement leur volonté.

Ainsi va commencer une aventure de sang, de rancune. D'amour aussi, une aventure que l'incompréhension puis la haine rendront dramatique.

Deuxième partie

L'incubation

Ce dimanche de fin avril 1954 la grosse chaleur s'empare déjà d'Alger. Une légère brume monte de la mer. Alger, étagée en arc de cercle autour de sa baie, resplendit sous le soleil. Un jeune homme brun, mince, pas très grand, en chemisette et pantalon de toile, passe devant le Palais d'Eté. Son regard effleure sans les voir les deux Sénégalais qui, sabre au clair, jambes écartées, étouffant sous la chéchia et le lourd burnous rouge et blanc, veillent, statues hiératiques, à la grille de la résidence du Gouverneur général. Zoubir Bouadjadj n'a pas l'esprit folklorique ce matin-là. La journée va être éprouvante et il a décidé de quitter son logement, dans le quartier populaire de la Colonne Voirol, pour faire une longue promenade à pied jusqu'à la place du Gouvernement. Il a besoin de se détendre. Et la journée de repos que lui donne la maison Soumeillant, où il est vendeur de pièces détachées, risque d'être agitée. Depuis plus d'un mois toute la vie de Zoubir Bouadjadj est bouleversée. Depuis ce jour où son vieux copain Didouche Mourad lui a dit, dans un petit café de la haute Casbah :

« Messali devient gâteux et Lahouel ne pense pour l'instant qu'au jeu de la politicaille. Il faut que nous fassions quelque chose. Comme au beau temps de l'O.S. En es-tu? »

Zoubir a tout de suite accepté. Car sa confiance en Didouche est immense. Ils se sont connus en 1945. Zoubir avait deux ans de plus que Mourad mais celui-ci, il l'admettait sans peine, le dominait. Comme il dominait d'ailleurs la plupart de ceux avec qui il avait travaillé Plus petit que Zoubir Bouadjadj, son physique surprenait. Non qu'il fût laid, au contraire il était plutôt beau garçon, mais ses yeux verts et ses cheveux châtains tirant sur le roux vers les tempes n'étaient pas communs. C'était surtout la volonté révolutionnaire ancrée dans l'esprit du jeune homme depuis son adolescence qui étonnait tous ceux auxquels il se confiait.

Dès 1945, à dix-huit ans, il militait déjà au sein du P.P.A. Son rôle dans l'O.S. avait été de premier plan. Il avait été plusieurs fois arrêté mais à chaque fois il avait réussi à s'évader. Depuis le démantèlement de l'O.S. il vivait en clandestin. A Paris il avait été « permanent » du M.T.L.D. auprès de Boudiaf, puis était revenu à Alger. Après avoir reçu l'accord formel de Zoubir, Didouche Mourad l'avait « affranchi ».

« Il faut essayer de recoller les morceaux du parti, avait-il dit, on n'a pas lutté depuis si longtemps pour le P.P.A. puis le M.T.L.D. pour le voir se dégrader à cause des querelles de Messali et de Lahouel. Nous devons faire quelque chose. A toi je peux le dire puisque tu en seras, il faut créer une troisième force...

— Et enterrer les messalistes et les centralistes?

— Non, au contraire, les réunir. Il faut que ces « bonzes » s'aperçoivent qu'il y a des hommes qui veulent autre chose que de la palabre et des luttes stériles. Ils ne se rendent même pas compte qu'il y a de moins en moins de militants, que le peuple est découragé, qu'il s'en fout des luttes politiques. Nous devons être « la Seccotine » du parti. »

Zoubir Bouadjadj avait ainsi appris que Boudiaf était revenu de Paris et qu'avec Didouche, Ben M'Hidi d'Oran, Ben Boulaïd des Aurès et le grand Rabah Bitat que Bouadjadj connaissait bien, ils étaient en train de former une troisième force et de recruter des hommes sûrs, dont lui Zoubir était l'un des premiers.

Depuis ce jour il semblait à Zoubir Bouadjadj que la vie avait changé. A tel point que son patron Soumeillant lui avait lancé : « Alors Zoubir, amoureux? Tu changes à vue d'œil ces temps-ci... » Bouadjadj avait souri. « Qui sait, M'sieur? Tout peut arriver... » Il s'en était voulu d'avoir montré un tel changement dans son attitude. Il était vite redevenu le beau garçon à la peau mate, au regard vif, mais indifférent qui toute la journée, en blouse grise derrière son comptoir, vendait des pièces détachées d'automobiles en ne pensant qu'au football. Quelques jours après la conversation avec Didouche, il avait été mis en contact avec Rabah Bitat et Boudiaf. Les hommes se connaissaient, ils étaient tous des anciens de l'O.S. Mais après le coup de filet de la police, chacun avait pris une direction différente et s'était fondu dans la nature.

« Alors on refait l'O.S.? demanda Zoubir.

— Oui et non, répondit Bitat. Oui, parce que notre organisation sera dure et qu'elle doit être forte pour impressionner les messalites et les centralistes...

— Et non, coupa Boudiaf, parce que cette fois-ci nous serons nos propres patrons, que nous prendrons nos décisions et que nous passerons à l'action.

— D'ailleurs, ajouta Didouche pour son ami, le nom de notre groupe en explique tout le programme : Comité Révolutionnaire d'Unité et d'Action.

— C.R.U.A., épela Zoubir, c'est pas trop long pour frapper l'imagination des gens?

— T'en fais pas. On va pas le crier sur les toits. Le Comité doit rester secret. Et on ne dévoilera notre existence qu'au dernier moment. Au jour de l'action! »

L'action. Zoubir Bouadjadj en rêve depuis longtemps. Se venger des humiliations. C'est un vieux rêve. Il date de sa dixième année.

Sa famille était pauvre. Il n'y avait que sa mère pour faire vivre les gosses. Son père était mort quand il avait trois ans, des suites de la guerre 1914. Le père Bouadjadj avait été gazé et, revenu à Alger, ne s'en était jamais remis. Zoubir n'avait connu sa mère que pliée en deux, sur le linge qu'elle lavait et qu'elle repassait. Sans cesse. Le linge des autres. Pour un salaire de misère qui ne permettait pas à la famille de manger tous les jours à sa faim. Et souvent, sur la route de l'école, Zoubir ne résistait pas aux piles de beignets et de mokhouds dégoulinant de miel qu'on vendait au coin des ruelles de la Casbah. Combien de fois le marchand glapissant avait insulté le chapardeur qui se sauvait à toutes jambes! Zoubir se souvenait aussi de longues parties qui se jouaient dans le quartier en ruine de la Marine, entre la place du Gouvernement et l'Amirauté. Ses deux meilleurs copains étaient un juif qui habitait rue de la Lyre, dans la basse Casbah, et un Italien de Bab-el-Oued. A cette époque, tout gosse, ils s'entendaient bien. Ils jouaient dans les maisons abandonnées où seuls les clochards et les petits yaouleds, les petits cireurs orphelins, se réfugiaient la nuit, enroulés l'hiver dans un tas de chiffons puants. Dans une de ces maisons, un peu moins en ruine que d'autres, les gosses avaient trouvé un lot de vieilles photographies. Du moins le semblaient-elles à Zoubir qui, n'ayant jamais possédé pareil trésor, s'en empara. Le lendemain à 10 heures, en pleine classe, la police vint arrêter le gamin. Quelqu'un avait-il porté plainte pour ce paquet de photos abandonnées?

Le gosse fut conduit au Central d'Alger, en larmes. Il supplia qu'on le laisse partir, qu'on prévienne sa mère. Impassibles, les agents allaient et venaient, jouaient aux cartes et enfermaient avec le gosse leur moisson de la journée, voleurs à la tire, mendiants, ivrognes, deux putains. Lorsqu'on relâcha Zoubir, le jour suivant s'était levé. On l'avait gardé un jour et une nuit au commissariat central.

« Jamais je n'oublierai les larmes de ma mère lorsque je suis rentré ce matin-là, me dit-il plus tard. Ils se foutaient pas mal que mon père ait été gazé pour la France, en soit crevé, que je sois un môme de dix ans que sa mère cherchait partout folle d'inquiétude. Pas d'importance : un Arabe! Ça ne pleure pas les mères d'Arabes! »

Ce matin-là Zoubir Bouadjadj avait fait connaissance avec la haine.

Dès 1942, à dix-sept ans, il se jeta dans les bras du P.P.A. clandestin, distribuant les tracts, les journaux, ramassant l'argent. Puis ce furent les campagnes électorales de 1945. La manifestation du 1er mai dans les rues d'Alger. Il y avait ramassé un blessé. Ensuite l'O.S., puis rien. Le découragement. Et ce mois d'avril 1954 lui semblait être le plus beau de sa vie. La lutte allait reprendre.

Quinze jours après la conversation qui lui avait appris la naissance du C.R.U.A., Bouadjadj était parti en mission en voiture avec Boudiaf.

« On va à la Casbah, lui dit celui-ci. Je t'expliquerai en route. » Si Zoubir était séduit pas le dynamisme qui poussait Didouche toujours plus loin, toujours plus avant, il était impressionné par Boudiaf.

Mohamed Boudiaf c'est l'un des membres les plus âgés et aussi le plus instruit du mouvement. Il a trente-cinq ans, un visage creusé par la tuberculose qui l'a empêché de terminer ses études. Il a été au collège de Bou Saada — il est lui-même originaire de M'Sila dans le Sud-Constantinois — jusqu'au concours d'entrée à l'Ecole normale. Il ne passera jamais ce concours, terrassé par des crises de tuberculose et entraîné par sa passion politique. Depuis, il a été de tous les mouvements clandestins, de toutes les actions. Au démantèlement de l'O.S., le M.T.L.D. l'a envoyé comme représentant à Paris. Messali a en France grande influence sur les dizaines de milliers de travailleurs des chantiers et des hauts fourneaux.

Puis, l'idée de troisième force étant mûre, il est parti pour Le Caire contacter les « frères de l'extérieur ».

Ben Bella, Khider et Aït Ahmed, qui représentent le M.T.L.D. dans la capitale égyptienne, ont été accueillis par la Ligue arabe auprès de laquelle tous les mouvements nationalistes de l'Afrique du Nord, sont représentés. Officiellement c'est Mohamed Khider que le M.T.L.D. a envoyé au Caire, Ben Bella et Aït Ahmed ne l'ont rejoint que plus tard. Mais Ben Bella a pris le pas sur ses deux compagnons grâce aux bonnes relations qu'il a su lier avec le nouveau chef de l'Egypte révolutionnaire Gamal Abd El Nasser. Il a su convaincre le Raïs que l'Algérie, la seule à témoigner d'une attitude apathique en Afrique du Nord à l'heure où la Tunisie et le Maroc se soulevaient, était décidée à l'action. Quand Boudiaf arrive au Caire, au 3e étage 32 Abdelhalek Sarouet, où se trouve le local que l'on a attribué aux responsables algériens, Ben Bella lui fait part de ses conversations avec Nasser. Et Boudiaf qui est venu pour convaincre s'aperçoit qu'il n'a qu'à expliquer la situation. Ben Bella est déjà gagné à l'idée de troisième force. Mais le principal problème qui se pose est d'ordre matériel. Ben Bella, qui est en rapport avec deux agents des services spéciaux égyptiens, sait que ceux-ci ne sont pas très chauds pour fournir armes et argent.

« Du moins tant que nous n'aurons pas fait nos preuves, confie Ben Bella à Boudiaf. Il faut donc démarrer par nos propres moyens. »

Quant à la Ligue arabe, c'est un nid de frelons au sein duquel toutes les tendances ne font que s'entre-déchirer et où l'on agite de grandes idées révolutionnaires à longueur de journée. Une fois encore de la palabre et c'est tout. Boudiaf devra donc trouver des armes en Algérie. Les quelques réserves de l'O.S. constitueront un premier noyau. Et Ben Bella, ancien chef de l'Organisation spéciale, donne à Boudiaf l'emplacement des principales caches constituées cinq ans auparavant. Ces quelques adresses et l'adhésion de Ben Bella au Mouvement qui va se créer sont les deux seuls éléments positifs que Boudiaf emporte du Caire.

C'était pour récupérer les armes de la cache la plus importante que Boudiaf avait emmené Bouadjadj à la Casbah.

Chez Mustapha Zergaoui, qui depuis cinq ans cachait un véritable arsenal dans une pièce sombre, une sorte de cave creusée dans le roc de la Casbah, ils avaient retrouvé Didouche. Zergaoui n'avait jamais su ce qu'il y avait dans les paquets entourés de toile à sac graisseux, déposés à l'époque de l'O.S. Lui n'était qu'un exécutant, un militant comme les autres. Ce n'est que chez Bouadjadj, où l'on avait transporté les armes à l'abri de la calme ruelle Montréal, Colonne Voirol, que les trois hommes avaient découvert l'importance de la cache donnée la semaine précédente par Ben Bella dans un bureau étouffant du Caire. Deux postes émetteurs-récepteurs. Trente mitraillettes Thomson et Sten. Des fils. Cinquante grenades. Cinq cents allumeurs de détonateurs, des lunettes sur trépieds, quelques outils. Après avoir fait l'inventaire, Boudiaf avait donné le feu vert à Bouadjadj pour commencer le recrutement pour le mouvement.

« Attention, avait dit Didouche, uniquement des hommes sûrs. N'en contacte que trois ou quatre et qu'eux-mêmes en fassent autant. Pour que le cloisonnement soit efficace.

— Et puis il faudra trouver une autre cache pour ces armes, avait ajouté Boudiaf. Ici c'est encore trop près du centre. Ne les garde pas longtemps, Zoubir. »

Si, ce dimanche ensoleillé, Zoubir est si nerveux en descendant vers le centre, s'il a tellement envie de se dégourdir les jambes, de se décontracter c'est que dans l'après-midi même il doit transporter l'arsenal dans un lieu plus discret. Il a choisi la ferme de El Hedjin Kaddour, un paysan de Crescia, un petit village entre Alger et Boufarik, en dehors de la route nationale. El Hedjin est acquis au mouvement. Sa ferme discrète, une mechta plutôt qu'une véritable ferme, va jouer un grand rôle stratégique dans la révolution qui se prépare.

La terrasse du petit café maure de la basse Casbah sur la place de la cathédrale est bondée. Il y a là tous les copains de stade de Bouadjadj. Avec eux, au moins, il va penser à autre chose, se décontracter. Pour eux il est « Champion », c'est son surnom parce qu'il se défend très bien au football et qu'il est l'un des tout premiers supporters de l'équipe de foot d'Alger.

« Alors, Champion, lui crie-t-on, qui va gagner? Alger ou la sélection parisienne?

— Alger, bien sûr.

— Tu seras au stade cet après-midi?

— C'est pas un match que je vais manquer, non? »

Zoubir Bouadjadj sait très bien qu'il n'assistera pas au match ce dimanche après-midi. Sa passion du football est en « veilleuse ». Plus tard on verra. Cet après-midi il sera responsable du plus important dépôt d'armes dont dispose le C.R.U.A., mais ça ne regarde personne. On échange des paris.

« Eh! Champion, tu mets combien sur Alger?

— Quelle est la cote?

— Une catastrophe. 10 contre 1. Pour les Français, naturellement!

— 1 000 F sur Alger.

— T'es « louf », Zoubir. On n'a aucune chance!

— Va toujours. »

Aucune chance. C'est bien vrai. Il a raison, le copain. Ils sont trop forts. Mais ce n'est pas une raison pour abandonner avant de commencer... Et ce match, pour Zoubir, a valeur de symbole.

A 14 h 30 le chargement est terminé. El Hedjin et Zoubir ont transporté les armes dans des couffins et les ont réparties entre le vaste coffre et la banquette arrière d'une vieille Citroën 15/6 qu'un de leurs amis, Baba Ali, vient d'acheter. El Hedjin Kaddour s'installe au volant. Zoubir Bouadjadj le regarde. Il transpire légèrement.

« Ça va?

— Ça va. En route! »

A cette heure il n'y a pas grand monde sur la route. Il fait très chaud et tout le monde sacrifie à la sieste après déjeuner. Le Golf. Birmandreis. Les rues sont vides. On approche de Birkadem.

« La putain de ses os! », jure Kaddour.

Sur la route deux gendarmes font signe de ralentir puis de stopper. Kaddour tente de freiner, mais les freins répondent mal. La voiture dépasse les gendarmes qui se mettent à siffler rageusement. El Hedjin parvient à stopper le véhicule sur le bord de la route. Les gendarmes arrivent en courant.

« Alors, qu'est-ce que c'est que ça, tu peux pas t'arrêter! crie le premier gendarme.

— J'ai voulu freiner net, plaide Kaddour.

— Avec une voiture pareille, ça ne m'étonne pas!

— Qu'est-ce qui se passe à Birkadem? demande Bouadjadj pour faire diversion.

— Une course cycliste qui va passer. On la signale pour que les automobilistes fassent attention. Les papiers de la voiture et l'assurance? »

Il n'a pas l'air commode, le gendarme! Et il est furieux d'avoir eu à courir par cette chaleur. « Une course cycliste, pense Zoubir, on risque de se faire prendre pour une course cycliste! Ce sport d'imbéciles! »

Il n'a jamais aimé le vélo!

« Vous n'avez pas d'assurance. La voiture n'a pas de plaque d'identité à l'intérieur et votre plaque d'immatriculation est à peu près illisible. Vous êtes bon pour trois procès. »

Le gendarme tire son carnet. Le second s'approche de Kaddour toujours au volant.

« Vous êtes bien chargés. Qu'est-ce que vous transportez là? »

Zoubir Bouadjadj se sent verdir. « On est foutu! » Que répondre? Il pense à son métier.

« C'est des pièces de rechange qu'on porte à Douera.

— Montrez, un peu. »

Zoubir descend de voiture, il sent la sueur couler de long de sa colonne vertébrale. Il joue le tout pour le tout.

« Je suis le vendeur de Soumeillant, vous êtes nos clients. On fournit souvent la gendarmerie de Birkadem. Mon patron dit même que vous êtes de drôlement bons clients.

— Eh! c'est qu'on roule sans arrêt, nous! dit le gendarme. Bon, ça va. Si vous êtes de chez Soumeillant, on va s'arranger... »

Il parle à voix basse à son collègue qui remplissait les contraventions. Zoubir reprend espoir. Il avait déjà la main sur la portière arrière, derrière laquelle il y a, sous les toiles à sac et les couffins, les trente mitraillettes!

« Payez simplement une contravention de 500 F pour l'assurance. Et pour le reste ça ira. Mais mettez-vous en règle rapidement car ça peut vous coûter cher! »

Zoubir sort les 500 F de sa poche.

« Merci, Messieurs », dit-il en remontant dans la 15/6. Kaddour a déjà démarré.

« Eh! votre reçu! crie le gendarme en tendant la feuille verte.

— Merci. »

La vieille 15/6 s'éloigne en brinquelant. Kaddour et Zoubir se regardent. Bouadjadj sourit d'un rictus nerveux. Ils l'ont échappé belle. Le principal stock d'armes de l'Algérois est sauvé. Une heure plus tard il sera en sûreté dans la ferme de Crescia.

Au stade, contre toute attente, Alger et la sélection parisienne ont fait match nul : un but partout. Il y aura une revanche.

Tout au long de ce mois d'avril les conjurés déployèrent une activité fébrile. Depuis son voyage en Egypte, Boudiaf savait qu'il ne devait compter que sur lui-même et ses compagnons. Pour l'heure « la révolution » réunissait quatre hommes autour de lui : Didouche, Ben M'Hidi, Ben Boulaïd, Rabah Bitat. Tous les cinq visaient un même objectif : réunir le clan Messali au clan Lahouel. Refaire l'unité du parti. Car, s'ils étaient bien décidés à faire la révolution, une révolution armée, un coup psychologique porté à la puissance française ouvrant la lutte pour l'indépendance, il leur fallait l'aide du peuple. S'il était possible à une poignée d'hommes de mettre le feu aux poudres, ils auraient rapidement besoin de la complicité puis de l'appui total de la population car la lutte s'annonçait dure, sinon désespérée. Et en ce mois d'avril 1954 la population musulmane n'avait jamais entendu parler d'un des membres du C.R.U.A. Seuls Ben Boulaïd et Ben Bella avaient fait partie du Comité central du M.T.L.D. Mais leur nom n'était jamais sorti des lieux anonymes où se déroulaient les réunions. Pour la population musulmane trois noms représentaient l'opposition : Ferhat Abbas, l'opposant intellectuel, bourgeois, éloigné de la masse, et les deux frères ennemis du M.T.L.D. : Messali Hadj et Hocine Lahouel. Eux seuls pouvaient, avec leur nom, leur passé, entraîner la population dans une aventure longue et périlleuse. Mais la masse, qui connaissait les dissensions qui divisaient le M.T.L.D. en deux fractions ennemies, savait que ce n'était pas de ce côté qu'il fallait attendre la révolution. D'ailleurs ni les dirigeants, ni les militants n'y croyaient, ne la souhaitaient. L'important pour la direction collégiale du C.R.U.A. était donc de réunifier le parti.

Des contacts furent pris au mois d'avril avec les centralistes et en particulier avec Hocine Lahouel, ex-dauphin et aujourd'hui ennemi de Messali. On le mit dans la confidence. Ben Boulaïd, ancien du Comité central, lui annonça la création du C.R.U.A., d'une troisième force, et lui proposa d'en être. « Tes hommes, lui dit-il, et ceux de Messali doivent se retrouver, se regrouper, redonner confiance au peuple... le C.R.U.A. vous donne cette occasion. Ensemble nous ferons la révolution... »

A ces propositions de réunification, de « rabibochage » avec Messali, Lahouel et ses hommes opposèrent une fin de non-recevoir. Mais Hocine Lahouel, habile tacticien, ne dit ni oui ni non quant à sa participation à la révolution. La plupart des membres du Comité central y étaient franchement opposés. — les conditions pour parvenir à un éventuel succès n'étaient pas réunies — « c'est envoyer le peuple à l'abattoir », disaient-ils — et le secrétaire général ne désirait aucunement se couper de ses hommes. Il laissa pourtant la porte ouverte à d'autres contacts éventuels. Lahouel, connaissant la compositon de C.R.U.A., sachant que Ben Boulaïd et Boudiaf, des amis de toujours, y étaient influents, venait d'avoir l'idée de ramener le C.R.U.A. et ses durs au centralisme et porter ainsi l'estocade finale à ce vieux taureau de Messali Hadj. Pour la révolution, on verrait plus tard. C'était compter sans la foi de Boudiaf et de Ben Boulaïd en une révolution proche. Sentant les réticences de Lahouel, ils décidèrent de développer le plus rapidement possible le C.R.U.A. Lui donner structures, moyens, entraînement et ensuite, avant de « passer à l'action », poser la question de confiance aux deux blocs antagonistes.

Dans le même temps, Ben Boulaïd avait contacté Messali. Par acquit de conscience. Il connaissait d'avance la réponse du vieux leader. Il avait sacrifié l'unité de son parti, l'œuvre de sa vie, pour lutter contre l'influence — trop importante à son gré — que prenait son bras droit; ce n'était pas pour céder à ces « durs » du C.R.U.A. dont il s'était déjà méfié au temps de l'O.S. Il « acceptait » pourtant que ces « petits » le rejoignent au sein de ce grand foyer d'opposition musulmane qu'était le M.T.L.D. messaliste. Un point c'est tout. La révolution c'était lui, Messali Hadj. El Zaïm. L'Unique!

Après l'échec de leur mission de conciliation, Boudiaf, Didouche, Ben Boulaïd, Bitat et Ben M'Hidi firent le point des rivalités politiques qui déchiraient le peuple algérien. Ecœurée par l'attitude de ses leaders, la population se réfugiait dans un attentisme prudent. Il fallait lui rendre courage et combativité. Il fallait donc agir avec elle comme avec les messalistes et les centralistes, comme avec l'Egypte, déclencher le mouvement avec les moyens du bord et l'entraîner ensuite dans la révolution.

A un esprit logique l'entreprise paraissait irréalisable. Comment cinq hommes en Algérie et un autre au Caire allaient-ils entrer en conflit avec une administration solide, une police puissante. soutenues par un million d'Européens qui tenaient toutes les rênes de l'économie? Ce défi à la logique expliquera la surprise qu'allait provoquer la rébellion du 1er novembre, dans les milieux nationalistes autant que dans les milieux français. Ayant trouvé le nom de C.R.U.A., que l'on commençait à prononcer chez les messalistes et les centralistes avec lesquels Boudiaf et Ben Boulaïd avaient pris contact, les cinq hommes s'employèrent à « étoffer » le mouvement. L'important était de réunir des éléments décidés sur *l'ensemble du territoire algérien*. C'était l'idée directrice que suivait Boudiaf depuis que, devant les ruines du M.T.L.D., il avait eu l'idée de créer une troisième force au cours de ses longues conversations avec Didouche. Car si la direction du C.R.U.A. nouveau-né était collégiale, les deux hommes en étaient les créateurs : Boudiaf l'âme, Didouche l'aiguillon.

Ils avaient donc contacté Ben M'Hidi, dernier chef de l'O.S. pour l'Oranie, Ben Boulaïd dont l'influence dans les Aurès était prédominante et Rabah Bitat représentant le Constantinois, tous condamnés à mort ou à des peines de travaux forcés lors du démantèlement de l'O.S. par la police française. A eux cinq ils étaient suffisamment influents pour réunir dans leurs régions la poignée d'hommes sûrs qui, à leur tour, recruteraient des militants de base, prêts à l'action, dévoués à leurs chefs. Certains, comme Ben Boulaïd dans les Aurès, n'avaient pas dispersé leurs groupes lorsque le M.T.L.D. avait donné l'ordre de dissoudre l'O.S.

Le mois d'avril allait être entièrement consacré à contacter et réunir ces hommes sûrs, à s'assurer de leur indifférence à l'égard des deux tendances ennemies du M.T.L.D., et de leur désir de constituer une troisième force autonome et indépendante ayant un seul but : l'action directe. Zoubir Bouadjadj venait d'être l'un des tout premiers.

Remontant la rue du Rempart-Médée, en plein cœur de la Casbah, Mostefa Ben Boulaïd était soucieux. Il ne voyait ni les gosses qui jouaient en piaillant, tapant de toutes leurs forces sur une boule de chiffon, ni les étalages des épiciers avec leurs bouquets de menthe sauvage qui s'amoncelaient sur des sacs de pois chiches et de semoule, ni les quartiers de moutons sanguinolents pendus au crochet du boucher, à même la façade, entourés d'essaim de mouches. Il ne pensait qu'au succès de la mission dont il était chargé. De sa réussite dépendait en partie le succès de cette « action directe » qui était devenu l'unique but du C.R.U.A. Ben Boulaïd avait rendez-vous avec Krim Belkacem et le « sergent » Ouamrane, les leaders kabyles. Sa mission était de les amener au C.R.U.A. L'affaire ne serait pas facile. L'organisation de Krim, qui tenait le maquis depuis sept ans dans les montagnes de Kabylie, était solide. Ils étaient les premiers à avoir constitué un groupe armé, bien entraîné, en rébellion ouverte avec l'administration française. Ils n'avaient pas désarmé à l'époque du démantèlement de l'O.S. D'après les renseignements qu'on avait fournis à Ben Boulaïd, Krim et Ouamrane contrôlaient près de 1 500 hommes en haute et basse Kabylie. Presque une armée. En tout cas un apport qui serait essentiel au jour de la révolution. 1 500 hommes qui attendaient avec impatience de passer à l'action.

Cette information aurait dû réjouir Ben Boulaïd qui venait leur proposer de participer au premier mouvement réellement révolutionnaire qu'ait connu l'Algérie. Mais deux éléments avaient suffi à le rendre soucieux. Le premier était l'attitude des Kabyles face à la scission que connaissait le M.T.L.D. Les rudes montagnards « tenaient pour Sidi El Hadj » et ne prisaient guère les centralistes en qui ils ne voyaient que des opportunistes prêts à jouer le jeu politique et à se laisser séduire par des postes de conseillers municipaux. Le second, beaucoup plus grave aux yeux de Ben Boulaïd, était un faux pas que venait de commettre Didouche.

Profitant de la liaison régulière entre les Kabyles et le comité central du M.T.L.D., Ben Boulaïd avait fait contacter Krim par l'intermédiaire d'un membre du Comité central : Hamoud Ben Yahia, de Bordj Menaïel... Celui-ci, connu sous le nom de Hocine, avait proposé au leader des Kabyles une entrevue avec « le chef des Aurès », Mostefa Ben Boulaïd. Krim Belkacem avait accepté. Une réunion préparatoire avait eu lieu dans une villa de Hydra entre Krim-Ouamrane et Souidani Boudjema, de Blida, Zoubir Bouadjadj et Didouche.

Ben Boulaïd regrettait de n'avoir pas assisté à ce premier contact car Didouche, entraîné par sa jeunesse, son désir de garder pour ceux qu'il considérait comme « les fondateurs du C.R.U.A. » l'initiative complète des opérations, avait profité de l'absence des autres leaders du groupe pour « snober » les Kabyles. L'éternel conflit arabe-kabyle avait peut-être joué pour une part dans cet « enfantillage ». Didouche avait brossé un tableau exagérément optimiste des possibilités du Groupe pour placer les Kabyles en état d'infériorité, leur faisant sentir qu'on les accueillait dans un Mouvement déjà fort et en pleine expansion. « Nous avons beaucoup d'armes, avait-il précisé, nous sommes forts tandis que la Kabylie, si elle est riche en hommes, n'a pas le matériel nécessaire pour mettre ses projets à exécution... » Le bluff avait échoué. Krim et Ouamrane, impassibles, avaient écouté le jeune homme et lui avaient laissé entendre qu'ils croyaient beaucoup plus en Messali qui se débattait dans des difficultés passagères mais qui avait fait ses preuves, qu'en ces « petits jeunes gens » qui voulaient manger les Kabyles tout crus et les « prendre sous leur protection ». Didouche était revenu la tête basse de ce premier contact. Heureusement les Kabyles avaient accepté de rencontrer Ben Boulaïd avant de prendre une décision. Celui-ci, arrivant au café maure El Arich où devait avoir lieu le rendez-vous, se demandait comment il parviendrait à surmonter le handicap que, dans son désir de trop bien faire, Didouche avait dressé sur son passage.

Ben Boulaïd s'assit à l'intérieur du café. Appuyé contre le mur écaillé, il guettait l'arrivée des deux Kabyles. Aux trois tables qui constituaient la terrasse du pauvre café, des vieux jouaient aux dominos, faisant claquer les rectangles d'os sur la table poisseuse. Ben Boulaïd but une gorgée de thé. La radio hurlant des chansons arabes assurerait à leur conversation l'écran sonore qui la protégerait des oreilles indiscrètes.

Krim et Ouamrane arrivèrent ensemble. Ben Boulaïd n'eut aucun mal à les reconnaître. La silhouette trapue et les mâchoires extraordinairement développées de Ouamrane ne pouvaient passer inaperçues d'un consommateur attentif. Ben Boulaïd pensa : « Quand les flics auront son signalement et le rechercheront vraiment, il aura du mal à se planquer. » Les trois hommes se serrèrent la main.

« C'est toi, Krim?

— C'est toi, Ben Boulaïd?

— Heureux de te connaître. » Les formules de politesse furent vite expédiées et l'on passa au vif du sujet. Ben Boulaïd se savait un redoutable *debater*. Défendre une idée, convaincre, fournir des arguments imparables, l'excitait prodigieusement. Il avait résolu d'attaquer les Kabyles sur la « grande misère qui s'était abattue sur le parti », faisant perdre de vue aux deux fractions les véritables buts à atteindre. A sa grande surprise, Krim enfourcha le premier ce cheval de bataille :

« Nous sommes furieux et déçus, dit-il, nous avons été les premiers à prendre le maquis. Beaucoup d'entre nous sont condamnés à mort par contumace et nous ne faisons rien. La Kabylie est unie, politisée et l'on se contente de regarder nos responsables se disputer entre eux. » Ouamrane, assis à côté de Krim, approuvait. Ben Boulaïd but une gorgée de thé.

« La situation est la même dans les Aurès, répondit-il. On n'est ni pour Messali, ni pour Lahouel. Mais on voit à Alger, à Philippeville, à Bône des militants se matraquer, se donner des coups de couteau entre eux selon qu'ils vendent *L'Algérie libre* de Lahouel ou *La Nation algérienne* de Messali. J'ai voulu te rencontrer car je veux te proposer un plan qui doit réunir tous ceux qui ne désirent que l'indépendance de notre pays. Si nous voulons sortir de ces querelles stériles il faut créer une troisième force. Nous sommes quelques-uns à partager la même opinion. Etudions ensemble la possibilité de créer cette troisième force. Après nous passerons à l'action. »

Ben Boulaïd est très étonné de voir Krim et Ouamrane l'approuver. « La Kabylie est prête à se joindre à vous, dit Krim Belkacem, mais tu connais notre sympathie pour le vieux Messali. Nous déplorons qu'il ne veuille pas se décider à l'action, mais nous le préférons aux centralistes, opportunistes comme nous les appelons. Et il semble qu'il y ait certains centralistes au sein de votre groupement.

— Ça ne durera pas, répliqua Ben Boulaïd, si nous créons un Comité révolutionnaire pour l'Unité et l'Action avec ta Kabylie et mes Aurès on sera assez fort soit pour intégrer les centralistes et les messalistes qui voudront sincèrement se joindre à nous, soit éliminer les brebis galeuses. »

A 18 heures les trois hommes se séparaient en parfait accord. Ni les uns, ni les autres n'avaient fait allusion à « l'incident Didouche ». Krim acceptait au contraire de rencontrer les autres membres fondateurs du C.R.U.A. Rendez-vous fut pris pour la première semaine de mai dans la boutique d'un cordonnier de la rue de Mulhouse. Avant de les quitter Ben Boulaïd remit à Krim et à Ouamrane le premier numéro clandestin de l'organe du C.R.U.A. : *Le Patriote.*

« Nous venons de l'imprimer, dit-il. Il te dira noir sur blanc l'orientation que nous voudrions prendre. Mais, je te dis franchement, sans votre collaboration, on ne peut rien entreprendre. »

Les Kabyles se retirèrent les premiers. Quelques minutes plus tard Ben Boulaïd, passant devant la fontaine qui trône en haut de la rue du Rempart-Médée, écarta les gosses qui s'aspergeaient et, dans le creux de sa main, prit un peu d'eau pour se rafraîchir le visage. Il soupira d'aise. A moins d'une réaction imprévue, les Kabyles marcheraient avec le C.R.U.A.

Il s'agissait maintenant d'organiser l'action.

Krim et Ouamrane regagnèrent leurs montagnes kabyles après ce premier contact. Comme d'habitude, pour des raisons de sécurité ils se séparèrent à Alger. Ouamrane profita d'une camionnette qui venait de livrer des primeurs aux halles d'Alger et qui revenait à Tizi-Ouzou. Krim, lui, se fit conduire par un taxi dont il connaissait le chauffeur, Lakhdar Guendouzi, un militant M.T.L.D. Avec lui il se sentait en sûreté. Le chauffeur ne connaissait pas son véritable nom, il savait seulement que son mystérieux passager était un responsable du parti et s'appelait Si Rabah. Les deux chefs kabyles se retrouvèrent à Betrouna, près de Tizi-Ouzou, dans une mechta abandonnée. Ils n'avaient pas eu le temps d'échanger leurs impressions après ces deux contacts avec le C.R.U.A. en gestation. Ben Boulaïd leur avait fait bonne impression et sa réputation dans les Aurès n'était plus à faire. L'incident avec Didouche était presque oublié. La foi qui animait le jeune homme, sa certitude quasi mystique de déclencher une révolution qui aboutirait à l'indépendance, avaient balayé l'astuce déployée pour accueillir les Kabyles en état d'infériorité. Ils considéraient cela comme une erreur due à la fougue de la jeunesse, ou plutôt un trait de caractère qui justifiait le surnom qu'on leur avait donné : Haradj, le Casseur.

Le problème de la participation des centralistes au mouvement les préoccupait autrement. Surtout Ouamrane.

« Il semble bien que ceux du C.R.U.A. soient en contact avec les centralistes, dit-il, et je n'aime pas ça.

— On finira bien par les éliminer, répondit Krim, et puis on ne va pas tomber nous-mêmes dans les erreurs du parti. »

Ouamrane l'avait accompagné lorsqu'il avait sondé les messalistes et les centralistes au nom des militants kabyles. Et de part et d'autre la réponse avait été : « Ce n'est pas le moment de bouger. »

« Comment des hommes comme Messali et comme Lahouel peuvent-ils avoir de semblables opinions? », s'interrogea Ouamrane.

Krim lui donna une bourrade sur l'épaule.

« De toute façon ils sont dépassés. Nous, nous sommes décidés à l'action. Informons les chefs de daïra. »

La Kabylie était divisée en sept régions, ou daïra, placées chacune sous l'autorité d'un chef qui contrôlait environ deux cents hommes. Krim et Ouamrane, forts de leur prestige dû à sept ans de maquis et à la confiance du M.T.L.D., étaient les patrons incontestés de ces chefs de daïra.

« Ne t'en fais pas, ajouta Krim, je sais que cette fois-ci c'est la bonne occasion. Nous y arriverons. Et si l'on doit s'allier à Satan lui-même, nous le ferons. »

Krim aimait parfois employer le langage imagé de la conversation kabyle. Ouamrane sortit de sous une large pierre plate les deux automatiques et les deux mitraillettes qui composaient leur armement personnel. Il glissa un 9 m/m autrichien dans sa ceinture. Krim en fit autant et dissimula sa Mat 49 sous sa veste, la bretelle passés sur l'épaule, à même la chemise. La nuit était tombée sur le douar Betrouna. Les deux hommes prirent le chemin du maquis. Il était temps de prévenir leurs hommes. La nouvelle qu'ils leur apportaient les regonfleraient un peu : Un mouvement décidé à passer à l'action se formait dans toute l'Algérie. Les Kabyles en étaient.

Aux quatre coins de l'Algérie le recrutement commençait. Au mois de mai 1954, les cinq membres fondateurs du C.R.U.A. avaient réuni dix-sept hommes de confiance représentant toutes les régions de l'Algérie à l'exception de la Kabylie dont Krim et Ouamrane s'occupaient. La plupart de ces hommes étaient des anciens de l'O.S., des hommes d'action, recherchés par la police depuis 1950. Leur influence dans leur région était grande et chacun d'entre eux avait recruté des sympathisants qu'ils avaient groupés trois par trois sous l'autorité d'un chef de groupe, selon la méthode de cloisonnement qui garantissait l'étanchéité des réseaux en cas de coup dur.

Boudiaf et Ben Boulaïd, qui n'oubliaient pas leurs attaches centralistes, n'avaient pas renoncé à « convertir » Lahouel et son clan à leur cause. D'abord l'apport en hommes ne serait pas négligeable, ensuite, et c'était aux yeux des deux leaders du C.R.U.A. une chose essentielle, c'est Lahouel qui possédait le « nerf de la guerre ». Lorsqu'il s'était séparé de Messali au sein du M.T.L.D., l'ancien secrétaire général était parti avec la caisse et les archives. Laissant au vieux prophète barbu les locaux poussiéreux du 2 place de Chartres, il avait déménagé l'argent et tous les papiers, les listes de militants, la comptabilité des cotisations, etc. Amener Lahouel ou ses représentants au C.R.U.A. c'était trouver un financier. Et, depuis son voyage au Caire, Boudiaf savait qu'il ne fallait pas compter sur l'aide de l'Egypte ou de la Ligue arabe avant un déclenchement « efficace » de la lutte armée contre les Français. Grâce à Deckli, un ancien compagnon de Ben Boulaïd, au temps où il faisait parti du Comité central, le contact fut repris avec

Lahouel. Celui-ci, malin comme un singe, n'avait pas complètement fermé la porte lors des premiers contacts. Il n'était pas fâché d'avoir quelques renseignements sur le « Groupe » comme on l'appelait maintenant. Il accepta la rencontre qui eut lieu à Berne.

La Confédération helvétique commençait à jouer un rôle de plaque tournante qui ne cesserait de toute la révolution. La discrétion de ses hôtels, de sa police et de ses coffres, la situation du pays, au cœur de l'Europe, correspondance idéale entre l'Afrique du Nord, la France et le Moyen-Orient, en fit le lieu d'élection des révolutionnaires algériens pour leurs rencontres secrètes avec les « frères de l'extérieur » et avec ceux qui, en Algérie, se souciaient peu d'être vus en leur compagnie. Tout en se montrant encore réticent sur le plan de l'action armée contre les Français, Hocine Lahouel promit une aide financière et la participation de trois de ses hommes au C.R.U.A. en formation : Deckli, M'hammed Yazid et Radjef. Revenant à Alger, Boudiaf et Ben Boulaïd avaient trois compagnons de plus et la promesse de cinq millions en argent liquide prélevés sur la caisse du M.T.L.D. Ben Boulaïd, à bord de l'avion de la Swissair — Boudiaf empruntant une autre ligne, toujours la sécurité —, pensa que Lahouel était encore bien réticent. Mais c'était déjà un progrès par rapport au premier contact qui avait été un échec complet. Les cinq millions serviraient à acheter des armes à Tripoli. Le Groupe en avait bien besoin. Quant aux hommes on les utiliserait bien. Ben Boulaïd se promit de faire rédiger le bulletin *Le Patriote* par Deckli, un spécialiste en la matière. Lors de la première réunion qui regroupa les Cinq du C.R.U.A. Ben Boulaïd annonça : « Les centralistes acceptent de nous aider. Ils seront bientôt au complet avec nous. »

Il se trompait lourdement. Lahouel n'avait pas encore quitté la Suisse qu'il donnait des instructions précises à ses hommes : contrôler l'activité du C.R.U.A., quitter la barque dès qu'ils verraient la préparation de « l'action directe » entrer dans sa phase active. « Ne pas se mouiller. » Et en attendant faire de « l'action psychologique » sur les Cinq et sur leurs hommes pour qu'ils rejoignent le Comité central. Quant aux cinq millions, Lahouel n'avait aucune intention de les donner : « Quelques centaines de milliers de francs au plus, pensa-t-il, juste de quoi prouver ma bonne foi! » Et si l'affaire se présentait bien, ce serait le coup de grâce donné à Messali. Etre Premier adjoint au maire d'Alger ne lui suffisait pas. Il voulait devenir le leader incontesté du M.T.L.D. Mais le vieux taureau était loin de désarmer.

Que Lahouel, dans des adresses aux militants, le traitât d'homme « vieux et vidé », de « jouisseur », d' « incapable » fit sortir Messali de ses gonds et le décida à partir en bataille. Portant le conflit qui l'opposait à Lahouel devant tous les militants, il commença une campagne de dénigrement de son bras droit.

Il nomma un « Comité central provisoire » sous la direction de son fidèle Mezerna et, pour se remettre de la « perte sèche » provoquée par la mainmise de Lahouel sur la caisse du parti, il donna l'ordre à toutes les *kasmas* (secteurs) du M.T.L.D. de verser les fonds qu'elles détenaient à son compte en banque métropolitain. Lahouel, immédiatement, fit bloquer tous les fonds des kasmas. On imagine la réaction des militants de plus en plus écœurés par ce combat entre deux chefs qu'ils estimaient et par les échauffourées qui opposaient régulièrement les vendeurs de *L'Algérie libre*, messaliste, et ceux de *La Nation algérienne,* centraliste. Leur lassitude politique était telle que, lorsque certains d'entre eux reçurent les numéros du *Patriote* annonçant la création d'une troisième force, le Comité révolutionnaire d'Unité et d'Action, de tendance « neutraliste active », ils n'eurent qu'un mot à la bouche : « En voilà qui veulent tirer les marrons du feu et s'installer dans des fauteuils tout chauds. »

L'idée d'une révolution armée contre les Français ne les effleura même pas. Elle aurait paru franchement ridicule. Messali en pleine tournée de meetings à travers l'Algérie — il avait enfin quitté sa résidence forcée — n'eut qu'une réaction violente. « Ceux-là, dit-il, il faut me les ramener à la raison. » Il ne tolérait pas que cette fraction « dure » ne le rejoigne pas, lui qui symbolisait le nationalisme! Ayant encore devant les yeux les foules éblouies que son talent d'orateur mi-politique, mi-mystique soulevait à Tebessa, à Philippeville, à Oued Zenati — il y avait plus de 6 000 personnes —, entendant encore les *Yahia El Zaïm,* « Vive l'Unique », que hurlaient des milliers d'hommes fanatisés, Messali Hadj, la barbe au vent, croyant plus forte que jamais son influence sur la masse musulmane, venait de laisser passer l'occasion de sa vie. La Révolution algérienne allait se faire sans lui. Bien mieux, aveuglé par la haute idée qu'il se faisait de lui-même, grisé par une autorité que l'âge rendait cassante, il allait s'y opposer. Son intransigeance est telle au printemps 1954 qu'il considère que ce qui se fait sans lui se fait contre lui!

La nuit était tombée depuis longtemps. C'était l'heure où Alger prenait le frais. Rue d'Isly, les terrasses de la place Bugeaud étaient envahies d'une foule colorée qui sortait des cinémas environnants. On venait manger une glace, boire une bière, grignoter une pizza avant de se coucher. La journée avait été chaude et la fraîcheur venue de la mer était la bienvenue. Mais ce soir-là l'animation joyeuse qui d'habitude régnait sur la place Bugeaud autour des bassins de mosaïque où des jets d'eaux bruissaient doucement, perlant de fines gouttelettes les palmiers nains et les larges feuilles des plantes semi-tropicales, avait place au bourdonnement sourd des conversations graves et sérieuses. On ne s'interpellait ni à la terrasse de la Pizzeria ni à celle du Milk Bar. Toutes les têtes étaient penchées sur la dernière édition de *France-Soir*, arrivée par le dernier avion de Paris. Un titre barrait la « Une » :

« Dien-Bien-Phu est tombé. »

Les Français d'Algérie qui n'avaient jamais porté un grand intérêt à la lutte qui se menait à l'autre bout de la terre, au cœur du Sud-Est asiatique, avaient pourtant appris cette nouvelle avec surprise et consternation. On savait vaguement que cela n'allait pas très bien en Indochine. Mais, de là à ce que l'armée française, équipée et dirigée comme elle l'était, succombât devant les rebelles en guenilles qui se nourrissaient d'un bol de riz, il y avait un monde!

« A ne pas savoir se défendre comme il faut, au moment où il faut, voilà ce qu'on gagne », dit sentencieusement un colosse à la peau basanée, dont la chemise largement ouverte s'ouvrait sur une poitrine velue. On l'approuva à sa gauche. « Oui, dit une femme, si la France avait su être ferme et étouffer toute cette rebellion dans l'œuf, cela ne serait pas arrivé. On dit dans le journal qu'il y a des milliers de parachutistes prisonniers!

— La France est trop faible, renchérit le colosse, elle ne veut jamais faire confiance à ceux qui vivent dans la colonie et qui savent comment il faut s'y prendre avec les indigènes! » Son regard croisa celui d'un jeune Arabe, mince, vêtu très correctement et qui à la table voisine buvait un coca-cola. Un éclair. Deux regards qui s'affrontent. Le jeune homme baissa la tête pour se plonger à nouveau dans le récit du drame indochinois que décrivait le journal. La rue d'Isly était l'un des rares endroits à Alger où, le soir venu, Européens et musulmans soient mêlés. Musulmans évolués bien sûr, surtout des jeunes qui venaient au cinéma ou qui achetaient les journaux métropolitains, *France-Soir* et *Le Monde,* et venaient les lire à la terrasse de l'un des quatre grands café de la place. Zoubir Bouadjadj, le jeune homme au journal, regarda sa montre. 11 h 30. « Ils doivent arriver, pensa-t-il. Pourvu que tout aille bien. »

« ... Mais ici si on les laissait faire, on ne serait bientôt plus les maîtres chez nous... »

Le ton des conversations montait. Bouadjadj déposa de la monnaie sur le guéridon et se leva. Il était le seul Arabe à la terrasse ce soir-là. Et comme il prévoyait des réflexions désobligeantes il préféra s'en aller. Son regard croisa à nouveau celui du colosse qui souriait, goguenard. A nouveau il baissa la tête et s'en voulut aussitôt. Il quitta rapidement la terrasse et regagna la Casbah par la rue Rovigo.

A quelques centaines de mètres de l'animation de la rue d'Isly, le calme de la rue de Mulhouse surprenait. Dans le quartier, seul l'hôtel Aletti, masse blanche entourée de palmiers touffus, était illuminé. Des bouffées de musique s'échappaient du casino. Un portier galonné faisait les cent pas devant le péristyle. Le reste du quartier, comme écrasé par le luxe et les lumières du palace algérois, n'en semblait que plus sombre et triste. Mourad Boukechoura avait tiré à demi le rideau de fer de sa cordonnerie. Assis sur une chaise, il attendait dans sa boutique, découpant avec un tranchet des semelles de cuir. Le travail du lendemain serait un peu avancé. Zoubir Bouadjadj lui avait annoncé le matin même qu'il aurait besoin de son local. Des hommes devaient discuter dans le plus grand secret avec Boudiaf et Ben M'Hidi que Boukechoura connaissait bien du temps de l'O.S. et du P.P.A. clandestin. Le cordonnier était un vieux militant. Il avait lui-même des liens de parenté avec Mezerna, l'actuel homme de confiance de Messali. C'était son beau-frère. Sa boutique était sûre et servait depuis longtemps de boîte aux lettres pour les clandestins du P.P.A., pour Boudiaf et Ben M'Hidi en particulier. Zoubir lui avait donné les noms de ceux qui viendraient. Outre Ben M'Hidi et Boudiaf, il y aurait Si Mohamed, Haradj (le casseur), Khali (mon oncle), Si Rabah et Si Amar. Des surnoms, mais on ne prenait jamais assez de précautions. D'ailleurs, le cordonnier pensait toujours Ben M'Hidi mais l'appelait Zapata ou Larbi de Biskra, ses noms de guerre. De même pour Boudiaf, Si Taïeb, Touil ou le Toubib dans la clandestinité. Ainsi, si un homme du réseau était pris et parlait il ne pouvait donner à la police que des noms insuffisants pour identifier ceux qu'il désignait. Quant aux indicateurs, cela ne manquait pas à Alger, leurs renseignements n'avaient pas ainsi grande valeur.

A 11 h 30, Ben Boulaïd, Rabah Bitat et Didouche s'étaient glissés sous le rideau de fer à demi fermé. Se redressant ils avaient lancé leurs surnoms : « Khali, Si Mohamed, Haradj. » « C'est bon, répondit le cordonnier en leur serrant la main. Asseyez-vous. » Krim et Ouamrane entrèrent ensuite : « Si Rabah, Si Amar. »

« *Salem*! », salua le cordonnier en pensant : « Voilà deux gars que je préfère ne pas avoir contre moi », tant la silhouette trapue et musclée des deux hommes dégageait de violence. Lorsque Boudiaf et Ben M'Hidi arrivèrent les derniers, Boukechoura se retira :

« Je monte chez moi. Zapata, tu fermeras le rideau de fer à clef lorsque vous sortirez. Glisse la clef dans la boîte aux lettres dans l'entrée de l'immeuble. »

La réunion pouvait commencer.

« Voilà, nous sommes au complet pour la première fois, dit Ben Boulaïd », et il présenta Rabah Bitat et Ben M'Hidi que ne connaissaient pas les Kabyles. On se mit tout de suite d'accord sur l'attitude à prendre face aux messalistes et aux centralistes. Boudiaf convint qu'il ne fallait faire aucune tentative nouvelle pour les amener au mouvement.

« Préparons-nous seuls, dit-il, on leur posera la question de confiance au dernier moment. Ce sera leur dernière chance.

— Je suis heureux de t'entendre parler comme cela », dit le « sergent » Ouamrane. Les deux hommes s'étaient sérieusement accrochés au cours d'une précédente réunion. Boudiaf soutenait qu'il n'y avait plus de scission, que tout rentrerait dans l'ordre une fois la révolution déclenchée. Ouamrane avait rétorqué que la troisième force ne devait plus compter que sur elle, qu'elle devait être forte, structurée, composée de gens décidés à ne faire aucune concession ni aux messalistes ni aux centralistes, que chacun pouvait se joindre au groupe mais à titre individuel. La brouille passagère, la mauvaise humeur s'étaient dissipées rapidement et les hommes s'étaient séparés en fixant le prochain ordre du jour : le partage de l'Algérie en zones départementales. C'est de cette délicate question que les sept hommes devaient discuter ce soir-là. Ben Boulaïd prit la parole le premier.

« Aujourd'hui où nous devons commencer un travail qui fait entrer notre action dans une phase active, nous avons appris la défaite que vient de subir l'armée française en Indochine. Là, nous avons la preuve qu'on peut réussir grâce à la volonté de chefs conscients. Les Viet-minhs sous-alimentés et sans beaucoup d'armes au départ viennent de remporter une victoire que l'on croyait tout à fait impossible. Cela doit nous encourager. Notre cause est aussi juste que la leur. Et si nous montrons au monde notre volonté de vivre libres et à égalité avec les Européens, qui pour l'instant dirigent notre pays, nous obtiendrons de l'aide. Nous ne sommes ici ni superstitieux, ni très religieux, mais nous devons voir dans la date de la chute de Dien-Bien-Phu la main de Dieu. Les colonialistes viennent de subir leur plus grande défaite le jour de l'anniversaire des massacres de Sétif. C'est un signe qui doit nous encourager dans la voie difficile que nous avons choisie... » « Nous étions tous très émus », me racontera plus tard Krim Belkacem.

Mais les Kabyles allaient ressentir une émotion d'une autre sorte lorsqu'on commença d'évoquer le partage de l'Algérie en zones. Boudiaf et Ben Boulaïd expliquèrent qu'ils trouvaient logique le partage en zones régionales. Zone du Nord-Constantinois. Zone des Aurès. Zone de l'Oranie. Zone de l'Algérois.

« Et la Kabylie? », interrogea Krim.

Mal à l'aise Boudiaf expliqua que, logiquement, la Kabylie toute proche de l'Algérois faisait partie de cette zone et que Didouche, qui semblait tout désigné pour contrôler l'Algérois, pourrait, avec bien sûr l'aide de Krim et de Ouamrane, se charger de la Kabylie.

« Quant à l'Oranie, les Aurès et le Constantinois? demanda Ouamrane.

— Rabah Bitat connaît son Constantinois natal comme sa poche, répondit Boudiaf, Ben Boulaïd est le maître des Aurès et Ben M'Hidi, bien que Constantinois, connaît très bien l'Oranie et y a grande influence.

— Et toi?

— Moi, j'ai le contact avec les frères de l'extérieur. J'assurerai la liaison et la coordination nécessaire entre les régions et l'extérieur. »

Il semblait cette fois-ci que le bluff qu'avait tenté Didouche lors de leur première rencontre soit renouvelé. Les deux Kabyles se jetèrent un rapide coup d'œil. C'était à Krim de jouer. Calmement il expliqua pourquoi, représentant la Kabylie, ils ne pouvaient la voir dirigée par le chef de la zone algéroise. Sans vouloir accorder une importance quelconque au particularisme berbère, mais en y faisant tout de même allusion, Krim fit valoir que la Kabylie était peut-être la seule région, avec les Aurès, à être déjà organisée et politisée, que 1 700 militants n'attendaient qu'un signe pour entrer dans la rébellion active contre l'autorité française, qu'enfin 500 d'entre eux étaient groupés en formation paramilitaires, entraînés et, ce qui n'était pas négligeable, partiellement armés.

« Nous tenons le maquis depuis sept ans, conclut le chef kabyle, notre organisation est loin d'être mineure et, en aucun cas, inférieure à celle d'une autre région. Donc il n'y a aucune raison pour qu'elle soit « rattachée » à une zone qui — je ne crois pas que vous me contredirez — n'a ni sa puissance en hommes et en matériel, ni sa préparation. »

Les cinq participants non kabyles savaient que Krim avait raison. L'Algérois et l'Oranie étaient, pour l'instant, les deux points faibles. A Alger le M.T.L.D. de Messali avait encore grande influence. En outre, aucun d'entre les créateurs du C.R.U.A. n'avait un nom suffisamment prestigieux pour contrebalancer le poids du « vieux chef unique » et entraîner les militants dans l'action directe.

« La Kabylie est suffisamment organisée, ajouta Ouamrane, pour former une région à elle toute seule. Notre frère Didouche aura bien assez à faire pour organiser l'Algérois. »

Les positions étaient nettes. Les Kabyles étaient plus décidés que jamais à l'action directe, mais ils ne voulaient pas entrer au C.R.U.A. en parents pauvres! La discussion dura environ une demi-heure. Puis on parvint à un accord avant de se séparer. La Kabylie formerait une région à elle toute seule. Les Kabyles avaient gagné. On décida d'un nouveau rendez-vous dans la maison d'un militant, rue Montpensier, près du boulevard Gambetta, dans la Casbah. « Inutile d'attirer l'attention en revenant trop souvent au même endroit, dit Ben Boulaïd. On ne prend jamais trop de précautions. »

Le commissaire V. gara sa voiture sur l'esplanade de Notre-Dame d'Afrique. Des cars s'arrêtaient et déversaient leur cargaison de touristes, l'appareil photo en batterie. Des petits colporteurs s'abattaient, telle une nuée de sauterelles, sur cette proie tant espérée, proposant cartes postales et médailles de la Vierge Noire à la gloire de laquelle la basilique avait été élevée sur les contreforts du Sahel. Du parvis on avait une vue merveilleuse. L'église dominait le petit port de Saint-Eugène avec ses villas et ses cabanons accrochés aux rochers. La masse aveuglante d'Alger s'étendait à droite à perte de vue. Sous le soleil, il était difficile de regarder longtemps le magnifique panorama, tant la réverbération était forte.

Le commissaire jura entre ses dents lorsqu'il pénétra dans la basilique. Il avait manqué une marche. Meurtris par la lumière extérieure, ses yeux s'habituaient difficilement à la pénombre qui régnait dans l'église byzantine. Il se dirigea vers une sœur à cornette blanche qui s'affairait autour de cierges vacillants.

« Pardon, ma sœur, où se trouve l'épée du général Yusuf et la canne de Lamoricière?

— Tout au fond, Monsieur, répondit-elle en souriant, au milieu des ex-voto à Notre-Dame d'Afrique. »

Le commissaire, qui recouvrait progressivement l'usage de la vue, se dirigea vers la Vierge Noire. D'innombrables ex-voto étaient accrochés aux murs de la Basilique. La Vierge Noire implorée par les marins en péril avait exaucé bien des vœux! Il s'assit sur une chaise paillée. A trois rangs devant lui, deux vieilles femmes en noir, agenouillées sur un prie-Dieu, marmonnaient des litanies. Le commissaire sourit intérieurement. Si ses hommes le voyaient ici! En prières! V. était avec les commissaires Forcioli et Carsenac l'un des adjoints du contrôleur général Costes, patron des Renseignements généraux en Algérie. Il avait rendez-vous avec « André ». Dans leur argot, « André » c'était un informateur. Celui que le commissaire devait rencontrer ce jour-là était un certain Belhadj Djillali, ancien membre du Comité central du M.T.L.D. Dans les années 1950 il avait appartenu à l'O.S. Arrêté par les services efficaces de Costes, il avait accepté de « collaborer » avec la police. En échange de quoi il avait été libéré quelques semaines plus tard. Cet élargissement inespéré lui avait coûté la confiance de ses anciens amis, mais au cours des mois il avait réussi à récupérer une partie de son crédit. Belhadj, que l'on connaîtra plus tard sous le nom de commandant Kobus au cours d'une des plus rocambolesques aventures dont la guerre d'Algérie fut particulièrement riche, avait téléphoné le matin même au commissaire lui donnant rendez-vous à Notre-Dame d'Afrique « sous l'épée de Yusuf et la canne de Lamoricière ». L'endroit était propice à une rencontre discrète. V. sentit une présence derrière lui. Un homme venait de s'agenouiller sur un prie-Dieu au rang suivant.

« C'est moi, Belhadj, murmura-t-il.

— Quoi de neuf? répondit le commissaire entre ses dents.

— Beaucoup de choses. Prenez cela. »

Discrètement « André » passa au commissaire une liasse de papiers ronéotypés, pliés en quatre. C'était le premier numéro du *Patriote,* le journal clandestin de la troisième force.

« Tu as pu te renseigner sur eux?

— Ce n'est pas facile. Mais j'ai appris que ce mouvement était sans doute composé d'anciens de l'O.S., des durs, et que les centralistes les soutiennent. Peut-être même que c'est un mouvement clandestin des centralistes créé pour discréditer Messali. »

On voit qu'il y avait du vrai dans les renseignements de Belhadj.

« Ils se disent pourtant indépendants, « neutralistes actifs », poursuivit « André », mais on ne peut pas dire qu'ils se répandent dans Alger, pour défendre leurs théories. Ils sont discrets. Très discrets. »

C'était cette discrétion qui inquiétait le plus le commissaire. Belhadj lui confia entre autres que le mouvement semblait avoir des ramifications dans toute l'Algérie.

« C'est comme si l'O.S. se réorganisait, dit-il, mais cette fois-ci pour le compte des centralistes.

— Continue de te renseigner et si tu as quelque chose essaie de joindre Lazib. »

Lazib était un simple gardien de la paix musulman qui était devenu l'un des principaux informateurs des R.G. Il avait le contact direct avec la population musulmane. On ne se méfiait pas de lui. C'était un simple flic de la circulation. Mais il avait le renseignement dans le sang.

« Je préfère avoir un contact avec vous ou avec M. Forcioli, répondit Belhadj. C'est plus discret pour moi. »

V. acquiesca. « C'est tout? » Sur la réponse affirmative de Belhadj il lui tendit une enveloppe entre les barreaux du prie-Dieu. « Pour tes frais », dit-il.

« André » ne se faisait pas payer régulièrement. Il agissait, disait-il, par conviction personnelle. Belhadj n'en fit pas moins disparaître prestement l'enveloppe et s'éloigna, sans un mot. Le commissaire attendit quelques minutes puis se leva. Machinalement, passant devant le chœur, il fit un signe de croix.

Le colonel Schœn appliqua un vigoureux coup de tampon sur le coin gauche du rapport qu'il venait de rédiger. Le mot « secret » en lettres grasses apparut en surimpression en travers de l'en-tête : « Gouvernement Général de l'Algérie. Cabinet. Services des Liaisons Nord-Africaines. Exemplaire n° 1. » Le colonel relut attentivement cet exemplaire destiné à M. Roger Léonard, Gouverneur général de l'Algérie depuis 1953.

Le colonel Schœn était un homme très grand, maigre à l'extrême. Une brosse presque blanche surmontait un visage ascétique à la de Foucauld. Une chemise impeccable en gabardine kaki, portant sur les épaulettes les cinq galons pleins et au-dessus de la poche de poitrine les rangées de bananes, s'ouvrait sur une poitrine à la peau parcheminée par le soleil. Le colonel Schœn impressionnait les hommes avec qui il travaillait par la rigidité physique et morale qui émanait de sa personne. Il les impressionnait aussi par ses connaissances bien qu'il se confiât peu. C'était le type même du vieil officier des Affaires indigènes qui avait consacré sa vie à l'Afrique du Nord. Parlant couramment arabe, kabyle et quelques autres dialectes, il connaissait parfaitement l'Algérie et ses populations musulmanes. Il connaissait aussi la mentalité européenne et la façon qu'avait la France de gouverner l'Algérie.

C'est le général Catroux qui, en 1938, l'avait envoyé en Algérie, s'apercevant qu'on y avait perdu le sens des réalités. Schœn, marqué par un long séjour au Maroc et par sa collaboration avec Catroux et la ferveur qu'il vouait au maréchal Lyautey, se passionna pour l'Algérie. Après la guerre il prit la direction du Service des liaisons nord-africaines, un service parallèle au Deuxième bureau, chargé d'analyser et de prévenir les causes de malaises entre les populations européennes et musulmanes. Un service politique, fort éloigné des missions policières et qui, grâce aux informations que le colonel recueillait, dressait des rapports sur les tendances de l'heure.

Au Gouvernement général, en ce mois de mai 1954, le colonel Schœn n'avait pas la cote. Cela faisait longtemps que ses rapports — « les prédictions de ce vieux bédouin de l'époque de Lawrence », disaient les jeunes turcs du cabinet — agaçaient et troublaient la douce béatitude dans laquelle on baignait en Algérie où « tout allait pour le mieux » d'après les rapports officiels des préfets et administrateurs. Schœn s'efforçait de les réveiller, de montrer la réalité.

« Il n'y a plus de véritable service politique en Algérie, disait-il. Le grand travail des préfets, des administrateurs de communes mixtes, c'est d'assurer les élections en les truquant si c'est nécessaire. Et c'est toujours nécessaire. Le Gouverneur est coupé de la masse. Il ne peut rien réaliser puisque le Gouvernement français se désintéresse complètement de tout ce qui n'est pas les « élections en Algérie ». Tenir les sièges par des prébendes, des décorations, c'est le seul souci. Mais ainsi on a perdu le contact avec la masse. Les jeunes intellectuels algériens ne peuvent que se retourner contre la France.

« Les réformes, dont les « jeunes loups » du Gouvernement général, les directeurs, les chefs de service se sont faits les champions, ont été néfastes. On a éliminé les spécialistes des Affaires musulmanes... »

On considérait cela comme le « dada » d'un colonel ulcéré par la disparition de services où il avait toujours vécu.

« C'est l'une des causes « humaines » de la guerre d'Algérie, me dira-t-il plus tard. Il n'y avait plus de services spécialisés en Affaires musulmanes. Les responsables appelés à s'occuper d' « affaires arabes » étrangères à leurs spécialités n'ont pas tenu suffisamment compte de l'état social, de la mentalité des autochtones.

« Je me souviens toujours du directeur Berton qui était appelé à avoir des contacts avec des ministres des Cultes chrétiens, israélites et musulmans. Il n'avait rien trouvé de mieux que de suspendre derrière lui un tableau réaliste représentant une femme nue allongée sur un tapis. C'était déjà de très mauvais goût pour un fonctionnaire important. Mais il ne comprenait pas que ce qui était un manque de correction vis-à-vis du clergé chrétien et juif qui avait les idées larges devenait catastrophique avec un mufti ou un iman dont la largeur d'esprit n'est pas la qualité principale! Cela c'est la petite histoire. Mais d'autres exemples sont plus importants. J'ai vu un chef de bureau faire muter un *mouderrès* (maître d'école primaire) pour avoir tenu quelques propos jugés subversifs par un colon puissant dans sa région. Résultat? Pour satisfaire le goût de puissance d'un « paysan » européen, on s'est fait un ennemi. Et quel ennemi! Le *mouderrès* a démissionné. Cet homme de double culture était en outre chef d'une importante association de scouts musulmans. Il a rejoint le P.P.A. avec ses 2 ou 3 000 garçons! Il a créé un journal politique hostile à la France et qui a pesé lourd sur le climat politique.

« Dans un autre domaine, les services fiscaux du Gouvernement général ont imposé aux petits commerçants arabes illettrés des formalités parfois plus compliquées qu'en France. Ceux-ci ont été incapables de les remplir et l'administration française leur est apparue comme une « étrangère » qui les ignorait.

« Plus grave encore, dans les communes mixtes — supprimées d'après le statut de 1947 jamais appliqué — les administrateurs ont été de moins en moins nombreux pour remplir une tâche qui d'année en année devenait plus lourde du fait de l'augmentation galopante de la population et des tâches multiples auxquelles ils devaient faire face. Alors ils se décourageaient car ils n'avaient plus de chefs qui connaissent leurs besoins et qui les soutiennent efficacement. Leur avancement, leur mutation étaient fonction de leurs appuis politiques, c'est-à-dire des élections qu'ils devaient « diriger ». Et ces hommes administraient plus de la moitié de la population musulmane! Voilà l'une des principales causes de nos mécomptes. Ce vide administratif allait creuser encore plus le fossé entre les deux communautés! Des régions entières ne connaissaient plus de notre administration que le fisc et le recrutement, les gendarmes et les gardes forestiers. Les porteurs de contraintes! Quant aux caïds, la politique jouait un rôle essentiel dans leur recrutement et leur avancement. Les bons se décourageaient, les mauvais s'appuyaient sur le système... »

Ces « prophéties » n'étaient pas faites pour plaire en 1954 et expliquaient, en ce jour de mai, que le colonel Schœn soupirât en relisant le rapport qu'il faisait au Gouverneur général. Le lirait-on seulement? Et pourtant il était instructif!

Dans ce bulletin politique mensuel n° 1094 NA/3, le Service des liaisons nord-africaines, grâce à ses informateurs, tirait la sonnette d'alarme. Le rapport révélait l'existence d'un nouveau courant d'opposition, en apparence hostile tant à Messali qu'à Lahouel et citait des extraits d'un tract, « Position du militant devant la crise actuelle » :

« Plusieurs militants ont décidé d'adopter l'attitude neutraliste active et déploient leurs efforts pour une solution raisonnable du conflit... »

Le rapport soulignait la création d'un « Comité révolutionnaire pour l'Unité et l'Action » qui allait devenir un « véritable instrument révolutionnaire et efficace qui doit aux côtés des partis frères du Maroc et de Tunisie hâter la destruction du colonialisme français... » Le colonel Schœn précisait que l'initiative de cette création avait été prise au Caire par les anciens membres de l'O.S. réfugiés dans cette ville et qui, mécontents des dissensions au sein du M.T.L.D., auraient agi en liaison avec d'anciens membres de l'O.S. demeurés à Paris. « Lahouel agirait en sous-main en facilitant la propagande du C.R.U.A. Le C.R.U.A. qui prétend vouloir arbitrer entre les clans Messali et Lahouel, tendrait donc à devenir un outil entre les mains de ce dernier. »

Le colonel Schën, de sa petite écriture incisive, signa le rapport. M. Léonard l'aurait demain sur son bureau.

Comme tous les autres rapports du colonel Schœn, celui-ci n'eut aucun écho. Il fut classé dans une armoire métallique grise. Il serait relié en fin d'année. Les préfets d'Alger, d'Oran et de Constantine n'entendront parler du C.R.U.A. que quatre mois plus tard!

Le colonel Schœn prit son képi à l'entrée de son bureau et rentra chez lui à bord de sa 203 noire. Il avait rendez-vous avec son principal informateur, « qui n'agissait que dans l'intérêt de la France et de l'Algérie », Belhadj Djillali. Encore un agent que voudraient bien lui « piquer » les Renseignements généraux. Le colonel Schœn avait horreur de ces policiers « politiques ».

« Tous dans la main des grands colons! » disait-il en bougonnant. Heureusement que Belhadj lui était fidèle! Le brave colonel ignorait les rendez-vous à Notre-Dame d'Afrique.

Les « tournées triomphales » de Messali s'interrompirent avec la fin du Ramadan. La grande fête religieuse musulmane n'avait aucun rapport avec cette interruption. Il fallait y voir non la main de Dieu mais celle, toute-puissante en Algérie, des Renseignements généraux. On a vu quelle importance les « informateurs », les « André », donnaient à la participation du M.T.L.D. dans la création du C.R.U.A. C'était, selon les renseignements, la fraction centraliste qui appuyait le nouveau mouvement, mais l'exaltation que provoquaient les discours nationalistes de Messali ne pouvaient que créer l'ambiance favorable au développement de « cette nouvelle O.S. ». Après quelques avertissements lancés par la police des Renseignements généraux et le préfet de Constantine, le Gouvernement général, en accord avec le Gouvernement français, décida l'arrestation et la mise en résidence surveillée — encore une — de l'infatigable leader. Le commissaire Grasser, le chef de la P.R.G. de Constantine, reçut le feu vert et c'est à Philippeville qu'il s'assura de la personne du prophète barbu. Non sans mal. Lorsqu'il était arrivé pour « cueillir à l'aube » Messali Hadj, à l'heure légale, il s'était heurté à une demi-douzaine de gardes du corps, de gorilles, qui couchaient, entassés, dans la pièce attenante à la chambre du « père du nationalisme ». Des gorilles à gueules patibulaires, taillés en armoire à glace. Il avait fallu toute l'autorité de Messali qui ne voulait pas d'incident grave pour qu'ils consentissent à « laisser partir le patron avec ce flic ». El Zaïm, l'unique, reprenait le chemin de l'exil métropolitain. Un exil qui ne l'empêchait pas de donner ses directives à ses fidèles mais qui le coupait du peuple sur lequel il ne pouvait plus agir directement grâce à son « verbe magique ». Le commissaire n'était pas fâché de voir Messali hors des départements algériens.

« Ce sont ces orateurs, ces exilés qui réunissent tous les amers, les déçus, les disponibles », disait-il. Il parlait en connaissance de cause. Lorsqu'il avait appris l'arrestation de Ben Bella à l'époque de l'O.S., dans les années 1950, il s'était souvenu d'une scène qui s'était déroulée en 1947 dans son bureau de Tlemcen, lorsqu'il était commissaire central de la ville sainte. Un brigadier de gendarmerie était venu lui dire : « Monsieur le Commissaire, il y a l'adjudant du matériel, que je connais bien, un brave type, décoré Vous pourriez lui donner un « coup de main »? »

L'affaire n'avait pu se faire car les effectifs de la petite ville étaient au complet. L'adjudant avait ensuite essayé d'être garde champêtre à Marnia, mais l'administrateur qui n'avait que faire d'un adjudant, même avec la médaille militaire, croix de guerre et trois citations, avait réservé la place à l'un des protégés d'un caïd qui lui était fort utile en cette période d'élections. Grasser avait essayé d'intervenir mais le mot magique d' « élections » avait été le plus fort. Et l'adjudant Ahmed Ben Bella, déçu et amer, avait disparu de la circulation, comme disait Grasser. Il avait dû rejoindre Messali. Et on le retrouvait comme chef national de la première organisation terroriste de l'après-guerre, l'O.S.! Aujourd'hui il représentait le M.T.L.D. au Caire et tout cela par la faute d'un Messali. Le commissaire était satisfait d'avoir été le premier à réclamer son expulsion et de l'avoir effectuée lui-même!

Si certaines des informations que recevaient, par des canaux très proches, les R.G. du contrôleur général Costes et le Service des liaisons nord-africaines du colonel Schœn, étaient exactes, une erreur importante s'était glissée dans l'idée que se faisaient ces services des liens du C.R.U.A. avec le M.T.L.D. Une erreur de taille qui se nourrira au fil des mois de « rapports bidons » établis par des informateurs du type Belhadj qui voulaient se « faire mousser ». Une erreur qui servira considérablement le F.L.N. lorsque celui-ci, issu du C.R.U.A., sera constitué et déclenchera la révolution. Pour les services de renseignements le grand responsable des « événements » du 1er novembre sera le M.T.L.D. qui sera interdit et dont on arrêtera les principaux membres.

Pourtant, si à l'avant-dernier jour du Ramadan un « André » s'était trouvé rue du Divan dans la Casbah, le rapport qu'il aurait fait de la scène qui allait s'y dérouler aurait été instructif.

Zoubir Bouadjadj, Rabah Bitat et Mohamed Boudiaf venaient de Bab-el-Oued. Ils s'étaient rencontrés dans un des cafés maures qui étaient, à tour de rôle, leurs lieux de rendez-vous. Ils avaient évoqué la constitution d'un groupe d'action terroriste algérois et Bouadjadj avait cité quelques noms. Place du Gouvernement ils s'étaient séparés. Bouadjadj prenait son trolleybus près de la mosquée de la Pêcherie pour la colonne Voirol. Bitat et Boudiaf se dirigèrent vers la Casbah par la rue du Divan qui marquait l'entrée de la ville musulmane. Les ruelles grouillaient d'une foule impatiente qui attendait le coup de canon signalant la fin du jeûne du Ramadan. Jusqu'à l'aube on allait pouvoir manger, boire, se réjouir. Les marchands de beignets faisaient des affaires d'or. Une odeur d'huile frite, d'épice, de miel, une odeur douceâtre et forte à la fois régnait dans les ruelles. Les cris des gosses, les appels des marchands, les conversations sur un ton suraigu comme seules les femmes musulmanes savent le prendre, se mêlaient à la musique arabe qui sortait de tous les petits cafés où les tables étaient prises d'assaut. Des femmes voilées, en haïk blanc, rentraient chez elles, des provisions à la main, venant des deux grands marchés de la Casbah, le marché Randon et le marché de la Lyre. Les courgettes, les primeurs, les choux se mêleraient dans quelques heures à la semoule et aux pois chiches des couscous « aisés ». Une odeur forte de mouton grillé atteignit les narines des deux hommes qui remontaient lentement la rue du Divan.

« Ça me donne faim, dit Bitat.

— Courir comme on le fait en cette période de Ramadan ça me met à plat, répondit Boudiaf. On devrait aller chez Ali, manger un couscous et ensuite on pourra dormir ce soir chez Aïssa le tailleur. »

La petite boutique de l'artisan, peinte en bleu vif, se trouvait rue du Vieux-Palais dans la basse Casbah, tout près de la place du Gouvernement, et servait souvent de refuge aux conjurés qui y passaient la nuit couchés sur les tables de coupe dans l'odeur fade et poussiéreuse des pièces de tissus.

« D'accord, dit Bitat, allons manger. Le canon va bientôt reten... » Il n'eut pas le temps de finir sa phrase. Une violente poussée accompagnée d'un coup sur la nuque venait de le faire trébucher. Il essaya d'amortir sa chute en lançant les bras en avant, mais deux hommes avaient bondi sur lui et le rouaient de coups de pied dans les côtes. Il reçut un nouveau coup de matraque, sur la mâchoire cette fois. « De la part de Messali », lui glissa l'un des agresseurs... Bitat reçut encore un coup de pied dans l'estomac qui lui fit perdre à demi conscience.

Boudiaf, voyant son compagnon basculer en avant sous la première poussée, se retourna instinctivement. Il reçut le coup de matraque en travers de la bouche. Il vit des éclairs. Une manchette l'atteignit au cou. Un direct à l'estomac l'envoya à terre. Il reçut encore un coup de pied dans le ventre et sentit qu'on lui arrachait sa montre-bracelet. « Ils ont leur compte, cria l'un des agresseurs, la police va les ramasser. »

Fendant le cercle de badauds qui s'était formé, ils se perdirent dans la foule. « La police », pensa Boudiaf. Malgré la raclée qu'il venait de recevoir il essaya de se relever. Si la police arrivait, ils étaient perdus! Bitat et lui étaient toujours recherchés. L'un des hommes qui s'étaient agglutinés autour des corps étendus sur le pavé gras donna un coup de coude à son voisin : « C'est Si Taïeb, lui dit-il, en montrant le visage tuméfié de Boudiaf. Il faut les emmener. Occupe-toi du grand. »

Le sort venait de sauver les deux chefs du C.R.U.A. en faisant passer sur les lieux de la bagarre d'anciens militants P.P.A. qui connaissaient Boudiaf depuis longtemps et le savaient recherché par la police. En deux phrases bien senties, ils dispersèrent les badauds. Passant un bras sous les aisselles des deux hommes ils les relevèrent. Boudiaf et Bitat reprenaient leurs esprits. Instinctivement, ils se laissèrent conduire par leurs compagnons et se perdirent à leur tour dans la foule de plus en plus dense. Lorsque la police alertée par un boutiquier arriva rue du Divan, une vieille femme en haïk sale ramassait des salades dans un couffin. Son panier avait été renversé dans la bagarre.

« Qu'est-ce qui s'est passé? » demanda un brigadier. La pauvre femme le regarda de ses yeux vides, sans répondre. « Ouais, complètement abrutie la vieille. » La voiture de police s'éloigna en actionnant son klaxon. Quelques traces de sang sur le pavé, bientôt effacées par les pas de centaines de passants, étaient les seules preuves de l'agression commise par les messalistes. Ayant contaté son échec à ramener « les brebis égarées » au sein du M.T.L.D., Messali avait décidé de donner une leçon à ces « indépendants » qui voulaient passer à l'action sans se soucier des « ukases » du père de la révolution. De plus en plus loin des réalités, Messali, dans son désir de prouver sa puissance, venait de commettre une erreur considérable.

Le lendemain, le siège du M.T.L.D., 2 place de Chartres, était attaqué par trois vagues successives d'hommes sûrs qu'avaient réunis Boudiaf et Bouadjadj. Mezerna, le fidèle de Messali, fut blessé ainsi que deux autres messalistes, les locaux furent dévastés en quelques minutes. Dans la journée, trois vendeurs de *L'Algérie Libre* de Messali et deux de *La Nation Algérienne* de Lahouel furent attaqués par des « inconnus » armés de barres de fer. Le C.R.U.A. venait de prouver pour la première fois sa « forme physique » et sa détermination à jouer seul, sans tolérer d'entraves.

Les services de Costes qui avaient des informateurs dans les deux clans, ainsi que le S.L.N.A. du colonel Schœn, reçurent de leurs informateurs le récit de diverses bagarres dans la rue et même au siège de la place de Chartres. Le colonel en conclut : « La tension augmente entre les deux clans. Des commandos se sont constitués et sont entrés en action pour ramener à la raison opposants et détracteurs. »

Quant à Costes il se frottait les mains : « Tant qu'ils se battent entre eux, c'est bon signe », dit-il, en terminant son rapport quotidien.

Boudiaf avait encore une profonde coupure à la lèvre supérieure lorsque la dernière réunion « avant l'action » eut lieu. Ben M'Hidi, Ben Boulaïd, Didouche, Bitat, Krim et Ouamrane étaient réunis dans une maison de la rue Montpensier, à l'est de la Casbah. La rue Montpensier est l'une des artères les plus larges de la Casbah qui n'en compte pas beaucoup de semblables. C'est la principale voie de pénétration de la cité arabe lorsqu'on vient du quartier européen de la rue d'Isly. Elle ouvre sur la rue Rovigo, que tous les Algérois connaissent sous le nom de « tournants Rovigo » et s'enfonce, tel un coin, dans le cœur de la Casbah. Les conjurés avaient choisi ce quartier Montpensier-boulevard Gambetta pour s'y rencontrer. Le tournant Rovigo et la rue Montpensier permettaient de venir en voiture de la ville européenne et, de là, à pied on se perdait dans le dédale des ruelles et des *sabaths,* passages couverts et voûtés où s'ouvraient les petits cafés maures propices aux conversations discrètes. En cas de rafle ou de descentes de police, peu fréquentes il est vrai, mais il valait mieux prendre des précautions, les issues étaient multiples et ofrraient un large évantail vers toutes les directions de la Casbah.

L'importance de ce qui devait se dire, ce 3 juin 1954, de ce qui devait se décider entre les sept participants à la réunion excluait les cafés maures. Les fondateurs du C.R.U.A. avaient besoin de calme et de discrétion. On avait donc choisi, rue Montpensier, la maison d'un militant que connaissait Bouadjadj qui était devenu l'organisateur, le régisseur des réunions et le véritable « intendant » du groupe.

Il était 14 h 30, le calme régnait dans les rues avoisinantes, écrasées par la chaleur lourde qui enveloppait Alger. Les volets étaient tirés et une fraîche pénombre baignait la pièce où les hommes étaient réunis, assis sur un matelas jeté dans un coin et sur les quatre coussins qui constituaient tout l'ameublement de la pièce. La femme du militant, qui avait prêté l'appartement, avait apporté deux bouteilles d'orangeade gazeuse : la gazous. On ne voyait d'elle que deux yeux brillants au-dessus du voile ajusté. Il ne convenait point que des hommes étrangers puissent apercevoir ses traits. Elle s'était d'ailleurs retirée immédiatement sans qu'une parole ait été échangée. Didouche remplit les verres pendant que Boudiaf ouvrait la réunion.

« Aujourd'hui, vous le savez tous, dit-il, l'heure est grave et solennelle. Plus rien ne nous sépare. Nous sommes tous unis par notre désir de mettre fin à la colonisation. L'heure de l'action directe va sonner. »

Il était un peu emphatique mais personne n'y prit garde car chacun était tendu par l'émotion. Les sept hommes réunis dans cette chambre misérable allaient se partager l'Algérie et allaient décider de la forme que devrait prendre « l'action directe ». L'opposition qu'avaient rencontrée Krim et Ouamrane lors de la dernière réunion, lorsque leurs cinq compagnons voulaient rattacher la Kabylie et l'Algérois et non en faire une zone indépendante, était balayée. Il était entendu que la Kabylie constituait une zone à part entière que dirigeaient Krim. Ouamrane, qui était responsable de la basse Kabylie, s'était effacé devant Krim et devenait son adjoint. Pour démontrer à leurs compagnons la puissance et l'organisation de leur zone, les deux chefs kabyles avaient eu recours à une petite démonstration qui avait convaincu les « Arabes ». Quelques jours auparavant ils avaient réuni, à Alger, leurs sept chefs de daïra (région) et avaient convié Boudiaf à « faire la connaissance » de ceux qui quadrillaient la Kabylie sous les ordres de

Krim Belkacem. Les « présentations » s'étaient faites, toujours dans la Casbah, au premier étage d'un petit hôtel crasseux de la rue du Chêne, l'hôtel Saint-Martin où des ouvriers s'entassaient à dix par chambre. Boudiaf avait serré la main des sept hommes.

« Mohamed Amouche, de Dra el-Mizan, on l'appelle Si Mouh Touil (le trop long), avait précisé Ouamrane, il mesure 1,90 m! Zammoum Ali, de Tizi-Ouzou. Babouche Saïd de Fort National-Michelet. Si Chérif, le colonel, son vrai nom est Mellah Ali, il contrôle Tighzirt. Zammoum Mohamed dit Si Salah, responsable de la basse Kabylie. Si Saïd ou plutôt Yazouren Mohamed d'Azazga. Et enfin Guémraoui de Bouira. Voilà, avait conclu Krim, tu les connais tous, tu peux parler avec eux... »

C'était une preuve de confiance et en même temps une brillante démonstration que faisaient les deux habiles chefs kabyles. Boudiaf y avait été sensible. On avait bavardé des moyens disponibles, de la politisation de la population. Les sept chefs de daïra avaient donné le nombre de militants qu'ils contrôlaient.

« Tous dévoués à Krim, le plus ancien de tous les maquisards », avaient-ils précisé!

Boudiaf, impressionné, avait rapporté cette visite à ses compagnons. La Kabylie de Krim constituerait une zone presque aussi importante que les Aurès de Ben Boulaïd! Dans ces conditions le découpage définitif fut décidé à l'unanimité. Didouche informa ses compagnons qu'il permutait avec Rabah Bitat. Il prendrait la responsabilité du Nord-Constantinois et Rabah Bitat celle de l'Algérois. Ben M'Hidi contrôlerait l'Oranie, Ben Boulaïd les Aurès et Krim Belkacem la Kabylie. Boudiaf ne serait pas responsable de zone mais garderait le contact avec « l'extérieur » — Le Caire — et assurerait la coordination indispensable entre les différentes zones. Il restait encore une zone non attribuée : celle couvrant les territoires du Sud. On évoqua le nom d'un ancien adjudant qui pourrait en prendre le commandement mais on n'était pas encore sûr de lui. Il fut décidé de remettre cette nomination à une date ultérieure. Cette nomination n'eut jamais lieu car l'adjudant, auquel on avait pensé, « tourna sa veste » et se rallia aux autorités françaises.

Il fut décidé que l'on nommerait des adjoints plus tard, ou plutôt que chaque chef de zone en informerait ses « collègues ». Car pour ne pas tomber dans les erreurs de l'O.S., écrasée par un pouvoir trop centralisé, on décida que chaque chef de zone aurait une autonomie complète. De même, à l'intérieur de chaque zone, les chefs de régions, les groupes d'action feraient eux-mêmes des propositions sur la conduite à suivre dans la subdivision dont ils seraient responsables.

Les sept hommes réunis ce jour-là rue Montpensier ne se doutaient pas de l'importance de la décision qu'ils prenaient à cet instant. Cette indépendance, cette autonomie qui allait les servir dans le premier temps de la rébellion, aurait plus tard les plus néfastes répercussions sur le déroulement de la révolution et sur les premiers mois de l'indépendance de leur pays.

L'autonomie des willayas ferait couler beaucoup d'encre. Mais on n'en était pas encore là. Les zones ne s'appelleraient willayas qu'après le congrès de la Soummam, véritable plate-forme politique de la Révolution algérienne, mais cela se passera deux ans plus tard et bien des choses auront changé...

La question des responsables de région étant tranchée on décida d'élire un président du C.R.U.A. Ben M'Hidi et Boudiaf étaient candidats. Boudiaf l'emporta facilement, non en raison de sa personnalité, (personne ne mettait en doute les qualités morales de Ben M'Hidi qui les prouvera avant de mourir sous la torture lorsqu'il sera fait prisonnier pendant la bataille d'Alger en 1957), mais en raison de ses fonctions. Le contact avec Le Caire et « l'extérieur » et la mission de coordination entre les différentes zones le désignaient pour prendre la présidence du C.R.U.A. Chacun leva son verre de « gazous » à la santé du nouveau président et l'on reprit la discussion. Le partage de l'Algérie étant réalisé, le C.R.U.A. étant définitivement constitué, on passa à l'étude de la principale question : l'action.

Les participants tombèrent d'accord sur les trois facteurs susceptibles de déclencher l'action. Le facteur intérieur était propice. L'opinion algérienne voyait la Tunisie et le Maroc, pays voisins et pays frères, en lutte armée contre la France; elle pouvait facilement être amenée à voir d'un œil favorable la constitution d'un Front nord-africain contre le colonialisme. Quant au facteur extérieur il n'était pas défavorable non plus. Boudiaf, Didouche et Ben Boulaïd annoncèrent que la liaison avec Le Caire était établie et fonctionnait bien. Des contacts avaient été pris par l'extérieur à Genève et Tripoli avec les délégués marocains et tunisiens qui apporteraient leur aide dans la mesure de leurs possibilités. Ben Bella, Aït Ahmed et Khider étaient favorables à l'action immédiate. Ils assuraient en outre que l'Egypte pourrait soutenir l'action une fois celle-ci déclenchée.

Enfin la charte de San Francisco a donné à tous les peuples le droit de disposer d'eux-mêmes. C'est un argument à développer aux Nations unies. Car les sept hommes sans armes et sans moyens, réunis dans cette petite chambre de la Casbah, ont une telle détermination, une telle confiance dans le mouvement qu'ils vont déclencher, qu'ils pensent déjà à l'attitude qu'il faudra prendre dans l'immense et luxueux palais de verre de New York!

Boudiaf posa alors la question :

« Est-il opportun de déclencher l'action immédiatement ou bien doit-on attendre et préparer le déclenchement plus soigneusement en le retardant! »

Chacun se montra favorable à l'action immédiate. Les dés étaient jetés. Chaque chef de zone devait maintenant mettre au point son propre dispositif d'action. La prochaine réunion serait consacrée à faire le point sur les armes, les moyens, les effectifs dont disposerait le C.R.U.A. Il fut décidé que dorénavant seuls les cinq chefs de zone et Boudiaf qui assurait la liaison, participeraient aux réunions. C'était la dernière réunion de préparation à laquelle assistait Ouamrane. Il allait avoir bien plus à faire sur place en Kabylie.

Lorsque les sept hommes sortirent de la maison de la rue Montpensier la chaleur était tombée. La foule avait à nouveau envahi les rues. En haut du boulevard Gambetta, des gosses à demi nus s'aspergeaient en dirigeant le jet du robinet d'une fontaine publique tandis que des femmes, un seau à la main, se protégeaient des éclaboussures en glapissant des injures. Les sept hommes se séparèrent. Ouamrane et Ben Boulaïd descendirent lentement les escaliers du boulevard Gambetta en se mêlant à la foule. Les deux hommes avaient grande estime l'un pour l'autre. Pourtant ils étaient bien différents. Ben Boulaïd, de taille moyenne, avait le visage creux, le corps sec, il paraissait frêle auprès du colosse ramassé et trapu qu'était Ouamrane. Ben Boulaïd qui, après avoir été recherché à l'époque de l'O.S., avait réussi à se « dédouaner » et à mener une vie à peu près normale entre Batna et Lambèse où il exerçait officiellement la profession de meunier, après avoir exploité un temps une petite ligne de car, était impressionné par ce Kabyle qui « tenait le maquis » depuis déjà sept ans. Les deux hommes étaient silencieux. Une marmaille bruyante jouait sur les marches du boulevard. Un gamin au nez morveux vint buter dans les jambes de Ouamrane qui le souleva comme un fétu de paille et le reposa quelques marches plus bas riant de la frayeur du gosse.

Mais il pensait à bien autre chose qu'aux jeux de ces enfants. « Il faudra que l'on règle tout de même le cas de Messali, dit-il brusquement à Ben Boulaïd.

— Tu sais, sergent, Messali ce n'est pas la révolution!

— Comment peux-tu dire cela, toi? C'est tout de même lui qui nous a tout appris!

— Je vais te faire une confidence. Je suis allé voir Messali aux Sables d'Olonne. Je lui ai dit : « Sidi El Hadj, comment vois-tu la révolution? »

« Il a ri et m'a dit : « Ah! La Révolution? Eh bien essaie de descendre dans la rue et crie : Vive Messali! Tu verras ce que c'est la Révolution! »

« Voilà où il en est. Le culte de la personnalité! Alors pour moi Messali ce n'est plus la Révolution. »

Ouamrane n'en revenait pas. Les deux hommes étaient parvenus au bas des escaliers sur la placette dominant le marché de la Lyre. Ben Boulaïd prit le « sergent » Ouamrane par le bras.

« Tu verras que j'ai raison. On en reparlera plus tard ensemble, quand nous aurons gagné... et si je suis encore vivant! Si je suis mort, tu t'en souviendras... »

Les deux hommes se quittèrent devant le « Marché aux Voleurs » où l'on vendait des vieux vêtements au milieu de marchandises hétéroclites. Ouamrane se dirigea vers la gare. Il prendrait le train ce soir même pour Tizi-Ouzou. Il regarda cette foule paisible, misérable, tout occupée à ses affaires du jour. « Une masse de plastic inerte, pensa-t-il, mais nous venons d'y placer un fameux détonateur... »

La lumière brillait encore aux fenêtres du bureau du préfet. M. Lambert, préfet d'Oran, travaillait après un dîner avalé en vitesse. Ce soir-là était un « jour sans ». Sans réception, sans invitation, sans obligation. Une de ces soirées où le préfet était de bonne humeur, où il pouvait travailler en paix dans son bureau. Mais ce soir-là, Lambert n'était pas de bonne humeur. Non que le fait d'être l'Européen le plus haï par les Européens d'Oranie le gênât de quelque façon; non! sa mauvaise humeur était provoquée par une note du Gouvernement général dans laquelle on l'informait qu'à la suite du long rapport qu'il avait établi après une série de « tournées » dans le département, les salaires des ouvriers agricoles étaient augmentés de 10 à 15 %. Voilà qui allait faire hurler les colons mais Lambert s'en moquait bien. Il avait demandé dans son rapport que l'on doublât purement et simplement le salaire de tous les ouvriers agricoles :

« Encore des demi-mesures, murmura-t-il en annotant un document, et moins que des demi-mesures, des septièmes de mesures! On finira par en crever... » Jean Lambert, préfet d'Oran depuis sept mois, avait pris le problème algérien à bras le corps, à son habitude.

Petit, gros, le gilet avantageux, le cheveu presque blanc soigneusement plaqué, sanguin de visage, Jean Lambert n'était pas un préfet comme on les imagine volontiers, compassés, discrets, se complaisant dans la fréquentation de la haute bourgeoisie du département qu'ils ont à administrer, attachés à leurs prérogatives. Non, Lambert était un « gueulard » qui voulait aller jusqu'au bout des choses. On l'avait « parachuté » en Algérie pour « y faire quelque chose » et il était bien décidé à accomplir sa mission.

Lorsque Martinaud Deplat, ministre de l'Intérieur, l'avait convoqué à l'automne 1953, il était préfet à Mâcon depuis sept ans et s'y trouvait bien. Quand son ministre avait évoqué l'Algérie, Lambert s'était senti mal à l'aise. « Je n'y connais rien du tout », avait-il avoué. Et pourtant Martineau Deplat lui proposait la préfecture d'Oran.

« Je ne suis pas candidat à ce poste, monsieur le Ministre, tous ces problèmes me sont parfaitement inconnus.

— Comme à la plupart des hauts fonctionnaires français, avait enchaîné le ministre en souriant. Lambert, c'est votre devoir de partir. Vous apprendrez sur place! Le Gouvernement a besoin d'hommes comme vous en Algérie... »

Car Jean Lambert était, comme il le disait volontiers, un préfet « d'occasion ». C'était avant tout un homme d'action. Sa résistance avait été magnifique. Secrétaire général de la Délégation en France avec Bollaert, il était devenu délégué du Gouvernement d'Alger pour la zone sud de la France à la nomination de Parodi. Il avait quitté Lyon en 1944 pour Clermont-Ferrand en compagnie de Jacques Bingen. Celui-ci avait été arrêté par la Gestapo et s'était suicidé — comme Jean Moulin qu'il remplaçait —; Lambert avait pu s'échapper. A la Libération il devint commissaire de la République puis fut nommé préfet au titre de la Résistance. Attaché au Parlement, chargé des questions de résistance, ce baroudeur, secret sous ses dehors bonhomme et grande gueule, avait été fait Compagnon de la Libération. Contrairement à beaucoup de hauts fonctionnaires qui, envoyés en Algérie, considéraient leur poste comme un « purgatoire » de quelques mois ou de quelques années et s'y faisaient les plus discrets possible, Jean Lambert avait décidé de prendre son ministre au pied de la lettre. Puisqu'on l'envoyait à Oran pour « y faire quelque chose », il s'était mis au travail.

Oran, la grande métropole de l'Ouest algérien, était loin d'être une résidence désagréable. Deuxième ville d'Algérie, la seule ou la population européenne (300 000 habitants) soit plus importante que la population musulmane (150 000 âmes) elle offrait le visage d'une grande cité méditerranéenne à mi-chemin entre la France et l'Espagne. La vie y était douce et facile. Et Oran avait décidé de se faire « chatte » pour accueillir le nouveau préfet *francaoui* que Paris lui envoyait. L'accueil fut calme et sympathique. Le maire tout-puissant, le gaulliste Fouques-Duparcq, avait accueilli, tous charmes dehors, ce grand nom de la Résistance, et lui apportait le soutien des libéraux du groupe Blachette dont il était à Oran l'un des piliers. Lambert s'était fait aimable, souriant. Son registre très étendu dans la bonhomie « active » avait séduit. Mais après quelques jours d'euphorie, ce que Oran et le département comptaient de « grands propriétaires terriens » avait déchanté. Le nouveau préfet avait immédiatement commencé ses tournées d'information. Ce qui pour la plupart des préfets était une corvée ponctuée de discours, de banquets, de présentations, était pour Jean Lambert un moyen de s'informer en profondeur. Le style de « l'administration Lambert » c'était de foncer dans le tas, d'aller voir soi-même dans la soute comment ça marche et en tirer les conclusions après être remonté dans le carré du commandant.

« Etre au milieu des gars, c'est comme ça que je travaille... » Sa « descente dans la soute » avait duré cinq mois! Et en cinq mois il en avait appris sur l'Algérie et sur l'Oranie en particulier! Partout l'accueil avait été sympathique, chaleureux, enflammé même! Avec la population musulmane sur les trottoirs, anciens combattants médailles pendantes sur le burnous et larme à l'œil en évoquant Verdun ou la Marne, enfants des écoles avec les petits drapeaux. On avait souligné le calme, la fraternité qui régnait dans le bled. Mais Lambert se rendait bien compte de la « préfabrication » de cet accueil. Pourquoi les Arabes feraient-ils un accueil enthousiaste à ce petit bonhomme rondouillard qu'ils ne connaissaient pas?

Il était entré au cœur du problème, s'était renseigné sur les conditions de vie des musulmans. Il était sorti effaré par ce qu'il avait découvert.

« La population a en premier lieu le désir d'être considérée comme française, écrivit-il dans son rapport à Roger Léonard, le grand malheur c'est qu'il y a des lois spéciales pour l'Algérie et que les musulmans sentent bien qu'ils ne sont pas Français à part entière. »

Jean Lambert, au cours de ses instructives tournées, s'était aperçu que s'il y avait des problèmes politiques certes fort importants, les problèmes économiques et sociaux l'étaient encore plus. Il fallait d'urgence remédier aux inégalités sociales les plus flagrantes.

Lambert, le baroudeur, avait été stupéfait des conditions de vie de l'ouvrier agricole qui gagnait 100 F par jour lorsqu'il trouvait du travail! Le préfet avait demandé au Gouverneur général une augmentation générale des salaires en commençant par ce qu'il appelait « le scandale des salaires agricoles » qu'il proposait de doubler immédiatement. Le choc psychologique sur la population serait énorme et, compte tenu des salaires misérables « offerts » aux ouvriers, cette augmentation serait sans influence sur les prix. L'agriculture algérienne pouvait supporter cette charge sans que le coût de la vie en souffrît. Le colon pouvait faire ce léger sacrifice, en regard des résultats que l'on pouvait en attendre sur la population musulmane. En outre, Lambert avait proposé la fermeture immédiate de la frontière algéro-marocaine à l'émigration saisonnière marocaine.

Lorsque les colons avaient appris les propositions du préfet Lambert, il était devenu l'homme à abattre. En effet, la fermeture de la frontière algéro-marocaine était pour eux catastrophique. L'afflux d'une masse misérable d'ouvriers saisonniers marocains à l'époque du battage ou des vendanges leur permettait de faire de la sous-enchère et de réduire à néant les quelques revendications que pouvaient présenter les ouvriers algériens. Les pratiques en vigueur touchaient à l'esclavage. Des équipes de 2 à 300 malheureux Marocains sous la direction d'un véritable négrier se mettaient à la disposition du colon. Les accords étaient passés entre le colon et le chef d'équipe. Tout le monde se mettait au travail pour un salaire souvent inférieur à celui qu'avaient les Algériens. Cette pratique présentait un double avantage pour le colon qui gagnait sur le prix donné et qui « matait » ses ouvriers algériens pour l'année à venir. 100 F c'était peu mais c'était mieux que le chômage...

Lambert se moquait bien d'être la cible que les Européens voulaient atteindre, mais il était épouvanté par la sous-administration qui touchait son département comme elle touchait l'ensemble de l'Algérie. Lambert disposait de trois sous-préfets (Tlemcen, Mostaganem, Tiaret) et de quelques administrateurs de communes mixtes, des hommes qui ne bougeaient pas beaucoup et qui avaient à administrer avec deux ou trois adjoints et dix *chaouch* des territoires plus grands qu'un département français!

« Police, gendarmerie, armée, tout est ridicule, l'entendait-on « gueuler » dans les couloirs de la préfecture, ici j'ai 150 flics pour 400 000 habitants! »

Dans l'Oranie tout entière il n'y avait pas 8 000 hommes de troupe. « Heureusement qu'il n'y a pas de sentiments antifrançais dans la population, confiait-il. Il me semble, après chaque journée, que l'on garde l'Algérie par habitude. Je découvre qu'il existe des douars de plusieurs centaines de personnes qui n'ont jamais vu un Européen, qui n'ont jamais vu une automobile! »

Avec sa manie de vouloir « fourrer son nez partout », Jean Lambert devenait l'homme que l'on chargeait de tous les maux, de tous les défauts possibles. On fit jouer les appuis politiques, les gros colons intervinrent directement. Ils ne comprenaient pas qu'ils étaient en train de perdre délibérément leurs chances de garder l'Algérie au sein de la France. On ne voulait pas voir la réalité. Certains chiffres, dans leur sécheresse, portaient en eux les fermes d'une révolution qu'un Lambert redoutait. Le revenu brut de l'Européen d'Algérie était de 450 000 F par an contre 350 000 en métropole. Le musulman, lui, voyait son revenu tomber à 16 000 F par an! Dans le département d'Oran, lorsque Lambert vérifiait ses rapports, il constatait que 750 propriétaires européens détenaient 55 832 ha. A Mostaganem, 768 propriétaires possédaient chacun près de 250 ha en moyenne!

« Heureusement qu'il n'y a pas de sentiments antifrançais dans la population », répétait-il. Et c'était vrai.

La campagne de mise en garde contre le trop bouillant préfet avait dû porter ses fruits dans certains milieux d'Alger et de Paris puisque sur la table de Jean Lambert, ce soir-là, il y avait une note l'informant que l'augmentation des salaires agricoles serait de 10 à 15 %. La colère du préfet s'expliquait. Son jugement sur les colons était sévères mais nuancé. Il jugeait sur pièce.

« Ils se perdent sans le savoir, sans s'en douter. A force de tout refuser ça « claquera », disait-il. Ils sont persuadés que, lorsqu'on arrive de Métropole, on n'y connaît rien. Seule leur façon est la bonne. Ils n'ont rien compris à l'évolution du monde musulman. Ils vivent séparés de la Métropole, en marge des lois communes, ils sont peu en contact avec l'administration elle-même sous-développée. Ils sont livrés à eux-mêmes. Ils en profitent.

« Et pourtant il faudrait peu de chose. Car on ne peut pas dire que les Européens soient loin des musulmans. Ils ont beaucoup de contacts, surtout ici en Oranie, il n'y a pas un Européen qui n'ait deux ou trois amis musulmans, surtout dans les campagnes. Chacun a son « bon Arabe ». Ils sont près les uns des autres, se tutoient mutuellement. Mais ce sont des contacts superficiels et les modes de vie différents ne simplifient pas les choses. Si un Européen va dîner chez un bourgeois musulman, c'est le maître de maison qui servira lui-même, on ne verra jamais sa femme. Si le même musulman vient chez l'Européen, il dîne avec toute la famille européenne. Il y a une réticence musulmane qui vient de la coutume ancestrale de cacher les femmes et il y a parallèlement un sentiment de supériorité de l'Européen face au musulman qui, s'il était « civilisé », devrait avoir les mêmes mœurs que lui. Et la plupart des Européens étant ici d'origine espagnole et maltaise, on ne peut pas dire qu'ils brillent par leur largeur d'esprit. Malgré cela ces Européens accepteraient peut-être que leurs amis musulmans aient les mêmes droits qu'eux, mais le gros de la masse, par son extrême misère, ne peut avoir le contact avec l'Européen. On ne s'en soucie pas plus que d'un mulet ou d'un bourricot. Elle fait partie des meubles. Elle sert. C'est tout. »

Bref, Lambert était considéré comme « l'affreux type de la Métropole » qui s'apprêtait à ruiner le colon et encourageait les musulmans a réclamer plus encore, alors qu'ils étaient si contents de leur sort. Ces colons, dont le nouveau préfet était la bête noire, seront bien difficiles à convaincre. Plusieurs mois après la rébellion, Lambert, continuant ses tournées, vivra une aventure démoralisante qui lui prouvera à quel point certains hommes n'avaient rien compris et ne comprendraient jamais rien. « Je vais sur une grosse exploitation, me racontera-t-il plus tard, près de Aïn-Temouchent à Hamman Bouadjar, commune la plus viticole de « France », 1 200 000 hl de vin! Je parle aux paysans, aux ouvriers. Je m'adresse au chef d'équipe des vendangeurs : « Combien gagnes-tu? Le prix fixé?

— Ouais, ouais, grogne l'homme. Mais tu comprends pas. Tu peux pas comprendre. » J'emmène mon type à l'écart. Seul. Et j'apprends comment le colon qui donnait le prix légal, 550 F pour 5 quintaux cueillis, procédait. Il distribuait à chaque ouvrier 1 kg de pain qu'il fabriquait lui-même — prix officiel 50 F — et ne lui donnait que 500 F en argent liquide. L'ouvrier agricole n'avait pas l'habitude de manger du pain et se nourrissait ordinairement de 7 à 8 kg de raisin dans sa journée. Mangeant le pain il ne consommait plus que 4 à 5 kg de raisin. Le colon gagnait sur le pain et économisait du raisin tout en donnant « apparemment » le prix légal! J'appelle le colon qui proteste de sa bonne foi. « Je leur donne du pain et on n'est pas content! » J'ai dû menacer de faire partir les troupes qui protégeaient la récolte pour que les ouvriers soient payés normalement. »

Pourtant il faudra des mois et des mois avant que l'Oranie se soulève. Les musulmans, malgré la misère et les inégalités sociales, ne bougeaient pas, ne se révoltaient pas contre le colon. Au contraire. Ils se savaient les plus « heureux » d'Algérie. L'Oranie était riche, privilégiée, offrait du travail et ils préféraient travailler chez les Européens que chez les musulmans, car au moins chez les colons, on ne les « cognait » pas! Telle était l'ambiance en Oranie, en 1954, à quatre mois du déclenchement de la révolution.

Pendant que Krim Belkacem et Ouamrane préparaient leurs Kabyles à l'action directe, pendant que Bitat et Bouadjadj recherchaient à Alger des hommes sûrs pour former le commando terroriste qui psychologiquement, au jour « J », mettrait le feu à la capitale algérienne, pendant que Ben M'Hidi en Oranie et Didouche dans le Constantinois cherchaient désespérément à convaincre des hommes qui n'en avaient aucune envie que la révolution devait se faire contre la France, Ben Boulaïd avait regagné ses Aurès. Lui ne se faisait aucun souci, son influence était grande et ses hommes recrutés depuis longtemps. Il savait que si la révolution avait un cerveau algérois son cœur battait dans les sauvages montagnes des Aurès. Depuis toujours.

Les Aurès c'est un monde à part. Un lourd massif, compact, hostile en apparence, qui sépare le Constantinois du désert. Que l'on vienne du Nord, des chotts qui s'étendent au pied des monts de Constantine, que l'on vienne du Sud, des palmeraies de Biskra, du pays du miel et des dattes, on a envie de contourner ce massif du « mauvais œil », refuge traditionnel des bandits d'honneur qui trouvent auprès de la population berbère, individualiste et attachée à ses coutumes, une aide vitale. Les Aurès, pour qui prend la peine d'y pénétrer, offrent pourtant l'un des plus beaux paysages du monde. Des plus variés aussi. Des déserts de pierres ou de sable on passe, grâce à des cañons encaissés et sauvages, à des régions riantes, vallonnées, où les vergers succèdent aux palmiers, où les cèdres précèdent les pics enneigés après que l'on ait franchi l'étendue monotone des hauts plateaux.

Dès que l'on a passé la zone fertile des vergers, on sent la violence à fleur de terre. La nature, d'une beauté sauvage, semble avoir déteint sur le caractère des habitants. Dans cette nature étrange et hostile les villages ressemblent à des fortins, ramassés, massifs, sur le qui-vive, perchés en nid d'aigle à l'extrémité d'un piton rocheux ou accrochés à une falaise verticale. Les Chaouïas, les habitants des Aurès, vivent coupés du monde, à l'abri, sur les flancs de la montagne, de cette mère abusive qui les protège des influences extérieures et veut leur garder une pureté de sang que l'on ne trouve nulle part ailleurs en Algérie. Les Chaouïas ont résisté au brassage des races. Ils ont conservé leur langage, leurs coutumes, leurs croyances. Ils ont résisté aux Romains, aux Arabes, à la pacification française. Leurs usages ont à peine été modifiés par le catholicisme puis l'Islam. Les Chaouïas, depuis deux mille cinq cents ans, sont hostiles à tout ce qui n'est pas aurésien et devant l'envahisseur, le « pacificateur », ils deviennent de redoutables guérilleros. Ils ont la guérilla dans le sang.

« Les Aurès constituent une région traditionnellement contaminable par les idées de révolution, d'indépendance... », avait lu le jeune sous-préfet Deleplanque lorsqu'il était arrivé à Batna en mars 1953. Ce n'était pas une sinécure que ce poste que lui confiait à l'époque le président du Conseil René Mayer, député de Constantine, représentant politique et « émanation parlementaire » du clan Borgeaud.

Batna c'était la capitale des Aurès, sous-préfecture importante du département de Constantine. La nomination de Deleplanque faisait partie d'un « plan » René Mayer destiné à mettre en place des hommes en qui le député de Constantine avait toute confiance. Des hommes qu'il « aurait bien en main » pensait-il. La suite montrera à quel point, dans ce domaine préfectoral, les hommes de valeur qu'il avait su choisir et faire nommer agiront dans le sens que leur commandait leur conscience sans se soucier des intérêts particuliers.

C'est une amitié de jeunesse qui a conduit le jeune Deleplanque au cœur des Aurès. Il a trente-cinq ans; c'est jeune pour un sous-préfet dans un lieu d'une importance stratégique aussi grande. Après avoir fait son droit puis Sciences Po et la guerre dans les blindés, il est entré — après la défaite — au cabinet du préfet de Clermont-Ferrand dont le directeur de cabinet était M. Pierre Dupuch. Celui-ci se prit d'amitié pour le jeune homme, le conseilla, le dirigea. Deleplanque passa le concours de chef de cabinet de préfet en même temps qu'il entra dans la Résistance. Il réussit le concours, mais quelques mois plus tard fut arrêté par la Gestapo, condamné à mort et sauvé par la Libération. La préfectorale lui tendait les bras; le voilà sous-préfet de Sainte-Menehould en 1945, nommé au titre de la Résistance. Il a vingt-cinq ans! Il restera six mois dans la capitale des pieds pannés. Jusqu'à ce que René Mayer le nomme à Batna qui sera son deuxième poste. En effet le président du Conseil avait comme directeur-adjoint de son cabinet Pierre Dupuch, dont Deleplanque était le protégé.

Il était convenu que Dupuch irait à Constantine, le fief de René Mayer, dès que le poste serait libre. En attendant, « le petit » partirait en éclaireur dans la région. Il préparerait le terrain. « Il sera aux premières loges pour tout observer, avait dit le président du Conseil, Batna c'est le chef-lieu des Aurès. C'est là que tout se passe. »

Et pour Deleplanque, qui arrivait avec sa jeune femme, ce fut le coup de foudre. Le couple fut séduit par les Aurès sauvages, mystérieux, que peu d'Européens connaissaient. « Région contaminable par les idées révolutionnaires... », disait le rapport général de la sous-préfecture. Deleplanque voulut la connaître à fond, se pencher sur son histoire. Ce mélange d'épopées et de légendes, de traditions et de contes à dormir debout allait expliquer bien des choses, allait justifier bien des actions en apparence totalement incompréhensibles lorsque au 1er novembre 1954 les Aurès exploseraient.

Mais on était bien loin de la révolution et Deleplanque découvrait avec passion l'histoire des Chaouïas que les Romains eux-mêmes n'avaient pu « civiliser ». Lambèse, Timgad recelaient des ruines magnifiques prouvant à quel point la vie était développée en bordure des Aurès au IIe siècle de notre ère, mais l'histoire disait aussi combien le chef de la sixième légion Ferrata avait eu de mal à contenir en 145 les incursions des Chaouïas. Son passage dans les gorges de Tighanimine fut considéré comme un exploit militaire digne d'être gravé dans la roche du défilé. Deleplanque et sa femme admiraient les cañons, la route en lacet dominant l'oued qui coulait au fond du ravin, sans se douter que quelques mois plus tard ce ravin serait à nouveau ensanglanté par la révolte. Qu'un jeune instituteur y serait assassiné. Ils découvraient combien la femme chaouïas, dont les fichus colorés et les amples jupes sombres étaient égayées de franges jaune citron, rouges, ocre, jouait un rôle important dans la société. Contrairement au reste de l'Algérie, les Aurès « considéraient » la femme dont la liberté de vie et le rôle familial et social occupaient une place essentielle dans la vie quotidienne. Les Aurès étaient d'ailleurs encore dominés par le personnage de Kahina, héroïne légendaire qui s'était opposée au VIIe siècle à la première invasion arabe. Chef incontesté de la tribu Jeraoua, on en avait fait la « Reine des Aurès » et son souvenir était encore présent dans les montagnes où l'on racontait aux enfants ses exploits de « guerrière ». La Kahina c'était le symbole du caractère indépendant et farouche des Berbères de l'Aurès. Imperméable aux influences extérieures, ayant résisté aux Romains, aux Vandales, aux Byzantins, aux Turcs, aux Arabes, cette population retranchée dans ses montagnes avait mené une vie dure aux troupes françaises de colonisation. Trois grands mouvements insurrectionnels anti-français avaient ensanglanté les Aurès en 1859, 1879 et 1916. Tous avaient échoué. Mais la pénétration française n'avait pu se faire dans cette région montagneuse repliée sur elle-même. Batna et Arris étaient les seuls centres importants de colonisation qui avaient réussi à s'implanter au centre du massif. Le reste, les pics rocheux, les villages fortifiés, les forêts des hauts plateaux c'était le domaine des bandits de l'Aurès, des bandits d'honneur qui s'opposaient parfois à la population lorsque leurs exigences étaient exagérées, mais que les Chaouïas protégeaient contre les timides incursions des gendarmes, représentants d'une autorité que l'on haïssait par tradition.

Deleplanque, stupéfait, avait découvert que cinq à six cents « irréguliers », bien armés, tenaient les Aurès et s'y déplaçaient en toute quiétude. Il avait appris que de tout temps des bandits d'honneur se réfugiaient dans ces montagnes impénétrables. Comment expliquer la présence de ces hommes qui, au jour de la révolution, se joindront à un mouvement dont ils ne savent rien, si ce n'est qu'il lutte contre l'autorité, ce que certains font depuis des années. Cet apport à la révolution sera loin d'être négligeable. Il faudra les paras de Ducourneau, puis bien d'autres plus tard, avant de rétablir un semblant d'ordre dans une région qui sera toujours en ébullition.

La présence de ces bandits d'honneur s'expliquait par le régime administratif auquel la France avait voulu soumettre le pays sans se soucier des traditions locales. Deleplanque trouvait à Batna, à Arris, à Kenchela la « connerie de l'administration française qui veut appliquer la même justice à Médina, à Baâli, à Tiffelfel qu'à Béziers ou Toulouse ». Si les droits n'étaient pas les mêmes les devoirs devaient l'être. C'est la loi de la colonisation. Et les Chaouïas n'y comprenaient rien. On a toujours eu le fusil facile dans les Aurès. Surtout au printemps et à l'automne. Aux semailles et aux épousailles, aux époques où les intérêts financiers et sentimentaux sont exacerbés. Lorsqu'un homme en a tué un autre dans les Aurès, on ne s'adresse ni aux gendarmes ni à la justice. Ce sont les djemaas qui sont toute-puissantes. Le conseil de village — la djemaa — sait comment il faut agir. La djemaa de l'assassiné se met en rapport avec la djemaa de l'assassin. Et l'on établi ensemble la Diya, le prix du sang. Elle n'a jamais dépassé 250 000 F dans les Aurès. C'est le prix maximum de la peau d'un homme! Ainsi agit la justice coutumière. Lorsque la Diya est versée à la famille de la victime, par l'entreprise de la djemaa du village, l'affaire — en droit coutumier — est réglée.

C'est alors que la justice française, par l'intermédiaire d'un gendarme de T'Kout ou de Arris, apprenait l'affaire et s'en saisissait. On poursuivait le meutrier. Des villages voyaient arriver le gendarme européen, le premier blanc depuis des mois! L'enquête bien menée aboutissait. Personne ne cachait ce qu'il savait puisque l'affaire était réglée, c'était de la chronique de village. Et voilà que, selon la justice française, un homme était poursuivi. La gendarmerie le recherchait. Il n'y comprenait rien. Il avait payé la Diya, le prix du sang! Alors l'homme prenait son fusil et gagnait la montagne pour fuir l'autorité qui voulait le mettre en prison. Ainsi se formèrent les bandes de bandits d'honneur poursuivis par la justice française. Leurs chefs jouissaient d'un prestige énorme, du prestige de l'homme qui défie l'ordre établi au nom des traditions ancestrales. Grine Belkacem, Maache et Messaoud, trois des chefs incontestés des bandits de l'Aurès, se forgeaient une légende que l'on comparait, au hasard des douars, à celle de la Kahina luttant contre l'envahisseur. Qu'il soit romain, arabe ou français, c'était toujours l'envahisseur.

Le jeune sous-préfet découvrait ces réalités du pays chaouïa, mais pouvait-on expliquer cela dans un rapport qui allait arriver au ministère de l'Intérieur sur un bureau doré de la place Beauveau, à deux pas du faubourg Saint-Honoré et des magasins de luxe? Dans un autre monde. Que diable on était au XXe siècle! Pouvait-on aussi expliquer les rivalités de tribus? Celles des Ouled Abdi avec les Touabas par exemple! Laissez cela aux ethnologues et à leurs publications confidentielles, mon cher préfet!

Le Gouvernement français avait décidé de supprimer les « vieux de la vieille », les fonctionnaires de la colonisation, les officiers des affaires indigènes. Vu de Paris, cela ressemblait à une mesure libérale. Ces « suppôts du colonialisme » disparaissaient... Pourtant l'histoire de la légendaire opposition des tribus ennemies aurait été d'un grand secours pour celui qui, en novembre 1954, analysera la situation dans les Aurès et se posera la question : « Pourquoi, dans les Aurès, une fraction importante de la population soutient-elle spontanément un mouvement de rébellion qui s'est décidé dans le plus grand secret, alors que le reste de la population algérienne semble stupéfait? » Il fallait être Chaouïa ou s'intéresser à sa vie pour connaître l'histoire de la belle Aïcha Tabahoult.

On l'appelait aussi Aïcha la folle. Elle vivait dans la région qui s'étend entre l'Oued-el-Abiod et l'Oued-Abdi en plein centre des Aurès. Au cours d'une de ses promenades solitaires elle trouva un œuf qu'elle garda. Il en sortit un petit serpent. Au lieu de le tuer elle l'épargna et alla le cacher dans une anfractuosité du rocher. Mal lui en prit car le serpent devint dragon qui terrorisa les douars alentour, tuant les hommes qui s'y attaquaient, décimant les troupeaux. Les habitants s'inquiétèrent et décidèrent de le traquer de toutes parts. L'expédition réussit et le dragon fut terrassé. On entassa des branchages sur son corps répugnant et on y mit le feu pour le faire disparaître à tout jamais. Le dragon grilla mais la graisse de l'animal se répandit. Les abeilles qui pullulent dans les Aurès vinrent la butiner. Et les habitants furent embarrassés, ne sachant que faire du miel sauvage qu'ils trouvaient. Ils n'osaient le consommer comme jadis, ayant peur qu'il soit empisonné par la graisse de l'animal maudit. « Il faudrait que l'un d'entre nous se dévoue pour le goûter... » Mais personne ne se décidait. Alors quelqu'un proposa : « On va l'essayer sur Bourek. » Et tout le village applaudit. Bourek — l'éclair ou le béni — était un pauvre vieillard aveugle. « S'il meurt ce ne sera pas une perte », dirent les habitants du douar avec le mépris des Aurésiens pour l'homme en état d'infériorité physique.

On donna le miel à l'aveugle. Celui-ci, inspiré par Allah, s'en passa sur les yeux. Et, miracle, recouvra la vue. Il demanda à nouveau du miel. Cette fois-ci il en mangea et, devant le village terrorisé, commença à rajeunir à vue d'œil. Ses cheveux repoussaient, ses rides s'estompaient. Le miel était une véritable jouvence. Bourek retrouva ses forces et se dressa, terrible, devant le village.

« Vous êtes des misérables, accusa-t-il, vous avez voulu me faire périr. Je vous réclame la Diya, le prix du sang! » Les habitants du douar baissaient la tête. « La Diya, tonna Bourek, pour moi ce sera la belle Aïcha. »

Et Bourek s'installa dans un village près de l'Oued-Abdi. Des enfants naquirent de cette union avec Aïcha la folle. Ils constituèrent la souche de la tribu des Ouled-Abdi. Puis Bourek, qui avait retrouvé toutes les forces de ses vingt ans, répudia Aïcha et épousa une plus jeune fille, Touba. Il quitta le village et se fixa sur les rives de l'autre oued qui coupe le cœur des Aurès, l'Oued-el-Abiod. De l'union de Bourek avec Touba naquirent d'autres enfants que l'on appela les Touabas et qui formèrent tribu. Les ouled Abdi et les Touabas s'installèrent de part et d'autre de l'anticlinal du Lazereg et les demi-frères se vouèrent une haine farouche qui se transmit de génération en génération. Les tribus devinrent séculairement ennemies, contribuant à faire des Aurès une zone traditionnelle d'insécurité où chaque homme garde son fusil à portée de la main. En 1954 la haine des ouled Abdi pour les Touabas était toujours aussi tenace. Mustapha Ben Boulaïd était un pur Touaba et l'un des membres les plus écoutés de la tribu. Ce qui expliquait en partie combien le chef rebelle était si sûr de la plupart de ses hommes. Mais qui, en juillet 1954, aurait cru à cette histoire à dormir debout?

Si le sous-préfet Deleplanque représentait le Gouvernement général et l'autorité centrale de Paris à Batna, deux hommes très différents, Alfred Malpel, le maire libéral et Raoul Verdez, le chirurgien de l'hôpital, l'excité permanent, « contrôlaient » la capitale des Aurès.

Batna n'a rien pour séduire. C'est avant tout un camp militaire destiné, à l'époque de la colonisation, à contribuer à la sécurité du Sud-Constantinois et à faciliter la pénétration dans l'Aurès. Les rues se coupent à angle droit en un quadrillage régulier et monototone. Quelques vitrines sans goût animent la rue principale bordée de platanes. Où qu'on se trouve on aperçoit au bout des voies rectilignes la masse sombre des contreforts de la montagne, les collines boisées, les oliviers sauvages, les broussailles drues du maquis qui s'étend jusqu'en Tunisie. L'atmosphère n'est pas à la gaieté. Pourtant le maire Malpel avait réussi à égayer la cité par de grands jardins admirablement entretenus, des massifs de fleurs, des gazons qui semblaient miraculeux au milieu de la pierraille qui enserre la ville de tous côtés. On retrouvait d'ailleurs la main d'Alfred Malpel dans toutes les affaires de la ville. La personnalité de ce Pied-Noir de cinquante ans dominait incontestablement la région. Bien que sa fortune ne soit pas négligeable, il était gros courtier d'assurances, profession qui traditionnellement nourrit bien son homme; il tirait sa puissance de la politique. Président de la Fédération radicale, lieutenant et ami de René Mayer, Alfred Malpel accumulait titres et fonctions qui faisaient du maire de la sous-préfecture le véritable potentat des Aurès : Vice-président de l'Assemblée algérienne et Président de la commission des Finances de Constantine. Malgré son attachement au Parti radical il ne partageait pas les idées réactionnaires du Maître des Fédérations radicales d'Algérie : Henri Borgeaud. Malpel entendait garder son indépendance. En cela René Mayer lui faisait confiance et l'ancien président du Conseil n'était pas fâché de voir quelques radicaux se montrer libéraux en Algérie, car Alfred Malpel, avec sa puissance, son influence incontestable sur toute la région, était un homme foncièrement bon qui avait un rayonnement indéniable; son influence était certaine sur la population musulmane qui avait beaucoup plus confiance en lui qu'en ses élus locaux. Le calme du maire de Batna impressionnait favorablement. Sa sagesse pèsera lourd dans le déroulement des événements qui se préparent dans les Aurès.

Son ennemi « particulier » était Raoul Verdez, le chirurgien de Batna, lui aussi une personnalité puissante. Très intelligent, remarquablement cultivé, il mettait ses dons au service d'une excitation permanente de la fraction la plus réactionnaire de la population européenne. Pour lui, Borgeaud était un mou. Verdez était le type classique de l'Européen d'Algérie qui est contre tout ce qui peut augmenter le niveau de vie du musulman. Malpel l'accusait de « mettre de l'huile sur le feu » et les événements qui se préparaient allaient lui en donner l'occasion. Lui aussi était un ami de René Mayer, ami politique et personnel. Ce qui prouvait l'éclectisme du député de Constantine pour qui aucune amitié puissante n'était à rejeter.

Si l'attitude antagoniste des « deux amis » de René Mayer surprenait le jeune sous-préfet — lui-même nommé par l'ancien président du Conseil sans pour cela être son homme lige — , Jean Deleplanque avait découvert avec stupeur le vrai visage de ceux que l'on désignait sous le nom d'élus musulmans. Le mal que firent ces hommes sans scrupule à la cause de la France en Algérie vaut que l'on s'arrête sur quelques-uns de ses spécimens les plus représentatifs.

Jean Deleplanque, après quelques mois de séjour à Batna, s'était aperçu que la population musulmane avait plus confiance en un Européen libéral comme Alfred Malpel qu'en l'un de ses élus locaux, et qu'elle regrettait souvent de devoir passer par les influents caïds ou députés « mis en place » par l'administration à l'heure d'élections « bien dirigées » pour obtenir tel ou tel avantage. Car, aussi paradoxal que cela puisse paraître — et l'on doit bien voir là une des causes principales du fossé qui s'élargissait entre les deux communautés —, ces élus locaux malhonnêtes et vénaux avaient souvent plus de puissance que le préfet ou le sous-préfet du département! Ceci pour une raison sordide : ils étaient les grands maîtres des élections, et il ne s'agissait pas de les contrarier. Ainsi ils avaient la confiance de la France qui les avait désignés sans se soucier de leur représentativité chez leurs frères musulmans, et ils savaient à merveille profiter de ses largesses.

Dans l'Est algérois l'une des plus grandes figures parmi les notables-pantins musulmans qui bénéficiaent du soutien de la France, était F. Abdelkader.

Ce F. Abdelkader, impressionnant dans sa gandourah blanche, portait une belle tête de « bon » arabe sur des épaules solides et inspirait confiance au Gouvernement général qui s'appuyait sur lui. Cette confiance était pourtant basée sur la plus merveilleuse escroquerie jamais montée en Algérie. F. Abdelkader avait créé l'association des « petits fellahs » dont il était à la fois le secrétaire général et l'unique membre. Cette association des « petits fellahs », jointe à un bagout extraordinaire, lui avait suffi pour se faire prendre au sérieux par différents gouvernements généraux et par les gouverneurs successifs. Il était devenu l'archétype du musulman en qui la France mettait sa confiance, sur qui elle s'appuyait! Sucessivement conseiller général, membre de l'Assemblée algérienne, député, représentant même la France auprès d'une grande instance internationale!

D'une vénalité totale il attendait avec impatience les crises ministérielles pour se faire de l'argent. Les changements de gouvernement renouvelaient les ministres qu'il pouvait « taper » en faveur de ses protégés. Et les nouveaux ministres qui se renseignaient sur F. Abdelkader obtenaient les renseignements les plus élogieux, en outre c'était un confrère souvent rencontré dans les couloirs de l'Assemblée où son vêtement faisait très couleur locale! A sa manière il avait pourtant une certaine forme d'honnêteté envers ses « frères musulmans » Il avait un barème fixe et s'y tenait. Ce qui n'était pas si commun.

Ses rentrées n'étaient pas négligeables. 100 000 à 200 000 F pour une Légion d'honneur ou un poste de caïd, un peu moins pour un poste de *khodja* (garde champêtre)! Pendant des années il terrorisa les préfets et sous-préfets qui se succédèrent dans son département et qui tentaient d'intervenir pour interrompre ses manœuvres malhonnêtes. A chaque fois, le haut fonctionnaire se faisait taper sur les doigts par le Gouvernement général ou même directement par Paris! L'influence politique de ce F. Abdelkader n'avait plus de limites. Et les musulmans, qui constataient à quel point la France soutenait leur député, en concluaient que telles étaient les mœurs politiques de l'Etat. Plus F. Abdelkader était malhonnête, plus sa puissance s'accroissait!

Il avait une sorte de génie de la publicité. Il ne se contentait pas d'obtenir une place, un ruban contre quelques centaines de milliers de francs, il fallait qu'il « montre » sa puissance. Il allait à la sous-préfecture demander un poste pour l'un de ses protégés puis, en sortant, se rendait au café en face en compagnie de Mohamed ou de Mahiédine ou d'Ali subjugués par son autorité. Là il demandait au téléphone « Anjou 28-30, le ministère de l'Intérieur! » Il obtenait bien sûr le standard et commençait alors, avec une standardiste ahurie, une conversation à sens unique destinée à montrer à son protégé combien ses affaires étaient en « bonne voie ».

« Allô François? (ou Henri ou Jacques selon le prénom du ministre en exercice). Je suis à Batna avec Mohamed (ou Ali ou Mahiédine). Tu es bien d'accord avec moi pour sa Légion d'honneur? Oui. Il l'a bien méritée. Quant au poste de caïd de tel douar il serait bien pour un tel? Oui c'est l'homme qu'il nous faut. Entendu. Merci. A bientôt! »

Et il raccrochait triomphant. « C'est 200 000 F pour ta Légion d'honneur. Le ministre est d'accord. Tu as entendu? » Non seulement le brave Mohamed ou Ali payait mais en plus il répandait alentour à quel point F. Abdelkader était à tu et à toi avec le ministre. Une communication téléphonique qui rapportait de l'or! On pouvait compter sur F., il obtenait toujours ce qu'il avait promis. D'ailleurs il se faisait payer en deux fois, une partie à la « commande » et le solde après satisfaction!

Mais son génie de fripouille éclatait lorsque tout allait mal, lorsqu'il ne parvenait pas à obtenir le poste ou la décoration pour laquelle il avait reçu un acompte. Il n'était pas question pour lui de rendre l'argent, non seulement pour le manque à gagner mais pour la perte de prestige qu'entraînerait l'aveu de son impuissance. Alors sa méthode était merveilleuse. Il allait trouver le préfet ou le sous-préfet puis lui adressait cinq ou six requêtes parfaitement impossibles à satisfaire. Le préfet ou le sous-préfet ayant tout refusé était assez ennuyé. Pensez donc, avec un personnage aussi influent à Paris! Alors le malin F. qui avait mis le haut fonctionnaire dans la postition embarrassante qu'il souhaitait, terminait par un cordial : « Ah! Monsieur le Préfet, aujourd'hui vous m'avez tout refusé, mais vous ne pouvez me refuser aussi ce poste de garde champêtre pour notre ami Abderrhamane Hocine, qui en outre « nous » sera très utile lors des prochaines élections. » Et le préfet soulagé nommait illico le Hocine khodja de tel douar.

Un jour de grande forme, ce F. utilisa son amour du jeu et ses talents de comédien à parfaire une petite scène qu'il avait imaginée dans la nuit. Il était venu à la sous-préfecture avec l'un de ses protégés à qui il avait promis un quelconque poste de chaouch dans l'administration. Le brave homme attendait dans l'antichambre pendant que F. discutait avec le sous-préfet qui lui accorda immédiatement le poste sollicité. A ce moment, F. Abdelkader, pour l'amour de l'art, simula une crise au cœur. Il se leva titubant, suffoquant, la main serrée sur la poitrine et sortit dans l'antichambre où il se laissa tomber auprès de son « protégé », effrayé de voir son « bienfaiteur » dans cet état! « C'est d'accord, souffla F., mais le sous-préfet ne veut plus 30 000 mais 60 000 F. »

Le solliciteur qui attendait tout intimidé, les mains sur les genoux, n'hésitait pas. « D'accord. Je paie. Merci de m'avoir prévenu! » Et par miracle, après un verre d'eau, F. Abdelkader allait mieux, s'excusait auprès du sous-préfet et sortait du grand bureau entouré de toute la sollicitude du haut fonctionnaire qui raccompagnait ce fidèle ami de la France. Le pauvre ignorait bien sûr la transaction qui venait de se faire sur son nom et sa fonction. Mais personne de la population musulmane de la ville ne l'ignorerait longtemps! Un sacré bonhomme ce F. Abdelkader, député français, représentant de ces « sauvages musulmans des Aurès! »

Le second notable de la région n'avait rien à lui envier. Au contraire. Son système était beaucoup plus simple et d'un rapport au moins aussi considérable.

C. Si Omar était le fils du cheik El Haouch, le seigneur du désert qui jadis contrôlait les palmeraies de Biskra. Malheureusement, s'il avait quelques-unes des qualités de son père, il était loin d'avoir sa classe. De la grande famille musulmane C. Si Omar avait hérité l'intelligence, la finesse. Il lui manquait le courage physique des cheikhs qui défendaient leur honneur en levant des goums contre leurs ennemis. Il avait compensé cette défaillance par une astuce peu commune. Il était vénal mais avec classe. Il ne « mégottait » pas comme F. Abdelkader. Des cheikhs du désert il avait hérité le sens de la grandeur. Il escroquait en grand. Sa spécialité? Le coup de l'eau! A Alger, ce fils de famille avait des relations immenses et, comme F. Abdelkader, son « pouvoir parisien » était loin d'être négligeable. Il savait à merveille se servir des unes et de l'autre. Avec des sentiments qui l'honoraient, pendant des heures, il faisait le siège du directeur de l'hydraulique dans l'un des nombreux services du Gouvernement général, à Alger. Il savait employer les mots qui touchaient pour plaider la cause de ses « malheureux frères de race ».

« Monsieur le Directeur, ces malheureux Algériens ont tant de peine à ne pas mourir de faim alors qu'il y a des terres qui pourraient leur permettre de subsister, si seulement elles étaient irriguées... »

Qui pourrait résister à un pareil plaidoyer, surtout lorsque l'on est fonctionnaire et que l'on connaît la puissance de pareil personnage à Paris; ce Paris qui décide des carrières, qui fait les promotions?

« Le Gouvernement français, représenté à Alger, n'aurait qu'un mot à dire, qu'une signature à donner pour que le bureau de l'hydraulique décide de creuser un puits artésien! Bien sûr ces malheureux Algériens n'ont pas d'argent, mais c'est la vocation humanitaire de la France que de consacrer quelques dizaines de millions à l'ouverture de ce puits qui rendrait la dignité à des milliers de malheureux fellahs! »

Le Gouvernement général ne pouvait rester insensible à de pareils arguments. La République était de bonne foi, si ses serviteurs ne l'étaient pas! On faisait les travaux. La zone desséchée devenait vite fertile. Inutile de préciser que personne ne s'étonnait lorsque, quelque temps plus tard, on s'apercevait que les terres jadis desséchées avaient été achetées pour une bouchée de pain par C. Si Omar! Les musulmans voyaient dans cette réussite la preuve que la France soutenait certains personnages habiles à défendre leurs intérêts. Au moment voulu, ces derniers ne ménageaient pas leurs efforts pour que les élections se fassent dans la ligne prévue par l'administration...

Ces notables musulmans, ces hommes vénaux, exploitant sans vergogne la confiance que leur prodiguaient bien légèrement les représentants de la France, allaient faire un mal considérable. La non-représentativité de ces personnages allait être tragique. Non seulement ils ne seraient d'aucune utilité le jour de la révolution venu, mais en outre, coupés de la masse laborieuse et agissante, ils ne sauraient prévenir des mouvements qui l'agitaient.

Jean Deleplanque se souviendra bien plus tard de l'accrochage qui l'opposa à l'un de ces notables musulmans tout-puissants, F. Abdelkader, car c'est à la faveur de cet incident qu'il entendit pour la première fois un nom qui devait revenir bien souvent dans ses rapports et troubler ses nuits : Mostefa Ben Boulaïd.

Ce Ben Boulaïd, ancien adjudant, croix de guerre, médaille militaire pendant la campagne d'Italie, meunier à Lambèse, avait obtenu une « carte violette » qui lui permettait d'exploiter une petite ligne d'autocar. Mais F. Abdelkader, qui visait cette carte violette pour l'un de ses neveux, avait réussi par l'une de ses entourloupettes habituelles à faire retirer cette autorisation au meunier. Ben Boulaïd, fiché comme P.P.A. ou comme membre de l'O.S., emprisonné en 1950, ne devait pas bénéficier des largesses de la France et prendre l'avantage sur ses « amis les plus fidèles ». Ç'aurait été une véritable injustice!

Jean Deleplanque avait rencontré le meunier de Lambèse. « Un homme du peuple, un homme d'action, très évolué. Conscient de la situation des musulmans, de leur désir d'évolution. » Il avait défendu sa position, avait plaidé sa cause contre F. Abdelkader. De son côté le sous-préfet avait fait son enquête. Bien sûr Ben Boulaïd avait trempé dans le complot de l'O.S. mais il semblait être l'un de ces « hommes évolués, représentatifs de l'opinion musulmane de sa région, que la France devait amener à sa cause ». Malheureusement il ne comptait pas parmi les amis, les « protégés » qui contribuaient à la prospérité financière du tout-puissant « homme de confiance des Français » F. Abdelkader.

Deleplanque tenta de faire rendre justice à Ben Boulaïd, de lui faire récupérer sa « carte violette », et s'y cassa les dents. La puissance de F. au Gouvernement général, son influence à Paris, étaient trop grandes pour qu'un petit sous-préfet puisse s'y frotter!

L'incident se déroulait fin 1953. Deleplanque n'entendra plus parler de Ben Boulaïd jusqu'en novembre 1954!

Dire que cet incident poussa Ben Boulaïd dans les bras de la révolution serait ridicule. Prétendre pourtant que ce type d'injustice n'ait pas contribué à séparer de la France les éléments musulmans les plus représentatifs serait également stupide. Mais en juillet 1954 qui se souciait à Batna ou à Alger d'une pareille histoire?

Pendant les huit mois que dura la préparation de la révolution, aucune période ne fut plus difficile pour les six hommes qui avaient créé le C.R.U.A. que ces quelques semaines de juin-juillet 1954. Ils vivaient une étape de transition pendant laquelle il fallait consolider les idées, les nourrir, les développer, où il fallait trouver des hommes, des exécutants, les équiper, les entraîner. Lorsqu'on en était au stade de la conception, des idées, dans le feu des conversations, dans l'enthousiasme que soulevait l'idée d'une action directe, tout allait bien, mais lorsqu'il fallait en arriver à la réalisation des plans, à la transformation des idées en programme précis, les obstacles s'accumulaient. L'argent surtout manquait. Boudiaf et Didouche se démenaient en Suisse, puis au Caire, pour obtenir une aide de l'Egypte. Mais le triumvirat cairote, Ben Bella — Khider — Ait Ahmed, recevait de la jeune république égyptienne des encouragements, des bonnes paroles mais point d'argent. Leur position était loin d'être facile car ils représentaient un parti — le M.T.L.D. — dont les querelles intestines étaient la fable — attristée — de tout le Maghreb, et une révolution « en préparation » à laquelle on ne croyait guère au Caire. « Faites la Révolution d'abord, leur disait-on, l'aide viendra ensuite. » Bref le monde arabe « progressiste » voulait juger sur pièces. D'ailleurs les services spéciaux égyptiens entretenaient déjà en Libye et en Tripolitaine quelques dizaines de jeunes Algériens qui s'entraînaient aux technique de la guérilla et de la guerre subversive. Mais on croyait plus à leur emploi chez les fellaghas tunisiens en pleine activité ou chez les Marocains qu'au sein d'un éventuel mouvement de « libération nationale » algérien. Prévision qui se réalisera en partie puisqu'aucun de ces jeunes « guérilleros » ne participera à la naissance de la Révolution algérienne.

La situation devenait donc critique pour ceux des membres du

C.R.U.A. qui étaient obligés de mener à Alger une vie clandestine. Didouche Mourad « entretint » pendant cette période Ben M'Hidi et Bitat qui étaient les plus démunis, grâce à la fortune de sa famille. Les parents de Didouche étaient aisés. Ils possédaient un bain maure près de la cathédrale dans la basse Casbah et un petit restaurant rue Meissonnier. Les braves gens se désolaient de voir « ce voyou de Mourad » courir à droite et à gauche à ne « rien faire de bon » alors qu'il avait une place toute trouvée au sein des affaires familiales! Mais la révolution appelait le jeune homme que les serviettes chaudes et les kilos de pois chiches laissaient indifférent. Et Didouche « tapait » sans cesse son père qui mêlait conseils d'économies et de sagesse aux sommes que son fils lui demandait.

Pendant des semaines, le sort de quelques-uns de ceux que l'on appellera plus tard les « chefs historiques » tint à la générosité d'un petit boutiquier. Le père de Didouche était bien loin de se douter de l'emploi que faisait Mourad de cet argent péniblement gagné. Il finit d'ailleurs par se lasser et donna au jeune homme qui la réclamait sa part de l'héritage familial. Héritage qui allait rejoindre, dans la caisse du C.R.U.A., les petits bénéfices que ceux qui travaillaient pouvaient y apporter. Ainsi la maison Soumeillant, honorablement connue sur la place d'Alger, ne s'est jamais doutée qu'elle a contribué au financement de la Révolution algérienne. Oh! bien modestement, mais à cette époque chaque millier de francs comptait. Lorsqu'un El Hedjin Kaddour, un Souidani Boudjema, d'autres encore venaient commander les pièces détachées pour les voitures ou les tracteurs de leurs patrons, la maison Soumeillant faisait à ces clients envoyés par son habile vendeur Zoubir Bouadjadj une remise souvent importante qui allait grossir la caisse du C.R.U.A. Dernières ressources, enfin, les militants. Le recrutement avait commencé et chaque militant devait verser cinq mille francs par mois de cotisation. Somme souvent énorme pour la plupart d'entre eux. Mais le simple fait qu'ils aient été choisis pour nourrir l'embryon de révolution montrait la confiance que les fondateurs du C.R.U.A. avaient en eux et les sacrifices qu'ils étaient prêts à consentir. Bouadjadj se souvient aujourd'hui encore qu'un vieux militant vendit son antique piano pour payer la première cotisation. De temps à autre, quelques conseillers municipaux M.T.L.D., écœurés par les querelles du parti, donnaient également de l'argent à Zoubir Bouadjadj qu'ils savaient être l' « intendant » de cette troisième force neutralise active qui, pensaient-ils, apporterait un peu d'air pur au parti. Ils ignoraient bien sûr le but que s'étaient fixé les Six : l'action armée, la révolution, la guérilla.

Quant à l'aide promise par les centralistes, elle s'était fait attendre. Sur les cinq millions Lahouel avait lâché « 10 % ». Cinq cent mille francs prélevés sur le trésor du M.T.L.D. furent versés à Ben'Teftifa, un pharmacien de Blida chez qui Souidani, un militant de choc qui va jouer un grand rôle dans les semaines précédant le déclenchement de la Révolution, alla les chercher. Cinq cent mille francs seulement, car Lahouel, qui voyait le C.R.U.A. se développer et se transformer en un mouvement purement révolutionnaire, avait pris peur. Par l'entremise de Deckli, de M'hammed Yazid et de Radjef, que le C.R.U.A. avait acceptés en son sein tout en s'en méfiant terriblement et en ne les faisant participer que de loin aux grandes discussions, Lahouel avait appris la décision des six chefs du « groupe », comme on appelait le C.R.U.A. dans les milieux nationalistes — qu'ils soient messalistes ou centralistes —, de passer à l'action immédiate. Le chef des centralistes n'avait pas balancé une seconde. Il retirait ses hommes. Deckli, Yazid et Radjef quittèrent le Groupe et réintégrèrent les rangs du Comité central.

Le coup avait été rude car les Six espéraient bien amener les centralistes à leur point de vue et utiliser l'infrastructure, les finances et la couverture politique de cette fraction du parti. La déception fut encore plus grande pour Ben Boulaïd qui n'oubliait pas son appartenance à l'ancien Comité central, du temps où tout allait bien entre Messali et Lahouel. Quant à Krim, toujours méfiant à l'égard des centralistes, il ne fut pas étonné outre mesure.

« Ils ont peur qu'on les entraîne trop loin, disait-il, ils sont prisonniers de leur confort et préfèrent poursuivent leurs petits jeux électoraux qui ont l'avantage de ne présenter aucun risque grave. »

Les Six avaient résolu de poser une dernière fois la question de confiance aux deux fractions du parti en leur donnant « une dernière chance de se regrouper au sein de la Révolution ». Après on couperait le contact. Définitivement.

Devant les réticences de Lahouel et le superbe isolement de Messali, les chefs du groupe durent se poser la question de représentativité. Si pour l'instant le plus sûr garant de leur sécurité était l'anonymat, le cloisonnement sévère qui assurait le secret de leur mouvement — rares étaient les militants déjà recrutés qui auraient pu donner le nom des dirigeants du C.R.U.A. —, il faudrait bien, le jour « J », rompre cet anonymat et livrer un nom à la masse.

Et ce nom devait être représentatif, prestigieux. Un nom bien établi, bien connu. Psychologiquement c'était aussi important que le choix des actions qui ouvriraient la rébellion contre l'autorité. Les Six avaient fait le bilan. Boudiaf était le président du C.R.U.A. mais, tout comme ses compagnons, il était inconnu du grand public, de la masse algérienne. Boudiaf, Didouche, Ben M'Hidi, Krim, Bitat, Ben Boulaïd c'étaient des noms qui figuraient sur des dossiers de police, ils étaient bien connus par les militants de l'ancienne O.S. qui reconnaissaient leur courage, leur volonté, leur détermination, mais les anciens de l'O.S. c'était au maximum 3 000 hommes en Algérie!

Aucun des Six n'avait aux yeux de la masse un nom suffisant, il fallait une tête politique prestigieuse, une tête d'affiche qui ferait « sérieux » et qui serait sérieuse. Un nom qui impressionnerait autant le peuple que les autorités françaises. Un Ho Chi Minh algérien. Les créateurs du groupe s'aperçurent en les passant en revue que les noms musulmans prestigieux n'abondaient pas dans l'Algérie 1954. Ferhat Abbas pour eux était un bourgeois que l'on n'avait même pas mis dans la confidence du C.R.U.A. En plus c'était un vieux politicien, déjà un cheval de retour. Pas un nom révolutionnaire. Messali et Lahouel on n'en parlait pas. Les communistes? Pas question de les « mettre dans le coup ». On n'oubliait pas qu'en 1945 Thorez, vice-président du Conseil, avait approuvé la répression de Sétif, que *Liberté,* journal du parti, dénonçait les « patriotes », que des Européens du P.C.A. avaient organisé des milices qui fusillèrent à tour de bras.

Enfin tout le monde tomba d'accord sur le nom du docteur Lamine Debaghine, ancien membre du Comité central qu'une vie politique mouvementée avait fait connaître de la masse. Et puis un toubib cela faisait bien. Un intellectuel était nécessaire pour donner confiance et les membres du C.R.U.A., s'ils étaient bien décidés à vaincre, manquaient sérieusement de diplômes. Ben Boulaïd, Boudiaf et Krim furent chargés de « sonder » le docteur. Ils prirent le train pour Saint-Arnaud, une petite ville après Sétif où Lamine Debaghine avait ouvert un cabinet.

Depuis cinq ans l'activité politique du docteur Debaghine est en veilleuse. Il a repris ses consultations à Saint-Arnaud tout en conservant certains contacts avec le M.T.L.D. dont il a « démissionné » en même temps qu'il en a été « exclu ». C'est un curieux personnage que le docteur Lamine Debaghine. Physiquement d'abord. Une paralysie faciale déforme un visage intelligent et dresse une barrière devant l'interlocuteur. Cette fixité d'une partie du visage crée un malaise et il faut tout l'esprit retors du médecin pour l'effacer. Il y parvient sans mal, il a l'habitude des situations difficiles. Il a trente-sept ans en 1954 et une carrière politique mouvementée. Son père, restaurateur à Cherchell, lui fait faire ses études secondaires. Puis, comme boursier, Lamine Debaghine entreprend des études de médecine. Encore étudiant il découvre le P.P.A. et est séduit par les idées que développe le parti. Il gravit très vite les échelons. Dès octobre 1942 il est président de l'organisation clandestine du parti. Il le restera jusqu'en 1947 après avoir été emprisonné en 1943. Ambitieux, violent, il se sait un chef. Il a réussi ses examens, s'installe à Sétif. Déjà fiché comme membre du P.P.A. il échappe aux recherches de la police, de l'armée et des milices qui « purgent » le Constantinois après les émeutes de mai 1945. La répression passée il reparaît au grand jour pour se faire élire au Parlement lors des élections de 1946. Le voilà député de la tendance berbériste. Mais il a déjà décelé au sein du parti M.T.L.D. les germes des dissensions qui éclateront au grand jour quelques années plus tard. Il veut convaincre les militants de la nécessité d'une profonde réforme. Il parcourt l'Algérie, mais malgré ses qualités, son ambition, il ne fait pas le poids devant le « verbe magique » de Messali Hadj. Il envoie sa démission de Tunis en même temps que le Comité central prononce son exclusion le 1er novembre 1949. Si l'ambitieux médecin n'est pas parvenu à provoquer les révisions profondes dont a besoin le parti nationaliste, il a réussi à se faire un nom et la « démission-exclusion » provoque de forts remous au sein même du M.T.L.D.

Le docteur Lamine Debaghine, au moment où il reprend ses consultations dans son cabinet de Saint-Arnaud, est devenu une tête politique estimée. Il est jeune, il a trente-deux ans et il pense qu'une « retraite provisoire » lui sera bénéfique. Il aura un rôle à jouer et pressent la crise qui ne manquera pas d'éclater au M.T.L.D. Entre 1950 et 1954 les Renseignements généraux notent sur sa fiche : « Aucune activité politique. »

Tel était l'homme à qui Krim, Boudiaf et Ben Boulaïd allaient proposer de prendre la tête du mouvement révolutionnaire. Le docteur Lamine Debaghine reçut les trois visiteurs fort courtoisement. Il les connaissait de réputation et avait même rencontré Krim à quelques reprises, mais il ne s'expliquait pas la visite des trois hommes qui semblaient embarrassés. Il fallait la subtilité d'un Boudiaf, la rondeur d'un Krim, la décision d'un Ben Boulaïd pour annoncer à un Lamine Debaghine que l'on avait créé un mouvement révolutionnaire. Que l'on en était déjà au recrutement. Que le petit grandissait vite et que l'on souhaitait vivement qu'il ait un papa pour faire ses débuts dans le monde! Bref que le docteur reconnaisse un enfant dont il avait ignoré jusqu'à la naissance! La personnalité même de Lamine Debaghine permettait aux trois hommes de lui révéler immédiatement et les noms et les moyens des participants, sans mystère, sans cachotteries. Qu'il acceptât ou qu'il refusât, le secret serait gardé. La discussion fut longue. On expliqua tout, dans les moindres détails, l'enthousiasme, les difficultés, l'attitude de Messali et de Lahouel, l' « action directe ». Impassible, le docteur Lamine Debaghine écouta tout, demanda tous les détails. Les trois envoyés spéciaux reprenaient espoir, le docteur n'avait pas refusé au premier abord. Il voulait tout savoir, tout étudier. Il se fit expliquer le dispositif prévu, surtout pour la Kabylie et les Aurès qui seront les fers de lance de la révolution, précisa-t-il, car leurs populations soutiendront spontanément la révolte. Par nature, par traditions. Il ne se faisait aucune illusion sur Alger et les Algérois, « des mous qui ne croient en rien », ni sur la basse Kabylie et ses habitants « des hommes qui à quelques exceptions près ont les défauts des Arabes et des Kabyles sans en avoir les qualités ». Ils examinèrent les hommes, leurs convictions, les structures mises en place ou sur le point de l'être. C'est à une véritable autopsie de la future révolution que se livra le « toubib de Saint-Arnaud ». Il n'oublia rien, ni le matériel, ni les finances. Et il fit la grimace. Le bilan était loin d'être positif. Armement : rien ou presque. Finances : presque nulles. Mais des hommes décidés à aller jusqu'au bout.

Lamine Debaghine réfléchit puis promit de réfléchir encore. Il ne cachait pas qu'il était réticent. Très réticent même. Il avait compris que tout avait été fait, préparé, presque minuté sans lui et qu'au dernier moment on avait besoin d'une « tête d'affiche ». Favorable au plus profond de lui-même à l'idée d'une révolution armée, son orgueil et son ambition le poussaient à refuser de prendre « le train en marche ».

« Vous avez pris vos responsabilités, dit-il aux trois hommes, moi, prévenu au dernier moment, je ne peux m'engager. On verra plus tard. » Habile, le docteur ne fermait pas la porte et se servait de la gêne qu'il avait décelée chez ses interlocuteurs pour refuser sans couper les ponts. En fait il profitera largement de cette porte laissée entrebâillée puisqu'il passera à l'action quelques semaines plus tard, après le déclenchement de la révolution, goûtera à nouveau de la prison française et jouera au sein du F.L.N. un rôle très important, souvent en opposition avec les chefs historiques qui, humblement, étaient venus le trouver ce jour-là.

C'est l'échec de la mission Krim — Boudiaf — Ben Boulaïd. Les Six du C.R.U.A. en sont particulièrement affectés. Il reste encore la question de confiance à poser à Messali et Lahouel. Et s'ils refusent une nouvelle fois, ils seront seuls. Définitivement seuls. Six en Algérie, trois au Caire pour faire la révolution. On peut se passer de nom, on s'y fera mais il faut déployer tous ses efforts pour mener les deux fractions ennemies du M.T.L.D. à la révolution. Krim et Ben Boulaïd sont chargés de la mission de la dernière chance. Krim auprès de Messali. Ben Boulaïd auprès de Lahouel. Après, à Dieu vat!

C'est place de Chartres au siège du M.T.L.D., qui a vu quelques semaines auparavant de dures bagarres entre troupes de choc du C.R.UA. et membres de la fraction messaliste, à la suite de l'agression dont Boudiaf et Bitat ont été victimes, que Krim rencontre Moulay Merbah. Le vieux prophète est en Métropole, une fois de plus en résidence surveillée. Mezerna et Merbah sont ses représentants à Alger. Mais Mezerna a été blessé dans les bagarres, il vaut donc mieux que les contacts secrets se déroulent entre hommes qui n'ont en rien participé à ces fâcheuses et brutales rencontres. Krim rencontrera Merbah. Le Groupe a décidé de poser trois brèves questions aux deux fractions du M.T.L.D.

1° Etes-vous pour l'action? Sinon pourquoi?

2° Si vous êtes favorables à l'action que mettez-vous à notre disposition?

3° Au cas où une action serait déclenchée hors de votre contrôle quelle serait votre réaction?

Merbah, qui a reçu ses instructions de Messali, est en mesure de répondre à Krim. La conversation entre les deux hommes va ressembler au jeu du chat et de la souris. Mais ni l'un ni l'autre ne veut être la souris. Krim veut amener au C.R.U.A. les messalistes pour qui, malgré tout, il garde encore une vieille tendresse. Messali veut jouer de la corde sentimentale pour, au contraire, rallier Krim et les Kabyles à son M.T.L.D. Et il a des arguments que développe habilement Moulay Merbah.

Oui la Kabylie est une force organisée, une force valable mais pas les autres. Les Boudiaf, les Didouche, les Bitat ne représentent rien. Merbah affirme que Messali est cette fois bien décidé à passer à l'action armée contre la France mais pas avant 1955. Début 1955, précise-t-il. Krim apprend ainsi que Messali est déjà en rapport avec des trafiquants allemands qui sont disposés à parachuter des armes dans le Djurdjura. En outre, El Zaïm, décidément très actif du fond de sa résidence forcée, est en contact avec Enouar es Sadat, président du Congrès islamique, et avec Abd el Krim du Rif qui ont promis leur aide. Leurs efforts conjugués permettront de déclencher l'action en janvier 1955. Alors, que Krim et ses Kabyles se joignent à eux. Messali, magnanime, leur ouvre les bras. Et Merbah qui sait l'attachement de Krim et de Ouamrane pour Messali, précise que l'Unique « accepte » la Kabylie mais ne veut pas entendre parler des autres!

Krim est stupéfait, il n'avait pas voulu croire jusque-là que le vieux chef était devenu mégalomane, mais il en a devant lui la preuve! Le Kabyle qui tient le maquis depuis sept ans a compris la manœuvre. « Ce vieux filou veut nous détacher des autres éléments et nous « assimiler » tout crus! Ni vu ni connu, Krim au garde-à-vous devant le père du nationalisme, El Hadj, El Zaïm l'Unique, victorieux. »

Sa réaction devant Merbah est vive, d'autant plus vive qu'il trouve la ruse un peu grossière. On l'a mésestimé pour employer de si grosses ficelles. Ce ne sont pas encore celles-là qui vont le lier.

« Notre position est sans détour, dit Krim. Il n'est plus question d'alliances ou d'accord avec de tels trafiquants. Le Maroc et la Tunisie sont en pleine action. C'est maintenant le moment le plus favorable. »

Moulay Merbah ne désarme pas.

« Es-tu lié définitivement avec le « Groupe »? »

C'est ainsi que l'on appelle le C.R.U.A. dont le sigle aura servi de programme pour quelques numéros du *Patriote* clandestin et de point repère pour les R.G. et le S.L.N.A. du colonel Schœn. Il restera dans l'histoire sans avoir appartenu au langage courant des nationalistes.

« Oui, répond Krim, définitivement.

— A quand avez-vous fixé le commencement de l'action?

Krim a vu le piège. Grossier! Décidément la tendresse pour un parti est un sentiment dont on devrait se méfier. On en profite. Krim n'avait plus beaucoup d'illusions. Il perd ses dernières. De toute façon, en juillet 1954 rien n'a encore été fixé quant à la date du déclenchement de l'action armée. Il faut que ce soit en 1954, à l'automne. En tout cas avant décembre.

« Je n'ai pas de renseignements à te fournir sur ce plan, répond-il à Merbah. Nous n'avons rien fixé. Maintenant à toi de déterminer si tu veux que j'organise une rencontre avec le Groupe. » Les instructions de Messali, olympiennes, sont très précises. « Le Groupe, malgré ta participation, est centraliste, récite Merbah, et les centralistes à longueur de temps nous mettent en garde, nous messalistes, contre une éventuelle action. Tu te fais piéger de ce côté. Méfiez-vous en outre de Messali. Si vous déclenchez une action il vous dénoncera à l'attention du peuple comme des bandits.

— Pourquoi ce refus, ces menaces? Tu ne veux pas te battre?

— Si, mais rencontrer le groupe c'est rencontrer les centralistes et je m'y refuse. »

Les querelles internes sont plus importantes pour Messali que la Révolution. Krim rompt le fer.

« Bien. Ne comptez plus sur nous. Nous sommes décidés. Il n'y a plus d'autres alternatives. Adieu! »

C'est un peu théâtral. Les deux hommes le sentent. Ils se serrent tout de même la main. Les ponts sont rompus avec Messali qui est persuadé que seule « sa » révolution peut réussir puisque « seul » il représente l'idée nationaliste algérienne. Refusant l'alliance avec le C.R.U.A. il vient en menaçant, par personne interposée, de signer son arrêt de mort politique, mort qui sera précédée de bien des luttes, de bien des crimes, de bien des règlements de comptes. Mais cela ira vite. De la place de Chartres, en ce mois de juillet 1954, au massacre de Melouza, trois ans à peine auront passé...

Les messalistes ont répondu sans détour aux trois questions. Non seulement ils ne se joignent pas au C.R.U.A. mais menacent de s'opposer à son action. Voilà un problème réglé pour le groupe.

Avec les centralistes cela va durer plus longtemps. Des contacts ont été repris par Boudiaf, Ben Boulaïd, Krim et Didouche avec Lahouel et son état-major Ben Khedda, Bouda, et parfois Yazid. Après plusieurs rencontres préliminaires qui ont souvent lieu chez Bouda, Lahouel se déclare pour l'action, l'action immédiate. C'est Ben Boulaïd, le plus proche des centralistes, qui va jouer le rôle tenu par Krim auprès des messalistes. Il connaît ses « cocos » du Comité central et va les mettre à l'épreuve. Il accepte leur concours à « l'action immédiate » mais veut qu'elle soit confirmée, garantie par une aide financière importante qui servira à acquérir le matériel qui manque cruellement. Ben Boulaïd avance le chiffre de six millions — on augmente un peu le chiffre fixé aux premières rencontres suisses —; Lahouel tique mais accepte finalement sous réserve de consulter les autres membres du Comité central. Rendez-vous est pris entre Ben Boulaïd et Lahouel pour 17 heures devant la mairie d'Alger, sur le boulevard Carnot.

Le boulevard Carnot à Alger c'est la façade de l'Algérie des Français. C'est la première grande artère que le voyageur, lorsqu'il a quitté le bateau et l'enceinte du port, découvre à son arrivée dans la capitale. C'est impressionnant. C'est massif. C'est sûr. Ça donne confiance si ce n'est pas beau.

Du solide. Des façades ocres à colonnades, où les architectes n'ont pas lésiné sur les frontons, les péristyles, les statues, le marbre et le stuc. Des façades où s'ouvrent les larges portes en bois, en fer, en acier des grandes banques, de *L'Echo d'Alger,* de l'Assemblée algérienne. On y trouve les bureaux, les sièges des grandes entreprises, des messageries, des armateurs, du vin, de l'alfa, du liège. Un kilomètre d'or en barre. Et au milieu la masse blanche de l'Aletti et les façades mauresques de la préfecture et de la mairie. C'est là sur le front de mer que se sont donné rendez-vous Ben Boulaïd et Lahouel. Au milieu des files interminables, des groupes bruyants d'hommes et de femmes qui stationnent à la porte de la mairie, craintifs et perdus dans une paperasserie à laquelle ils ne comprennent rien, les deux hommes sont à l'abri de toute indiscrétion.

Ben Boulaïd est arrivé le premier. Lahouel le rejoint. Il a un paquet sous le bras, enveloppé de papier journal. Pas un gros paquet, remarque Ben Boulaïd. Lahouel est gêné. Il tend le paquet.

« 500 000, murmure-t-il, je n'ai pas pu faire plus. »

Ben Boulaïd, qui sait très bien qu'à la scission c'est Lahouel qui est parti avec la caisse et les archives, ne prend pas le paquet. En quelques phrases bien senties, murmurées à voix basse alors qu'il a envie de hurler, d'engueuler « ce faux jeton » de Lahouel, il repousse l'offre indigne.

« Cette aumône, cette misère, c'est la preuve que vous n'êtes pas pour l'action... »

Ben Boulaïd sait maintenant que Lahouel, ainsi qu'il l'avait fait lors des contacts de Berne, n'a pas eu l'intention de donner plus de 500 000 F. C'est son prix. Il n'estime pas devoir plus se mouiller avec le groupe. Lahouel réplique mollement puis s'en va, son paquet sous le bras.

Ben Boulaïd se dirige vers la Casbah où il doit rendre compte à ses compagnons de son entrevue avec Lahouel. Il est ulcéré, dans le même état que l'était Krim après le refus assorti de menaces de Messali. Car au fond d'eux-mêmes les deux hommes avaient gardé l'espoir de recoller les morceaux du M.T.L.D. grâce à la lutte qu'ils avaient décidé d'entreprendre. Aujourd'hui c'était le constat d'échec. Il ne restait plus que la révolution. Il s'agissait de ne pas la manquer.

Krim et Boudiaf sont installés devant un thé à la menthe.

Ben Boulaïd se laisse tomber sur le tabouret inconfortable. « Ils ne se sont pas décidés, dit-il, maintenant on ne doit plus compter que sur nous...

— Et se méfier de tous », ajoute Boudiaf.

Il ne se doute pas encore à quel point il a raison.

« Nous saluons votre investiture comme l'aube d'une politique nouvelle susceptible de réconcilier la grandeur de la France avec la liberté des peuples d'outre-mer... »

Ferhat Abbas (télégramme du 18 juin 1954 adressé au président du Conseil).

Le 18 juin 1954, l'arrivée de Pierre Mendès-France au pouvoir est accueillie en Algérie avec un immense espoir. J'entends en Algérie musulmane car chez les Européens influents ce Mendès a une odeur de soufre qui risque de troubler bien des nuits jusque-là sans rêve. Le clan des armateurs et des gros propriétaires terriens, grands amateurs de main-d'œuvre docile et bon marché, ne peuvent que s'inquiéter de l'arrivée au pouvoir d'un homme qui, lorsqu'il a eu à parler des difficultés françaises en Indochine, au Maroc ou en Tunisie, a dit : « Aucun peuple n'est jamais éternellement subjugué par un autre peuple. » S'il n'avait pas parlé de l'Algérie c'est qu'en France, en 1954, on ne parle jamais de l'Algérie où tout va bien.

Lorsque Pierre Mendès-France s'assoit derrière l'immense bureau doré du président du Conseil, qu'il a installé au Quai d'Orsay, ses préoccupations sont bien loin de l'Algérie. D'abord son gouvernement de « gauche » a à faire face, à l'Assemblée, à une majorité de « droite » et il redoute les réactions de celle-ci lorsqu'il va falloir arracher les deux principales échardes plantées dans le sein « colonial » de Marianne : la Tunisie et le Maroc. Sans parler de l'Indochine où la France a le couteau sur la gorge — Dien-Bien-Phu est tombée depuis 1 mois et 10 jours. Mendès sait très bien qu'en Tunisie la domination des colons ne durera pas, qu'il faut y mettre un terme si l'on veut sauver les bonnes relations franco-tunisiennes pour l'avenir. Il faut aller vite. Le feu est dans la maison. Les fellaghas tiennent certaines zones où les militaires français ne peuvent entrer sans risques graves. Le terrorisme urbain est chose quotidienne. Le processus révolutionnaire est enclenché et il faut faire quelque chose. Et le « quelque chose » de Mendès c'est la discussion, le dialogue avec les nationalistes les plus représentatifs, ceux du Néo-Destour. Voilà une attitude qui est loin de plaire au grand colonat algérien : « C'est pousser l'Arabe à se révolter! » Mais en Algérie il n'y a pas lieu de se soucier. L'atmosphère est bonne. C'est-à-dire qu'elle est habituelle. Chacun est à sa place. Personne ne bouge.

Bien que l'Algérie ne soit pas au premier rang des préoccupations gouvernementales, on ne s'en désintéresse pas pour autant. Mendès a été intrigué par la nervosité de François Mitterrand, son ministre de l'Intérieur, à propos de l'Algérie : « Je sens quelque chose, a-t-il l'habitude de dire, la situation est malsaine. Il va falloir s'en occuper. » François Mitterrand est allé à plusieurs reprises en Algérie, il y a constaté les abus habituels, la fraude électorale, il a pu aussi se faire une idée de la puissance de certains groupes financiers qui sont plus influents en Algérie que le Gouverneur général! Lorsque Mendès-France a constitué son gouvernement, Mitterrand lui a soufflé :

« Il nous faudrait quelqu'un en Algérie... » Et il avait proposé Jacques Chevallier, en ajoutant : « Il vous amènera le concours de Blachette dont il est le protégé. » P.M.F. avait froncé ses gros sourcils, mais Mitterrand avait ajouté :

« C'est un garçon indépendant et loyal. Il est maire d'Alger et tente d'appliquer à sa ville une politique progressiste. Il a pris avec lui des gens comme Francis, comme Lahouel. Et il faut avoir du courage pour prendre cette position là-bas! »

Pierre Mendès-France avait donc « embauché » le jeune maire d'Alger sur le portrait que lui en avait fait Mitterrand. Jacques Chevallier avait reçu le maroquin de secrétaire d'Etat à la Guerre. Un gouvernement Mendès et un chevallier dans son gouvernement voilà qui inquiétait diablement une partie importante du grand colonat, cette forteresse que six hommes, recherchés par la police, sans armes et sans argent, s'étaient résolus à attaquer. Un colonat plus puissant que jamais puisqu'il a réussi à bloquer jusque-là le statut de 1947 qui a été voté par le Parlement. Un colonat qui peut, s'il le veut, ne pas faire appliquer les lois de la République! Une République qui, il faut bien le dire, s'en fout « royalement » car qui se soucie de l'Algérie?

Même un homme comme Mendès n'en connaît pas grand-chose. Sa première rencontre avec l'Algérie remonte à plus de dix ans, lorsque dans les derniers jours de 1943 il a été arraché de son avion aux commandes duquel il avait repris du service comme simple officier, par un général de Gaulle grommelant : « Un soldat ne choisit pas le lieu de son combat. » Et il s'était retrouvé à Alger ministre des Finances du Gouvernement provisoire. Les dossiers spécifiquement algériens qu'il avait vus défiler sur son bureau était donc surtout économiques. Mais Roger Goetz, l'un de ses collaborateurs, avait su le sensibiliser à l'Algérie. Goetz avait été directeur des finances du Gouvernement général d'Algérie et lui avait parlé de ce pays auquel il était très attaché : de ses problèmes, de ceux qui ne manqueraient pas de se poser. Mendès avait aussi entendu parler de l'Algérie au Conseil des ministres où siégeait le général Catroux, Gouverneur général. C'est ainsi qu'il avait pris un premier contact avec une certaine réalité algérienne. René Capitant et le général Catroux avaient mis au point un plan d'Education nationale qui avait permis à Mendès-France de constater le dénuement de l'Algérie en ce domaine. Les crédits avaient été débloqués et, dix ans plus tard, Pierre Mendès-France s'apercevra que, si ce plan avait été appliqué, bien des choses auraient changé en Algérie. Mais qu'est-ce qu'un plan d'Education nationale oublié au fond d'un placard en face d'un statut voté par un pays et non appliqué par la volonté de potentats qui imposent leurs vues!

Après la guerre, dans les années 1950, Pierre Mendès-France, comme tout le monde, avait oublié l'Algérie devant les soucis immédiats qui se présentaient. Ceux qui auraient pu lui parler de l'Algérie, il les rencontrait parfois lors des congrès de son parti, ils avaient nom René Mayer, homme politique de grande valeur qui parvenait au sommet de sa carrière et Henri Borgeaud, sénateur radical, dont on disait qu'il « était » l'Algérie.

Mais, bien que leur étiquette politique soit la même, un abîme séparait un Pierre Mendès-France d'un Mayer ou d'un

Borgeaud. L'histoire que nous racontons montrera à quel point!

En juin 1954, l'avènement de Pierre Mendès-France prend des allures de catastrophe pour un Borgeaud. Radicaux tous deux ils ont une façon bien différente de considérer les problèmes politiques et sociaux. Comme cela arrive souvent, Mendès n'aura de pires ennemis au cours des huit mois pendant lesquels il conduira la France que ces « frères de parti » qui finiront par porter le coup de grâce à un mouvement dont la « politique coloniale » compromet si fort leurs intérêts.

En Algérie ces intérêts sont immenses. C'est une véritable forteresse que l'Algérie française et coloniale de 1954 à laquelle le groupe du C.R.U.A. projette de s'attaquer dans les semaines qui suivent. Une forteresse financière et sentimentale. Il faudrait un livre pour l'analyser, un ouvrage bourré de chiffres, de statistiques, un livre où se côtoieraient les hôpitaux, les routes, les barrages, les écoles, l'hygiène, l'aide au chômage, bref toute l'œuvre bénéfique de la France en Algérie, et aussi les longues files de chômeurs, les populations illettrées, la famine qui rôde régulièrement dans les campagnes, l'exploitation systématique de populations sous-développées, et le mépris partout présent pour « l'indigène » opposé au « Français de souche » — car dans le langage administratif le Français de souche c'est l'Espagnol, l'Italien, le Maltais aussi bien que l'Alsacien, le Breton ou le Charentais —, le mépris pour l'Arabe, le melon, le bic, le raton, le bicot, la mauresque, la moukère, le yaouled, ces êtres abâtardis qui ne craignent que le bâton et qu'il faut mener à la trique.

Il y aurait aussi les gosses qui vont ensemble à l'école, Européens et musulmans mêlés. Malheureusement la proportion est loin d'être la même. Il y aurait les copains de bistrot, les conversations autour de l'anisette ou du thé, la cohabitation autour de Bab-el-Oued. La fraternisation. Les bons Arabes et les bons Européens. Et ils sont nombreux et ils sont peut-être la majorité. Mais il y a toujours cette proportion de 1 contre 9. 1 Européen, 9 musulmans. Il faut les tenir sans quoi ils nous boufferont. Et plus on fait partie des derniers échelons de la société européenne plus on a de contacts avec les Arabes, plus on a peur d'eux. Qu'ils vous prennent cette petite place qui fait vivre la famille à Bab-el-Oued ou à Belcourt. Pourquoi un petit épicier ne serait pas arabe? il y en a d'ailleurs et de plus en plus. Et des pêcheurs. Et des garçons de bureaux et de tout petits mécaniciens, et des ouvriers sans grande spécialisation. Un bourgeois, un intellectuel peut se permettre d'être libéral.

Pas un petit Pied-Noir! Tout le monde sait cela. Tout le monde sait à quel désespoir cela conduira après une tragédie de sept ans à l'aube de laquelle nous nous trouvons.

Alors, à quelques semaines du début de la lutte, je préfère me pencher sur les personnages clefs qui représentent, ou bien se servent de cette masse populaire, qui la manient, la dirigent, lui soufflent ses slogans, ses désirs, sa façon de voter. Servis ou desservis, pour certains d'entre eux, par la faiblesse d'un gouvernement central dont la stabilité n'est pas le fort et sur qui ces personnages clefs ont barre grâce aux voix dont ils disposent au Parlement, ils dirigent la politique économique et sociale de cette immense Algérie au mieux de leurs intérêts. Avec bonne foi aussi car ils sont certains d'avoir raison et de tenir entre leurs mains puissantes le bonheur d'un peuple. La puissance de ces hommes clefs constitue une sorte de gouvernement parallèle en Algérie. Leur pouvoir est autrement important que celui d'un Gouverneur général qui est pourtant l'émanation, la représentation, du Gouvernement de la République. Mais les gouvernements, les gouverneurs passent. Eux restent. Depuis des générations. Ils ont fait l'Algérie. Ils sont l'Algérie. Ils sont tellement forts, tellement puissants, qu'ils ne peuvent penser un instant que cette masse inerte et ignorante pourrait un jour se soulever. Il suffit d'être vigilant, de la surveiller, de la faire progresser un peu, de la mater beaucoup.

Trois hommes dominent l'Algérie en 1954. Un triumvirat dont les intérêts et les buts sont souvent différents, mais dont les membres doivent se supporter. Leur puissance est telle qu'aucun d'entre eux ne pourrait lutter contre l'autre sans dommage important. Ce triumvirat est formé de Borgeaud, Blachette, Schiaffino.

Eh! voilà vont dire certains, voilà un bonhomme qui va, une fois de plus, faire porter la responsabilité de tout ce qui est arrivé en Algérie par trois hommes qui ont été trop riches et qui ont cristallisé autour de leur compte en banque la haine de tout un peuple. Non! Rassurez-vous, ce serait trop facile, trop simple que la réussite ou l'échec de trois hommes soit la cause de ce drame qui va saigner à blanc le peuple algérien, qui va briser la vie de centaines de milliers d'Européens d'Algérie, qui va porter au flanc de la France une blessure qui aujourd'hui se cicatrise lentement mais qui suppure encore.

Ces trois hommes, leur vie, leur action sont des symboles. Ils incarnent plus que des milliards, plus qu'une influence essentielle sur la vie politique française, ils incarnent la diversité des opinions du Français d'Algérie. Leurs oppositions, leurs programmes bien différents, leurs alliances montrent la complexité de la politique algérienne, la diversité des intérêts, les voies diamétralement opposées pour parvenir à un même but : que l'Algérie continue d'être française.

Lakhdar Ben Tobbal, qui va apparaître bientôt dans ce récit puisqu'il sera l'un des premiers à se joindre aux six du C.R.U.A., qui jouera un rôle essentiel dans la Révolution algérienne puisqu'elle le conduira à siéger autour du tapis vert de l'hôtel du Parc à Evian, dira un jour à Charles-Henri Favrod : « Henri Borgeaud mérite le titre de héros national. Sans lui et ses semblables, il n'y aurait jamais eu d'Algérie unanime. » Mais Lakhdar Ben Tobbal n'a jamais dit ce qui se serait passé si un Blachette avait été le plus fort, si dans les années 1950-1955 il avait réussi à convaincre l'Algérie de lâcher la bride, de considérer « l'indigène » comme un « Français à part entière », si le gouvernement de Mendès-France à qui il apportait son soutien complet avait duré plus de huit mois. Boudiaf l'avouera : « Incontestablement la politique de Mendès nous a gênés! Beaucoup de militants nous ont fait valoir qu'une solution pacifique était désormais possible. Pour notre part cela nous paraissait une profonde illusion, mais ce sentiment n'en existait pas moins... »

Illusion? C'est vrai quand on pense à quoi tenait la « peau d'un gouvernement » comme celui d'un Mendès radical qui chutera sur un ultime croc-en-jambe lancé par les radicaux de Mayer téléguidés par Borgeaud, comme la suite de ce récit le montrera!

Oui, en 1954 l'Algérie c'est vraiment la trinité Borgeaud, Blachette, Schiaffino!

A tout seigneur tout honneur!

Henri Borgeaud. Un grand bonhomme. Un seigneur radical de la IIIe République, sans faste, à la bonne franquette, attaché aux traditions. Pas d'ostentation. Du solide qu'on a bien en main mais qu'il faut sans cesse consolider. Une vertu principale : le travail, qui passe avant tout. Ce travail grâce auquel on a édifié la forteresse financière, le travail grâce auquel on la conserve. C'est un féodal au sens noble du mot. Un chef de tribu, de clan, qui lève l'étendard si l'on attaque ses membres, qu'ils soient de sa famille ou de ses alliés. Et, par alliés, il entend aussi bien ses employés et ouvriers musulmans que ses cadres européens, 6 000 personnes environ! D'ailleurs ses ouvriers musulmans l'adorent. Il paie bien, il nourrit bien. Il loge aussi. Il scolarise à Cheragas, à Guyotville, à La Trappe, le domaine le plus cher au cœur de Borgeaud. Le seul endroit au monde où, l'œil sur son millier d'hectares de vigne, entouré de ses féaux, du respect de ses Arabes, Henri Borgeaud, dans un vieux costume qui poche aux genoux, soit parfaitement heureux. Paternaliste il l'est jusqu'au bout des ongles qui ont su gratter la terre à laquelle il tient par-dessus tout. Il lui appartient de décider de ce qui est bon ou ce qui n'est pas bon pour tous ceux qui vivent et qui travaillent sur ses domaines. Et ce qui est bon pour La Trappe est bon pour l'Algérie. Ses ouvriers l'aiment car il les paie bien et fait instruire leurs enfants qui travaillent ensuite sur la propriété. Mais c'est lui Borgeaud qui distribue tous ces bienfaits. Qu'on se le dise! Ce n'est et ce ne sera jamais un Droit!

La fortune s'est faite en trois générations. Les Borgeaud sont suisses d'origine. A peine vingt ans après que les Français aient débarqué à Sidi-Ferruch, la « Société genevoise » régnait sur vingt mille hectares près de Sétif. On en parla dans le Valais et de pauvres paysans valaisans quittèrent leurs vertes et calmes montagnes pour la grande aventure algérienne et le mirage de la fortune. Celle des Borgeaud sera loin d'être un mirage.

Déjà le grand-père d'Henri Borgeaud a assez d'argent et d'influence pour profiter de la liquidation des biens religieux décidée à la suite de la rupture des relations diplomatiques entre la France et le Vatican. Les pères trappistes voient leurs 1 000 ha de Staoueli, l'une des plus belles propriétés de la colonisation officielle — 60 ans d'efforts —, passer entre les mains de ces Suisses. On gardera le nom du domaine : La Trappe. C'est du malheur des trappistes que viendra le bonheur des Borgeaud.

La Trappe c'est la « maison mère » de l'empire Borgeau qui en cinquante ans ne fera que se développer. C'est pour cela que Henri Borgeaud s'y sent si bien. Il est né avec le siècle. Il est presque entré dans la famille en même temps que La Trappe. Il a les vertus suisses d'ordre, de travail et d'économie. Et très vite il attrapera le virus très français de la politique. D'ailleurs la Suisse c'est un vieux souvenir de la famille. Chez Borgeaud on est français, on vit en Algérie, département français, on participe intimement à la vie politique de la France.

A l'époque qui nous intéresse l'empire que contrôle cet homme grand, fort, au crâne dégarni entouré d'une couronne de cheveux bruns, au nez sec et proéminent, est immense.

D'abord La Trappe. Quarante mille hectolitres de vin par an et une maison superbe qui, des années après le départ de la France, témoignera de la « Maison du Colon » tout comme jadis la « Maison Indigène » attirait les touristes en haut de la Casbah!

Puis le Chapeau de Gendarme, quarante-cinq mille hectolitres et cent hectares d'agrumes pour ne pas laisser perdre la place. Et les cigarettes Bastos, la gauloise d'Algérie. Et le Crédit Foncier d'Algérie et de Tunisie dont Borgeaud est administrateur en même temps qu'il l'est (je cite au hasard) des Moulins du Chétif, des Cargos algériens, de la Nord-Africaine des Ciments Lafarge, de la Distillerie d'Algérie. Je m'arrête car cela ressemblerait à l'annuaire de la chambre de commerce d'Algérie.

En 1954, en Algérie, on boit Borgeaud, on fume Borgeaud, on mange des agrumes Borgeaud, on place ou on emprunte Borgeaud.

Mais avant tout Henri Borgeaud c'est le vin d'Algérie. Le vin avec un grand V. Il faut bien cela car il rapporte des fortunes. L'explication tient en une seule phrase : les vignerons paient leurs ouvriers trois ou quatre fois moins que les vignerons des Corbières et leur vin se vend au même prix! On est en France ne l'oublions pas. Mais avec une population ouvrière de sous-Français. Et c'est ce qui explique bien simplement la politique réactionnaire du bon papa Borgeaud qui « paie si bien ses ouvriers » par rapport aux autres colons.

Toute libéralisation des conditions économiques et sociales de l'Algérie bouleverse le rapport des monopoles. Il est l'un des grands adversaires de la Sécurité sociale (assortie pourtant d'un régime spécial différent de celui en vigueur en France) et de son extension à l'agriculture. Car beaucoup d'ouvriers qui sont correctement payés n'ont pas de fiche de paie, ne sont pas déclarés. Qui oserait venir mettre son nez dans les affaires d'hommes qui « font les élections »? Toujours elles. La seule chose de l'Algérie qui intéresse Paris!

Et l'empire politique de Henri Borgeaud est à la mesure de son empire financier. Il a dans sa vie deux amours : ses terres et la politique. Il est l'archétype du sénateur radical. Avant tout un paysan. Un homme de la terre. Bourru mais bonhomme, d'une absence totale de coquetterie qui rassure, la poignée de main facile, la tournée des municipalités efficace. Il a su employer systématiquement les techniques radicales-socialistes de conquête et de maintien au pouvoir.

Ses instruments? D'abord les très efficaces et très puissants comités du parti radical. Il y en a à peu près dans tous les arrondissements. Borgeaud, la vigne, contrôlait tout Alger. Son fidèle allié Munck, vigne et tabac — un clan à lui tout seul — contrôlait Constantine. L'Ouest-Algérien échappait un peu à Borgeaud. On y était plus partagé et le radical Marcel Flinois — avocat que ses activités au barreau n'empêchent pas de contrôler les céréales du Sud et des hauts plateaux — était plus attiré par le libéral Blachette que par le gros Borgeaud.

Voilà pour les comités du parti radical. Mais par ce canal l'influence de Borgeaud sur les municipalités et les conseils généraux est énorme. On sait qu'il fait les élections et le Gouvernement général est loin de négliger le tout-puissant sénateur d'Alger. Enfin son influence à Constantine, à travers ses vieux amis les frères Léopold et René Morel, propriétaires de *La Dépêche de Constantine,* est grande. C'est par les frères Morel que Henri Borgeaud s'est lié avec René Mayer. Celui-ci est l'une des têtes du parti radical; il a toujours cherché un point de chute sûr et il a choisi Constantine dès 1946. L'une des têtes du parti radical et le patron des fédérations radicales d'Algérie ne peuvent que bien s'entendre. Mis en rapport par les frères Morel, les deux hommes font mieux encore. Ils se lient. Oh! sans que l'un soit l'homme-lige de l'autre. La personnalité, l'intelligence, la déjà vieille expérience politique du leader radical se suffit à elle-même. Il est l'homme des groupes puissants : les chambres d'agriculture, les sociétés concessionnaires, la fédération des maires. Ce n'est pas Borgeaud qui, en Algérie, « fait » René Mayer comme Blachette fera Jacques Chevallier. Non! Mais l'association fidèle et amicale de deux puissances ne peut être que bénéfique. Et puis René Mayer c'est l'Assemblée alors que Borgeaud n'est que sénateur. René Mayer sera l'homme dans la place, suffisamment connu et important pour devenir le chef du groupe de députés que « contrôle » déjà le Monsieur de La Trappe, type Quilici ou le général Aumeran auxquels s'ajoutent des hommes qui ont des « affinités » : André Marie, Martinaud Deplat, Cornu, Médecin et bien sûr une grande partie des élus tunisiens, marocains, algériens. Ça fait du monde lorsqu'une majorité tient à un fil. C'est une drôle d'épée de Damoclès suspendue au-dessus du fauteuil présidentiel! Ça donne des arguments de discussion!

L'empire Borgeaud n'a pas de journal personnel mais celui des frères Morel, *La Dépêche de Constantine,* et celui d'Alain de Sérigny, *L'Echo d'Alger*, sont des tribunes suffisantes, des leviers populaires assez puissants pour suffire à Borgeaud. Il serait injuste d'oublier parmi les alliés de Henri Borgeau le tout-puissant maître des Renseignements généraux, l'habile et grand policier qu'est M. Costes. Quand en janvier 1955 Mendès prendra la décision de « changer » de gouverneur général pour remplacer Léonard par Soustelle, il décidera de purger également la police, de reprendre en main un corps de l'Etat qu'il trouve un peu trop indépendant. Cela sera fatal à son gouvernement. Le groupe Mayer le fera chuter. Si René Mayer lui en veut d'avoir envoyé Soustelle, Borgeaud ne lui pardonnera pas de lui avoir enlevé son Costes.

Du contrôle des municipalités au pouvoir sur un gouvernement, c'est cela l'empire Borgeaud. Un empire créé de la terre, à la base, par de multiples contacts, de multiples alliances, souvent du bricolage de canton. Henri Borgeaud ne néglige rien ni personne. Le résultat est babylonien. Et pourtant, carré dans son fauteuil, dans la grande salle de séjour de La Trappe, fagoté dans un costume qui lui va mal — comme tous ses vêtements —, Borgeaud n'a rien d'un Nabuchodonosor!

Le second personnage du triumvirat, Georges Blachette, n'a de commun avec Borgeaud qu'une immense fortune. Elles se valent. En dehors de cette équivalence de richesses rien ne peut rapprocher Blachette de Borgeaud. Ni les origines, ni les activités, ni la façon de vivre, ni les idées, ni le physique, encore moins la politique.

Georges Blachette, en Algérie, c'est le roi de l'alfa. C'est sa seule base financière. Elle est de taille. Il possède la concession quasi exclusive de l'alfa. Concession et non-propriété des terrains. Ainsi il n'a pas d'immobilisation foncière. La clef de voûte de ses investissements est essentiellement industrielle. Il a ses usines de conditionnement et ses réseaux commerciaux. Ses débouchés? Presque uniquement l'Angleterre où il vend son alfa aux usines de papier et de cellulose. Blachette, pour l'Algérie, c'est 20 % des devises qui entrent dans le pays. 20 %. Un seul homme! La famille est pied-noir de longue date. Originaire du Midi de la France. La fortune Blachette est récente. C'est le père de Georges qui l'a édifiée sur le négoce des bois en Algérie. L'alfa c'est Georges Blachette. Tout seul.

N'étant pas attaché à la terre il s'est tout naturellement orienté vers les activités nouvelles, car il n'est pas homme à laisser dormir son argent. Il contrôle la Société algérienne des Eaux, les Eaux d'Oran, la Société méridionale d'Exploitation de Carrières — des pierres dont ses ennemis feront beaucoup parler —, et puis il faut bien aussi s'intéresser à l'agriculture dans un pays comme l'Algérie, alors il « s'occupe » des agrumes de la vallée du Chélif près d'Orléansville, des vergers de Malakoff, des domaines de Ben Saïd, des Aït Berrezouines. Il faut bien s'arrêter dans une énumération qui lasse vite ceux — les plus nombreux — qui n'ont pas été actionnaires de ces puissantes sociétés du groupe Blachette.

Cet homme timide et très fermé est un homme de coulisse. Rien du bon papa type « conseiller général de l'Indre » qu'est Borgeaud avec sa poignée de main facile et ses petites influences au niveau du canton ou de la sous-préfecture. Blachette n'attaque qu'à la tête : le Gouvernement général. Il soigne particulièrement le secrétaire général qui tient entre ses mains les activités industrielles et le directeur des finances. Les Gouverneurs généraux passent et ceux-là restent. Le poste de directeur des finances du G.G. a toujours été très recherché. C'est un poste où l'on n'a pas de soucis à se faire pour sa retraite que l'on attend même avec impatience. Un fauteuil d'administrateur de grosses sociétés vous tend toujours les bras. Blachette joue donc de son influence sur l'administration. C'est un homme que l'on a bonne conscience à « favoriser » car c'est sans doute l'industriel le plus aimé de l'Algérie. « C'est un brave tye », disent ses ouvriers qui ne l'ont jamais vu. N'ayant pas d'enfant il a attribué la maison « mère », l'affaire de bois de papa Blachette, à l'ensemble de son personnel fixe (2 à 3 000 personnes, alors que pendant les récoltes d'alfa il règne sur près de 20 000 travailleurs). Les bénéfices de l'affaire de bois sont ainsi répartis entre les ouvriers de ses différentes usines. Ce n'est pas une mesure de basse démagogie, cela répond à un besoin profond de libéralisme que ce grand bourgeois tient ancré au plus profond de son cœur. Et sa politique va s'en ressentir.

Car ce petit monsieur, rond, aux cheveux bruns et argentés, à la santé fragile — il souffre de l'estomac et ne boit que de l'Evian ou du Vittel —, cet être cultivé, fin, mais un peu complexé par sa petite taille et par la difficulté qu'il a de parler en public — il n'a rien d'un tribun —, a décidé, dans les années cinquante, de se lancer dans la politique. Il ne pouvait plus supporter qu'un Borgeaud, après tout pas plus riche que lui, ait cet avantage immense pour tout homme déjà béni des dieux de la fortune : le pouvoir politique. Il lui faut un homme et un journal. Il aura Jacques Chevallier et *Le Journal d'Alger*. Les deux lui vaudront des haines solides et tenaces dans un pays où il faut un sacré courage pour démarrer dans la politique avec l'étiquette libérale accrochée à son costume! Surtout quand on est milliardaire.

Jacques Chevallier, au moment où il se lie avec Blachette, est depuis cinq ans dans la politique. Il s'y est lancé en 1945. Il a eu des hauts et des bas. Député, puis blackboulé, Blachette lui offre la plate-forme financière qui lui manquait pour faire une carrière digne de ses ambitions, car le jeune homme est ambitieux.

Il fait connaissance de l'immense villa de Hydra où Blachette cache une femme invisible qui ne lui a pas donné d'enfants, une tripotée de chats qu'il adore et des armoires pleines de costumes soyeux, sombres ou gris clair, comme il les affectionne. Lorsque l'on rencontre Blachette à l'Aletti, dans les petites boîtes de la côte ou au privé du Casino de la corniche avec quelques-unes de ses admiratrices, il a beaucoup de charme, on remarque son élégance. Il est toujours tiré à quatre épingles. Donc Jacques Chevallier sera l'homme public que Blachette déteste être. Ils ont les mêmes idées libérales : une évolution de l'Algérie allant jusqu'à une certaine autonomie politique préservant les droits des Français. C'est à peu près le programme du premier manifeste de Ferhat Abbas, avec qui Blachette est lié, bien qu'il lui préfère un Farès dont il contribuera à faire la carrière en le soutenant auprès de l'administration qui — on l'a vu — fait les élections. Blachette fera de Abderhamane Farès un président de l'Assemblée algérienne, l'année où le fauteuil est réservé à un musulman.

La tribune populaire sera *Le Journal d'Alger,* petit journal que Blachette va racheter pour une grosse centaine de millions. Cette feuille a eu une vie mouvementée. *Le Journal d'Alger* est né en 1945 de la dévolution des biens de *La Dépêche algérienne* d'Eugène Robbe et Raoul Perrier. Pendant la guerre *La Dépêche algérienne* avait honteusement collaboré, ce qui entre 1940 et 1942 n'horrifiait pas grand monde! Mais quand les « fers à repasser », insignes de la Légion, jonchèrent les trottoirs lors du débarquement allié, Robbe et Perrier avaient *La Dépêche* sur les bras. Et on ne jette pas un journal dont on est propriétaire comme on se débarrasse d'un insigne devenu encombrant. Ils jugèrent prudent de se faire tout petits et, bien que revenant en discrets financiers en 1943-1944, ils laissèrent « les rênes » à Paul-Emile Viard, qui sera député M.R.P., et à Louis Cardonna. En 1945, à la victoire, Paul Emile-Viard et Louis Cardonna se séparent du groupe Robbe-Perrier et restent seuls patrons du *Journal d'Alger.* Mais le journal bat de l'aile, Cardonna-Viard ne gagnent pas d'argent. Blachette achète le titre et fait du *Journal d'Alger* la tribune libérale que l'on ne s'attendait pas à voir se dresser et qui va déchaîner la colère des colons réactionnaires.

Mais Blachette n'est pas un homme seul. Si Borgeaud règne sur le Constantinois son domaine c'est l'Oranie où son meilleur ami est Marcel Flinois, ce radical qui devrait soutenir le vieux patron Borgeaud mais que ses idées libérales lient à Blachette. Autour de lui se regroupent les gaullistes du maire Fouques-Duparcq et les jeunes turcs de l'agriculture oranaise. La sympathie, l'appui de Pierre Laffont et de son *Echo d'Oran,* libéral, n'est pas négligeable. Voilà donc l'armée Blachette : général : Jacques Chevallier. Blindés : *Le Journal d'Alger*. Troupes : la jeune Oranie et les musulmans de Farès et de Ferhat Abbas. Il faut bien cela pour résister au tir de barrage des gros colons, et des petits Blancs. Tout ce qu'il y a de colonialiste lui tire dessus à boulets rouges. Si Borgeaud le déteste, son pire ennemi est tout de même le troisième homme du triumvirat : Laurent Schiaffino.

Schiaffino, c'est le Napolitain, petit, brun, noir, sec, dur comme le bois d'olivier, le cheveux noir de jais, ondulé, le nez busqué. Des quais de Naples, d'où il y a deux générations les Schiaffino ont émigré, il a gardé, ataviquement, le goût du beau vêtement et de la mer. Les Italiens en Algérie c'est une catégorie à part. Les Français qui ont été les premiers colons sont venus de la Drôme, des Hautes-Alpes, de l'Alsace, de l'Aveyron et de l'Ardèche, de l'Isère et du Tarn, du Vaucluse et de l'Ariège. C'étaient des durs à la tâche auxquels les Espagnols misérables sont venus apporter une main-d'œuvre spartiate. Ils ont fait l'Algérie de la colonisation, ils ont gratté le sol aride, ils se sont installés partout et ont travaillé à l'époque, comme le font les Arabes aujourd'hui. Les Italiens, eux, ont su profiter du travail de cette main-d'œuvre. Le sol était aux premiers arrivants, pourquoi lutter contre eux? Apportons-leur nos services! Les maçons des Pouilles, les ouvriers de chantiers calabrais, les manœuvres napolitains des chemins de fer en construction ouvrent avec le premier argent mis de côté des bistrots, des petits hôtels, des fabriques de pâtes, des petites distilleries. Les moins riches, les moins économes se font cochers publics ou de maître, se font bateliers. Les Schiaffino, eux, se font transporteurs maritimes. Avec bonheur. Laurent Schiaffino, la troisième génération, règne sur un empire flottant que domine le pavillon jaune frappé du S majuscule. L'Algérienne de Navigation, c'est lui et lui tout seul. Il transporte le vin, tout le vin, et les minerais algériens. Sa flotte? Quinze pinardiers et cinq cargos mixtes. Il contrôle quatre à cinq mille personnes car cet Italien d'origine ne va pas laisser sur « ses » quais des dockers décharger « ses » bateaux pour le compte d'un autre! C'est lui qui les engage et les paie. Les dockers sont aussi Schiaffino. Puisqu'il transporte des minerais, pourquoi n'y investirait-il pas quelques-uns de ses gigantesques bénéfices? Il est « fortement minoritaire » dans les phosphates du Kouif, administrateur des phosphates de Constantine, de la Société générale de Transports maritimes à Vapeur, de la Banque industrielle de l'Afrique du Nord, de la Banque de l'Algérie et de la Tunisie.

En 1954 c'est la première fortune d'Algérie! Borgeaud et Blachette viennent seulement au second rang.

Si Blachette est un homme de coulisse, Schiaffino est un homme de souterrain. On ne le voit jamais. C'est l'Arlésienne d'Alger, l'Armateur distant et solitaire, protégé par de multiples barrages de directeurs, de directeurs adjoints, de secrétaires de direction, de secrétaires tout court. C'est l'homme invisible qui gouverne son empire par directeurs interposés. On ne le voit en public que lors de grandes processions. C'est encore l'atavisme napolitain. Il est catholique avec ferveur, avec ostentation. Il pratique avec l'exagération de certaines grandes familles italiennes. Autant il se fait discret dans la conduite de ses affaires autant il veut qu'on le voie lors des dialogues publics avec Dieu! Il patronne la procession de Notre-Dame d'Afrique et figure au premier rang du défilé.

Laurent Schiaffino vit dans une luxueuse villa, c'est normal. Mais il y vit presque cloîtré avec sa famille. La tradition napolitaine est très proche de celle des Arabes. Les femmes ne sortent pas. Il est des villages du Sud de l'Italie où l'on exhibe encore à la fenêtre le drap de la nuit de noces. Et si Laurent Schiaffino n'a pas gardé les traditions paysannes de la génération de grand-papa il est resté le *pater familias* sévère et rigide. On ne parle jamais de ses enfants, il ne le tolérerait pas, alors que les « merdiers » des enfants Borgeaud nourrissent les conversations des surprises-parties de l'Alger dorée.

Nationaliste, pieux, sectaire, âpre au gain, ce n'est pas un tendre que M. Schiaffino! Il y a chez cet armateur une soif de puissance qu'il va chercher à étancher grâce à la politique. Il est le dernier des trois « Grands » algérois à s'y lancer. D'abord il n'est pas concevable qu'un Borgeaud ait une puissance politique, qu'un Blachette y réussisse avec quelques bonheur et qu'un Schiaffino, le plus riche des trois, l'ignore.

Borgeaud fait dans la réaction bourgeoise, Blachette dans le libéralisme, lui, Schiaffino, fera dans la clientèle dure, dans « l'Ultra ». A-t-on jamais vu, d'ailleurs, un armateur libéral? Il va cristalliser autour de son nom la fraction la plus dure de l'électorat, ceux qui trouvent que Borgeaud est un mou, ceux qui ont peur de l'Arabe, une peur panique, parce qu'ils sont tout près de lui, les petits, les sans-grades, les sans grande qualification, tous ceux que la moindre évolution du peuple musulman risque de léser.

Laurent Schiaffino, sénateur d'Alger, a acheté la deuxième fraction de la défunte *Dépêche algérienne,* celle d'Eugène Robbe et Raoul Perrier. Leurs opinions sont dans ses vues. On bénificiera de l'ancienne clientèle. Le père de l'actuel Robbe, Eugène Robbe, a une rue à Alger, en plein Bab-el-Oued. Il avait édifié la puissance de *La Dépêche* en en faisant l'organe du colonialisme militant d'avant 1939. Bab-el-Oued, le petit colonialisme militant, voilà une clientèle qui séduit particulièrement l'armateur.

« Sa » *Dépêche* s'appellera *La Dépêche Quotidienne.* Son programme sera d'être « contre ». On rivalisera avec *L'Echo d'Alger* de De Sérigny qui apporte un peu trop son soutien à Borgeaud. « Contre » la moindre libéralisation, « contre » toute évolution sociale qui risque de compromettre la situation de ces petits Blancs qu'il défend et, accessoirement — mais c'est un accessoirement à son avis fort important —, qui compromet son empire, car il est « accognier » et armateur. Si l'accognier doit payer ses dockers plus cher c'est l'armateur qui voit ses bénéfices compromis.

Cette politique fait l'affaire des toutes-puissantes chambres de commerce qui contrôlent les ports sur lesquels flotte le S de Schiaffino. Elles lui apportent leur soutien total. Son appui algérois sera Raymond Laquière, président de l'Assemblée algérienne. La puissante fédération des maires, en la personne d'Amédée Froger, ne lui sera pas hostile. Telle est la situation de ce Napolitain au sang chaud et à la tête froide qui, pour l'heure, représente la première fortune d'Algérie.

Le terrien, l'industriel, l'armateur — avec leurs opinions opposées, leurs origines distinctes, suisse, française, italienne, leurs intérêts différents — sont en 1954 les trois rois, les trois potentats d'Alger, les représentants de ces Français d'Algérie dont la mentalité inconnue en France est née de la fusion des mœurs, des habitudes, des races aussi, de peuples méditerranéens bien différents. Un peuple nouveau qui a son langage, ses coutumes, sa façon à lui de trancher les problèmes. Un cousin germain que la France ne connaît pas bien. On n'a pas tellement l'habitude d'aller les uns chez les autres. On se voit aux guerres mais pas aux fêtes. Pourtant on a les mêmes, qu'on célèbre aux mêmes dates!

Autour de ces trois monstres — je dis monstre comme on dit colossal, comme on dit monstre-sacré, quelles que soient les opinions on est forcé d'être un peu en admiration devant de tels hommes, de telles réussites — grouillent des personnages secondaires. Secondaires par rapport aux trois bastions que sont Borgeaud, Blachette, Schiaffino, mais qui jouent un rôle souvent important à l'ombre, ou en complément de tel ou tel groupe. Ils sont très différents les uns des autres. Qu'on ne m'accuse pas de les mettre sur un pied d'égalité, mais leur importance est grande dans l'histoire qui nous intéresse. Il faut de tout pour faire un monde, et encore plus pour faire des élections! Et comme on le dit à la Comédie-Française les seconds rôles jouent souvent plus que les premiers. Ils font moins parler d'eux mais tout de même, sans leur jeu, il n'y aurait pas de représentation!

Le comte Alain de Sérigny, propriétaire de *L'Echo d'Alger* — le second en tirage (le 1er étant *L'Echo d'Oran*) mais le premier en influence politique —, doit sa carrière à la défection d'un fils de famille et à un très beau mariage. Le grand minotier d'Alger, Jacques Duroux — « la Farine », comme on dit « le Vin » pour Borgeaud ou « l'Alfa » pour Blachette —, vieux radical, « front popu » en 1936 a un journal et un fils. Il aime autant *L'Echo* que Jean. Il les destine l'un à l'autre. Mais Jean Duroux, héritier d'une immense fortune, préfère les minoteries, les cargos et le plaisir à *L'Echo* et aux servitudes de la politique. Alain de Sérigny, engagé par le père, est entré dans la famille — il est le beau-frère de Jean Duroux —, il jouera donc au sein de *L'Echo* le rôle délaissé par le fils. Il le jouera magnifiquement. Il « fait » la politique de l'Algérie de 1945 à 1954.

Une politique qui explique qu'un jour six hommes dans une maison de la basse Casbah décident de dynamiter la forteresse. Alain de Sérigny, violent, irascible comme tous les gens qui ont à souffrir physiquement — il est affecté de douleurs nerveuses horribles qui crispent le trijumeau et le poussent, en crise, à se rouler par terre —, a fait sa carrière politique sur le Non. Comme Borgeaud. Comme le fait plus tard Schiaffino. Mais *L'Echo* « en remet », il fait des surenchères sur les positions de l'armateur. C'est Non à tout. Non à la Sécurité sociale, Non aux augmentations de salaires, Non au statut de 1947 — je l'avais oublié —, Non aux cités musulmanes de Jacques Chevallier que de Sérigny attaque tout particulièrement après avoir soutenu son élection à la mairie d'Alger par le hasard des alliances temporaires et parce que Chevallier avait fait ses premières armes à *L'Echo* alors que le père Duroux y était encore influent.

En 1954 Alain de Sérigny est un groupe à lui tout seul. Cet aristocrate nerveux sait magnifiquement donner à son journal ce mouvement de balancier que l'on connaît bien dans certaines salles de rédaction et qui oblige leurs locataires à avoir le cœur bien accroché et leurs solliciteurs la reconnaissance fidèle. De Sérigny est surtout l'allié de Borgeaud mais sait donner, quand il vient la demander, la parole à Laquière donc à Schiaffino. On ne verra jamais apparaître le nom de Schiaffino dans *L'Echo d'Alger* car, depuis que le jeune Duroux non content de la farine fait aussi dans le cargo, il y a de l'eau dans le gaz entre les deux forteresses. Mais il y a heureusement loin de la finance aux idées. Et si l'on ne reçoit pas Schiaffino dans les colonnes de *L'Echo,* ses représentants et ses alliés y trouvent le meilleur accueil, d'autant que la plume acérée du comte y va souvent plus fort « dans la réaction » que celle des féaux de l'armateur.

Marcel Belaiche ne mange pas de ce pain-là. Il est juif. Il est riche. Son père a fait fortune dans l'immobilier. Il gère des dizaines d'immeubles, des taudis de la basse Casbah aux appartements somptueux de la rue Michelet. Et il adore la politique dont il est à Alger un Jean de la Lune influent. Il fait de la politique par la bienfaisance. Il est celui qui arrange les coups, qui obtient une bourse au petit Ben Khalifa, nécessiteux, un tabac à la veuve Haïche, une pension à Teboul qui sait si mal se défendre. Il est le Mur des Lamentations algérois, il est la providence des juifs. Il « fait du bien ». On le lui rend bien au moment des élections! Et il connaît des méthodes qui réussissent dans le milieu où il est influent. Il emploie encore les vieilles — et efficaces — ficelles de la IIIe République, celle du billet coupé — une moitié avant, l'autre moitié si le candidat souhaité est élu. Marcel Belaiche est également très apprécié des milieux arabes. Son influence sur la population juive et sur une partie des Arabes le font rechercher comme caution. Borgeaud aurait voulu se l'attirer. Il aurait eu ainsi son « bon juif » à accrocher à sa panoplie auprès du « bon Arabe ». Mais c'est à Blachette et à Farès que Belaiche donne son influence. Ses ennemis sont Schiaffino et Borgeaud. Non les hommes mais ce qu'ils représentent. Son père lui a raconté, comme tous les pères juifs d'Algérie, l'antisémitisme de 1900 où Maltais, Espagnols, Italiens, dans leur catholicisme exacerbé et dans leur peur de voir la concurrence augmenter en même temps que l'arrivée de ces nouveaux citoyens français, hurlaient : « Mort aux juifs, bourreaux de Jésus. » Lui-même n'ayant « récupéré » sa carte d'identité française que lors du débarquement américain. Les « fers à repasser » se passaient aisément de « cette racaille métèque ». Les juifs seront, en majorité, Blachette.

Nous n'avons pas encore parlé d'un milieu interlope, pas recommandable du tout mais bien utile en politique, surtout en période d'élection : c'est le Milieu. Tous les grands partis politiques de tous les pays capitalistes les ont toujours employés. Tous ces Milieux vont de l'un à l'autre avec un éclectisme qui les honorerait s'il n'était uniquement guidé par des considérations financières. Celui d'Alger ne faillit pas à la règle. Il est dominé par Kaïda, un petit bonhomme, râblé, gros, à la quarantaine avantageuse qui avec ses Corses contrôlaient les jeux, la prostitution. Le Sphinx et La Lune, les deux grands bordels d'Alger, étaient à eux et entretenaient comme il se doit d'excellentes relations avec les R.G. Ce n'est pas chez les enfants de chœur que l'on recueille les informations qui grossissent les dossiers des Renseignements généraux. Mais l'homme qui « s'intéressait » vraiment à la politique dans le Milieu algérois était Clément Menella, un fil de fer corse ou italien (on n'a jamais su), bien digne et bien honnête, qui s'était rangé, avait acheté une écurie de courses et partageait le restant de passion qu'une vie bien remplie lui avait laissée entre l'hippodrome du Caroubier et la politique. En 1945 il a contribué à l'élection de Blachette — qui tape toujours à la tête — et de Chevallier. Il jouera plus tard le jeu de Lacoste. Un homme de poids que Clément Menella et qui sait y faire!

En ce mois de juillet 1954 la cible est Blachette. Borgeaud et Schiaffino emploient contre lui l'artillerie lourde. Contre lui et contre ce Chevallier, maire libéral d'Alger, qui vient de devenir ministre et qui n'a rien trouvé de mieux que de prendre un adjoint musulman, Lahouel, et un conseil municipal M.T.L.D. En outre il a fait adopter et réaliser le plus vaste programme de logements jamais envisagé en Métropole ou en Algérie. Et pour les Arabes encore! 10 000 logements dans les cités de Diar-el-Maçoul (cité de la Promesse Tenue) et Diar-es-Saada (cité du Bonheur). Un certain Fernand Pouillon, architecte de génie, mais qui semble avoir des goûts dispendieux, les a réalisés. Des caravanes d'architectes venus du monde entier viennent admirer le travail. Il y a les pouillonistes et les anti-pouillonistes. *L'Echo d'Alger* et *La Dépêche quotidienne* ne manquent pas de souligner que la pierre utilisée dans ces « somptueuses » cités musulmanes vient tout droit des carrières de Blachette! Bref on ne rate pas une occasion de tirer sur le libéral. Il faut dire qu'en juillet 1954 le tandem Blachette-Chevallier est en pointe. Les deux hommes ont compris qu'il faut évoluer. Leur clientèle c'est 20 à 25 % de l'électorat : l'intelligentsia musulmane, les juifs attirés par les libéraux car les autres sont racistes et antisémites, et les beaux quartiers européens — professions libérales, médecins, avocats — ça ne va pas loin. Les libéraux n'ont aucun soutien populaire. Le peuple est communiste, pas tellement, et surtout réactionnaire, petit Blanc.

Depuis un mois que Mendès est au pouvoir le groupe Blachette l'appuie sans réserve. « Il faut évoluer, lit-on en substance dans *Le Journal d'Alger,* car ou nous évoluons ou nous partirons tous. Et honteusement! »

Mais contre le gouvernement Mendès, contre Blachette, contre Chevallier, il y a les 50 % de Borgeaud qui recueille les voix de toutes les campagnes européennes, de tous les colons, des féodaux musulmans, des petits Blancs, et les 25 % restant de Schiaffino, le puissant armateur soutenu, oh! paradoxe, par les couches les plus misérables de la société européenne : ouvriers, pêcheurs, « très petits Blancs ». Tous ceux qui n'ont pas su lire ce que Bugeaud écrivait en avril 1847 :

« Continuez, continuez, Messieurs, de vous bercer de ces illusions et vous laisserez longtemps à votre pays quelque chose qui ne sera pas illusoire, à savoir la nécessité d'augmenter périodiquement l'armée d'Afrique pour protéger, contre la juste fureur des Arabes, les nouveaux barons et les populations misérables sous tous les rapports, qu'ils auront attirés derrière eux pour mettre leurs fiefs en valeur... »

Mais ces paroles prophétiques ne sont pas inscrites sur le socle de la statue du Maréchal, sur la place Bugeaud, rue d'Isly, là où il y a les quatre cafés populaires, bondés tous les soirs, à deux pas de l'état-major de la 10ᵉ région militaire.

Juillet 1954. Il y a plus d'un siècle que le vieux Maréchal écrivait ces mots. Dans moins de quatre mois débarqueront les paras du colonel Ducourneau.

Au mois de juillet 1954, après l'échec des négociations avec le clan Messali et avec le groupe Lahouel, le moral des Six n'était pas au beau fixe. Jusque-là toutes les manœuvres politiques avaient échoué. Comité révolutionnaire d'Unité et d'Action! En juillet le C.R.U.A. pouvait sans difficulté se transformer en C.R.A. Car pour l'unité ce n'était pas réussi. Le grand rêve de recoller les morceaux du M.T.L.D. et de partir à l'attaque à la tête d'un grand parti fort, solide et soudé ne se réaliserait jamais. Alors, faute d'unité, qu'il y ait au moins l'action. Et pour l'instant, dans ce domaine, ce n'était pas brillant non plus. Lamine Debaghine qui aurait fait une tête d'affiche fort acceptable avait promis de réfléchir, puis de réfléchir encore, mais les Six sentaient bien que c'était déjà tout réfléchi. Vous rejoindre après, peut-être. Mais pour l'instant le docteur restait dans une prudente expectative.

Quant à l'aide égyptienne! Il ne fallait pas compter sur elle. Ben Bella avait expliqué en détail à Boudiaf au Caire et à Didouche, lors de leurs contacts suisses, quelle était la vie et les « espoirs » de la « délégation ».

Tout avait mal commencé pour les Algérien du Caire. Lorsque Ben Bella s'était évadé en compagnie d'Ali Mahsas de la prison de Blida, il avait passé six mois caché dans une famille de militants d'Alger puis avait gagné la Métropole, passager clandestin protégé par les matelots arabes du *Ville d'Oran*. Il était resté quelques mois à Paris, rue Cadet, dans un petit appartement puis avait gagné Le Caire d'où la révolution avait chassé Farouk. Là il s'était joint à Khider et Aït Ahmed, représentants officiels du M.T.L.D. Mais auprès de Allal-el-Fassi, le représentant marocain, et Salah Ben Youssef, le représentant tunisien, accueillis par la Ligue Arabe, les Algériens n'avaient pas très « bonne mine ». La Voix du Caire n'avait que sarcasmes pour « l'apathie des Algériens devant le colonialisme ».

En outre Ben Bella avait été humilié de ne pouvoir s'exprimer qu'en français puisque l'arabe algérien est très différent de l'arabe littéraire parlé en Egypte. L'exposé de Ben Bella « en français » avait fait scandale devant la Ligue Arabe où il avait expliqué la situation algérienne. On avait tout de même attribué aux Algériens un petit bureau, 32 Abdelhalek Sarwat au Caire, un petit bureau au 3e étage où Boudiaf était venu faire le point avec Ben Bella. Celui-ci, si ses affaires ne marchaient pas trop bien avec la Ligue, avait noué des relations qui pouvaient être bénéfiques dans l'avenir avec le nouveau maître de l'Egypte, Gamal Abd el Nasser. Mais dans l'avenir seulement. Boudiaf avait ainsi appris la raison pour laquelle le mouvement révolutionnaire « en formation » ne pouvait recevoir l'aide immédiate de l'Egypte. Les services spéciaux du major Fathi el-Dib qui contrôlaient les Nord-Africains du Caire auraient volontiers fourni armes et subsides si Ben Bella s'était engagé à participer en tant que section algérienne au grand projet nassérien de Révolution nord-africaine, groupant la Tunisie, l'Algérie et le Maroc. Mais Ben Bella, Khider, Aït Ahmed savaient les divergences qui ne manqueraient pas de se produire entre les pays du Maghreb, divergences à propos desquelles le « grand frère » Nasser aurait apporté sa médiation. C'était se mettre sous son autorité directe. Ben Bella avait refusé, enveloppant cette décision de tout le *rahat loukoum* nécessaire. Mais les Egyptiens, et surtout Nasser, avaient été piqués par cette fin de non-recevoir.

« Pas grand-chose peut-être mais tout seul... » telle était la position des Algériens. Nasser, malgré son dépit, était trop habile pour le montrer et pour rompre avec les Algériens. Il les avait félicités de leur honnêteté, et — revenant en apparence sur sa décision — leur avait proposé l'aide égyptienne quand l'insurrection serait déclenchée. Tout ce que pouvait faire Ben Bella et ses compagnons c'était de « chauffer » les Egyptiens, de tenir Nasser au courant des préparatifs algériens et de se servir du Caire comme plate-forme de lancement « publicitaire » de l'insurrection. Pour l'heure Ben Bella ne pouvait jouer d'autre rôle que celui de « public relation » de la révolution en marche. L'action ne pouvait venir que d'Algérie, que de l'intérieur.

Le premier des trois coups annonçant la Révolution algérienne fut frappé le 25 juillet 1954 dans une villa du Clos Salembier.

C'était un dimanche et il faisait beau — comme d'habitude à Alger en juillet. Krim Belkacem était dans ses montagnes de Kabylie et les cinq autres en avaient profité pour réunir les hommes de confiance que chacun avait recrutés depuis quelques semaines. Il était temps qu'ils se rencontrent, qu'ils se rendent compte par eux-mêmes de l'importance du mouvement qui allait se déclencher. Les Cinq avaient décidé cette opération, qui n'était pas sans présenter de risques — réunir vingt-deux personnes dont la plupart étaient encore recherchées par la police depuis l'époque de l'O.S., cela semblait être de la folie —, pour des raisons psychologiques et politiques. D'abord ils devaient expliquer aux dix-sept membres déjà recrutés que les Kabyles étaient avec eux. Ben Boulaïd préférait se livrer à cette mise au point en l'absence de Krim. Il serait ainsi plus facile de convaincre les membres du C.R.U.A. présents de la décision des Kabyles. Car, dans l'esprit de chacun, ceux-ci restaient encore très attachés à Messali. Si Krim assistait à la réunion, Ben Boulaïd ou Boudiaf ou l'un quelconque des Cinq qui exposerait la situation aurait l'air de le faire sous la pression et le contrôle des Kabyles. Il ne faut jamais perdre de vue le vieil antagonisme berbère-arabe. Ensuite que dix-sept hommes représentant toutes les régions d'Algérie soient réunis, qu'ils fassent connaissance, qu'ils se montrent décidés, qu'ils fassent le point sur leur région, qu'ils se « regonflent » les uns les autres ne pouvait qu'être bénéfique. Enfin — et surtout — il fallait, si l'on voulait garder le principe de la direction collégiale, que les Cinq soient élus dans les fonctions qu'ils s'étaient attribuées, que tout le monde soit d'accord pour le partage du pays en cinq zones, que, le moment venu de déclencher l'insurrection, leur autorité ne soit contestée par personne.

C'est Didouche, infatigable organisateur, qui avait mis sur pied cette réunion. Les Cinq étaient responsables des hommes qui allaient y assister.

Depuis le début juin, depuis l'après-midi passé rue Montpensier et au cours duquel les Six s'étaient partagé l'Algérie, chacun était retourné dans la région qui lui avait été attribuée. Ben Boulaïd dans les Aurès, Krim en Kabylie, Didouche dans le Nord-Constantinois. Rabah Bitat et Boudiaf étaient restés à Alger. Ben M'Hidi était parti en Oranie. Ils étaient convenus de se retrouver à Alger tous les huit ou dix jours. Pendant leur séjour dans leur région respective ils avaient repris contact avec des anciens de l'O.S., des hommes dont ils étaient sûrs, et les avaient mis dans la confidence avec ordre de sonder quelques hommes qui pourraient éventuellement prendre part à l'insurrection.

Par exemple, à Alger, on a vu comment Rabah Bitat et Didouche ont « contacté » et recruté Zoubir Bouadjadj. Celui-ci a ensuite chargé deux de ses amis intimes, Othmane Belouizdad, un mécanicien garagiste et Mohamed Merzougui, de constituer des cellules de quatre hommes ne connaissant qu'un chef. Depuis sept semaines le noyau initial avait ainsi considérablement grossi. C'est ce noyau qu'avait convoqué Didouche. Dix-sept hommes allaient se retrouver réunis, sans compter les Kabyles de Krim et les Aurésiens de Ben Boulaïd tellement fidèles à leurs chefs qu'il n'était nul besoin de leur donner de plus amples explications ni de leur « gonfler » le moral.

Ce dimanche 25 juillet, à l'heure où, au Clos Salembier, les femmes allaient chercher le lait pour les enfants, vingt-deux hommes frappaient à la porte d'un certain Deriche qui avait prêté sa maison à Zoubir Bouadjadj, toujours actif intendant du groupe en ce qui concernait l'Algérois. Deriche ne savait pas à quoi servirait sa villa. Son ami Bouadjadj lui avait demandé ce service. Il savait seulement le nombre de personnes qui s'y réuniraient car Zoubir lui avait précisé : « Fais préparer un couscous pour vingt-cinq personnes environ. » Les Cinq, qui étaient arrivés les premiers à 8 heures précises, accueillaient leurs recrues et les présentaient les uns aux autres. Ces préliminaires ressemblaient à une réunion de club où les nouveaux membres font connaissance puis, au bout d'un moment, ne sachant trop quoi se dire, se regroupent instinctivement autour de leur « parrain ». Rapidement des petits groupes s'étaient formés autour de Didouche, Bitat et Ben M'Hidi. Boudiaf et Ben Boulaïd allaient de l'un à l'autre. Certains hommes se connaissaient depuis l'époque de l'O.S. et se retrouvaient après s'être perdus de vue. « On a l'air d'anciens combattants », lança quelqu'un en riant. « On devrait dire de futurs combattants, répliqua Didouche, car ça ne fait que commencer. Et l'O.S. n'était rien à côté de ce qu'il va falloir mettre au point. »

Ben Boulaïd profita de cet échange de répliques pour ouvrir la séance. Chacun s'assit sur des chaises, des matelas, des tapis et au brouhaha général succéda le silence.

« C'est la première fois que nous sommes tous réunis, commença Ben Boulaïd, vous représentez diverses régions de notre pays. Vous avez recruté des hommes en qui vous avez toute confiance. Certains d'entre vous se connaissent déjà, et si vous êtes tous réunis ce matin, si nous vous avons présentés les uns aux autres sous votre vrai nom, c'est que nous pouvons le faire en toute sécurité. »

Ainsi commença la « réunion historique des 22 ». Arrivé à ce point du récit je dois préciser une nouvelle fois la date : 25 juillet 1954, car, sur la foi de rapports incomplets ou mensongers, différents spécialistes ont situé le rendez-vous au 10 juillet 1954 dans un immeuble du Champ-de-Manœuvre sans pouvoir préciser qui participait à cette importante réunion. Les rapports de Renseignements généraux sont la souce de ces erreurs. Ils ont été établis sur la foi des « informations bidons » fournies par les indicateurs du type Kobus qui laissèrent croire longtemps à leur patron qu'ils avaient été eux-mêmes recrutés par le C.R.U.A. Mensonges destinés bien sûr à les « faire mousser » et à leur rapporter différents avantages.

Peu nombreux sont ceux qui connaissent les participants à cette réunion historique. Plus du tiers des hommes présents allaient mourir au cours du premier mois de l'insurrection qu'ils préparaient, quatre seraient ministres, trois deviendraient colonels, pour trois autres la lutte active contre la France durerait à peine une semaine. Arrêtés peu après le 1er novembre, ils passeront les sept ans que durera la guerre en prison. En outre, l'un deux deviendrait président de l'Assemblée nationale algérienne. Enfin deux d'entre eux contresigneraient avec Krim Belkacem les accords d'Evian.

Outre les Cinq, Ben Boulaïd, Boudiaf, Ben M'Hidi, Didouche et Bitat, les dix-sept hommes présent étaient : Bouadjadj, Belouizdad et Merzougui venant d'Alger. Bouchaïb et Souidani de Blida. Boussouf, Hadj Ben Allah et Abdelhalek d'Oranie. Un fort contingent du Nord-Constantinois : Benaouda, Ben Tobbal et Zirout de Condé Smendou, Badji de Souk-Ahras et quatre hommes de Constantine; Mechatti, Habachi, Saïd et Rachid dont on ne retint que le prénom car, comme on le verra, il ne participèrent pas au déclenchement de l'insurrection. Le dix-septième homme représentait le Sahara, c'était Abdelkader Lamoudi.

Ben Boulaïd, relayé par ses quatre compagnons, brossa un tableau de la situation en Algérie. Il était pessimiste. Le bilan était sévère pour les militants algériens. Les Cinq reprirent les buts du C.R.U.A. qu'ils avaient fondé : Unité et Action.

« En fait d'unité, dit Ben Boulaïd, nous assistons à des règlements de comptes à l'intérieur du M.T.L.D. Nous sommes les militants d'un parti coupé en deux. Jusqu'à présent la Révolution algérienne s'est bornée à des querelles internes entre deux fractions, deux tendances qui se chamaillent entre elles, pendant qu'à l'est et à l'ouest, les Tunisiens et les Marocains luttent pour se libérer de la tutelle française. Nous sommes en régression par rapport aux deux pays frères, nous le sommes même par rapport à la guerre de libération de l'Indochine entreprise par les nationalistes qui viennent de remporter une grande victoire! »

Le problème était de savoir si la France avait tiré de l'Indochine les enseignements d'une guerre de libérations menée par un peuple décidé.

« Cette guerre qui se termine là-bas, ajouta Mostefa Ben Boulaïd, nous devons l'entreprendre ici! »

Lorsque la révolution sera déclenchée, les Français fonceront-ils la tête baissée pour « nettoyer la vermine » ou bien s'orienteront-ils vers la discussion après que l'action armée ait prouvé le désir de l'Algérie de s'affranchir de la tutelle de la France? Vont-ils transporter le corps expéditionnaire d'Indochine en Algérie et commencer une nouvelle guerre ou accepteront-ils d'ouvrir le dialogue? Telles étaient les principales questions.

Au cours de cette première matinée de travail, les Cinq, qui étaient connus de tous les participants pour leur action pendant la période de l'O.S. et qui bénéficiaient déjà d'un grand prestige, assirent leur pouvoir grâce à une habile argumentation. Ils prouvaient que la conférence était soigneusement préparée. Loin de faire craindre aux hommes présents la mainmise d'un petit groupe sur le Mouvement révolutionnaire, ils leur donnaient au contraire la confiance qui leur manquait. « Le C.R.U.A. qui se transformera ne doit pas être une troisième tendance qui ne réduise son action qu'à la parlote, dit Didouche, nous devons agir. Mais agir avec un plan précis. »

Bien que tous soient entrés égaux dans la villa de Clos Salembier, les Cinq étaient déjà, dans l'esprit des assistants, les chefs incontestés du Mouvement révolutionnaire. Pour eux le moment était arrivé de poser la première des questions auxquelles on devait donner une réponse le jour même.

« Devons-nous faire une révolution armée limitée ou illimitée. C'est-à-dire tirer un coup de semonce pour provoquer le dialogue ou devons-nous entreprendre la révolution armée jusqu'à la victoire c'est-à-dire l'indépendance? »

La parole fut donnée à chacun des dix-sept participants qui parla non seulement en son nom mais en celui des militants de sa région, ceux qui allaient se joindre au Mouvement dès que l'ordre en serait donné. A l'unanimité les dix-sept hommes, puis les Cinq se prononcèrent pour la révolution illimitée jusqu'à l'indépendance.

A 11 heures, ce matin du 25 juillet 1954, vingt-deux hommes venaient de donner le coup d'envoi d'un conflit qui durerait des années et qui ferait couler bien du sang, bien des larmes.

Certains pourtant, tout en étant pour la révolution illimitée, soulevèrent une objection de taille.

« La révolution? C'est bien beau, nous sommes prêts à la faire mais avec quoi, avec quelles armes? »

Alors Didouche se leva et de la voix sourde et enflammée qu'il prenait pour balayer les objections, avec l'intransigeance qui en faisait déjà le Saint-Just de cette révolution naissante, il énuméra rapidement les difficultés sans nombre qui les attendaient et, en conclusion, leur lança une réponse cinglante qui résonne aujourd'hui encore aux oreilles de Zoubir Bouadjadj :

« Si tu as deux cartouches dans ton fusil, c'est suffisant. C'est à toi de prendre l'arme de ton ennemi! »

Mais chacun des Cinq savait bien que c'était là le grand problème. Pas d'armes. Pas d'argent. Pas de soutien populaire. Il faudrait en effet prendre des armes, en trouver par tous les moyens et se servir d'explosifs pour pallier aux armes manquantes. Chacun fit pour son secteur le bilan de ses ressources en matériel, en armement et munitions. C'était mince. Quelques réserves, quelques caches de l'époque de l'O.S. Mais l'important pour l'instant était de recruter des hommes, de les préparer à l'idée de l'action directe, de la révolution armée, les entraîner à la guérilla, les convaincre de l'importance et de la grandeur de la tâche qu'ils s'apprêtaient à accomplir et de l'abnégation dont il faudrait faire preuve pour y parvenir.

« Nous devons être prêts à tout sacrifier, avait conclu Didouche, y compris et surtout notre vie. Nous n'avons que très peu de chance, nous, de nous en sortir, de voir la révolution aboutir. Mais d'autres nous relaieront, nous remplaceront. Il faut que nous en donnions le départ, que l'on sache que notre pays n'est plus amorphe, qu'il bouge. Les premières actions ne seront pas grand-chose, il ne faut pas se faire d'illusions, nous démarrons avec trop peu de moyens, mais elles doivent avoir une grande importance psychologique. Il faut que les Français se disent : « Ils ont osé! » C'est cela l'important! Il faut allumer la mèche. Pour cela il ne faut pas beaucoup d'armes, ni de moyens. Il faut que nous le voulions. »

Deriche, le propriétaire de la villa, rompit la tension en annonçant que le déjeuner était prêt. Les hommes se groupèrent autour des grands plats en bois où fumait la semoule. « Le couscous, pour vingt-deux, c'est le seul plat qui sauve la situation », plaisanta-t-il.

Après le déjeuner, les vingt-deux se remirent au travail. Les objectifs principaux étaient fixés et la révolution armée jusqu'à l'indépendance avait été le résultat unanime de cette matinée de travail. Il s'agissait pour les vingt-deux de se donner des chefs. Il n'était pas question de diriger cette révolution à vingt-deux. Et les Cinq avaient besoin de voir leur autorité confirmée par leurs hommes de confiance. Ils expliquèrent que le pays devait être divisé en cinq zones. Chaque zone étant subdivisée en région, secteur ou groupe. C'était l'ancienne division qu'avait adoptée l'O.S. au temps où elle « voulait faire quelque chose ». Il faudrait également un responsable par zone et un responsable pour les liaisons avec l'extérieur.

L'élection se déroula rapidement. Chacun des participants avait été lui-même recruté par l'un des Cinq; en outre l'exposé général du matin avait été soigneusement préparé par les cinq hommes qui s'étaient relayés à tour de rôle, traitant les points qui leur tenaient particulièrement à cœur. C'étaient eux qui tenaient l'initiative. En outre, leur réputation n'était plus à faire. Ils avaient fait leurs preuves à l'époque de l'O.S. Ils furent élus à main levée et à l'unanimité, à la tête du Groupe. Ben Boulaïd annonça alors qu'une sixième place était réservée aux Kabyles dont il pouvait garantir la participation. Il expliqua longuement que les querelles internes et l'attitude de Messali avaient convaincu les Kabyles de la nécessité de passer à l'action sans le vieux prophète. Les participants accueillirent cette information avec soulagement car ils avaient remarqué l'absence de tout délégué de Kabylie. En outre, tout le monde connaissait l'existence du maquis kabyle que tenaient Krim et Ouamrane, depuis plusieurs années, sans que la justice française qui les avait condamnés à mort soit arrivée à s'en emparer. On ne pouvait envisager un mouvement sans eux.

Boudiaf enfin annonça le soutien qu'apporterait l'Egypte au mouvement révolutionnaire dès que l'inssurrection aurait éclaté. Il passa bien sûr sous silence les réticences égyptiennes et précisa que Ben Bella, Khider et Aït Ahmed, qui approuvaient et faisaient partie du groupe au même titre que ceux qui allaient lutter sur le territoire, assureraient la liaison avec le monde lorsque éclaterait le conflit.

Après le bilan matériel peu optimiste qui avait été fait, on convint qu'il n'était pas question de déclencher l'insurrection dans les prochaines semaines. Il fallait d'abord s'organiser plus sérieusement et trouver des armes coûte que coûte. La date serait fixée plus tard. Les chefs de régions, choisis parmi les dix-sept, seraient prévenus par leur patrons respectifs. Les Cinq ne précisèrent pas encore l'attribution des zones. Ils ne voulaient pas donner l'impression d'avoir déjà « tout combiné » d'avance en dehors de leurs compagnons. Le déclenchement de l'insurrection ne devrait pourtant pas trop tarder. En tout cas avant le 1er janvier 1955. Que l'enthousiasme des nouvelles recrues n'ait pas le temps de tomber et que l'on ne commence pas à penser que le C.R.U.A., comme les mouvements éphémères qui avaient vu le jour jusque-là, n'était bon qu'à palabrer et tirer des plans sur une action qui ne verrait jamais le jour.

Avant de se séparer, les Cinq qui venaient d'être investis de tous les pouvoirs recommandèrent à leurs compagnons le plus grand secret. « La base de la guerre clandestine, précisa Ben M'Hidi, c'est le secret, le cloisonnement. Ces principes feront partie de l'entraînement qui commencera bientôt. Mais, avant que nous nous quittions, je dois vous donner un conseil, même un ordre : vous ne devez pas contacter personnellement plus de quatre à cinq hommes sûrs. Laissez-les recruter ceux qui seront leurs hommes et constituer des petits groupes que vous surveillerez sans qu'ils vous identifient. Vous devez arriver à contrôler des militants qui ne vous connaîtront pas et qui ne se connaîtront pas entre eux, à l'exception des quatre ou cinq qui constitueront la même section. Il sera bien temps qu'ils se connaissent le jour où ils devront combattre ensemble. Ainsi, si un de vos hommes est pris, qu'on l'interroge, qu'on le torture, il ne pourra donner, s'il faiblit, que les trois ou quatre qu'il connaît. Et n'oubliez pas d'employer des surnoms. Cela retardera les recherches d'identification. » « La lutte clandestine commence, ajouta Didouche, elle sera dure. Terrible même. Si nous voulons parvenir à la victoire il faut en appliquer les règles. Cela deviendra rapidement pour nous une question de vie ou de mort. »

Lorsque les vingt-deux se séparèrent en fin d'après-midi, il leur sembla qu'ils n'étaient plus les mêmes. Que leur désir d'action, de rébellion, prenait corps, que la lutte commençait vraiment. Oui, c'était cela, en sortant de chez Deriche, au Clos Salembier, ils avaient l'impression d'avoir assisté à la naissance de la Révolution algérienne. Ils avaient maintenant des devoirs envers elle. Il fallait qu'elle grandisse, qu'elle se fortifie, qu'elle prenne de l'extension. Ils avaient moins de cinq mois devant eux pour lui faire faire des débuts dans le monde!

La flamme blanche et bleue qui sortait avec un sifflement sourd du bec oxy-acétylénique éclairait le visage fin et cuivré de Si Mohamed. Les yeux protégés par des lunettes fumées de soudeur, il dirigeait la flamme aiguë sur l'extrémité d'un morceau de tuyau de fonte dont les bords s'incurvaient sous la chaleur intense.

« Il faut parvenir à boucher hermétiquement cette extrémité », expliqua-t-il. Trois hommes suivaient attentivement les gestes du soudeur, protégeant de la main leurs yeux meurtris par l'éclat du chalumeau. Le plus petit avait un visage chafouin et le teint très jaune. L'ombre de son nez, fort et busqué, tremblotait sur une joue légèrement empâtée. De petite taille, il parvenait à peine au menton de Si Mohamed, il s'appelait Othmane Belouizdad. Son compagnon, Mohamed Merzougui, grand, maigre, longiligne, avait un curieux visage : très blanc de peau, parsemé jusqu'à la nuque de grosses taches rousses et marron. Le troisième homme était Zoubir Bouadjadj.

Ils assistaient à leur première séance de « travaux pratiques ». Si Mohamed leur apprenait à transformer des morceaux de tuyau de fonte en corps de bombe meurtrière. Belouizdad et Merzougui étaient les premières recrues du groupe que Bouadjadj avaient enrolées sur l'ordre de Rabah Bitat alias Si Mohamed.

Déjà le cloisonnement fonctionnait. Au reste du groupe, Bouadjadj avait présenté Rabah Bitat sous le nom de Si Mohamed, un « spécialiste en explosifs ». Sans plus.

Seuls Merzougui et Belouizdad savaient que Si Mohamed était leur « grand chef », au-dessus même de Bouadjadj, puisqu'ils avaient fait partie de la réunion des vingt-deux. Mais les autres ne s'en doutaient pas.

Après la réunion des vingt-deux, Bouadjadj n'avait pas perdu le temps que lui laissait son travail de vendeur de pièces détachées. Il avait constitué son commando de « sabotage ». Outre Belouizdad et Merzougui, il avait recruté les Kaci, Mokhtar et son oncle Abderhamane, Nabti Sadok et Bisker. Chacun d'entre eux, nommé chef de groupe, avait recruté de leur côté quelques hommes sûrs. Le groupe d'Alger se composait ainsi d'une trentaine d'hommes dont l'entraînement commençait. Selon le système de sécurité, Bouadjadj n'avait de contact qu'avec ces six hommes. Chacun d'entre eux, lorsqu'il aurait reçu l'entraînement nécessaire, ferait lui-même l'instruction de son groupe.

Il avait paru nécessaire, devant la pénurie d'armes, d'apprendre aux chefs de groupes à fabriquer des bombes avec des tuyaux de fonte et des boîtes de conserves, et de la cheddite à partir d'huile de ricin.

Se procurer le matériel nécessaire à la fabrication de bombes locales avait posé des problèmes importants. C'était à Alger que l'on pouvait trouver le plus facilement et le plus discrètement les éléments nécessaires. Les Six avaient donc décidé que la capitale serait la plaque tournante qui ravitaillerait aussi bien l'Est que l'Ouest.

Bouadjadj ayant, grâce à son métier de vendeur de pièces détachées, de nombreuses relations dans diverses entreprises, et bénéficiant en outre de « prix de gros », avait constitué une réserve assez considérable qui, fin août 1954, permettait à Rabah Bitat, Ben Boulaïd et Boussouf, les meilleurs spécialistes en explosifs, de commencer leurs cours et de constituer un embryon de stock de bombes.

Bouadjadj, à qui Didouche avait voté un crédit spécial en lui recommandant de « faire gaffe » et « d'avoir des prix », avait acheté trente tuyaux de fonte, des bouteilles d'oxy-acétylène, des mano-détendeurs, des plaques de fonte, des lampes à souder, des scies à métaux, filières, tarauds, des boîtes de borax, du bronze Tobin, 2 quintaux de salpêtre, 250 kg de chlorate de potasse, 25 l d'huile de ricin, 50 kg de kaolin et 100 kg de poudre noire. Ce stock avait été transporté dans une ferme à Crescia où était déjà entreposé le seul stock d'armes en état de l'Algérois.

El Hedjin Kaddour, à bord de son camion Hotchkiss dont la plaque minéralogique portait le n° 345 BH 91, en avait transporté une partie. Bouadjadj avait chargé un militant, Lehouidj Abdallah, de conduire le deuxième véhicule de El Hedjin, une camionnette Chrysler n° 330 SS 91, dans la ferme de Si Messaoudi à Souma près de Blida. Ces deux fermes avaient été choisies comme centre d'entraînement et de fabrication pour la région d'Alger. La ferme de Crescia distante de 25 km d'Alger était parfaite pour l'entraînement. Les hommes d'Alger pourraient s'y rendre facilement. Celle de Si Messaoudi — en réalité Souidani Boudjema — située à Souma, à 50 km d'Alger, servirait de fabrique de bombes et de P.C. d'entraînement pour les militants de Blida.

L'entraînement avait donc pu commencer. L'activité qui allait se développer au sein de ces deux fermes perdues au bout de petits chemins, dans l'odeur entêtante des orangers et des citronniers, allait être fantastique.

En quinze jours les responsables avaient appris le maniement du chalumeau oxy-acétylénique et les corps de bombes commençaient à s'entasser. Ben Boulaïd, Rabah Bitat, Boussouf se relayèrent pour expliquer comment fabriquer les bombes explosives à la cheddite.

Ben Boulaïd était le meilleur spécialiste d'entre eux. Il s'entraînait lui-même depuis bien longtemps et un jour, à Lambèse, à l'époque de l'O.S., dans son moulin des Aurès, une série d'explosions avaient eu lieu attirant l'attention sur sa maison plus qu'il ne l'aurait désiré. Une bombe mal dosée avait fait explosion pendant son absence. Ben Boulaïd avait trouvé une vague explication et avait pu faire disparaître les traces compromettantes avant l'arrivée des gendarmes prévenus par l'explosion. Depuis il était devenu un maniaque du dosage, qualité essentielle du spécialiste en explosif. Il était passé maître dans le calcul des normes à respecter selon la grosseur et le poids de la bombe. Avec Rabah Bitat il apprenait aux hommes à souder l'extrémité d'un tuyau de fonte, à le bourrer puis à obturer l'autre extrémité avec une tôle d'une certaine épaisseur, pour fabriquer à bon marché des bombes qui devaient être efficaces lors de sabotage de routes et de ponts.

Mais le gros de l'effort s'était porté sur la fabrication de bombes artisanales qui feraient plus de bruit que de dégâts réels et que les militants pouvaient fabriquer chez eux avec des boîtes de lait Guigoz ou des boîtes d'huile Esso (telles étaient les marques recommandées). Les bombes incendiaires, à la poudre noire et au chlorate de potasse, devaient être fabriquées en grand nombre et servir en particulier dans les villes au jour « J » du déclenchement de l'insurrection. Par le bruit et les flammes, ces gros pétards seraient d'un effet psychologique puissant.

Le champ qui s'étendait à Crescia, derrière la ferme d'El Hedjin, servit de terrain d'entraînement pour le lancer de grenades.

Il était exclu de se servir de véritables grenades, d'abord parce que les responsables ne disposaient que d'un stock très réduit et qu'ensuite le bruit aurait fatalement attiré des indiscrets vers cette ferme isolée. Pour cette même raison on dut attendre dans l'Algérois l'ouverture de la chasse pour s'entraîner au tir. Les semaines précédentes avaient été consacrées à l'étude du fusil et de la mitraillette : montage, démontage et graissage. « Plus les armes sont rares, disait Ben Boulaïd, plus il faut les soigner! » L'entraînement se faisait sur des Mauser et surtout des fusils italiens Statti dont un stock important circulait en Algérie depuis la fin de la guerre.

Si la plupart des hommes savaient se servir d'armes depuis la guerre ou depuis les attentats de l'époque de l'O.S., les explosifs leur étaient beaucoup moins familiers et les instructeurs manquaient.

Bouadjadj avait réussi à « débaucher » de chez Messali un jeune étudiant nommé Tidjani qui habitait à la Redoute et qui se faisait fort de fabriquer de la nitroglycérine. Il gagna les rangs du C.R.U.A. mais déçut beaucoup son recruteur en ne parvenant pas à fabriquer dix centilitres de nitroglycérine après avoir gâché beaucoup de glycérine!

Beaucoup plus efficace était la science de Arab, un militant d'Orléansville que Ben M'Hidi avait contacté. C'était le meilleur spécialiste en explosif en 1950 lorsque l'O.S. avait fabriqué quelques grenades artisanales. Larbi Ben M'Hidi l'avait contacté, l'avait sondé, puis lui avait demandé de se joindre à la 3e force, de reprendre du service actif. Arab avait accepté et après avoir fait quelques démonstrations de ses talents dans les champs labourés et déserts des environs d'Orléansville où il avait fait exploser des bombes au chlorate, il avait servi d'instructeur au C.R.U.A. dont les rangs grossissaient de jour en jour.

Lorsque fin août, lors d'une réunion des Six — un « conseil d'administration » —, Rabah Bitat fit à ses camarades le compte rendu de son activité, il traça sur un papier le premier organigramme de la révolution algérienne : celui du secteur d'Alger-ville. Voici ce que Boudiaf, Ben M'Hidi, Didouche, Krim et Ben Boulaïd purent lire au-dessus de son épaule :

Chef de secteur : Bouadjadj Zoubir contrôlant cinq groupes,
Chef du groupe 1 : Kaci Mokhtar et Kaci Abderhamane (l'oncle et le neveu),
Chef du groupe 2 : Belouizdad Othmane,
Chef du groupe 3 : Merzougui Mohamed,
Chef du groupe 4 : Bisker Ahmed,
Chef du groupe 5 : Nabti Sadek.

Ces chefs de groupes avaient la haute main sur les militants qu'ils avaient recrutés et en qui ils avaient toute confiance.

Membres du groupe des Kaci : Guesmia, Abdelkader, Sekar Brahim, Djallel, Omar.

Membres du groupe Belouizdad : Ben Guesmia Mouloud, Ben Sliman Youssef, Herti Mohamed, Aïssa.

Membres du groupe Merzougui : Chaal Abdelkader, Toudjine Abderhamane, Adim Mohamed, Madani Abassi, Boutouche Omar, Belimane Mohamed et Djeffafla Mohamed.

Membres du groupe Bisker : Guermat, Mesbah, Benaï et Braka. Nabti Sadek formait un groupe à lui tout seul. Son rôle serait de donner la main à un autre groupe ou d'effectuer des missions solitaires et confidentielles.

Les hommes de chaque groupe ne connaissaient que leur chef. Ceux du groupe 1 ignoraient l'existence de ceux du groupe 2. Ils ne savaient même pas qu'il existait d'autres groupes. Le secteur Alger-ville comportait donc vingt-six membres. Cinq seulement connaissaient Bouadjadj. Trois connaissaient Rabah Bitat sous son véritable nom et ses fonctions de chef de zone. Aucun ne savait son adresse, pas même Bouadjadj, puisque les rendez-vous avec le « chef » se fixaient dans les petits cafés de la Casbah par agent de liaison ou boîte aux lettres, ou d'un rendez-vous sur l'autre à heure et date fixe. « A l'époque, me dira plus tard Krim Belkacem, les livres sur la D.G.E.R., ceux du colonel Passy, du colonel Rémy et du général de Benouville, nous ont bien servi. Ce qui avait été bon pour la Résistance française le serait pour nous. Et nos mesures de sécurité, de sauvegarde de la clandestinité, étaient calquées sur celles de la Résistance. »

A deux mois du déclenchement de l'insurrection personne n'employait les noms véritables des six chefs du C.R.U.A. On a vu le nombre considérable de surnoms dont ils se servaient. Pour la bonne compréhension d'un récit déjà compliqué nous garderons les noms réels des différents protagonistes. Ces précautions s'avérèrent utiles car il faudra plusieurs mois après le début de la révolution pour que les services de sécurité français identifient les véritables chefs de l'insurrection. Malgré l'extraordinaire travail de police fait à Alger dans les trois premières semaines de novembre, au cours desquelles la plupart des membres du réseau d'Alger-ville allaient « tomber », les Renseignements généraux n'identifieront pas les chefs de zone. Ils sauront que Si Mohamed était le Grand Chef de la zone algéroise, mais ils ne sauront pas que Si Mohamed est Rabah Bitat. Ils reconstitueront par renseignements une grande partie de l'activité d'un certain Larbi sans se douter qu'il s'agit de Ben M'Hidi. L'importance de ces mesures de sécurité fut très grande quand on pense que la plupart de ces hommes étaient des anciens de l'O.S. et que, comme tels, la police possédait leur signalement, leurs empreintes, leur photo. Sans pouvoir s'en servir.

Les conjurés employèrent autant de précautions pour préserver le secret de leurs rencontres. D'août 1954 à l'insurrection du 1er novembre, les contacts eurent lieu dans la Casbah et à Bab-el-Oued.

Trois cafés maures de la Casbah servaient aux contacts rapides ne dépassant pas un quart d'heure. Le café El Ariche, à la façade bleu sombre, écaillée, où les vieux qui font claquer les pièces des échecs ou les pions des jacquets et jeux de dames en parlant fort créent un fond sonore à l'abri duquel on peut parler discrètement, se trouvait en haut de la rue du Rempart-Médée. Le café Ben Nouhi était situé à quelque trois cents mètres plus bas, au coin de la rue Henri-Rivière et de la rue du Rempart-Médée. Plus calme, il n'y avait que la radio qui déversait inlassablement du matin au soir des airs arabes diffusés par Radio Alger, pour servir d'écran sonore. Pourtant il présentait un avantage important : trois rues, s'enfonçant toutes dans la Casbah, permettaient de fuir dans trois directions différentes. Ce qui n'empêchera pas Rabah Bitat de s'y faire prendre le 16 mars 1955 sur dénonciation. Le troisième café, le Sidi Mohamed Chalif, se trouvait près de la caserne d'Orléans et servait moins souvent.

A Bab-el-Oued, c'était sur la place du marché Nelson, sous les arcades de la rue Eugène Robbe, qu'avaient lieu certains contacts, mais ce café El Kamal, face au cinéma Majestic, servait beaucoup plus souvent de lieu de rendez-vous que de conversation. Une voiture passait prendre celui ou ceux qui devaient se rencontrer et les conduisaient dans une direction inconnue. Krim préférait ce système et il fut employé pour toutes les réunions importantes réunissant les Six dans les semaines précédant l'insurrection. Bouadjadj ou un autre choisissait une maison, faisait chercher les Six dans des lieux différents et tous se retrouvaient quelque part dans Alger, dans une demeure inconnue dont ils ne voyaient même pas le propriétaire. Ainsi personne, sauf Bouadjadj qui se retirait dès que les Six étaient réunis, ne pouvait commettre d'indiscrétion.

C'est au cours d'une de ces réunions secrètes que les Six décidèrent de créer l'état-major de la révolution. Personne ne sait où elle se déroula. Bouadjadj pourrait le dire, sa mémoire est phénoménale, mais comme il n'assista pas à la réunion et ne fit qu'y conduire les participants il ne sait ni quand ni où fut mis au point le premier organigramme de l'insurrection.

C'était plus une communication que faisait chacun des six chefs de zone à ses compagnons qu'une discussion serrée sur tel ou tel nom, puisqu'il avait été convenu de laisser à chaque zone une grande liberté. Donc les chefs intérieurs choisirent à leur convenance les adjoints qu'ils jugeaient capables de créer, d'organiser et d'entraîner sur place les commandos qui participeraient à l'insurrection dont la date n'était toujours pas fixée.

Ben Boulaïd, chef de la zone 1 (Les Aurès) avait pris comme adjoints : Chihani Bachir, Laghrour Abbès et Adjel Adjoul.

Didouche, zone 2 (Nord-Constantinois) : Benaouda, Ben Tobbal, Zirout.

Krim Belkacem, zone 3 (Kabylie) : Ouamrane, Zamoum Rabah.

Bitat Rabah, zone 4 (Algérois) : Bouadjadj, Souidani, Bouchaïb.

Ben M'Hidi, zone 5 (Oranie) : Boussouf, Ben Allah, Abdelmaleck. Ramdane.

Telle fut la liste qui fut communiquée, en code, au Caire par

Mohamed Boudiaf. La liaison avec la capitale égyptienne se faisait par l'intermédiaire du propriétaire d'une petite boutique de chéchias à l'enseigne de *Ould-el-Cadi,* rue Médée, à deux pas du fameux hôtel Saint-Martin qui vit tant de réunions kabyles. Là fonctionnait en permanence une boîte postale qui assurait, sans le savoir bien sûr, la liaison avec Ben Bella, Khider et Aït Ahmed.

On le voit sur cet organigramme, il n'est pas encore question de faire d'Alger la zone autonome qu'elle deviendra plus tard.

Elle est absorbée dans la zone 4 comme n'importe quelle région de l'Algérois. A la veille de l'insurrection il est bien sûr important que la capitale bouge, qu'elle soit mêlée à ce qui va se passer, mais l'action y sera plus psychologique que matériellement efficace car le principal problème qui se pose à Rabah Bitat et à ses cinq compagnons — car Alger c'est un peu l'affaire de tous — est de lutter contre l'influence de Messali. Le « barbu » a encore grande influence sur les militants d'Alger, de même que sur les émigrés de Paris. Il s'agit donc de leur montrer qu'il existe une troisième force efficace, décidée à lutter les armes à la main et non à s'enliser dans d'interminables palabres. Il faudra trois ans et bien des luttes sanglantes entre F.L.N. et M.N.A., le mouvement d'action que créera Messali, pour regrouper le M.T.L.D. après le début de la révolution, pour qu'Alger tombe entièrement aux mains du F.L.N. et puisse devenir zone autonome où le terrorisme régnera sous l'autorité d'un fils de boulanger que Bouadjadj, à ce point de notre récit, envisage d'intégrer à ses troupes algéroises : Yacef Saadi.

Mais nous sommes fin août 1954. Dans huit semaines ce sera la révolution. Personne ne le sait encore puisque les Six n'ont pas fixé de date.

En cette fin août 1954 chacun des chefs de zone regagna son P.C. opérationnel pour apporter à ses adjoints les directives du C.R.U.A., pour fixer les règles de combat, pour entraîner ses troupes à une guerre de guérilla qui, si on parvenait à la déclencher et à faire bouger le peuple malgré lui, serait « longue et difficile ». « Gonflés » par ce qui s'était dit lors de la réunion des vingt-deux au Clos-Salembier, les hommes de confiance des Six avaient regagné leur région et accéléré recrutement et entraînement.

Boudiaf dira, des années plus tard — lorsqu'il pourra mettre sur sa carte de visite : ancien ministre d'Etat, ancien vice-président du G.P.R.A., ancien membre du bureau politique du F.L.N., survivant du C.R.U.A. et exilé pour opposition au gouvernement de l'Algérie indépendante — : « A la veille de l'insurrection nous n'avions pas une conception précise de ce que devrait être le programme de la Révolution algérienne. Rien de précis en dehors de l'indépendance nationale et de la volonté de faire participer les masses à l'insurrection. Le mot révolution désignait surtout la façon dont nous entendions conquérir l'indépendance contre l'appareil colonial, d'une part, par la violence, contre les méthodes réformistes et bureaucratiques du mouvement nationaliste, de l'autre, en faisant éclater les vieilles structures de ce mouvement. »

Faute d'un programme précis, lacune qu'un Krim comblera en réunissant et en jetant les bases du fameux congrès de la Soummam qui, le 20 août 1956, organisera l'armée, le parti, et définira les structures militaires et politiques de la révolution, les directives générales suffiront.

En Kabylie, Ouamrane et Krim, qui n'avaient pas participé à la réunion des vingt-deux, pour les raisons que l'on a vues, avaient réuni leurs sept chefs Daïra et avaient fait avec eux le point de la situation en Kabylie. Ils avaient sélectionné environ 450 hommes sûrs, ayant déjà reçu une formation militaire au sein de l'armée française. Ils avaient d'abord retenu les célibataires puis les hommes mariés ayant peu d'enfants, ce qui en Kabylie n'était pas si commun! Trouver des hommes n'avait posé aucun problème aux deux chefs kabyles. Sept ans de maquis leur avaient fait connaître leurs militants sur le bout des doigts. Le grand problème avait été de leur faire comprendre que la révolution se ferait sans Messali. C'était Ouamrane qui s'était chargé du travail depuis le mois de juin. Il avait réuni à Mirabeau, chez Amar, un garde champêtre qui travaillait pour les Pères Blancs de la petite ville, vingt-sept chefs de kasma (groupe) et leur avait annoncé la création d'un mouvement, le C.R.U.A., à la suite de la scission du M.T.L.D. Un mouvement ni messaliste, ni centraliste ayant comme seul but : l'action armée. La discussion avait été longue car la Kabylie et même Ouamrane et Krim étaient très attachés à la personnalité de Messali. Mais, convenant que Messali n'apportait aucun espoir de révolution proche, les chefs de kasma avaient été unanimes : Ouamrane et Krim pouvaient apporter leurs adhésions au C.R.U.A. Dans la dernière semaine d'août personne ne regrettait cette décision car Messali et Lahouel venaient d'officialiser, à un mois d'intervalle, leur rivalité, leur opposition.

Au mois de juillet, le 15 exactement, Messali, en résidence surveillée à Niort, avait fait organiser par ses deux adjoints, les fidèles

Mezerna et Merbah, un congrès qui s'était tenu en Belgique à Hornu. Il en avait interdit les portes aux centralistes et à tous ceux qui ne se pliaient pas à l'autorité toute-puissante et unique d' « El Zaïm ». Ce congrès messaliste, fort de l'appui populaire que lui apportaient les militants d'Alger et de Paris, avait exclu du M.T.L.D. tous les adversaires de Messali.

Lahouel et ses centralistes avaient eux aussi répliqué, un mois plus tard, le 15 août 1954, en tenant un congrès à Alger, au cercle Nadi Ar-Rachad, 2, place du Grand-Rabbin-Bloch, au cours duquel ils déclarèrent les décisions du précédent congrès nulles et non avenues et exclurent purement et simplement Messali, Mezerna et Merbah du M.T.L.D. « épuré » et « débarrassé du fanatisme religieux, du culte messaliste, et d'un nationalisme étroit ».

Le congrès d'Hornu préparé par Messali, de sa retraite forcée de Niort, s'était déroulé dans des conditions rocambolesques qui montraient l'intransigeance du vieux leader. Pour qu'aucun membre de l'opposition centraliste n'assiste à ce congrès il avait imaginé un système incroyablement compliqué qui préserva d'ailleurs la réunion de la présence des « observateurs » policiers. Les délégués d'Algérie, répartis en petits groupes conduits chacun par un responsable, avaient été mis en route sur Paris par avion et par bateau. Seuls les chefs de convoi furent informés à Paris de la destination finale. Ils dirigèrent alors leurs groupes, en voiture ou en train, vers la frontière qu'ils franchirent sous prétexte d'aller assister à une fête religieuse! Ce n'est qu'après avoir passé la frontière belge que les délégués surent que le congrès se déroulerait à Hornu, au cinéma Star, dans lequel ils furent « bouclés » du 14 au 16 juillet avec interdiction d'en sortir avant d'avoir pris les décisions mises au point par Messali!

Bref, le 17 août 1954 le colonel Schœn pouvait écrire en tête de son bulletin politique remis au gouverneur général Léonard : « Le schisme du M.T.L.D. paraît définitif : les deux clans se sont excommuniés, ils ont chacun leur « comité central » et menacent d'en venir aux mains. »

« Le clan Messali, plus « prolétarien » et plus au fait des réactions des militants, pourrait l'emporter malgré l'habileté politique des lahouelistes. »

« La propagande radio en arabe (Le Caire, Tétouan, Budapest...) redouble d'activité et inquiète les leaders séparatistes eux-mêmes, menacés d'être dépassés. »

Devant l'officialisation de ces querelles stériles, aucun des chefs de région, aucun des Six, n'eut de mal à imposer les règles fixées par le C.R.U.A. aux membres du mouvement qui participeront au jour « J » à la révolution. C'est de l'expérience française (grâce aux fameux livres sur la Résistance) et de l'expérience indochinoise, dont ils suivaient avidement les progrès, que les Six avaient appris les principes de la guérilla. Il les avaient adaptés à l'Algérie en tenant compte du terrain et des moyens.

Chacun de ceux qui regagnaient leur P.C. local dans les Aurès, dans le Nord-Constantinois, en Oranie ou en Kabylie s'apprêtait à dicter à ses adjoints les cinq commandements qui devaient constituer le « bréviaire » du « moujahidine », du combattant : « User les forces de l'adversaire. Lui soustraire son opinion. S'attaquer aux colonialistes. Lutter pour le droit à la vie et ne pas faire de la révolution une lutte confessionnelle. Souligner qu'on ne se bat pas contre le peuple français. »

Les Six, approuvés par les membres de l'extérieur (Ben Bella, Aït Ahmed et Khider), avaient en outre mis au point les trois phases du plan d'action. D'abord déclencher, avant le 1er janvier 1955, la révolution par l'action directe puis faire tache d'huile pour assurer la jonction Est-Ouest, Nord-Sud. Entretenir ensuite le climat d'insécurité générale à l'échelle nationale. Cette phase se déroulerait sous la direction d'un haut comité. Enfin, si les conditions le permettaient, amener le gouvernement français à l'idée de liberté et d'indépendance, et, s'il n'accordait pas celle-ci — il est pourtant sur le point de le faire en Indochine après de violents et meurtriers combats —, si l'on n'avait pas le choix, entamer une guerre de positions avec création de zone franche.

Mais ces trois phrases n'étaient pas à expliquer à la troupe. Pour celle-ci, les Six, infatigables depuis que le coup d'envoi a été donné lors de la réunion des vingt-deux, avaient mis au point un règlement intérieur et des conseils pour soutenir le moral des militants, instructions que les chefs de secteurs et de groupes commencèrent à inculquer à leurs hommes dès la fin août 1954.

Ces instructions étaient valables pour la préparation et le déclenchement de l'insurrection comme pour les mois qui suivraient.

Cinq ordres étaient donnés aux chefs de secteurs et de groupes, ils étaient aussi valables pour la hiérarchie déjà en place. Ils avaient été dictés par le souci qu'avaient les Six de « laisser la bride sur le cou » à chaque région, à chaque secteur, tout en les canalisant dans certaines directions. Chaque chef de groupe ne devait « agir qu'avec un plan précis, encourager les actions individuelles contre les policiers, établir des protections et couvertures lors de ces attentats. Si un homme sous ses ordres refusait d'agir au dernier moment il devait le supprimer. En outre il devait penser à préparer des relais et des refuges d'hiver pour la mauvaise saison. » L'hiver est rude en Kabylie et dans les Aurès!

Aux conseils militaires se joignaient les conseils politiques et psychologiques. « Le moral des militants doit rester intact, disaient les directives; encouragez les coups de main audacieux pour galvaniser vos hommes. Organisez des coups « payants ». Essayer de les faire exécuter à l'arme blanche (pour se procurer des armes et économiser les munitions). Lors d'un coup de main, s'il n'est pas possible de décrocher immédiatement, tenez jusqu'à l'arrivée de renforts. Popularisez le mouvement. Renseignez-vous! Vos hommes doivent s'infiltrer partout et établir des listes de renseignements sur les points stratégiques. » Enfin et surtout : « N'acceptez jamais le combat de front! »

Ben Boulaïd qui regagnait Batna se promit bien d'insister sur ce dernier point. Les Aurès étaient politisées. Elles constitueraient le cœur de cette révolution, mais Ben Boulaïd devrait freiner ses montagnards. Ceux sur qui il comptait avant tout. Des bonshommes à qui il ne fallait pas promettre la bagarre! Depuis qu'il les avait repris en main avec Chihani Bachir, une intense activité régnait dans le pays chaouïa. On ressortait les armes des caches, on les entretenait amoureusement. Les douars les plus éloignés de l'administration française, et ce n'est pas ce qui manquait dans les Aurès, avaient sorti ouvertement leurs armes. Ben Boulaïd n'était pas mécontent non plus d'avoir amené au mouvement les « bandits de l'Aurès »! Un Grine Belkacem était à ses côtés. Au jour du déclenchement leur aide ne serait pas négligeable. Quel chemin parcouru depuis la réunion au petit café de l'Odéon, que Didouche lui avait racontée! Cinq mois à peine. Et le jour J approchait.

« Dans moins de quatre mois »... pensa Ben Boulaïd en entrant dans la maison de son frère Omar, dans le quartier du Stand à Batna. C'était long. Maintenant que l'opération était lancée, il faudrait aller vite. Malgré le cloisonnement, malgré les précautions prises, les conjurés étaient à la merci d'une indiscrétion. En outre Ben Boulaïd savait d'expérience que l'on ne tenait pas impunément des hommes en haleine en leur parlant sans cesse de révolution, de liberté, d'action directe. Il fallait doser la prise en main, ne pas aller trop vite, pour ne pas avoir à les retenir au dernier moment, pour ne pas risquer non plus le découragement.

Mais Mostefa Ben Boulaïd était passé maître en ce genre d'expérience!

Paris au mois d'août était désert. Les vacances avaient dépeuplé les Champs-Elysées. Deux amoureux qui s'embrassaient sur le pont Alexandre III ne portèrent aucune attention à la voiture noire qui passa auprès d'eux. Pourtant le couple enlacé fit sourire un homme au visage bronzé, au nez proéminent, qui occupait la banquette arrière. Bien sûr il y avait des gens heureux en ce mois d'août 1954. Une majorité de gens heureux!

Ferhat Abbas était un peu agacé en franchissant la grille du Quai d'Orsay, ces jeunes gens avaient inconsciemment fait dévier sa pensée du discours qu'il s'était promis d'adresser au président du Conseil. Pour la première fois un leader algérien était reçu par un chef de gouvernement. Ce leader c'était lui Ferhat Abbas, le président du Conseil c'était Pierre Mendès-France qui revenait de Carthage où il avait solennellement déclaré : « l'autonomie interne de la Tunisie est reconnue et proclamée sans arrière-pensée... Nous sommes prêts à transférer à des personnages et à des institutions l'exercice interne de la souveraineté... »

Après avoir négocié à Genève les accords d'armistice mettant fin à la guerre d'Indochine, Mendès-France venait de réaliser en grand secret son « putsch » officiel en prenant à Carthage le taureau par les cornes. Le « combattant suprême » Habib Bourguiba devenait l'interlocuteur valable. Après les attentats, les bombes, les crimes, l'insurrection généralisée, Mendès venait d'accorder l'autonomie interne et Bourguiba, encore privé de liberté, parlait de confiance et d'amitié!... Tous les espoirs étaient permis. Ferhat Abbas avait une immense confiance en l'homme qui en moins de trois semaines avait réalisé pareil tour de force. Alors il avait demandé audience et voilà qu'elle lui était accordée! Sans discussion préalable! En entrant dans le bureau du président du Conseil — Mendès, dédaignant l'Hôtel Matignon, a élu domicile au Quai d'Orsay dont il a pris le portefeuille, montrant par une occupation des lieux qu'il entendait avoir prise directe sur les Affaires extérieures — Ferhat Abbas voyait s'éloigner le spectre affreux de la guerre civile, des attentats, du sang, des tortures, des représailles qui, après la Tunisie et le Maroc, ne manquerait pas de hanter son pays si rien n'était fait. Avec un Mendès-France soutenu par l'opinion publique — les Français ont bien accueilli sa décision tunisienne — tous les espoirs étaient permis.

De son côté Mendès, pour qui l'Algérie n'était pas encore un problème, voulait s'informer. Et selon sa méthode de travail « seul le dialogue était payant ». Il avait donc volontiers accordé l'audience que sollicitait Ferhat Abbas.

Pour Mendès, Ferhat Abbas, tel que le présentaient les fiches de renseignements et les rapports du Gouvernement général d'Alger, c'était l' « extrémiste type ». Il regroupait les intellectuels et les bourgeois musulmans, le ferment d'une révolution. Pour le Gouvernement français, le M.T.L.D. de Messali était beaucoup moins représentatif, il n'avait pas de véritable expression. Un parti dirigé par un agitateur que l'on tenait d'ailleurs en résidence surveillée! D'ailleurs jamais ce Messali n'avait demandé d'audience. Qu'aurait-on eu à se dire? Pour Mendès-France, en août 1954, l'interlocuteur valable c'était Ferhat Abbas, même s'il était, selon les rapports, le plus dangereux. Surtout s'il était le plus dangereux.

C'est donc avec beaucoup d'intérêt que le président du Conseil, flanqué de son ministre de l'Intérieur François Mitterrand et du secrétaire d'Etat à la guerre Jacques Chevallier, reçut MM. Ferhat Abbas et Ahmed Francis conduisant la délégation U.D.M.A. Jacques Chevallier, maire d'Alger, qui connaissait bien Abbas et Francis, fit les présentations. La conversation s'engagea très vite. On parla de l'Algérie. Tout était calme, rien ne laissait supposer que quelque chose n'allât point.

« Détrompez-vous, Monsieur le Président, di Ferhat Abbas, l'Algérie se tait parce qu'elle est mécontente. Elle n'a plus confiance en des dirigeants qui ne veillent même plus à l'application des lois françaises. Si nos appels restent sans écho, l'Algérie regardera ailleurs. »

Mendès-France : « Ne me demandez pas tout à la fois... »

Il promit de s'intéresser à l'Algérie, d'ailleurs cette audience n'en était-elle pas la preuve? Abbas le savait bien car Mendès-France était le premier à recevoir les « nationalistes algériens » et, comme il n'était pas homme à le faire en secret, cette audience allait susciter des critiques acerbes, voire faire scandale. Cela Mendès-France s'en moquait, mais Abbas, en vieux routier de la politique, savait que ça n'arrangerait pas ses affaires à l'Assemblée où sa majorité n'était déjà pas bien solide.

Le président du Conseil expliqua à ses visiteurs l'urgence des problèmes. « Comprenez-moi, vous avez intérêt à ce que ce problème tunisien évolue selon la ligne que je me suis fixée : le dialogue puis le règlement. » Même si l'on n'appliquait pas les mêmes règles juridiques à l'Algérie. Abbas et Francis entendaient un tel langage.

« Nous ne demandons pas le règlement immédiat, précisa Abbas. Mais appliquez le statut de 1947. Appliquez la loi sans fraude. Toutes les dispositions sont toujours faussées par les consultations électorales falsifiées. » Toujours ce sandale du statut, loi française, non appliqué. Déjà, Pierre Mendès-France — leur a-t-il dit dans les détails ce jour-là — avait dans la tête de dissoudre l'Assemblée algérienne qui ne représentait rien du tout et de faire des élections correctes. Pour éviter les fraudes traditionnelles, il avait le projet de les faire contrôler par une délégation parlementaire élue à la proportionnelle, ce qui permettait d'y inclure des hommes appartenant au groupe communiste — donc peu suspect de « couvrir » des opérations de fraude — et des hommes comme le M.R.P. Fonlupt Esperaber qui s'était souvent « élevé violemment » contre la fraude électorale. En outre, Mendès connaissait bien Fonlupt qui avait été son avocat lors du procès que lui a intenté Vichy. Le président du Conseil expliqua donc les grandes lignes de son plan, plan qui serait appliqué — il en prenait l'engagement — dès le règlement de l'affaire tunisienne. Il semble que Abbas, Francis et leurs compagnons, malgré leur impatience, comprirent qu'ils avaient intérêt à ce que le plan Mendès aboutisse en Tunisie. Ils acceptèrent cette chronologie. Mais avant de quitter le bureau présidentiel, Ferhat Abbas souligna que « si le Gouvernement français n'entrait pas dans leurs vues, si rien n'était dit, rien n'était fait dans un délai relativement bref, ils seraient débordés et qu'il serait impossible alors d'appliquer une politique progressiste... ».

Argument politique, pensa Mendès-France, qui ne manque pas de poids. Surtout quand on peut juger sur pièce avec l'expérience tunisienne. Quand on sait que l'insurrection va éclater dans dix semaines et quand on sait que Abbas ne soupçonnait pas un instant que des jeunes turcs en soient déjà à l'entraînement paramilitaire et à la fabrication de bombes, on mesure combien les derniers mots du leader algérien au président du Conseil étaient prémonitoires. Mais en août 1954, les rapports officiels en provenance d'Algérie étaient rassurants. « Tout est calme... » Il n'y avait qu'un Mitterrand pour répéter à Mendès : « Je flaire quelque chose... » Pierre Mendès-France retire de sa rencontre avec Ferhat Abbas l'impression d'une « conversation positive ».

L'entretien que M. Mendès-France venait d'accorder au leader « extrémiste », un homme en Algérie aurait bien voulu l'avoir. Depuis plusieurs semaines M. Jean Vaujour, directeur de la Sûreté en Algérie, n'était pas tranquille et son inquiétude se reflétait peut-être dans le sentiment de doute qu'affichait Mitterrand quand on lui parlait du « calme » de l'Algérie.

Jean Vaujour était le fonctionnaire le plus important, après M. Léonard gouverneur général et son secrétaire général, à occuper un bureau de l'immeuble aux « mille fenêtres », siège du Gouvernement général qui dominait Alger. Il était le patron de la police en Algérie. Pourtant rien ne poussait cet homme, grand, large, que l'on devinait athlétique sous le costume strict et bien coupé, aux tâches policières. Avec son visage ouvert, ses cheveux fournis et rejetés en arrière, sa physionomie affable, il n'a pas la tête d'un homme qui ne se nourrit que de rapports secrets, de comptes rendus d'indicateurs, de troubles fiches de renseignements généraux. Il était sous-préfet à Mulhouse quand son ministre l'avait convoqué en 1953.

« Vous montez en grade, j'ai deux postes pour vous : préfet à Belfort ou directeur de la Sûreté en Algérie. Que choisissez-vous? » Vaujour était un homme curieux, il aimait la nouveauté, il aimait « ouvrir des fenêtres sur des horizons nouveaux ». Il choisit Alger.

« Mais je ne connais rien à l'Algérie, avait-il ajouté, et encore moins aux affaires de police... » Il avait vite appris. Quelques semaines d'étude des dossiers lui avait confirmé ce qu'il redoutait : le sous-équipement de l'Algérie était effrayant.

Jean Vaujour était atterré. Dans ce pays sous-administré la police était insuffisante. Il trouvait une administration dans un état précaire. Peu d'hommes. Pas de véhicule. Impossibilité presque complète de se déplacer dans le bled. Pourquoi aller dans le bled? Le jeune directeur avait pris des mesures qui n'étaient pas du goût de tout le monde. Il demandait des crédits très importants pour recruter des policiers, pour les équiper en locaux et matériel. 2 CV et Jeeps devaient leur être fournies. « C'est ce qu'il y a de plus pratique pour le bled! » Le bled, le bled, toujours le bled, grognait son principal adversaire, le tout-puissant Laquière. Il avait réussi à lui faire « sauter » ses crédits en commission. « Tout va pour le mieux en Algérie. Nous n'avons pas besoin de cela. De la police, pour quoi faire? » Et il avait fallu toute la fougue du jeune directeur pour lutter contre la démagogie du vieux président.

De la police pour quoi faire? Il n'y avait qu'à se déplacer pour le voir. Les R. G. locaux ne lui signalaient rien de précis, mais les « histoires » Messali, les « événements » en Tunisie et au Maroc ne laissaient rien présager de bon. La situation pourrissait. Les musulmans étaient trop silencieux. Costes, pour qui Vaujour ne débordait pas de sympathie, lui disait : « On vous dira toujours que tout va bien mais chez nous il y a toujours des choses qui couvent. » On lui avait parlé des hors-la-loi de Kabylie, des Aurès contre lesquels on ne « pouvait rien ». A Pâques 1954, Vaujour avait effectué une mission au Maroc puis avait fait le tour des Renseignements généraux et des polices judiciaires des trois départements algériens. Pas des visites-poignées de main mais de véritables séances de travail. Avec les éléments recueillis il avait dressé un rapport qui « allait faire du bruit! » pensait-il, un document de synthèse sur les commandos nord-africains à l'entraînement.

Grâce à des renseignements puis à des recoupements, il avait dressé une liste de camps d'entraînement en Libye et Tripolitaine, le type d'entraînement (maniement d'armes et guerre de commando) donné par des instructeurs égyptiens des services spéciaux du major Fathi El Did. Le directeur de la Sûreté était même parvenu à établir qu'une vingtaine d'Algériens participaient à cet entraînement et à dresser une liste de leurs noms grâce aux informateurs locaux qui apprenaient que, dans tel douar, tel jeune homme avait disparu, puis avait écrit à ses parents, racontant son équipée. Après avoir mis le point final à ce long et précis rapport, Jean Vaujour l'avait envoyé au ministre de l'Intérieur et aux Affaires étrangères pour qu'on le répercute sur les ambassades concernées. Il attendait toujours une réponse! Il les avait relancés. Rien. Pas de réaction. Le directeur de la Sûreté pensa un instant « s'être foutu dedans » mais il n'y avait pas de fumée sans feu. Le réflexe policier commençait à jouer chez l'ancien sous-préfet de Mulhouse — il pouvait y avoir des doutes mais cela paraissait extraordinaire que par exemple l'ambassade de France à Tripoli ne réponde même pas! Qu'elle ne précise pas si les informations envoyées étaient erronées ou non! Le pauvre Vaujour s'apercevait seulement que l'Algérie n'intéressait personne, qu'il ne s'y passait rien, que l'on s'en foutait! Il venait de rédiger le premier d'une longue série de rapports qui seraient « jetés au panier » sans retenir l'attention des « autorités ».

En ce mois d'août 1954, Jean Vaujour avait profité de ses vacances pour faire « une tournée d'explication » à Paris. Et pour y exprimer son inquiétude. Cette fois-ci il avait des faits réels, des preuves. Des gendarmes avaient été attaqués à Tebessa par des fellaghas tunisiens. Vaujour avait appris cette mauvaise nouvelle au « patron », Roger Léonard, à la réception que donnait M. Cuttoli pour le mariage de sa fille. Vaujour avait été désolé de troubler les deux hommes dans une pareille circonstance. Mais c'était un renseignement de taille, une information qui prouvait que tout n'allait pas pour le mieux dans les Aurès, comme le disaient les rapports. Pourtant Vaujour eut la très nette impression qu'elle ne produisait pas l'effet escompté. Il eut un peu le sentiment d'être un trouble-fête, celui qui persiste à annoncer, seul, des mauvaises nouvelles alors que les rapports civils, tous les rapports civils, sont si rassurants. Mais Vaujour savait que ce n'était ni la première ni la dernière fois qu'il jouerait les oiseaux de mauvais augure. Le deuxième fait qui le poussait à ne plus partager l'incroyance du Gouvernement général pour les informations inquiétantes était l'annonce du congrès d'Hornu. Les informations avaient afflué. La consécration de la rupture amènerait forcément des éléments « flottants » à grossir les troupes du C.R.U.A.

Vaujour aurait bien voulu voir directement Mendès ou Mitterrand pour leur expliquer ses craintes. Il avait été reçu par Jacques Juillet, le directeur adjoint du cabinet de Mendès, et Paira, secrétaire général de l'Intérieur. Mais c'était les vacances et c'était mieux que rien. Une conversation directe valait toujours mieux qu'un rapport venu d'Alger que l'on classe avec des dizaines d'autres. Au deux hauts fonctionnaires rencontrés, Vaujour expliqua le C.R.U.A., une nouvelle O.S., les difficultés qu'aurait une armée d'Afrique inexistante à faire face à un éventuel développement de l'organisation secrète. Quant aux effectifs de police, il n'y avait qu'à se rapporter à ses comptes rendus, ils étaient déjà insuffisants en temps de paix!

« Dans combien de temps ce mouvement confidentiel pourrait-il — s'il le décidait — passer à l'action? » Vaujour raconta les difficultés de pénétration dans ce C.R.U.A., mais, à son avis, il fallait compter six mois à partir du congrès messaliste de Hornu. Vaujour pensait en effet que l'attitude intransigeante de Messali déciderait certains « durs » à gagner les rangs du C.R.U.A. En outre il croyait toujours le mouvement soutenu par Lahouel et les centralistes. A sa décharge, fort peu d'hommes, au sein même du C.R.U.A., étaient dans le secret des tractations puis de la rupture avec Lahouel. Vaujour, lors de son séjour parisien, avait fait ce qu'il avait pu. Il avait tiré la sonnette d'alarme. « Si l'Algérie bouge, ce sera en décembre. »

Mais le tintement de la clochette de Vaujour aura du mal à parvenir aux bureaux présidentiels. Les couloirs des ministères sont semés de filtres « protecteurs » qui trop souvent ne laissent arriver que des sons assourdis aux oreilles responsables. L'explosion de la réalité n'en est ensuite que plus forte.

René Mayer le voulait à Constantine. La préfecture est libre. Pierre Dupuch arrive en juillet dans la capitale de l'Est algérien. Il n'a eu que la frontière à franchir. De Tunis à Constantine il y a moins de 500 km. En Tunisie, où il était conseiller technique du résident, M. Voizard, il a pris contact avec le « processus révolutionnaire ». Un fellagha, il sait ce que cela veut dire.

Il s'est en outre familiarisé avec les mesures libérales préconisées par le résident et que Mendès va faire appliquer. Il quitte une Tunisie où « ça s'arrange » pour entrer dans une Algérie où « tout est encore calme ». Pour combien de temps?

Lorsqu'il est passé à Paris, Mitterrand lui a dit : « Vous êtes nommé à Constantine, Dupuch, vous allez être aux premières loges... sinon en première ligne! »

Le ministre de l'Intérieur, s'il ne prévoit pas la rébellion, croit en une infiltration importante de fellagha tunisiens en Algérie et particulièrement dans les Aurès qui servent de zone de repos aux révolutionnaires tunisiens. Dupuch est à peine arrivé à Constantine que la « prédiction » ministérielle se réalise : des gendarmes sont accrochés dans la région de Souk-Ahras et au sud de Tebessa par des fellagha tunisiens. Il y a des morts. Impossible de retrouver les rebelles qui se sont fondus dans la montagne truffée de grottes et de caches. Dupuch pense qu'il va avoir du pain sur la planche.

Ce n'est pas fait pour lui déplaire. C'est un actif. Après avoir été préfet d'Ille-et-Vilaine en 1950, puis avoir occupé la préfecture de Rodez, il a été nommé directeur adjoint du cabinet de René Mayer lorsque celui-ci est devenu président du Conseil. Le député constantinois a inoculé à son collaborateur le « virus algérien ». On a vu le « petit » Deleplanque, le protégé de la préfecture de Clermont, partir à cette époque pour Batna, « déblayer le terrain ». L'heure est venue pour Pierre Dupuch de profiter de son expérience tunisienne et du travail qu'a déjà accompli Jean Deleplanque.

Constantine fait donc connaissance avec son nouveau préfet. Impressionnant. Pierre Dupuch est grand. D'une corpulence assez forte. Le visage est sévère. Les yeux bleus, derrière de fines lunettes d'or, sont froids et perçants. Le visage rectangulaire aux traits épais et intelligents est celui d'un homme d'action qui ne s'en laisse pas conter. Les proches collaborateurs du nouveau préfet de Constantine s'en aperçoivent bien vite et le soir, au bar du Cirta, l'hôtel chic où il est de bon ton de prendre l'apéritif, on apprend que Dupuch n'est « pas commode, qu'il n'aime pas être interrompu, qu'il n'écoute que si cela a un grand intérêt pour lui et qu'il fume comme un pompier. Des américaines. » Lors des premières réceptions, les femmes lui trouveront du charme. « Il est un peu froid mais fait beaucoup plus jeune que son âge. » C'est au casque de cheveux noirs à peine filetés de blanc rejetés soigneusement en arrière, et à sa prédilection pour les costumes et cravates clairs qu'il doit ces flatteuses appréciations.

Pierre Dupuch sent qu'il va se plaire à Constantine. Dans son bureau de style mauresque il jouit d'une vue magnifique sur les gorges du Rhumel. La ville est encaissée entre les monts et le ravin impressionnant qui la séparent du monde. Moins importante qu'Oran, elle a plus de caractère. De mauvais caractère aussi. On ne l'aborde pas comme n'importe quelle petite ville de province. Elle a la fierté ombrageuse.

Alger, c'est Alger. Mais Constantine, c'est tout l'Est algérien. Dupuch n'est pas décidé à se laisser snober. Il est tout prêt à séduire mais c'est lui le patron. Qu'on se le dise. Au cours de multiples tournées dans le département, de couscous musulman en pièce de charolais et soles au gratin européennes, il découvre une situation qui est loin d'être brillante. Et pourtant le Constantinois « européen » lui fait son grand jeu. On sait déjà ses liens avec René Mayer. Et on veut « se l'assimiler tout de suite ». Il découvre le colon :

« Nous on a confiance, tout va bien ici. Jamais on n'assistera à ce qui se passe actuellement en Tunisie, on sait que vous en venez mais ce n'est pas possible que vous approuviez un Mendès; de plus, jamais la Métropole n'abandonnera l'Algérie. Les liens sont bien plus étroits. Et puis, nous, on a la situation bien en main. Il suffit d'ouvrir l'œil et le bon et frapper vite, fort et juste. Ça, les Arabes, ils comprennent! »

C'est la grande règle : mater toute réclamation, toute revendication par la manière forte. Voyez, depuis Sétif on n'a plus d'ennui!

Mais un homme comme Dupuch y pense à Sétif et il est loin de partager la belle confiance des Pieds-Noirs. Il a très vite repéré le groupe de ceux qu'il appelle « ses excités » et qui vont rapidement devenir ses plus farouches adversaires : Benquet Crevaux, le maire Gratien Faure, président des chambres d'agriculture du Constantinois — un hyperexcité, dit-il — tous partisans de la manière forte et de la trique, tous soutenus par *La Dépêche de Constantine* des frères Morel, grands amis de René Mayer et du sénateur Borgeaud. Cette *Dépêche de Constantine* deviendra vite l'écharde dans le talon de Dupuch. « Jusqu'à la catastrophe finale, dira-t-il plus tard, *La Dépêche de Constantine* ne cessera jamais de jeter de l'huile sur le feu, d'appeler à « mater le raton » alors qu'il faudrait prêcher la modération et réclamer des réformes... Mais sans cesse elle excite la population « pied-noir » qui n'a que trop cette tendance, ce qui sera compréhensible lorsque les attentats éclateront. Sans cesse ils font les matamores... »

Déjà en cette fin août 1954, Pierre Dupuch a bien peur que le temps des concessions, des réformes soit dépassé. Son travail ne s'annonce pas facile, faute de renseignements. Les sources d'informations ne lui semblent pas fameuses. Les R.G. du commissaire Grasser sont là bien sûr mais les inspecteurs ne parlent pas arabe et Grasser est pied-noir. Dupuch craint que cela n'influe terriblement sur ses rapports. Non qu'ils soient malhonnêtes — Grasser est un homme au-dessus de tout soupçon, incapable de truquer la vérité — mais orientés, rédigés dans l'optique pied-noir cela ne fait aucun doute pour le préfet, bien que Vaujour ne partage pas cette opinion et ait grande confiance en Grasser comme l'avenir le montrera. Le colonel Terce, correspondant du S.L.N.A. du colonel Schœn, est à son avis mieux informé. Les officiers de ce microservice sont des vieux de la vieille de l'Afrique du Nord, ils parlent tous arabe, kabyle et pratiquent les dialectes. Malheureusement ils sont connus, archiconnus, grillés, archigrillés. Le dernier espoir ce sont les administrateurs de commune mixte. D'après leurs rapports ils se montrent beaucoup moins optimistes que les colons importants. Pourquoi? Il n'y a rien de précis, mais ils sentent la population arabe se fermer, se retrancher dans sa coquille. Ils ont écho de passage de fellagha tunisiens qui feraient de la propagande pour la révolte.

Et pourtant les pauvres ne savent pas grand-chose. Comment le pourraient-ils? L'armature administrative, partout insuffisante, l'est encore plus dans les Aurès où l'on n'a jamais très bien eu la situation en main. Par exemple : la commune mixte de Arris — 100 000 personnes et un territoire grand comme la moitié du Massif Central — est dirigée par un administrateur, deux administrateurs adjoints et huit gendarmes. C'est tout! Et ce que le sous-préfet Deleplanque, le « petit », a raconté à Dupuch lui semble effarant. Les communes mixtes, outre la sous-administration, sont dirigées par des hommes capables qui, en général, connaissent bien les Arabes mais ces fonctionnaires sont loin d'avoir le standing d'antan. Certains font même du Fourbi, ils plantent eux-mêmes ou reçoivent volontiers 10 % des récoltes. « Mais, précise Deleplanque, dans l'ambiance d'exploitation systématique dans laquelle vivent les Arabes, ce n'est pas très important! » En outre ces administrateurs ont tendance à jouer les roitelets dans leur commune mixte. Jaloux de leurs prérogatives ils ne donnent que des apparences de collaboration au corps préfectoral, et cela c'est plus grave. Ils veulent toujours jouer leur rôle personnel, plus soucieux de plaire à tel ou tel directeur du G.G. qu'à son préfet. « Mets-toi à sa place, Pierre, tu passes, je passe, Léonard passe, l'administrateur, lui, reste. Et les directeurs aussi. » Le véritable gouvernement de l'Algérie c'est eux. Une sorte de gouvernement officieux, parallèle. En outre la sous-administration est indéniable. Jusqu'en 1940 des bordj, annexes de la commune mixte, étaient installés dans tous les douars importants. Ils étaient occupés par des administrateurs adjoints en prise directe avec la population. Ils parlaient la même langue, vivaient de la même façon. Ils surveillaient les caïds, les khodjas. Ils étaient de véritables points de fixation. C'était l'autorité suprême à qui le plus pauvre des fellahs pouvait directement s'adresser. Et tout cela a été détruit par deux facteurs qui prêteraient à rire si le problème n'était si sérieux : la recherche du confort et la vanité des administrateurs. Tous les administrateurs adjoints n'avaient pas l'âme de Lawrence au petit-pied. Le dégoût de la semoule et la recherche d'un confort moins succinct ramenèrent ces fonctionnaires dans les grandes villes d'autant que leurs patrons, les administrateurs, voulaient, par vanité, un « staff » autour d'eux, à la commune mixte. Et le paysan s'est retrouvé seul. Avec un caïd souvent étranger à son douar qu'il fallait acheter pour obtenir le plus petit service! On ne risquait plus d'avoir le moindre renseignement précis! Il n'empêche que même eux ne se sentent pas tranquilles.

Dupuch envoie au Gouvernement général, à Léonard, à Vaujour, des rapports plutôt pessimistes : administration sous-développée, armée inexistante. Dupuch a trouvé comme chef militaire à Constantine un vieux général qui attend sa retraite, le cœur tranquille, à l'ombre de ses médailles. Léonard répond aux appels au secours de ce préfet de Constantine qu'il connaît bien — il l'a eu jadis sous ses ordres à la préfecture de Seine-et-Oise —, lui fait envoyer des renforts. Il a eu grand mal à obtenir quatre bataillons de chasseurs qui vont faire le désespoir de Dupuch.

« Ils venaient de Saint-Raphaël. Des délices de Capoue de la Côte d'Azur avec les perm' régulières du samedi soir et toute la population féminine de Saint-Raphaël, à la solitude de Souk-Ahras! Les malheureux étaient inopérants. Les hommes et les officiers avaient le cafard. Ils étaient le symbole de la médiocrité et de la flemme... » Ce ne sont pas ces officiers qui vont renseigner le préfet de Constantine.

En août 1954 dans l'Est-Algérien on joue le train de 8 h 47 et on est à la veille de la révolution! Mitterrand avait raison. Dupuch va être en première ligne. Mais à la fin août 1954 il ignore jusqu'à l'existence d'un certain Mostefa Ben Boulaïd... On lui annonce simplement qu'une grande opération de ratissage des Aurès, destinée à localiser et détruire les troupes des « bandits d'honneur », en particulier celle de Grine Belkacem, a échoué. Totalement. Ratisser les Aurès! Avec si peu d'effectifs. Il semble que l'on n'ait pas beaucoup le sens des réalités. Mais le préfet Dupuch assiste à son premier « ratissage ». Il en verra bien d'autres. Aussi inefficaces. Autant rechercher une aiguille dans une botte de foin. C'est ce qu'a dû penser l'officier d'état-major qui a préparé l'opération d'août. Il l'a baptisée « Aiguille ». Aurait-on le sens de l'humour à Alger?

Il faisait gris lorsque Boudiaf quitta Constantine. La capitale de l'Est avait pris sa figure des mauvais jours. On n'était pas encore en automne que déjà un vent aigrelet s'engouffrait dans le cañon du Rhumel, remontait à l'assaut des falaises de la ville, balayait le square Valée et faisait tournoyer des nuages de poussière sur la Brèche. Boudiaf pressa le pas et remonta la rue Caraman, l'une des plus étroites mais des plus animées des rues de Constantine. Des gosses passaient en criant les journaux. Mais ce jour-là Boudiaf se souciait peu des nouvelles. La « formidable opération Aiguille » dont on parlait encore ne l'intéressait pas. C'était l'affaire de Ben

Boulaïd et des « bandits » de l'Aurès. Ceux-là, ce n'était pas une « opération d'envergure » qui allait leur faire peur! Mohamed Boudiaf aurait parié un sac de cacahuètes que les quatre ou cinq cents hommes de l'Aurès étaient tellement bien dissimulés dans les caches d'une montagne dont ils connaissaient les moindres pitons, les moindres escarpements, les moindes sentiers, que les bons C.R.S., habitués au maintien de l'ordre des villes, n'arrêteraient que d'inoffensifs bergers et ne feraient qu'oxygéner leurs poumons! Boudiaf avait d'autres soucis en tête. Président du C.R.U.A. et chargé des relations avec l'extérieur il venait de régler une affaire intérieure de taille : Lahouel, non content de les laisser tomber, de ne pas donner l'argent promis, était parti en guerre contre le C.R.U.A. Et avec un succès certain. Il accusait le C.R.U.A. de « mener le peuple à l'abattoir ». De vouloir déclencher une révolution alors que rien n'était prêt, qu'il n'y avait ni armes, ni moyens, ni aide extérieure importante. Il soutenait que le peuple ne suivrait pas, qu'il fallait d'abord épuiser les ressources de la lutte politique. Lahouel et ses centralistes se trouvaient bien à la mairie d'Alger et n'avaient rien trouvé de mieux que de tenter de « débaucher » du C.R.U.A. des éléments « mouvants » et influençables :

« Nous aussi nous sommes pour l'action, mais il faut encore attendre... » Et Lahouel était passé à l'action à sa façon. Il avait précédé Boudiaf à Constantine. Bien renseigné sur les participants à la réunion des vingt-deux il avait décidé de convaincre les Constantinois de la « folie dans laquelle ils allaient se lancer... ». Et il y avait parfaitement réussi. Habachi, Lamoudi Abdelkader, Mechatti, Saïd et Rachid faisaient les morts. On n'avait plus de nouvelles de ces « hommes de confiance ». Didouche n'avait pas réussi à les joindre et Boudiaf s'était décidé à prendre le taureau par les cornes et à aller voir sur place ce qui se passait. Il avait demandé 150 000 des 500 000 F donnés, lors des premiers contacts, par Lahouel au C.R.U.A. Bouadjadj, qui tenait la caisse, les lui avait confiés en riant : « C'est son propre fric qui va nous servir à le combattre! » Mais Boudiaf n'avait pas envie de rire. Encore moins aujourd'hui à Constantine! Car il venait bel et bien d'essuyer un échec. Les cinq Constantinois se « dégonflaient ». Lahouel les avait bien convaincus. Le travail de sape avait été efficace.

« Tu comprends, avait dit Mechatti, on n'a aucune chance. On n'a même pas la population avec nous. Et on ne l'aura pas! Ne comptez plus sur nous. Nous ne parlerons pas. On ne dira rien mais on laisse tomber. » Rien n'y avait fait. Ni les supplications, ni les menaces. Boudiaf avait dû battre en retraite. Et ce matin-là il était d'aussi méchante humeur que le temps était gris. C'était un coup dur. Constantine ne bougerait pas! C'était en outre les premières défections qu'enregistraient les hommes du C.R.U.A. Jusque-là tout avait bien marché. Ils n'étaient peut-être pas très nombreux, pas bien armés, mais profondément convaincus. Ils formaient un bloc uni. Ils se donnaient confiance mutuellement. La faille constantinoise, lorsqu'elle serait connue, risquait d'avoir des conséquences incalculables sur le moral des troupes.

Boudiaf était arrivé boulevard de l'Abîme où une voiture l'attendait. Le militant qui conduisait ne le connaissait pas. Il avait des ordres pour conduire son passager à Alger. Il le déposa sept heures plus tard au tournant Rovigo à la Casbah. Un drôle de passager! Il n'avait pas ouvert la bouche!

Il était 18 heures. Avec un peu de chance Bouadjadj serait encore au café Ben Nouhi, rue du Rempart Médée. Boudiaf avait envie de se confier, de parler, de maudire ce fils de p... de Lahouel. Il rencontra Bouadjadj au coin du boulevard Gambetta et de la rue Henri-Rivière. Ce ne serait pas la peine d'aller au café! Les deux hommes se serrèrent la main.

« Echec complet, dit Boudiaf, Lahouel les a convaincus. Ils nous laissent tomber!

— C'est la catastrophe! répondit Bouadjadj. Et tu ne sais pas tout. Demain à Blida Lahouel et Yazid ont préparé une réunion des militants sûrs de la région. Et là ils sont forts! »

Boudiaf serra encore plus ses lèvres pincées par la colère. Les mâchoires bloquées il lâcha :

« S'ils veulent la bagarre, ils l'auront. Demain je serai à Blida! »

« ... Ces hommes veulent vous entraîner dans une aventure sans issue! »

Boudiaf tassé sur sa chaise écoutait depuis une heure M'hammed Yazid et Lahouel qui tentaient de rééditer leur exploit de Constantine. Dans le local du M.T.L.D. de Blida ils avaient réuni des militants de la région, des paysans, des ouvriers agricoles. Ils étaient une vingtaine en djellabas usées ou en chemises et pantalons maculés de terre. Un chiffon entortillé sur la tête. Bouchaïb et Souidani, chez qui une grande partie du matériel et des bombes étaient entreposés, entouraient Boudiaf. Les militants qui écoutaient Yazid et Lahouel regardèrent les trois hommes, hésitants. Ce que disait Lahouel était sensé mais un Souidani, presque francisé, toujours en veston avec sa croix de guerre 1945 au revers, n'était pas un fanatique qui les enverrait à la mort pour le plaisir. Et Souidani et Bouchaïb étaient du C.R.U.A. et les avaient contactés. Lahouel sentit la situation, ils se savait dans une région où il était très fort. Autant Alger était nessaliste, autant l'Algérois était centraliste. Malgré cet avantage il sentit que ce serait plus dur qu'à Constantine. Mais s'il avait gagné dans le pays d'origine de Boudiaf, pourquoi pas à Blida? Il décida de frapper un grand coup.

« Ce serait de la folie de se lancer dans cette aventure, s'écria-t-il, sans armes, sans soutien; vous iriez à la mort. Notre parti perdrait ses meilleurs éléments. Et d'ailleurs qui nous dit que ce n'est pas le but de ces hommes? Qu'ils ne soient pas des agitateurs... »

Un murmure parcourut le petit local. Là, Lahouel y avait été un peu fort.

Boudiaf se leva et le poussa légèrement.

« J'écoute en silence depuis une heure les arguments de ces deux-là; c'est un peu mon tour de parler... »

Et d'une voix sourde, cette voix de tuberculeux, diront plus tard ses amis, cette voix qui sort d'une poitrine malade mais qui sait convaincre et prendre aux tripes, Boudiaf reprit les arguments d'Unité et d'Action qui avaient présidé à la création du C.R.U.A. Il retraça calmement les querelles internes Messali-Lahouel, les discutailleries, les palabres dans lesquelles s'enlisait le nationalisme algérien, pendant « qu'à droite et à gauche, en Tunisie et au Maroc, les ailes bougent, le corps algérien reste immobile, terrassé par des querelles stériles ». Oui le C.R.U.A. n'avait pas de grands moyens mais dès que la révolution aurait éclaté, dès que le monde saurait, alors l'aide arriverait. Il parla de l'Indochine, des victoires des Viets et même de la Résistance française. Il parla du Statut de 1947, des colons, des élections truquées. Il fit le grand numéro. « Et vous suivriez des hommes qui vous conseillent de ne rien faire... »

Lahouel reprit la parole. Le duel qui se déroulait devant leurs yeux fascinait les quelques militants présents. Lahouel expliqua le désir des centralistes de passer eux aussi à l'action, mais il était nécessaire avant tout d'être unis et d'avoir réglé le problème Messali.

C'était plus que ne pouvait en supporter Boudiaf. Cette fois-ci il était furieux. « Et ça recommence, hurla-t-il, Messali-Lahouel, Lahouel-Messali. Ils ne pensent qu'à cela. Ecoutez-moi bien... »

Et il se tourna vers Lahouel et M'hammed Yazid, interdits par la violence de sa harangue qui contrastait avec le calme de sa première intervention.

« Ecoutez-moi bien, vous tous. La révolution, elle se fera. Avec ou sans vous. Avec ou contre vous. C'est inéluctable. La machine est en marche, rien ne pourra maintenant l'arrêter. La révolution se fera... même avec les singes de la Chiffa [1]! »

Et il s'assit, épuisé. Il avait fait tout ce qu'il avait pu. On verrait au jour J ceux qui suivraient. Il sortit suivi de Bouchaïb et Souidani. Il n'eut pas un regard pour Yazid ni pour Lahouel.

Le camion s'arrêta sur le bord de la route faisant jaillir des gravillons sous ses doubles roues. La portière s'ouvrit et Ben Boulaïd sauta à terre. « Je te laisse là, s'inquiéta le chauffeur, en pleine campagne?

— Merci. Ça va bien comme ça... »

Le chauffeur fit une grimace d'incompréhension puis haussa les épaules. Il remit son camion en marche et s'éloigna vers Arris. Ben Boulaïd était furieux. Jamais il n'aurait dû se faire transporter par un inconnu et attirer l'attention en se faisant déposer en pleine campagne. Une faute à ne pas commettre à nouveau! Enfin ce n'était pas trop grave. On le connaissait à Batna mais pas très bien dans la région de Arris. Il quitta la route et continua à travers champs, en contrebas. La vallée était étroite, encaissée entre deux vallonnements arides piqués d'épines et de broussailles. La route se faufilait au pied du premier. Entre la route et la pente aride du second s'étendaient deux longues et étroites bandes de bonne terre qui bordaient le lit caillouteux d'un oued asséché. Le blé avait été moissonné depuis longtemps et Ben Boulaïd marchait

1. Entre Médea et Blida, l'Oued Chiffa a creusé dans l'Atlas de Blida de profondes gorges de plus en plus resserrées dont les versants se couvrent de broussailles accrochées aux parois rocheuses. Sur le versant gauche un affluent de la Chiffa, l'Oued Tamasguide, tombe en une suite de cascatelles qui donnent au site sa fraîcheur. Ce versant était le domaine de singes bondissants et facétieux qui faisaient la joie des enfants et des touristes. Les singes de la Chiffa étaient célèbres dans toute l'Algérie. La guerre allait les tuer jusqu'au dernier.

dans une terre labourée, encore piquée ici et là de chaumes séchés. Le douar Ouled Moussa était à environ 10 km de Arris et la maison de Lakhdar Baazi en était bien éloignée. Une retraite parfaite. De la route il fallait des yeux perçants pour distinguer, accrochée au versant d'en face, la modeste grange. Les pierres ocres entassées les unes sur les autres, sans ciment, se confondaient avec la terre et la pierraille. Derrière l'écran d'un vieux chêne aux membres tourmentés par la sécheresse et le vent, se dissimulait la maison du cultivateur entourée de lianes grosses comme le poignet et de lierre, énormes parasites, qui partaient à l'assaut du toit. Il n'y avait personne dans la maison. Baazi devait être aux champs et il avait envoyé sa femme et ses trois enfants chez ses parents dans le douar voisin sous prétexte d'aider à des travaux.

Mostefa Ben Boulaïd jeta sa musette en travers d'un grabat où il coucherait cette nuit. Il était épuisé par le travail qu'il avait fourni ces derniers jours. Il avait besoin de se reposer quelques heures. Il sortit de la maison et vint s'asseoir au pied du chêne. Il découvrait la vallée tout en restant invisible de la route sur laquelle, de temps à autre, passait un camion se dirigeant vers Arris. Le ruisseau qui fournissait l'eau à la petite ferme chantait doucement. Ben Boulaïd avait bien choisi. A quelques centaines de mètres de la route nationale, à 6 km à peine de Arris, là tout près de lui, dans la grange sous de larges pierres plates, enfoui dans la récolte de paille de la saison, dormait le plus important stock d'armes des Aurès. C'est là que le jour J Ben Boulaïd ferait la distribution. Mais on n'en était pas là. Malheureusement. Car tenir les hommes devenait difficile. Les plus politisés, et on l'était dans les Aurès malgré l'apparence fruste et grossière des paysans chaouïas, savaient que la session de l'O.N.U. s'ouvrait et ils pensaient que l'action était pour bientôt. Or il fallait encore attendre. Si le recrutement était presque terminé, la fabrication des bombes ne l'était pas, non plus que le choix des objectifs à frapper au premier jour de l'insurrection. On n'en était qu'à l'organisation.

Et Ben Boulaïd avait besoin de faire le point. Ses incessantes allées et venues de Alger à Batna, de Batna à Alger, les tournées dans les Aurès ne lui en laissaient pas le temps. En ce bel après-midi de septembre, assis au milieu des touffes de thym, d'alfa sauvage, abrité du vent par les chênes nains, les arbres à gingembre et les oliviers sauvages, Mostepha Ben Boulaïd était assez satisfait. Les Aurès qui avaient été centralistes étaient maintenant gagnés au mouvement révolutionnaire. Fin août, en compagnie de Chihani Bachir, son premier lieutenant, Ben Boulaïd, qui était resté dans l'ombre jusque-là, avait interdit l'entrée des Aurès aussi bien aux messalistes qu'aux centralistes et avait annoncé aux militants sur lesquels il savait pouvoir compter la création d'un nouveau parti, le « Hizb Ethaoura [1] », doublé d'un organisme militaire le « Djich Ethaoura [2] », au sein duquel il incorporait les hommes favorables au C.R.U.A. Ben Boulaïd avait déjà établi dans les Aurès les deux organismes que les Six se promettaient de créer avant le jour J et que le monde allait connaître sous le nom de F.L.N. (Front de Libération Nationale) et d'A.L.N. (Armée de Libération Nationale). Dès la fin de juillet Ben Boulaïd avait constitué, avec les chefs de kasma de Arris et Foum-Toub, des groupes dans chaque douar. A ces hommes il avait expliqué le remplacement du M.T.L.D. par le « Hizb Ethaoura » et les avait « chauffés » en parlant d'ordres venus du Caire, d'une levée en masse du maghreb arabe et d'un prochain encadrement par des Algériens venant d'Egypte. Dans les villes du pourtour des Aurès, c'est Chihani qui avait recruté pour le C.R.U.A. Ben Boulaïd était allé à Khenchela pour étudier la situation et y avait installé son deuxième homme de confiance : Laghrour Abbès. Le recrutement avait continué selon les méthodes de cloisonnement en vigueur pour le C.R.U.A. Connaissant les Aurès comme sa poche, Ben Boulaïd avait su jouer avec les particularismes locaux et avec les capacités de chacun. Chaque membre recruté était séduit par l'action directe mais le patron des Aurès comptait surtout sur ses montagnards pour agir au jour J. Les citadins serviraient de guides et de conseillers politiques. Avec Chihani et Laghrour, Ben Boulaïd avait mis au point les thèmes de la propagande. Là encore il s'agissait de les adapter à la culture politique de chacun. Pour Batna, qui serait l'épicentre du soulèvement des Aurès, le thème développé était le suivant : prendre l'initiative de l'action afin d'éviter le déchirement interne du parti en l'amenant à se regrouper en un seul bloc autour du sacrifice des « moujahidines ».

Les résultats dans tous les secteurs des Aurès étaient remarquables. Chaque groupe, chaque kasma importante avait à sa tête un chef et un comité avec un responsable local, un responsable de la police intérieure, un autre pour les finances, pour les affaires islamiques, pour les affaires syndicales.

1. Parti de la Révolution.
2. Armée de la Révolution.

Ben Boulaïd et ses adjoints Chihani Bachir et Laghrour Abbès se trouvaient dès lors à la tête de quatre cents hommes organisés, politisés, réunis en cellules et groupes d'action. En outre ils avaient la plus importante réserve d'armes d'Algérie.

Ben Boulaïd sortit de sa poche l'organigramme qu'il montrerait dans six jours à ses compagnons. Voilà comment se présentaient les Aurès :

Chef de zone : Ben Boulaïd. Adjoints : Chihani-Laghrour.
Kasma de Batna : 50 militants.
Localité d'El Kantata : 10 hommes.
Localité Mac-Mahon : 10 hommes.
Localité Ghemora : 40 hommes.
Kasma de Khenchela : 60 hommes.
Kasma de Foum Toub : plus de 100 hommes.
Kasma de Arris : environ 100 hommes.

Sans compter dans ces effectifs les hommes des « bandits des Aurès », de Grine Belkacem et de Maache dont l'opération Aiguille n'avait même pas découvert la trace!

Ben Boulaïd était prêt à passer à l'action dans sa région, mais il restait encore de nombreuses tâches de coordination à mettre au point sur l'ensemble du territoire et en liaison avec l'extérieur. Il fallait frapper un grand coup. Réaliser une opération psychologique de grande envergure. Et Ben Boulaïd n'ignorait pas que si les Aurès pouvaient résister, former le cœur de l'insurrection, un cœur qui battrait longtemps, les autres régions, à l'exception de la Kabylie, ne pourraient résister et devraient se borner à une action d'attentats sans très grande envergure. Il fallait compenser le peu de moyens matériels par une « action psychologique » soigneusement mise au point, qui démontrerait l'existence d'un mouvement capable de coordonner une action terroriste sur toute l'étendue du territoire algérien. Et cela demandait du temps.

Ben Boulaïd fut tiré de ses pensées par un bruit de pas. C'était Baazi, le propriétaire de la maison. Il avançait, portant un gros ballot en équilibre sur la nuque et les épaules.

« Qu'est-ce que tu transportes?

— Des vêtements. Un stock de battle-dress que le bijoutier de Arris a échangé à un douar des environs contre des bagues et un collier. Il nous en fait don.

— C'est un homme sûr?

— Il fait partie de la kasma de Arris. Il est mouillé à fond avec nous. »

Les marchés aux puces de la région, du village nègre de Batna au dernier douar des Aurès, étaient écumés. Ben Boulaïd tenait à ce qu'au jour J, ses hommes agissent en uniforme. Au besoin qu'ils se montrent. Que l'on ne puisse dire : il s'agit d'action isolée des bandits traditionnels. Non, il les aurait voulus tous en battle-dress! Ce ne serait pas possible, mais il pensait sincèrement que cela viendrait.

Pendant que Baazi préparait le repas sur un four de pierres plates, Ben Boulaïd nota soigneusement le nombre de vestes de combat, provenant de vieux stocks américains, que recelait le ballot de son compagnon. Onze vestes et quatorze pantalons. Le chiffre alla rejoindre dans son calepin les renseignements que lui communiquaient régulièrement ses chefs de secteurs ainsi que les plans de casernes de Batna et la liste des policiers du commissariat central. Ben Boulaïd n'avait rien négligé. Ni les médicaments de première urgence que les militants achetaient déjà depuis des semaines en petite quantité dans des pharmacies différentes, ni les pataugas dont la vente à Arris, Batna et Khenchela avait régulièrement augmenté. Personne ne s'en était inquiété. Ce n'était pas encore des articles stratégiques. Personne ne se doutait en septembre 1954 que pendant sept ans il faudrait des autorisations spéciales pour s'en procurer en Algérie.

Le 9 septembre 1954 il pluvinait sur Evian. M. Trémeaud, le préfet d'Alger, prit un verre d'eau à la source et s'installa sur une chaise longue sous la verrière rococo de l'établissement thermal. Le petit orchestre de chambre distillait une musique feutrée offerte aux curistes par la Société fermière. Le préfet d'Alger s'étira. Depuis huit jours il soignait ses reins et ses nerfs à Evian. Le mois d'août avait été fertile en réceptions de toutes sortes et en rapports de tous genres. Le commandant de la Xe région militaire, le brave Caillies, avait passé ses pouvoirs au général Cherrière qui venait d'Allemagne. « J'ai la situation bien en main, tout va pour le mieux. Pour l'instant je suis optimiste », avait dit Caillies à Cherrière. Mais celui-ci n'avait pas été convaincu. Il ne croyait pas que les troubles qui affectaient la Tunisie et le Maroc ne porteraient aucun contrecoup à l'Algérie. Le Gouverneur général était bien de son avis. Mais pour l'instant il ne se passait rien. Rien du tout. On avait mis le général au courant des mélis-mélos Messali-

Lahouel, on lui avait parlé du C.R.U.A., des liens que celui-ci tissait en Kabylie, dans les Aurès et en Oranie. Peut-être Vaujour en avait-il dit plus? Mais le général voulait l'avis de tous et surtout des préfets. Lorsque Dupuch, le préfet de Constantine, lui avait réclamé des renforts « sérieux », il avait tiqué mais le rapport, les arguments du préfet avaient été si précis et si peu « optimistes » qu'il avait réfléchi. Il fallait réorganiser cette région militaire. Cela n'allait pas tarder puisque le vieux général qui la tenait prenait sa retraite. Celui-là resterait optimiste jusqu'au bout. Il ne se serait aperçu de rien. « Rien, rien du tout. A part les bandits... mais c'est du folklore. » Son remplaçant allait être le général Spillmann, que Cherrière n'aimait pas beaucoup, mais qui était un homme lucide, intelligent. Un homme à poigne. C'est ce qu'il fallait pour réorganiser cette région d'une si grande importance stratégique. Mais on avait le temps puisqu'il ne se passait rien de précis, à part le pessimisme — modéré — de Dupuch.

Quant à l'ouest, ni Lambert, le préfet d'Oran, ni de Wiedespach-Thor, le général commandant la région oranaise, qui s'entendaient bien sur tous les plans, ne pensaient qu'il « puisse se produire quelque chose ».

Trémeaud avait fait son rapport. Pour lui la situation n'était pas facile. Il avait au-dessus de lui, et dans la même ville, le Gouverneur général et le directeur de la Sûreté avec lesquels il entretenait les meilleures relations mais qui réduisaient forcément la part intéressante de son travail. Il fallait faire le reste; son rapport n'était pas à l'inquiétude.

Bref, sauf du côté de Constantine où Dupuch « sentait quelque chose » se préparer sans pouvoir apporter d'autres éléments plus précis que les rapports vagues d'administrateurs de communes mixtes, l'Algérie était calme. Pas pour longtemps.

Sept semaines avant que la révolution ne la secoue politiquement, un cataclysme naturel allait la bouleverser physiquement.

Trémeaud savourait sa tranquillité à Evian, écoutant d'une oreille distraite un quintette de Boccherini, lorsqu'une conversation voisine attira son attention. « C'est affreux, disait une femme qui rejoignait son mari, je viens d'entendre à la radio l'annonce d'un tremblement de terre. Il y aurait des centaines de morts.

— Où ça? demanda l'homme.

— En Algérie. Je n'ai pas retenu le nom... »

Il fallut peu de temps à M. Trémeaud pour obtenir les renseignements officiels qu'il désirait. Orléansville venait d'être victime d'un tremblement de terre. La ville était ravagée. On ne pouvait encore faire un bilan. Il serait très lourd.

Deux heures plus tard M. Trémeaud était à bord d'un avion qui décollait de Genève. A Orly on fit descendre un passager de l'avion Paris-Alger. « Raison Officielle. Pas de discussion! »

Dans la nuit Trémeaud découvrait aux côtés du Gouverneur général Léonard l'ampleur du désastre. A la lueur des projecteurs les sauveteurs s'efforçaient de dégager les corps. Plus souvent des morts que des survivants. On en était déjà à près de 1 000 morts. Il y en aura 1 409. Déjà on arrosait les ruines de désinfectant, il avait fait chaud. Au cours de la nuit précédente, à 1 h 05, la terre avait tremblé. La première secousse avait été d'une violence inouïe. Le sismographe de Tamanrasset, à plus de 1 500 km de là, en avait été bloqué. Les bâtiments en dur des rues principales s'étaient écroulés comme des châteaux de cartes, ensevelissant des centaines d'habitants endormis. Trémeaud voyait les larges crevasses qui coupaient les avenues du plus important centre agricole de la plaine du Chéliff, les voitures écrasées comme des jouets d'enfants, les trottoirs soulevés, les blocs de béton bousculés, des tours écroulées. Ils parcoururent les quelques bâtiments intacts transformés en infirmerie de campagne. Des gens hagards les ignoraient, hurlant leur malheur dans les couloirs ou prostrés sur des lits de camp. L'armée avait fait jaillir une véritable ville de tentes. Il y avait plus de 60 000 sans-abri. Des milliers de blessés. Des cas de folie. La catastrophe était sans précédent en Algérie. Le séisme d'Orléansville devait susciter un immense mouvement de solidarité nationale. Vivres, sang, vêtements, argent parvinrent à la petite ville du Chéliff. La catastrophe occupa tous les services officiels d'Algérie pendant tout ce mois de septembre. Elle avait tout balayé.

Le C.R.U.A.? Des complots? On avait autre chose à faire. Et c'était malheureusement vrai.

Larbi Ben M'Hidi, responsable de la zone V du C.R.U.A., l'Oranie, avait perdu dix militants et un petit stock d'armes dans la catastrophe. Il fallait ajouter cette nouvelle perte à celles déjà importantes qu'avait subies l'Oranie. Pour Ben M'Hidi et son adjoint Boussouf la situation semblait désespérée. Déjà l'Oranie était la région la plus faible, la moins politisée, parce qu'aussi la plus riche. Les ouvriers y étaient mieux payés qu'autre part. On ne crevait jamais de faim en Oranie. Les Européens y étaient souvent plus libéraux que dans d'autres régions. Et le sort semblait s'acharner sur les conjurés de cette région. Un stock d'armes, des fusils Statti cachés près de Laghouat, avait été saisi par les légionnaires sur renseignements donnés par un pompiste — ancien légionnaire — de l'étape saharienne. Ben M'Hidi se promit de lui régler son compte. On retrouvera plus tard le corps du pompiste flottant entre deux eaux dans le port d'Alger et l'on apprendra alors qu'il s'agissait d'un ancien de l'Intelligence Service qui avait repris de l'activité. Ces fusils qui devaient remonter par Tiaret vers Ténès et armer les hommes du Dahra allaient manquer. En outre, une caravane venant du Rif avait été interceptée par les gendarmes dans les confins algéro-marocains. Elle transportait entre autres du plastic et des pistolets payés d'avance à des trafiquants du Rif grâce à 80 000 F que des militants M.T.L.D. qui ne voulaient donner leur cotisation ni aux messalistes, ni aux centralistes avaient confiés à Bouadjadj. Et, pour finir, c'était la catastrophe d'Orléansville. Ben M'Hidi pensa que ça risquait d'être bien calme du côté d'Oran quand éclaterait le jour J. Mais les dés étaient jetés. La phase de préparation était terminée, on entrait dans l'organisation minutieuse du déclenchement de l'insurrection. La révolution se ferait... même avec les singes de la Chiffa. Souidani et Bouchaïb avaient raconté à leurs compagnons l'algarade de Blida et la réponse de Boudiaf. Elle était devenue le leitmotiv des hommes du C.R.U.A.

Alger s'installait dans l'automne. Des nuages bas et lourds tournoyaient lentement sur la darse du vieux port turc. L'amirauté et le phare éclatants au soleil d'été prenaient une vilaine teinte grise. Près des cargos Schiaffino, les grues immobiles se détachaient, noires sauterelles efflanquées, sur le ciel gris. A quelques centaines de mètres, la luxueuse piscine du R.U.A. était déserte. Les jolies filles bronzées et tendres l'avaient abandonnée pour l'Otomatic, le bar des Facultés ou les surprises-parties de la rue Michelet ou du quartier bourgeois du Forum. L'air était moite, trop doux. Alger semblait avoir trop mûri sous le soleil de l'été. Le bruit ferme et pulpeux devenait « blet ». La métamorphose s'était faite en moins d'une semaine. Jean Vaujour, le directeur de la Sûreté, avait quitté Alger ensoleillée quelques jours auparavant, appelé à Toulouse pour affaire de famille; il y revenait ce jeudi 7 octobre pour la trouver en tenue d'hiver. C'était le deuxième hiver algérois du grand patron de la police. Il ne redoutait pas la mauvaise saison. Au contraire. Il aimait réapprendre la pluie, le sol brillant, les tourbillons de nuages et les odeurs d'épices qui devenaient plus puissantes avec l'humidité lourde, un peu poisseuse. Le ciel immuablement bleu est lassant pour le métropolitain du Nord.

La Citroën noire, officielle, s'arrêta sur le Forum devant les grilles du Gouvernement général. Vaujour gagna rapidement son bureau au rez-de-chaussée. Ses pas rententirent dans le hall sonore du G.G. Ça l'agaçait toujours un peu et il se promettait d'enlever les talonnettes de fer qui garnissaient ses chaussures. Mais aujourd'hui il avait d'autres soucis en tête. Tout à l'heure, à Maison-Blanche, à l'arrivée de son avion, Costes, le chef des Renseignements généraux d'Alger venu le saluer comme le voulait le protocole administratif, lui avait glissé :

« Il faut que je vous voie très vite, monsieur le directeur, j'ai une information de la plus haute importance à vous communiquer.

— Bien. Dès mon arrivée, dans mon bureau... »

Costes a sa gueule des mauvais jours, avait pensé le directeur de la Sûreté, ce doit être grave.

Les deux hommes ne s'aimaient pas. Déjà à Paris, avant son départ pour l'Algérie, on avait prévenu Vaujour. « Costes c'est l'homme de Borgeaud. Mais intelligemment. Un grand flic, qui a le renseignement dans la peau. »

Vaujour avait appris ce gouvernement parallèle de l'Algérie, constitué de hauts fonctionnaires « qui restaient », des « fixes » qui voyaient passer les gouverneurs généraux, les directeurs de la Sûreté, les préfets et sous-préfets. A propos de Costes on l'avait mis en garde : « C'est l'un de ces hommes dont il vous faudra « à terme » régler le sort et reprendre le service en main, ou bien, si vous n'y parvenez pas, vous méfier de ses renseignements et ne pas prendre ses informations pour argent comptant! »

Vaujour avait découvert Costes à son arrivée à Alger, à l'aérodrome, lors de la réception officielle. « Une tête extraordinaire, se souviendra-t-il, mais c'est surtout l'expression de ses yeux qui m'a tout de suite frappé. Des yeux durs, rusés, intelligents, qui me jaugeaient, qui « prenaient mes mesures » dès le premier contact. Des yeux pas rassurants du tout... »

Mais Costes avait joué le jeu. Très au courant de la situation, il avait « tout déballé » à Vaujour : le P.P.A., le M.T.L.D., l'O.S. « On les a décapités à l'époque, en 1950, avait-il dit, mais il faut encore se méfier. C'est comme l'hydre, on coupe une tête il en repousse une ou deux autres... » Et par la suite, dans ses rapports au directeur de la Sûreté, il avait toujours laissé entendre qu'il risquerait de se déclencher quelque chose. Il voyait dans le M.T.L.D. la source de tous les maux, ce qui n'était pas faux dans l'optique d'un chef de Renseignements généraux.

Il avait fallu un certain temps à Vaujour pour comprendre comment « l'homme de Borgeau », comme on lui avait dit à Paris, pouvait orienter ses rapports dans le sens, selon la ligne, que s'était fixé le seigneur de La Trappe. Mais le directeur de la Sûreté avait démonté le mécanisme. Dans la moindre affaire de droit commun Costes voyait une incidence politique. Il suffisait qu'un musulman y soit impliqué. Au premier abord cela pouvait se défendre car on gardait toujours en tête, dans les services de police, l'exemple de ce hold-up de la poste d'Oran commis par un certain Ahmed Ben Bella à moins qu'il s'agisse d'Aït Ahmed, dans lequel on n'avait vu qu'un banal fait divers. Mais pour Costes, depuis cette époque, il n'y avait plus que des affaires « politiques » et la justification de la « ligne Borgeaud » était toute prête : « Vous voyez bien, il faut les tenir, les « visser »... et si les Kabyles s'en mêlaient, nous irions vers un bain de sang. » La force préventive et jamais le moindre essai de libération! Voilà une politique qui convenait parfaitement à certains membres du grand colonat.

Vaujour avait très vite montré à Coste qu'il avait découvert l'orientation des comptes rendus de R.G. Ses rapports avec Borgeaud s'en étaient ressentis.

Devant Vaujour, Borgeaud était sur la défensive. Dès son arrivée à Alger il avait affiché une grande méfiance à son égard. Pour Borgeaud et ses amis, Vaujour était l'homme qui ne connaissait rien de leur vie, de leurs tendances. « Il vient fourrer son nez dans nos affaires » — toujours la même expression — « et ne sait même pas que « notre » Algérie est au-dessus des partis... » Vaujour aura peu de contacts avec Borgeaud. Il sera reçu une seule fois à La Trappe. Et en 1955! Vaujour face au grand colonat était l'homme seul. Tous les rapports qu'il pouvait avoir avec les « Grands » d'Algérie et avec la plupart des hommes politiques européens étaient dominés par le sempiternel refrain : « Soyons fermes — et ils l'étaient — ne cédons pas. N'accordons rien. Ce serait ouvrir la voie des abus dont nous ne nous relèverions pas. Il ne faut pas mettre le doigt dans le fatal engrenage. »

D'ailleurs Vaujour avait peu de contacts suivis et en aucun

cas de conversations de fond avec les hommes politiques qui « jouaient » à Paris où tout se passait. Si quelque chose n'allait pas à leur goût, ils « réglaient cette petite chose » à Paris et il n'était pas rare que Léonard en reçût le contrecoup. Toujours les élections!

Il y avait depuis longtemps grande disproportion entre les vues gouvernementales — on avait laissé entendre à Vaujour qu'il faudrait mettre ces gens-là au pas — et la cuisine parlementaire et son influence sur Alger.

Vaujour s'était très vite rendu compte qu'il était impossible dans un premier temps de reprendre totalement le service en main. En effet Costes avait sous ses ordres les très efficaces commissaires Touron, Forcioli et Carsenac, tous très liés à leur chef. Où irait-on si on « réglait le sort » de ces gens-là, comme on l'avait conseillé à Paris? Il n'y aurait plus de police des R.G. à Alger! Vaujour avait profité de la première occasion pour nommer Costes contrôleur général de la police et, lui faisant gravir un échelon important, lui enlever la direction de la P.R.G. d'Alger. Mais Costes était toujours là. Et bien là. Vaujour pensait l'envoyer sur la frontière algéro-tunisienne pour voir ce qui s'y passait. « Voilà un bonhomme qui pour nous a beaucoup de défauts, pensait le directeur de la Sûreté, mais qui est un excellent professionnel. Il a le renseignement dans la peau et il va bien nous trouver ce qui se passe réellement là-bas... »

En attendant, Costes avait une nouvelle de taille à apprendre à son patron sur ce qui se passait à Alger, ce jeudi 7 octobre 1954. « J'ai la certitude qu'un groupe d'action s'est constitué à Alger, déclara-t-il en entrant dans le bureau de Vaujour. Et j'ai un informateur qui en fait partie... »

Costes ne précisa pas comment ses hommes avaient pu contacter cet informateur. Vaujour n'en demanda pas non plus l'identité. C'était la loi de la police. Chaque service avait ses informateurs, ses contacts. Costes ne connaissait peut-être pas l'homme en question. Touron ou Forcioli devaient être les contacts et l'informateur « appartient » aux agents qui le manipulent. Costes apprit donc à son patron que le C.R.U.A. semblait vouloir passer à l'action. La fabrication de bombes artisanales avait commencé à Alger. L'informateur — le nouvel « André » — était en rapport avec un ancien de l'O.S., spécialiste en explosifs. Le C.R.U.A. l'avait contacté et il avait commencé à fabriquer des bombes à base de chlorate de potasse et d'essence. Ce nouvel « André » garantissait sa source.

Il donnerait plus tard d'autres renseignements lorsqu'il aurait revu le « spécialiste », l'artificier comme il l'appelait. Il devait le revoir vers le 15 octobre.

« Je vous garantis le renseignement, précisa Costes. Mon bonhomme est sûr. C'est du 1.A. » 1.A. était la classification des informateurs. 1, 2 ou 3 pour la valeur du renseignement, A, B, ou C pour la « sûreté » de l'informateur. 1.A c'était extra. De la première qualité.

Lorsque Costes sortit de son bureau, Vaujour n'était pas tellement étonné. Dix jours auparavant, dans une lettre qu'il avait envoyé à son ancien patron Henri Queuille, où il décrivait la situation de l'Algérie 1954, il avait conclu : « Nous risquons des attentats dans un mois. » L'information de Costes lui confirmait ce pressentiment. Il était temps de convaincre Paris de s'occuper sérieusement de cette Algérie sous-développée administrativement.

Il y a 108 gendarmes pour 600 000 personnes peuplant la Kabylie. Le préfet d'Alger, Trémeaud lui a confirmé ce chiffre. Oran dispose de 150 agents de police pour 450 000 habitants! Dans le Constantinois la situation est aussi peu brillante.

Deleplanque, le jeune sous-préfet de Batna, lui a assuré qu'à Arris il y a 9 gendarmes pour 100 000 habitants! Quant à l'armée, elle est inexistante. Vaujour a plaidé sa cause en août lors de son voyage à Paris, mais il semble que là-bas on ait d'autres soucis. Et puis il faut bien avouer que rares sont ceux qui partagent les craintes du directeur de la Sûreté. Pour tout le monde, tout est calme.

Mais ce 7 octobre, dans son bureau du G.G., Jean Vaujour sait qu'une course de vitesse est ouverte entre lui et les « terroristes » d'Alger. Entre les préparatifs de ces inconnus et les renseignements qui filtrent. Vaujour est maintenant persuadé qu'il va se passer quelque chose. Mais quoi? Et quand? Et où?

Zoubir Bouadjadj jura entre ses dents. Il venait de glisser sur les marches gluantes de l'escalier du Marché de la Lyre, toujours jonchées de débris de légumes, de détritus que la pluie fine, l'humidité et les milliers de passants du quartier le plus peuplé du monde, transformaient en une pâte noirâtre, collante, glissante. Dans la basse Casbah on se sentait aspiré, assimilé, digéré par une humanité affairée, pressée, bruyante. Cela sentait l'épice, le mouton, le crottin de mulet, le miel et la friture. Noyé dans la foule, on était noyé dans le bruit. Cris des marchands, des femmes, des vieux qui jouaient aux tarots dans une encoignure de porte, sur une vieille caisse, musique acide et criarde échappée par bouffées des cafés et des échoppes, grognements des porteurs ployant sous des fardeaux exagérés pour leur torse maigre. Lorsque Zoubir Bouadjadj parvint à l'Opéra et déboucha d'une ruelle sur le square Bresson il eut l'impression de s'être arraché d'une masse sonore, vibrante qui l'enserrait de toute part. Le calme du square, les ficus bruissants de milliers de moineaux énervés par l'air humide et chaud qui poissait la ville, lui parurent merveilleux. C'était le baume qui calmait son excitation. Cette-fois-ci ça y était! Bitat venait de lui annoncer que le jour J risquait d'être proche. « Il est temps de prévoir les objectifs que nous allons frapper », lui avait-il dit. Et Bouadjadj était chargé de les préparer.

« Chaque chef de région et de secteur, avait précisé Rabah Bitat, doit garder son autonomie et mettre au point un plan d'attaque qu'il soumettra ensuite. »

Bouadjadj, qui avait rendez-vous avec ses chefs de groupes, se sentait soulagé car depuis le mois de septembre les hommes devenaient difficiles à tenir. Il y avait la session de l'O.N.U. et chacun pensait au sein du C.R.U.A. que les chefs allaient ébranler la machine, déclencher le mouvement d'insurrection pour que le monde découvre qu'en Algérie aussi cela bougeait. Que les Algériens secouaient le joug de la colonisation. Et comme les jours passaient sans que rien ne se produisît, l'inquiétude avait gagné les militants. Zoubir savait qu'Alger n'avait pas le monopole de cette inquiétude et qu'elle se reflétait dans les nouvelles qui parvenaient du Constantinois et des Aurès. Chaque chef, chaque responsable avait des contacts presque quotidiens avec ses hommes pour les rassurer, les convaincre, les chauffer. Leur prouver que le C.R.U.A. était réellement décidé à l'action car le doute risquait de s'installer. Les chefs du C.R.U.A. ne seraient-ils pas comme les autres? Et gonfler les hommes alors que le cloisonnement était étanche et respecté ne s'avérait pas facile. On ne pouvait leur donner aucun nom. Si Bouadjadj avait une confiance absolue en un Ben Boulaïd ou un Didouche, s'il savait qu'ils iraient jusqu'au bout, il ne pouvait le confier à ses hommes qui ignoraient ces noms. Le même problème se posait pour Belouizdad et Merzougui. Il fallait qu'ils trouvent eux-mêmes les arguments qui galvaniseraient leurs hommes. Ils devaient leur donner confiance par leur propre personnalité.

Et si Bouadjadj était si heureux c'est qu'il leur apportait la seule nouvelle qui puisse les aider en ces semaines d'attente épuisante pour les nerfs : l'annonce de la proximité de l'insurrection.

La nuit tombait lorsqu'il gagna la villa Monréal, colonne Voirol, où l'attendait son groupe, ce groupe d'action dont le directeur de la Sûreté, Vaujour, venait d'avoir la révélation ce jour même. Merzougui, Belouizdad, Nabti, Bisker et les deux Kaci étaient déjà arrivés. Kaci Abdallah Moktar revenait à temps pour la bonne nouvelle. Il venait de passer quelques jours comme instructeur à Colomb-Béchar, région inaccessible à un Algérois qui, physiquement, se serait fait immédiatement repérer par les services de police. Mais Kaci, avec ses yeux verts et ses cheveux châtain clair, était passé inaperçu. Il avait pu s'implanter dans la région. Là-bas la situation était loin d'être brillante. Peu de militants, pas de chefs. Lorsque Bouadjadj avait posé la question du Sud à Bitat, celui-ci lui avait répondu que personne n'avait été nommé à la tête de cette sixième zone. C'était un problème en suspens que l'on réglerait plus tard. Après l'insurrection.

« Ce soir on prépare vraiment le déclenchement de la révolution, annonça Bouadjadj, il faut que nous décidions des objectifs que nous voulons attaquer au jour de l'insurrection ! »

Les sept hommes savaient que leurs armes étaient peu nombreuses. Ils ne devaient s'en servir que pour se couvrir au cours de l'action. L'important était de choisir des objectifs à dynamiter.

La discussion fut longue et animée. Les hommes orientèrent leur choix sur des objectifs spectaculaires.

« Peu importe l'efficacité réelle, dit Bouadjadj, avec les bombes dont nous disposerons il ne faut pas s'attendre à des miracles. Mais l'important sera le côté spectaculaire. Il faut frapper l'opinion publique. »

Le choix des objectifs était en effet de première importance.

L'action du premier jour de la révolution devait frapper l'imagination des Européens. Qu'ils se disent : « Ils ont osé! » Ensuite elle devait impressionner les hommes des commandos. Que l'attaque de l'objectif les galvanise. Enfin il fallait que le peuple, l'immense masse musulmane, aujourd'hui amorphe, sorte de sa torpeur. Pour la réveiller il fallait frapper un coup spectaculaire. En outre les ordres étaient stricts. On ne devait s'attaquer qu'aux immeubles. Aucun civil européen ne devait être touché.

Après des heures de discussion, les sept hommes décidèrent des objectifs à attaquer. Des objectifs « payants ». Pièces essentielles de l'implantation européenne à Alger. Le choix se fixa sur l'entreprise Mory, stockage et traitement du pétrole, dont les hangars et les citernes s'étendaient sur les quais du port d'Alger. Sur les réservoirs à gaz de l'Electricité et Gaz d'Algérie, au fond de Belcourt. Sur les studios de la Radio, rue Hoche, à deux pas de la rue Michelet au cœur du quartier chic européen. Sur le central téléphonique d'Alger, au Champ-de-Manœuvre. Sur les dépôts de liège de Borgeaud, à Hussein-Dey. Sur la centrale électrique de la Consolation. Enfin sur le transformateur situé en face de l'entrée de l'hôtel Aletti en plein centre d'Alger.

Une fois les objectifs fixés Bouadjadj s'aperçut qu'il ne disposait que de cinq équipes. Les groupes d'action algérois étaient restreints et, selon les instructions de Bitat, Bouadjadj devait diriger, coordonner mais en aucun cas participer à l'action au jour de l'insurrection. On se limita donc au choix des cinq premiers objectifs. Ils répondaient parfaitement aux critères que s'étaient fixés les hommes de Bouadjadj. En outre il étaient situés aux quatre coins d'Alger. La diversité des lieux et des objectifs, liée à la simultanéité des attentats, frapperait l'imagination des Algérois et des autorités qui verraient dans les raids sur la capitale le reflet de l'action qui se déroulerait au même moment dans toute l'Algérie.

L'insurrection éclaterait de l'Oranie aux Aurès, en passant par la Kabylie et le Constantinois. De même elle frapperait la capitale, du port à Hussein-Dey, de Belcourt à la rue Hoche. Chacun s'attribua l'objectif où il pensait être, avec son groupe, le plus efficace. Belouizdad « prit » les pétroles Mory. Merzougui, la radio. Les Kaci, le gaz. Bisker, le central téléphonique. Nabti, le liège de Borgeaud. « Maintenant, conclut Bouadjadj, vous devez préparer votre attaque comme dans les romans policiers. Allez d'abord examiner discrètement votre objectif. Repérez les voies d'accès, les endroits où les bombes seront les plus efficaces. Distribuez les rôles de chacun de vos hommes. Préparez soigneusement un plan de votre attaque. Ça doit marcher comme une horloge. Chacun d'entre vous est maintenant responsable de son objectif. Nous examinerons ensemble chacun des plans et je les soumettrai à notre chef Si Mohamed. »

Lorsque les hommes se séparèrent la nuit était bien entamée. En refermant la porte de sa villa Bouadjadj était partagé entre l'excitation qui gonflait son cœur et l'appréhension qui lui creusait l'estomac.

« Il va falloir préparer la relève », pensa-t-il.

Car tous ceux qui participeraient aux opérations de sabotage, surtout à Alger, étaient condamnés d'avance. Ni Zoubir Bouadjadj, ni Rabah Bitat ne sous-estimaient le contrôleur général Costes.

Le feu vert que Rabah Bitat, alias Si Mohamed, avait donné à son adjoint algérois, chacun des six chefs du C.R.U.A. l'avait donné à ses hommes de confiance. Et ce même jour, la conversation qui s'était tenue dans la calme villa Monréal à Alger, se déroulait également dans une mechta du douar Betrouna, en Kabylie, P.C. de Krim et Ouamrane, et dans la maison des frères Ben Boulaïd, quartier du Stand à Batna. Ben Boulaïd avait fixé à « Hadj Lakhdar », responsable du commando de Batna, ses objectifs. Un groupe attaquerait les casernes, un autre les dépôts de munitions. Objectif : s'emparer le plus vite possible d'armes de guerre et décrocher avant que les militaires endormis puissent riposter. En outre, un troisième commando devrait tenter d'attaquer la sous-préfecture et le commissariat central. Ceci pour le choc psychologique. Ben Boulaïd avait donné les mêmes instructions à ses chefs de groupes des kasmas de Barika, Khenchela, Foum-Toub et Arris. Chacun d'entre eux devrait soumettre un plan de déroulement après étude du terrain, des objectifs et des ripostes prévisibles. Chihani Bachir, Laghrour Abbès et Adjel Adjoul, ses adjoints, se chargeraient du contrôle de ces plans.

« Dans les Aurès, avait conclu Ben Boulaïd, un seul objectif : Attirer l'attention de l'opinion publique. Que l'on dise au jour de l'insurrection : les Aurès flambent! La population suivra... »

Ben Boulaïd avait dans la tête l'ébauche d'un plan qui devait couper Arris, la capitale administrative du cœur de l'Aurès, du reste du territoire. Il avait l'intention de s'en occuper personnellement. Et s'il réussissait on parlerait de Arris le jour de l'insurrection!

A des milliers de kilomètres de là, amaigri par des mois de détention dans les rizières vietnamiennes, saoulé de séance d'autocritique et de bourrage de crâne idéologique, le visage émacié mais les muscles plus durs que jamais, un colonel libéré s'apprêtait à quitter pour toujours le pays où il avait laissé tant d'hommes, tant d'amis, tant de ses paras à gueules de loup, au courage à toute épreuve, enterrés au hasard d'une crête, dans la jungle, au bord d'une piste. Le colonel de l'armée vaincue quittait le Viêt-Nam qu'il croyait avoir dans la peau. Il laissait la place. Il tournait une page de sa vie, la rage au ventre. Tant d'occasions manquées par la faute de politiciens qui à Paris se foutaient des rizières vietnamiennes! Que de sang versé avant qu'ils s'aperçoivent « qu'il fallait faire quelque chose ».

Le colonel regagnait la France. Etait-elle toujours aussi futile, indifférente à ce qui n'était pas sa vie quotidienne? A ce qui se passait « aux colonies »?

Un mois de bateau, il fallait bien cela pour oublier les rizières.

Le colonel Bigeard ignorait qu'à son arrivée en France on parlerait déjà de djebel. Un mot nouveau dans le vocabulaire de l'actualité...

La sentinelle se figea dans un garde-à-vous impeccable. Le général Spillmann, en grande tenue blanche d'apparat, franchit le portail de la Xe région militaire. Il arrivait de France pour prendre le commandement de la division de Constantine et venait, auparavant, se présenter au général Cherrière, le grand patron militaire de l'Algérie.

Dans l'antichambre, Spillmann jeta un coup d'œil satisfait dans un miroir. Celui-ci lui renvoyait la silhouette élégante d'un homme de cinquante-cinq ans, la calvitie distinguée, le visage large, un peu gras, impeccablement rasé. Les yeux bleu clair. Le nez droit, long, pointu. Du charme, de la séduction, de la branche. Le général Spillmann, l'un des officiers généraux les mieux introduits dans les salons parisiens, retrouvait cette Afrique du Nord qu'il aimait tant. Il était resté vingt-six ans au Maroc jusqu'en 1946 où il avait commencé une carrière d'officier de cabinet particulièrement brillante. Secrétaire général de l'Afrique du Nord au gouvernement provisoire de Gouin puis de Bidault, membre du cabinet d'Edgar Faure — ça n'a pas duré longtemps, Faure a tenu Matignon un mois et neuf jours! —, il a, entre deux cabinets ministériels, été nommé chef de mission militaire en Indochine pour aider de Lattre à mettre sur pied l'armée vietnamienne. Il est arrivé à temps pour voir un de Lattre qui n'était plus que l'ombre de lui-même repartir mourant vers la France. L'Indochine n'était pas l'affaire de Spillmann. Il revint en France et, après son passage éclair chez Edgar

Faure, fit deux ans et demi de « caserne » à Orléans où il commanda la division.

Lorsqu'il apprit, en juin 1954, que Constantine allait être libre il en demanda le commandement au ministre de la Guerre, le général Kœnig, sous les ordres duquel il avait servi au Maroc. Il l'obtint sans difficulté. Bref, ce fils de grande famille alsacienne qui ne comptait pas moins de sept professeurs de Faculté de médecine avait derrière lui ce qu'il est convenu d'appeler une belle carrière. Appuis politiques, relations mondaines, commandements importants, le général Spillmann arrivait en Algérie avec beaucoup d'atouts dans sa manche étoilée. Mais ce 9 octobre, au moment d'être reçu par son nouveau patron, le général Spillmann se demandait comment l'entrevue allait se passer. Car ses relations avec le général Cherrière étaient franchement mauvaises. Cela ne datait pas d'hier mais de 1946!

A l'époque, le général Cherrière était secrétaire général permanent de la Défense nationale et à ce titre dépendait directement du président du Conseil. Il avait demandé au général Spillmann, qui se trouvait au cabinet de Bidault, de le faire recevoir par le Président. Et le pauvre Spillmann n'avait jamais réussi à obtenir l'audience! Car le très distingué ex-professeur d'histoire ne pouvait supporter le général Cherrière. Il faut bien dire que le nouveau commandant de la Xe région militaire qu'Alger venait de toucher au mois d'août avait toujours été « encombrant ».

Grand, gros, un peu flasque, le général Cherrière est un homme voyant, qui « déplace beaucoup d'air », il fait du volume, du bruit. La subtilité n'est pas son fort et ses relations avec certains hommes s'en ressentent particulièrement. Le sobriquet dont Alger l'a affublé le représente merveilleusement. On l'appelle irrévérencieusement : « Babar Cherrière. » Et il est vraiment Babar. Brave, souvent plein de bonnes intentions, très courageux, fonceur, trop, et pas toujours à bon escient. Maladroit à l'extrême. Déjà en 1946 il savait à merveille indisposer. Bidault a répondu à Spillmann avec l'accent gouailleur qu'il savait prendre lorsqu'il se voulait méprisant :

« Cherrière? Y m'emmerde. C'est un agité. Veux pas le voir! »

Cherrière comprit après quelques semaines que le président du Conseil refusait de le recevoir et convoqua Spillmann.

« Mon cher, je vous exprime mon parfait mécontentement... »

Il attribuait le refus de Bidault aux mauvais offices de Spillmann!

Tel était l'homme devant qui, près de dix ans plus tard, se présentait le général Spillmann.

Les deux hommes se serrèrent la main. Cherrière de bonne humeur invita son visiteur à déjeuner. Spillmann prit le taureau par les cornes et voulut régler l'affaire du « rendez-vous Bidault ».

« Vous savez, mon général, que je n'ai pas avalé votre algarade. A l'époque je ne pouvais rien dire, je ne pouvais me défendre, mais aujourd'hui je vais vous raconter comment cela s'est passé... » Et il vida son sac!

Cherrière, mi-figue mi-raisin, subit « l'explication » et, décidément de bonne humeur, conclut par un retentissant : *Hadda Elli Fat Mat* (Ce qui est passé est mort, proverbe arabe) qui fit sourire intérieurement Spillmann car le gros général en remettait et voulait prouver sa connaissance de l'arabe. Malheureusement il l'écorchait et Spillmann le parlait merveilleusement. Toujours le même! « Babar » ne manquait pas une occasion! Mais la paix était faite. Et l'on pouvait passer aux choses sérieuses.

Si Spillmann avait sollicité le commandement de Constantine, c'est que le Constantinois était la région la plus intéressante d'Algérie. Economiquement sous-développée mais intellectuellement très avancée, à l'origine de la fondation des Oulémas réformistes et en pointe dans la revendication nationaliste.

Au cours du déjeuner Cherrière ne se montra pas optimiste.

« La situation n'est pas bonne, expliqua-t-il, l'autorité civile n'en a pas beaucoup. Je ne sais pas grand-chose du Constantinois. Votre prédécesseur y attendait sa retraite dans le calme et la paix. Tout ce que je peux vous dire c'est que les troupes sont inexistantes. Vous aurez environ 11 000 hommes. Pour une pareille région c'est ridicule. Et 11 000 hommes sans mulets, sans chevaux. Ils sont incapables de faire autre chose qu'une manœuvre en montagne à condition qu'elle dure moins de vingt-quatre heures! Ici, tout le monde est calme. On ronronne. Pourtant voyez Vaujour c'est le seul réellement informé. C'est aussi le seul à être inquiet. »

La situation dans le Constantinois était en effet préoccupante. Les incursions de fellagha tunisiens étaient de plus en plus nombreuses. En outre, et c'est ce qui inquiétait le plus le général Spillmann, Cherrière lui précisa que l'armée n'obtenait aucun renseignement des populations musulmanes. Spillmann, en vieil Africain, savait que cela ne signifiait nullement « qu'il ne se passait rien » comme semblaient le croire les civils mais qu'au contraire ce mutisme était inquiétant. Il se promit d'en analyser rapidement les causes. Pour Cherrière, le plus grave était l'inadaptation des quelques troupes, Sénégalais, chasseurs à pied, gendarmes mobiles, au contrôle du djebel.

Les voies de pénétration étaient peu nombreuses, en particulier dans les Aurès, et les troupes y étaient attachées par un cordon ombilical. Les quelques éléments qui allaient « crapahuter dans le djebel » devaient très vite regagner la route où les attendaient les camions et le ravitaillement. Ni mulets, ni supplétifs. Donc impossibilité de contrôle du bled et de protection à apporter éventuellement aux populations.

« D'ailleurs, enchaîna Cherrière, la plupart dans les Aurès ne voient jamais un Européen. Militaire ou pas! Alors vous pensez que s'il se produisait quelque chose elles ne risquent pas de se mettre de notre côté! »

Ce déjeuner algérois fut particulièrement instructif et déprimant pour le général Spillmann. L'affaire se présentait mal. Il avait intérêt à gagner son poste le plus rapidement possible.

Avant de partir, Spillmann eut tout de même quelques contacts avec les civils du G.G. Chez eux, on en était à se féliciter de la scission officielle au sein du M.T.L.D.

« C'est le seul mouvement subversif, lui précisa-t-on, dont on puisse craindre une action concertée d'envergure. Cette scission, grave, garantit de longs mois de tranquillité en Algérie. »

S'il n'y avait pas eu l'inquiétude de Vaujour, qui ne donna pourtant pas les informations qu'il détenait sur Alger au nouveau commandant de Constantine que cela ne regardait pas, Spillmann aurait cru que Cherrière paniquait. D'autant que Kientz, son prédécesseur à Constantine, lui assura que la région était calme, que les incidents en bordure de la Tunisie restaient superficiels et sans gravité; qu'il fallait se garder de les grossir.

« Mon cher, vous verrez, les moyens que je vous laisse seront à peu de chose près suffisants. »

Spillmann eut la très nette impression que le général Kientz voulait le mettre en garde contre l'agitation ou l'imagination de « Babar »!

« Et ne lui fournissez surtout pas de nouvelles occasions de « faire du vent. »

Lorsque Spillmann prit place dans le rapide Alger-Constantine, ce 9 octobre au soir, il était « rabiboché » avec Cherrière, mais il avait hâte de prendre contact avec ce Constantinois si rose pour les uns, si gris pour les autres. Déjà, il penchait pour le gris. Spillmann, en vieil officier des Affaires indigènes, savait qu'en Algérie le vent vient toujours de l'est. Et que le vent des Aurès est aussi le plus redoutable.

En Algérie, lorsque dans moins de trois semaines va éclater le conflit, un homme va « porter le chapeau ». Il sera accusé par les colons, les parlementaires, les maires d'Algérie, et par le Gouvernement français — en particulier François Mitterrand qui n'aura de cesse qu'il soit déplacé — de n'avoir rien prévu, de n'avoir rien su, de n'avoir pas « tiré la sonnette d'alarme ». Cet homme représente la France en Algérie. Il règne sur le G.G.; c'est Roger Léonard, Gouverneur général de l'Algérie depuis mai 1951.

On ne peut pas dire que Roger Léonard protestera vivement! Il ne se justifiera pas non plus. Ce n'est pas dans son caractère. Et pourtant il est inquiet depuis longtemps. Mais l'homme est raisonnable. Trop. Il craint avant tout l'affolement incompatible avec son poste. Son inquiétude sera — selon son mot — « raisonnée ».

M. Roger Léonard est le type même du haut fonctionnaire, du grand commis de l'Etat. Sa carrière est prestigieuse. Il a été avant la guerre directeur de la gendarmerie et de la justice militaire, relevé de ses fonctions par le gouvernement du maréchal Pétain lorsqu'il s'est refusé, avec hauteur et courage, à intenter, sur l'ordre de Vichy, une action en justice militaire contre Georges Mandel qui avait déjà pris place à bord du *Massilia* pour former un gouvernement de guerre en Afrique du Nord. Remis à la disposition du Conseil d'Etat dont il est Maître des Requêtes, il se lie avec Parodi. Et quand l'état-major de la Libération se constitue, le général de Gaulle lui confie la préfecture de la Seine-et-Oise qu'il occupe dans la nuit du 24 au 25 août 1944, tandis les chars de Leclerc s'avancent vers Paris. A cette époque son secrétaire général sera Pierre Dupuch, préfet de Constantine en 1954.

Après l'importante préfecture de Seine-et-Oise, c'est dans le fauteuil de préfet de Police que s'assoit Roger Léonard. Il y reste quatre ans et ne le quitte que pour gagner Alger.

Alger, la bouillonnante, la brouillonne, la spontanée qui sait répondre aux mouvements du cœur, comme à ceux de la force est décontenancée devant ce haut fonctionnaire calme, méthodique, précis, mais dont on ne peut pas dire qu'il soit proche du caractère méditerranéen.

Le G.G. découvre son nouveau patron. Un homme de taille moyenne, replet, au teint clair et aux lèvres fines. La tête est ronde, un peu dégarnie. La physionomie affable est assombrie par des lunettes à grosse monture qui dissimulent l'appareil auditif. Roger Léonard est atteint d'une légère surdité qui le dessert en lui fournissant l'occasion de se retrancher en lui-même, tendance que cet administrateur de haut style a déjà naturellement.

Les préfets, les hauts fonctionnaires, la « gentry » d'Alger accueillent pourtant avec plaisir cet homme séduisant, fin, intelligent — supérieurement —, cultivé, astucieux.

Mais que vient faire ce grand fonctionnaire, homme de cabinet, dans cette Algérie où tout est trouble dès que l'on perce la carapace bonhomme et ensoleillée? Roger Léonard s'en aperçoit bien vite. Il arrive en mai 1951. Juin voit se dérouler une de ces belles élections législatives comme on les aime tant à Alger, bien préparées et sans surprise. Il découvre Borgeaud, la vieille puissance installée « qui contrôle entièrement l'appareil politique algérois », remarque-t-il de sa voix douce et pondérée. Et il retrouve René Mayer qu'il aime bien, qu'il connaît bien. Mais cette Algérie est déconcertante pour un homme aussi calme, que sa nature pousse aux recherches, aux contrôles, à l'Administration avec un grand « A », et peu aux contacts humains. Comment expliquer par exemple que René Mayer qui, à Constantine, applique une politique « relativement » libérale et choisit ses adjoints, Malpel entre autres, chez les libéraux, soit lié non à un Blachette mais à un Borgeaud. A Sétif Mayer mène même une politique d'entente avec Ferhat Abbas. Et pourtant à Paris il est le chef de file des députés « Borgeaud »!

A l'autre bout de l'éventail politique, le calme Léonard ne peut supporter le côté fruste et parfois violent d'un Blachette. Il ne le considère pas comme un homme « comme il faut » bien que ses idées ne soient pas dénuées de bon sens. Le Gouverneur général s'entend mieux, « humainement », avec un Borgeaud.

Et puis il y a les rivalités qui « ne rendent pas ses fonctions moins malaisées » entre Blachette et Borgeaud. Et puis il y a les incroyables antagonismes. Un Schiaffino, qui était comme cul et chemise avec Blachette, devient son ennemi mortel à la suite de brouilles d'ordre privé. Et ces conflits d'intérêts avec Jean Duroux qui « fait » aussi dans les cargos. Ce qui n'empêche pas son beau-frère, Alain de Sérigny et son *Echo d'Alger* de faire tantôt un tour de valse avec Schiaffino et les pires réactionnaires, tantôt avec

Blachette et les libéraux, selon les besoins du jour et la direction d'où vient le vent!

Sans compter ce Gouvernement général, trop centralisé, comme cela se produit pour tous les pays sous-développés qui n'ont pas assez de fonctionnaires, où certains chefs de services, certains directeurs même ont une puissance disproportionnée à leur poste!

Bref, l'homme tranquille se trouve dans un marécage — on dit « merdier » à Alger — dont il n'a pas l'habitude. Paris ne s'occupe pas assez de l'Algérie pour avoir la volonté de l'assainir, lui-même ne veut s'y salir. Il faudrait un lance-flammes. Léonard n'a rien d'un « commando ».

Trop souvent « innocent », manœuvré, souvent mal renseigné par des directeurs du G.G. qui eux n'hésitent pas à certaines compromissions que le Gouverneur ne soupçonne même pas, Léonard n'a que peu de contacts avec la population, ou ses contacts sont mauvais car ils se font par l'entremise d'hommes qui la représentent mal. Quel est donc ce pays où il se trouve plongé, où les hommes en qui il a confiance sont constamment opposés?

Par exemple Roger Léonard a confiance en Cherrière, son côté « avantageux » l'amuse et le repose du côté « superbe » de son prédécesseur à la tête de l'armée d'Algérie, le général Callies. Il a une égale confiance en Pierre Dupuch, le préfet de Constantine, qui, des trois préfets, a la place la plus difficile. Eh bien! pour Dupuch, Cherrière n'est qu'une vieille baderne, vaniteux et stupide. Et le préfet de Constantine va jusqu'à s'inscrire en faux auprès du Gouverneur général contre les rapports « idiots » de Cherrière sur la situation dans le Constantinois!

Oui, à Alger, Roger Léonard c'est le cygne au milieu des canards!

Le tempérament volcanique de l'Algérie ne s'accordera jamais au tempérament calme du Gouverneur général qui montrera pourtant beaucoup de courage face aux événements. Mais sans cesse il violera sa personnalité. Ni sa physionomie, ni son caractère ne le prédisposent à l'action, à être du jour au lendemain un chef de guerre. Et c'est avec soulagement — lorsque Mitterrand aura « eu sa peau » — qu'il quittera l'Algérie où « il fallait un homme neuf pour une politique nouvelle ». Il ne retrouve sa sérénité qu'à la tête de la Cour des comptes où il sera un très grand premier président pendant plus de dix ans. Mais il lui faudra, à l'époque qui nous importe, attendre encore trois mois et traverser la pire épreuve de son existence pour retrouver la vie de grand commis de l'Etat pour laquelle il est fait.

Ce 10 octobre 1954, dans son grand bureau au premier étage de l'immeuble aux mille fenêtres, Roger Léonard était inquiet. Vaujour l'avait mis au courant de la création du commando d'action du C.R.U.A. « Encore le M.T.L.D. », soupira-t-il.

Cela faisait quatre mois que Léonard était inquiet. Depuis juin. La Tunisie bougeait dangereusement. Il avait mis à la disposition du résident Boyer de la Tour la plus grande partie des éléments mobiles de l'armée d'Algérie et, dès l'arrivée de Cherrière au mois d'août, avait demandé à Paris le remplacement de ces unités et le renforcement du dispositif algérien. Il avait tout juste obtenu une brigade de chasseurs à pied envoyée à Souk-Ahras où elle faisait le désespoir de Dupuch — « des délices de Saint-Raphaël à la solitude des Aurès... c'est le cafard! » — et cinq C.R.S. qu'il avait envoyés aux quatre coins de l'Algérie. Lorsque, avec Cherrière, il avait fait le point sur l'armée d'Algérie au mois de septembre, il s'était aperçu qu'elle disposait de 75 000 hommes « résolument » inutilisables car « encasernés », incapables de parcourir le bled faute de moyens et d'entraînement.

La Légion, ossature de l'armée d'Afrique, n'avait fait que passer en Algérie et était en Indochine ainsi que presque tout l'encadrement d'officiers et sous-officiers de carrière.

Au mois de juillet, à Paris, Léonard avait vu Kœnig, le ministre de la Guerre, et lui avait fait part de la situation lamentable de l'Algérie. Mais tout était pour l'Indochine. Le Gouverneur général avait tout de même obtenu la constitution de commissions d'achat de mulets pour « qu'enfin les hommes puissent sortir! »

Et aujourd'hui Roger Léonard recevait deux escadrons de G.R.M.

Mais on lui avait bien précisé : « Ne comptez pas sur la relève de l'Indochine. » Paris ne souhaitait pas réutiliser les hommes qui revenaient d'Indochine avant qu'ils aient subi une « cure de désintoxication », et le ministre lui avait dit : « Aucun renforcement sérieux avant Pâques 1955. »

Et s'il se produisait quelque chose avant cette date? L'Algérie serait à poil, comme disait Cherrière.

Les informations de Vaujour laissaient malheureusement prévoir qu'il allait en effet « se passer quelque chose ».

Roger Léonard prenait sur lui de rester calme. Il avait dit son inquiétude dans ses rapports à Paris. Il avait précisé que « raisonnablement » les moyens de l'Algérie étaient insuffisants. Oui, il était inquiet mais d'une inquiétude « raisonnée ».

Il faudrait bien plus qu'une « inquiétude raisonnée » pour que le Gouvernement français, harcelé par les problèmes indochinois et tunisiens, sans compter le Maroc, se soucie de l'Algérie. Et Roger Léonard, devant les rapports qu'il recevait des quatre coins de l'Algérie, ne se sentait pas en droit de tirer le signal d'alarme plus violemment qu'il ne l'avait fait jusque-là.

Il faudrait la tempête ou l'explosion pour que Paris porte ses yeux sur Alger. Roger Léonard, qui s'apprêtait à recevoir François Mitterrand quelques jours plus tard, ne pouvait raisonnablement le prévoir. Inquiet, oui. Mais pas angoissé! Il y a bien le rapport Vaujour mais c'est uniquement à Alger. Ce 10 octobre au matin, pour Roger Léonard, le feu n'est pas dans la maison!

Le même jour, quelques heures plus tard, à « l'heure de l'anisette », le café El Kamal, sous les arcades de la rue Eugène-Robbe à Bab-el-Oued, était plein à craquer. Les tables installées entre les colonnades étaient occupées par des groupes bruyants. On jouait aux cartes, aux dominos. On bavardait.

Du marché Nelson qui occupait le centre de la place formée par les rues Géricault, Delacroix — quelle imagination! —, Borélie-la-Sapie et Eugène-Robbe, parvenait par bouffées l'odeur fade qu'exhale un marché qui vient de fermer. Mélange de légumes, de viande, de fruits pourris et abandonnés. A la porte du cinéma Majestic on louait les dernières places pour la séance du soir. L'enseigne de néon clignotait, éclairant par à-coups les façades hispano-mauresques à grosses pâtisseries ocres et boursouflées des immeubles bourgeois qui donnent à Bab-el-Oued un caractère que l'on ne retrouve dans aucune ville du monde, sauf peut-être dans les vieux quartiers de La Havane. Au rez-de-chaussée d'un de ces immeubles, le café dont la devanture était peinte en vert mettait de l'animation dans cette rue commerçante qui s'endormait à partir de six heures. La clientèle du café El Kamal était mélangée. Musulmans et petits-Blancs du quartier se côtoyaient autour du comptoir où s'alignaient les verres d'anisette et les pots d'eau glacée dont le nickel s'embuait de perles transparentes. La kémia circulait, escargots, fritures, fromages en petits dés, olives, rondelles de soubressade molle. Assis à une table en bordure du trottoir, cinq hommes attendaient devant des cafés, du thé et un jus de fruit. Cinq musulmans, quatre minces, un plus fort. Tous moustachus. Ils bavardaient tranquillement, sans excitation. Cinq musulmans comme les autres. Krim, Bitat, Ben Boulaïd, Ben M'Hidi et Boudiaf attendaient que Bouadjadj et Didouche — toujours ensemble ces deux-là! — viennent les chercher. Les cinq hommes étaient calmes et pourtant ils savaient que les décisions qu'ils allaient prendre ce soir-là allaient ouvrir un nouveau chapitre de l'histoire de leur pays.

C'est le déclenchement de la révolution qu'ils devaient fixer ce 10 octobre. Bouadjadj fit grincer les freins de la Vedette qu'il conduisait. Les cinq hommes rejoignirent Didouche à l'intérieur de la voiture qui démarra en direction de Climat-de-France.

Encore une fois personne ne connaîtra le lieu où se tint cette réunion importante. Krim se rappellera vaguement d'une maison indépendante avec un petit jardinet. Bouadjadj, qui en avait la clef, fit entrer ses chefs, les conduisit dans une pièce au premier étage et les laissa à leurs travaux. Sa mission s'arrêtait là. Il viendrait les rechercher dans deux heures. Les six chefs du C.R.U.A. avaient en effet bien besoin de deux heures pour mettre au point le plan d'action qu'ils devaient établir et pour prendre les mesures qui devenaient indispensables, arrivés à ce point de la préparation de l'insurrection.

Deux décisions essentielles devaient être prises : le nouveau nom du mouvement, celui qui devait « annoncer au monde » la naissance de la révolution algérienne et la date de l'insurrection.

« Commençons par le plus simple, demanda Boudiaf, le nom d'abord. » Les six chefs « historiques » avaient en effet décidé de saborder le C.R.U.A. Non le mouvement, bien sûr, mais l'étiquette. Ce Comité révolutionnaire d'Unité et d'Action avait vécu. Vécu et échoué dans une partie de sa mission. En effet, ce qui devait constituer « la seccotine » du parti n'avait réussi qu'à opposer encore plus les deux fractions du M.T.L.D. Et sur son dos encore, car, nous l'avons vu, le C.R.U.A. n'avait de pire ennemi, exception faite de la police, que les messalistes et les centralistes. Au moment de déclencher l'insurrection il ne s'agissait pas de le faire avec l'étiquette d'un mouvement qui avait connu l'échec.

« Nous devons présenter un mouvement pur, dit Didouche, qui naisse avec la révolution et qui grandisse avec elle. »

La discussion commença. On proposa des noms très différents. Puis par élimination on arriva à la conclusion que ce nom devait comporter le mot « Front ».

« Car tous les Algériens, dit Boudiaf, quelle que soit leur appartenance politique pourront nous rejoindre... mais à titre individuel, sans que leur parti ou leur mouvement ait pris une quelconque décision à notre égard. En outre nous devrons, au coude à coude, opposer un Front uni à la répression qui ne va pas manquer de s'abattre sur nous. »

Didouche, Bitat et Ben M'Hidi retirèrent donc le nom pour lequel ils tenaient : « Mouvement de Libération. » Krim proposa « Front de l'Indépendance Nationale ».

« Non, je préfère Libération à la place de Indépendance, dit Ben Boulaïd. On ne l'a pas encore l'indépendance alors que la libération, elle, va commencer bientôt... »

Boudiaf l'approuva. Tous se mirent d'accord sur le nouveau nom du C.R.U.A. : Front de Libération Nationale. F.L.N., trois lettres qui allaient bouleverser la vie de 10 millions d'Algériens et de 45 millions de Métropolitains. Ben Boulaïd n'eut pas de mal à convaincre ses compagnons de la nécessité de créer un mouvement militaire parallèle au Front.

« La révolution doit se dérouler sur le plan politique, dit-il, et être soutenue sur le plan militaire. »

Les groupes d'action, les commandos déjà constitués aux quatre coins de l'Algérie formeraient le noyau de cette Armée de Libération Nationale, l'A.L.N.

Le Front devra regrouper les forces vives de la nation pour soutenir l'armée.

« Il faut que cela soit bien clair le jour de l'insurrection, précisa Ben Boulaïd. Notre révolution a deux supports : un support politique et un support militaire étroitement liés. »

Ce schéma, il l'avait déjà mis en application dans les Aurès où, après avoir interdit l'entrée des « agents » messalistes et centralistes, il avait créé, en remplacement du M.T.L.D., le « Hizb Ethaoura » et son équivalent militaire.

En outre, Boudiaf, lors de ses contacts au Caire avec le trio Ben Bella-Khider-Ait Hamed, en avait longuement discuté. Eux aussi, membres fondateurs du C.R.U.A., étaient pour le double mouvement.

Il fallait qu'au jour J, l'A.L.N. passant à l'action, la population algérienne apprenne la création d'une nouvelle force politique en Algérie : le F.L.N.

« Pour cela, dit Krim, il faut qu'à « l'action directe » proprement dite — attentats, attaques de casernes et de dépôts d'armes — corresponde une proclamation politique. »

Les six hommes se mirent donc au travail pour définir les points essentiels de cette proclamation « qui sera envoyée, précisa Boudiaf, aux journaux et aux personnalités européennes et musulmanes et qui sera diffusée au monde par Ben Bella au Caire ».

A la simultanéité des attentats sur le territoire algérien correspondrait une proclamation reçue dans l'Oranais, dans l'Algérois et dans le Constantinois ainsi que dans les capitales étrangères importantes. Il serait ainsi impossible de prétendre à Alger qu'il s'agit uniquement d'un « mouvement local et sans suite ».

« Il faut aussi, ajouta Ben M'Hidi, que nous expliquions au peuple qui nous sommes et ce que sont nos objectifs.

— Oui, dit Didouche, sortir enfin de l'anonymat et remplacer la tête d'affiche qui nous manque par un exposé clair de nos buts... »

En effet, le principal écueil politique était la confusion qu'entretenaient dans l'esprit des masses les deux fractions du M.T.L.D. Ben Bella avait dit à Boudiaf : « Notre but est de faire de notre mouvement — le nom n'était pas encore fixé — l'unique force politique de l'Algérie. »

Après plus d'une heure de discussion, au cours de laquelle chacun apporta ses suggestions, Boudiaf nota les points qui devaient, de l'avis de tous, figurer dans la proclamation :

« Présentation du Mouvement. Sa situation indépendante des messalistes et des centralistes. Un seul ennemi : le colonialisme. But : l'indépendance nationale. Objectifs intérieurs : assainissement politique et rassemblement de « toutes les énergies saines » du pays. Objectifs extérieurs : internationalisation du problème algérien. Unité nord-africaine. Recherche d'appuis internationaux. Moyens de lutte : TOUS.

« Bien souligner que le Front aura deux tâches essentielles à mener simultanément : l'action intérieure, tant sur le plan politique que sur le plan de l'action propre, et une action extérieure pour que le problème algérien devienne une réalité pour le monde entier. Enfin établissement d'une plate-forme de discussion avec les autorités françaises :

« 1° Reconnaissance de la nationalité algérienne.

« 2° Ouverture de négociations.

« 3° Libération des détenus politiques.

« En contrepartie :

« 1° Les intérêts français seront respectés.

« 2° Choix de la nationalité pour Français restant en Algérie.

« 3° Egalité Français-Algériens. Respect mutuel. »

Boudiaf et Didouche furent chargés de mettre au point les termes de la proclamation et de la rédiger. Les deux hommes auront cinq jours devant eux pour ce travail. Ils devront également en rédiger une autre plus courte, touchant plus facilement le peuple et l'invitant à l'action directe. Cette proclamation sera plus largement diffusée et portera l'en-tête de l'A.L.N.

Boudiaf relut à haute voix les notes qu'il avait prises. Chacun approuva les différents points qui devaient figurer dans la proclamation.

« Et maintenant, dit Ben Boulaïd, passons à la date! Il faut maintenant aller vite. »

Chacun l'approuva car les chefs de zones savaient les difficultés qu'avaient leurs chefs de régions pour « tenir » les hommes en main. En outre, plus ils attendaient plus ils avaient de risques de « fuites ». C'était d'ailleurs miracle que la police n'ait encore réagi.

On parla d'abord du 15 octobre, mais les Six convinrent facilement que cette date était trop proche. Il fallait le temps nécessaire pour rédiger les proclamations, les ronéotyper et les envoyer à temps c'est-à-dire le 14 au soir. En outre il fallait que Boudiaf les emmène au Caire pour que l'opération « publicité » ait lieu. Enfin chaque chef de zone n'avait pas encore discuté les plans d'attaque de chaque groupe. Ces objectifs devaient également être annoncés au monde depuis Le Caire. En même temps que la proclamation.

« — Non! dit Boudiaf, le 15 c'est impossible. Je propose le 25. Cela nous donnera dix jours supplémentaires. »

Il interrogea du regard ses cinq compagnons. Tout le monde fut d'accord. On calcula le nombre de jours nécessaires pour terminer les préparatifs. Cinq jours pour la rédaction des proclamations. Trois jours pour les ronéotyper. Deux jours de derniers préparatifs pour chaque chef dans sa région. C'était juste mais on pouvait y arriver. Pourtant Didouche souleva la question de la date.

« Le 25 octobre, dit-il, cela ne frappe pas l'imagination. Si tout va bien, la date que nous fixons sera une date historique. Nous devons penser à l'exploitation psychologique. Je propose le 1er Novembre. Ça marque. C'est le début du mois On prend date! »

Quelqu'un fit remarquer que c'était la fête des morts.

« Non, c'est le 2. Le 1er c'est la Toussaint pour les catholiques, répliqua Didouche.

— Alors c'est d'accord, dit Ben Boulaïd. Tous d'accord? »

Tout le monde approuva. La date fatidique était fixée. Le 1er Novembre. Mais à quelle heure?

Il était impossible de déclencher l'insurrection de jour. L'effet de surprise ne serait pas atteint et les risques étaient démesurés. « Nous devons agir de nuit, dit Ben M'Hidi, et puisque nous cherchons des dates « psychologiques », disons le 1er novembre à minuit.

— C'est-à-dire dans la nuit du 1er au 2? demanda Didouche.

— Non, du 31 au 1er. A la première heure du premier jour de novembre. Le 1er à 0 heure. »

Il y eut un instant de silence dans la pièce. Les dés étaient jetés. Pour la première fois les six hommes se rendaient compte « d'une façon presque tangible » que les jours et les nuits de discussions, de préparations, les risques déjà courus, le recrutement souvent difficile aboutissaient. Chacun avait toujours cru à la révolution mais cette fois-ci elle était toute proche.

« Exactement dans trois semaines, cette nuit, murmura Krim.

— Si tout va bien, ajouta Boudiaf. A ce propos que décidons-nous pour la sécurité? »

Les six chefs du nouveau F.L.N. — le C.R.U.A. était mort depuis une heure à peine — décidèrent de garder le secret le plus absolu sur cette date. « Le 1er novembre à 0 heure » devait rester entre eux. Boudiaf apporterait lui-même la date au Caire, ainsi que les proclamations. Il y arriverait la veille ou l'avant-veille du jour J. Les cinq chefs de régions préviendraient leurs adjoints seulement quarante-huit heures à l'avance. Les officiers de région ne la connaîtraient qu'à J moins vingt-quatre et les hommes, tenus en état d'alerte, douze heures avant l'action, ne seraient prévenus qu'au cours de la dernière soirée. Comme il y aura 4 à 500 hommes, répartis en « commandos d'action » aux quatre coins de l'Algérie, il faudra compter avec les liaisons toujours difficiles. Un commando de Bouadjadj sera facilement réuni à Alger en moins de deux heures, à condition que son chef soit prévenu vingt-quatre heures à l'avance, alors que les membres d'un groupe Ben Boulaïd, qui appartiennent à des douars souvent éloignés, devront être réunis plus de vingt-quatre heures à l'avance.

Dernière mesure de sécurité : les Six décidèrent de vérifier l'étanchéité de leur système de protection. On fixa une répétition générale pour le 22 octobre à 0 heure. Seuls les chefs du F.L.N. sauront qu'il ne s'agit que d'une répétition. Tous les hommes — y compris les adjoints — devront être persuadés qu'ils s'apprêtent à déclencher la révolution. Le contrordre ne sera donné qu'à trois heures de l'heure H. Cette fausse alerte mettra les hommes en condition et éprouvera, selon les zones, la valeur du secret. Si un homme trahit, s'il y a infiltration de la police dans le mouvement, les forces de l'ordre interviendront immédiatement. Les Six seront ainsi fixés et auront dix jours devant eux pour prendre les mesures qui s'imposent. « Et voilà », dit Didouche. Les six hommes se regardèrent et se serrèrent la main.

« Ce sera dur, ajouta Ben Boulaïd, avec les moyens que nous avons... »

Et encore il était le plus favorisé car le dépôt d'armes de sa région, sous les pierres plates de la grange de Lakhdar Baazi, accrochée à un versant aride des Aurès, était le plus important d'Algérie : 90 Mausers et Statti, ainsi que quelques grenades...

Les Aurès se préparaient à l'hiver. La plus sauvage des contrées d'Algérie passait directement de l'été torride au vent coupant qui faisait sortir les épaisses cachabias et ressembler les hommes à des fantômes marron et gris qui se confondaient avec la montagne. Sous les lourds nuages noirs qui roulaient de croupe en croupe sur les hauts-plateaux désertiques, les flancs des collines ressemblaient à de la peau d'éléphant : gris, craquelés. A peine parsemés de bouquets d'arate, de pins sauvages, de buissons de defla rabougris que les ingénieux Chaouïas de jadis transformaient en poudre à fusil. On pouvait parcourir le plateau, de Arris à Batna, sans rencontrer âme qui vive. Peut-être un troupeau de moutons gris sale ou quelques chèvres noires, mais il fallait chercher longtemps le berger, tache grise, assis sur ses talons, adossé à un rocher dont il semblait prendre la couleur; tous les Chaouïas savent — prudence ou atavisme — se fondre dans le paysage comme les insectes le font dans la nature. Les villages, hors des voies de communication, étaient invisibles. Accrochés aux falaises, eux aussi fondus dans cette grisaille uniforme. Qu'un rayon de soleil passant entre les nuages dore un instant les coulées pierreuses, et le village — tel un caméléon — prenait la teinte de la montagne.

Les Chaouïas ont le caractère de leur massif. Durs et farouches. C'est ce que pensait Jean Deleplanque qui regagnait la sous-préfecture de Batna après une rapide promenade dans ces montagnes qui le fascinaient. Depuis un an et demi qu'il était à Batna le coup de foudre qu'il avait eu pour cette sauvage contrée s'était transformé en amour sage et raisonné, profond, pour les Aurès. Avec sa femme Vanda ils en connaissaient toutes les routes, toutes les étapes. Et pourtant Deleplanque s'apercevait bien qu'il ne les connaissait que superficiellement. Les Aurès étaient impénétrables. Ils se laissaient seulement effleurer. Les vrais Aurès étaient en dehors des routes goudronnées, en dehors des chemins empierrés. Ils étaient aux flancs des montagnes, dans les villages, dans les mechtas, accrochés aux versants des collines, invisibles de la route. Traversant le massif, de Lambèse à Biskra, on croyait traverser un désert montagneux. Mais la vie était là, de l'autre côté de la roche, invisible, dissimulée, protégée.

Dans un tel pays comment savoir ce qui se passait? Et pourtant Deleplanque sentait en ce mois d'octobre 1954 qu'il se passait quelque chose. Mais on ne savait quoi. Comme dans un roman de Giono. Rey, l'administrateur de Arris, était venu le trouver pour lui faire part d'une étrange proposition.

Un informateur, Samaïli Ben Barek, bijoutier à Arris, avait offert à l'administrateur un « document de première importance », disait-il, et qui valait fort cher.

« Combien? avait demandé Deleplanque.

— Deux millions! répondit Rey. Mon informateur assure qu'il s'agit non seulement d'une cache d'armes mais d'un plan d'investissement de l'Aurès en cas de rébellion.

— Vous y croyez, vous, à une rébellion?

— Oh! Non. Ce ne sont pas les quelques bandes de Grine, de Maache et autres Messaoud qui peuvent tenter quelque chose. Ce sont plus des bandits traditionnels, comme en Corse existent les bandits d'honneur, que des hommes capables d'une action de si grande envergure. Mais je voulais vous prévenir de vive voix. J'ajouterai dix lignes à ce sujet dans mon rapport de fin octobre. »

Deleplanque avait transmis l'information à Vaujour, le directeur de la Sûreté. Le prochain rendez-vous avec le très prudent bijoutier d'Arris, qui n'était d'ailleurs pas en possession du document, était fixé au mercredi 3 novembre. « J'aurai le document, avait-il précisé. Et je vous le donnerai contre deux millions. »

Le G.G. déciderait s'il fallait donner suite.

Deleplanque ne pouvait pas préciser son inquiétude. Il s'en était ouvert à son ami Pierre Dupuch, préfet de Constantine. Il sentait que la tension existait. Les « Arabes » avaient beaucoup réagi à l'annonce du désastre de Dien-Bien-Phu. D'un jour à l'autre, après l'annonce de la défaite française en Indochine, il avait pu constater par lui-même et par les rapports des administrateurs une modification importante de l'état d'esprit musulman des Aurès. Les Chaouïas ne considéraient plus les Français comme des chefs puisqu'ils étaient vaincus. D'un jour à l'autre l'activité des services de renseignements — qu'ils soient civils ou militaires — était tombée à zéro. Plus de contact. Plus de renseignements. Les Aurès se refermaient sous leur carapace rugueuse. Mais cela se passait en mai et depuis, si le renseignement était aussi difficile, rien ne prouvait que la situation se soit « détériorée ».

Les administrateurs avaient retrouvé leur calme. Leurs rapports étaient rassurants. Rey roulait plus que jamais des épaules. L'administrateur de Arris, un colosse taillé à coups de serpe, était une force de la nature. Brutal, il savait profiter de sa présence physique indéniable. Mais s'il savait se faire respecter, il ne savait guère se faire aimer. Ses contacts avec les musulmans s'en ressentaient. Ne sachant rien, ce rabelaisien, grand chasseur, n'était pas inquiet. Il ne le sera jamais puisque, à la veille de l'insurrection, il refusera des renforts que lui proposera le Gouverneur général. Le lendemain sa ville sera isolée par les rebelles! Ce n'est pas son adjoint Cazebonne qui contredira le « patron ». Il n'y a pas plus de renseignement de Rey. Il est d'ailleurs plus féru de poésie que de recherches en pays chaouïa.

> « *J'ai caché mon épée dans un lys.*
> *J'ai caché mon sang dans la pierre d'orage.*
> *Un aulne frémissant*
> *A essuyé ma colère*
> *Et puis j'ai chanté avec le vent...* »

écrit-il dans sa dernière plaquette qu'il fait publier au Puy-en-Velay. Mais le vent des Aurès, lorsqu'il va souffler, ne dialoguera point avec le doux administrateur adjoint de Arris!

L'administrateur de Khenchela, M. Vivie de Régie, un seigneur du désert, un bel esprit de la vieille école, était lui aussi parfaitement rassuré. Il n'avait jamais entendu parler d'un certain Laghrour Abbès, lieutenant de Ben Boulaïd. Il régnait sur « son » Khenchela, ne soupçonnera jamais que cela puisse changer et risquera d'y laisser sa vie.

Deleplanque, s'il savait à quoi s'en tenir sur certains administrateurs, avait très grande confiance dans le jugement de M. Hirtz, l'administrateur de Biskra, le mieux informé de la région. Très lié avec toutes les grandes familles du désert... tous les notables étaient ses amis. Il sera le seul à avoir une information, la veille même de l'insurrection. Mais en ce mois d'octobre, Hirtz était lui aussi parfaitement rassuré. S'il se produisait quelque chose, les caïds le sauraient, les notables seraient prévenus. Préfets, sous-préfets et administrateurs en étaient d'ailleurs persuadés. Ce sera là la grande faille, l'explication de la « surprise » du 1er novembre. Une insurrection de pauvres faite avec des pauvres et dans le plus grand secret, sans qu'un caïd, sans qu'un notable, que ces nouveaux révolutionnaires tiennent pour quantité négligeable, ne soit informé.

Quant au renseignement militaire, Deleplanque n'y comptait d'aucune façon. Ses relations avec le colonel Blanche, commandant la place de Batna, n'avaient jamais été cordiales. Les deux hommes se détestaient mutuellement. Le colonel Blanche, bel homme avantageux, méprisait ce si jeune sous-préfet qui ne payait pas de mine, surtout en uniforme lorsqu'il figurait aux cérémonies, ou lors de la visite d'un général. Il est vrai que Deleplanque faisait très collégien auprès des généraux et colonels bardés de médailles, de décorations, de bananes. Sa casquette à feuilles de laurier et son air d'extrême jeunesse ne faisaient pas le poids, aux yeux d'un Blanche, face aux batteries tintinnabulantes des glorieux militaires! Et le colonel ne décolérait pas d'être à Batna sous les ordres de ce jeune blanc-bec.

Cet antagonisme permanent civil-militaire sera d'ailleurs, au jour de l'insurrection, cause de bien des retards, de bien des malentendus. Cherrière n'acceptera jamais d'être « sous » Léonard, ni Spillmann « sous » Dupuch, bien que leurs relations soient un temps cordiales; encore moins un colonel Blanche « sous » un Deleplanque! D'autant que le jeune et actif sous-préfet juge avec sévérité ce « vieux beau qui vit dans la hantise de ne pas être général » comme on le dit ouvertement à Batna. Car la capitale des Aurès, à quelques jours de l'insurrection qui va la soulever, vit comme une sous-préfecture française. Du moins la fraction européenne! Cancans et perfidies vont bon train. On se reçoit, on se salue mais on s'épie, on se guette. Et tout Batna, rigolard, observe un officier fort connu de la garnison qui va trop souvent à la porte du lycée attendre une jeune fille de dix-sept ans qu'il affectionne.

Il se ridiculise dans le petit esprit d'une sous-préfecture « sous-développée ». Deleplanque en est irrité car la France, et il s'en fait une haute idée, c'est eux. Lui le civil, « eux » les militaires, dont Blanche est le chef. Les relations entre Deleplanque et Blanche iront en se dégradant car le colonel, furieux de voir ce petit sous-préfet, un gamin, juger la situation avec acuité, prendre des décisions rapides, se montrera aussi courageux qu'un militaire, aussi décidé qu'un « commando », ne pouvant l'étouffer et devant, c'est la loi, céder le pas devant le « civil », se transformera en boulet, appliquera le règlement à la lettre. Et Dieu sait si le règlement n'est pas fait en Algérie pour des circonstances exceptionnelles! Il n'est même pas adapté pour la vie de tous les jours de ces Aurès du bout du monde où l'on joue la « comédie de boulevard » alors que le drame couve.

Mais le colonel Blanche était persuadé que les Aurès étaient calmes. Il venait de l'assurer le 12 octobre, lors de la première visite du général Spillmann, nouveau patron de la division de Constantine. Devant Deleplanque et Malpel qui, d'ailleurs, partageaient son avis sur ce point, il avait décrit « les Chaouïas frustres, secrets, des clients difficiles attachés à leurs coutumes qui ont le coup de fusil prompt, mais sont fort indépendants et haïssent l'étranger quel qu'il soit. Ils n'acceptent aucune consigne de l'extérieur. Nous pensons qu'ils ne bougeront pas. En tout cas on ne décèle chez eux aucun symptôme inquiétant. »

Spillmann sachant la passion que Blanche vouait à la chasse, passion qui l'avait amené à merveilleusement connaître le terrain — « il connaît les Aurès non avec sa tête mais avec ses pieds, c'est parfois utile » —, avait fait grand crédit à son jugement. D'autant que ni Malpel, le maire tout-puissant de Batna, ni Deleplanque ne l'avaient contredit.

Spillmann avait seulement sursauté lorsque Blanche lui avait assuré que les Chaouïs devaient disposer « d'une dizaine de milliers de fusils de guerre sans compter les armes de chasse légalement ou illégalement détenues ». Mais cette histoire de 10 000 fusils de guerre était loin d'être prouvée, Deleplanque la connaissait. Le bruit avait couru, sans preuves, qu'un personnage très trouble d'après le sous-préfet, le Bachaga Taouti du douar Ichmoul, un ami de Malpel et du prédécesseur de Rey à Arris, avait acheté en Libye 10 000 fusils Statti en 1952-1953. On n'eut jamais de nouvelles de ces armes qui « disparurent de la circulation », si elles avaient jamais existé en dehors de l'imagination d'un quelconque indicateur. Et Deleplanque en avait informé Dupuch qui put rassurer Spillmann. Mais le nouveau commandant de Constantine, arrivé depuis quelques jours à peine, n'avait pas eu le temps d'être « assimilé » par le Constantinois et considérait certains signes avec une attention que ne leur accordaient peut-être plus ceux qui étaient arrivés depuis un certain temps. En outre Spillmann, militaire, faisait plus confiance aux renseignements militaires qu'aux rapports civils.

Car à Constantine régnait aussi cet antagonisme entre les deux pouvoirs. Pourtant Dupuch et Spillmann étaient des natures à s'entendre. Impressionnants l'un et l'autre, très imbus de leurs fonctions, d'une éducation semblable et parfaite. Mais qu'il est dur à un général de cinquante-cinq ans de céder le pas devant un préfet qui en a tout juste quarante!

Le préfet reprochera discrètement au général de ne pas être assez militaire, le général reprochera au préfet de l'être trop!

L'un et l'autre n'avaient pas tort. Spilmann, on l'a vu, est un grand général. Mais pas un homme de terrain. Charmant, aimable casseur, « salonnard », il sait à merveille diriger de son bureau.

« Il a fait carrière partie sous l'uniforme, partie dans les salons parisiens », disent les mauvaises langues de la préfecture. Dupuch, qui détestait Cherrière et « ses gros sabots », préférait avoir un Spillmann comme écran entre lui et les militaires d'Alger. Pour lui, Spillmann était beaucoup plus intelligent s'il était moins fonceur. Il préférera toujours réfléchir sur la situation plutôt que bondir dans un hélicoptère — un engin qu'il n'aimera jamais beaucoup — et « foncer dans le tas ».

Pourtant, après quelques jours de résidence à Constantine, le général Spillmann trouvait ce préfet un peu jeune pour un poste pareil. Mais comme il savait les attaches Dupuch-Mayer il se garda bien d'entrer en conflit avec le préfet. Il n'en aura d'ailleurs envie qu'au début 1955. Pour l'heure, il se contentait de le trouver un peu cassant et de caractère difficile. Très jaloux de son autorité : « C'était l'âge! Il fallait bien qu'il s'affirme! » Mais les deux hommes savaient faire passer l'efficacité de leur mission avant de petites susceptibilités personnelles.

En octobre 1954, l'un et l'autre n'avaient d'yeux que pour la frontière algéro-tunisienne. Un vieil imperméable qui n'avait plus de caoutchouc. Une passoire qui laissait s'infiltrer tous les fellagha de Tunisie qui désiraient se « refaire » dans le calme des Aurès.

D'ailleurs, les quelques incidents qui s'étaient produits dans le département de Constantine avaient eu lieu avec des fellagha. « Des Tunisiens », affirmait Dupuch.

« Et s'il n'y avait pas que des Tunisiens? » avait pensé Spillmann toujours lucide. S'il y avait aussi des Algériens? Mais les rapports étaient unanimes : chaque chef de secteur militaire, chaque sous-préfet, chaque administrateur était parfaitement rassuré. « Il y a bien eu une petite tension chez les indigènes... mais dans cette région traditionnellement dans l'opposition c'était chose habituelle... »

Donc, le général Spillmann ne pensait plus qu'à la réorganisation de sa région. Effrayé par le peu de moyens dont il disposait, il voulait resserrer le plus vite possible le dispositif militaire sur la frontière algéro-tunisienne. Pour cela il fallait en premier lieu récupérer les troupes qui étaient en Tunisie et s'entendre avec Boyer de La Tour pour « réimperméabiliser » la frontière tunisienne!

C'était le but de la conférence qui allait se dérouler le 15 octobre 1954 à Constantine. Une conférence tout ce qu'il y a d'officielle, avec prise d'armes, honneurs, *Marseillaise* et banquet. Léonard, Cherrière, Dupuch et Spillmann allaient conférer avec le général Boyer de La Tour du Moulin, Résident général de France en Tunisie, qui leur avait préparé une petite surprise mais qui sera « court-circuité » par Spillmann qui, sous ses airs de salonnard distingué, savait parfaitement dénouer les intrigues d'état-major. Rivalités, susceptibilités; on ne vole pas très haut en octobre 1954 en Algérie! Mais qui pourrait croire que dans l'ombre une poignée d'hommes s'apprêtent à bouleverser les structures d'un pays? Alors on joue au jeu de temps de paix, on s'en veut, on se « tire dans les pattes », on s'observe et on brocarde. On ne sait pas que le jeu — déjà futile — est dépassé; on se soucie peu de ce qui s'est passé à l'autre bout du monde où les forces vives de l'armée française ont subi face à de petits hommes jaunes méprisés une défaite inattendue. La cruelle leçon n'a pas encore servi. Le politique et le militaire émettent sur des longueurs d'ondes différentes et souvent indifférentes.

Sur l'aérodrome de Télergma les quatre hommes qui attendaient le Résident général en Tunisie symbolisaient cet antagonisme latent « politique-militaire » et le jeu stérile des peaux de banane.

« Babar » Cherrière, le beau Spillmann, le bon Léonard et le sévère Dupuch, en ligne et bien droits. Gants blancs, médailles pendantes, étoiles et feuilles de laurier. Et la première chose que leur dira à Télergma le général Boyer de La Tour du Moulin sera : « On coince tous les fellagha tunisiens de l'intérieur contre la frontière, vous les attendez de ce côté-ci — on parlera tout à l'heure du droit de poursuite — et le tour sera joué. »

Le général était optimiste et tout content. Alors que politiquement Mendès-France en était depuis Carthage à la discussion avec les plus représentatifs des opposants : le Néo-Destour!

Mais ce n'était pas pour entendre les plans de bataille tunisiens de Boyer de La Tour que les cinq hommes étaient réunis.

Les « Algériens » voulaient récupérer des troupes prêtées à la Tunisie car Cherrière trouvait l'Algérie « à poil ». Ils désiraient en outre s'entendre avec le Résident pour tenter d'arrêter les « infiltrations » tunisiennes en Algérie. Ces deux graves sujets allaient encore donner lieu à l'un de ces petits jeux où chacun essayait de tirer l'avantage, avec si possible un galon, une étoile, une nomination à la clef.

Connaissant l'ordre du jour et connaissant Boyer de La Tour dont il a été le professeur à Saint-Maixent, Spillmann avait prévenu le gouverneur général Léonard d'une manœuvre « que préparait sûrement ce bon Boyer ». Le gouverneur écouta, attentif, ne s'étonnant plus d'une intrigue de plus ou de moins dans ce grand et beau pays, un peu pourri tout de même, et si loin des préoccupations de la France.

« Boyer de La Tour, lorsqu'on va évoquer le problème de la perméabilité de la frontière, dit Spillmann, va vous dire : « Les fellagha? Ah! c'est un problème que je connais bien. Vous pensez qu'il peut se produire quelque chose en Algérie en raison de la proximité de la Tunisie et vous avez raison. Les fellagha c'est un problème qui doit se régler de Tunis à Oran... » Et mine de rien — bien que ça ne l'emballe pas — il va vous demander le commandement en chef pour les deux pays! Commandant en chef de Tunis à Oran! »

Roger Léonard, qui avait écouté avec intérêt les « prévisions » du général Spillmann, dut bien reconnaître dès le début de la conférence que celui-ci n'était pas mauvaise langue et qu' « il connaissait son Boyer comme s'il l'avait fait ». Car d'entrée le Résident général proposa d'une voix douce, voilée et légèrement hésitante, l'institution d'un commandement mixte des confins algéro-tunisiens dont il consentait par avance à assurer la responsabilité pour le bien de tous et dans l'intérêt général! « Cela s'était d'ailleurs fait entre l'Algérie et le Maroc en 1932. » Il y eut un silence.

Pierre Dupuch vit du coin de l'œil le général Cherrière, déjà peu patient de nature, devenir apoplectique. Et lui, que deviendrait-il dans tout cela? Lui, Cherrière, le patron militaire de l'Algérie! Mais le gouverneur général Léonard sut prévenir l'éclat. Il expliqua paisiblement que les statuts des deux pays étaient différents, que l'Algérie, c'était trois départements français alors que la Tunisie était un protectorat promis à l'autonomie interne.

Boyer de La Tour avait compris. Il se garda d'insister. Cherrière se rasséréna. Spillmann se félicita d'avoir désamorcé le pétard et l'on parla du droit de suite de chaque côté de la frontière, droit que l'on s'accorda mutuellement bien volontiers, « comme si deux pays étrangers, nota le général Spillmann dans ses carnets, établissaient les modalités de leur cooopération politique et militaire ». On convint aussi que le Résident rendrait « dès qu'il le pourrait » le bataillon de Sénégalais de l'escadron de spahis à cheval qui dépendaient de Constantine et qui avaient été prêtés à la Tunisie.

Après quoi, la préfecture de Constantine offrit un très bon repas. Un gouverneur général, un Résident général, un préfet, deux commandants de Région s'étaient déplacés pour cela! Heureusement que le général Cherrière aimait les voyages. Cela faisait au moins un heureux!...

Pour se calmer, Spillmann téléphona à Blanche et lui ordonna de « bouger un peu » et de faire sortir les malheureuses troupes dont il disposait : le 9e Chasseurs d'Afrique et un groupe d'artillerie.

« Vous allez me faire bouger ces lascars et me les envoyer dans le bled dit-il. Qu'on les voie au moins! Envoyez les batteries faire du tir. Où? Eh bien, je ne sais pas moi. A Khenchela par exemple. Ça dérouillera les canons et ça montrera aux populations qu'il y a encore des Français dans le coin. E puis vous laisserez un détachement en permanence à Khenchela. Comme cela ces gars-là cesseront de se promener comme des bidasses rue de la Manutention! »

Le général Spillmann venait de prendre la décision qui éviterait à Khenchela d'être coupée du reste de l'Algérie le 1er novembre. Mais ce jour-là il pensait simplement que ces troupes seraient bien utiles pour assurer la protection du voyage officiel qu'allait effectuer François Mitterrand dans le département de Constantine. Le ministre de l'Intérieur arrivait le surlendemain à Alger et se rendait d'abord à Orléansville sur les lieux de la catastrophe.

« Tout doit être nickel à Alger, pensa le général en souriant, la visite du ministre ça a dû remuer le Gouvernement général. »

Le général était au-dessous de la vérité. Pendant le mois d'octobre, à Alger, on n'avait pensé qu'à ça!

Zoubir Bouadjadj avait été convoqué pour le samedi 16 octobre chez Souidani, dans la ferme qu'il habitait à Souma près de Blida. C'est Aïssa, le tailleur de la rue du Vieux-Palais, chez qui logeaient parfois Ben Boulaïd et Ben M'Hidi et dont la boutique servait de boîte aux lettres, qui lui avait apporté le message signé Si Mohamed. La réunion n'était pas prévue et Zoubir se demanda ce qui se passait. Pour que Rabah Bitat le prévienne par message cela devait être important. Il fit du stop jusqu'à Souma. A la ferme il retrouva Bitat, Bouchaïb et le propriétaire des lieux, Souidani, avec sa tête toute rasée et son éternelle croix de guerre au revers du veston. Celui-là il préparait la révolution, mais il ne se serait séparé pour rien au monde de sa décoration. A croire qu'il ne portait un veston que pour cela!

Bitat s'enquit auprès de Zoubir de l'avancement des plans d'attaque des objectifs. « Il faut vous dépêcher, dit-il, je veux tout avoir dans une semaine! » Bouadjadj en conclut que l'action était proche bien que son chef restât silencieux sur ce point précis.

« Si je vous ai demandé à tous les trois de venir, poursuivit-il, et non aux autres, c'est pour vous annoncer des nouvelles qui doivent rester entre nous. Vous savez, puisque vous y assistiez, que lors de la réunion du 25 juillet — la réunion des vingt-deux — nous avons partagé l'Algérie en cinq zones. Ces zones ont été attribuées. Les Aurès à Ben Boulaïd. Le Nord-Constantinois à Didouche. La Kabylie à Krim, l'Oranie à Ben M'Hidi et l'Algérois à moi. Chacun d'entre nous a trois adjoints. Vous êtes les miens. Vous l'étiez de fait puisque c'est vous qui avez participé au recrutement des militants et à l'instruction. C'est maintenant officiel. »

Les quatre hommes se félicitèrent mutuellement.

« Maintenant le déclenchement est proche, continua Bitat, très proche.

— Pour quand? interrogea Bouadjadj.

— Je ne peux encore vous fixer la date mais c'est pour très bientôt. Vous serez prévenus à temps. Chacun dans sa zone n'a plus à se soucier que des subdivisions. Nos décisions sont prises, il vous faut maintenir la tension chez vos hommes. C'est très important. »

Bitat donna l'ordre à Bouadjadj de transporter des corps de bombes en fonte, deux mitraillettes et cinquante mètres de cordon bickford à Alger. Les corps de bombes dans une maison de la Casbah et le reste chez Guesmia Abdelkader, un vernisseur de Bab-el-Oued.

« Tu en profiteras pour voir où il en est dans la fabrication de ses bombes, ajouta-t-il, des spécialistes vont bourrer les corps des grosses bombes, les petites de Guesmia feront plus de bruit que de mal mais elles seront nécessaires. Psychologiquement nécessaires! »

Bouadjadj, qui n'avait pas vu son chef depuis qu'il avait attribué les objectifs à attaquer à chacun de ses hommes, les lui énuméra. Bitat les nota soigneusement et les approuva. « On verra les plans d'attaque en détail, dit-il. Encore une fois pressez-vous de les mettre au point. Maintenant va vite effectuer ton transfert. »

Il faisait presque nuit quand le camion Hotchkiss qu'employait El Hedjin Kaddour eut fini le transfert des bombes dans une maison du quartier Gambetta. Un spécialiste devait les bourrer. Le mélange était beaucoup plus complexe à mettre au point que pour les bombes que fabriquait Guesmia, et les hommes du groupe ne pouvaient s'en charger eux-mêmes. Un homme sûr viendrait le faire. Bouadjadj ne le connaissait pas.

Le chef du commando algérois fut étonné lorsqu'il apporta les deux mitraillettes enveloppées dans du journal et de la toile à sac chez le vernisseur. Celui-ci l'avait emmené dans sa cave. Dans un coin, sur le sol carrelé, une centaine de boîtes d'huile Esso étaient prêtes. Remplies à ras bord d'un mélange détonant de chlorate de potasse et d'essence. Au centre, plantée dans la pâte incendiaire, une petite mèche se dressait, insolente. L'artisan avait bien travaillé.

« Ça paye pas de mine, dit Guesmia, mais si tout sautait ça ferait un drôle de feu d'artifice dans le quartier.

— Ce ne serait rien à côté de la réserve de la Casbah, ajouta Zoubir Bouadjadj. 200 bombes à corps de fonte! Une étincelle et ce serait une véritable boucherie! »

Guesmia fit jouer les culasses des deux Mats auxquelles il avait adapté un chargeur, puis les fit jouer à nouveau pour récupérer la balle déjà engagée dans le magasin.

« Ça va, elles sont en bon état, dit-il en se tournant vers Zoubir. Alors, c'est pour quand?

— Je peux pas encore te dire, mais c'est du peu. Continue à faire le plus possible de bombes, je t'ai apporté du bickford. »

Dans son bureau au rez-de-chaussée de l'immeuble du Gouvernement général, le préfet Vaujour, directeur de la Sûreté, pensait lui aussi aux bombes, et cela lui posait un cas de conscience.

L'informateur de Costes, en rapport avec l'artificier des conjurés, avait fait du bon travail. Il venait de prévenir que l'action ne devait plus tarder. L'artificier avait été à nouveau contacté par les hommes du C.R.U.A. et pressé de remplir les corps de fonte des bombes rudimentaires.

« Les corps et l'explosif se trouvent à la Casbah, avait-il précisé, et je dois commencer à les remplir. Je ne peux plus attendre! »

L'homme jouant le jeu de la police avait suivi les ordres donnés par Vaujour : retarder le plus possible la préparation des bombes. Il avait prétexté qu'il lui manquait sans cesse un outil, un ingrédient, du matériel. Mais là il était au pied du mur et devait commencer le travail. Vaujour avait conseillé l'emploi du chlorate de potasse qui ferait le moins de dégâts. « Il faut limiter la casse », avait-il dit.

Mais maintenant le combat était engagé. Les preuves étaient là. Des bombes se fabriquaient dans la Casbah et l'artificier devait se « grouiller ». L'action était donc prévue sous peu.

« Alors qu'est-ce qu'on fait, avait interrogé Costes, on y va ou on laisse courir?

— Laissez faire, avait répondu Vaujour, et tentez d'identifier le plus de monde possible et surtout essayez de savoir si le mouvement doit frapper uniquement Alger. »

C'était le principal souci de Vaujour. Se trouvait-il devant des terroristes isolés ou devant une bande organisée ayant des ramifications dans d'autres régions? Fallait-il faire une descente à la fabrique de bombes dont on pouvait avoir l'adresse ou tenter de « loger les clients » comme on dit en langage de police. Vaujour hésitait à prendre l'une des deux décisions. Perquisitionner dans un seul endroit c'était couper le fil et donner l'alerte. Mais ne pas le faire c'était peut-être permettre un attentat qui provoquerait des dizaines de morts innocentes.

Vaujour avait imaginé une troisième solution qui pouvait éliminer une partie des conjurés sans trop donner l'alerte aux autres s'ils existaient.

Il se proposait de fournir à « l'artificier informateur » de Costes un explosif puissant dont il bourrerait une bombe importante. Il la réglerait et « sortirait pisser ». L'explosion volatiliserait le stock et les six à sept hommes qui — d'après l' « André » — venaient régulièrement dans cette maison de la Casbah. Ce serait un « malheureux accident » et un « heureux hasard » pour l'artificier. Mais il y avait les voisins avec des femmes et des gosses. Dans ce quartier surpeuplé où des dizaines de milliers de personnes vivaient entassées, une pareille explosion prendrait figure de catastrophe. Si le directeur de la Sûreté n'avait aucun scrupule à provoquer la mort de conjurés qui s'apprêtaient à commettre un attentat, il n'en était pas de même pour les innocentes victimes que l'explosion ne manquerait pas de faire.

Costes attendait la réponse. Ses hommes devaient rencontrer l'informateur le lendemain matin. Il fallait agir. Vite. Vaujour décrocha son téléphone et composa le numéro de Costes.

« Annulez l'opération prévue, dit-il, j'abandonne le projet.

— On les coffre tout de suite?

— Non. Attendons encore. J'ai l'intuition qu'il n'y a pas uniquement ce groupe. L'artificier parle de nombreuses bombes. Ils vont certainement en envoyer autre part. Suivez la piste et ouvrez l'œil.

— Bien, Monsieur le Directeur. »

Vaujour raccrocha, songeur. Cette fois-ci le fer était engagé. Mais avec qui? Le Directeur de la Sûreté se promit d'alerter le chef de cabinet de Mitterrand qui arrivait dans quelques heures en Algérie. Un voyage officiel. Il avait bien besoin de ça! Au moment où il avait tant à faire! Cette fois-ci Vaujour était bien résolu à tirer le signal d'alarme. Mais il ne semblait pas qu'à Alger, ni à Oran, ni à Constantine on se souciât d'un complot. Il serait à nouveau seul à jouer les inquiets. Tous les préfets, tous les militaires étaient rassurés!

Costes avait beau avoir tous les défauts du monde, il n'avait pas été jusqu'à monter cette histoire d'artificier! Mais pourquoi n'avait-on de renseignements que sur Alger, le domaine des R.G. de Costes?

Ce fut un beau voyage avec prises d'armes, banquets, discours, rebanquets et rediscours. Et le grand circuit. Mitterrand voulait tout voir. On lui montra tout. La caravane de 15 CV Citroën noires parcourut, tel un long serpent brillant, les routes d'Algérie. Oran, Alger, Constantine. Sauts de puce en avion. Longs parcours en voitures avec arrêts traditionnels dans les villages pittoresques et les gros bourgs avec bon poids de « bon Arabe », et d'enfants des écoles. Gueules ravinées sur fond de burnous et cliquetis de médailles des poilus et de « ceux de la dernière », visages touchants, frais et rieurs des gosses qui agitaient leurs menottes crasseuses. Et, vigilant, l'élu local européen ou musulman à la caresse facile, à la poignée de main virile. Main sur le cœur et *Marseillaise*. Les uniformes étaient frais repassés, les décorations briquées, les ventres militaires rentrés pour les garde-à-vous de l'arrivée. Ce fut pourtant le voyage des cartes truquées.

Face à face : d'une part Mitterrand qui sent depuis longtemps qu' « il se passe quelque chose » — les rapports de Vaujour le lui confirment, mais le directeur de la Sûreté semble le seul à être franchement inquiet en Algérie. Le ministre de l'Intérieur a néanmoins voulu venir sur place voir de quoi il retourne.

D'autre part, l'Algérie des grands colons qui ne tient pas, mais pas du tout — contrairement à ce qui est affiché —, à ce que la France s'occupe trop d'elle si ce n'est pour fournir des crédits. Les leaders du grand colonat vont donc s'efforcer de montrer au ministre une Algérie rassurante, prospère, mais pas trop (il faut penser à l'aide financière), et surtout parfaitement calme.

Lorsqu'il atterrit en Algérie, Mitterrand est l'incarnation de ce gouvernement Mendès qui fait si peur au grand colonat, qui donne tant d'espoir aux intellectuels musulmans, mais qui laisse indifférente la grande masse de la population. Ce qui paraît clair à Mendès et à Mitterrand c'est qu'il faut que les musulmans se rendent compte qu'ils ont — puisque l'Algérie c'est la France — un gouvernement pas comme les autres. Un gouvernement bien décidé, une fois l'affaire tunisienne réglée, à faire quelque chose pour l'Algérie. Et en premier lieu appliquer la loi, c'est-à-dire le statut de 1947 qui depuis sept ans reste en souffrance.

Mendès a l'habitude de dire : « Aucun peuple n'est jamais et éternellement subjugué par un autre peuple. » En Algérie il s'agira de lâcher la bride mais avant qu'il ne soit trop tard.

Les rapports qui arrivent régulièrement sur le bureau de Mendès sont rassurants. Il y a bien sûr la proximité de la Tunisie bouillonnante et l'on peut « craindre des remous » mais pour l'instant rien ne les laisse prévoir. Miterrand, qui sans cesse « sent quelque chose en Algérie » — et cela inquiète et agace le président du Conseil qui voudrait bien un peu de concret et non de « pifomètre » —, va donc profiter d'une visite qu'il doit faire à Orléansville anéantie par le tremblement de terre pour se rendre compte sur place si ses « pressentiments » sont fondés.

La tâche du ministre de l'Intérieur n'est pas facile. Il lui faut savoir, mais il doit interroger discrètement. Il ne faut pas effaroucher les « grands » d'Algérie car à Paris que deviendrait la majorité si ténue de Mendès si René Mayer et les « Borgeaud » votaient à l'Assemblée contre le Gouvernement? Elle s'écroulerait immédiatement. Mitterrand déploiera donc toutes les ressources de son célèbre sourire, se fera tout miel et tout rassurant devant les délégués puissants de l'Assemblée algérienne qui, eux-mêmes, offriront au ministre de l'Intérieur leur visage le plus bonhomme alors que ce gouvernement Mendès, pour les plus réactionnaires et les plus influents d'entre eux, sent le soufre et ne peut qu'apporter le malheur de la libération.

Voyez la Tunisie! Après l'Indochine! Tout cela en trois mois à peine! Alors de part et d'autre on va dire blanc alors qu'on pense noir. Ou, pour les plus honnêtes, gris. Mitterrand est de ceux-là.

Il y eut deux grands moments dans ce voyage d'une semaine qui va se terminer à huit jours de l'insurrection. La réception à l'Assemblée algérienne et la réception à Constantine.

Après avoir visité Orléansville martyrisée, s'être incliné sur les tombes des victimes, avoir souligné combien « touchant était l'élan mondial qui avait apporté de l'aide à la ville sinistrée » et à quel point la France se sentait atteinte dans sa chair, François Mitterrand avait entrepris la tournée d'information politique. Le charme du ministre de l'Intérieur que l'on connaissait mal à Alger sut agir. Il séduisit l'Assemblée algérienne qui lui assura par l'entremise du président Laquière que le calme régnait en Algérie.

Ce 19 octobre, c'était un mardi, fut un grand jour pour Raymond Laquière, président de l'Assemblée algérienne. Lui seul allait parler, lui seul allait représenter pour le ministre cette Assemblée algérienne qu'avec ses amis il savait si bien « contrôler ». Et il était bien décidé à montrer le visage de l'Algérie qu'ils désiraient voir emporter par le ministre de l'Intérieur.

Raymond Laquière était une figure de l'Algérie de 1954. Pas de première grandeur comme le trio Borgeaud-Blachette-Schiaffino, mais d'une influence certaine. Il fut l'un des grands représentants de cette politique coloniale du NON à toutes revendications, l'un des plus ardents défenseurs de ce système des refus successifs qui, comme le dira Malraux, a été la clef de toutes les catastrophes.

Enorme, ventru, peu agréable d'aspect et surtout de rapports, Laquière est un homme dur, intransigeant. Truculent aussi, haut en couleur. L'un de ces personnages concevables uniquement en Algérie. Seigneur féodal qui a plus d'influence que de terres et de propriétés, encore qu'il soit loin d'être pauvre, il souffre d'un prurit d'affirmation personnelle extrême qu'il a besoin d'apaiser. Il a l'orgueil qui le gratte! Rien ne peut plus le satisfaire que cette charge de président de l'Assemblée algérienne. Le président Laquière — il ne tolérerait pas qu'on l'appelle autrement — y tient plus que tout au monde. Grâce à elle il satisfait son désir démesuré de pouvoir et d'honneurs. S'il y avait une République algérienne dans le cadre français, il se verrait très bien dans le fauteuil présidentiel.

Politiquement, Laquière est chez Borgeaud mais il ne dédaigne pas — il n'est pas le seul — de faire un tour de valse chez Blachette à moins que ce soit chez Schiaffino selon qu'il n'a pas obtenu satisfaction chez l'un des deux autres! Tour de valse ou tour de marionnette?

Ses ennemis disent de lui : « C'est une outre gonflée... au propre et au figuré, au physique et au moral. » C'est bien plus. C'est un homme qui veut avant tout impressionner les gens. Un homme qui « y va à l'estomac ». Il veut être le premier en Algérie au-delà des fortunes milliardaires, au-dessus du pouvoir d'un Gouverneur général. Pour y arriver il sait utiliser tous les moyens. C'est un vieux routier de la politique algérienne. Il sait à merveille recruter d'utiles agents électoraux dans le « Milieu » — on a vu qu'il n'est pas le seul, mais le milieu algérois est nombreux, bien organisé et sait répondre à toutes les demandes —, il sait encore mieux « influencer » les fonctionnaires.

Mais, sous le régime Léonard-Vaujour, cela devient plus difficile. Si Laquière a su imposer ses vues aux fonctionnaires d'avant l'arrivée de Lénoard il n'y parvient plus aussi bien en 1954. Il déteste Vaujour, ce directeur de la Sûreté qui n'en fait qu'à sa tête et semble peu impressionné par la personnalité excessive, encombrante et débordante de Monsieur le Président.

Heureusement que Vaujour est l'exception. Et qu'il ne restera pas toujours! Malgré ces petits ennuis passagers, lorsqu'il s'apprête à recevoir le ministre de l'Intérieur, M. Laquière est un homme que l'on salue bien bas.

A 16 heures, ce mardi 19 octobre, dans son bureau présidentiel, Raymond Laquière relisait une dernière fois son discours au ministre. La partie qu'il jouait était importante. Puisqu'on avait Mendès autant être bien avec lui. Et puis l'Algérie n'était pas la Tunisie! Il s'agissait de convaincre le ministre qu'il ne s'y passait rien et qu'il n'y avait aucune raison que cela change, surtout si la France apportait une aide accrue. L'Algérie est calme, Monsieur le Ministre, et le restara. Il faut laisser les Algériens se débrouiller entre eux et tout ira bien. La preuve? Ça bouge à droite : le Maroc; ça bouge à gauche : la Tunisie et au centre, chez nous, tout reste calme.

La politique des Européens d'Algérie était plus que jamais une politique de « fermeture » et non d'ouverture. Restons fermes et entre nous et tout ira bien. On est à onze jours de l'insurrection.

Devant une Assemblée algérienne sur son trente et un, Raymond Laquière se surpassa. Il « mit le paquet » et, s'il n'embrassa pas le ministre de l'Intérieur, son discours le fit pour lui.

« Notre Assemblée a bien le droit, s'écria-t-il, d'exprimer sa joie d'un gouvernement courageux et fort... Nous applaudissons aussi à votre venue car vous avez notre confiance. La confiance ne se commande pas. La nôtre a pour origine la netteté de votre caractère, l'intérêt marqué qu'en toutes circonstances vous témoignez à l'Algérie, votre volonté de réalisation et certainement votre jeunesse vibrante... L'Algérie française se lève dans la splendeur de son aurore. Il faut se garder jalousement de tous nuages qui pourraient obscurcir sa radieuse ascension! »

Le président de l'Assemblée, après avoir tressé ses couronnes, n'en oublia pas pour autant par de discrets appels financiers — seulement financiers — la situation économique de l'Algérie. Chômage, formation professionnelle, habitat, agriculture, industrie.

Avec ce sourire qu'on lui connaît et dont on ne sait jamais s'il est expression de contentement ou rictus de commande, François Mitterrand monta à la tribune chaleureusement applaudi par une Assemblée qui, dans sa minorité influente, ne lui voulait pas de bien. Mais cette journée serait celle des « compositions ». Le discours fut long, les réponses précises. Le ministre s'efforça de montrer que le Gouvernement faisait son possible dans les différents secteurs cités par le président Laquière. Puis il fit lui aussi son discours choc. Des roses avec de temps à autre le bout de l'oreille qui se montrait. Quelques traits de la politique algérienne que le Gouvernement français avait l'intention de mener dans un proche avenir parsemèrent un discours fait pour se « mettre l'Assemblée dans la poche ».

« Qu'est-ce, Messieurs, que la République française?

« ... c'est selon les termes mêmes de notre constitution le territoire de la Métropole, ce sont les départements d'Algérie, ce sont les départements et territoires d'outre-mer...

« Et si l'on va de l'est à l'ouest, du nord au sud, sur les territoires de notre république commune, c'est sur des milliers et des milliers de kilomètres, sur l'étendue la plus vaste du monde — j'aime à le répéter —, après celle qui va de Leningrad à Vladivostok, avant celle qui va de Washington à San Francisco, que se développe le drapeau national. Où se trouve l'Algérie dans ce vaste ensemble? Au centre même, là où les forces se rassemblent. »

Mitterrand n'est pas un nouveau venu de la politique, il sait à merveille adapter ses discours à sa clientèle et celui-là l'est magnifiquement. Après ces petits couplets qui convenaient particulièrement aux ultras — on ne manquera pas ensuite, par une sorte de raccourci fulgurant que l'Algérie sait prendre, de proclamer que Mitterrand a fait un discours ultra —, le ministre poursuivit :

« Quel est le citoyen français qui ne trouverait exaltante cette tâche... de participer... à l'histoire future de ce vaste ensemble qui prend place dans l'histoire du monde? Cela ne doit être refusé à aucun de nos amis, à aucun de nos concitoyens conscient de son rôle, à condition que ce rôle ne lui soit pas contesté par les autres : à condition que sur le plan de son travail, de son salaire, à condition que sur le plan de sa formation, dès l'école... il soit admis — et il doit l'être au même titre que tous les autres — aux difficultés, aux responsabilités, aux leviers de commande de la fonction publique...

« Il faut que la démocratie s'instaure davantage, il faut que le plus grand nombre trouve plus de joie, plus de bonheur et plus de volonté à participer à la collectivité nationale, sans quoi ce que vous dites, ce que je dis, ne signifie plus rien. »

Les applaudissements furent particulièrement vifs sur les bancs musulmans du second collège.

« Et puis songeons, poursuivit le ministre, à cette masse qui ne sait pas toujours, mais qui espère en nous. Croyez-moi, l'espérance est comme le torrent qui dévale la montagne : rien ne l'arrêtera. Seulement, suivant l'endroit où se situe la digue, le torrent va ici ou là, mais dites-vous bien que l'espérance du peuple existera quand même.

« Voilà pourquoi le devoir sacré, fondamental, de tous les Français est de faire que l'espérance humaine s'appelle par notre nom. »

Ce mardi il y eut des torrents d'applaudissements au Palais Carnot. Et la vérité commande de dire qu'ils vinrent de tous les bancs de l'Assemblée, celle-là même qui, depuis sept ans, bloquait le statut de 1947!

Dans ce discours Mitterrand prouvait que la visite qu'avait faite Ferhat Abbas au président du Conseil restait gravée dans sa mémoire. Mais l'Algérie de Laquière, de Borgeaud, de Sérigny, de Schiaffino n'en fut pas moins persuadée que Mitterrand avait fait un discours ultra! C'est d'ailleurs ainsi que dans les Mémoires, dans les ouvrages qui le citeront, ce discours sera qualifié. Quelle étrange propension avait l'Algérie européenne à ne retenir dans les discours que ce qu'elle désirait y trouver en balayant négligemment le reste. Quels tours tragiques cela lui jouera!

Et le voyage continua jusque dans le Constantinois et les Aurès. A son habitude, Léonard avait offert au ministre de l'Intérieur un tableau « raisonnable » de la situation algérienne. En bon fonctionnaire son inquiétude était toujours raisonnée. Cherrière s'était plaint du manque d'effectifs mais n'avait aucune crainte sérieuse à exposer. Et les différentes étapes du voyage ministériel ne pouvaient que confirmer cette relative quiétude. Seul Vaujour avait prévenu Nicolaï, le directeur de cabinet de Mitterrand, de cette « affaire de bombes fabriquées dans la Casbah ». Nicolaï avait promis d'en parler au patron.

François Mitterand, malgré les nombreux contacts politiques qu'il prit pendant ce voyage — contacts plus rassurants les uns que les autres —, trouva dans les dernières informations de Vaujour une preuve que son inquiétude était fondée. C'est au cours de ce voyage qu'il réalisa pleinement qu'il « se passait quelque chose ».

L'incident de Constantine allait renforcer son opinion.

La capitale de l'Est algérien ne semblait pourtant pas plus inquiète qu'Alger. Le général Spillmann avait bien signalé la mésaventure de deux gardes champêtres assaillis, roués de coups et renvoyés dans leurs douars par un groupe d'hommes se réclamant de l'Armée de Libération Nationale, mais tous les administrateurs, tous les civils, tous les hommes politiques avec lesquels le ministre prenait contact et évoquait la situation étaient d'accord pour mettre ces incidents à l'actif des « bandits d'honneur qui de tous temps parcouraient les Aurès impénétrables ». Un seul homme tira un coup de semonce : M. Ben Salem, vice-président du Conseil général. Il éclata dans le ronron du « circus » du voyage ministériel. Il indigna les notables. Il alerta pourtant Mitterrand.

En l'absence de M. René Mayer ce fut au vice-président Ben Salem qu'échut la corvée du discours d'accueil au Conseil général. On avait signalé à François Mitterrand que Ben Salem était l'un des protégés de René Mayer. Un de ces nationalistes modérés de l'école Ferhat Abbas pour qui la revendication principale n'était pas l'indépendance mais l'intégration, l'égalité entre Français.

Le cortège officiel prit place dans la salle du Conseil général. Chacun se cala dans son fauteuil, le ministre, le préfet, les généraux, les notables s'apprêtèrent à entendre le discours classique et anodin — bonjour, bonsoir, content de vous voir —, de mise dans ces circonstances.

Et ne voilà-t-il pas que M. Ben Salem, qui n'avait oublié aucun compliment, ni aucune des demandes que l'on fait en ces cas-là au ministre en visite, poursuivit son discours en demandant que l'on se penche sur le sort des musulmans! Effarés, les notables de la chambre de commerce et de celle de l'agriculture, les amis de René Mayer et de Borgeaud entendirent cet homme qu'ils croyaient des leurs réclamer le Collège unique! Le scandale fut épouvantable. On parla de propos enflammés et déplacés. Ben Salem fut honni.

René Mayer, alerté, le désavoua dans une lettre publique. On s'excusa auprès du ministre. Et on l'entraîna très vite dans le tourbillon du voyage officiel. Qu'il oublie. Qu'il oublie vite!

Mais François Mitterrand avait entendu l'éclat. Dans la bouche de ce modéré, de ce musulman qui « avait passé la barrière » et accédé aux honneurs, l'avertissement avait pour lui une portée considérable. Mitterrand, qui connaissait les coulisses de la politique, fut plus frappé par ce discours relativement modéré, bien que les Européens l'aient trouvé scandaleux, que par les « bombes » de Vaujour. Ou plutôt une information policière confirmait un éclat politique. Car il fallait vraiment que le malaise soit grand pour que Ben Salem ait pris ce risque, ait lancé ce cri d'alarme courageux.

Lorsque François Mitterrand prit son avion à Bône pour rentrer à Paris le 23 octobre, il était persuadé qu'il se passait quelque chose ou plutôt qu'il allait se passer quelque chose. « Dans trois semaines ou un mois » avait dit Vaujour.

Laquière avait essayé d'effacer cette mauvaise impression en organisant avant le départ une réception au casino de Saint-Eugène dont il était maire, en l'honneur de Mitterrand.

« Tout va bien, mon cher Ministre, avait-il dit, et tout ira bien. Il suffit de les tenir. »

Décidément ils ne comprendraient jamais rien à temps!

Lorsqu'il l'interrogea sur l'impression qu'il retirait de son voyage, le président Mendès-France entendit son ministre de l'Intérieur lui répondre : « La situation est malsaine. J'ai peur qu'il nous faille, malgré les rapports rassurants, nous occuper du dossier algérien avant d'avoir réglé les problèmes déjà entamés. J'espère des renseignements concrets dans un proche avenir... »

Il avait six jours à attendre pour être fixé.

Le général Spillmann qui, en marge du voyage de M. Mitterrand, continuait son inspection de la zone Est algérien, était atterré de ce qu'il découvrait. 12 000 hommes pour la zone la plus traditionnellement « ouverte à la sédition »! En moins de quinze jours l'actif général avait pris le problème à bras-le-corps et tenté de réorganiser la zone dont il était responsable. La mésaventure dont les deux gardes champêtres avaient été victimes dans la région de Souk-Ahras ne l'avait pas fait rire. D'autant que des incidents sans gravité mais significatifs s'étaient déroulés tout au long de la frontière : accrochages entre des gendarmes et des « présumés fellagha tunisiens », bandes signalées à Souk-Ahras, etc. Il avait donc décidé, en liaison avec les forces françaises en Tunisie, d'unifier le commandement militaire de la frontière.

Et ce n'était pas facile car les chinoiseries de l'administration française avaient bien fait les choses. Du nord au sud de la frontière s'échelonnaient quatre communes mixtes : La Calle, Souk-Ahras, Morsott et Tébessa. La première dépendait de Bône, la seconde de Guelma et les deux dernières de Constantine! Chaque commandement militaire était sous les ordres d'administrateurs et sous-préfets différents. Cela ne simplifiait pas l'unité d'action. Elle était même franchement impossible. Spillmann décida donc d'unifier la direction militaire de la frontière est et profita de ses bonnes relations avec Dupuch — un brave homme malgré ses airs cassants — pour lui demander de confier à un seul collaborateur la coordination des services civils de la frontière.

Dupuch pensa tout de suite à Deleplanque qui connaissait très bien la région et qui avait les épaules assez solides pour assurer une pareille coordination. Batna semblait calme et Deleplanque pouvait quitter ce poste.

« Mais, ajouta le général Spillman, il ne faut pas se faire d'illusion, nous sommes en train de calfater une vieille coque percée. Nous ne pourrons rien faire de sérieux si nous n'obtenons pas le concours de la population. »

Et il soumit au préfet un plan qui faisait resurgir les goums du passé. C'était bien dans l'esprit de ce vieil Africain. Il proposait de lever dans la zone frontière six cent vingt supplétifs affectés à la police des communes mixtes, à la garde personnelle des caïds et à la sécurité des exploitations agricoles les plus isolées. La note s'élèverait à treize millions par mois.

Dupuch ne se montra pas enthousiaste. Les goums, il n'y

croyait pas; ceux qu'il avait levés à Morsott avaient dû être dissous en raison de leur mauvaise tenue. Il fallait donc les encadrer de Français. Et où les trouver? Dupuch accepta pourtant de tenter l'expérience avec 100 goumiers. Il envoya la demande à Léonard.

Lorsque les premiers goums furent levés ils causèrent bien des désillusions au général Spillmann. Il découvrit que les « fiers goumiers parcourant les djebels », ce rêve qui se réalisait, n'étaient que des hommes d'âge vénérable, le cousin du cousin de l'oncle du Cadi, recrutés par les administrateurs qui s'étaient trouvé ainsi une domesticité ou des gardes du corps à bon compte. Les farouches blédards étaient chaouch ou jardiniers... Pourquoi des goums puisqu'il ne se passait rien? C'était désespérant.

Pourtant Spillmann avait un allié solide en la personne du général Cherrière qui commençait à se faire du souci pour cette sacrée frontière. Le différend qui avait opposé les deux hommes était oublié. Le commandant de la Xe région militaire, venu inspecter à Tébessa les unités de la zone frontière est, constatait avec son adjoint le peu de « punch » de ces unités.

Cherrière, qui ne rêvait que vastes horizons, opérations d'envergure, ratissage, et qui pensait que l'on aurait pu depuis longtemps débarrasser ainsi les Aurès de ces « redoutables » bandits dont on lui rebattait les oreilles, se trouvait sur la frontière avec des hommes du contingent, cafardeux — quelques mois de garnison à Tébessa n'ont rien de joyeux —, peu nombreux et mal équipés. Les deux généraux décidèrent de faire sortir les troupes mais constatèrent bien vite que faute de mulets elles ne pouvaient quitter les voies principales. Alors on décida de demander des mulets à Paris. Depuis huit ans les mulets d'armes avaient disparu d'Algérie. Il fallait recréer ces unités. Fabriquer à nouveau des bâts. On prit les mesures nécessaires.

A huit jours de l'insurrection dans l'Est algérien aucun chef militaire ne pense à faire sortir les troupes seules à pied. Par petits commandos mobiles et efficaces. Mais ni Spillmann ni surtout Cherrière ne croient à la guerre subversive. Ils sont pour les méthodes qui ont fait leurs preuves depuis des décennies dans une Afrique qu'ils connaissent depuis trente ans.

A quelques kilomètres d'eux, les Chaouïas de Ben Boulaïd, secs et nerveux, groupés en petits commandos de 10 à 20 hommes s'apprêtent à déclencher l'insurrection. Ils n'auront ni mulets, ni boîtes de ration. Un fusil pour deux et les caches de la montagne.

Pour lutter contre eux il faudra attendre des colonels à gueules de loups qui ont appris les méthodes de la guerre subversive dans la boue des rizières et qui sauront « crapahuter » dans le djebel, ayant oublié l'Ecole de guerre et assimilé les leçons de Mao et d'Ho Chi-Minh. Mais en octobre 1954 ils sont quelque part sur la mer Rouge dans un transport de troupe ou bien, s'ils ont eu de la chance, ils se « désintoxiquent », et comme a dit le ministre de la Guerre à Cherrière : « Il ne faudra pas compter sur eux avant Pâques 1955. »

Ce 20 octobre, Bouadjadj fut contacté par Didouche qui voulait lui confier une mission importante. Normalement Bouadjadj ne devait recevoir d'ordres que du chef de la zone IV : Rabah Bitat chargé de l'Algérois. Mais Bouadjadj restait très lié avec Didouche, son copain de jeunesse. Et le Saint-Just de cette révolution naissante avait grande influence sur l'organisateur des commandos terroristes d'Alger. Si Bouadjadj reconnaissait la direction collégiale formée par le comité des Six, pour lui Didouche était le véritable chef de la révolution. Plus que le chef, l'âme. Zoubir Bouadjadj savait que le véritable organisateur, celui qui avait déclenché le mouvement, groupé les idées, réuni le petit noyau originel était Boudiaf; ça ne l'empêchait pas de penser que Didouche était le ferment de cette pâte qui levait doucement. Par son enthousiasme, sa foi, sa vigueur, il était le symbole de la révolution. Bouadjadj avait eu souvent des prises de bec avec Ben Boulaïd, avec Boudiaf, jamais avec Didouche. Leur jeunesse les rapprochait. Pour Zoubir, tout ce que disait son ami était parole d'évangile et il se souvenait qu'un jour où, par négligence, il n'avait pas contacté Didouche au jour et à l'heure prévus, celui-ci, follement inquiet, avait téléphoné aux commissariats et aux hôpitaux pour vérifier s'il n'avait pas été victime d'un accident. Cette préoccupation constante de Didouche pour les hommes qu'il avait entraînés dans l'aventure toucha beaucoup plus Bouadjadj que le sermon qu'il méritait. Il devait être ensuite d'une régularité d'horloge.

Ce mercredi, Didouche avait donc rencontré Bouadjadj et lui avait confirmé ce qu'avait dit Bitat : l'heure était proche. Et à ce propos un problème se posait. Didouche révéla à son ami que le jour J un double tract serait envoyé à des personnalités d'Algérie, aux journaux, aux ambassades pour annoncer le début de la révolution et les buts qu'elle poursuivait. Boudiaf et lui-même avaient rédigé ce tract, il s'agissait maintenant d'en revoir la forme et de le ronéotyper. Ouamrane avait bien la machine en Kabylie mais personne ne savait la faire fonctionner.

Didouche demanda à Bouadjadj de contacter l'homme qui pourrait à la fois revoir et, éventuellement, corriger le texte et tirer 450 à 500 exemplaires de chaque tract.

« Mais je ne connais personne qui puisse faire cela, protesta Bouadjadj.

— Laisse donc, moi je le connais mais il ne fait pas partie du groupe. Il va donc falloir le contacter et le convaincre de travailler avec nous. Et vite parce que maintenant le temps presse. »

Son ami avait respecté la loi du silence quant à la date fixée, mais c'était un nouvel indice pour Zoubir. C'était maintenant une question de jours, sinon d'heures.

Didouche lui apprit que l'homme qui pouvait les aider était un très bon militant M.T.L.D. : Mohamed Laïchaoui. Il était instruit et avait fait un long stage de journaliste à Paris.

« Il va pouvoir nous indiquer la meilleure forme pour les tracts, précisa Didouche. Et en plus, il sait faire tourner une ronéo. » Le jeune chef souligna l'importance de la mission. Bouadjadj ne devait pas se faire repérer. Le journaliste pouvait refuser et bavarder. On convint de faire établir le contact par Kaci Moktar.

« Attention Zoubir, c'est très important. Il ne faut pas qu'il y ait de faux pas! »

Deux jours plus tard Bouadjadj stationnait au coin de la rue de l'Union et du boulevard Thiers, tout près des Halles Centrales, dans Belcourt. Il était inquiet. Le sergent Ouamrane devait prendre en charge Laïchaoui et l'emmener vers la ronéo, qui se trouvait en sécurité dans son secteur. Le journaliste contacté par Kaci Moktar n'avait pas manifesté un enthousiasme débordant pour participer à la « troisième force ». Kaci s'était contenté d'amener l'homme au groupe sans commettre l'imprudence de lui parler de la mission qu'il devrait accomplir.

« On te demandera simplement de te servir de tes connaissances, avait-il ajouté. C'est tout. » Mohamed Laïchaoui, sincère nationaliste, malgré sa méfiance avait accepté de rencontrer « un chef ». Et Bouadjadj, qui avait téléguidé et surveillé toute l'opération sans jamais apparaître, venait de voir entrer le militant dans le café de Ahmed Zaouane, boulevard Thiers, lieu de rendez-vous fixé par Kaci.

Le journaliste en ressortit quelques instants plus tard pour stationner à la porte comme cela lui avait été conseillé. On pouvait agir. Bouadjadj était soulagé. Le premier pas était fait. L'homme était au rendez-vous. Il vit la Vedette bleue transformée en camionnette s'arrêter devant le café. Ouamrane, que Zoubir avait rencontré auparavant et qui connaissait le signalement de Laïchaoui, en sortit et se dirigea vers le journaliste. Les deux hommes échangèrent quelques mots que Bouadjadj ne pouvait entendre. Et soudain il vit Ouamrane saisir l'homme par le bras d'une poigne irrésistible. La force du sergent l'avait toujours impressionné. Ouamrane avait entraîné l'homme vers la voiture. Sans lui lâcher le bras il ouvrit la portière et le fourra sur la banquette. Il s'assit auprès de lui. La Vedette démarra.

« Voilà un kidnapping ou je ne m'y connais pas », pensa Bouadjadj.

Le journaliste n'avait pas dû être très chaud pour se mouiller dans l'affaire. Ouamrane l'emmenait vers Krim qui le conduirait à Ighril Imoula, une *dechra* (petit village) de Zamoun. Le chef kabyle le convaincrait mieux pendant la route que sur le trottoir. Et puis, s'il ne marchait pas, il en savait déjà trop pour être lâché dans la nature.

Surtout un jour comme celui-là! Zoubir Bouadjadj, qui avait été mis dans le secret de la répétition générale, avait donné la veille le signal à ses cinq chefs de commandos de se tenir prêts à intervenir.

L'heure H était fixée au vendredit 22 à minuit. Les hommes étaient déjà prévenus. Zoubir stopperait l'opération aux alentours de 22 heures. Il avait toute confiance en ses hommes mais il savait bien que dans la lutte clandestine il fallait toujours être sur le qui-vive. Si l'un d'entre eux flanchait et racontait ce qu'il savait à la police, il serait fixé dans la nuit. Au plus tard le lendemain matin. Bouadjadj n'avait pas peur pour lui, car aucun des hommes de base ne le connaissait, mais pour ses chefs de groupe. S'il y avait une fuite, l'un d'entre eux risquait d'être arrêté. Chacun avait pris ses précautions. Si cela se produisait l'homme arrêté devait tenir trois ou quatre heures devant les interrogatoires pour donner à chacun le temps d'être averti et de changer de domicile. Le cloisonnement avait été soigneusement respecté et devait, le cas échéant, être efficace.

Zoubir Bouadjadj, qui venait de donner un jour et une heure bidon à ses hommes, aurait donné cinq ans de sa vie pour connaître le jour et l'heure exacte. Ce vendredi soir il se sentait l'estomac noué. Il savait l'opération nécessaire pour leur sécurité à tous mais il aurait tant voulu ne pas stopper l'opération à 22 heures. Lui aussi commençait à vivre sur les nerfs!

« Le Roumi est arrivé avec ses appareils! » Le téléphone « arabe » avait signalé ainsi dans tous les Ouled Abdi la présence de l'ethnologue Jean Servier. C'était son deuxième séjour au cœur des Aurès. Stagiaire de recherche au C.N.R.S. il faisait une thèse sur le monde berbérophone. Ce travail de Romain durait depuis mars 1949 et l'avait amené à parcourir successivement le Zakar, l'Ouarsenis, le Chenoua, les deux Kabylie et les Beni Snus. Jean Servier avait trente-six ans et était né à Constantine. Il était l'un des rares Pieds-Noirs d'Algérie à parler couramment l'arabe, le kabyle et le chaouïa des Aurès et il se sentait parfaitement à l'aise dans les villages où il séjournait souvent longtemps, vivant de la même façon que les paysans et les bergers. Il n'avait rien d'un savant Cosinus. Il avait les pieds bien sur terre et aimait profondément son pays. Depuis bientôt six ans qu'il parcourait l'Algérie il avait été partout bien reçu. Chaque tribu, heureuse que ce Roumi parle sa langue et se penche avec intérêt sur ses traditions, le recevait à bras ouverts.

Pourtant, pour la première fois, près de Marnia, en septembre dernier, chez les Beni Snus, des gens lui avaient lancé des pierres. Jamais pareille mésaventure ne lui était arrivée. Il pensa que peut-être Messali Hadj dont c'était la région avait enflammé les esprits ouverts à sa propagande nationaliste. Puis il avait rejeté cette hypothèse en s'apercevant qu'il avait commis une erreur de psychologie en se faisant guider et accompagner par un potier. Les potiers étaient traditionnellement méprisés par les tribus de la frontière algéro-marocaine, tout comme les forgerons le sont à l'est du pays dans le Constantinois et les Aurès. Il n'avait repensé à l'incident que quelques jours auparavant lors de son arrivée à Arris. L'administrateur, M. Rey, l'avait invité à déjeuner. Servier lui avait raconté le but de son voyage et avait trouvé chez l'administrateur ce petit sourire amusé qu'il trouvait chez tous ses compatriotes lorsqu'il leur expliquait son travail. Un petit sourire qui voulait dire : « Enfin si ça vous amuse de vivre avec eux et d'apprendre leurs mœurs de sauvages, libre à vous. Surtout si on vous paie pour ça! »

Mais Rey ne lui avait pas moins brossé un tableau de la situation de ces Aurès où il allait vivre quelques semaines chez les Chaouïas de la montagne.

« Tout est calme. Tout va bien, lui avait-il dit. Nos Aurès sont tranquilles. On ne parle même plus des bandits ces temps-ci. »

Servier n'en avait pas moins été étonné par une scène qui s'était déroulée le matin même dans une épicerie des Arris. Il était entré pour acheter un stylo à bille. « Je voudrais un Bic », avait-il demandé sans malice. Et il avait vu l'épicier musulman se crisper.

« Vous voulez sans doute dire un stylo à bille? », avait rétorqué le commerçant. Devant l'effarement de Servier, il avait compris qu'il n'y avait aucune arrière-pensée dans cette demande et s'était radouci.

« On devrait avoir l'habitude de se faire traiter de bic, de melon, de crouillat! s'était-il excusé, mais moi, maintenant, je ne peux plus le supporter. »

Servier, qui n'avait rien d'un homme de gauche mais n'en était pas moins libéral, souffrait de constater que l'ambiance européenne créée par les petits Blancs dans la plupart des centres était partout la même. Insupportable. Et à Arris c'était particulièrement sensible. En s'installant dans la montagne, dans les Ouled Abdi, chez les lointains descendants d'Aïcha Tabahloult, la folle, il était heureux d'y échapper.

Teniet-el-Abd, le village où il s'était installé, n'était accessible qu'à pied. C'était le véritable village aurésien, isolé du monde mais construit avec soin comme savent le faire les Chaouïas. Les maisons de pierres sèches possédaient pour la plupart une terrasse s'avançant en avant de l'aplomb des murs. Du piton voisin le village ressemblait à un bloc compact de pierres sèches car les maisons s'imbriquaient les unes dans les autres, s'étayant, se blottissant l'une contre l'autre. Teniet-el-Abd c'était la véritable dechra — le village protégé des temps de guerre — invisible, aux voies de pénétration presque inaccessibles. C'était le lieu d'observation idéal pour les travaux de Jean Servier.

Les Chaouïas vivaient là comme à l'époque de la Kahina, comme leurs ancêtres au temps d'Aïcha, de Touba ou du vieil aveugle Bourek. Servier avait constaté que leurs rites agraires étaient analogues aux rites de la Grèce antique. Il avait donc commencé l'enregistrement des chants séculaires, des légendes et des traditions.

« Le Roumi est arrivé avec ses appareils. » Toutes les dechras des Aurès étaient au courant mais Servier était connu. On l'aimait bien.

On lui faisait confiance. On lui en donnait des preuves. A la grande surprise de l'ethnologue on lui avait même montré la nouvelle merveille du village : un poste à pile sèche. Chez ces gens qui vivaient sans eau courante, sans électricité, sans le moindre confort, cet achat semblait inconsidéré. Les femmes n'écoutaient pas le ménage en musique ni les nouveautés du disque de Jacques Bedos sur Radio Alger! Alors pourquoi un poste à pile sèche?

« Presque tous les villages des Aurès en ont un, lui dit le caïd de Teniet-el-Abd, car tous les soirs on écoute Le Caire. »

Servier savait les Aurès très politisés malgré leurs conditions de vie, mais il ne se doutait pas que ce fût à ce point. On l'invita d'ailleurs à écouter les émissions avec les hommes du village. C'est au cours de ces réunions qu'il sympathisa avec le taleb — le maître d'école coranique — d'un village voisin, qui traduisait, de l'arabe littéraire en chaouïa, les longues diatribes passionnées de Radio Le Caire au cours desquelles des torrents d'injures stigmatisaient les pays colonialistes, la France en particulier.

Servier participa un soir à une discussion animée qui suivit une de ces séances collectives. Il y défendit le contact Afrique du Nord-Occident.

« Suivez plutôt Paris que Le Caire, nous sommes plus proches de vous. Nous habitons ensemble... » Il avait failli dire : « Nous avons été à l'école ensemble! » Le taleb et les hommes répondirent en souriant : « Peut-être , mais on ne fait pas grand-chose pour nous de ce côté-là! » Ce soir-là Servier se promit de dire deux mots à M. Rey, l'administrateur de Arris, à propos des écoutes collectives. Lui qui assurait que la région était parfaitement calme, elle ne le resterait pas très longtemps! Quand des hommes aussi farouches que les Chaouïas en sont à écouter collectivement des émissions aussi violentes et en discutent ensuite, il ne faut pas être grand prophète pour prévoir des incidents dans un proche avenir. Mais les caïds et les hommes que l'administrateur de la commune mixte employait n'étaient sans doute pas au courant de ce qui se passait dans ces villages où l'on se méfiait d'eux et où ils ne pénétraient jamais!

Un autre incident avait confirmé cette prise en main politico-religieuse de la population des Aurès par Le Caire. Servier circulait en bavardant en compagnie d'un caïd puissant et respecté des Ouled Abdi lorsqu'un groupe d'hommes de son village qui charriaient des planches, du ciment, du plâtre, interpellèrent le notable :

« Alors, on ne t'a pas vu aujourd'hui, tu te défiles? »

Et Servier, stupéfait, avait entendu cet homme si puissant, si respecté, dont l'autorité faisait loi dans ce pays perdu, répondre tout penaud : « Non. Non. Je viendrai tout à l'heure. Je suis occupé pour l'instant mais je vais venir. »

Et l'ethnologue avait appris qu'un mot d'ordre venu du Caire et confirmé par les « responsables politiques » des villes de Batna, Kenchela, Arris, ordonnait de construire une mosquée dans chaque village. Chacun sans exception devait y participer et la population y répondait avec enthousiasme. Jean Servier avait pu ensuite recouper cette information. Une véritable campagne de fanatisation religieuse sévissait en pays chaouïa.

Ce soir-là, en se couchant dans une petite maison que les habitants de Teniet lui avaient prêtée, Jean Servier pensa qu'on apprenait des choses bien intéressantes en faisant de l'ethnologie dans les Aurès.

Pendant qu'à Bône François Mitterrand s'embarquait à destination de Paris, après avoir froncé les sourcils en voyant apparaître quelques banderoles : « Libérez Messali », et après avoir donné tous apaisements au Dr Pantaloni, député-maire de Bône, qui avait dit dans son discours : « L'Algérie c'est la France, mais le climat politique se détériore et les journaux nationalistes n'arrêtent pas leur propagande », le Gouverneur général prenait dans son bureau une grave décision.

Il avait convoqué M. Vaujour et M. Trémeaud, préfet d'Alger.

« Messieurs, je crois que la situation risque de se détériorer à brève échéance; aussi j'ai décidé d'envoyer le dernier rapport des Renseignements généraux accompagné d'une note à M. Mitterrand. Monsieur Vaujour, je compte sur vous pour qu'il parvienne à Paris dans les plus brefs délais. »

Le Gouverneur général, après n'avoir manifesté pendant tout le temps du voyage ministériel qu'une inquiétude « raisonnée » et modérée, venait, à la lecture du dernier rapport de la P.R.G., de prendre la décision d'alerter Paris. Quand on sait la crainte qu'ont eue tous les hauts et bons fonctionnaires en poste « aux colonies » d'avertir Paris que dans le pays qu'ils contrôlent « cela ne va pas aussi bien qu'on le voudrait », on mesure le sentiment qui animait M. Léonard. Il avait tenu à ajouter deux feuillets dactylographiés au rapport des Renseignements généraux. Deux feuillets qui devraient attirer l'attention de M. Mitterrand lorsqu'il les recevrait :

« Monsieur le Ministre, écrivait le gouverneur, j'ai l'honneur de vous envoyer sous ce pli un rapport établi par la police des Renseignements généraux d'Alger sur la constitution en Algérie d'un groupe autonome d'action directe par les séparatistes extrémistes. » M. Léonard attirait tout particulièrement l'attention du ministre sur le danger « *peut-être immédiat...* » Il rappelait « l'action du Caire qui veut sans nul doute étendre l'agitation qui règne déjà en Tunisie et au Maroc au moment où l'O.N.U. s'apprête à discuter des problèmes des deux protectorats ». Le Gouverneur général terminait son rapport au ministre par cette phrase qui, selon lui, devait montrer à Mitterrand l'imminence du péril :

« Sommes-nous à la veille d'attentats en Algérie? Il est impossible de l'affirmer de façon absolue, mais à mes yeux il convient de le redouter. »

On est frappé par le style discret qu'auront toujours les hauts fonctionnaires pour dire : « Attention, il y a le feu. Envoyez les pompiers! »

Si M. Vaujour savait ce que contenait le rapport, le préfet d'Alger M. Trémeaud, lui, tombait des nues. Il apprenait à cet instant même la création du C.R.U.A. qui datait d'avril. On était le 23 octobre 1954!

Mais que contenait donc ce fameux rapport pour qu'il pousse Roger Léonard à tirer une sonnette d'alarme dont il redoutait tant le bruit? Tout simplement une synthèse de tout ce que l'on savait sur les mouvements nationalistes à laquelle s'ajoutaient d'importants renseignements obtenus par les hommes de M. Carsenac auprès de leurs divers indicateurs — les « André ». Lorsque Costes avait été nommé contrôleur général, Carsenac l'avait remplacé à la tête des R.G. d'Alger. C'était son premier rapport important. Les derniers « tuyaux » de « l'André » qui avait le contact avec l'artificier recruté par le C.R.U.A. — les R.G. ne connaissent pas encore la constitution du F.L.N. — étaient de premier ordre et tout récents. Le commissaire Touron, qui avait le contact avec l'indicateur, les avait reçus le matin même. Et ils confirmaient les craintes de Vaujour : « Le mouvement n'est pas localisé à Alger mais couvre toute l'Algérie. D'après l'informateur c'est Ben Bella qui, du Caire, le synchronise. »

C'est à partir de ce rapport du 23 octobre que les autorités françaises seront persuadées que « tout se fait au Caire et que le chef est Ben Bella ». Elles connaissent Ben Bella depuis l'O.S., en 1950. L'annonce du déclenchement de la révolution à la radio du Caire, le 1er novembre, des buts qu'elle poursuit et des objectifs atteints dans la nuit de l'insurrection les confirmeront dans leur opinion.

On a vu et on verra encore que la réalité est bien différente; on peut affirmer que ce sont les autorités françaises qui feront — dans un premier temps grâce à ce rapport — la publicité de Ben Bella! Ce sont les Français qui baptisent Ben Bella chef de la Révolution.

Il est intéressant pour celui qui connaît les coulisses de la préparation de la Révolution de voir ce que savent les autorités françaises ce 23 octobre 1954 à huit jours de l'insurrection.

Le commissaire Carsenac, chef des R.G. D'Alger, avait rédigé d'après les renseignements de son adjoint, le commissaire Touron, un long rapport dans lequel il reprenait le contexte politique musulman.

« Depuis la scission du M.T.L.D., écrivait-il, la masse des militants est en attente. Lahouel a dans un premier temps soutenu le Groupe autonome d'Action dénommé dans certaines régions C.R.U.A. Mais Lahouel a immédiatement retiré son aide dès qu'il a connu les projets d'action violente des membres du C.R.U.A. qu'il n'avait plus intérêt à soutenir financièrement. Radjef et Zitouni, qu'il avait délégués auprès du C.R.U.A., ont regagné le Comité central du M.T.L.D.

« Mais ceux dont le but est l'action directe sont restés... Tous sont d'anciens membres de l'O.S. qui ont jadis travaillé sous les ordres de Ben Bella. Le groupe contacte Ben Bella par Didouche qui se rend en Suisse puis au Caire. Ben Bella et Aït Ahmed s'occupent au Caire d'instruction de commandos et confirment le groupe dans ses intentions de violences rapides.

« Ben Bella fait savoir que le groupe pouvait compter sur une aide provenant de la Caisse spéciale créée au Caire pour aider les rebelles nord-africains en lutte. Ben Bella demande que le groupe se mette en mesure d'agir en Algérie. »

Jusque-là rien de très nouveau pour Jean Vaujour ni pour Roger Léonard. C'est la suite du rapport qui va décider le Gouverneur général à alerter Paris. Le commissaire Carsenac transcrit le récit fait par l'artificier à l'indicateur du commissaire Touron sur les circonstances de son entrée au sein du C.R.U.A. et de l'action qui s'y prépare.

« Le groupe autonome est entré en contact par Larbi avec un

homme important de l'O.S., spécialiste en explosif. Il lui a demandé s'il était prêt à former des éléments et à leur apprendre à fabriquer et manier des engins explosifs. Le spécialiste, après avoir accepté, s'est aperçu qu'il avait été placé sous surveillance. Quinze jours plus tard le groupe lui a signalé qu'un dirigeant voulait le rencontrer. Celui-ci lui a été présenté sous le nom de « Si Kaddour ». La rencontre a eu lieu le 17 octobre à Alger. L'artificier a reconnu à l'accent de « Si Kaddour » que celui-ci était originaire du Constantinois et, par certaines formes de phrases, qu'il avait fait ses études à la Zitouna [1]. « Si Kaddour » lui a fait prêter serment sur le Coran. L'artificier a signalé qu'il a été en contact étroit avec Lahouel. « Pas d'importance, a dit Si Kaddour, tu peux rester en contact avec lui. Ça pourra nous servir plus tard. »

« Si Kaddour a ensuite expliqué à la nouvelle recrue qu'il avait vu Ben Bella au Caire et que celui-ci a dit : « Poussez l'action, il faut que nous la déclenchions au plus tôt. » Le « dirigeant » du C.R.U.A. a ensuite précisé qu'il avait vu le chef des fellagha en Libye et que celui-ci lui a dit :

« Il faut étendre l'action à l'Algérie et faire ensuite notre jonction pour pouvoir unir notre action.

« On dit au nouveau membre :

« 1° Qu'une partie des fonds promis va arriver du Caire via la Suisse.

« 2° Que du matériel étranger sera envoyé mais qu'il ne faut pas y compter dans l'immédiat. Il faut faire le déclenchement par nous-mêmes, fabriquer des explosifs locaux. Il faut essayer ces explosifs.

« 3° Que le groupe dispose de soixante éléments locaux absolument sûrs qui aideront les terroristes à agir puis à disparaître.

« Le groupe autonome espère « coiffer » l'action, la coordination des terroristes et des maquisards kabyles. L'un des dirigeants du groupe a pris contact avec le sergent Ouamrane et Krim Belkacem.

« Conclusion du rapport Carsenac : les investigations continuent en vue de l'identification des dirigeants et des éléments qu'ils contrôlent. »

Ce rapport Carsenac était l'un des rares rapports de R.G. écrits avec des détails et des faits précis. Le service avait jusque-là l'habitude des comptes rendus oraux pour donner au préfet Vaujour des précisions émanant d'indicateurs.

1. La *Zitouna* est l'une des trois grandes universités arabes. Elle se trouve à Tunis.

A la lecture de ce rapport on s'aperçoit que les mesures de sécurité et toutes les précautions prises par les Six s'avèrent utiles car aucun nom propre n'est cité à l'exclusion de ceux de Ben Bella, Ouamrane et Krim qui sont tous localisés par la police mais dont la capture s'est avérée impossible et de Didouche dont on a parlé lors des contacts avec Ben Bella. L'homme qui prend contact avec l'artificier n'est identifié que sous le surnom de Larbi. Et Larbi de Biskra c'est Ben M'Hidi. Mais la police l'ignore. Quant à Si Kaddour, personne, même aujourd'hui, n'est capable de l'identifier. Car la scène qui prend grande valeur d'être racontée dans ce rapport officiel s'est déroulée des dizaines de fois. Elle aurait pu arriver à n'importe lequel des Six. A condition qu'il s'agisse réellement d'un dirigeant et que l'artificier ne l'ait pas ainsi baptisé pour se faire valoir. S'il en est ainsi Si Kaddour ne peut être que Boudiaf ou Didouche. Mais peu importe puisque le secret en cette dernière semaine d'octobre est bien gardé.

On voit que Si Kaddour, tout comme Ben Boulaïd dans les Aurès, laisse entendre aux militants contactés que la révolution peut compter sur l'aide égyptienne. La lassitude populaire est telle en octobre 1954 que personne ne prendrait au sérieux un mouvement uniquement algérien. On verra qu'au lendemain de l'insurrection du 1er novembre le peuple l'attribuera à « des éléments étrangers » ayant agi sur le territoire algérien.

Le directeur de la Sûreté convoqua lui-même un inspecteur pour qu'il porte à Paris le rapport que le Gouverneur jugeait explosif. Le messager ne devrait le remettre qu'au Cabinet du ministre de l'Intérieur. Vaujour espérait recevoir des instructions précises quant à l'action à engager contre le groupe autonome.

Bien sûr, ce rapport apportait des précisions générales importantes mais aucun renseignement précis permettant d'identifier et de localiser les principaux chefs du mouvement. Vaujour était tenaillé entre le désir du fonctionnaire d'intervenir immédiatement, de saisir les explosifs déjà prêts et d'arrêter les hommes qui éventuellement se trouveraient dans l'entrepôt, et l'instinct du policier qui voulait remonter la filière et démanteler complètement le mouvement séditieux, même en prenant des risques. C'est cette deuxième solution qu'avait choisie le directeur de la Sûreté, mais il espérait bien qu'à la lecture du rapport « explosif » Paris lui donnerait des instructions précises.

L'inspecteur chargé de mission partit le 23 octobre 1954 de l'aéroport de Maison-Blanche. Dans la nuit du 31 octobre au

1er novembre, lorsque Vaujour devra faire face à l'insurrection, aucun membre du cabinet de Mitterrand n'aura encore réagi au rapport! Le ministre ne lira jamais les minces feuillets que lui envoyait le Gouverneur général. Un fonctionnaire blasé les avait classés dans la pile des rapports parapluies, « ceux que les responsables envoient en grand nombre pour se couvrir ». On n'allait pas déranger le ministre avec « toute cette paperasserie »!

A grand renfort de coups de klaxon une camionnette bâchée se frayait un passage dans la foule qui envahissait la rue de la Lyre. Face au marché, le conducteur dut freiner brusquement pour éviter deux baudets qui portaient des couffins remplis d'ordures. Le conducteur jura car la camionnette avait chassé sur le sol gras et humide. Ce n'était pas le moment d'avoir un accident et de devoir établir des constats avec les flics de la circulation. La camionnette venait de Arris ou plus exactement du douar Ouled Moussa à 10 km de Arris. Elle transportait un cadeau de Ben Boulaïd à Rabah Bitat, chef de l'Algérois : 27 mousquetons et fusils Statti prélevés sur le stock enfermé dans la grange de Baazi au flanc de la montagne aurésienne.

L'armement de la zone IV était presque aussi faible que celui de la zone oranaise et Boudiaf, président de l'ex-C.R.U.A., avait pris la décision de demander à Ben Boulaïd un renfort d'armes.

Boudiaf avait dû faire agir son prestige de président car si les Six s'entendaient parfaitement au sein d'une direction collégiale, personne ne voulait se dessaisir d'armes déjà insuffisantes. Mais Ben Boulaïd, qui disposait du stock le plus important, avait dû céder.

Lorsque la camionnette s'arrêta rue Médée, devant la demeure d'Abderhamane, Boudiaf et Ouamrane qui l'attendaient sortirent pour aider au déchargement. Il fallait que cela se fasse rapidement, si possible en un voyage. Il n'était pas recommandé de flâner dans une rue les bras chargés de mousquetons. Même enveloppés dans des sacs! Deux voyages suffirent aux trois hommes pour transporter la cargaison d'armes dans une pièce de l'appartement d'Abderhamane qui constituait l'une des nombreuses caches de la Casbah.

Le « sergent » Ouamrane débarrassait chacun des fusils de sa toile à sac. Boudiaf s'approcha du stock.

« En bon état? interrogea-t-il.

— Si on veut! »

Une culasse resta dans la main de Ouamrane qui la faisait jouer. Un mousqueton inutilisable. Sur les 27 armes, cinq étaient détériorées. Soit que la culasse soit faussée soit qu'elle manquât complètement.

« Pourquoi les avoir envoyées? demanda Boudiaf.

— Le frère Khali — Mon oncle, le surnom de Ben Boulaïd — a voulu rouler ses neveux! répondit Ouamrane.

— Lui non plus n'a pas beaucoup d'armes, protesta Boudiaf, et son plan d'action est très vaste. Il couvre tous les Aurès, alors qu'à Alger ce sera plus simple bien que plus dangereux. »

Ouamrane enveloppa les armes en état et laissa dans un coin les cinq mousquetons inutilisables. Abderhamane les ferait disparaître. Le sergent regarda la modeste réserve d'armes empilées sur le sol.

« Un rêve, c'est un rêve, dit-il de sa grosse voix sarcastique, nous rêvons. Nous n'avons ni peuple, ni armes, ni argent, ni nourriture et nous voulons faire la révolution!

— Nous la faisons, corrigea Boudiaf, et nous n'avons plus beaucoup de temps devant nous pour la déclencher. Une semaine! »

Ce samedi 23 octobre, au moment de toucher sa paye, Bouadjadj demanda son compte à l'entreprise Soumeillant. Il voulait être libre de son temps.

« Qu'est-ce que tu vas faire? demanda son employeur.

— Je sais pas très bien, mais bricoler à mon compte. »

Pour Zoubir Bouadjadj, comme pour les 350 ou 400 hommes qui agiraient au jour J, la « semaine la plus longue » commençait. Ils ignoraient la date du déclenchement mais devaient se tenir prêts. Tels étaient les ordres des Six transmis par leurs adjoints. Le cloisonnement semblait avoir bien fonctionné. La répétition générale stoppée la veille à la dernière minute n'avait suscité aucune réaction policière. Le secret avait été bien gardé. Le seul indicateur qui soit en contact direct avec un membre du complot — l'artificier — avait vu sa « source » quelques heures plus tôt. La police n'apprendra la manœuvre que huit jours plus tard. Mais là, la véritable insurrection aura éclaté.

« Attention, Messieurs, on ne bouge plus. »

Le petit photographe de l'avenue de la Marne plongea sous le voile noir de son antique appareil. Il avait bien fait d'ouvrir le dimanche. Ses clients voulaient six photos tout de suite. Dans l'objectif il les observa se détachant sur le rideau crème qui servait de fond. Un vrai groupe de copains qui se font photographier ensemble à la fin de leur service militaire ou à la sortie d'un banquet. Deux grands échalas, debout, en encadraient deux plus petits. Les mains derrière le dos comme à l'école. Devant eux, assis sur un tabouret, deux hommes les mains sur les genoux. Le photographe avait l'habitude des photos de groupe. Il « faisait » régulièrement les photos des écoles de Bab-el-Oued, les sorties de mariage, les groupes de Première communion. Au moment d'appuyer sur la poire, le photographe remarqua que l'homme assis sur le tabouret de droite avait des chaussettes qui tombaient lamentablement sur ses chaussures. C'était aussi le seul qui n'ait pas de cravate sous son costume froissé. D'ailleurs aucun de ses six clients ne payait de mine. Les costumes étaient défraîchis, les cravates modestes, les physionomies timides sauf peut-être celles des deux hommes assis. Le photographe ressortit de sous le voile noir.

« Attention, cette fois-ci ça y est. » Et il appuya sur la poire.

Il venait, sans le savoir, de réaliser la première photo historique de la guerre d'Algérie. La seule photo que l'on connaisse, réunissant les six chefs du F.L.N. L'un des rares documents que l'on possède où figurent Ben Boulaïd et Didouche dont la mort est proche et qui n'aura jamais plus le loisir de se faire photographier.

Ce dimanche 24 octobre 1954 venait de se tenir l'ultime réunion des Six avant l'insurrection.

Ben Boulaïd, Bitat, Boudiaf, Ben M'Hidi, Didouche et Krim avaient décidé de se rencontrer une dernière fois dans une maison de la Pointe Pescade appartenant à Mourade Boukchoura, avant de regagner le P.C. de leur zone respective.

La réunion avait commencé de bonne heure. Au petit déjeuner. Trempant des beignets au miel dans leur café, les six hommes avaient passé en revue les derniers préparatifs. Chacun était tendu car les militants étaient devenus particulièrement nerveux. Surtout depuis l'opération stoppée à la dernière minute le vendredi précédent. On ne pouvait les maintenir indéfiniment sur le pied de guerre sans déclencher l'action. Elle était maintenant définitivement fixée au 1er novembre à 0 heure. Il fallait encore les tenir une semaine. La semaine la plus longue. Et c'était la fièvre car — bien que le cloisonnement ait l'air efficace — une « tuile » pouvait se produire d'un instant à l'autre.

Boudiaf et Didouche soumirent à leurs compagnons la double proclamation par laquelle le peuple, les autorités, le monde, apprendraient le 1er novembre que l'Algérie s'était soulevée.

Suivant les éléments donnés lors de la réunion du 10 octobre, les deux hommes avaient rédigé un texte revu par le militant « convaincu » par Ouamrane. Le texte F.L.N. était long et détaillé. C'était la plate-forme politique qui serait, si tout allait bien, lue, analysée, disséquée jusqu'à l'O.N.U. Les Six y comptaient bien. Le tract « A.L.N. » était beaucoup plus simple, plus direct et serait diffusé dans la population. Didouche fit passer à chacun de ses compagnons un exemplaire ronéotypé.

« Ce sont les premiers, dit-il. Si nous voulons modifier quelque chose il est encore temps... »

Ben Boulaïd, Ben M'Hidi, Krim et Bitat se plongèrent dans la lecture du tract qu'ils voyaient pour la première fois. Boudiaf et Didouche le relurent attentivement [1].

« La proclamation sera diffusée au Caire par Ben Bella, dit Boudiaf, en même temps qu'elle sera distribuée aux gens importants en Algérie et en Europe.

— C'est bien, tout y est, dit Ben Boulaïd. On annonce bien la couleur. Il ne peut pas y avoir de confusion.

— Vous ne croyez pas que ce soit un peu long et compliqué pour le peuple? demanda Bitat.

— Non, répondit Didouche, car il y a le tract de l'A.L.N. qui simplifie tout et qui s'adresse directement à la masse. »

Didouche lut à haute voix l'appel de l'A.L.N. :

« Peuple algérien,

« Pense à ta situation humiliante de colonisé... Avec le colonialisme, Justice, Démocratie, Egalité ne sont que leurre et duperie. A tous ces malheurs il faut ajouter la faillite de tous les partis qui prétendaient te défendre... Au coude à coude avec nos frères de l'Est et de l'Ouest qui meurent pour que vivent leurs patries, nous t'appelons à reconquérir ta liberté au prix de ton sang...

« Organise ton action aux côtés des Forces de Libération, à qui tu dois porter aide, secours et protection... Se désintéresser de la lutte est un crime... Contrecarrer l'action est une trahison.

« Dieu est avec les combattants des justes causes, et nulle force

1. Voir en annexe le texte intégral de la Proclamation historique du 1er novembre 1954.

ne peut les arrêter, désormais, hormis la mort glorieuse ou la Libération Nationale.

« Vive l'Armée de Libération!
Vive l'Algérie Indépendante! »

« Et cet appel, continua Didouche, sera diffusé beaucoup plus largement que le premier qui est essentiellement politique. »

Ben M'Hidi, Krim, Ben Boulaïd et Bitat se déclarèrent satisfaits des termes employés dans les proclamations. « C'est exactement ce que nous voulons expliquer », et félicitèrent Boudiaf et Didouche.

Boudiaf, qui devait partir le lendemain pour Le Caire, emporterait les deux textes écrits au citron entre les lignes d'une lettre anodine. Il prenait ses précautions en cas d'arrestation.

Chacun des chefs de zone énuméra ensuite les objectifs qui seraient attaqués dans la nuit du 31 au 1er. Boudiaf les nota soigneusement. Cela faisait aussi partie de l'opération psychologique. Ben Bella, en même temps qu'il annoncerait publiquement à Radio Le Caire le déclenchement de l'insurrection le 1er novembre et lirait la proclamation du F.L.N., énumérerait les principaux points attaqués par les hommes de l'A.L.N. la nuit précédente aux quatre coins de l'Algérie.

« On ne pourra pas prétendre, ajouta Didouche, qu'il ne s'agit pas d'une insurrection! »

On passa ensuite à l'étude des ultimes problèmes. Le jour J, à l'heure H, chacun devait accomplir sa mission avec les moyens du bord. La direction collégiale avait accordé à chacun une très large initiative à condition que les actions soient coordonnées. Chaque chef de zone devra se débrouiller sur place selon les grandes lignes d'un schéma que les Six récapitulèrent une dernière fois.

« Le déclenchement de la Révolution doit créer une psychose de peur et d'insécurité chez les Européens et clamer au monde la volonté d'indépendance de l'Algérie. » L'attaque simultanée d'objectifs éloignés et la diffusion de la proclamation devraient atteindre ces buts.

Chaque chef de zone devra décider sur place de la façon dont se fera l'attaque des objectifs prévus. Krim rappela que seules les forces armées, les dispositifs économiques, les traîtres connus devaient être visés à l'exclusion de toute personne civile. INTERDICTION ABSOLUE D'ATTAQUER DES CIVILS EUROPÉENS.

« Dès les opérations terminées, souligna le chef kabyle, vous devez vous replier dans des endroits sûrs. Chacun d'entre nous a déjà ses positions de repli. Ensuite nous devons continuer l'instruction des hommes et poursuivre le recrutement et la propagande dans la population. Après l'embrasement il y aura un temps mort qui devra nous servir à nous organiser ou à nous réorganiser car, ne nous faisons pas d'illusions, la répression va être rapide et dure.

— Krim a raison, ajouta Didouche, il faut que la lutte continue le plus longtemps possible. Ce sera long avant l'indépendance. Il faudra voir sans être vu — tirer sans que l'ennemi puisse localiser le tireur. Nous devons appliquer les trois principes sacrés des guérilleros que Krim cite toujours. A partir de cette heure, chacun de nous doit être mouvant comme un papillon dans l'espace, rapide comme une anguille dans l'eau, prompt comme un tigre affamé. »

Chaque responsable de zone fixera lui-même l'heure qui lui paraîtra propice au déclenchement de l'insurrection dans sa région.

« Ordre impératif, précisa Boudiaf, pas une action, pas un coup de feu avant minuit. Ensuite chacun est libre de fixer à ses hommes l'heure H. Qu'elle soit partout la même à l'intérieur d'une zone. »

Ce dimanche 24 octobre tous les détails de la Toussaint Rouge étaient mis en place. Chacun des Six était entièrement responsable d'un ensemble de pièces. Le 31 octobre, de minuit à trois heures du matin, le puzzle devrait être reconstitué.

Après... Après on verrait bien. Car les six chefs « historiques », s'ils étaient prêts à l'insurrection, n'avaient rien prévu pour l'avenir. Les moyens étaient encore trop faibles. Donner un coup de semonce aux Européens et amener le peuple à la cause du F.L.N. par tous les moyens était déjà un programme fort ambitieux.

Car ce dimanche 24 octobre, pour déclencher l'insurrection, les Six n'ont à compter que sur moins de 800 hommes, environ 400 armes individuelles, des bombes de fabrication locale et une proclamation!

Avant de se quitter — ils sont convenus de se retrouver tous trois mois plus tard à Alger pour faire le point et diriger la révolution depuis la capitale —, les Six décidèrent de se faire photographier.

« Pour garder un souvenir de cette heure historique », dit Didouche toujours lyrique.

C'est ainsi que descendant l'avenue de la Bouzareah et l'avenue de la Marne à Bab-el-Oued ils étaient entrés chez ce petit photographe qui, maintenant, leur tendait six épreuves brillantes, encore humides. Ils payèrent et sortirent. Chacun rangea soigneusement la photo dans la poche de son veston. Les six hommes étaient silencieux. Arrivés sur la place du Gouvernement ils se séparèrent, se serrant longuement la main. Quand ils se reverraient, s'ils se revoyaient un jour, la Révolution serait déclenchée. Ils ne trouvèrent rien à se dire.

Le soir même, Krim Belkacem descendit du train à la petite gare de Mirabeau en Kabylie où l'attendait une camionnette qui le conduisit à Camp-du-Maréchal. En bas du village, dans une maison isolée où il avait rendez-vous avec ses six chefs de région, il se changea, plia soigneusement son costume, le seul « potable » qu'il possédât, et attendit ses adjoints. A eux six ils représentaient toute la Grande Kabylie : Tizi-Ouzou, Menerville et Bordj Menaïel, Tighzirt, Azazga, Fort National et Michelet, Dra el-Mizan. Dès leur arrivée Krim leur lut la proclamation. Puis chaque chef de région fit un rapport sur les secteurs dont il était responsable. Tout était prêt et calme. Il n'y avait pas eu de fuite en Kabylie après la répétition générale du 22 octobre.

« Pas la moindre opération de gendarmerie », précisèrent-ils.

Selon la règle générale Krim les avait laissés maîtres du choix des objectifs. Celui-ci était fait. Krim voulait maintenant savoir comment ses adjoints comptaient s'y prendre pour les attaquer.

« Nous allons en discuter à la prochaine étape, annonça-t-il à ses hommes, c'est déjà très dangereux d'être tous rassemblés ici. Gagnons le P.C. de montagne. »

Les sept hommes quittèrent à pied Camp-du-Maréchal en direction de Tizi-Ouzou où ils se reposèrent un peu avant de gagner Betrouna, P.C. général de Kabylie. Pendant les haltes Krim donna ses dernières instructions tout en étudiant les objectifs proposés par ses adjoints : « Nous devons selon nos possibilités attaquer d'abord les postes de gendarmerie et les casernes. Nos moyens ne sont pas puissants. Il faut compenser cette déficience matérielle par l'importance des objectifs. Si nous attaquons les forces armées, si nous incendions les dépôts, nous frapperons l'imagination des autorités et des Européens qui se diront : ils ne reculent devant rien. Le peuple, lui, saura que nous sommes décidés à aller très loin. L'action psychologique, le jour de l'insurrection, sera la chose la plus importante! N'oubliez pas cela. »

Krim recommanda à nouveau de ne pas attaquer les civils européens : « Le mouvement doit être suivi sur tout le territoire, on doit attaquer la police, les militaires, faire brûler les dépôts, faire exploser les usines à gaz mais surtout ne pas toucher à un civil européen.»

L'ordre devait être respecté sur toute l'Algérie. Deux exceptions : Guy Monnerot et sa femme, les malheureux instituteurs récemment arrivés dans les Aurès, devaient tomber près de Arris sous une rafale de mitraillette qui ne leur était pas destinée, ainsi qu'un Européen qui, en Oranie, entrait dans une gendarmerie attaquée par les insurgés.

Lorsque les responsables kabyles arrivèrent à Betrouna le jour se levait. Ils avaient parcouru près de trente kilomètres à pied. Krim établit immédiatement la liaison avec la ronéo qui se trouvait à Ighril Imoula en envoyant auprès de Ouamrane un émissaire porteur du message suivant :

« Fais tourner la ronéo, le texte est parfait. Tout doit être prêt pour jeudi au plus tard. Mobilisation générale. »

Le « Journaliste » Laïchaoui enlevé en plein Alger par Ouamrane avait du pain sur la planche. Mais avant que soit donné le premier tour de manivelle de ronéo, l'envoyé de Krim avait une bonne quarantaine de kilomètres à parcourir dans le djebel kabyle. A pied.

Boudiaf quitta Alger le lundi matin par avion à destination de Genève. Son passeport, établi par les services spéciaux du major égyptien Fathi El Dib, portait le faux nom de Dridi. L'importance des documents que Boudiaf transportait justifiait le transit par la Suisse. S'il était sous surveillance il pourrait s'en apercevoir plus facilement à Genève. En outre, le bref séjour qu'il y ferait détournerait les soupçons si soupçons il y avait. L'important étant de faire parvenir les documents à Ben Bella avant le 31 octobre. Boudiaf avait donc six jours devant lui.

Pendant que le leader de l'ancien C.R.U.A. volait entre Alger et Genève, Rabah Bitat examinait à Alger les plans d'attaque du commando terroriste de Zoubir Bouadjadj. Chacun des chefs de groupes était responsable de son plan d'attaque mais Bouadjadj et Rabah Bitat voulaient les contrôler. Le chef de la zone IV (Algérois) fut satisfait de l'ensemble et remarqua particulièrement le plan mis au point par Belouizdad pour l'attaque des pétroles Mory. Ce

Belouizdad, le frère du Mohamed Belouizdad qui avait été l'âme de l'O.S. en 1947 et était mort tuberculeux, cédant ainsi sa place à Ben Bella, était particulièrement intelligent. Bouadjadj avait grande confiance en son jugement et l'avait convoqué, seul, à cette réunion avec le « grand patron » car ce lundi, à six jours de l'insurrection, Belouizdad tenait à faire une mise en garde.

« J'ai bien étudié le plan d'attaque de l'usine de l'E.G.A. (Electricité et Gaz d'Algérie), dit-il, Kaci devra peut-être modifier le point d'entrée dans l'enceinte mais là n'est pas le problème. A mon avis les risques sont trop grands.

— Les risques? dit Bitat.

— Oui. Je ne parle pas des risques que nous pouvons courir, chacun de nous a eu le temps de peser les conséquences de son engagement, mais des risques que nous allons faire courir à la population. Ils sont très importants.

— Mais il y a très peu d'immeubles autour de l'usine à gaz, dit Bouadjadj, et si une cuve explose, ils risquent au plus de voir les vitres voler en éclats et les meubles un peu chamboulés. C'est tout.

— Ce n'est pas aux voisins que je pense, c'est à la Casbah.

— Mais elle est à plus de quatre kilomètres, tout à fait de l'autre côté d'Alger.

— Ce ne serait pas directement de l'explosion que la Casbah aurait à souffrir mais des conséquences. Suivez-moi bien. Imaginons que la bombe ou les bombes que Kaci va poser à l'usine à gaz parviennent à faire de gros dégâts. Si une cuve à gaz saute, elle fera également sauter la centrale électrique ce qui provoquera des courts-circuits dans tout Alger. Et ce qui sera sans grande importance dans les quartiers européens risque d'être catastrophique dans les quartiers musulmans et en particulier dans la Casbah où les installations sont particulièrement défectueuses. »

Les enchevêtrements de fils électriques, qui courent d'une maison à l'autre, enjambant les ruelles, se glissant sans grande protection autour des troncs de tuya qui soutiennent les façades et les avancées des vieilles maisons arabes, frappent le visiteur qui pénètre pour la première fois dans la Casbah.

« Cela peut provoquer des incendies et faire des centaines de morts, ajouta Belouizdad. Je crois qu'il serait sage de renoncer à cet objectif. »

Bouadjadj interrogea du regard Rabah Bitat qui avait écouté attentivement les arguments avancés.

« Non, c'est impossible, trancha-t-il, on ne peut renoncer à cet objectif. Pour plusieurs raisons que vous allez comprendre. L'opération que nous entreprenons doit avant tout frapper l'opinion publique. C'est une action psychologique plus qu'une action armée qui va se dérouler. Vous connaissez la faiblesse de nos moyens. On doit la compenser par l'importance des objectifs attaqués. »

Bitat reprenait avec ses hommes les arguments que les Six s'étaient promis d'employer dans leurs zones respectives pour « chauffer » leurs militants et leur montrer l'importance de l'opération.

« L'attaque de l'usine à gaz est à ce point de vue particulièrement importante, poursuivit-il. En outre je peux vous révéler que Radio Le Caire, au lendemain du jour J, énumérera les principaux objectifs attaqués dans la nuit par tous nos groupes d'Algérie. L'usine à gaz d'Alger fait partie de cette liste qu'a emportée Boudiaf. On ne peut plus modifier notre plan qui vole en ce moment vers Le Caire. » Belouizdad tenait à son explication, il craignait un grave accident. Il insista encore mais son chef se montra inflexible.

« C'est trop tard, dit Bitat. Ce qui doit se produire, se produira. »

Le 26 octobre, le mardi avant l'insurrection, Roger Léonard qui est maintenant persuadé « qu'avant la fin de l'année il se passera quelque chose », se prépare au coup dur en bon fonctionnaire : il nomme le général Cherrière commandant en chef des forces armées en Algérie. « Quand nous saurons ce qui se passe, dit-il, quand on se rendra compte qu'il y a rébellion il faudra la réprimer. Pour exercer cette répression il faudra coordonner le commandement Air, Terre, Mer. » C'est ce commandement qu'il donne au chef de la Xe région militaire.

Bien que leurs caractères soient très différents, Roger Léonard a confiance en ce bruyant général, il est amusé et rassuré. Cherrière va partout, voit tout et « veut que ça change ».

Paul Cherrière c'est une nature, un cas. Grand, gros, fort de bras et de gueule. « Faut qu' ça pète. » Il déborde de vitalité. Une politique : entrer dans le lard. Il a cinquante-huit ans, un corps de Porthos. Il croit avoir la subtilité d'Aramis. Il a au moins le courage et l'opiniâtreté de d'Artagnan.

Paul Cherrière connaît cette Algérie où il commande au crépuscule d'une carrière bien remplie. Il y est venu dans les années trente avec Weygand, puis a fait en 1948 un passage éclair au commandement d'Oran. Il croit connaître les pays arabes car il a fait le Maroc, la Syrie, la Tunisie. On a vu combien il était fier de citer, dans la langue — qu'il écorche un peu —, des proverbes maghrébins. En fait il a foncé à travers les problèmes sans très bien les assimiler. C'est un fonceur.

Grièvement blessé pendant la guerre de 1914, les pieds gelés, il se refuse à rester à l'arrière. Il utilise tous les subterfuges pour aller au feu : Saint-Cyr, l'Ecole de guerre, les états-majors où il passe se souviennent de cet ouragan. La guerre 1939-1945 il la fera en Tunisie et en Italie : encore blessé, il s'en tire. Toujours en ébullition, l'âge ne l'a pas calmé, il est haut-commissaire adjoint en Autriche, où il commence à « agacer prodigieusement » Georges Bidault lors des négociations internationales. Cela ne s'arrange pas lorsqu'il devient secrétaire général de la Défense nationale et Bidault président du Conseil. On a vu Spillmann en faire les frais à l'époque. Mais Cherrière sait mener sa carrière. Il est « chez Mayer » lorsque celui-ci tient la rue Saint-Dominique, mais il n'y reste pas longtemps quand Pleven prend place dans le fauteuil ministériel. Là encore il y a de l'eau dans le gaz entre les deux hommes. Cherrière commandera en Allemagne jusqu'en août 1954 où il fera son entrée à Alger.

Il se plaît à Alger où l'accueillent M. Léonard et M. Vaujour. Il s'entend bien avec « ses » civils. Il sait qu'il est sous les ordres du Gouverneur général et ça il ne le « digère » pas très bien, mais comment ne pas « collaborer » avec un homme aussi charmant, avec un haut fonctionnaire d'une si grande classe?

Il se met au travail et Roger Léonard, qui était un peu agacé par la superbe du général Callies, le prédécesseur de Cherrière, qui n'avait que mépris pour l'agitation nationaliste, est agréablement surpris du concours et de la compréhension de ce nouveau commandant de la Xe Région dont pourtant on lui avait dit qu' « il bouffait tout ».

Cherrière, qui sait l'importance du directeur de la Sûreté, a tout de suite entamé de bonnes relations avec le préfet Vaujour. Dès son arrivée il l'a convié à ses conférences, à ses contacts avec ses officiers de renseignements. Il explique au directeur de la Sûreté les grandes lignes de son action : obtenir des renforts pour « cette armée d'Afrique qui s'en va en lambeaux », créer des unités muletières, lancer des hommes dans le djebel et faire sortir les soldats de cette vie de garnison dans laquelle ils s'encroûtent.

Si les relations avec Vaujour sont bonnes, il n'en est pas de même avec certains de ses services car les Renseignements généraux détestent l'armée qui leur « casse le travail ». Si l'armée obtient un renseignement, les hommes de la P.R.G. sont furieux. C'est la concurrence ouverte. De plus les R.G. accusent l'armée d'être trop bruyante. Si elle veut intervenir elle le fait avec 80 ou 100 hommes au cours d'opérations « qui ne mènent à rien », alors qu'un seul inspecteur « manipulant » quelques présidents de *djemaa* (conseil de village) en obtient beaucoup plus sans donner l'alarme. C'est encore, dans le domaine de la police, l'antagonisme civils-militaires.

Les R.G. ont quelques raisons de redouter les gros sabots du nouveau commandant en chef pour qui la seule méthode efficace est le « ratissage au peigne fin ». Ce sera d'ailleurs la tentation permanente de presque tous les commandants en chef en Algérie.

Ce grief est l'un des principaux que les « civils de l'Est » imputent au général Cherrière. Car si celui-ci s'entend bien avec Léonard et Vaujour à Alger, il n'en est pas de même avec Dupuch et Deleplanque à Constantine et Batna. Pour les « hommes de l'Est » Babar Cherrière est le type du vaniteux, bavard, « gros mafflu », à idées courtes et peu nombreuses, « qui s'y tient d'autant plus violemment et les défend avec d'autant plus de force qu'il en a peu ». Cet antagonisme latent n'éclatera réellement qu'après le début de l'insurrection. Il atteindra une importance parfois courtelinesque.

A Alger, Cherrière étrennait son titre tout neuf à la rédaction d'un rapport de synthèse qu'il se proposait d'envoyer à Paris. Le Gouverneur général lui avait fait part de ses inquiétudes et des renseignements qui les suscitaient. Cherrière pensait qu'en effet quelque chose risquait de se passer à Alger mais que dans l'Est — et en particulier dans les Aurès — tout était calme.

Le colonel Blanche, la bête noire de Deleplanque à Batna, venait d'ailleurs de lui transmettre un rapport très satisfaisant. Il avait parcouru, en compagnie d'un administrateur adjoint de Khenchela, une grande partie du Massif. Il s'était rendu à Taberdga et à Khanga Sidi Nadji puis avait emprunté un très mauvais itinéraire passant par Seiar et El Amra en plein cœur des sauvages gorges des Nementchas.

« Ce que j'ai vu, avait dit Blanche, qui adorait parcourir la montagne, est pleinement satisfaisant. Les populations sont bien disposées. Elles sont partout alertées. Les caïds ont installé des *choufs* (guetteurs) sur toutes les crêtes. Aucun groupe ne pourrait circuler sans être immédiatement repéré et signalé. La surveillance s'étend à l'ouest jusqu'à la vallée de l'Oued El-Arab, qui sépare les Nementchas de l'Aurès. »

Tous les renseignements concordaient. Les administrateurs et les préfets étaient rassurés. Il semblait bien que c'était Vaujour qui paniquait et qui avait transmis son inquiétude au bon Léonard.

Cherrière, dans la synthèse qu'il préparait pour Paris, n'en constatait pas moins que, selon sa formule, en cas de coup dur il était « à poil »!

Il avait une hantise, qu'il partageait d'ailleurs avec Spillmann : le manque d'éléments mobiles. Cherrière réclamait des spahis, des chevaux, des selles. « Les unités lourdement motorisées on n'en a rien à foutre! » Pour lutter efficacement contre les bandits des Aurès — l'opération Aiguille s'est soldée par un lamentale échec —, il faudrait armer une fraction de la population : les sous-officiers, les anciens combattants. Mais Spillmann qui l'avait proposé à Dupuch s'était heurté à une fin de non-recevoir :

« Ici c'est la France, avait répondu le préfet de Constantine, ce n'est pas parce qu'il y a quelques troupes de bandits que l'on va armer les civils. En Métropole il y en a eu aussi au XIXe siècle, on n'en a pas pour autant armé les populations! »

A quelques jours de l'insurrection le général Cherrière disposait en tout et pour tout de 57 784 hommes, répartis en « deux bataillons de paras, trois bataillons de la 11e D.I. arrivés en août et en pleine organisation et instruction, un bataillon à constituer sur la Légion « au moment du besoin », donc sans cohésion, et deux escadrons blindés. Il n'y a pas d'unités spécialisées ou de type allégé, capable de rivaliser, dans une certaine mesure de légèreté, de rusticité et de souplesse avec un adversaire éventuel. Le commandement local — en particulier Spillmann — avait proposé le 22 octobre un certain nombre de créations d'unités légères, soit par prélèvement sur la masse plus ou moins inorganisée des corps de troupe, soit par un recrutement particulier. »

Cherrière avait l'accord du Gouverneur pour passer à la première tranche de ces créations. Mais dans son « adresse » au ministre il se plaignait surtout du manque de renseignement militaire.

« Les officiers des Affaires militaires musulmanes et la gendarmerie ne disposent d'aucune ressource financière pour s'attacher des informateurs ou des indicateurs. Notre système civil et militaire de recherche de renseignements a fait faillite. Comment y remédier? »

La synthèse de Cherrière, plus chanceuse que le rapport de Léonard au ministre de l'Intérieur, arrivera en bonnes mains.

Jacques Chevallier, maire d'Alger mais aussi secrétaire d'Etat à la Guerre, fut d'autant plus « alerté » par la synthèse du nouveau commandant en chef que Roger Léonard lui avait personnellement dépêché son chef de cabinet militaire, le colonel Soulard, avec un rapport sur la gravité des informations obtenues.

« Nous sommes en présence d'événements graves, écrivait Léonard, il nous faut un renforcement provenant des unités d'Allemagne. »

Jacques Chevallier « secoua » en quelques jours tous les bureaux du ministère de la Guerre et trouva 200 officiers et sous-officiers déjà familiarisés avec les « problèmes indigènes » à prélever sur les forces d'occupation en Allemagne. Il fit en outre débloquer des crédits pour les achats nécessaires de chevaux et de mulets. Enfin il fit alerter la 25e D.I.A.P. qui, moitié par bateau moitié par avion, serait prête à gagner l'Algérie le 31 octobre 1954 sur simple alerte. Douze heures à peine avant l'insurrection!

Le mercredi, Didouche Mourad décida de quitter Alger pour regagner le P.C. de la zone II fixé à Condé-Smendou.

Depuis la défection des militants de Constantine, Didouche était très inquiet quant à la réussite du mouvement insurrectionnel dans le Constantinois. Il avait résolu de renoncer à l'action contre Constantine et de porter tous ses efforts sur la région de Condé-Smendou, Guelma, Souk-Ahras pour faire, à partir de cette dernière ville, la liaison avec la zone I du Sud-Constantinois et des Aurès.

Bouadjadj accompagnait son ami à la gare. Il était surpris par la gravité de Didouche. Habituellement celui-ci était plein de feu, de vie, très jeune de caractère bien que très organisé. Mais depuis quelque temps une lueur mélancolique flottait dans les yeux verts du jeune homme. Bouadjadj avait remarqué que son exhubérance naturelle s'était transformée en exaltation révolutionnaire et que sans cesse il parlait de sacrifice, de mort. La veille encore il avait dit à Bouadjadj, Souidani et Bouchaïd, les trois adjoints de Bitat :

« Ne vous faites aucune illusion, vous, vous êtes les condamnés, les sacrifiés. Je dis « vous » mais je pense « nous ». Nous serons arrêtés ou nous crèverons dans les premiers jours. »

Ce mercredi sur le chemin de la gare qu'ils gagnaient à pied pour « économiser les fonds », il dit à Bouadjadj :

« C'est peut-être la dernière fois que nous sommes ensemble... Et c'est moi qui t'ai entraîné dans cette histoire... »

Mais il était très vite revenu à des considérations révolutionnaires, Comme les deux hommes passaient en bas de la Casbah, sur la place du Gouvernement, Didouche, montrant du doigt le quartier grouillant qui s'étageait au flanc de la colline, déposant sur la place des vagues de milliers de travailleurs, dit :

« Tiens, Zoubir, regarde la Casbah. On n'a pas un militant de réserve là-dedans. Juste des caches et des boîtes aux lettres.

— Tu te trompes, j'ai déjà recruté dans la Casbah, pour la deuxième vague. Il nous faudra des hommes sûrs.

— Combien en as-tu?

— Quatre pour l'instant. Et un jeune qui me semble particulièrement gonflé. »

Le « jeune particulièrement gonflé » était le fils d'un boulanger de la Casbah. Passionné de football comme son copain Bouadjadj, il s'était facilement laissé convaincre aux idées nationalistes que lui exposait « Champion », d'autant qu'il avait déjà milité au sein de l'O.S. dont il avait été à dix-huit ans et demi l'un des membres les plus jeunes. Bouadjadj avait pensé qu'il pourrait utiliser ce beau garçon un peu indolent à condition de le « gonfler ». La boulangerie de son père, rue des Abderames, en pleine Casbah, serait un refuge à ne pas négliger. Le passage incessant des clients rendrait faciles et discrètes d'éventuelles transmissions de messages. Le jeune homme avait accepté avec enthousiasme la proposition de Zoubir qui ne lui avait pourtant rien confié des projets immédiats du mouvement.

« Et comment s'appelle-t-il, ton protégé? demanda Didouche.

— Yacef Saadi. On en fera quelque chose et je crois, si tout va bien, qu'il fera parler de lui! »

Yacef Saadi deviendra chef de la zone autonome d'Alger et le combat qui l'opposera au colonel Bigeard pendant la bataille d'Alger sera l'un des épisodes les plus dramatiques de la guerre d'Algérie. Mais, ce mercredi 27 octobre, Bouadjadj et encore moins

Didouche qui ne le connaîtra jamais ne pouvaient s'en douter.

Zoubir Bouadjadj accompagna Didouche jusqu'au contrôle des billets de l'Alger-Constantine dont la locomotive fumait déjà.

Les deux amis s'embrassèrent.

« Bonne chance », dit Bouadjadj.

Didouche sourit sans répondre. Du wagon il eut un geste de la main pour son compagnon qui restait sur le quai. Bouadjadj, bousculé par des retardataires qui attrapaient le train en marche, perdit de vue la silhouette de celui qui l'avait amené à la révolution. Il ne devait jamais revoir Didouche Mourad.

Le directeur de la Sûreté Jean Vaujour avait grande confiance en Grasser, le chef des Renseignements généraux de Constantine. Pour Vaujour, si le commissaire Grasser était moins tourné vers le renseignement, s'il « l'avait moins dans la peau » que le contrôleur général Costes à Alger, il était l'honnêteté même. Pas tortueux pour deux sous, ses rapports inspiraient grande confiance au directeur de la Sûreté. Même s'il arrivait à Grasser d'être « blousé » par l'orientation « européenne » de certains renseignements.

Le chef des R.G. de Constantine venait de signaler à Vaujour qu'il avait localisé dans les Aurès une très importante bande de fellagha « présumés tunisiens ». Par recoupement d'informations il avait établi que cette bande était fractionnée. Dix hommes dans un douar. Trente dans un autre. Vingt dans un troisième. Les difficultés de pénétration interdisaient « d'aller voir sur place ».

Cette information, s'ajoutant à celles que possédait déjà Vaujour concernant la formation d'un groupement terroriste algérois, le décida à réunir pour le vendredi 29 octobre une « super-conférence » à Constantine. Il y avait convoqué les sous-préfets, les administrateurs, les commandants de subdivision et le commandant de division et avait prié le préfet Dupuch et le commandant en chef Cherrière d'y assister.

La conférence s'ouvrit à Constantine à 10 h 30 et d'emblée Vaujour expliqua la raison de cette réunion :

« Après l'attaque, la semaine dernière, de trois gendarmes dans la région de Guentis entre les Nementchas et les Aurès, par des éléments « incontrôlés », annonça le préfet, on nous signale qu'une bande d'une centaine de fellagha rôde dans les Aurès. »

Ce fut un tollé général. Les militaires furent affirmatifs : « Ce n'est pas possible. Si votre information était exacte nous le saurions! »

Le général Spillmann admit qu'il y avait quelques fellagha tunisiens qui franchissaient la frontière et venaient au repos dans les Aurès, où ils rejoignaient quelques bandits traditionnels de droit commun.

« On ne nous en signale pas de nouveaux », dit-il.

Ce que Vaujour annonçait ne « pouvait » être vrai!

« Peut-être, répliqua Vaujour agacé devant la belle confiance des militaires, mais moi je peux vous affirmer qu'il se prépare quelque chose. Et cela dans toute l'Algérie! »

La sortie du directeur de la Sûreté laissa sceptique les participants à la conférence. Le général Spillmann pensa qu'en effet Vaujour devait avoir quelques renseignements, mais qu'il grossissait l'affaire pour « secouer son monde » et le sortir de sa torpeur. Vaujour sentant cette incrédulité s'adressa au colonel Blanche qui, de tous les militaires présents devait le mieux connaître les Aurès puisqu'il commandait Batna.

« Enfin, colonel Blanche, est-ce que oui ou non il y a des fellagha dans les Aurès? »

Il s'attira cette réponse stupéfiante proférée sur un ton sentencieux :

« Monsieur le Préfet, je sillonne les routes depuis très longtemps. Je n'ai jamais vu un fellah devant ma jeep! »

Vaujour se demanda s'il ne rêvait pas. Mais tous les administrateurs civils étaient eux aussi formels. Rey, l'administrateur de Arris, lança :

« C'est absolument impossible. S'il y avait des fellagha et en aussi grand nombre que vos informations vous le signalent — d'où viennent-elles ces informations? —, les caïds nous auraient prévenus depuis longtemps. »

Bref c'était chez les administrateurs l'euphorie la plus complète comme d'habitude. Seul M. Hirtz, l'administrateur de Biskra, avait de temps en temps fourni des renseignements défavorables sur l'état d'esprit des Chaouïas de l'Aurès. Il les avait rapportés à Jean Deleplanque ce qui n'avait pas plu à M. Rey, son collègue de Arris. Mais cette fois lui non plus ne pouvait fournir de renseignements sur les fellagha signalés par les R.G. de Constantine.

Vaujour, qui avait confiance en Grasser, plaida sa cause, fouilla, rechercha le moindre indice chez les administrateurs. En vain. Il commençait lui-même à douter. Le préfet Dupuch qui, visiblement, ne croyait pas en ces fellagha fantômes, promit de surveiller attentivement la région et de prendre les mesures nécessaires, en particulier d'établir des barrages et des contrôles routiers. Le général Spillmann, pour faire preuve de bonne volonté et détendre l'atmosphère, annonça qu'il prendrait de particulières précautions dans ce secteur bien qu'il n'ait que peu de moyens et, en tout cas, aucun élément d'infanterie. En accord avec Deleplanque, il prescrivit au colonel Blanche d'établir un programme de sorties du II, 4e R.A. (2e bataillon du 4e régiment d'artillerie). Chaque batterie irait quelques jours dans l'Aurès pour « se montrer et se dégourdir les jambes ».

Vaujour leva donc la séance, déçu et furieux. Il prit Grasser à part.

« Mon vieux, lui dit-il, je ne doute absolument pas de vous mais les réponses qu'on nous a faites sont si sûrement négatives que nous passons pour des couillons. Les militaires et même Dupuch nous ont pris pour des affolés ou pour des fumistes farfelus... »

Grasser ne savait que répondre. Il avait ses renseignements de source absolument sûre.

« Grasser, poursuivit Vaujour, il faut que vous me trouviez une preuve indiscutable. Qu'on puisse la leur mettre sous le nez sans quoi ils ne nous croiront jamais. Prenez-moi des gars par la peau du cou que nous leur « montrions » les prises. Il nous faut des preuves! »

Le surlendemain M. Vaujour n'aura plus besoin d'étayer par des preuves le rapport Grasser, les Aurès se seront embrasés. Ni Cherrière, ni Dupuch, ni Spillmann, ni les administrateurs qui ont si confiance en « leurs » caïds n'auront besoin d'être convaincus!

Les groupes signalés par Grasser existaient bien et il ne s'agissait pas de « fellagha tunisiens » mais d'hommes de Ben Boulaïd. Le chef de la zone I avait immédiatement regagné son P.C. de Batna après s'être fait photographier avec ses six camarades à Alger. Il ne lui fallait pas perdre de temps pour mettre au point les détails de la nuit du 31 octobre au 1er novembre car c'était lui qui avait les plus grandes difficultés de liaison. Si les Aurès étaient impénétrables pour les autorités françaises ils étaient également très difficiles à parcourir pour un Chaouïa. Il fallait effectuer les liaisons à pied! Il n'était pas question pour Ben Boulaïd de prévenir ses chefs de commandos quelques heures seulement avant le déclenchement. Il lui fallait donc avoir tout son monde sous la main assez longtemps à l'avance.

Il décida de s'occuper personnellement de Batna et Arris, laissant Chinani, Laghrour et Adjel Adjoul se « débrouiller » avec les autres centres : Biskra, Khenchela, Foumtoub. Depuis un mois des groupes organisés vivaient dans les monts de Belezma qui dominent la cuvette de Batna. Ben Boulaïd avait chargé Bouzid Amar de Pasteur, une petite localité au nord de Batna, de conduire les « hommes de la Révolution », des montagnards en qui il avait toute confiance, dans ces montagnes qui dépassent les 2 000 m d'altitude. Des groupes étaient disséminés dans les djebels Chellala, Ouled Soltane et Tekbel El-Djemal. Les informateurs de Grasser avaient vu juste! Bouzid était chargé de leur équipement et des complicités avec la population qui vivait dans ces montagnes impénétrables. Les adjoints de Ben Boulaïd les mèneraient au combat.

Le chef chaouïa préférait prendre en main les « citadins » et les mêler à des groupes de montagnards plus farouches, plus entraînés au combat.

Vers 16 heures, ce vendredi 29 octobre, il convoqua son agent de liaison, Bellagoune Messaoud, un bijoutier de Arris, qui était installé au village nègre à Batna et avait abandonné son commerce pour la révolution.

« Tu vas joindre tous les responsables du C.R.U.A. de Batna et me les réunir dans une heure ou deux au lieu dit Bouakal. Nous serons tranquilles et je pourrais discuter avec eux. Il y a des nouvelles importantes. »

Bellagoune avertit Bouchemal, qu'il trouva au café maure Abdelgafour, rue Bugeaud, que Ben Boulaïd « agent de liaison du C.R.U.A. » — personne parmi les petits militants de base ne savait l'importance du rôle joué par le meunier de Lambèse — voulait le voir vers 17 heures au Bouakal. Bouchemal, secrétaire du comité local du C.R.U.A. de Batna, dont le responsable était « Hadj Lakhdar », s'y rendit immédiatement. Le lieu choisi par Ben Boulaïd se trouvait à l'extérieur de la ville, à la limite de la campagne. Bouchemal retrouva Hadj Lakhdar, son chef direct, Messaoudi Harsous, que tout le monde appelait « Bouha » et qui l'avait recruté aux environs du mois de septembre et Mostepha Ben Boulaïd. Bouchemal était content de le revoir car pour lui, comme pour la plupart des militants, Ben Boulaïd était le seul homme en qui il ait réellement confiance. Et c'est sa présence au sein du C.R.U.A., comme « agent de liaison », qui l'avait décidé à participer au mouvement.

« Je n'ai pas de particulières recommandations à vous faire, dit Ben Boulaïd, je voulais vous voir pour vous donner rendez-vous demain samedi à 17 heures à proximité du premier pont de la route Batna-Arris. Une voiture viendra vous prendre à cet endroit. Je pourrai alors vous expliquer en quoi consistera notre mission. Et bien sûr pas un mot sur tout cela. »

Bouchemal rentrant chez lui, où l'attendaient sa femme et son fils, se dit que l'agent de liaison du C.R.U.A. faisait bien des mystères. Peut-être le jour J était-il proche?

Bitat convoqua pour la dernière fois tous ses « Algérois » le vendredi 29 octobre à 20 heures. La réunion se tint chez Guesmia Abdelkader, le vernisseur de Bab-el-Oued dont le magasin, à deux pas des Trois-Horloges, abritait une réserve considérable de bombes de fabrication locale et quelques armes qu'avait apportées Bouadjadj. Celui-ci, Merzougui, Belouizdad, Bisker, Nabti et les deux Kaci écoutaient attentivement leur chef « Si Mohamed » — les derniers nommés ne connaîtront son véritable nom que des mois plus tard, en prison — lire les deux tracts ronéotypés. Ils retinrent particulièrement l'appel à toutes les énergies algériennes et l'appel à la dissolution du M.T.L.D. Le F.L.N. accueillerait chaque militant à titre individuel.

« A partir d'aujourd'hui, dit Rabah Bitat alias Si Mohamed, vous et les hommes de vos groupes êtes considérés comme des éléments, des soldats de l'Armée de Libération Nationale. Le Front, lui, est uniquement politique. Les tracts que je vous ai lus devront être distribués. Je vous dirai comment et de quelle manière. »

La ronéo de Ighril Imoula avait dû tourner sans arrêt car Bitat avait reçu de la zone Kabyle 150 tracts F.L.N. et plus du double de l'A.L.N. Le commando d'Alger se chargerait de l'envoi de ces tracts aux personnalités et aux journaux algérois.

Belouizdad remit alors sur le tapis l'attaque de l'E.G.A. Il renouvela ses mises en garde. « Cela risque d'être beaucoup trop dangereux », dit-il. Bitat resta inflexible.

« Vous ne devez en aucun cas abandonner cet objectif, dit-il, mais il faut revoir le plan d'attaque. » Il félicita Belouizdad pour la mise au point de l'attaque des pétroles Mory, mais demanda à Bouadjadj de revoir attentivement celle de l'E.G.A.

« Demain à 11 heures, dit-il, le nouveau plan doit être arrêté et Zoubir devra fixer l'endroit le plus propice pour franchir l'enceinte. »

A 22 heures les hommes se séparèrent.

Avenue de la Marne, Merzougui, dont les taches rousses ressortaient encore plus sur son visage pâle à la lueur des réverbères, interrogea Bouadjadj.

« Tu crois que ça va être pour bientôt?

— Je ne sais rien encore. Mais je crois que oui.

— C'est ce qu'on nous dit tous les jours mais l'attente devient dure. »

Bouadjadj avait du mal à ne rien dire. Il devait encore patienter vingt-quatre heures pour « affranchir » son compagnon.

Le matin même dans la Casbah le chef de la zone algéroise avait convoqué son lieutenant au café Malakoff, un café maure dont la façade bleu vif était contiguë à celle du magasin de Aïssa, le tailleur, rue du Vieux-Palais où Bitat avait trouvé refuge depuis plusieurs jours. Lorsque Bouadjadj était arrivé il avait trouvé son chef particulièrement tendu.

« Assieds-toi, lui dit Bitat. Cette fois ça y est. Ce sera pour lundi 1 heure du matin.

— Lundi à 1 heure, répéta Zoubir. Attends, que je ne me trompe pas, c'est donc dans la nuit de dimanche à lundi. C'est une heure après minuit de dimanche. » Bouadjadj s'embrouillait dans les heures et les jours.

« Oui. C'est cela. Tu as bien compris. 1 heure après minuit dans la nuit de dimanche à lundi. Garde encore la nouvelle secrète. Tu pourras prévenir Merzougui dimanche en début d'après-midi. Ensuite Merzougui donnera rendez-vous à 17 heures aux autres chefs de groupe à l'arrêt de trolleybus du Champ-de-Manœuvre et leur fixera l'heure. Comme cela, s'il y avait un contretemps d'ici là, je pourrais arrêter le déclenchement. Après 17 heures ce ne sera plus possible, et la machine sera en route! Mobilise tous tes hommes à partir de samedi soir que l'on puisse les joindre à n'importe quel instant. Tu as tout bien compris? »

Bouadjadj répéta fidèlement les ordres.

« Bon. Ça va. Je veux te voir demain samedi, au café du Marché Nelson à 3 heures de l'après-midi pour les dernières instructions. Maintenant va-t'en ce n'est pas la peine qu'on nous voie trop longtemps ensemble. »

Les deux hommes se serrèrent la main. Le contact avait duré moins d'un quart d'heure. Lorsque Bouadjadj arriva Place-du-Cheval il avait l'impression de ne plus toucher terre!

A Paris, le secrétaire d'Etat à la Guerre, Jacques Chevallier, maire d'Alger, relisait pour la troisième fois la lettre manuscrite du Gouverneur général de l'Algérie. Jacques Chevallier soulignait au crayon rouge les passages qui lui semblaient importants. Ces sept feuillets remplis de la grosse écriture de Roger Léonard le laissaient perplexe. Il y attachait une particulière attention car cette lettre constituait le premier coup de gong donnant réellement l'alarme en Algérie.

« Mon cher Ministre.

« Depuis que j'ai eu l'occasion, il y a huit jours, de vous entretenir de façon malheureusement trop brève des préoccupations sérieuses que m'inspirait l'évolution de la situation dans l'Est-Constantinois, celle-ci ne s'est pas améliorée. Tout au contraire. »

Jacques Chevallier souligna les dix derniers mots d'un crayon rouge attentif.

« Les incidents se sont multipliés; autour des groupes de fellagha qui traversent la frontière viennent s'agréger des éléments locaux, venus parfois d'assez loin. L'armement et l'audace de ces petites bandes, fortes parfois de plusieurs dizaines d'hommes vont s'accroissant, cependant que l'ensemble de la population s'émeut sérieusement et que, par crainte ou par sympahie, les musulmans de la montagne composent avec elles et ne nous apportent sur leurs agissements que des renseignements trop tardifs pour être exploités. Enfin il semble bien que certains éléments cherchent à s'infiltrer vers l'Aurès par les monts des Nementchas. Les forces de police et les unités militaires que nous avons groupées dans ce secteur font ce qu'elles peuvent pour redresser la situation : j'ai malheureusement conscience qu'elles n'y parviennent pas. Elles tiennent les agglomérations et contrôlent les routes pendant la journée; mais elles ne pénètrent pas dans les massifs montagneux, coupés de ravins et couverts de forêts ou de buissons, où s'abritent des dissidents : le soir venu ceux-ci, en dehors des agglomérations, font régner une insécurité générale... »

Le secrétaire d'Etat souligna encore cette dernière phrase.

« ... se déplacent et agissent à leur gré. Ce n'est que le jour où il sera possible de les traquer et de les détruire dans leurs refuges de montagne que la situation se retournera en notre faveur. Or nous disposons pour cela de moyens insuffisants en nombre et plus encore en qualité. Sans doute, en effet, une question d'effectifs se pose pour renforcer et resserrer notre dispositif de protection mais, quand bien même nous aurions dix escadrons de gardes et dix bataillons de troupes classiques de plus — [le crayon ministériel entra à nouveau en action] —, nous resterions incapables dans ce pays difficile, en face d'un adversaire extrêmement fluide et *parfaitement renseigné,* de mener à bien des offensives payantes. Il faut à tout prix que nous puissions constituer sans délai des petites colonnes légères, rustiques, capables de se déplacer avec rapidité dans des pays couverts et fortement accidentés. Le général Cherrière, avec qui je m'en suis entretenu, en a pleinement conscience : il voudrait, en première urgence, former trois bataillons de combat... »

Chevallier nota dans la marge de la lettre, en rouge « trois bataillons de combat ».

« ... dont les effectifs troupes seraient essentiellement fournis par des tirailleurs, dont il dispose dès à présent en nombre suffisant. Par contre, la formation de ces unités exige un encadrement très sérieux et expérimenté, qui lui fait presque entièrement défaut. Pour les constituer il a demandé un renfort urgent de 29 officiers et de 185 sous-officiers A.D.L. »

Le secrétaire d'Etat nota « Fait » dans la marge. Il avait secoué les bureaux de la rue Saint-Dominique et les officiers et sous-officiers trouvés en Allemagne allaient gagner l'Algérie.

« Je me doute bien, poursuivait le Gouverneur général, qu'il n'est pas facile de les trouver de façon immédiate et c'est pourtant ce qui est primordial car le temps joue contre nous et tout retard que nous mettrons à agir se soldera par des efforts beaucoup plus grands à entreprendre par la suite. Il nous faut craindre en effet non seulement une aggravation de la situation locale, mais l'*apparition par contagion de nouveaux foyers de dissidence,* que pourraient bien appuyer dans des régions apparemment paisibles des *actes de terrorisme individuels.* »

Chevallier appuya particulièrement son trait sous ses derniers mots.

« Si, depuis deux ans et demi, nous avons fort heureusement pu échapper aux tribulations de nos voisins, j'ai le sentiment que *nous sommes exposés à les connaître prochainement si nous ne pouvons maîtriser promptement les premiers désordres, alors qu'ils sont heureusement encore localisés.*

« Je vous prie, mon cher Ministre, de m'excuser de vous faire part de façon aussi personnelle de mes inquiétudes, mais j'ai pensé que mieux que quiconque vous en comprendriez la portée et je suis à l'avance certain que vous ferez l'impossible pour nous donner les moyens de maintenir ici une paix publique dont nous avons tant besoin.

« Veuillez croire, mon cher Ministre, à l'expression nouvelle de mes sentiments les plus cordialement dévoués.

R. Léonard

« P.-S. — Si comme on me l'indique, il était dans vos intentions de venir à Alger en fin de semaine, ne pensez-vous pas qu'il y aurait intérêt à tenir dimanche ou lundi 1er novembre (ou mardi) une petite conférence avec le général Cherrière et le préfet de Constantine, en demandant au général de La Tour et éventuellement au général Caillies d'y assister? »

Si le bon Léonard m'écrit ainsi, pensa Jacques Chevallier, c'est que vraiment il a des informations inquiétantes. C'est un parfait administrateur mais il est loin d'être un homme d'action. Et tirer la sonnette d'alarme ne doit pas lui plaire outre mesure.

Pourtant Jacques Chevallier s'étonnait de n'avoir pas eu, provenant d'autres sources, des informations sur un éventuel « coup de Trafalgar ». Ni Kiouane, ni les autres membres M.T.L.D. de son conseil municipal, avec lequels il était très lié, ne l'avaient prévenu.

Le secrétaire d'Etat se souvint de ce que lui avait dit à plusieurs reprises son ami Si Achmi Ben Chenouf, député-maire de Kenchela :

« Tu sais, Jacques, il faut que je voie Léonard. S'il ne veut pas me recevoir — il ne m'aime guère —, il faut que tu lui dises que cette affaire de fellagha tunisiens risque d'être mauvaise. Vous allez avoir des emmerdements sous peu. »

Jacques Chevallier attachait un grand crédit à l'opinion de son ami Ben Chenouf car celui-ci était très lié aux oulémas réformistes du cheikh Brahimi, un homme très fermé mais très au fait des courants et tendances nationalistes.

Ben Chenouf avait renchéri après une récente visite à Brahimi : « Dépêchez-vous de faire des réformes, de faire quelque chose dont on parle beaucoup. Je t'avertis, ça risque d'être grave. »

Chevallier en avait à l'époque parlé à Léonard qui lui avait répondu : « Oui, je sens un pourrissement mais rien de grave. »

Quant à Mitterrand, son collègue de l'Intérieur, s'il n'était pas revenu très optimiste de son voyage en Algérie il n'avait donné aucune raison précise d'être sur le qui-vive! Et depuis son retour il n'avait plus reparlé de l'Algérie.

Jacques Chevallier ne comptait pas trop sur les informations de Mitterrand car celui-ci ne le portait guère dans son cœur. Après l'avoir fait rentrer au Gouvernement « Parce qu'il était bon, avait-il dit à Mendès, d'avoir quelqu'un d'Algérie et d'avoir le support Blachette », il avait montré son agacement. Jacques Chevallier était maire d'Alger, mais à son avis ce n'était pas une raison pour qu'il fourre son nez dans les affaires d'Algérie. Au sein du Gouvernement, l'Algérie, c'était lui, François Mitterrand, et personne d'autre!

On remarquera que ce samedi 30 octobre ni François Mitterrand, ni son cabinet, ni ses services n'ont signalé au Gouvernement le rapport alarmant écrit par les R.G. et que Roger Léonard a envoyé le 23 par courrier spécial!

Jacques Chevallier retourna encore une fois la lettre du Gouverneur entre ses doigts, puis, soudain, décrocha son téléphone après avoir appuyé sur le bouton rouge qui le mettait en communication avec le poste personnel de Pierre Mendès-France.

« Allô, monsieur le Président? Je vais profiter du week-end prolongé du 1er novembre pour aller en Algérie. Les renseignements sont mauvais, je vais aller voir sur place ce qui se passe! »

Le maire d'Alger arriva trop tard pour célébrer à la mairie le mariage du journaliste Georges Lehva, secrétaire de rédaction au *Journal d'Alger*. C'est son adjoint qui procéda au mariage. A la réception qui suivit, le tout Alger libéral vint féliciter le jeune journaliste et sa femme Madeleine. Georges Blanchette, son patron, directeur-propriétaire du *Journal d'Alger,* tint à assister à la réception. Whisky ou champagne en main, politiciens, financiers et journalistes en profitèrent pour échanger informations et commentaires sur les deux grands sujets du jour : la préparation du budget de l'Algérie — il s'agissait d'arracher un maximum de crédit d'équipement à Paris, Mitterrand avait promis la semaine précédente de faire un effort particulier pour l'Algérie — et la construction des deux grands ensembles de logements pour les musulmans : Diar El-Maçoul et Diar El-Saada. L'homme à la mode était un jeune et squelettique architecte : Fernand Pouillon, protégé de « génie » du maire Jacques Chevallier, qui terminait la construction de ces deux cités de 10 000 logements qui domineraient Alger. On était partagé entre pouillonistes et antipouillonistes.

La présence du sénateur, propriétaire du *Journal d'Alger,* à cette réunion n'empêcha pas certains invités de murmurer dans les coins que Chevallier n'avait pas négligé d'employer les pierres des carrières de Blachette. Mais de toute façon il fallait bien les acheter ces pierres, alors autant que ce soit à Blachette! Et puis la plupart des personnes présentes au mariage des Lehva « l'aimaient bien »!

« Mon cher Georges Lehva, dit Blachette, en quittant la réception, je vous souhaite beaucoup de bonheur. Vous allez pouvoir profiter d'un week-end tranquille pour rester avec votre épouse. »

Et s'adressant à Madeleine tout heureuse :

« Profitez-en bien, jeune Madame, car un week-end tranquille pour la femme d'un journaliste c'est quelque chose d'exceptionnel. »

Ce « week-end tranquille du 1er novembre », Madeleine Lehva devait s'en souvenir toute sa vie!

Ce long week-end, chacun le préparait à sa manière. Le secrétaire général de la préfecture de Constantine en profita pour se rendre à Arris. Il voulait visiter les Aurès. Deleplanque, le sous-préfet de Batna, lui en disait tant de bien! Le préfet Vaujour, lui, avait décliné l'invitation de Deleplanque qui voulait à toute force faire aimer sa région.

« Venez donc passer le 1er novembre chez nous, avait dit le sous-préfet, on vous fera parcourir les Aurès. C'est le plus beau pays du monde... »

Vaujour avait été tenté, puis avait refusé.

« Non, mon vieux, j'ai trop de travail. Je vais profiter de ce long week-end pour mettre à jour les dossiers qui m'attendent. Les Aurès ce sera pour une autre fois! »

Deleplanque reçut quelques heures plus tard une information qui l'inquiéta. L'administrateur de Biskra, M. Hirtz, qui était le seul de tous les administrateurs à avoir fourni des renseignements sur le « pourrissement » de l'ambiance dans les Aurès, lui signalait que les instituteurs européens du bled risquaient d'avoir des ennuis.

Un bachaga était venu le trouver et lui avait dit : « Des bruits criculent en ce moment selon lesquels les instituteurs risquent d'être assassinés par des bandes de l'Aurès. »

« Je vous donne cette information sous toutes réserves, avait dit Hirtz, il faut peut-être prévoir quelque chose. »

Deleplanque avertit Dupuch qui donna l'ordre de les regrouper tous et de leur conseiller de ne pas sortir ni s'éloigner. Les services de la préfecture de Constantine et de la sous-préfecture de Batna firent le nécessaire. Tous les instituteurs purent être joints sauf deux jeunes mariés qui venaient d'arriver à Tiffelfel : Guy Monnerot et sa femme. Ils étaient quelque part entre Arris et Biskra, profitant du « pont » du 1er novembre pour visiter le massif de l'Aurès. L'instituteur de Arris signala qu'il les verrait le lundi car il les avait invités à déjeuner.

Deleplanque donna l'ordre à Rey, administrateur de Arris, et à Vivie de Régie, administrateur de Khenchela, de partir avec des cavaliers en reconnaissance dans l'Aurès et de faire leur jonction entre Arris et Khenchela. L'expédition fut fixée au lundi 1er novembre à 5 heures du matin.

« Décidément, pensa Deleplanque, ce week-end se présente mal. »

Dupuch le convoquait pour le lendemain dimanche. Ils devraient « rehausser de leur présence » une manifestation à Guelma. « Et puis je voudrais bavarder avec toi », avait ajouté Dupuch.

A 17 heures, le secrétaire du C.R.U.A. de Batna, Ahmed Bouchemal, retrouva Bouha, Messaoudi et Hadj Lakhdar au premier pont sur la route de Batna à Arris. Une demi-heure plus tard une 203 Peugeot grise s'arrêta devant eux. Le chauffeur leur fit signe de monter, puis démarra sans leur donner le moindre renseignement. Au bout d'une quarantaine de kilomètres la Peugeot s'arrêta. « Ici c'est Bouhamar, dit le chauffeur, vous descendez. »

Un Chaouïa en cachabia marron les attendait.

« Vous devez venir avec moi. Je vais vous conduire à l'agent de liaison Ben Boulaïd. »

La petite caravane traversa des champs labourés puis emprunta un chemin de chèvres au flanc de la montagne. Ils arrivèrent enfin à une mechta de pierres grises.

« C'est là, » dit le guide.

Ben Boulaïd sortit accompagné de son lieutenant Chihani Bachir qu'il présenta aux hommes sous le nom de Si Messaoud.

« Entrez dans la cour, dit Ben Boulaïd; ici chez Si Mohamed nous sommes en sécurité. Je vais vous expliquer dans un instant quelle va être votre mission. J'attends que mon frère arrive. »

Ben Boulaïd avait présenté leur hôte, son fidèle Baazi, dont la ferme servait de dépôt d'armes aux Aurès depuis le mois de septembre (voir p. 189) sous le nom de Si Mohamed, tout comme Chihani était Si Messaoud pour les hommes de base. Quant aux frères Ben Boulaïd, dans les Aurès ils étaient si connus qu'il ne pouvait se cacher sous un surnom.

Les hommes, attendant la suite de l'affaire, s'enveloppèrent dans leurs cachabias et s'assirent sur leurs talons, adossés à un petit mur de pierres sèches. Il faisait beau sur les Aurès, mais un vent coupant soufflait déjà, annonçant la nuit proche. Bouchemal alluma une Bastos qu'il garda du vent au creux de sa main repliée. Il était inquiet, se demandant qu'elle allait être la mission que leur indiquerait Ben Boulaïd.

Celui-ci, remarqua Bouchemal, devait être beaucoup plus qu'un simple agent de liaison. C'était lui qui donnait les ordres.

Le piétinement d'un groupe en marche le sortit de sa réflexion silencieuse. Omar Ben Boulaïd, le frère de Mostepha, arrivait à la tête d'une troupe d'environ quatre-vingts hommes.

Mostepha Ben Boulaïd signala à Bouchemal et à ses compagnons qu'il s'agissait des « moudjahidines », combattants de la foi, qui vivaient en partisans dans la montagne depuis plusieurs semaines. Tous les hommes s'étaient assis par terre en cercle, autour du chef de la Zone 1. Ben Boulaïd s'adressa à eux en chaouïa :

« Le jour de la révolution est arrivé, dit-il, nous avons reçu des ordres de l'étranger. L'Hizb Ethaoura — le parti de la Révolution — va attaquer Batna. Nos objectifs seront en priorité les casernes, les dépôts de munitions et la poudrière. »

Bouchemal était stupéfait. Attaquer Batna! Il s'attendait à une petite mission de sabotage ou de renseignements mais pas à un raid d'une aussi grande envergure. Ses compagnons citadins paraissaient aussi étonnés. Il remarqua par contre que les montagnards chaouïas arrivés avec Omar Ben Boulaïd n'avaient pas cillé à l'annonce de l'opération.

« Des vrais sauvages », pensa Bouchemal.

Dans les visages minces et burinés, les yeux étaient fixés sur « le chef ».

« Le raid sur Batna, poursuivit Ben Boulaïd, a été décidé pour la nuit du dimanche 31 octobre au lundi 1er novembre. C'est Hadj Lakhdar qui sera responsable du commando qui attaquera Batna. Toi, Bouchemal, avec Bouha et Messaoudi vous dirigerez les sous-groupes au sein de ce même commando. Vous aurez dix hommes chacun pris parmi les quatre-vingts partisans qui viennent d'arriver. Vous avez la nuit et la journée de demain pour faire connaissance et préparer l'action. Les armes et les vêtements vous seront distribués demain. C'est tout ce que j'ai à vous dire pour aujourd'hui. »

Zoubir Bouadjadj avait rectifié le plan d'attaque de l'usine à gaz d'Alger. Le matin même il avait été en trolley jusqu'au Jardin d'essai et, à pied, avait fait le tour de l'usine à gaz. Il était exclu que le commando des deux Kaci pénétrât dans l'enceinte par le portail principal. Non seulement des immeubles européens se dressaient face à l'entrée mais, de nuit, la rue devait être puissamment éclairée par les lampes à cônes d'acier qui se balançaient au bout de câbles tendus entre le mur d'enceinte et les immeubles.

Contournant l'usine, Bouadjadj remarqua une petite scirie adossée au mur d'enceinte. C'est par là que le commando devrait passer en s'aidant des bâtiments de bois dont le toit partait à l'assaut du mur beige de l'E.G.A. La scierie était à l'enseigne de Benouiniche. Zoubir se souvint que Benouiniche était le chef d'une famille musulmane très aisée, mais qu'il avait été un militant M.T.L.D. nationaliste fervent. Si par un hasard malheureux il surprenait le commando il ne le dénoncerait pas.

Ce problème réglé, Bouadjadj se rendit au rendez-vous que lui avait fixé Bitat. Il était 15 heures lorsqu'il arriva à Bab-el-Oued. Le café Nelson, sous les arcades de la rue Eugène-Robbe, était encore presque désert. Quelques vieux buvaient un café installés à une table et devisaient paisiblement. Un autre, calé contre le mur carrelé, sommeillait. A l'autre extrémité du café il vit à une table isolée Bitat et Souidani, son adjoint pour Blida.

Les trois hommes se saluèrent. Bouadjadj donna à Souidani l'un des deux « rase-nœuds » (coupe-boulons) qu'il avait achetés et qui serviraient à briser chaînes et barreaux défendant les enceintes des objectifs fixés.

« Bon. Ça y est, vous avez fini, dit Bitat impatient. » Il était très tendu.

« Qu'est-ce qui se passe? demanda Bouadjadj.

— Ce salaud de Lahouel a réussi à Blida. Il a découragé les gars comme il l'avait fait à Constantine. On a une défection presque complète. Souidani a plus de cent types qui ne marchent plus. Boudiaf avait raison de dire « même avec les singes de la Chiffa... » Il va falloir les enrôler...

— Qu'est-ce qu'on va faire?

— J'ai réussi à prévenir les Kabyles. Ils m'envoient vingt et un militants qui seront à 6 heures ce soir au square Bresson. Débrouille-toi comme tu pourras mais il faut que tu me les loges jusqu'à demain.

— Vingt et un types! Et j'ai à peine trois heures devant moi.

— Tu vas bien y arriver. Tu les contacteras par un mot de passe qui sera : Si Mohamed. Des Kabyles, tu sauras bien les repérer. Moi il faut que je m'occupe d'autre chose. Avant de partir... as-tu de l'argent? Je n'ai plus un sou. »

Bouadjadj pensa qu'il était plus facile de donner de l'argent au patron que de trouver un gîte et de la nourriture pour vingt et un clandestins!

« Je te donne 23 000 F. Ce sont des conseillers municipaux de Birmandreis que je connais qui me les ont donnés. Ils ne payent plus à Lahouel ni à Messali. Uniquement à la « troisième force » m'ont-ils dit.

— Ils diront maintenant au F.L.N., » ajouta Bitat tandis qu'il empochait les billets.

Pour loger les vingt et un Kabyles, Bouadjadj pensa encore à la ferme de El Hedjin Kaddour à Crescia. Il prit un taxi pour gagner du temps et se fit conduire à Crescia. El Hedjin accepta aussitôt d'héberger les partisans. Sa maison serait jusqu'au bout le cœur de la préparation active de l'insurrection.

« Je les mettrai dans la grange qui me sert de garage, dit El Hedjin, je vais préparer de la paille pour qu'ils puissent y coucher. »

Auparavant El Hedjin fournit un camion et un chauffeur pour le transport. Et à tombeau ouvert le vieux camion reprit la route d'Alger.

Il était 18 heures pile lorsque Bouadjadj arriva square Bresson. « Il n'aurait pas pu trouver un endroit moins fréquenté, » maugréa Bouadjadj. Car un samedi en fin d'après-midi c'était la cohue sur la grande place. D'autant que depuis deux jours il faisait à nouveau très beau à Alger. Le Tantonville, la grande brasserie de l'Opéra, était bondé. La terrasse envahissait le trottoir comme aux beaux jours du printemps. Sur la place, entre les ficus bruissant de milliers d'oiseaux qui y trouvaient traditionnellement refuge, des groupes bavardaient. Des gosses jouaient, se poursuivaient avec des cris perçants, bousculant les passants, se pendant par grappes aux balustrades du kiosque à musique.

« Retrouver vingt et un Kabyles dont je ne connais pas le premier, murmura Bouadjadj. Bitat y va fort! »

C'est près du kiosque à musique que Zoubir repéra le premier. Il portait un chèche lâche et ses vêtements grossiers et maculés révélaient le paysan. Le teint était clair, les sourcils presque blonds. « Celui-là si ce n'est pas un Kabyle, je me fais couper... Mais est-ce un de « mes » Kabyles? »

Bouadjadj s'approcha de l'homme qui fumait et sortit une cigarette : « Tu as du feu, s'il te plaît? »

L'autre sortit une boîte d'allumettes sans prononcer un mot.

« Tu viens de Kabylie?

— Oui.

— Moi c'est Si Mohamed qui m'envoie.

— Alors tu es celui que j'attends, dit l'homme dont le visage s'éclaira. Où va-t-on?

— Tu prends tranquillement la rue Bab-Azoun, tu verras un camion à ridelles qui stationne. Tu montes et tu m'attends.

— Merci.

— Où sont les autres?

— Je vais venir avec toi pour les contacter.

— Faisons semblant de nous promener et on les enverra les uns après les autres vers le camion. »

Il leur fallut plus d'une demi-heure pour retrouver les vingt militants.

A 18 h 45 tous étaient dans le camion dont on avait rabattu la bâche. Avant de s'asseoir près du chauffeur, Bouadjadj entra dans une épicerie et acheta sept boîtes de « Vache qui rit ».

« C'est pour une famille nombreuse ou pour une colonie de vacances? dit la vendeuse en riant.

— C'est un peu des deux, répondit Zoubir, mais à cet âge-là ça mange! »

En fait ce serait tout le dîner des partisans. Heureusement que les Kabyles avaient des habitudes frugales car, pour tenir jusqu'au lendemain, ils n'auraient que du pain et deux portions de « Vache qui rit »!

A 20 heures les Kabyles étaient cachés à Crescia dans la grange de El Hedjin. Bouadjadj avait juste le temps d'arriver à Alger pour la dernière réunion du commando algérois. Au moment où il partait El Hedjin glissa à Zoubir :

« Tu as vu, ils ont de la veine. Ils sont tous armés. »

Krim Belkacem avait bien fait les choses.

Lorsque Bouadjadj arriva au 149, rue de Lyon, chez le père de Belouizdad qui tenait un petit tabac, ses chefs de groupe l'attendaient déjà depuis longtemps.

« J'ai été retardé par un événement de dernière minute, sans importance, se hâta-t-il de préciser devant la mine inquiète de ses compagnons. J'ai une bonne nouvelle pour vous : à partir de cet instant vous êtes tous mobilisés. »

Ce fut un brouhaha général. Ils parlaient tous en même temps, voulaient savoir l'heure et le jour précis, les positions de replis après les attentats, s'ils devaient gagner le maquis ou rester chez eux.

« Une minute, on ne s'entend plus, dit Bouadjadj. Je répète : vous êtes tous mobilisés. Je dois pouvoir vous joindre chez vous à n'importe quel moment. L'insurrection est fixée dans les heures qui viennent.

— Mais à quelle heure? demanda Belouizdad.

— Ecoutez : demain à 17 heures, à 5 heures de l'après-midi, Merzougui se trouvera à l'arrêt de trolleybus du Champ-de-Manœuvre devant l'hôpital Mustapha. Vous le contacterez comme si vous étiez en train d'attendre le trolley. Il vous donnera l'heure exacte du déclenchement. Mobilisez vos hommes. Vous devez tous les réunir aux alentours de minuit dimanche soir. Ne le leur dites que dans la soirée. C'est bien compris? Merzougui vous donnera l'heure à 17 heures. Je le contacterai demain en début d'après-midi. »

A l'excitation de l'instant précédent suivit un étrange silence. Chacun réfléchissait. Des mois de préparation, de rendez-vous, d'entraînement allaient trouver dans quelques heures leur aboutissement. Et en même temps chacun pensait à l'énorme machine à laquelle l'insurrection s'attaquait. Avec si peu de moyens.

« Nous avons un grave problème, dit Kaci Moktar, pour attaquer l'E.G.A., il nous faut une voiture et personne dans notre commando n'en a.

— On en volera une.

— Oui, mais personne ne sait conduire. »

Bouadjadj était furieux. N'aurait-on pas pu y penser plus tôt?

Il n'y avait qu'une solution : que lui-même prenne le volant. Mais cela l'ennuyait fort pour deux raisons : d'abord il savait très mal conduire, il n'avait son permis que depuis quelques semaines. Ensuite, servir de chauffeur au commando de Kaci c'était enfreindre les consignes de Bitat. Aucun chef important, du moins dans les villes, ne devait participer à l'action pour que les éléments de base continuent d'ignorer le visage des dirigeants. Mais ou Bouadjadj prenait le volant ou on renonçait à l'objectif E.G.A. Comme Bitat avait absolument refusé d'abandonner cet attentat même si cela pouvait entraîner un accident grave, Zoubir prit le risque d'être reconnu.

« Je conduirai moi-même la voiture, dit-il. Et il vaudra mieux voler un camion. Ce sera plus simple pour le transport des hommes et du matériel. » Bouadjadj sera ensuite solennellement la main de ses compagnons.

« Demain, leur dit-il, je ne reverrai que Merzougui pour lui donner l'heure H et les Kaci pour participer à l'action. Il faut donc que nous nous retrouvions lundi. Le lieu de rendez-vous sera à l'entrée du cinéma Splendid, rue Colonna-d'Ornano. A 19 heures. Maintenant bonne chance à tous! Et surtout pas d'imprudence de dernière minute. N'oubliez pas de mettre demain matin les tracts à la poste. »

Kaci Abderhamane lui montra un tas d'enveloppes sur lesquelles il collait consciencieusement des timbres. C'est le frère de El Hedjin de Crescia qui avait tapé les enveloppes adressées à cent cinquante personnalités et organes de presse Algérois.

« Donc tout va bien, conclut Bouadjadj, tâchez de dormir cette nuit. La nuit prochaine sera certainement mouvementée. »

A une vingtaine de kilomètres au sud de la ferme de Crescia où les vingt et un Kabyles « réceptionnés » par Bouadjadj avaient trouvé refuge, le « sergent » Ouamrane s'apprêtait à se coucher. Souidani Boudjema se trouvait auprès de lui. Il semblait épuisé.

« Quelle journée! dit-il, tout cela par la faute de ce salaud de Lahouel. »

Car la situation dans l'Algérois était encore pire que Bitat avait bien voulu le dire à Bouadjadj. Le chef de la zone IV était presque seul. A l'exception des commandos d'Alger et de quelques militants comme Souidani et Bouchaïd, tous les autres l'avaient lâché. Les querelles messalistes-centralistes, que nous avions un peu perdues de vue, battaient leur plein et écœuraient plus que jamais les militants. Les membres du M.T.L.D. de l'Algérois étaient découragés et ceux recrutés par Bitat ou Souidani ou Bouchaïb ne croyaient même plus à la troisième force. La campagne de dénigrement de Lahouel, « On vous conduit à l'abattoir », avait donné le coup de grâce. Bitat, la mort dans l'âme, avait dû faire appel à Ben Boulaïd, à Krim et à Ouamrane pour avoir des renforts. En Kabylie et dans les Aurès les militants étaient plus décidés, mieux pris en main, que dans l'Algérois où ils étaient à même d'entendre tous les sons de cloche, les opinions de toutes les tendances, où ils étaient l'enjeu de querelles entre les différentes fractions du parti.

La Kabylie étant la plus proche, on convint que la zone III fournirait à Bitat les hommes qui allaient lui manquer à quelques heures de l'insurrection.

Pendant que Bouadjadj récupérait un commando de vingt et un Kabyles, square Bresson, Ouamrane, que Krim avait délégué dans l'Algérois pour aider Bitat, et Souidani avaient effectué un travail de fourmi. Deux cents hommes venus de Kabylie par leurs propres moyens attendaient patiemment, par petits groupes, dans des cafés maures de la place du Gouvernement, de la rue Charras, de la rue Bruce, de la place du Cardinal-Lavigerie, devant la cathédrale, qu'on vienne les chercher. Ouamrane et Souidani les avaient transportés dans une ferme de Bouinan entre Rovigo et Blida, près de la ferme de Souidani, à plus de cinquante kilomètres d'Alger. Ils avaient effectué chacun cinq aller et retour dans cette journée de samedi! Puis il avait fallu trouver à manger pour deux cents hommes! Quant aux armes...

« En tout et pour tout, dit le sergent, cinquante d'entre eux ont une arme. Les autres ont des bombes qu'on a fabriquées nous-mêmes et des poignards... »

Ouamrane éclata de son grand rire sauvage devant la mine atterrée de Souidani. Il s'étira sur le lit où il s'était laissé tomber. « Ne t'en fais pas, ils iront. Avec ou sans armes. Ils ont la foi! »

A Teniet-el-Abd, le petit village accroché aux Aurès, au-dessus de Arris, l'ethnologue Jean Servier avait l'impression d'avoir laissé échapper une grande chance. Une cérémonie très particulière se déroulait cette soirée de samedi, dans un village voisin, d'accès aussi difficile que Teniet El-Abd. Et Servier pensait bien pouvoir y assister. Mais le caïd du village qui, jusque-là, l'avait accueilli comme un frère, avait refusé de l'emmener. Deux cent cinquante personnes des villages voisins venues à pied de la montagne devaient assister à la réunion.

« Nous ne serons pas seuls, avait dit le caïd, il n'y aura pas que des gens de Teniet, alors tu ne peux pas venir.

— Mais j'ai déjà assisté à une cérémonie pareille », insista Servier.

Le chef du village fut inflexible. Et Servier était resté presque seul dans le village abandonné pour quelques heures.

Cette cérémonie célébrait un culte très répandu en Algérie mais qui reste très secret. Un culte syncrétique qui mélange la religion musulmane à l'adoration de dieux et d'esprits païens. Une sorte de vaudou où la religion catholique est remplacée par celle de Mahomet.

Quelques années auparavant, Jean Servier avait pu assister à l'une de ces cérémonies hallucinantes. Et cela en plein Alger : 2, rue de la Bombe dans la Casbah. L'assistance, tassée, était très mélangée, petits bourgeois, commerçants, domestiques, ouvriers, hommes et femmes. Les officiants étaient tous noirs, le culte exigeant que ses prêtres soient descendants des esclaves noirs véhiculés au cours des siècles à travers l'Algérie.

Celui qui officiait, ce jour-là, était un colosse à demi nu. La cérémonie avait commencé par des danses. Le prêtre portait sur la tête des peaux de renard dont les queues lui battaient les flancs à chaque pas. Des tablas, gros tambours de peaux de chèvre au son profond, rythmaient la danse que des castagnettes de bronze parsemaient de bruits stridents. Le rythme d'abord lent s'était accéléré. Bientôt le torse du prêtre ruisselait, ses pectoraux magnifiques tressautaient au rythme de plus en plus échevelé de la musique lancinante. Des assistants suivaient la cadence démente, piétinant sur place. Puis le prêtre tomba sur le sol, imité par plusieurs hommes et femmes. Ils se roulèrent par terre, bavant, écumant, tandis que les doigts du joueur de tablas martelaient à une vitesse fabuleuse la peau tendue à craquer. Soudain le prêtre se releva. Les castagnettes, les tablas se turent.

Le noir gigantesque revêtit une gandoura immaculée qui faisait ressortir le large visage sombre où brillaient des yeux hallucinés. Le sacrifice commençait. Successivement il égorgea des poulets, une chèvre, un petit veau dont le sang éclaboussa la gandoura. Puis on poussa vers l'officiant les trois boucs rituels : un blanc, un roux, un noir. Il lui suffit de trois mouvements d'une rapidité extraordinaire pour égorger les animaux à l'aide de trois couteaux différents puis, sur un rythme plus lent, la danse reprit, marquée par les stridences des castagnettes et le martèlement sourd des tablas. Le prêtre, suivant le rythme, tenant élevés au-dessus de sa tête les trois couteaux du sacrifice, fit à reculons le tour du cercle formé par les assistants qui sur place pataugeaient dans le sang. Des jeunes gens bondirent dans le rond. Puis, comme possédés, firent d'une voix irréelle des « prédictions ». Ces longues phrases alambiquées prêchaient le soulèvement contre le Roumi, contre l'oppresseur. Puis la danse reprit cette fois sur un rythme échevelé. Lorsque se termina la cérémonie, les vêtements de la plupart des fidèles étaient maculés de sang. Une boue écœurante couvrait le sol. L'excitation tomba d'un coup et chacun, sans dire un mot, sortit de la maison. L'assistance s'égailla dans la nuit.

Servier qui, à Teniet, avait un matériel d'enregistrement perfectionné, aurait voulu assister une nouvelle fois à cette cérémonie que la plupart des musulmans « civilisés » nient farouchement. Mais le vieux caïd n'avait pas cédé.

Les habitants de Teniet regagnèrent leur village un peu après minuit. Servier, les entendant, sortit de sa maison. Il retrouva les yeux hallucinés qu'il avait observés quelques années plus tôt dans le visage des assistants à la cérémonie de la rue de la Bombe. Mais aussi, pour la première fois dans ce village, il y trouva de l'hostilité. Tous regagnaient silencieusement leur demeure. Servier allait en faire de même lorsque le caïd s'approcha de lui :

« Il va falloir que tu partes, lui dit-il.

— Partir? Mais je n'ai pas fini mon travail!

— Ça ne fait rien. Demain tu partiras.

— Demain. Pourquoi demain?

— Ce sera demain. Bonsoir. »

Et le caïd le quitta brusquement.

« Que va-t-il donc se passer demain, s'interrogea Servier, pour qu'il veuille se débarrasser aussi vite de moi. C'est la première fois que le chef me parle sur ce ton. C'est bizarre. Mais j'ai trop d'imagination. Le vieux est sans doute plein de kif! »

Troisième partie

L'insurrection

DIMANCHE 31 OCTOBRE, OULED MOUSSA (AURÈS),
8 HEURES DU MATIN

Lakhdar Baazi ne reconnaît plus sa ferme. Les hommes ont continué d'arriver toute la nuit. Ils sont maintenant plus de cent cinquante. Ils ont dormi tant bien que mal dans la grange, d'autres ont passé la nuit dans la cour, enroulés dans leur cachabia, calés au pied du mur ou étendus auprès d'un feu qui a brûlé jusqu'à l'aube. Le jour s'est levé sur un ciel pur, le soleil commence à chauffer. La journée sera belle. Exceptionnelle même car la semaine précédente on croyait l'hiver arrivé. Des hommes torse nu se lavent au ruisseau qui sourd entre les chênes plantés devant la maison.

Sur le pas de la porte, Baazi observe la route qui court en contrebas au pied de l'autre versant de l'étroite vallée. Pas une voiture, pas un passant. Arris, à 10 km au sud doit encore dormir. Le dimanche l'activité est en veilleuse dans la petite ville. Les chênes dont le plus gros, à double tronc, est envahi — comme le mur extérieur de la ferme — par des lierres, énormes lianes grosses comme le poignet, forment un écran protecteur. De la route il est impossible de se douter de l'animation qui règne à flanc de montagne.

A perte de vue, à gauche et à droite de la vallée, des collines trapues, râpées, pelées, grisâtres, désertes, avec des coulées de pierres dorées sous le soleil. La maigre végétation semble vouloir rentrer dans le sol; elle est âpre et dure comme la montagne. Les touffes de thym, d'alfa sauvage, les chênes nains rabougris, les arbres à gingembre, les oliviers sauvages tordus et tourmentés, s'ils parfument l'air du matin, un air qui soûle à force d'être pur, n'en rendent pas pour autant la montagne accueillante. Bouchemal, le secrétaire de la section de Batna, est effrayé à la pensée de devoir vivre ainsi dans cette montagne hostile. A Batna, au cœur de la petite ville, il ne voyait pas les pics et les croupes du même œil. Il se sent citadin. Il n'a rien à voir avec ces Chouaïas, sauvages et souples, qui sont ici chez eux, qui connaissent toutes les pierres de la montagne. Lui aussi est chaouïa mais il préfère le café maure Abdelgafour de la rue Bugeaud et ses tables accueillantes au thé poisseux dont les montagnards se régalent, le cul sur les pierres coupantes.

Bouchemal n'a pas osé demander à Ben Boulaïd si, le coup réalisé, il pourrait regagner sa maison de la rue du Général-Faideherbe où l'attendent sa femme et son fils ou si l'on vivrait désormais en hors-la-loi, comme ces bandits de Grine, Maache, Messaoud dont on parle comme des personnages de légende, mais qu'il n'a absolument pas envie d'imiter. Se procurer des cartes, des médicaments, répartir des sommes pour acheter des vêtements militaires, rendre compte de la situation politique, dresser les plans des casernes et la liste des policiers, toutes missions qu'il a accomplies, ça lui convient. Mais le djebel, avec l'hiver qui vient et qui rend les Aurès encore plus hostiles, c'est autre chose. Et maintenant il ose encore moins questionner Ben Boulaïd car le chef — il est aujourd'hui persuadé que c'est lui qui dirige tout, au moins dans les Aurès, et qui est peut-être le chef de toute cette insurrection qui doit soulever l'Algérie? — est débordé.

Dans la grange où règne une forte odeur d'hommes, plus de cinquante partisans y ont dormi alignés comme des sardines, Ben Boulaïd aidé de ses adjoints Chihani et Adjel Adjoul — que nous appellerons par leur véritable nom pour ne pas nous perdre dans l'enchevêtrement des surnoms destinés à brouiller les pistes policières — dégagent la cache où se trouvent les armes qui doivent servir cette nuit. Depuis l'envoi fait à Alger, il ne lui reste qu'une soixantaine de fusils Mauser et Statti et des grenades. Heureusement que ces Chaouïas de la montagne ont parfois des armes individuelles, en particulier les Touabas — ceux de sa tribu — qui luttent ancestralement contre les Ouled Abdi. L'histoire d'Aïcha la folle et de Bourek le vieil aveugle a, des siècles plus tard, des conséquences imprévisibles!

Adjel Adjoul et Chihani vérifient chaque fusil et les sortent par brassée de cinq dans la cour où ils sont posés debout contre le mur, à l'alignement. Baazi et Ben Boulaïd lâchent dans la poussière des ballots de tenues disparates, écume des surplus américains laissés dans tous les souks du Maghreb par la guerre.

« Que chacun trouve là-dedans une tenue qui lui aillent à peu près, crie Ben Boulaïd. Je veux que chacun d'entre vous ressemble à un militaire. Vous êtes tous à partir d'aujourd'hui des soldats de l'Armée de Libération Nationale. »

Il faut à peine une heure aux cent cinquante hommes pour s'habiller de battle-dress olive américains. Les cachabias de grosse laine brute jonchent le sol. Les paisibles paysans deviennent en un instant les guerriers dont rêve depuis des mois Ben Boulaïd.

Il se sent maintenant rassuré. L'insurrection se présente bien. Il a tous ses hommes autour de lui. Avec Chihani et Adjel Adjoul il les contrôle parfaitement. Seuls sont absents dans ce caravansérail militaire le groupe de Khenchela, mais c'est son troisième homme de confiance, Laghrour Abbès, qui s'en occupe. Quant aux bandes de Grine, les « bandits » de l'Aurès, qui restent sous l'autorité de leurs chefs traditionnels, Ben Boulaïd sait pouvoir compter sur elles. Cette nuit elles se borneront à la protection et à l'accueil des commandos retour de mission. A partir de demain elles déclencheront autour de Arris et de T'Kout « l'insécurité générale » et contrôleront les villages isolés, préparant caches et réserves de nourriture avec la complicité de Chaouïas.

Les hommes rôdent autour des armes posées contre le mur. L'acier des culasses luisant de graisse brille au soleil. Ben Boulaïd regarde ces hommes secs et nerveux dans leurs uniformes disparates. Des loups. L'instinct de la guerre est revenu, balayant tous les autres sentiments. Ils sont impatients. Ils tournent en rond. Ils font un peu peur à Bouchemal qui pense à la mission de cette nuit. Il est chef d'un sous-groupe. Il devra conduire dix de ces loups silencieux!

KHENCHELA (AURÈS), 10 HEURES

Khali, l'infirmier du médecin de Khenchela, revient dans la chambre qu'il occupe dans la maison du praticien. Il quitte Laghrour Abbès, le chef du commando de Khenchela, qui est venu le demander en pleine ville. Pour qu'il ait commis pareille imprudence c'est que l'affaire est grave. Il vient de lui annoncer que

« ce sera pour cette nuit ». Et Khali « fait sa valise ». Il a été contacté depuis longtemps par Laghrour et par Chihani, il connaît aussi Ben Boulaïd. Depuis septembre il fait, sur leurs conseils, provisions de médicaments, de pansements, d'albuplast, de désinfectants. « Rien de très compliqué mais de l'utile. » Il en a bourré la petite armoire qui meuble sa chambre. Il place maintenant ses provisions médicales dans deux sacs. Khali s'est, en outre, procuré une trousse de première urgence. Il n'a fait aucune étude de médecine mais son travail épisodique au cabinet du médecin de Khenchela lui a donné une certaine habileté. Il est intelligent et ses connaissances de base n'ont pas échappé à l'œil vigilant de Ben Boulaïd. L'homme sera utile au jour J.

Ce jour est arrivé. Khali sait que cette nuit le commando de Khenchela, près de soixante hommes, va attaquer la caserne et tenter de prendre les armes du dépôt. On attaquera aussi le bordj. Laghrour lui a affirmé que les ordres sont formels :

« Ne tuer en aucun cas les civils. Ne toucher ni aux vieillards ni aux femmes. Ni même aux sentinelles si elles ne se défendent pas. »

Khali, contrairement à ce qu'il croyait, ne doit pas participer à l'action proprement dite. « Toi, vient de lui dire Laghrour, tu dois soigner les blessés s'il y en a. » Il doit donc se trouver avec sa trousse et ses deux sacs de pharmacie à Fontaine-Chaude. A deux kilomètres au-dessus de Khenchela. Ce sera le lieu de regroupement du commando, « une fois l'affaire réussie ».

Khali enfile la chemise kaki, un pantalon de toile et un blouson d'aviateur U.S. qu'il a achetés récemment à Batna chez un fripier. Il a eu du mal à trouver des pataugas à sa pointure. Il a fallu aller jusqu'à Constantine. Mais il les a. La cachabia enfilée par-dessus tout cela masquera la tenue militaire.

ALGER. ÉTAT-MAJOR DE LA Xe RÉGION MILITAIRE, 11 HEURES

L'éventaire du fleuriste en plein air, place Bugeaud, croule sous les dahlias dodus et fournis, de toutes couleurs. Eblouissement de jaune, rouge, bordeaux, violet panaché de rose.

« C'est l'époque du dahlia, pense le général Cherrière, demain et après-demain ce sera la ruée familiale aux cimetières. » Sa voiture passe la barrière. Garde-à-vous des sentinelles. Nonchalance des chaouch du dimanche dans les couloirs déserts.

Cherrière veut profiter de son dimanche, une journée tranquille, pour faire le point. Depuis sa nomination de commandant en chef, la semaine dernière, il n'a pas eu le temps d'étudier les dossiers Air-Mer qui s'empilent sur son bureau.

Avant de s'y plonger, il doit téléphoner au secrétaire d'Etat à la Guerre. Jacques Chevallier est arrivé hier à Alger qui s'apprête, sous un soleil radieux, à vivre à l'orée de l'hiver une belle journée de printemps. Cherrière s'est entretenu en début de matinée avec le Gouverneur général qui, ce dimanche, ne va pas quitter le Palais d'Eté dont le parc, sur les hauts d'Alger, doit embaumer sous le soleil. Les deux chefs de l'Algérie, le civil et le militaire, ont convenu qu'ils s'étaient peut-être un peu affolés à la fin de cette semaine. Il y avait eu le rapport des R.G. et puis Vaujour qui paniquait et qui avait provoqué cette conférence à Constantine. Ridicule. Tout était calme là-bas. Le Grand Patron de la Gendarmerie en Algérie, le général Morin, vient de le lui confirmer : « Rien à signaler, tout est calme dans le bled. » Et le Gouverneur général a été d'accord avec lui pour faire stopper la 25e D.I.A.P. dont les paras doivent incessamment embarquer pour l'Algérie.

Cherrière compose lui-même le numéro du Bordj, la villa que la famille Chevallier occupe depuis quatre-vingts ans à El-Biar, Chemin-Romain. « Allô, mon cher Ministre. Bonjour... Oui. Merveilleux ce temps... Un temps à aller à la Madrague... Oui. Tout va bien. Rien à signaler... A ce propos, après entente avec le gouverneur Léonard... Oui je viens de l'avoir au téléphone... je crois que nous nous sommes un peu affolés. Oui... c'est une fausse alerte. Cela ne vaut pas la peine de déplacer la 25e D.I.A.P.!... Non. Je ne crois pas qu'elle doive embarquer. On les dérangerait pour rien. Elle reste sur le pied de guerre? Oui, façon de parler. C'est parfait. Bonne journée, mon cher Ministre. »

Jacques Chevalier vient de lui confirmer que la 25e division d'infanterie parachutiste était sous les armes, prête à partir. Il suffira d'un coup de téléphone, si besoin s'en faisait sentir, pour qu'elle s'embarque moitié par avion, moitié par bateau pour l'Algérie. Qu'elle reste à Pau! Pour l'instant ici on n'en a pas besoin.

Voilà un problème réglé. Cherrière prend le premier des dossiers roses qui s'empilent sur son bureau. A force de circuler aux quatre coins de l'Algérie, il a un peu négligé les affaires administratives.

Pas d'emmerdements. Pas d'importuns. Pas de « civil » pour poser des questions stupides. Le travail va avancer.

ALGER. GOUVERNEMENT GÉNÉRAL, MIDI

« Merci, Lajeunesse. Vos preuves confirment mon inquiétude. Ouvrez l'œil à Oran, cela risque d'être pour bientôt.

— Vous pouvez y compter, monsieur le Directeur. Mais mon indicateur m'a garanti qu'il serait informé de la date d'un éventuel mouvement. Il me préviendra quarante-huit heures à l'avance. Je vous téléphonerai immédiatement.

— Merci de vous être dérangé. Bon retour.

— Au revoir, monsieur le Directeur. »

L'objet fascine Jean Vaujour, directeur de la Sûreté. Sur son bureau, le commissaire Lajeunesse des R.G. d'Oran vient de poser, il y a quelques instants, une sorte de boîte de conserve sur le dessus de laquelle on a grossièrement soudé un couvercle. Au centre du couvercle un petit trou d'où sort une mèche. Une bombe de fabrication locale. Elle correspond à la description qu'en a faite « André », l'informateur algérois des services de Costes et de Carsenac. La partie supérieure est grossièrement brasée.

« Un amateur », pense Vaujour. Le feu intense du chalumeau a léché le corps de la boîte effaçant les marques commerciales. Cela ressemble à une boîte de lait en poudre Guigoz.

Le doute n'est plus possible. Alger, Constantine et les Aurès — même si Grasser n'a pas encore eu de preuves formelles —, et maintenant Oran. C'est visiblement le même atelier qui fabrique ces bombes. Donc le mouvement répond à une seule direction centrale qui donne ses ordres dans toute l'Algérie. Le problème risque d'être plus grave que Vaujour ne le pensait jusque-là.

« Il va falloir prendre des mesures... », pense-t-il en enfermant la bombe dans le tiroir de son bureau.

Il a promis ce matin à sa femme une promenade dans les environs d'Alger. En une semaine il ne l'a pratiquement pas vue. Il reviendra ce soir au bureau.

« Dire qu'à Constantine, avant-hier, personne ne me croyait. Il va bien falloir que ça change. On commence à les avoir « leurs » preuves! »

TENIET EL-ABD (AURÈS), 2 HEURES DE L'APRÈS-MIDI

L'ethnologue Jean Servier ne comprend rien à ce qui lui arrive. Cela a commencé la veille au soir lorsque la population du petit village aurésien est rentrée du « vaudou ». Le caïd lui a dit : « Demain tu dois partir! »

Et ce matin, les brumes du kif envolées, il a continué.

« Il faut que tu partes. Vite. Ce matin.

— Mais pourquoi? »

Le caïd a hésité puis très vite, sans le regarder, a lâché :

« Le collecteur d'impôts doit arriver demain. La population sera très montée contre les Européens. Ce ne serait pas prudent de rester. Les gens t'accueilleront très mal! »

Servier, qui sait que dans certains cas il vaut mieux ne pas insister, a fait téléphoner à la commune mixte de Arris pour qu'une jeep vienne le chercher au village intermédiaire qui se trouve à proximité de la route. Mais le bordj n'avait pas de véhicules disponibles avant deux jours.

« Je ne pourrai partir qu'après-demain, avait-il dit au caïd.

— Non! tu dois partir aujourd'hui. Tout de suite. Je t'accompagne au village de la route. Deux de mes hommes se chargeront de tes valises. » Cette fois-ci c'était sérieux. Le caïd n'a pas voulu attendre. Ils se sont mis en route immédiatement.

Au village « de la route », Servier a rencontré le taleb — le maître d'école coranique — avec qui il discutait souvent, entouré de quelques Chaouïas du village. La population a immédiatement marqué de l'hostilité à l'ethnologue. Il s'est senti le « Roumi ». C'est la première fois que ça lui arrive. Que se passe-t-il? Et voilà qu'ostensiblement le taleb l'a emmené vers la mosquée.

Devant tout le monde il a dit : « Viens avec moi manger un couscous à la mosquée! » A ces mots les Chaouïas se sont empressés et il est maintenant assis sur ses talons nus sur le sol de la mosquée. Le taleb mange avec ses doigts sans un mot. Servier en fait autant. Il est inquiet. Il se passe quelque chose. L'ethnologue, qui connaît les traditions, sait qu'en l'invitant à manger un couscous dans la mosquée, le taleb, homme influent du village, a conclu avec lui un pacte d'alliance, d'amitié. Cette invitation équivaut à dire : « Je prends cet homme sous ma protection. Qu'il ne lui arrive pas de mal! » C'était sa façon, sans parler, de faire savoir à la population que l'homme blanc devait être protégé par le village.

Le repas se termine sans qu'un mot soit prononcé. Les deux hommes se lèvent. A la porte de la mosquée, en plein soleil, une invraisemblable traction avant, peinte en vert criard, l'attend. Ses valises sont déjà chargées sur le porte-bagages, son matériel disposé soigneusement sur la banquette. Un Chaouïa en turban lâche est au volant et met en route le moteur dès que Servier apparaît.

Le caïd a disparu. Seul le taleb serre la main de l'ethnologue et lui ouvre la portière.

« Regagne Arris, lui dit-il, cela vaut mieux pour tout le monde. *Hamdou'Allah!* — Dieu le veut!

— *Hamdou'Allah!* répond Servier.

Les portières claquent. La voiture tangue sur le chemin de montagne. Jean Servier, encore étonné, sera à 7 heures à Arris.

ALGER. CHAMP-DE-MANŒUVRE, 17 HEURES

L'après-midi a été magnifique. L'hippodrome du Caroubier a fait le plein de son public pittoresque de flambeurs. Européens et musulmans se sont pressés côte à côte aux guichets. Les rapports étaient importants. Merzougui l'a entendu à la radio du café maure de la rue Sadi-Carnot d'où il pouvait voir l'arrêt de trolleybus du Champ-de-Manœuvre. A 16 h 55, il s'est dirigé vers la station.

Bouadjadj l'a prévenu au début de l'après-midi. L'heure H est fixée à 1 heure du matin. Quelques personnes stationnent à l'arrêt d'autobus. Elles sortent de l'hôpital Mustapha. La visite des malades vient de se terminer. Chacun est perdu dans ses pensées. Merzoughi prend sa place dans la file d'attente. Derrière lui est arrivé Belouizdad qui devait le guetter, impatient d'avoir le premier la confirmation. Des voitures passent et s'arrêtent à quelques mètres au feu rouge de la rue Sadi-Carnot. Le brouhaha est suffisant pour protéger des oreilles indiscrètes. Merzougui se retourne à demi.

« Cette nuit, à 1 heure du matin », lâche-t-il.

Personne n'a prêté attention à « l'Arabe » qui parle tout seul.

Belouizdad s'éloigne rapidement en direction de la rue de Lyon. Le trolley arrive. Les passagers montent, Merzougui s'efface pour laisser passer ceux qui sont arrivés après lui. Il est nouveau seul à l'arrêt et successivement les chefs de groupes du commando d'Alger viennent prendre la consigne. Kaci, Bisker, Nabti. Ces deux derniers ont l'air nerveux.

« Cette nuit, à 1 heure du matin.

— A quelle heure faut-il prévenir les hommes? », lui demanda Nabti. Merzougui est agacé. Nabti sait très bien qu'à partir de 10 heures les hommes doivent être réunis et que le chef de commando ne doit pas les quitter.

« 10 heures, tu le sais bien, souffle Merzougui. Maintenant file, ce n'est pas la peine qu'on nous voie ensemble. »

Sans attendre la réponse de son camarade, Merzougui s'éloigne à grands pas. Il veut jeter un dernier coup d'œil à son objectif. Il doit attaquer Radio Alger. En plein centre de la rue Michelet. A 1 heure du matin...

SUR LA ROUTE ENTRE BOUFARIK ET BLIDA (ALGÉROIS), 19 HEURES

Accroché au volant du camion, Souidani fume à longues bouffées nerveuses et rapides. La fumée brûlante lui emporte la bouche... La nuit tombe et, malgré novembre tout proche, il fait incroyablement doux. De chaque côté de la route les phares du camion balayent les étendues sombres et touffues des orangeraies dont le parfum entêtant se mêle, dans la cabine, à la fumée des cigarettes. Bouadjadj, assis à côté du chauffeur, tressaute à chaque tour de roue. Ce bon vieux Hotchkiss aura rendu bien des services mais il n'est pas très confortable!

Bouadjadj tire une bouffée de Chesterfield. Lui aussi est silencieux. Il récapitule son emploi du temps. Quand il aura « livré sa marchandise » sa mission sera théoriquement terminée. Pourtant ce soir il devra enfreindre les ordres et conduire le groupe Kaci qui n'a pas de chauffeur. A moins que...

« Ce soir, tu n'as pas besoin du camion ni de El Hedjin? demande-t-il à Souidani.

— Non. Avec ce que nous transportons et les hommes du sergent ça suffit.

— Bien. Je vais donc l'envoyer avec le groupe Kaci. Il servira de chauffeur. »

Ainsi il pourra obéir aux ordres : ne pas participer à l'action proprement dite et garder vis-à-vis de la base l'anonymat jusque-là respecté.

« C'est encore loin? demanda-t-il à Souidani.

— Cinq ou six kilomètres.

— Ça a l'air d'aller derrière. »

Bouadjadj jette un coup d'œil à travers la glace qui sépare la cabine de l'intérieur du camion. Il distingue un seul visage. Mince, aux yeux perçants qui le regardent. Ils sont vingt et un derrière. Les vingt et un Kabyles de Krim. Ils ont passé la nuit dans la ferme de Crescia. A 18 h 30, El Hedjin est venu chercher Zoubir Bouadjadj chez lui, chemin Teufel, Colonne Voirol, pour aller chercher les vingt et un qui, pour l'instant, ne connaissent que le « chef » des commandos algérois et n'obéiront qu'à celui qui les a contactés la veille, square Bresson.

« Ils n'ont pas bougé de la grange où ils ont dormi, a précisé El Hedjin. J'ai réussi à les faire bouffer tant bien que mal. Mais ils n'ont rien dit. De véritables tombeaux ces types. Ils ne bougent pas. Ils ne parlent pas. Je les ai seulement vu vérifier leurs armes. C'est tout!

— Des vrais Kabyles de la montagne! »

A Souma, ils ont pris Souidani, adjoint de Bitat pour Blida, tout comme Bouadjadj l'est pour Alger. Ils conduisent maintenant les hommes à Hallouya où est fixé le rendez-vous avec Bitat, Ouamrane et les deux cents Kabyles de renfort arrivés la veille. L'insurrection dans l'Algérois va se faire presque uniquement avec des Kabyles. Tous les militants de Blida-Boufarik ont flanché. Ils ont préféré les conseils d'attente et de sagesse de Lahouel à l'appel à l'insurrection que lançait le nouveau F.L.N. Donc Bitat, Bouchaïb et Souidani seront les trois seuls Algérois à mener les deux cent vingt et un Kabyles. Le sergent Ouamrane a jugé bon de se joindre à eux. Il fallait un chef kabyle à l'égal — ou presque — de Bitat. Bouadjdj pense que ce n'est pas le moment de rallumer les querelles arabo-kabyles. Ceux-ci viennent de leur rendre un fameux service et on ne va pas faire la fine bouche.

« Tu n'as pas une cigarette? »

Bouadjadj tend une Chesterfield à Souidani qui fume sans arrêt depuis le départ de Souma. Il semble nerveux. Une rigole de sueur glisse le long de sa tempe. La cigarette est vite consumée. Sans dire un mot Souidani tend la main. A la troisième cigarette, Bouadjadj lui laisse le paquet et pose la main sur le bras de son ami.

« Ça ne va pas?

— Si. Mais je suis inquiet.

— Pourquoi?

— Pour ça! »

Tout en maintenant de la main gauche le volant, Souidani a écarté sa veste. Dans sa ceinture, un poignard genre « scout ».

« C'est avec ça que je vais faire la révolution!

— Tu n'as pas d'arme?

— Non. J'ai donné Biquette à un groupe qui n'avait rien. »

Bouadjadj connaît l'histoire de Biquette. C'est un énorme 11,43 avec lequel Souidani a, en compagnie de Ben Bella, attaqué la poste d'Oran en 1949. C'est aussi ce pistolet qui a tué l'inspecteur Cullet lors du démantèlement de l'O.S. en 1950. Malgré la preuve accablante qu'elle constituerait pour lui en cas d'arrestation, Souidani Boudjema n'avait jamais voulu se séparer de son arme.

« Et aujourd'hui je vais faire la guerre avec un couteau! », dit-il à nouveau.

Bouadjadj sait bien que les armes font défaut. Le principal objectif va d'ailleurs être, tant à Blida qu'à Boufarik, le dépôt d'armes de la caserne. Les mieux armés sont les vingt et un Kabyles que le Hotchkiss transporte à Hallouya. Sur les deux cents de Ouamrane, cinquante à peine ont une arme. Les autres ont des poignards. Bouadjadj en apporte encore sept. Sept poignards scouts achetés dans un magasin de sport. Mais cela ne suffira pas. Un homme, Sekat, ira même au combat avec un marteau!

« Voilà, nous y sommes. »

Dans le chemin creux où s'est engagé le camion, à l'écart de la route, les phares découvrent la haute et mince silhouette de Bitat et celle, phénoménale, du sergent Ouamrane qui paraît encore plus puissant, plus râblé, à côté du « chef historique ». Ils sont en battle-dress et ont un burnous sur les épaules. Bouadjadj descend et se dirige vers son chef.

« Bonjour. Où sont les hommes?

— Dissimulés dans les orangeraies. Et les tiens?

— Souidani les fait descendre. »

Ecartant la bâche les vingt et un sautent souplement à terre et se groupent autour de Ouamrane que tous reconnaissent.

Bitat fait une dernière recommandation à son lieutenant qu'il a attiré à l'écart.

« Tu ne te mêles de rien. Tu leur as bien donné l'heure à tous?

— Oui. 1 heure du matin pour Alger.

— C'est ça. Ici nous agirons à minuit. Je te contacterai plus tard pour les nouvelles instructions. Jusque-là vous ne bougez plus. Pas d'imprudence car la réaction de la police sera dure. Bonne chance. » Les deux hommes se serrent la main. El Hedjin a repris le volant de son vieux Hotchkiss. Bouadjadj s'assoit à côté de lui et cherche une cigarette. Il a donné le paquet à Souidani. El Hedjin lui tend une Bastos.

« Où va-t-on?

— Tu vas d'abord me déposer chez moi, Colonne Voirol, puis ensuite je vais te confier une mission.

— Pour cette nuit?

— Oui. Tu vas participer à l'action avec les Kaci. Tu les connais, le neveu et l'oncle?

— Oui. J'ai encore rencontré le plus jeune chez Guesmia cet après-midi quand j'ai apporté les bombes incendiaires de Souma. Où je les retrouve?

— A 23 h 30 tu stationneras à l'angle de la rue Edmont-About, près de l'usine à gaz; c'est là l'objectif. Tu diras à Kaci que c'est toi le chauffeur. L'heure de l'attaque est fixée à 1 heure du matin. Pour le déroulement de l'action tu obéiras à Kaci. Il te donnera ses instructions.

— Entendu. Tu peux compter sur moi. »

Zoubir Bouadjadj se cale sur son siège et prend une deuxième cigarette dans le paquet de Bastos que son compagnon a laissé sur le tableau de bord. Il tire la première bouffée avec un plaisir intense. Pour lui c'est fini. Sa mission est terminée.

OULED MOUSSA. AURÈS, 19 H 30

La nuit est tombée sur les Aurès. Baazi regarde la route à travers le rideau de lierre qui pend entre les branches des chênes. Déserte. Le ciel est d'une pureté rare à cete époque en montagne. Il n'a pas encore pris cette teinte bleu profond qui semble se refléter, les nuits de lune, sur les pentes abruptes des Aurès. Baazi va quitter sa ferme. Il est lui aussi habillé d'un semblant d'uniforme. Il a comme tout le monde chaussé ses pataugas. Il revient dans la cour et s'approche de Ben Boulaïd.

« Tout est calme. On ne distingue rien sur la route!

— Alors nous pouvons y aller. »

Baazi disperse et écrase les derniers brandons d'un feu allumé au centre de la cour et qui, il y a quelques instants encore, mettait des reflets rougeoyants sur les visages basanés des Chaouïas et faisait luire l'acier des armes. Ce n'est plus le désordre du matin — les hommes désœuvrés, affalés sur le sol ou tournant en rond fascinés par les armes, —, le caravansérail a cédé la place au camp militaire. Des groupes sont formés prêts à partir. Il y a celui de Batna, celui de Arris, de T'Kout, de Kroubs. Cent cinquante hommes qui vont, à pied ou en camionnette, s'approcher des objectifs qu'ils attaqueront à 3 heures du matin. Le groupe le plus important est celui de Batna. Attaquer la sous-préfecture des Aurès, une ville où il y a un commissariat central, des bâtiments officiels, une gendarmerie, deux casernes ne va pas aller sans risque. Ben Boulaïd a confié à Hadj Lakhdar, un militant à toute épreuve, trois commandos de dix hommes chacun. Bouchemal sera le chef de l'un de ces commandos. Le bordj militaire sera le principal objectif mais il serait bon d'attaquer également la sous-préfecture. Ben Boulaïd pense que la portée psychologique n'en sera que plus grande. S'attaquer aux militaires sera impressionnant, s'attaquer à l'autorité civile prouvera à la population que le F.L.N. est puissant et ne recule devant rien. Les trente-cinq hommes des commandos gagneront la capitale des Aurès en camion. Hadj Lakhdar est près du « patron » sur le pas de la porte de la ferme. A deux kilomètres en contrebas sur la route un véhicule immobile que l'on distingue mal fait trois appels de phares. C'est le camion de Saïd, transporteur à Foumtoub.

« Vas-y », dit Ben Boulaïd à Hadj Lakhdar.

Sur un signe les hommes s'éloignent en silence se fondant dans la broussaille qui envahit la pente.

« Il est temps que tu partes, dit Ben Boulaïd à son bras droit Chihani. On se retrouvera au P.C. de Beni Melloul lorsque vous aurez fini.

— Entendu. Bonne chance.

— *Inch'Allah!* »

Ben Boulaïd a établi son P.C. de campagne dans une des nombreuses grottes des Beni Melloul où le maquis sauvage qui couvre de sa lèpre les pentes des Aurès se transforme en forêt compacte, impénétrable, où les frondaisons protègent des observations aériennes qui ne vont pas manquer dans quelques heures. Chihani a voulu diriger un commando d'une dizaine d'hommes qui ne vont peut-être pas intervenir cette nuit à 3 heures du matin. Ils vont dresser une embuscade dans les gorges de Tighanimine entre Arris et Biskra. Les ordres sont de stopper toute circulation sur la route et de tuer les musulmans dont on connaît les sympathies profrançaises après les avoir sondés sur leurs intentions. A moins bien sûr qu'ils ne passent à la rébellion!

Un deuxième commando va faire la route avec Chihani. Sa mission est de harceler et d'attaquer la gendarmerie de T'Kout une petite localité où vivent une dizaine de gendarmes et leurs familles.

« Il faut, a dit Ben Boulaïd, que le cœur des Aurès de Arris à Tiffelfel et même à Biskra soit coupé du reste du monde. Il faut qu'on ait peur pour cette région à Batna. »

Les hommes de Grine Belkacem doivent déjà être en place et tiennent les crêtes au-dessus de Arris. Un commando léger coupera tout moyen de communication téléphonique entre Arris et Batna, et isolera complètement T'Kout.

Trois autres commandos vont tendre des petites embuscades au pont d'Afra, dans le douar Ichmoul et à Médina dans l'Oued El-Abiod où doit passer le collecteur d'impôts. On fera ainsi coup double.

La plupart de ces commandos ont une vingtaine de kilomètres à parcourir à pied dans le djebel. Il est temps qu'ils partent.

Adjel Adjoul reste avec son chef. Eux aussi ont un long parcours à effectuer avant de gagner le P.C. des Beni Melloul. Tous les hommes de l'A.L.N. ont déjà disparu dans la nuit lorsque les deux hommes quittent la ferme de Baazi. Il ne reste de leur passage que des litières de paille froissée et, dans la grange, un trou étayé de planches jonchées de chiffons gras avec, au fond, un mousqueton hors d'usage.

Ben Boulaïd a lâché ses hommes, ses Chaouïas. Il ne reste plus qu'à attendre les réactions. Dans la cache des Beni Melloul il y a un gros poste à pile sèche qui va beaucoup servir. Le chef de la zone I a hâte d'entendre les Français annoncer au monde stupéfait la rébellion de l'Algérie.

ALGER. GOUVERNEMENT GÉNÉRAL, 20 H 30

Jean Vaujour a dîné rapidement pour retourner à son bureau. « Un dimanche? », s'est étonné sa femme. Le gardien de la paix de faction à la guérite près des grilles du G.G. a salué machinalement. Vaujour s'est tout de suite installé à son bureau. Il est soucieux. Il ouvre le deuxième tiroir de son bureau et en sort la bombe que le commissaire Lajeunesse lui a apportée, le matin, d'Oran. Il y a pensé toute la journée. Le directeur de la Sûreté se demande s'il n'aurait pas dû donner l'ordre de perquisitionner dans cette maison de la Casbah signalée par l'indicateur. C'était peut-être rompre le fil ténu que les R.G. avaient tissé jusqu'au C.R.U.A., mais si plusieurs de ces bombes semblables à celle qui le nargue sur son bureau explosaient un de ces quatre matins et tuaient des civils innocents? Ne serait-il pas responsable? Depuis la visite de Lajeunesse il n'a cessé de tourner et retourner le problème.

Lorsqu'il a raccompagné sa femme après une longue promenade en voiture à la Bouzareah, dans les environs d'Alger, celle-ci lui a dit : « Qu'est-ce qui ne va pas, Jean? Tu es préoccupé. Tu n'as pas dit un mot de tout l'après-midi. »

Il a souri, sans répondre directement. Il s'agissait de ne pas s'affoler. C'est facile à dire mais il y a trop de signes révélateurs d'une prochaine agitation. Des signes mais pas de preuves formelles. Tant pis, le directeur de la Sûreté ne veut plus attendre. Il faut partir en chasse avec les éléments que les R.G. ont pu recueillir jusque-là. Vaujour décroche son téléphone. Aujourd'hui jour férié il n'a pas de secrétariat mais seulement la permanence du G.G.

« Ici la permanence, j'écoute.

— Vaujour à l'appareil.

— Oui, monsieur le Directeur?

— Alertez par téléphone ou par messages tous les commissaires des Renseignements généraux. Conférence générale dans mon bureau demain matin à 9 heures.

— Bien, monsieur le Directeur, ce sera fait. »

La chasse est ouverte. Ne va-t-on pas encore l'accuser de paniquer, comme vendredi à Constantine? Et Paris qui ne donne aucune nouvelle. Le rapport du 23 octobre ne semble pas émouvoir l'Intérieur. Et pourtant les renseignements se précisent.

Avant de rentrer chez lui, Jean Vaujour feuillette le bulletin politique rédigé par le service des liaisons nord-africaines du colonel Schœn. Là non plus rien de concret mais ce bulletin secret diffusé à très peu d'exemplaires révèle une inquiétude sourde. Schœn parle de nervosité dans les divers clans de l'opposition. « Beaucoup sont impatients d'agir », écrit-il.

Il y a toujours les querelles Messali-Lahouel, mais dans la rubrique II « M.T.L.D. 11° clan Messali » de ce n° 3436 NA/3 Vaujour relève :

« Messali aurait décidé d'orienter le parti vers la clandestiné, et mis sur pied un « plan d'action directe » avec constitution de « groupes de combat » voués à l'action terroriste.

« Cette organisation répondrait non seulement au désir du « Comité de Libération de l'Afrique du Nord » au Caire, mais aussi au vœu de nombreux militants qui menaceraient de se retirer si le parti n'entrait pas dans cette voie, en coordination avec les séparatistes marocains et tunisiens. L'appui de l'Egypte, désormais libérée des soucis que lui occasionnait l'affaire de Suez, serait escompté. »

Schœn a-t-il les mêmes informateurs que les R.G. avec qui il n'entretient pas de très bonnes relations ou a-t-il d'autres sources?

Au chapitre 2°, clan Lahouel, le colonel parle encore d'action : « ... il serait envisagé la création de groupes de combat (analogue à ceux des fellagha) — des « groupes spéciaux » de militants destinés à « faire face à toute éventualité » seraient en cours de constitution. Il serait également envisagé l'organisation de l'agitation pour permettre l'internationalisation du problème algérien en 1955, la réalisation d'une Union nationale dans le cadre du « Congrès National Algérien », avec l'U.D.M.A. de Ferhat Abbas, les oulemas, le parti communiste, et le noyautage du clan messaliste. »

Tout cela ce sont des mots, mais il y a cette grossière boîte de conserve, là sur le bureau, avec sa mèche qui se dresse, menaçante... D'où vient-elle?

Quels sont ceux qui se préparent ainsi à l'action directe? A la rubrique C.R.U.A. (p. 124 du rapport secret) Vaujour lit : « Ils travaillent dans la clandestinité complète. »

A 23 heures le gardien du hall débloque la grille d'entrée du Gouvernement général. La traction noire du directeur de la Sûreté quitte le forum.

« Ils travaillent dans la clandestinité complète... »

C'est bien ce qui inquiète le plus Jean Vaujour.

ENTRE BLIDA ET BOUFARIK (ALGÉROIS), 23 H 30

Une sentinelle tourne comme un ours en cage sur l'étroite plateforme du mirador qui surveille les alentours de la caserne de Boufarik sur la route de Blida. La silhouette du jeune homme se détache sur le ciel clair. Il y a longtemps qu'on n'a pas vu un pareil clair de lune à la fin de l'automne. Ouamrane, aplati sur le sol, rampe protégé par les troncs des orangers. Il fait signe à ses hommes d'avancer de la même manière. Quelques-uns se dressent et avancent normalement.

« Couchez-vous, abrutis! » Ouamrane ne peut même pas crier. Les hommes se laissent tomber à terre. Là-haut, dans le mirador, la sentinelle s'est arrêtée de marcher. Ouamrane pense qu'elle regarde dans leur direction. Ils sont à peine à 50 m du mur d'enceinte de la caserne. Les orangeraies offrent au commando une couverture extraordinaire et les arbres vont presque jusqu'au pied du mur.

« Qui va là? » crie la sentinelle.

Plus un bruit. Le soldat a dû entendre un remue-ménage suspect vers la droite, là où se sont groupés la plupart des hommes du commando. « La p... de lui! », grogne Ouamrane. La sentinelle vient d'allumer le projecteur et balaye lentement la lisière de l'orangeraie. Le puissant faisceau passe et repasse. L'homme scrute attentivement le petit bois odorant. Ouamrane a l'impression de s'incruster dans le sol tellement il s'aplatit. Il s'est réfugié dans l'axe d'un gros oranger. Le rayon passe à plusieurs reprises, l'éclaire, mais la sentinelle ne voit rien. Un claquement sec et le projecteur s'éteint. Il faut un certain temps à Ouamrane pour se réhabituer à la nuit. Il a eu chaud. Un coup d'œil à sa montre : 23 h 40. Encore vingt minutes et ce sera l'attaque. Ouamrane veut piller le magasin d'armes. Il y a bien sûr le poste de police, mais c'est le caporal-chef Saïd Ben Tobbal, le frère de l'adjoint de Didouche, qui a pris le service ce soir. C'est grâce à sa complicité que l'opération est possible. C'est lui qui ouvrira la porte et aidera à maîtriser les sentinelles. Après le pillage, retrait sur Chréa dans la montagne qui domine Blida où Ouamrane doit retrouver Bitat.

A quelques kilomètres de là les cent hommes de Bitat, secondé par Bouchaïb, sont dans la même situation. Encore vingt minutes à attendre. Dans la caserne Bizot à Blida le caporal fourrier Khoudi est nerveux. Il sort du poste de garde et regarde sa montre.

« Ce n'est pas encore ton tour de garde, dit le sergent de service.

— Je sais, sergent, mais il fait trop chaud cette nuit. Et on a déjà les tenues d'hiver. Alors je préfère prendre l'air. »

Le caporal fourrier imagine le commando dissimulé dans le lit de l'Oued El-Kébir. Lui aussi est avec eux. Dans vingt minutes ils surgiront et il leur donnera toutes les indications pour piller le magasin. « Tout doit bien aller, lui a dit Bouchaïb, et après tu files avec nous dans la montagne de Chréa. »

A Boufarik, Ouamrane voit Souidani accroupi dans un fossé d'irrigation, prêt à intervenir.

« Prêt? murmure Ouamrane.

— Prêt, répond Souidani confiant. Ça va aller. »

Il faudra faire vite pour se replier. Des groupes veillent dans les environs. Ils doivent poser des bombes réglées pour 2 heures du matin sur la route, dans les hangars de la coopérative de Boufarik et dans ceux de la Cellunaf où est entreposé le stock d'alfa de Baba-Ali. En explosant deux heures après l'attaque des casernes, ces bombes devront parachever la psychose de panique créée par les attaques en règle de points importants.

Ouamrane étreint la crosse de sa Mat. Il sent le canon de son pistolet autrichien, celui qui ne l'a jamais quitté depuis sept ans qu'il a pris le maquis, lui entrer dans le ventre. Recroquevillé près du tronc d'arbre, la position est inconfortable. Encore un quart d'heure. Ouamrane a l'impression d'être là depuis trois heures. Son cœur bat à grands coups, non à l'idée d'attaquer la caserne — les années de maquis lui ont forgé un sang-froid à toute épreuve —, mais à la pensée que dans quelques instants va commencer la Révolution algérienne.

PRÉFECTURE D'ORAN, 23 H 30

Le préfet Lambert vient de faire son tour de ville habituel. Tous les soirs il va dans le centre « prendre la température d'Oran » en même temps qu'un verre. Tout est calme. Il fait exceptionnellement doux. La nuit est même chaude. Oran, pense le préfet, est vraiment privilégiée. Il est remonté dans son bureau pour mettre à jour quelques dossiers. Il s'est à peine plongé dans son travail que le téléphone sonne.

« Allô, Monsieur le Préfet, ici c'est Edef. »

M. Edef est le commissaire central d'Oran. Un musulman.

« Oui. Qu'est-ce qui se passe, Edef?

— On vient d'assassiner un chauffeur de taxi!

— Où?

— Rue José-Maranal. Les gars l'ont tué à coups de pistolet et ont balancé le corps sur le trottoir avant de s'enfuir avec le véhicule.

— Crime crapuleux?

— Sans aucun doute.

— Prenez les mesures qui s'imposent, barrages de gendarmerie et de police pour retrouver le véhicule. Et les gars. »

Le préfet Lambert pense que vraiment Oran est une grande ville bien calme. Il ne s'y passe jamais rien. Et l'assassinat d'un chauffeur de taxi vaut que l'on dérange le préfet!

A une cinquantaine de kilomètres de là, sur le bord d'une petite route de Dahra, les hommes de Ben M'Hidi sont en embuscade. Ben M'Hidi et Ramdane Abdelmalek, un des participants à la fameuse réunion des vingt-deux, sont désespérés. Ils ont peu d'hommes et pratiquement pas d'armes. Une caravane qui devait venir du Rif a été interceptée. Il était trop tard pour prévenir Crim ou Ben Boulaïd. Car Ben M'Hidi sait à quel point Bitat est démuni. Seuls les chefs de l'intérieur risquaient de pouvoir le dépanner. Ramdane Abdelmalek a décidé de réaliser tout de même les embuscades. Deux en tout et pour tout. L'une contre le transformateur de Ouillis à l'est de Mostaganem et les fermes qui l'entourent, l'autre contre la gendarmerie de Castaigne, un petit centre agricole du Dahra. Ils ont une dizaine d'armes à se partager. L'heure H est fixée à minuit.

Ni Ben M'Hidi, ni Ramdane Abdelmalek n'ont parlé d'attaquer un taxi à Oran. Comme les autres chefs de l'insurrection ils ont transmis les ordres formels « ne pas attaquer les civils européens ». Les ordres seront suivis.

Le chauffeur de taxi assassiné à Oran s'appelle Samuel Azoulai. Il s'agit bien d'un crime crapuleux.

ENTRE BOUFARIK ET BLIDA (ALGÉROIS), 23 H 45

Ouamrane et Souidani ont réussi leur mouvement tournant. Ils sont à quelques pas du poste de garde de la caserne. Les hommes sont dissimulés pour une part dans l'orangeraie, pour l'autre dans les fossés, derrière des buissons. Encore quinze minutes et le caporal-chef Saïd Ben Tobbal sortira sur le pas de la porte du poste de garde.

L'explosion plaque Ouaramrane à terre. Par réflexe, il s'est aplati. Une deuxième puis une troisième explosion trouent la nuit.

Ouamrane comprend en un éclair. Ce sont les groupes qui devaient faire exploser les bombes sur la route et près du pont qui se sont trompés d'heure. Ou plutôt qui ont dû paniquer. Car Ouamrane en est persuadé, dans de pareilles circonstances on ne se trompe pas de plus de deux heures.

Au lieu de « parachever la psychose de terreur chez les Européens » c'est parmi les groupes d'assaut que les saboteurs trop pressés viennent de semer la panique. Des hommes se sont dressés, ne sachant que faire. Du côté du poste de garde un brouhaha insolite signale que l'alerte est donnée. Le projecteur du mirador s'est allumé. Des hommes détalent. Ouamrane a bondi vers l'entrée de la caserne suivi de Souidani et de quelques militants. Les sentinelles sont assommées. Ils entrent dans le poste de garde.

« Haut les mains. Ne bougez pas. »

Les soldats à moitié endormis sont stupéfaits. Souidani, Ouamrane et le caporal-chef Ben Tobbal raflent les armes. 4 mitraillettes et 6 fusils. Les hommes de l'A.L.N. sont dans la cour, protégeant leurs chefs d'une éventuelle attaque.

« On décroche », crie Ouamrane. Tout le monde se sauve lâchant quelques rafales. Mais personne ne les poursuit. Tout s'est passé trop vite. Pour le commando de Ouamrane c'est l'échec. Les explosions prématurées ont paniqué les hommes qui n'étaient pas encore habitués au combat et que l'attente a considérablement énervés. Il n'a pas été question de piller le magasin d'armes.

La petite troupe se scinde en plusieurs groupes qui, à pied, évitant l'agglomération de Blida, gagnent la montagne de Chréa audessus de Bouinan.

« Pourvu que Bitat ait mieux réussi », pense Ouamrane.

Le chef de l'Algérois a vu de son côté se dérouler le même spectacle. Désespérant. A quelques kilomètres de distance le même scénario s'est reproduit. A cette exception près : Bitat n'a pas pu se procurer d'armes et un accrochage l'a opposé aux forces françaises. Il y a eu trois morts et plusieurs blessés parmi les hommes de l'A.L.N. qui tentaient de gagner l'abri de la forêt de Chréa.

Lorsque Ouamrane parvient à mi-pente de la montagne, en lisière de forêt, il peut distinguer au loin, à Boufarik, la lueur d'un incendie et des nuages de fumée. C'est la coopérative qui brûle.

Avec quatre mitraillettes et six fusils, c'est le maigre bilan d'une opération qui devait créer une psychose de peur dans l'Algérois. L'opération improvisée par les Kabyles et Bitat après la défection des militants de l'Algérois n'a pas été payante. Manque de sangfroid et d'organisation. Ouamrane n'a plus qu'une idée en tête : regagner rapidement la Kabylie pour y continuer le combat. L'opération « dénigrement » menée par Lahouel a porté ses fruits.

LUNDI 1er NOVEMBRE. PRÉFECTURE DE CONSTANTINE, 0 HEURE

« Déjà minuit. Je dois partir, Pierre.

— Tu ne veux vraiment pas rester coucher ici. Et vous Vanda?

— Non. Vraiment. Je crois que Jean préfère rentrer à Batna.

— Oui, enchaîne Jean Deleplanque, je ne sais pourquoi je ne suis pas tranquille. C'est peut-être ce que nous a dit Vaujour vendredi... »

Le préfet Pierre Dupuch, qui a convoqué son ami et protégé Jean Deleplanque, sous-préfet de Batna, le trouve en effet nerveux, tendu. Ils ont assisté le matin même à une cérémonie à Guelma, la « corvée préfectorale », mais ce n'était pas pour la faire partager à son ami que Pierre Dupuch a convoqué Deleplanque. C'était pour étudier avec lui la perméabilité de la frontière algéro-tunisienne et le moyen de mettre un terme aux infiltrations de fellagha tunisiens. Deleplanque a déjà beaucoup étudié la question et a même préparé un plan à ce propos.

Lorsque le général Spillmann a suggéré au préfet d'unifier lui aussi le « commandement civil » le long de la frontière c'est à Deleplanque que Dupuch a pensé. Et, après le déjeuner officiel, enfin débarassés des corvées, c'est ce poste de coordinateur général que Dupuch a proposé à son ami.

« Tu peux quitter Batna et t'installer à Guelma. »

Deleplanque n'a pas été très chaud pour accepter la proposition.

« Ce n'est pas que je ne veuille pas aller à Guelma, avait dit Deleplanque, ni que je me désintéresse du problème de la frontière. Au contraire, je pourrais peut-être y faire adopter mon plan, mais je suis inquiet quant à la situation dans les Aurès.

— Pourtant, vendredi tu n'as rien dit à Vaujour.

— Bien sûr, parce que je n'ai aucune preuve sérieuse. Mais je sens quelque chose... »

Dupuch sachant son ami très sensitif, prévoyant les choses avec une rare intuition, lui a dit amicalement :

« Bon, je cède à tes raisons mais pour quelques jours seulement. Le temps que tu te rassures! »

Mais pendant tout le dîner Deleplanque s'est montré nerveux, inquiet.

« Allez, fous le camp, lui dit amicalement le préfet. Je vais essayer de te trouver un chauffeur.

— Ce n'est pas la peine dit Mme Deleplanque. Nous avons la 11. On en a pour moins de 2 heures. Et ça détendra Jean de conduire. »

Le préfet Dupuch raccompagne ses invités jusqu'à la porte de la préfecture de Constantine. Il baise la main de Vanda Deleplanque et serre celle de son ami.

« Et tiens-moi au courant, s'il y a quelque chose. »
Jean Deleplanque n'y manquera pas.

PRÉFECTURE D'ORAN, 0 H 15

Le préfet Lambert qui vient de serrer dans une chemise grise les papiers secrets que tous les soirs il range dans le coffre-fort s'apprête à regagner son domicile. Ce soir il a envie de lire. Demain la journée sera faite de cérémonies, de monuments aux morts, de vin d'honneur et autres réjouissances. Il va passer la porte lorsque le téléphone sonne. Il décroche et, avant d'avoir pu ouvrir la bouche, une voix affolée lui crie :

« Allô, allô, qui est à l'appareil? Vite.

— Mais qu'est-ce qui se passe. Cest le préfet à l'appareil.

— Oh! excusez-moi, monsieur le Préfet, ici c'est la gendarmerie de Cassaigne. Il ne fallait pas vous déranger, monsieur le préfet.

— Allez vite, mon vieux, de toute façon il n'y a que moi à cette heure-ci à la préfecture.

— Des hommes armés viennent d'attaquer deux fermes entre Ouillis et Bosquet.

— Il y a du grabuge?

— On ne sait pas encore!

— Tenez-moi au courant. »

Le préfet raccroche. Un chauffeur de taxi tout à l'heure. Deux fermes maintenant. Qu'est-ce que ça veut dire?

Le téléphone grelotte.

« Oui. Le préfet à l'appareil.

— Ici la gendarmerie de Cassaigne. C'est encore moi. Un homme vient d'être tué juste devant chez nous. Des inconnus armés ont tiré des rafales sur la gendarmerie. On vient de riposter et ils se sont sauvés.

— Qui est la victime?

— Un Européen. Laurent François. Attendez! on m'apporte des nouvelles. Excusez-moi, monsieur le Préfet. »

Enervant ce gendarme avec ses excuses. Dans un cas pareil!

« Allô. Oui, monsieur le Préfet. A 100 m de la commune mixte un gardien vient d'être assommé. On lui a volé son fusil.

— Mettez tous vos gars sur le pied de guerre. Vous allez recevoir des instructions. Tenez-moi au courant s'il y a du nouveau. »

C'est du sérieux. Une insurrection armée. Ça ne fait aucun doute.

Dans une région aussi calme que l'Oranie une série d'événements aussi graves et aussi groupés ce n'est pas le fait du hasard.

Lambert empoigne son téléphone.

« Appelez-moi mon chef de cabinet dit-il à la standardiste. Et au trot! »

« Allô, ramenez-vous en vitesse, ça va mal. Y'a du grabuge. Convoquez le général Wiedespach-Thor, le colonel Dutheil, le procureur et les commissaires des R.G. et Edef! Tout le monde dans mon bureau. Et vite, hein? »

Lambert est furieux. Le « pif » de la Résistance a joué. Il a tout de suite compris. C'est un mouvement insurrectionnel. Mais ça va pas se passer comme ça. « Ils » vont voir si « ils » peuvent faire ce qu'ils veulent. Le baroudeur, compagnon de la Libération, ressort sous le préfet affable et bonhomme. « Ils veulent la bagarre, ils vont l'avoir. »

Lambert n'est pas un homme à se « laisser botter le train ».

ALGER. USINE À GAZ. PRÈS DU JARDIN D'ESSAI, 0 H 45

Un petit groupe d'hommes discute près d'un camion, au coin de la rue Edmond-About. La rue est sombre. Un rayon de lune éclaire l'arrière du camion. Un Hotchkiss n° 345 BH 91. Kaci Abderhamane regarde sa montre : « 1 heure moins 10. Allons-y! »

El Hedjin Kaddour reste au volant du camion. Guesmia, le vernisseur de Bab-el-Oued, serre contre lui une mitraillette. Lui aussi reste près du camion. Pour la protection en cas de coup dur.

Les deux Kaci, le neveu et l'oncle, suivis de leurs hommes, vont tenter de faire sauter l'usine à gaz. C'est l'opération la plus risquée. Celle à laquelle Belouizdad avait tenté de s'opposer. En vain. Cet objectif était déjà annoncé au Caire et Bitat s'était montré inflexible.

Kaci Moktar cisaille la chaîne qui bloque le portail de la scierie Benouniche. Zoubir Bouadjadj a donné des ordres pour que l'attaque se fasse par ce côté-là. Le « rase-nœud » de Zoubir fonctionne à merveille. La chaîne, coupée net, tombe avec un bruit clair. La rue est désertée et mal éclairée. Heureusement qu'il y a un clair de lune magnifique sans quoi l'ascension du toit aurait été périlleuse.

L'un des hommes du commando, Sekar Brahimi, mitraillette au poing, garde le portail. Les autres franchissent le mur d'enceinte. Par bonheur le toit d'un appentis de la scierie arrive presque au faîte de la première enceinte. Le deuxième mur est rapidement franchi. Kaci Abderhamane, pistolet au poing, veille au pied du mur. Kaci Moktar et Sekat Abdelkader, qui a pour toute arme un marteau glissé dans sa ceinture, pénétreront seuls près des cuves de gaz. Djallel Omar resté à l'extérieur, près de Kaci Abderhamane, passe une à une et avec mille précautions — il n'est pas rassuré par ces engins — deux bombes explosives et deux bombes incendiaires à Sekat qui est juché en haut du mur. Puis, avec autant de précautions, Sekat les passe à Kaci Moktar qui, lui, a franchi tous les obstacles.

Les quatre bombes passées, Djallel voit Sekat disparaître. Il vient de sauter au sol, près de Kaci. Les deux hommes prennent deux bombes chacun. Kaci garde son automatique à la main. Il doit y avoir des veilleurs de nuit dans cette usine.

La grande citerne du réservoir se détache noire sur le ciel bleu nuit. L'échelle ressemble à une toile d'araignée qui part à l'assaut du gigantesque cylindre.

« C'est là qu'il faut poser la bombe », murmure Kaci.

Tout est calme. On entend un chien aboyer au loin. Kaci commence l'ascension de l'échelle. Trois mètres suffiront. Il se tient à la main courante pour placer les bombes. Il jette un coup d'œil de l'autre côté de l'enceinte. Des lumières brillent à la fenêtre d'une cabane à la grille principale. Certainement le veilleur. Toute cette zone est éclairée par les cônes de lumière de l'éclairage public. Les ampoules se balancent au bout des câbles. Des zones passent de la lumière à l'ombre puis à la lumière. Kaci pense que Bouadjadj a bien fait de revoir le plan d'attaque. Par là-bas c'est impossible. Les quatre cylindres grossiers de bombes fabriquées chez El Hedjin ou chez Guesmia sont maintenant placés contre la paroi noire de la citerne. Kaci bat son briquet. La flamme jaillit qu'il approche des quatre mèches à combustion lente. Une légère brise active la combustion. Quatre points rouges grésillent au flanc du réservoir à gaz.

« Ça y est. Filons! »

Kaci a sauté d'un bond par terre. Leur souplesse, leur rapidité sont décuplées par le désir de fuir au plus vite. Ni Kaci ni Sekat ont idée des résultats que peut produire l'attentat. L'immense cuve va-t-elle exploser?

Les deux hommes franchissent d'un bond la deuxième enceinte.

Kaci Abderhamane glisse son pistolet dans sa ceinture et se joint à eux pour franchir la première, plus haute, plus difficile. Les hommes se font la courte échelle. Sekat, resté le dernier, est hissé à bras d'homme par Kaci Moktar. Ils dévalent le toit de la scierie et se laissent glisser au sol. Sekar Brahimi, de garde au portail, a fait signe au camion. El Hedjin lance le moteur. Cavalcade. Guesmia couvre la fuite de ses camarades en braquant sa Sten en direction de l'autre bout de la rue. Il a le doigt crispé sur la détente. Le commando Kaci se rue sur le plateau du camion. On rabat la bâche qui couvre les ridelles. Le Hotchkiss démarre. Guesmia le prend au vol et claque la portière. Le camion tourne dans la rue Sadi-Carnot. L'explosion retentit. Instinctivement Kaci a rentré la tête dans les épaules. Mais rien d'autre ne se produit. Il écarte la bâche. Nulle lueur d'incendie n'éclaire le ciel. Il y a eu tout de même l'explosion. Le camion gagne rapidement le Ravin de la Femme-Sauvage où les hommes doivent se séparer. Kaci ne voit toujours rien.

ALGER. IMMEUBLE DE LA RADIO, RUE HOCHE, MÊME HEURE

Une Simca immatriculée 281 X 91 stationne depuis une heure rue de Cambrai. Son propriétaire, Chaal Abdelkader, que tout le monde appelle Flora, est au volant. Il fait partie du commando Merzougui. Celui-ci l'a prévenu vers 8 heures du soir. Tous les hommes du commando sont restés ensemble jusqu'à 11 heures puis chacun a gagné par ses propres moyens le lieu de rendez-vous. Merzougui a préféré que les hommes se séparent car le commando est important et « huit hommes arrivant ensemble en plein centre d'Alger, a dit le chef, ça risque d'attirer l'attention ». Flora, lorsqu'il est arrivé rue de Cambrai, à deux pas de la rue Michelet, s'est dit que l'opération était impossible. C'était la sortie des cinémas qui sont particulièrement nombreux dans cette fraction de la rue Michelet et puis, un dimanche soir, les « Champs-Elysées d'Alger » sont particulièrement fréquentés. On se promène, on regarde les vitrines.

Un par un, fondus dans la foule, les hommes du commando sont arrivés. D'abord Toudjine Abderhamane, puis Merzougui avec ses bombes dans un couffin : deux explosives, une incendiaire et un bidon d'essence, enfin Adim Mohamed. Tous sont rentrés dans la Simca.

« Tu as vu le monde? dit Flora à Merzougui. C'est impossible de mettre les bombes. On est à quelques dizaines de mètres de la rue Michelet.

— Aucune importance, répond celui-ci, et puis tu verras : à 1 heure, il n'y aura plus personne dans les rues. »

Flora regardant son chef pense que l'excitation lui donne une tête extraordinaire. Merzougui est tendu, sa peau rosée collant aux os fait ressortir les taches dont son visage et son cou sont parsemés.

A 0 h 50 Merzougui sait qu'il a eu raison. Les rues sont presque désertes. Avant de quitter la voiture il arme son Mauser 9 mm qu'il glisse dans sa ceinture. Flora en fait autant. Ni Toudjine ni Adim n'ont d'armes.

« Ne vous en faites pas, leur dit Merzougui, le commando de Madani nous couvrira en cas de pépin. »

De tous les objectifs algérois, Radio Alger est le plus risqué; c'est pourquoi Merzougui a scindé son commando en deux. La rue Hoche où se trouve l'immeuble de la radio est en plein quartier résidentiel européen. Là il n'est pas question de hangars déserts ou d'immeubles de bureaux, tous les immeubles sont habités et le quartier est très fréquenté. Les hommes risquent de tomber sur des passants noctambules, sur des veilleurs de nuit ou tout simplement sur un car de police faisant sa ronde dans le quartier où les magasins de luxe succèdent aux bijouteries et aux succursales de banques.

« En route! » Merzougui va le premier, suivi de Adim qui tient le couffin aux bombes et de Toudjine. Flora ferme la marche. Il a la main sur la crosse de son pistolet. Rue Courbet, la deuxième partie du commando Merzougui attend. Il y a là Madani Abassi, Boutouche Omar, Belimane Mohamed et Djeffafla Mohamed. Tous sont armés. Ils forment le commando de protection extérieure. Les huit hommes arrivent à la place Hoche. Une petite place provinciale, toute ronde, avec au centre un gazon et des fleurs entourés d'un grillage bas. Et au beau milieu, énorme et ventru, un vieux gros palmier dont les branches immenses cachent du haut de la rue Hoche la seconde partie de la voie, celle où il y a la radio. Grâce à lui une patrouille de flics passant rue Michelet ne peut distinguer ce qui se passe au bas de la rue. Merzougui n'a pas négligé ce détail.

L'immeuble de la radio se trouve en face du lycée Gautier, le plus chic et le plus snob d'Alger. On n'y voit pas beaucoup de musulmans. Plus qu'un immeuble, c'est un petit hôtel particulier qui abrite Radio Alger. C'est vraiment la radio coloniale et artisanale. On parle depuis longtemps d'un grand « ensemble » boulevard Bru, mais c'est toujours de la rue Hoche que partent les programmes.

Merzougui connaît la disposition des lieux. Deux corps de bâtiments à deux étages séparés par une cour grillagée. Des grappes de bougainvillées violettes et pourpres dégringolent jusqu'au sol, cachant la tôle grise qui protège la cour des regards indiscrets. Dans la partie de droite deux fenêtres sont encore éclairées. En un instant Merzougui a compris qu'il était vain de vouloir pénétrer à l'intérieur de l'immeuble. Il libère l'équipe Madani.

« Plus besoin de vous. Filez. Je vous contacterai moi-même. »

Les quatre hommes s'éloignent. Adim passe une bombe incendiaire et le bidon d'essence à Merzougui qui les place devant une fenêtre du rez-de-chaussée. Toudjine pose une bombe explosive sur le rebord de l'autre fenêtre, Flora place la seconde sur le pas de la porte. Merzougui jette un coup d'œil à sa montre.

« 1 heure pile! On peut y aller. »

Merzougui et Toudjine mettent le feu à la mèche et fuient en direction de la Simca. Flora affolé n'a pas allumé sa mèche. Son allumette a cassé. Il se relève pour fuir, fait deux pas, puis revient, et fébrilement allume la mèche. Cette fois-ci elle grésille...

ALGER. PÉTROLES MORY, MÊME HEURE

Le petit Belouizdad sait que son plan d'attaque des pétroles Mory est parfait. Bitat le lui a fait savoir. Il a aussi grande confiance dans son équipe : Mouloud Ben Guesmia, Ben Slimane Youssef, Herti Mohamed et Aïssa.

« Ce soir, pense Belouizdad, on doit faire du bon travail. »

Les pétroles Mory se trouvent rue de Digne, sur les quais du port. Vastes hangars et cuves astiquées. Belouizdad veut faire exploser un petit réservoir qui contient 8 000 tonnes d'essence. Si cette cuve explose, les 30 000 tonnes du dépôt doivent ensuite flamber, endommageant la centrale électrique du port, l'arrière-port et les quais sillonnés de pipe-lines. Il faudra faire vite car les entrepôts sont étroitement surveillés par les gardiens de nuit mais surtout par le service de sécurité.

Belouizdad, qui est de loin le plus intelligent des chefs de commandos de Bouadjadj, a voulu mettre tous les atouts de son côté. Il ne veut pas se servir d'un véhicule appartenant à un homme de son équipe ou à un proche. Comme dans les hold-up, on se servira d'une voiture volée. Il a repéré une Juvaquatre Renault qui tous les jours stationne à la même place rue Marey. A minuit il s'est installé au volant. Ben Guesmia, Ben Slimane et Herti l'ont poussé en silence pour que le démarrage n'alerte pas un éventuel propriétaire à l'oreille sensible. Puis, boulevard de l'Amiral-Guépratte, ils ont embarqué Aïssa. Avant de monter en voiture celui-ci a pris les deux bombes explosives et la bombe incendiaire dissimulées dans un camion abandonné.

Dans la voiture, Aïssa sort la Mat qu'il tenait serrée contre sa poitrine.

« Tu es prêt? dit Belouizdad.

— Prêt. »

Il sort la crosse coulissante, glisse un chargeur dans la culasse. « Je l'armerai en sortant! » Aïssa sait combien une Mat armée est dangereuse. Un cahot violent et voilà le chargeur parti sans qu'on ait touché à la détente.

Belouizdad a un pistolet 9 mm. Les autres n'ont qu'une simple poignard.

La Juvaquatre a gagné tranquillement les quais. A 0 h 50 Belouizdad et ses hommes sortent de la Renault. Chacun connaît parfaitement le rôle qu'il doit jouer. Aïssa reste près de la voiture et couvre de sa mitraillette l'enfilade de la rue pour l'instant déserte. Ben Guesmia et Belouizdad grimpent sur le mur. Belouizdad saute de l'autre côté. Ben Slimane passe les bombes à Ben Guesmia juché sur le faîte du mur d'enceinte. Belouizdad, au sol, les reçoit l'une après l'autre. Le point de franchissement de l'enceinte a été soigneusement choisi. Belouizdad est à pied d'œuvre. Devant lui s'élève la citerne aux 8 000 tonnes d'essence. Le chef du commando passe la main sur l'acier de la cuve. Du solide, bien épais. Trop épais. Il a peur que la bombe ne soit pas suffisamment puissante. A quelque cinquante mètres de l'autre côté du réservoir les fenêtres d'un bâtiment sont éclairées : le service de sécurité. Belouizdad se hisse sur la margelle entourant la cuve, place ses deux bombes explosives, branche la bombe incendiaire. Un coup d'œil à sa montre. 1 heure. La même flamme sert à allumer les trois mèches. Belouizdad se laisse tomber de la cuve et bondit ver le mur. Herti l'attend, l'aide à le franchir. Le commando se précipite vers la Juvaquatre qui démarre, la première explosion, suivie de deux autres, les surprend.

« J'aurais cru que cela ferait plus de bruit, dit Ben Guesmia.

— On verra bien demain dans les journaux ou à la radio si on a réussi! »

A 1 h 30 la Juvaquatre est à nouveau à son parking habituel

rue Marey. Son propriétaire ne saura jamais que sa voiture a « participé » à l'insurrection du 1er novembre!

ALGER. CENTRAL TÉLÉPHONIQUE DU CHAMP-DE-MANŒUVRE, MÊME HEURE

Deux hommes avancent sur l'esplanade du Champ-de-Manœuvre. L'un a refermé frileusement sa veste sur sa poitrine, col relevé malgré le temps exceptionnellement doux. L'autre tient avec précaution un couffin de chanvre. Sous la veste de Bisker Ahmed il y a une mitraillette, crosse repliée; dans le couffin de Mesbah deux bombes. On ne peut pas dire que Bisker remplisse sa mission avec un enthousiasme débordant. Il était plus de 10 heures lorsqu'il s'est décidé à contacter les hommes de son commando alors que les ordres étaient de le faire vers 8 heures au plus tard. Ses compagnons couchent souvent sur les escaliers de la Mosquée de Belcourt. A 22 heures il n'y avait personne. Ce n'est qu'à minuit que Bisker, après maintes allées et venues, a réussi à récupérer trois hommes : Mesbah, Benaï et Braka. Ils ont à peine eu le temps de passer chez Bisker prendre trois bombes et la mitraillette, leur seule arme, qu'il était presque l'heure d'agir.

« On se retrouve au Champ-de-Manœuvre, a dit Bisker à Braka et à Benaï, devant la pissotière de la rue de Lyon. »

0 h 05. Les quatre hommes se sont retrouvés. Bisker est silencieux.

« Qu'est-ce qu'on fait, dit l'un d'entre eux, on attend qu'il se passe quelque chose aux autres objectifs?

— Restez-là, dit Bisker, je vais voir encore une fois les lieux... »

Et le chef du commando se dirige à pas lents vers le central téléphonique. Deux de ses hommes profitent de cet instant de répit et de la proximité de l'urinoir pour soulager une vessie que l'angoisse contracte singulièrement.

Bisker coupe par les jardins, passe devant la grande bâtisse néogrecque du Foyer civique où les gosses vont s'entraîner à la boxe. Le central se trouve à gauche. Bâtiment ocre de quatre étages. Les fenêtres du rez-de-chaussée surélevé sont solidement grillagées et barrées de fer. Une double grille à deux battants ouvre sur un petit chemin intérieur. C'est par cet immeuble que transitent toutes les communications d'Alger. Comme pour tous les centres de télécommunications, l'accès de celui d'Alger est interdit au public.

Bisker imagine que l'intérieur de ce « cerveau » d'Alger est bien gardé. Il n'a nulle envie, malgré l'absence de gardes, de fracturer la serrure de la porte grillagée. Les bombes sur le rebord de la fenêtre, ça ira bien! D'ailleurs Bisker regarde sa montre. Il n'a plus le temps de faire autre chose. Il s'apprête à rejoindre ses hommes lorsqu'il entend trois explosions qui viennent du port tout proche. Belouizdad a été plus rapide. Affolé, Bisker prend ses jambes à son cou, passe devant l'urinoir de la rue de Lyon.

« Tirez-vous, crie-t-il sans s'arrêter, c'est trop tard. Filez... »

Et il est déjà parti. Seul. En direction de Belcourt.

Quand à Nabti Sadek, le cinquième chef de commando d'Alger, dont l'objectif est de détruire le dépôt de liège de Borgeaud, à Hussein Dey, au-dessus d'Alger, il s'est senti si mal, dès que Merzougui lui a appris l'heure H, que ce soir du 31 octobre il a jugé qu'il était plus sage pour sa santé de ne point quitter la chambre...

ALGER. LE BOIS DE BOULOGNE, 1 H 10

Le bois de Boulogne est le plus grand parc d'Alger. Il s'étend sur un plateau au-dessus du Palais d'Eté et domine la capitale de sa masse verdoyante. C'est la pampa, le Far-West des gosses qui y jouent toute la journée; le dimanche le petit peuple d'Alger y pique-nique. Le soir venu c'est le rendez-vous des amoureux.

Zoubir Bouadjadj n'y attend pas sa dernière conquête. Il est venu s'installer sur un banc d'où il découvre le panorama extraordinaire qu'offre Alger et sa baie qui scintille sous les rayons de lune. Mais l'une des plus belles vues du monde ne peut cette nuit l'émouvoir. Puisqu'il n'a pu participer à l'attaque d'un objectif, il veut au moins assister aux explosions, voir les premières flammes des incendies, les panaches de fumée qui vont s'élever sur la ville endormie.

Depuis dix minutes il scrute les lumières vacillantes de la ville, il écoute ses rumeurs. Rien, pas la moindre explosion. Pas la moindre flamme. Pourtant l'attentat aux pétroles Mory, les bombes contre l'usine à gaz doivent provoquer un joli feu d'artifice et les sirènes de voitures de pompiers devraient parvenir jusqu'à lui. Rien. La rumeur paisible de la ville endormie, troublée par un train qui passe... quelques voitures plus proches... et c'est tout.

A 1 h 30 Bouadjadj démoralisé rentre chez lui. Des mois de préparation, des dizaines de kilos d'explosifs fabriqués au prix de la vie des artificiers, une plate-forme politique établie à grand-peine, des semaines d'efforts, d'inquiétude, tout cela pour venir passer trois quarts d'heure au bois de Boulogne, sur un banc, à contempler une ville désespérément calme.

A l'énervement de l'attente a succédé l'abattement de l'échec. Car Zoubir Bouadjadj ne se fait pas d'illusion, les plans minutieusement préparés, les hommes entraînés, les bombes soigneusement dosées, tout cela a échoué. Lamentablement échoué.

ALGER, 1 H 15

Les clapets qui s'abaissent automatiquement dans la salle du central automatique d'Alger, épargné par les bombes de Bisker, rythment une sarabande extraordinaire de nouvelles entrecroisées. Le surveillant de permanence se demande ce qui se passe pour qu'on téléphone autant un dimanche soir à Alger.

Jean Vaujour est à peine couché dans sa villa, près du Palais d'Eté, que le téléphone sonne. C'est le patron des R.G.

« Ici Carsenac, monsieur le Directeur, des bombes viennent d'exploser dans différents points d'Alger. A la radio, aux pétroles Mory et au Gaz d'Algérie.

— Il y a des dégâts?

— Je ne sais pas encore. D'après les premiers renseignements ce ne doit pas être trop grave. Il semble bien que nos lascars aient commencé la danse.

— Oui. Je le crains. Je descends tout de suite à mon bureau. Vous pourrez m'y rejoindre. »

Le directeur de la Sûreté vient de raccrocher.

« Qu'est-ce qui se passe, Jean? lui dit sa femme encore couchée.

— Des bombes dans Alger.

— C'est ce que tu craignais. C'est pour cela que tu étais soucieux aujourd'hui.

— Oui. Ça risque d'être grave. »

Il vient de rechercher dans son carnet le numéro de la ligne directe du Gouverneur général au Palais d'Eté.

« Allô, monsieur le Gouverneur, ici Vaujour. Des bombes viennent d'éclater à Alger. Carsenac vient de m'appeler. Je descends au G.G.

— Tenez-moi au courant. Je préviens Cherrière. »

Un nouveau clapet s'abaisse au central téléphonique. Il établit la communication entre le Gouverneur général et le commandant en chef, qui vient de se réveiller en sursaut.

« Vous êtes au courant, mon Général.

— Mais de quoi, monsieur le Gouverneur?

— Des attentats. Des bombes qui ont été placées dans différents points d'Alger. Vaujour prend les premières mesures civiles. Soyez aimable de faire le nécessaire de votre côté. Et tenez-moi au courant.

— Oui. Bien sûr, monsieur le Gouverneur. »

Cherrière bondit vers l'officier de service. Ce fonceur est furieux d'avoir été prévenu par les civils.

« Alors, rien à signaler?

— Rien à signaler, mon Général.

— Bougre de... »

Mais Cherrière renonce à se fâcher. Il a autre chose à faire. D'abord renforcer la surveillance par tous les moyens qu'il a à sa disposition. Peut-être bien que Vaujour n'avait pas tort vendredi à Constantine.

Le préfet d'Alger, Trémeaud, a entendu les explosions dans sa chambre de la villa Solombre. Il a sursauté puis a pensé à un accident.

« Ce sont des attentats, vient de lui dire Vaujour au téléphone, certainement le C.R.U.A. »

Un mouvement d'insurrection, allons donc! Quelques excités peut-être mais pas un soulèvement. Trémeaud n'a pas du tout l'impression d'un soulèvement. Il va d'ailleur descendre seul à son bureau de la préfecture.

BATNA (AURÈS), 2 HEURES

Le camion de Saïd transportant les hommes de Hadj Lakhdar s'est arrêté sur la route de Lambèse à un peu plus de deux kilomètres de Batna. Vingt-six hommes sous la direction de Hadj Lakhdar, Bouha, Messadoudi et Bouchemal vont attaquer la capitale des Aurès et appliquer les consignes de Ben Boulaïd. Les partisans se séparent en deux groupes de quinze hommes. Chaque groupe est divisé en deux sous-groupes : l'un de combat, l'autre de protection.

« Maintenant, dit Hadj Lakhdar, vous connaissez tous votre mission. Nous allons entrer deux par deux dans Batna pour ne pas attirer l'attention si nous croisions des promeneurs ou une patrouille de police. Messaoudi donnera aux hommes de son groupe le lieu de ralliement. En avant! Et à travers champs, pas par la route! »

Bouchemal retrouve sa ville mais elle lui semble étrangère. Ce n'est pas sa ville natale qu'il va attaquer. La caserne avec ses guérites et ses sentinelles il ne l'a jamais vue ainsi. Les murs étaient moins hostiles, les fusils des chasseurs qui font les cent pas moins menaçants. Le montagnard qui chemine près de lui a dissimulé son mousqueton sous sa cachabia. Il ne dit pas un mot. C'est l'un des sept hommes que Bouchemal doit diriger. Il s'appelle Saïd. Il a un visage impassible, une démarche de panthère. Ils formeront le groupe de protection qui « couvrira » le commando de Hadj Lakhdar et de Bouha. Bouchemal se sent gauche et maladroit auprès de Saïd.

« Ce paysan n'est peut-être seulement jamais descendu à Batna », pense-t-il, méprisant. Mais il lui envie son calme. Il n'est pas loin de regretter de s'être fourré dans un bain pareil. Il serre sa carabine italienne dont la culasse lui semble glacée. Il l'a déjà armée. Est-ce que la crosse ne dépasse pas de son burnous? Il en rabat les pans en passant devant la caserne. Ce n'est pas la peine que les chasseurs remarquent leurs battle-dress. Les uniformes ont beau être disparates cela risque de donner l'éveil. Mais les deux sentinelles qui sont rentrées sous leurs guérites n'accordent pas un regard aux deux hommes qui passent à quelques mètres d'elles.

Après avoir dépassé le poste de garde et être sorti du champ de vision des sentinelles, Couchemal décide de s'arrêter. Il se dissimule derrière un gros platane...

« Attendons les autres ici », dit-il à Saïd.

A cette heure les rues de Batna sont désertes, surtout dans le centre. Il y a peut-être un peu d'animation dans le bas quartier, près du bordel où le bistrot reste ouvert tard le soir les samedis, dimanches et jours de fêtes. Mais il y a peu de chance pour que les « clients » reviennent par le centre.

Bouchemal n'est pas mécontent de la position de son observatoire. Il a vue sur le poste de garde des chasseurs et sur celui des artilleurs. De plus il découvre l'enfilade de la route de Lambèse et de l'avenue de la République.

« Va un peu plus bas, dit-il à Saïd, près de l'enclos du jeu de boules. Je t'enverrai deux hommes. »

Le Chaouïa obéit aussitôt. Celui-là pourra prévenir toute menace venant de la ville. Au fur et à mesure de l'arrivée des autres montagnards, Bouchemal les envoie se poster plus haut que l'entrée de l'hôpital. Le groupe de protection est en place. Le signal d'attaque sera donné par Hadj Lakhdar qui tirera une fusée bleue. Le « Plan Bleu » devra se dérouler simultanément contre les casernes et les dépôts de munitions. Le groupe de Hadj Lakhdar mitraillera auparavant la façade de la sous-préfecture et essaiera de « faire un carton » comme il a dit, avec les occupants du commissariat central. Bouchemal regarde sa montre. 2 h 20. Tout le monde est prêt. Il reste quatre minutes à attendre.

Près de la sous-préfecture, le chef du commando de Batna vient de placer ses hommes. Dissimulés derrière des buissons ou protégés par le muret du jardin public de la sous-préfecture, ils attendent. Dans la poche gauche de sa tenue de combat, Hadj Lakhdar sent contre sa cuisse les deux cylindres des fusées. La bleue qui déclenchera l'attaque simultanée des points stratégiques de la petite ville et la rouge qui, en cas de contretemps ou de coup dur, ordonnera le repli général immédiat. Il y a quelque minutes, en entrant dans la ville, Hadj Lakhdar a bien cru que l'attaque serait terminée avant d'avoir commencé. Il a croisé, en compagnie de deux de ses hommes, une patrouille de police. Deux flics musulmans. Hadj Lakhdar a serré sa carabine Statti, dissimulée dans les plis de son burnous qui, relevé sur ses épaules, laissait voir son uniforme de toile olive. Heureusement le prochain réverbère était loin. Les agents sont passés près d'eux en les regardant puis leur ont dit : « Bonsoir les gars! Ça s'est bien passé? » avec un clin d'œil rigolard. Il les ont pris pour des spahis rentrant du bordel! Lakhdar a souri sans répondre. Lorsque les flics les ont dépassés il a senti une bille de feu glisser le long de sa colonne vertébrale et les phalanges de sa main droite étaient bloquées sur le canon de sa carabine.

2 h 20. Le bruit d'un moteur de voiture troue la nuit. Les hommes de Lakhdar s'aplatissent derrière le muret, se dissimulent, ramassés sous les buissons, prêts à bondir. La 11 C V Citroën du sous-préfet apparaît sur la place.

« Eh bien nous y voilà, dit Jean Deleplanque à sa femme. A peine deux heures avec la route qui n'est pas fameuse, ce n'est pas mal.

— Pierre n'était pas tranquille de nous laisser partir seuls.

— Oh! Qu'est-ce qu'on risque!

— Rien. La preuve. On n'a rencontré personne.

— Sauf ces types en tenue plus ou moins kaki près d'Aïn Yagout...

— A quatre-vingt-dix à l'heure dans la lueur des phares, gris, marron ou kaki ça se ressemble. Tu as de l'imagination!

— Oui. Tu as peut-être raison. Reste, je vais ouvrir la grille.

— Non je descends, j'ouvrirai la porte du rez-de-chaussée pendant que tu rangeras la voiture. »

Jean et Vanda Deleplanque descendent de voiture. A 10 m derrière eux Hadj Lakhdar suit dans la mire de son Statti le dos du sous-préfet. Il le tient. Appuyer sur la détente et ce sera le coup inespéré. Le hasard le sert bien. Mais Ben Boulaïd a été formel : « Pas un coup de feu. Pas une action avant 3 heures. » Quarante minutes trop tôt! Le chef de la zone I a dit aussi : « N'attaquez aucun civil européen. » Mais le sous-préfet ce n'est pas un civil. Cest au contraire le symbole de cette autorité contre laquelle l'insurrection est dirigée.

Deleplanque revient vers la voiture. Sa femme est déjà rentrée dans l'appartement privé dont la porte donne sur le hall.

Hadj Lakhdar hésite encore. En pleine poitrine. Là il ne peut le manquer. Vite... Non. Il faut céder à la discipline. Quarante minutes d'avance peuvent faire échouer tout le plan d'attaque des Aurès. Hadj Lakhdar abaisse le canon de sa carabine italienne. Deleplanque manœuvre pour rentrer la voiture. La portière claque. Le sous-préfet est rentré dans ses appartements dont les fenêtres sont maintenant éclairées.

Sans le savoir, Jean Deleplanque en moins d'une heure a vu sur la route « ses » premiers rebelles et vient d'être sauvé d'une mort certaine par le sens de la discipline et de l'exactitude d'un des meilleurs lieutenants de Ben Boulaïd, ce meunier avec qui il a discuté il y a quelques mois et qu'il trouvait si sympathique.

Vingt minutes plus tard, le téléphone sonne dans la chambre de Deleplanque qui est en train de se déshabiller. Torse nu, le sous-préfet, qui dégage ses chaussures sans les délacer, décroche.

« Allô, ici le sous-préfet.

— Excusez-moi, monsieur le Sous-Préfet, ici Prionne, le commissaire de Biskra. Je vous réveille?

— Non, mon vieux. J'arrive de Constantine. Qu'est-ce qui se passe?

— Le commissariat vient d'être attaqué par des individus armés. J'ai deux gars de blessés. Mais ce n'est pas tout. Au même moment la commune mixte a été attaquée ainsi que la centrale électrique. Là-bas aussi il y a deux blessés. C'est un mouvement concerté. Cela me semble grave. Alors j'ai voulu vous prévenir.

— Vous avez bien fait. Tenez-moi au courant de ce qui se passera.

— Pour l'instant tout est calme. Les « gus » ont décroché. On n'avait pas assez de monde pour les poursuivre et il fallait emmener les blessés à l'hôpital.

— C'est ce qui était le plus urgent. Pour le reste je vais m'en occuper. Bonsoir... Et merci! »

2 h 40. Qu'est-ce que cela peut bien signifier? Deleplanque pense à la mise en garde de Vaujour. Vendredi dernier. Il semble bien qu'il ait raison et, s'il a raison, c'est à un mouvement insurrectionnel de tous les Aurès qu'il faut s'attendre...

Le jeune sous-préfet hésite. Il se trouve devant une alternative cruelle pour un fonctionnaire soucieux de sa carrière. Un faux pas peut être grave. Et c'est la première fois qu'il se trouve devant une question aussi difficile à résoudre. Faut-il prévenir tout de suite Constantine? Pierre Dupuch lui donnera des conseils et de toute façon il sera couvert. C'est le « parapluie » mais c'est aussi la sagesse. C'est ce qu'on apprend dans l'Administration. Oui. C'est cela. Prévenir Dupuch, puis Alger. Et attendre les ordres. Mais cela va prendre du temps. Et, si Vaujour à raison, c'est en plusieurs points des Aurès que va se produire l'insurrection. Batna et bien d'autres communes mixtes risquent d'être attaquées. Il semble que Biskra ait été la première visée. Il faudrait prévenir. Mettre l'arrondissement en état d'alerte. Essayer de faire échouer le mouvement. Le prendre de vitesse. Tant pis pour l'Administration et ses sages conseils. Le jeune sous-préfet préfère foncer. Il vaut mieux risquer une semonce administrative officielle et mettre la ville en garde immédiatement.

2 h 45. Deleplanque téléphone à l'homme en qui il a le plus confiance dans la ville : le capitaine Bourgeois, le chef de la gendarmerie de Batna.

« Allô Bourgeois? Alerte générale. Biskra a été attaquée. Branle-bas de combat. Cela risque de nous arriver d'une seconde à l'autre, il y a peut-être déjà des rebelles dans les rues... Je prends tout sur moi. »

Bourgeois a compris au ton du sous-préfet que c'était sérieux.

Il répond à peine, raccroche, enfile son pantalon et met la caserne en alerte.

Jean Deleplanque téléphone maintenant au colonel Blanche. C'est lui qu'il aurait dû prévenir en premier lieu mais les rapports entre les deux hommes sont si mauvais que le sous-préfet prévoit des complications sans fin. Des demandes d'ordres écrits. C'est la nouvelle lubie du colonel pour « contrer » ce gamin de sous-préfet à qui, lui, à son âge et à son grade, il doit obéir. Le colonel Blanche grommelle au téléphone.

« Prévenez les casernes tout de suite », dit Deleplanque.

Mais Blanche est un colonel qui aime que l'on respecte la hiérarchie. C'est donc à son chef d'état-major, qui couche en ville, qu'il téléphone. Lorsque celui-ci, prêt, avec ses bottes et ses galons, gagnera la caserne ce sera pour essuyer une rafale et trouver deux gosses du contingent recroquevillés dans la poussière. Morts.

En silence, dans la nuit, le commando de Hadj Lakhdar s'avance vers les casernes. Lakhdar a renoncé à mitrailler la sous-préfecture. A quoi cela servirait-il alors qu'il a eu le sous-préfet trente secondes dans sa ligne de mire et qu'il n'a pas tiré? Les sept hommes sont à peine arrivés devant la caserne qu'ils entendent une sonnerie stridente. C'est le capitaine Bourgeois qui a donné l'alarme. Des fenêtres s'allument. Le peloton d'intervention se prépare. Lakhdar aperçoit des silhouettes qui s'agitent. Il s'apprêtait à attaquer la caserne dans dix minutes mais ce remue-ménage ne présage rien de bon. Des projecteurs s'allument. Et la sonnerie stridente retentit toujours. Les hommes de l'A.L.N. se regardent inquiets.

« Allez. Faut se replier tout de suite, avant qu'ils ne sortent », dit Hadj Lakhdar.

Il tire la fusée rouge de la poche de son treillis. L'allume. Une lueur rouge s'élève au-dessus de Batna. Près des casernes. Bouchemal est affolé. Il a armé une seconde fois son fusil éjectant une cartouche intacte.

« La fusée rouge. Y'a un pépin. »

Pour un peu il donnerait tout de suite l'ordre de repli mais il faut attendre Lakhdar. Et on n'a pas encore entendu un coup de feu. Il est 2 h 50.

« Qu'est-ce que ça veut dire cette fusée? demande le chasseur Pierre Audat au brigadier-chef Eugène Cohet qui monte la garde près de lui à la porte du 9e R.C.A.

— Je ne sais pas! Oh! Pas grand-chose. Des chasseurs peut-être qui traquent un sanglier.

— Y'en a par ici?

— Je crois. C'est bourré de gibier dans les Aurès.

— Faudrait qu'on s'en procure pour ma fiesta. C'est la semaine prochaine. »

Pierre Audat a l'intention d'offrir un « sacré gueuleton » à ses copains pour ses vingt et un ans qui tombent le 16 novembre.

« Allô Duprey? » Le sous-préfet téléphone au commissaire central Emile Duprey qui répond tout endormi.

« Oui. Qui est là?

— Le sous-préfet. Ça risque de barder d'une seconde à l'autre. Ne sortez de chez vous sous aucun prétexte. Si les rebelles attaquent il y a des chances pour qu'ils en veuillent à votre peau. »

Duprey se frotte les yeux. Les rebelles? Sa peau? Il est fou ce Deleplanque. 2 h 45. Le commissaire va se passer de l'eau sur le visage.

Jean Deleplanque vient de prévenir Arris par radio car au téléphone la commune mixte ne répond plus. Lignes coupées.

Les mesures de sécurité sont prises, il est temps de prévenir Constantine.

« Allô, donnez-moi monsieur le Préfet.

— Tout de suite! dit la standardiste qui vient de passer il y a quelques instants une communication d'Alger.

— Oui. Vite, c'est pour le sous-préfet de Batna.

— Allô, ici le Préfet!

— C'est Jean à Batna.

— Qu'est-ce qui t'arrive? Tu as eu un accident?

— Non. C'est bien plus grave... Ecoute. »

Et commence une brève et pathétique conversation. Jean Deleplanque fait l'inventaire des événements et rend compte des mesures qu'il a déjà prises.

« Tu as bien fait, dit Dupuch. C'est encore plus grave que tu ne crois, je viens d'avoir Vaujour à Alger. Le mouvement est généralisé. Il y a eu des attentats dans l'Algérois et à Alger. Ça a commencé à 1 heure.

— Ça y est, hurle Deleplanque dans l'appareil, ça commence ici... »

Dupuch, dans son bureau de Constantine, entend à travers le récepteur les rafales qui crépitent à Batna.

« Raccroche, dit Dupuch. Fais pour le mieux. Tiens-moi au courant. Et fais attention... »

Les hommes de l'A.L.N. se sont regroupés. Le commando Hadj Lakhdar remonte en courant l'avenue de la République. Une voiture va les doubler. C'est le chef d'état-major du colonel Blanche. Les Chaouïas l'ajustent. Les balles trouent la carrosserie. Par miracle l'officier n'est pas touché. La voiture continue son chemin.

« Merde, crie le brigadier-chef Cohet, t'as-vu? »

Et il désigne du doigt des silhouettes qui courent dans l'enfilade de l'avenue.

« Ils sont armés », s'affole le chasseur Audat.

Les deux jeunes gars, instinctivement, arment leurs fusils. Les culasses claquent à vide. Les armes ne sont pas chargées. Les gros doigts engourdis par plusieurs heures de garde s'empêtrent sur les boucles des cartouchières. Les deux chasseurs les ouvrent enfin. *Mais les cartouches sont fermées dans un sachet de toile cousue. C'est le règlement!* Les deux garçons s'énervent.

De l'autre côté de la rue, à l'abri des platanes, deux Aurésiens les ajustent posément. Une série de coups de feu. Pierre Audat, bientôt 21 ans, roule à terre. Le brigadier-chef Eugène Cohet, 21 ans, reste un instant pétrifié. Par trois fois son corps est agité d'un soubresaut. L'impact des balles. Il lâche son fusil puis se tasse sur lui-même. Recroquevillé. Un filet de sang coule de ses lèvres.

3 heures. Les premières victimes militaires de la guerre d'Algérie viennent de tomber.

Les hommes de l'A.L.N., lâchant des rafales de mitraillette, s'enfuient par la route de Lambèse.

Bouchemal, voyant arriver le groupe de Hadj Lakhdar, est pris de panique. Il détale. Saïd et Amar, un autre Chaouïa de son groupe, en font autant. Ils ont tiré quelques coups de feu au hasard en direction des sentinelles... Ils ne pensent plus qu'à regagner à travers champs et par des chemins de montagne Bouhamar, la ferme de Baazi; c'est de là que les hommes de Ben Boulaïd partiront pour le maquis.

KHENCHELA (AURÈS), 3 HEURES

Le bruit d'une explosion et d'une rafale suivie de coups de feu a réveillé en sursaut le lieutenant Darnault. Il s'est habillé en un tour de main et va aux nouvelles.

Le lieutenant Darnauld est le commandant de la place de Khenchela qui n'est protégée que par un peloton de spahis et par les quelques agents de police du commissariat central. C'est contre ceux-ci qu'ont été tirés les coups de feu qui ont réveillé le lieutenant. Les hommes de Laghrour Abbès, deuxième lieutenant de Ben Boulaïd, ont envahi le commissariat central et tiennent les trois gardiens de la paix de service en respect. Laghrour leur arrache leurs armes, deux revolvers à barillet et un pistolet; il ordonne le repli.

Le transformateur électrique a sauté. Athmani qui en était chargé a attendu l'explosion des bombes qu'il y avait placées pour partir.

Le lieutenant Darnault inspecte la cour de la caserne. Rien. Il sort sur le pas de la porte. Les sentinelles sont près de lui. Elles n'ont rien vu. Le lieutenant s'apprête à rentrer. Il esquisse son demi-tour, la balle le cueille en pleine poitrine. Cinq coups de feu encore. Une sentinelle tournoie et s'écroule. Les hommes de l'A.L.N. se sauvent. Le lieutenant Darnault est mort avant de toucher le sol. Il n'avait même pas boutonné sa chemise. Le spahi est mortellement blessé.

Dans la forêt, au-dessus de Khenchela, Khali l'infirmier aura à soigner deux blessés. Un par balle, le poste de garde de la caserne a réagi et les spahis ont blessé l'un des hommes de l'A.L.N., l'autre a reçu un éclat de la bombe du transformateur.

Jean Deleplanque vient d'appeler Khenchela par radio. Le téléphone est inutilisable, les fils ont été sectionnés à la sortie de Batna. Lorsqu'il parvient à établir la liaison radio, le jeune sous-préfet crie :

« Attention, ici Batna, le sous-préfet, nous avons été attaqués. Vous risquez de l'être à votre tour. C'est l'insurrection dans les Aurès. Prenez vos précautions! A vous...

— Trop tard, monsieur le Sous-Préfet. C'est déjà fait, le lieutenant Darnault est mort... »

T'KOUT (AURÈS), 3 HEURES

C'est aussi une explosion qui réveille en sursaut le gendarme Martial Pons et sa femme. Dans son berceau leur petite fille de huit mois se met à hurler.

« Qu'est-ce que c'est, Martial?

— Je ne sais pas, je vais voir.

— Fais attention. »

Mme Pons ne supporte plus ce bled perdu. T'Kout est le dernier village au bout d'une petite route qui conduit aux gorges sauvages de Tighanimine. La plus proche localité est Tiffelfel, où viennent d'arriver deux jeunes instituteurs, les Monnerot, que Mme Pons a aperçus il y a quelques jours. Tout autour de T'Kout, le désert. De la pierraille, quelques rares chênes, des oliviers tordus. Lorsque Mme Pons est arrivée à T'Kout où son mari était depuis plus d'un an elle a été effrayée. Une mechta où vivaient quelques familles musulmanes dominait la « brigade » qui l'abriterait. C'était un beau bâtiment tout neuf, « confortable » avait dit Martial.

« Nous sommes dix gendarmes ici. Il y a trois femmes et quatre enfants. Tu t'y plairas. »

Elle est la quatrième femme. Leur petite fille, le cinquième enfant. La belle gendarmerie n'a pas l'eau courante, il faut se ravitailler à la source romaine près de la mechta.

Le caïd qui vit avec sa famille au bordj administratif n'est pas mieux loti. Le moindre achat nécessite un voyage à Batna à 100 km de là. Et puis, ce que Mme Pons redoute par-dessus tout, c'est l'hiver. Elle s'était imaginée que l'hiver en Algérie, c'était Nice ou Cannes, en plus chaud. Mais ici l'hiver c'est la neige, la glace et le col d'Arris bloqué quand ce n'est pas le pont branlant emporté par les eaux ou la route impraticable. Très vite Mme Pons a fait comme les autres femmes de la « brigade », elle ne sort plus de T'Kout que pour aller consulter le médecin pour son nouveau-né. Et puis hier au soir, des coups de feu dans la montagne. Et maintenant cette explosion.

« Ce doit être une bombe. Habille-toi, lui dit son mari qui revient dans l'appartement, viens avec la petite t'installer au deuxième. On va toutes vous mettre dans cet appartement pendant qu'on va aller en patrouille. Deux gars vont rester avec vous.

— J'ai peur, Martial.

— Mais non, ce n'est certainement que ces bandits de l'Aurès qu'on ne peut jamais attraper. La 4 CV les a peut-être tentés! »

L'après-midi même, la femme d'un gendarme qui se rendait à Batna a renversé sa 4 CV dans un fossé, à 1 km à peine de T'Kout. Un accident sans gravité. Martial Pons et trois de ses camarades ont effectué dans la soirée une patrouille dans les environs. Rien à signaler. Puis cette explosion, brutale, violente, qui augmente encore l'angoisse de l'isolement.

Les huit gendarmes sortent dans la nuit. Les pics sauvages, les pitons qui entourent la mechta se détachent sur le ciel clair. Les gendarmes se dirigent vers la route. Des coups de feu éclatent. Aboiements des mitraillettes, claquements secs des mousquetons. Les hommes refluent dans la « brigade » et verrouillent la porte. Personne n'a été touché. Martial grimpe quatre à quatre l'escalier qui mène à la terrasse, débouche en plein clair de lune. A nouveau c'est la mitraillade. Il a juste le temps de se protéger en s'aplatissant derrière le muret.

A l'étage au-dessous, Mme Pons prépare un biberon pour sa fille qui pleure toujours, elle l'approche du berceau. A l'instant où les coups de feu claquent, la bouteille lui éclate dans les mains tandis que la bouillie coule sur les draps blancs. Une des balles destinées à son mari vient de briser le biberon du bébé.

T'Kout est bloqué. Dix gendarmes, quatre femmes et cinq enfants sont prisonniers dans les Aurès. Il est 3 h 20.

ORAN. BUREAU DU PRÉFET, 3 H 30

« Et moi je vous dis que c'est moi le patron! Si vous n'êtes pas d'accord il y a toujours un bateau pour vous rapatrier! »

Le préfet Lambert est rouge de colère. Cette fois-ci il a tapé sur la table et est « sorti de ses gonds ». Depuis plus d'une heure sont réunis dans son bureau le général Wiedespach-Thor, commandant la division d'Oran, le colonel Dutheil, le procureur général, le commissaire central et celui des R.G. et le chef de cabinet de Lambert. Et chacun discutaille, ergote alors « qu'il faudrait faire vite et ne pas y aller avec le dos de la cuillère », fulmine le préfet.

Lorsque ses subordonnés civils et militaires sont arrivés dans son bureau, à 2 heures du matin, ils étaient encore ensommeillés et étonnés de cette convocation au milieu de la nuit. Le chef de cabinet de Lambert leur a parlé d'un mouvement insurrectionnel mais la ville qu'ils viennent de traverser dort en paix. Pas la moindre agitation. Pas un coup de feu. Lambert, dès leur arrivée, « se les prend bille en tête ».

« Ce n'est pas un événement isolé, dit-il, ça doit faire partie d'un mot d'ordre. Il s'agit certainement d'un mouvement coordonné par un organisme quelconque qui veut épater ou indigner, mais qui, de toute façon, veut faire parler de lui.

— Mais enfin, dit le procureur, quels sont les faits?

— J'y arrive. Je reprends le détail. Il n'y a rien eu à Oran si ce n'est en fin de soirée l'assassinat d'un chauffeur de taxi mais c'est peut-être du droit commun. Le plus grave s'est déroulé dans la commune mixte de Cassaigne et dans le village lui-même. On vient de me téléphoner de nouveaux détails. A 1 heure du matin le transformateur du centre d'Ouillis a été attaqué par des inconnus. Un garde est intervenu. Ils lui ont tiré dessus. Le type est blessé. Il s'en sortira.

« A peu près à la même heure, la ferme Monsonego qui se trouve sur la départementale 8, entre Ouillis et Bosquet, et la ferme Janson, entre Bosquet et la plage, sont attaquées. Les façades sont mitraillées. Le gardien de la ferme, Janson, est blessé. J'en arrive au plus grave. Une 4 CV qui revient de Mostaganem conduite par un garçon de Picard, M.Laurent François, se fait tirer dessus à la hauteur de la ferme Monsonego. Sur le bord de la route un Européen fait des signes. Brave type, ce François s'arrête. « Allez chercher du secours, dit l'Européen, je suis le commis de la ferme. On est attaqué. » François redémarre comme un fou en direction de Cassaigne. Nouveaux coups de feu. Il est légèrement blessé mais continue. Arrivé devant la gendarmerie de Cassaigne il sort de sa voiture et est abattu d'une balle en pleine tête. Les gendarmes qui sortaient doivent rentrer précipitamment, la façade de la gendarmerie est littéralement « arrosée ».

« Attendez, ce n'est pas fini. A 100 m de la commune mixte un gardien est attaqué au même moment par cinq hommes qui ne semblaient pas armés. Avant qu'il ait eu le temps de se servir de son fusil il est assommé. Son fusil lui est volé. Bilan : une fracture du crâne.

« Et un peu partout des poteaux télégraphiques sciés, des fils téléphoniques sectionnés. Et tout ça dans l'Oranie qui est une région traditionnellement calme!

— Et vous croyez à l'insurrection? interroge le commissaire.

— Ça y ressemble diantrement. Si c'est l'insurrection on est pris à froid et dans les heures qui viennent on va avoir des événements du même ordre qui vont nous tomber sur le coin du crâne. Moi, je suis pour ne pas hésiter. Il faut y aller tout de suite! Et très fort. »

Le préfet s'est effacé devant l'homme d'action, le résistant. Mais cette fois-ci, Lambert est de l'autre côté de la barrière. L'expérience de la clandestinité va jouer à rebours. Les ordres fusent, rapides et précis.

« Mon Général, et vous Messieurs les Commissaires, je vous conseille vivement de faire tirer à vue sur toute personne armée qui n'obéit pas immédiatement aux injonctions de la police et des militaires. Appliquons tout de suite les mesures de l'état de siège. Procédez à toutes les arrestations que vous voulez chez les nationalistes que vous connaissez.

— Mais ces milieux sont très flous, plaide le commissaire.

— Emballez tout de suite, on verra après... »

Le général Wiedespach-Thor est tout blanc.

« Monsieur le Préfet, commence-t-il, je dois vous dire que ces décisions me répugnent un peu!

— Pas de problème, mon Général, il s'agit de savoir si on veut réagir ou se laisser botter le train!

— Mais vous sortez de la légalité! »

C'est le procureur qui vient de parler. Lambert, rouge de colère, se tourne vers lui. Tout le monde a oublié la petite taille, le corps rondouillard, la physionomie d'habitude bonhomme, c'est la plus haute autorité du département qui parle :

« Si vraiment c'est une insurrection, crie Lambert, on en reparlera demain et vous serez heureux d'avoir suivi mes indications. Et de toute façon, c'est moi le patron! Si vous n'êtes pas d'accord il y a toujours un bateau pour vous rapatrier! Exécution! »

Le préfet s'est levé sans saluer ses interlocuteurs qui sortent stupéfaits. Tous sont surpris de l'algarade.

Ce Lambert qui paraissait grande gueule mais bon pépère le voilà qui se place en chef de guerre. Et pas de rouspétance.

L'élégant Wiedespach-Thor garde en travers du gosier la réflexion du préfet. Mais c'est le préfet!

Le colonel Dutheil, lui, approuve Lambert. Il est persuadé d'une insurrection armée. Il connaît son bled.

Resté seul, Lambert téléphone à Alger. Il a Léonard qui lui confirme l'insurrection.

« Nous avons eu la même chose à Alger et ça vient de se déclencher dans le Constantinois, précise le Gouverneur général, mais dans l'Est ça paraît beaucoup plus grave, surtout dans les Aurès. »

Lorsque Lambert raccroche, il constate avec amertume qu'on savait déjà à Alger qu'une insurrection avait éclaté dans l'Algérois et le Constantinois et qu'on ne l'a pas prévenu. D'ailleurs on ne lui donnera aucune instruction particulière.

« Dans le corps préfectoral, pense-t-il, quand ça barde on ne vous dit rien. Chacun pour soi! Dieu pour tous! »

Son opinion est faite. C'est l'insurrection armée. En un éclair, le préfet d'Oran revoit ses rapports après les tournées d'information, ses mises en garde. Il faut faire quelque chose pour améliorer les conditions de vie des musulmans, disait-il. Les colons n'ont rien voulu entendre. Cette fois-ci ils vont décrocher le coquetier!

Mais ce n'est pas une raison pour que l'ordre soit troublé. Au travail. Le préfet surveille la mise en œuvre du plan qu'il a préconisé. Ses consignes seront appliquées brutalement.

Troupes, gendarmerie, police sont mises en alerte dans toutes les villes, sur toutes les routes du département. A l'aube il y aura huit musulmans tués. Sur six d'entre eux on trouvera des armes. L'un de ceux qui n'étaient pas armés s'appelle Ramdane Abdelmalek. L'un des adjoints de Ben M'Hidi. Il a assisté à la réunion des vingt-deux. C'est le premier chef de la rébellion à tomber dans l'insurrection qui vient de se déclencher. Mais le gendarme qui écrit le rapport ignore l'importance de l'homme dont le corps sans vie gît dans la poussière du chemin de Cassaigne.

Toute la nuit les arrestations se succèdent à Oran, Tlemcen, Mostaganem, Cassaigne. Tout ce que contient le fichier « Suspects » des R.G., tous les musulmans qui ont l'habitude d'exprimer des opinions revendicatives, de dire tout haut ce que Lambert écrit depuis des mois à Alger, est « emballé ». Le préfet sait très bien qu'ils n'ont certainement pas participé à l'insurrection mais ils peuvent peut-être donner une piste. Et puis demain il fera jour. On triera!

« Tout de même pour une surprise, c'est une surprise! Ils nous ont drôlement eus! »

CONSTANTINE. PALAIS DU BEY AHMED, 4 HEURES DU MATIN

« Les salopards », murmure le général Spillmann en faisant le bilan de cette nuit qui s'achève. Il découvre l'étendue de l'insurrection. Il vient de baptiser ainsi les « fellagha supposés tunisiens » qui étaient signalés la semaine dernière! Le général Spillmann n'appellera jamais autrement les hommes de l'A.L.N. Ni terroriste, ni fellagha, ni fellouzes, simplement « les salopards ».

Le commandant de la division de Constantine a été réveillé il y a une heure à peine par le préfet Dupuch qui, très calme, lui a annoncé qu' « un mouvement insurrectionnel s'est déclenché dans différentes localités du département ».

Spillmann a maintenant assez d'éléments pour faire un bilan précis de l'insurrection dans le Constantinois et pour prendre les mesures nécessaires.

Dès l'alerte du préfet, le général s'est armé, a réveillé Bescond son aide de camp, un jeune para, a fait prendre les armes au poste de police, aux secrétaires, aux chauffeurs. Le palais du Bey Ahmed, l'un des plus beaux échantillons de l'art mauresque de Constantine, grouille d'hommes armés. Il ne faudrait pas que le quartier général de la division soit à la merci d'un coup de main comme un vulgaire poste de commune mixte!

Ces mesures défensives prises, Spillmann fait pour son adjoint, le colonel Voillemin, et pour le colonel Terrasson, commandant la subdivision de Constantine, le récit des « événements » dans le département.

« Au nord, rien de grave, dit-il. Sur la route de Philippeville, la gendarmerie de Condé-Smendou a été attaquée. Sans succès. Au Kroub, à 10 km au sud de Constantine, des sentinelles ont essuyé des coups de feu. Pas de bobo... »

Didouche Mourad, dont le général ne connaît ni le nom ni l'existence, a donc vu ses craintes prendre corps. Après la défection des militants de Constantine, noyautés et convaincus par Lahouel, il n'a guère pu que diriger des petites escarmouches sans importance. Pour le jeune « chef historique », la nuit de l'insurrection s'est soldée par un échec complet.

« ... Dans l'arrondissement de Batna, poursuit le général Spillmann, c'est beaucoup plus grave. A Batna une sentinelle du R.C.A. et une du 4ᵉ R.A. ont été tuées sans avoir pu se défendre. Ça a dû être l'affolement car les salopards n'ont pas pris leurs armes. A Khenchela, le commandant d'armes a été tué et une sentinelle ne vaut guère mieux. C'étaient des spahis. Les agents de la police municipale ont été faits prisonniers. Des pistolets ont été volés mais il n'y a pas de casse. Par contre, Vivie de Régie, l'administrateur, a failli être enlevé, un de ses cavaliers a été blessé. Ils s'apprêtaient à mener une opération vers Arris pour 5 heures du matin! Ils avaient bien choisi leur jour! »

C'était l'opération ordonnée par Deleplanque à la suite de l'information venue de Biskra selon laquelle des instituteurs du bled risquaient d'être assassinés.

« ... A Biskra, continua le général, on signale une tentative d'incendie de wagons d'essence et une attaque à la bombe contre les sentinelles sénégalaises de la redoute militaire. Leur guérite a été volatilisée. Mais les hommes ont pu se replier à temps sur le poste de police. Les lignes télégraphiques sont coupées dans l'Aurès. Arris est isolée. On n'a encore aucune nouvelle de T'Kout. Il y a dans ce bled une dizaine de gendarmes et surtout des femmes et des gosses. On ne sait rien d'eux. Voilà, Messieurs, la situation n'est pas brillante. »

Le problème le plus inquiétant est posé par Arris et T'Kout, bloqués au cœur des Aurès et pratiquement sans défense.

A Batna, le sous-préfet Jean Deleplanque a agi à la manière de Lambert à Oran. Il sent qu'il faut faire vite. Il sait par Dupuch que le mouvement de rébellion s'est fait sentir sur toute l'Algérie. Il a réuni dans son bureau le maire Malpel, le colonel Blanche, M. Guedj premier adjoint et le conseiller général Pupier.

« Nous devons agir vite, dit Deleplanque, et nous n'en avons pas les moyens légaux. Alors il faut que nous passions par-dessus. La situation est exceptionnelle. Les moyens le seront aussi. »

Il décrète une sorte d'état d'urgence : fermeture de tous les établissements publics, couvre-feu à 21 heures, ordre à la police et aux militaires de tirer après sommation sur tout suspect. Le colonel Blanche ne manque pas d'exiger des ordres « écrits ».

« Vous l'aurez votre « couverture », mon colonel, dit Deleplanque excédé, vous l'aurez! »

De son côté, le général Spillmann fait le point des troupes disponibles. Ce n'est pas brillant. Heureusement que l'effectif de Souk-Ahras a été un peu renforcé. Un bataillon de paras du 1er R.C.P. destiné à Khenchela pourra partir dans quelques heures. Mais comment les transporter? Si Spillmann manque d'hommes, il manque aussi de véhicules. Les paras du 1er R.C.P. ne pourront arriver à Khenchela avant le 2 novembre. Or il faut intervenir et dégager Arris et T'Kout le jour même. Si la capitale administrative des Aurès n'est pas immédiatement dégagée, la portée psychologique de l'insurrection sera quadruplée. Comment? Les Français sont obligés d'abandonner Arris à elle-même pendant deux ou trois jours! Impossible.

Spillmann préfère se découvrir sur d'autres points. Il téléphone de Constantine au commandant de Batna.

« Allô, Blanche? Je fais mettre à votre disposition un escadron du 9e R.C.A. qui se trouve à Khroub et un peloton du même régiment qui est à Cheria. Vous aurez le tout pour midi. En outre : écoutez-moi bien. Vous allez me prendre des éléments blindés légers et des pelotons du 2e bataillon du 4e R.A. Vous allez me transformer ces garçons en fantassins. Il faut... vous entendez. IL

FAUT que Arris soit débloquée avant la tombée de la nuit prochaine. Vous avez à peine douze heures devant vous! »

Après une surprise pareille il fallait faire *fissa* pour sauver la face!

ALGER. PALAIS D'ÉTÉ, 4 HEURES DU MATIN

« Messieurs, il faut que nous alertions Paris. »

Le gouverneur Léonard vient de faire le bilan général de cette nuit d'insurrection. Il a reconstitué avec « son » directeur de la Sûreté, Jean Vaujour, et « son » commandant en chef Paul Cherrière, le puzzle tragique dont les morceaux lui parviennent par téléphone depuis 1 heure du matin, depuis l'alerte de Vaujour. La situation n'est pas dramatique. Elle est préoccupante. Les polices ont été mises en état d'alerte, les opérations de police judiciaire vont commencer dès le lever du jour grâce aux dossiers des R.G.

Ni Léonard, ni Vaujour, ni Cherrière n'ont l'impression d'un soulèvement général. Nulle part, d'après les rapports, la situation n'est critique. Sauf peut-être à Arris et à T'Kout. Vaujour pense que l'heure n'est pas au triomphe mais il semble bien maintenant que les renseignements de Grasser aient été exacts. Les preuves que tout le monde réclamait à Constantine, trois jours auparavant, sont là et en nombre!

« Je crains, monsieur le Gouverneur, que les Aurès et la Kabylie, nos zones les plus dangereuses, ne s'embrasent.

— C'est aussi ce que je redoute, M. Vaujour. Mais pour l'instant les rapports nous signalent des actes de terroristes isolés. Ils n'ont pas l'air d'être soutenus par la population.

— C'est pourquoi, intervint Cherrière, il faut très vite réprimer cette insurrection localisée.

— Combien d'hommes actuellement en Algérie, mon Général?

— Un peu plus de 50 000, 57 000 exactement, monsieur le Gouverneur, mais vous connaissez le problème? Si je peux en mettre 3 500 en ligne c'est tout le diable! »

Car il n'existe pas d'armée d'Afrique, ce ne sont que des hommes de passage qui attendent leur départ pour l'Indochine ou qui sont en repos. Ou encore, qui sont sur le point d'être intégrés dans des unités en formation. Rien d'utilisable.

Cherrière pense au coup de téléphone donné la veille au secrétaire d'Etat à la Guerre : « Ce n'est pas la peine d'envoyer la

25e D.I.A.P. » Heureusement qu'elle est encore sur le pied de guerre, comme l'a conseillé Jacques Chevallier.

Le Gouverneur général qui pense à la même chose décroche son récepteur. Ce n'est plus le moment de vouloir garder la face, la situation risque d'être grave. Ce qu'il a refusé la veille, avec le général Cherrière, il le demande maintenant. Et vite. M. Léonard appelle le Bordj, la villa de Jacques Chevallier.

« Monsieur le Ministre, voilà ce qui se passe... »

Le Gouverneur général met le secrétaire d'Etat au courant des événements de la nuit.

« Il faut absolument prévenir la 25e D.I.A.P., dit-il, il nous la faut rapidement... »

Elle sera sur place dans les vingt-quatre heures.

Il reste maintenant à Roger Léonard à accomplir sa plus pénible mission. Avertir Paris qu'une insurrection a éclaté sur le territoire algérien. Sur « son » territoire. Avec un soupir il décroche le téléphone :

« Passez-moi Paris, M. Pélabon, le directeur de cabinet du président du Conseil... »

SUR LA ROUTE, ENTRE BISKRA ET ARRIS, 7 HEURES DU MATIN

Le car avale péniblement les lacets de la route étroite. Mme Monnerot, assise près de son mari, admire par la glace ouverte l'extraordinaire paysage que lui révèlent les virages successifs.

« Chaque détour, pense-t-elle, nous rapproche de chez nous... »

Le « chez nous » de Guy Monnerot et sa femme c'est Tiffelfel, une mechta perdue entre Biskra et Arris. Les deux jeunes gens qui viennent de se marier sont arrivés depuis trois semaines. Ils sont instituteurs auxiliaires. Guy a convaincu sa femme de venir en Algérie.

« Là-bas, tu verras, on aura l'impression de servir à quelque chose. Ces pauvres gens ont besoin de nous, la misère est grande et on dit qu'en Algérie les trois quarts des musulmans sont illettrés. »

Les Monnerot son arrivés avec tant d'enthousiasme qu'ils n'ont rien vu du manque de confort de ce pays perdu. Ils sentent qu'ils vont aimer ces Aurès au paysage sauvage et changeant. La jeune femme est heureuse. Elle admire ce grand garçon qu'elle a épousé. Elle sait que ce n'est pas avec des idées humanitaires qu'il fera fortune mais elle s'en moque. Dès son arrivée elle s'est rendu compte à quel point son mari avait raison, combien ces pauvres gens avaient besoin d'eux. En Algérie à peine 15 % des enfants musulmans sont inscrits dans une école pour cette rentrée!

Le contact a été bon avec les Chaouïas et les deux jeunes gens ont commencé à organiser leur classe.

Ils profitent de ce long week-end scolaire pour mieux connaître ces Aurès, où ils vont vivre. La semaine précédente ils ont déjeuné chez M. Rey, l'administrateur de Arris, qui recevait également de riches touristes de passage. Des parisiens horriblement snobs, qui béaient d'admiration devant ces indigènes « qui nous sont si fidèles », vitupéraient contre ces bandits de l'Aurès.

« Bandits d'honneur, avait dit la femme, c'est incroyable que l'on tolère cela. Cher ami, pourquoi ne les prend-on pas? »

Rey, le géant, n'avait trop su comment répondre à ces snobs venus « en visite ». Il avait surtout eu peur d'une altercation avec le jeune Monnerot. Il n'aurait pas dû les inviter ensemble. D'autant que tous ces instituteurs avaient des idées avancées qui ne lui plaisaient guère. « De la graine de rouge... » Mais il n'y avait pas eu d'incident. Les Monnerot s'étaient réfugiés dans le silence et étaient très vite partis.

Mme Monnerot regarde le paysage. Après les sables de Biskra, où ils ont passé la journée de dimanche, c'est à nouveau l'âpre pierraille des Aurès avec quelques îlots de blé, quelques moutons et surtout des chèvres noires comme en Sicile, en Corse ou en Crète.

Pour pénétrer le Massif, le vieux car, un Citroën de 50 places, sorte de bouledogue mi-vert pâle mi-vert amande, avance tranquillement sur la route sinueuse qui s'introduit dans les gorges de Tighanimine. Cinquante kilomètres d'une beauté stupéfiante. La route est taillée dans la partie rocheuse de Foum Taghit qui s'élève à pic du côté gauche du car. A droite, à une vingtaine de mètres en contrebas, l'Oued El-Abiod se fraie un passage dans des éboulis gigantesques. Des pins sauvages, un peu de maquis, des buissons d'épineux piquent les flancs de la montagne qui surplombe le cañon. Après M. Chounèche et Tiffelfel, la terre jusque-là gris bleuté devient rouge ocre. La route monte sans cesse.

Mme Monnerot sent, à travers les glaces ouvertes, l'air devenir plus pur. Ses tympans sont un peu douloureux.

« On est haut? demande-t-elle à son mari qui bavarde avec son voisin, un caïd merveilleusement habillé d'un burnous et d'un turban immaculés, de bottes de fillali rouge sang sur une culotte noire et d'un baudrier rouge brodé d'argent qui tranche sur le linge blanc.

— Un peu plus de 1 800 m, chère Madame », répond celui-ci, en saluant.

Mme Monnerot, qui était perdue dans ses pensées lorsque son mari bavardait, apprend que cet « Arabe » digne du Châtelet est le caïd de M'Chounèche, Hadj Sadok, qu'il est très flatté de connaître les instituteurs, qu'ils vont avoir « bien à faire » à Tiffelfel.

Elle l'observe à la dérobée. Il tranche par son élégance sur la populace qui a envahi le car et qui l'emplit un peu plus à chaque arrêt.

Les Chaouïas en cachabia de laine brute sentent le mouton. Leur odeur soulève le cœur. Mme Monnerot leur trouve des têtes inquiétantes de bêtes sauvages aux aguets. Les femmes ont l'air aussi farouches. Elles n'ont pas cette allure soumise des silhouettes féminines entrevues à Alger. Les haïks noirs dont elles s'enveloppent y sont peut-être pour quelque chose. Et puis on voit leur visage. Les femmes des Aurès ne sont pas voilées. Des petits yeux vifs en amande sur des traits impassibles vous observent, vous dissèquent. Mais il ne faut pas juger sur la mine, pense la jeune femme. Ce ne sont que des paysans qui vont au marché. Sur le sol, des couffins débordant de marchandises voisinent avec des poules vivantes attachées par les pattes. Toute cette humanité qui sent fort provoque un remue-ménage incroyable. Si elle osait la jeune femme parlerait de pittoresque avec son mari, mais il y a le caïd qui s'exprime avec de grands gestes. Guy Monnerot se tourne vers sa femme.

« Monsieur le caïd dit qu'il s'est passé des choses importantes cette nuit. Il y aurait eu des attentats à Biskra et il a reçu une proclamation par la poste. Un groupe d'hommes aurait décidé d'entreprendre la lutte pour l'indépendance.

— Ils se baptisent Front de Libération Nationale, précise le caïd en montrant quelques feuillets ronéotypés qu'il a tirés de son magnifique baudrier. Je vais porter ce papier à monsieur l'administrateur de Arris. Vous allez aussi à Arris?

— Oui. L'instituteur nous a invités à déjeuner.

— M. Cadène est très aimé ici », dit Hadj Sadok.

A l'avant du car, Djemal Hachemi, le frère du propriétaire du car, conduit posément. Il regarde le numéro de la borne qui est plantée sur le bas-côté de la route, au bord du ravin. Nationale 31, kilomètre 80.

« Ce sera au kilomètre 79 », lui a-t-on dit hier au soir.

Djemal Hachemi est « dans le coup » du soulèvement. Il connaît Ben Boulaïd depuis longtemps et lorsqu'il a été contacté pour faire partie du C.R.U.A. il a accepté tout de suite, sachant que Mostepha Ben Boulaïd en était. Hachemi sait qu'il devra freiner dès qu'il apercevra le barrage de pierres placé en travers de la route.

Au kilomètre 79 le cañon de Tighanimine se fait moins étroit. Les deux versants de la montagne s'éloignent l'un de l'autre et permettent de découvrir au loin les croupes molles recouvertes de broussailles annonciatrices des hauts plateaux. A cet endroit la route s'élargit et le versant qui la surplombe, à gauche, se transforme en un vaste cirque où, au milieu d'éboulis de rochers, poussent des buissons d'arare, de defla, de chênes sauvages.

Chihani Bachir, que tous ses hommes connaissent sous le nom de Si Messaoud, est là depuis 3 heures du matin. C'est ce cirque protégé en amont et en aval de la route par un virage assez brusque qu'il a choisi comme lieu de son embuscade. Depuis 3 heures du matin les dix hommes du commando attendent de pouvoir arrêter un véhicule. Rien. Pas la moindre 4 CV, pas le moindre camion, pas même un baudet!

« Heureusement, a dit Mohamed Sbaïhi de Arris, que le car Biskra-Arris va passer dans quelques instants. » Chihani a placé deux de ses hommes en guetteurs sur chacune des deux crêtes qui surplombent les virages amont et aval. Trois hommes armés, dont Mohamed Sbaïhi, sont dissimulés en bas de la pente, derrière d'énormes rochers qui ont basculé des sommets en surplomb. Chihani et les deux derniers hommes du commando ont jeté sur la route une dizaine de grosses pierres sèches. Depuis que le soleil a teinté de rose les pierrailles du cañon, les hommes sont à l'affût, dissimulés derrière leurs abris. Le silence est impressionnant. Seul l'oued bruisse au fond du cañon à une vingtaine de mètres en contrebas.

L'oreille attentive de Chihani a perçu le ronronnement du gros Citroën avant que les guetteurs aient pu apercevoir sa gueule mafflue qui monte péniblement à l'assaut de la dernière côte. Derrière son rocher, Mohamed Sbaïhi arme la mitraillette qu'il est le seul à posséder dans le commando. C'est lui qui couvrira son chef et ses deux compagnons lorsqu'ils « arraisonneront » le car. Chihani n'est même pas ému. Il sait que le conducteur Hachemi est un homme à eux et que, selon les instructions, il donnera au moment d'aborder le barrage de pierres un violent coup de frein qui projettera tous les voyageurs en avant et permettra aux hommes de l'A.L.N. de grimper à bord sans éprouver de résistance.

Le car, qui a enfin atteint la route plate, prend de la vitesse. Au volant, Hachemi Djemaal est tendu. Malgré l'air frais qui entre par la vitre, il transpire. Ça y est. Il a aperçu le barrage. Et quel barrage! Quelques pierres sèches éparses sur la route, à peine de quoi lui donner un alibi. Si Hachemi n'était pas un homme de l'A.L.N., il n'aurait qu'à appuyer sur l'accélérateur pour que le bon vieux Citroën franchisse sans difficulté le « muret » et gagne à grande vitesse la commune mixte qui est distante de 18 km.

Le « barrage » se rapproche. Hachemi jette rapidement un coup d'œil dans le car. Tout le monde bavarde ou somnole. Il donne un léger coup d'accélérateur. Ça y est il a aperçu une silhouette à gauche, près des rochers. Ils sont là! A dix mètres à peine du barrage; il s'arc-boute sur son volant et enfonce la pédale du frein. Cris, hurlements. Les voyageurs ont basculé en avant. Pêle-mêle les cachabias, les burnous, les haïks et les fichus de mousseline, les paquets de beurre, de sucre, les poules qui piaillent, les femmes qui crient. La portière s'est ouverte violemment. Chihani, Mauser au poing, suivi d'un de ses hommes a bondi, dans la cabine.

« Silence. Ça suffit. Armée de Libération Nationale. Que personne ne bouge! »

A l'extérieur, sur le côté gauche, au centre du cirque, des hommes qui semblent avoir jailli des éboulis de pierres se sont dressés et couchent en joue le car et ses occupants.

Le chef A.L.N. parcourt du regard les pauvres gens qui se sont tassés sur les banquettes fatiguées du vieux car : des montagnards. Mais un sourire éclaire son visage. Il vient d'apercevoir au fond du car la gandoura éclatante du caïd et près de lui les deux Européens.

Mme Monnerot a saisi le bras de son mari sans quitter des yeux l'homme en treillis vert olive qui tient un fusil à la main. Elle est devenue toute pâle. Sous le chemisier blanc à pois noirs son cœur bat à tout rompre. Instinctivement Guy a passé son bras sur les épaules de sa femme. Comme pour la rassurer ou la protéger.

« Viens, toi », fait Chihani au caïd.

Celui-ci se lève et passe dédaigneux devant le chef du commando qui le pousse d'un coup de crosse dans les reins. Guy Monnerot se prend à espérer. Peut-être n'en voulaient-ils qu'à ce caïd si richement vêtu.

« Vous aussi, venez! » L'espoir s'est écroulé. Guy et sa femme descendent. Ils sont maintenant tous les trois sur la route devant le car. A gauche Jadj Sadok, puis Guy Monnerot, puis sa femme.

Devant eux Chihani et derrière son rocher, quelques mètres plus loin, Sbaïhi et sa Sten.

Le chef du commando de l'A.L.N. veut savoir ce que pense le caïd de M'Chounèche.

« Alors tu as reçu notre proclamation, dit Chihani, de quel côté vas-tu te ranger maintenant? »

Le caïd Hadj Sadok est plus impressionnant que jamais. Ses vêtements magnifiques, sa haute stature, son visage basané et rasé de près font paraître la tenue des maquisards encore plus hétéroclite et misérable. Même Guy Monnerot, qui a pourtant mis son costume sombre des dimanches pour rendre visite à son collègue de Arris, et sa femme, avec son petit corsage à pois et sa jupe noire, ont une allure médiocre auprès du splendide caïd.

Sa réaction est digne de son attitude.

« Vous ne croyez pas que je vais discuter avec des bandits! s'écrie-t-il, et que votre mascarade m'impressionne. Quant à votre lettre elle est déjà jetée. Vous voudriez me faire croire que toute l'Algérie est en rébellion... Mais regardez-vous! »

Et le caïd, bras croisés, éclate d'un rire méprisant. Chihani fou de rage s'approche du groupe. Mme Monnerot a un geste effrayé, elle se blottit contre son mari, ce grand garçon maigre aux lunettes d'écaille qui se demande ce qui lui arrive. Le petit couple n'est pas fait pour cette violence.

« Vous n'avez pas honte, s'écrie Hadj Sadok plus méprisant que jamais, ce sont des enfants! Des instituteurs français qui viennent pour nous aider! »

Chihani, interloqué par l'algarade, se demande que faire. Pour le caïd c'est réglé, il est bien décidé à le « descendre », ce sont les ordres : attaquer les militaires et les musulmans favorables à la France. Mais ces deux Européens? Ben Boulaïd l'a bien recommandé : « Ne touchez pas à un civil européen! »

Tout alors va très vite. En une fraction de seconde. Hadj Sadok qui voit que son petit discours a porté, mais qui commence à avoir peur pour sa peau, à avancé la main vers le magnifique baudrier rouge. A l'intérieur il y cache toujours un 6,35 automatique. Très vite la main plonge, ressort armée. Chihani lève alors la tête, voit le geste du caïd qui l'ajuste. Une rafale part. Près de son rocher, Sbaïhi n'a pas perdu un mouvement. Il est bien placé, son chef est en dehors de son champ de tir. Il a écrasé la détente. La rafale est partie. Il n'y a pas eu un cri. Le caïd semble pétrifié. Le début de la rafale l'a atteint en plein ventre. Guy Monnerot a pris la suite dans la poitrine. Sa femme est atteinte à la hanche gauche. C'est elle qui s'écroule la première, suivie de son mari. Le caïd tombe enfin comme un mannequin de son qui se tasse sur lui-même. Il se tient le ventre à deux mains.

Les hommes de l'A.L.N. sont sortis de leurs abris et rejoignent leur chef, en silence.

Au volant du car, Hachemi est le seul des occupants à avoir vu toute la scène. Les paysans, eux, sont aplatis sur le plancher, entre les banquettes, la tête dans leurs couffins. Ils sont terrorisés.

« Mettez le caïd dans le car, ordonne Chihani, c'est tout de même un musulman... Et toi, dit-il au chauffeur, ramène-le vite à Arris. »

Deux hommes du commando transportent le caïd, dont la gandoura est maculée de sang, à l'intérieur du car. Deux autres ont tiré les corps des deux petits instituteurs français sur le bord de la route, au pied de la borne, dans le gravier. Les deux jeunes gens gémissent. Guy semble à demi inconscient. La route est libre. Le car démarre. Les hommes de Chihani dégringolent la pente qui mène à l'oued. Ils veulent le franchir et se cacher au flanc de l'autre versant. Prêts à attaquer si une petite patrouille militaire vient au secours des deux Européens, prêts à fuir si les forces sont trop importantes.

Il est 7 h 40. Le car s'est éloigné. Les insurgés se sont fondus dans la campagne. Le soleil inonde maintenant le cirque. Deux corps restent seuls étendus sur le bas-côté de la route. Il n'y a plus un bruit. Mme Monnerot reprend ses esprits. Une douleur atroce la taraude au flanc gauche. Elle ouvre les yeux. Guy exsangue ne geint même plus. Il respire avec difficulté. Elle ne peut pas bouger. Elle se sent engourdie, abandonnée. Sur la borne plantée à moins d'un mètre elle peut lire Arris 18, Batna 77. Et pas un bruit. Seulement l'oued qui, en contrebas, roule de pierre en pierre...

IGHRIL IMOULA (KABYLIE), 7 H 30

Le petit village à flanc de montagne est encore endormi. Mais, près de la crête, trois hommes ont passé une nuit blanche, dans une maison isolée. Il y a là : Krim Belkacem, chef de la zone kabyle, Zamoun Ali, l'un de ses adjoints, chef de la région de Tizi-Ouzou et le « journaliste » Mohamed Laïchaoui qui a « tiré » les exemplaires de la proclamation du F.L.N. que de nombreuses personnalités ont trouvée ou vont trouver dans leur courrier. Krim a préféré garder près de lui le jeune homme qui se plaignait d'avoir laissé sa mère à Alger sans la prévenir de son départ. Une imprudence est vite commise et Krim a pris la précaution de ne pas indiquer au jeune homme l'endroit où il se trouvait. On l'a fait voyager de nuit pour qu'il ne puisse s'orienter. Ce n'est pas que le chef kabyle n'ait pas confiance mais il est préférable de mettre tous les atouts dans son jeu. Laïchoui, qui sait maintenant qu'il pourra regagner Alger et « retrouver sa mère » dès l'action terminée, attend avec impatience les premiers résultats.

Comme les autres chefs de zones, Krim Belkacem a donné à chacun de ses sept chefs de *daïra* (région) la nature des objectifs à attaquer. D'abord les gendarmeries et les casernes — si possible s'emparer des armes qui font cruellement défaut —, ensuite détruire la principale richesse économique de la Kabylie : le liège. La récolte est faite et de nombreux hangars sont pleins à craquer. Il suffit d'un bidon d'essence. Enfin Krim a fait transmettre aux quatre cents hommes qui constituent l'A.L.N. de Kabylie l'ordre formel de ne pas attaquer les civils européens ou musulmans à moins bien sûr que ceux-ci soient armés et tirent sur les insurgés.

Krim a hâte de connaître les résultats. Vers minuit les trois hommes sont montés sur la crête, guettant au loin les lueurs des incendies espérés mais, tout comme Bouadjadj à Alger, leur attente a été déçue.

L'heure H était fixée à minuit. A 1 heure ils sont revenus dans leur refuge et ont discuté toute la nuit tout en « remballant » le matériel, car Krim veut quitter son P.C. dès que les sept chefs de régions auront envoyé un courrier rendre compte des résultats de l'action.

Si le chef kabyle pouvait à cette heure lire le télégramme récapitulatif que le sous-préfet de Tizi envoie à Alger, il serait pourtant satisfait.

« J'ai l'honneur de vous faire savoir... » La formule officielle précède un bilan économique lourd et spectaculaire. Plus de 200 millions de dégâts. A Bordj Menaïel, Camp du Maréchal, Azazga, Dra El-Mizan, des dépôts de liège et de tabac ont été incendiés. Des coups de feu ont été tirés contre les casernes et gendarmeries de Tighzirt, Azazga et de bien d'autres centres. Il y a un mort à déplorer à Dra El-Mizan. Un garde supplétif musulman, Haroun Ahmed Ben Amar, a aperçu une dizaine d'hommes en train de glisser des tracts sous les portes. Le supplétif qui était accompagné d'un autre gardien a tenté de s'interposer. Un terroriste l'a abattu. L'arme du supplétif à été volée.

L'action a été concertée, souligne le sous-préfet, les communications entre les différents centres de Kabylie ont été interrompues. Poteaux sciés, fils sectionnés avec une coordination qui « prouve l'importance du mouvement ».

Mais Krim Belkacem ignore ces résultats; il doit attendre la fin de l'après-midi avant que les premières liaisons parviennent à son P.C. Il a écouté la radio. Au premier bulletin du matin sur Radio Alger on ne parle de rien. Le chef de la zone III sait très bien qu'avec les cent trente armes dont il dispose dans sa région l'action armée ne peut être importante. Il l'a très bien expliqué à ses chefs de régions. L'important est de créer une psychose de peur, d'insécurité. Pour lui une opération sera réussie si elle est « spectaculaire », le « coup » importe peu.

En attendant les nouvelles, Krim Belkacem est assez confiant. Il sait que tous ses hommes accompliront leur mission. La discipline est grande en Kabylie et celui qui s'est engagé dans le mouvement sait très bien ce que signifierait pour lui une défection de dernière minute. La mort immédiate. Mais aucune défaillance n'a été signalée dans les jours précédents. A tel point que ce sont les hommes de Krim qui ont remplacé les militants de Bitat dans l'Algérois.

Krim a jugé durement ces hommes qui ont abandonné à la dernière minute! Bitat n'a peut-être pas été assez ferme. Mais ce matin le chef kabyle pense à ses hommes, à ceux qui viennent de déclencher l'insurrection en Kabylie. Il va falloir se retirer, se fondre dans la nature et échapper aux Français. Car sept ans de maquis ont appris à Krim les règles du combat. De tous les chefs F.L.N. il est — avec Ouamrane — le seul à avoir une grande expérience de la vie clandestine dans le bled. Et il sait que les jours qui viennent vont être les plus durs. Il n'y aura plus l'enthousiasme de la préparation du jour J. Ce sera la guerre. Une guerre que Krim prévoit longue et difficile.

PARIS. DOMICILE PERSONNEL DU PRÉSIDENT DU CONSEIL, 8 HEURES DU MATIN

Pierre Mendès-France goûte les quelques heures de tranquillité qu'il a décidé de s'offrir ce 1er novembre 1954.

Aujourd'hui c'est férie. Ce lundi sera un jour à cimetière, à chrysanthèmes. Le président du Conseil en profite pour travailler quelques heures chez lui. La revue de presse, quelques dossiers à étudier dans ce calme appartement bourgeois du 16e arrondissement avec, au bout de la rue, les branches déjà dénudées des grands arbres du Bois de Boulogne. Pierre Mendès-France a l'impression de prendre quelques heures de vacances. Il ne se rasera pas de la matinée. Plus une vacance du corps qui se sent bien à l'aise, décontracté, dans son décor familial, qu'une vacance de l'esprit. Pierre Mendès-France n'est pas un homme qu'on imagine la boule en main sous les platanes d'une petite ville du midi. Même pour quelques heures. Surtout pas lorsqu'il est au service de la France. Et P.M.-F. se fait une grande idée de la France.

Il est assis derrière son bureau, le dos à la fenêtre. A son habitude il a jeté sur la moquette gris-bleu les feuillets, les coupures superflues. Il ne garde que l'essentiel aussi bien sur son bureau que dans son esprit. Le crayon rouge rapide, souligne dans la marge le passage intéressant.

Le téléphone sonne. Déjà! C'est Pélabon, son directeur de cabinet. Ils sont intimes. Pierre Mendès-France a grande confiance en lui. S'il l'appelle à cette heure c'est important.

« Excusez-moi de vous téléphoner si tôt aujourd'hui, monsieur le président, mais ça a bougé cette nuit en Algérie. Il s'est passé une série de choses... des trucs à propos desquels on ne voit pas très clair. Il n'y a pas beaucoup de dégâts... »

Suit l'énumération des attentats et le lieu où ils se sont déroulés.

« Ce qui est important, très important, poursuit Pélabon, ce ne sont pas les événements par eux-mêmes, c'est la dissémination des attentats à travers tout le territoire. C'est la preuve qu'il y a là-dessous une organisation assez puissante pour déclencher le même jour, à la même heure, des troubles importants dans toute l'Algérie... »

Pierre Mendès-France est très frappé des premières conclusions que Pélabon tire de cette nuit tragique. Car André Pélabon connaît parfaitement l'Algérie. Il a été, à l'époque du gouverneur général Yves Chataigneau, secrétaire général du G.G. Pour lui c'est sérieux. Mendès raccroche, pensif.

Le téléphone sonne à nouveau. C'est le ministre de l'Intérieur, François Mitterrand, celui qui, depuis longtemps déjà, « flaire quelque chose » en Algérie.

« Vous êtes déjà au courant?... D'après le gouverneur Léonard aucun de ces trente attentats ne semble être catastrophique. Mais le fait qu'ils se soient produits à la même date dans des régions aussi différentes que les Aurès ou l'Oranie constitue un fait grave... et nouveau. »

En attendant les télégrammes de Léonard, Pierre Mendès-France tente de faire le point ou plutôt avance des hypothèses. Que va-t-il se passer? Il y a plusieurs possibilités.

1° Ces attentats marquent le commencement d'un mouvement révolutionnaire qui va se poursuivre les jours suivants. Un groupe a déclenché une série de trente attentats mais ce n'est qu'un début, le commencement d'une longue série.

2° Ces trente attentats vont être les seuls. Ils ont été préparés comme détonateurs pour provoquer des soulèvements spontanés de la population, pour amener les mécontents inactifs à se jeter dans la bataille.

3° Enfin il ne se passera rien dans un premier temps. La population ne réagira pas.

A cette heure matinale le président du Conseil n'a pas connaissance du tract rédigé par le F.L.N. Ni le Gouverneur général ni les autorités ne l'ont encore reçu.

Ce qui est sûr c'est que cette coïncidence d'attentats à des centaines de kilomètres de distance n'est pas le fait du hasard! C'est un mot d'ordre, une opération soigneusement mise au point. Pierre Mendès-France sait que, quel que soit son jugement politique, il faut coûte que coûte empêcher l'embrasement. Il faut donc envoyer immédiatement des renforts. Il ne faut pas que le mouvement prenne de l'extension. Et surtout qu'il ne frappe pas les civils. Ni Pélabon, ni Mitterrand n'ont signalé de victime européenne. Et c'est très important. Le président du Conseil sait trop quelle exploitation certains groupes extrémistes réactionnaires en feraient.

Donc il faut très vite envoyer des renforts, non pour la répression mais pour maintenir l'ordre. Mendès sait que la plupart des unités d'Algérie ont été dégarnies et envoyées en Tunisie, prêtes à partir pour l'Indochine au cas où par malheur les négociateurs échoueraient. Là-bas il n'est plus question de lutter encore mais de protéger le réembarquement du corps expéditionnaire et des Français qui veulent rentrer.

Pierre Mendès-France sait que Mitterrand s'occupe déjà de constituer des renforts pour l'Algérie. Il faudra les envoyer dans le Constantinois et plus particulièrement dans le Sud, dans ces Aurès que l'on dit impénétrables.

Trois compagnies républicaines de sécurité — celles de Toulouse, Toulon et Limoges — vont embarquer. Trois bataillons de parachutistes seront également envoyés en Algérie.

Pierre Mendès-France va se raser, tâche que d'habitude il confie en arrivant à son bureau à l'habileté du barbier du Quai d'Orsay, il pressent qu'aujourd'hui il aura des visites.

« Pas de victime civile européenne, pense le président du Conseil en s'attaquant à la barbe noire qui ombre son menton. C'est le plus important. »

Il ignore, en entrant dans sa salle de bains, qu'au même instant deux gosses, deux jeunes mariés, sont en train de mourir, abandonnés comme des chiens dans les gorges de Tighanimine.

ARRIS (AURÈS), 8 H 30 DU MATIN

L'ethnologue Jean Servier s'est réveillé à 7 h 30 dans une chambre du bordj de résidence réservé aux fonctionnaires de passage. Il s'est étiré voluptueusement dans les draps blancs, s'est fait servir son petit déjeuner puis a actionné la douche sous laquelle il est resté un quart d'heure. Les mœurs berbères sont intéressantes, passionnantes même mais la civilisation européenne a du bon, elle aussi! Il est réveillé depuis une bonne heure lorsqu'il sort. A travers les palmiers le ciel est d'un bleu intense. L'air est frais, vivifiant. Le soleil fait éclater le rose et l'ocre pâle des maisons européennes et du bordj. Les rues en pente sont bordées de cyprès qui donnent à la petite ville un aspect résidentiel et luxueux. Mais ce matin les rues sont presque désertes, seules quelques silhouettes musulmanes descendues du village « arabe » accroché au flanc de la montagne, au-dessus de la ville européenne, passent furtivement. Jean Servier voit arriver vers lui le gérant de l'hôtel dont le « Michelin » dit pudiquement : étape modeste. Il faut s'en contenter c'est le seul à Arris. L'homme semble accablé. Servier qui, malgré son titre de chargé de recherche au C.N.R.S., est toujours prêt à plaisanter se promet de ne pas avoir un regard pour le nez de ce brave homme, un nez énorme, violacé, bulbeux, parcouru de petites crevasses violettes, de zones de dépression rosées, bref un chef-d'œuvre d'érosion due à l'anisette « coloniale ».

« Ça n'a pas l'air d'aller, dit Servier.

— Qui aurait pu penser ça! « Ils » ont attaqué le car. Ils ont tiré. Le caïd de M'Chounèche est à l'hôpital. Et les p'tits de

Tiffelfel, les p'tits instituteurs qui venaient d'arriver. Tués. Oui, Monsieur, tués par ces sauvages. Et ils sont restés sur la route! »

Servier se demande si par hasard le propriétaire n'a pas dès l'aube forcé sur l'anisette, tant cette nouvelle lui paraît fantastique. Ce ne sont pas les bandits des Aurès qui auraient fait ça. L'ethnologue connaît parfaitement la région et les histoires de bandits et de vendettas à la berbère cela se passe exclusivement entre musulmans. Il se précipite au bordj de la commune mixte. C'est l'affolement. Des hommes, des Européens s'affairent dans la cour autour de caisses d'armes éventrées, de caisses de munitions que l'on ouvre avec plus de précautions. Au milieu de ce caravansérail, le géant Rey sue et souffle, visiblement dépassé par les événements. Le doux Cazebonne suit.

« Ah, vous êtes là, vous, crie Rey en voyant l'ethnologue, vous arrivez bien! »

L'administrateur civil ignorait en effet que Jean Servier fût rentré la veille.

« ... Vous allez nous aider à distribuer ces armes.

— Mais que se passe-t-il? demande Servier. Je suis arrivé hier au soir et tout était calme.

— Ça s'est passé tout à l'heure, répond le géant, « ils » ont attaqué le car de M'Chounèche. Hadj Sadok a été grièvement blessé. Le docteur le soigne à l'hôpital. Il paraît, d'après ce qu'ont pu nous dire le caïd et le chauffeur du car, que les petits Monnerot ont été tués et que ces salauds les ont laissés sur le bord de la route!

— Il faut aller les chercher.

— Impossible mon vieux. Arris est bloquée. Oui. Parfaitement. Des pics, de la montagne au-dessus, ces fumiers nous « arrosent » si on sort! Je viens de prévenir par radio. La commune mixte est en état de défense. Nous sommes bloqués et cernés par les rebelles. Je ne peux envoyer personne. J'ai besoin de tous mes adjoints. Il faut protéger la ville et les Européens!

— Je me mets à votre disposition », dit Servier.

Rey s'interrompt. Il a toujours considéré le type comme un savant Cosinus. Un Cosinus jeune, mais un Cosinus tout de même. Et un peu emmerdant. Toujours avec les Arabes! Mais enfin...

« C'est vrai, vous voulez y aller?

— Bien sûr!

— Alors carte blanche. Ramenez-les. Prenez une jeep et un 5/5. Et des armes. »

Jean Servier, ne sachant pas conduire, prend deux musulmans

employés de la commune mixte. Deux maçons italiens de passage, qui logent à l'hôtel de Arris et qui sont venus construire la Justice de Paix musulmane, se proposent. Servier leur adjoint des Ouled Abdis qu'il connaît et un officier de réserve musulman. Il s'arme d'une mitraillette et en donne une autre aux Italiens qui vont conduire la jeep. Tous les musulmans sont armés de mousquetons. Servier saute dans le 5/5. La petite caravane sort précautionneusement de la ville, s'attendant à être mitraillée des pitons voisins. Rien ne se produit. Arrivé aux falaises de Tighanimine, l'ethnologue devenu chef de guerre fait mettre pied à terre. D'après les renseignements les corps des jeunes gens devraient se trouver à quelques kilomètres, à l'endroit même où a eu lieu l'embuscade. Il faut y aller en prenant garde aux agresseurs qui sont peut-être encore là.

« Quand il y a un obstacle, dit l'officier musulman, je fais la ligne de support.

— Alors allons-y! »

Le petit groupe se met en marche, en colonne par un, longeant la falaise. On avance lentement. Servier regarde l'heure. Midi. Tant de temps perdu à réunir les hommes, à les armer, à parcourir les quelque vingt kilomètres! Servier a l'impression d'être levé depuis une heure à peine.

Le petit groupe s'est arrêté. Au détour de la route en lacet les hommes aperçoivent deux silhouettes. Une, très sombre, est étendue sur le sol, l'autre semble accroupie près d'elle. Servier s'élance suivi de la colonne au pas de course. Il distingue les traits. C'est la femme qui est accroupie. Elle bouge. Ils sont vivants! L'homme est étendu à plat ventre. La femme se penche vers lui, le soutient. Servier voit l'homme soulever le buste dans leur direction puis retomber. Encore quelques mètres Servier est là. Essoufflé. Il se penche vers la jeune femme qui le regarde les yeux exorbités.

« Trop tard. Vous arrivez trop tard... »

La malheureuse se laisse aller sur le sol, sanglotant. Servier se penche sur le jeune homme. Il est mort. L'instituteur porte des lunettes d'écaille qui ne parviennent pas à vieillir un visage à peine sorti de l'adolescence. Le costume bleu marine est maculé de poussière et de sang. Servier remarque qu'il porte des chaussettes blanches, tricotées à la main, sur des chevilles minces.

Pourquoi s'attache-t-on à de pareils détails dans des moments aussi dramatiques? Il n'y a plus rien à faire pour le jeune instituteur. Servier tente de relever la jeune femme. Ses cheveux bruns sont défaits et font ressortir la peau très blanche. Elle a les yeux bleus. Sa jupe foncée et son corsage blanc à pois noirs sont maculés de sang. Elle se dégage et reste prostrée auprès du cadavre de son mari.

« Dis, capitaine, regarde... » Un Ouled Abdi montre les points clairs de djellabas qui courent sur le versant opposé, de l'autre côté de l'oued. Peut-être des bergers. Peut-être des rebelles! Servier fait placer des hommes en protection : un à gauche du ravin, d'autres qui grimpent le long de la falaise au milieu de l'éboulis de pierres.

« Allez chercher le Dodge, maintenant », ordonne l'ethnologue.

Mme Monnerot ne dit pas un mot. Elle est recroquevillée auprès du corps de son mari. Ses épaules se soulèvent mais ses sanglots sont secs.

Le Dodge arrive enfin. Les deux maçons italiens prennent le cadavre de Guy Monnerot et le glissent sur le plateau du camion. Servier se penche doucement et aide la jeune femme à se relever. Elle chancelle. Cette fois des larmes coulent sur son visage.

« Si vous saviez, murmure-t-elle, Oh! si vous saviez... »

Les sanglots ont redoublé. Servier ne saura jamais. Il se souviendra seulement de ces quelques mots lorsque le médecin de Arris lui fera certaines confidences que démentira ensuite Mme Monnerot,

L'ethnologue a fait monter la jeune femme dans la jeep. Du sang coule de sa hanche blessée le long de ses jambes. Il faut vite parvenir à l'hôpital.

« En route! », crie-t-il.

Mais le 5/5 reste sur place. Impossible de démarrer.

« Ça ne marche plus, dit le chauffeur musulman de la commune mixte, on reste ici! »

Les maçons italiens se sont penchés sur le moteur. Ils décèlent vite la panne.

« La « dourite » elle est « arracée »! On va réparer avec le « moussoir » on sait. »

Le chauffeur pâlit. Servier a compris. Ce type est de mèche avec les rebelles. Nerveusement il arme la Mat et enfonce le canon dans le dos du chauffeur.

« Allez grimpe. Je reste près de toi. On y va. S'il y a un cahot ou si on va au fossé la rafale part. Compris? »

Le chauffeur est vert. Cette fois le camion démarre. La caravane met plus de trois quarts d'heure à parcourir les 18 km. Le docteur de Arris attend à la porte de l'hôpital. Il est tout étonné en voyant Mme Monnerot descendre de la jeep soutenue par Servier.

« Elle est vivante!

— Oui, mon vieux, c'est un miracle.

— Je vais m'en occuper tout de suite. Hadj Sadok a été transporté à Batna. Je prépare une trousse... »

Servier aime bien ce toubib un peu mystérieux. C'est un Ukrainien qui est venu échouer à Arris après la guerre. On ne sait trop comment. Il est très sympathique. Il a le « charme slave ». Un jour il a confié à Servier qu'il n'est pas médecin français. Il a interrompu ses études en troisième année, faute d'argent. Puis les circonstances de la guerre et de l'après-guerre — il reste très discret sur cette période — l'ont conduit à Arris. Servier s'apercevra plus tard, en voulant intervenir pour que le toubib ukrainien obtienne une bourse pour terminer ses études, qu'en fait il n'a que le P.C.B.!

C'est lui qui dira à Servier, après avoir examiné la jeune institutrice, qu'elle a subi des violences ce dont la jeune femme se défendra avec acharnement.

Mais en cette fin de matinée du 1er novembre 1954 le toubib est toubib et tente de toutes ses forces — diplômé ou non — de sauver la jeune femme.

Servier gagne rapidement le bordj de la commune mixte pour mettre l'administrateur au courant de sa mission. Entrant dans le bâtiment il tombe sur un « officiel ». C'est le secrétaire général de la préfecture de Constantine qui était en villégiature dans les Aurès. Il a l'air affolé.

« Ça ne va pas? demande Servier.

— Non. C'est terrible. En plus des Monnerot et du caïd, un jeune ethnologue qui étudiait les mœurs de la région a été tué!

— Mais c'est moi l'ethnologue! »

Le secrétaire général le regarde, effaré. Il ne pensait pas que ce jeune gars en pantalon de toile, chemise ouverte, une mitraillette à la main était Jean Servier, chargé de mission au Centre national de Recherche scientifique. Il se faisait une autre idée des savants.

L'insurrection a produit un tel effet de surprise que l'affolement n'est pas encore dissipé au début de l'après-midi. Après avoir déjeuné avec Rey, Servier sort à ses côtés dans la cour du bordj. L'atmosphère est à la guerre!

« Qu'est-ce que c'est que ça? demande Servier.

— Eh bien, des fusils mitrailleurs, répond l'administrateur.

— Sur les toits?

— Bien sûr, la défense de la commune mixte l'exige.

— Mais ils ne vont pas arriver en stukas vos bougnouls!

— Ce sont les ordres », dit Rey, important.

Visiblement le géant, la force de la nature, a été dépassé par les événements. Il n'a pas encore repris ses esprits. Ne sachant que faire, il a exhumé des archives de la commune un dossier « Défense » applicable à toutes les communes mixtes en cas d'attaque. Mais ces instructions datent de 1939 et sont valables en cas d'attaque aérienne! C'est ce que Servier lui fait remarquer.

« Vous y connaissez quelque chose? demande Rey.

— Un peu. Je suis officier de cavalerie. De réserve bien sûr!

— Alors je vous nomme commandant d'armes de Arris, dit Rey. Car moi je suis maréchal des logis-chef et je suis comptable d'artillerie!

— Mais vous ne croyez pas que ce serait aux gendarmes de s'occuper de cela?

— Les gendarmes! Ils disent ne pouvoir intervenir et ouvrir le feu que s'ils sont attaqués dans leurs locaux! Et tels que vous les voyez maintenant ils s'y sont barricadés et sont bien décidés à ne pas en sortir! »

Servier, écœuré, va prendre les premières mesures pour défendre Arris, bloquée au cœur des Aurès par l'insurrection algérienne.

Il va falloir se défendre des rebelles, mais il va falloir aussi reprendre aux Européens les armes que bien imprudemment l'administrateur leur a confiées dans son affolement. Car Servier vient de s'apercevoir que, depuis que les Pieds-Noirs sont armés, les musulmans se sont terrés dans leur quartier et n'en bougent plus.

C'est peut-être le plus grave problème qui se pose à Arris ce 1er novembre 1954. Le fossé entre les deux communautés est plus profond que jamais, à Arris et dans toute l'Algérie qui ignore encore que la guerre vient de commencer.

Quatrième partie

La guerre? Quelle guerre?

La surprise fut totale.

Et pourtant! Le gouverneur Léonard savait. Le directeur de la Sûreté Vaujour savait. Paris aurait dû savoir après le rapport du 23 octobre. Le commandant en chef Cherrière était au courant. De quoi?

D'un danger « *peut-être immédiat* », d'un mouvement « coordonné au Caire » par ce Ben Bella de l'O.S.

Léonard, on l'a vu, avait confié son inquiétude à Jacques Chevallier. Il avait également bavardé avec Nicolaï, le chef de cabinet de François Mitterrand. Mais cela n'avait jamais dépassé le stade des « inquiétudes sérieuses mais raisonnées ». Et les conversations Léonard-Nicolaï relevaient plus des mondanités que de la conférence de travail. C'étaient deux hommes de la même « boutique », le Conseil d'Etat, qui se rencontraient et bavardaient dans de profonds fauteuils, avant ou après un bon déjeuner, de « ce problème qui risquait d'être préoccupant » : l'Algérie. Quant à Mitterrand lui-même, s'il répétait souvent à Pierre Mendès-France, « Je sens quelque chose en Algérie », ses préoccupations n'allaient pas plus loin. Jamais il n'avait dit à son collègue Jacques Chevallier, secrétaire d'Etat à la Guerre :

« Vous êtes d'Algérie, parlons un peu. Comment ça se passe actuellement! » D'ailleurs Jacques Chevallier n'aurait pu lui parler que des réformes qu'il était urgent d'appliquer pour éviter les troubles que ne manquerait pas de provoquer l'attitude résolument réactionnaire de certains groupes importants de Français d'Algérie. Rien de plus, car le maire d'Alger, malgré ses contacts avec les conseillers municipaux M.T.L.D., n'était au courant de rien. Et pour cause : le secret du jour J avait été bien gardé. Dans toute l'Algérie une vingtaine d'hommes seulement le partageaient vingt-quatre heures à l'avance!

On a vu que les exécutants, les militants de base avaient été prévenus le jour même de l'action.

La surprise, la stupéfaction puis l'inquiétude vinrent de la coordination du mouvement sur un « front » de 1 400 km. D'Oran à la frontière tunisienne. De Cassaigne à Souk-Ahras. Le Gouverneur général, son état-major, les préfets avaient été saisis « à froid ».

Mais, après l'affolement de la nuit, l'avalanche des télégrammes dramatiques, des coups de téléphone peu encourageants, la vérité se dégagea au petit jour. Le mouvement insurrectionnel n'était pas si grave qu'on pouvait le croire à 4 heures du matin. Roger Léonard reprit sa formule : « Situation préoccupante mais pas dramatique. » Il retrouva son « inquiétude raisonnée » après avoir traversé un moment de panique. Lorsque le soleil se leva sur le premier jour de la guerre d'Algérie personne, ni à Alger ni à Paris, ne soupçonna qu'il s'agissait d'une affaire qui allait dominer les dix années suivantes de l'histoire de France.

Au début de l'après-midi du 1er novembre 1954, après que quelques heures de repos aient permis à chacun de « récupérer » cette nuit dramatique, Roger Léonard réunit dans son bureau au Gouvernement général, outre René Mayer et Jacques Chevallier de passage à Alger, les « responsables » de l'Algérie :

Les préfets, le commandant en chef Cherrière, le général Spillmann commandant l'Est algérien et le général Lecocq représentant le Résident en Tunisie. Car les nouvelles parvenues de l'Aurès dans le courant de la matinée avaient suscité un regain d'inquiétude. La mort du petit instituteur — Mme Monnerot a pu être sauvée par le médecin ukrainien — et l'isolement d'Arris et T'Kout rendaient la situation plus préoccupante qu'on ne l'avait pensé à la fin de la nuit. Dupuch, le préfet de Constantine et Spillmann avaient espéré que cette conférence prévue pour eux depuis plusieurs jours — bien avant les événements — serait annulée. « Qu'est-ce qu'on va f... à Alger, avaient dit les deux hommes, notre présence est bien plus utile à Constantine. » Mais le Gouverneur général en avait jugé autrement. Il voulait faire le point et pour cela avoir tout son monde autour de lui. Le grand fonctionnaire qu'était Roger Léonard prévoyait déjà les multiples attaques dont il allait être l'objet. Et il voulait soutenir l'accusation parisienne aussi bien que la critique algéroise. Pour l'instant personne ne savait encore. La radio n'avait pas signalé les événements de la nuit. On ignorait les attentats. La population allait les apprendre en ce début d'après-midi et Roger Léonard savait qu'il « allait porter le chapeau ». Le lendemain au plus tard allait commencer la curée. Et il voulait profiter de ces quelques heures de répit pour organiser, avec tout son monde, la riposte qu'il convenait de donner à cette insurrection.

Le directeur de la Sûreté fit le bilan de la nuit :

« Des pétards à Alger. Mais qui éclatent à la même heure : 1 heure du matin dans des endroits stratégiques et « intelligemment » choisis. Peu de dégâts.

« Dans l'Algérois : attaques avortées de casernes à Blida et Boufarik. D'après les témoignages les agresseurs semblaient nombreux mais peu aguerris. Pas de dégâts. Quelques armes volées. Des bombes de fabrication locale explosent près de ponts et à certains carrefours. Incendies à la coopérative d'agrumes de Boufarik et destruction du stock d'alfa de Baba-ali. Dégâts importants. Encore une fois, actions soigneusement coordonnées. Dans l'Oranais : fermes attaquées. Tentatives d'incendie. Un mort et quelques blessés à Cassaigne.

« En Kabylie : Un mort. Incendies de dépôts de liège. Dégâts très importants. Une bonne centaine de millions. Là encore remarquable coordination des attentats.

« Dans l'Algérois, dans l'Oranais et en Kabylie les insurgés ont pris soin d'interrompre les communications téléphoniques en sciant les poteaux télégraphiques et en cisaillant les lignes. Le mouvement a été remarquablement monté. »

Le préfet Vaujour souligna l'importance qu'aurait pris le mouvement d'insurrection si les rebelles avaient disposé d'armes importantes et de bombes efficaces.

« La situation est donc préoccupante, conclut-il, mais on doit remarquer qu'en aucun cas la population n'a pris parti pour les rebelles, comme on aurait pu le craindre. Au contraire, en certains endroits, comme à Cassaigne, elle a considérablement aidé les gendarmes et la police au cours des premières mesures prises pour identifier et poursuivre les rebelles. Lorsqu'on fait le bilan de cette nuit on s'aperçoit que le véritable foyer de cette insurrection se trouve dans les Aurès. Là, la situation est grave et il faut, à mon avis, que nous dirigions tous nos efforts sur cette région. »

Le préfet Dupuch et le général Spillmann firent un bilan des « événements dans l'Est algérien » qui appuyait les dires du préfet Vaujour.

Le Nord-Constantinois avait peu souffert : Rafales de mitraillettes et attaques avortées de casernes ou postes de police à Condé-Smendou et au Khroub.

Par contre, dans les Aurès la situation était grave et, en certains points, dramatique.

A Batna attaques des deux casernes menées avec une folle audace. Deux sentinelles européennes tuées.

A Khenchela le commandant d'armes tué.

Arris était isolée. Les crêtes environnant la petite ville étaient tenues par des éléments hostiles qui tiraillaient de temps en temps sur le centre administratif.

Arris appelait au secours à chacune de ses vacations radio. Toutes les liaisons téléphoniques de l'Aurès étaient coupées. La gendarmerie de T'Kout était isolée. L'Aurès paraissait tout entier acquis à la rébellion. L'instituteur Monnerot et un caïd avaient été tués par les rebelles.

On avait maintenant la plus grande inquiétude pour les soixante-dix ou quatre-vingts Français bloqués à Arris, parmi lesquels, souligna le préfet de Constantine, « mon secrétaire général, M. Faussemagne et sa femme, en villégiature pour ce week-end » et pour les gendarmes de T'Kout isolés avec femmes et enfants en pleine montagne.

« Il faut tout de suite intervenir pour les dégager, ordonna Roger Léonard. A tout prix! »

Le général Spillmann expliqua que des troupes étaient immédiatement parties de Batna au secours d'Arris. Mais la route était longue et présentait pour les rebelles toutes facilités pour monter des embuscades.

« Et, ajouta Spillmann, vous connaissez aussi bien que moi la tragique pénurie de troupes dans cette région! J'ai pris un gros risque pour débloquer Arris. Car ce serait effroyable si les Européens d'Arris étaient massacrés. Mais ce serait encore plus grave si des détachements imprudemment engagés pour secourir « en vain » Arris étaient détruits par les rebelles! »

Le commandant en chef Cherrière approuva les décisions de son subordonné.

« Vous ne pouviez faire autrement, dit-il à Spillmann, et vous avez bien fait. » Léonard approuva gravement.

Voilà pour les mesures immédiates, mais sans vouloir se l'avouer les participants à la conférence devaient convenir, comme M. Vaujour le dira plus tard, que cet embrasement général qui leur « était tombé sur le coin du crâne » en pleine nuit, et qui venait d'être confirmé dans la matinée par l'assassinat du caïd Hadj Sadok et de l'instituteur Monnerot, les laissait dans « le bleu »!

La rébellion était généralisée et ne revêtait aucun caractère régional ou tribal. Pourtant, si elle avait frappé toutes les régions d'Algérie, c'est dans l'Est qu'elle s'était montrée la plus efficace. C'était là enfin que la population, d'après les premiers renseignements fragmentaires, semblait être favorable à ce mouvement.

Partout ailleurs l'insurrection avait été menée par des petites bandes agissant en dehors de la population en réponse à des ordres très précis. D'où venaient ces ordres? On reprit les renseignements que l'on avait déjà, en particulier les rapports des R.G., on leur ajouta les premières informations en provenance de Paris et du Caire et enfin la fameuse proclamation F.L.N. qui avait été glissée dans les boîtes ou envoyée par la poste le samedi et que certains destinataires venaient de trouver dans leur courrier.

Pour Vaujour, pour Léonard, pour Cherrière, l'action si remarquablement coordonnée ne pouvait être dirigée que du Caire. D'une part, depuis des semaines, « la Voix des Arabes » couvrait la France d'injures; d'autre part, Vaujour, depuis avril 1954 lorsqu'il avait établi son rapport sur les commandos nord-africains, avait eu la preuve que ces commandos étaient entraînés par l'Egypte. Les R.G., de leur côté, soulignaient dans le rapport du 23 octobre que « tout se fait au Caire et que le chef est l'ancien membre de l'O.S. Ahmed Ben Bella ». Enfin c'était Radio Le Caire qui, dès le matin, avait annoncé la première les attentats algériens accompagnés de précisions étonnantes sur les lieux où ces attentats avaient été commis. Il n'était matériellement pas possible à Radio Le Caire d'avoir eu connaissance de ces précisions dans la nuit. A moins, bien sûr, que les ordres soient partis de la capitale égyptienne.

Personne ne pensa qu'un plan précis pouvait avoir été établi en Algérie par des hommes groupés en état-major clandestin et envoyé au Caire pour diffusion. C'était pourtant ce qui s'était passé. Mais ni le Gouverneur général, ni le commandant en chef, ni le directeur de la Sûreté ne pouvaient ni ne voulaient penser qu'en Algérie des hommes pouvaient s'organiser et entreprendre, sans aide extérieure, une lutte disproportionnée. Il était plus raisonnable, plus réaliste d'y voir uniquement la main de « l'étranger ».

A leurs yeux, la machination d'extrême gauche, le soutien inconditionnel de Nasser, de cette puissance toute neuve de la République égyptienne, dégageait dans une certaine mesure leur responsabilité. « Les « Arabes » d'Algérie seraient capables de mettre au point, de coordonner avec rigueur un mouvement révolutionnaire? Allons donc! C'est impossible! La population est avec nous. Elle nous est fidèle. »

C'est ce Ben Bella, dont on va découvrir le nom à Paris qui, la main dans la main avec Nasser, a tout dirigé. La légende prend corps. Le mythe Ben Bella aussi. Il ira loin. Il vient d'être créé, établi, renforcé en l'espace d'une semaine : du rapport du 23 octobre à ce 1er novembre 1954. Faute de savoir contre qui on doit combattre sur le territoire algérien, il est plus reposant, plus réconfortant de se créer un ennemi dont, faute de connaître le visage, on connaît le nom et le lieu d'où il agit.

A la décharge des autorités françaises il faut bien avouer que les six hommes qui viennent de déclencher ce mouvement irréversible avec leur foi et des moyens ridiculement faibles ont dû, nous l'avons vu, convaincre dans bien des cas les gens qu'ils entraînaient dans l'aventure de la réalité de l'aide égyptienne, allant, dans les régions les moins évoluées comme les Aurès, jusqu'à annoncer à certaines tribus non seulement l'arrivée d'armes puissantes mais même le « débarquement » de forces égyptiennes qui aideraient le peuple algérien à « rejeter les Européens à la mer ». La confiance du peuple militant en ses dirigeants nationalistes avait été tellement émoussée par les querelles internes du M.T.L.D. entre Lahouel et Messali, que personne ne pouvait croire en 1954 à un mouvement organisé et dirigé par des Algériens. D'ailleurs « la Voix des Arabes » qui se déchaînait contre le colonialisme français ne s'était pas fait faute de critiquer violemment l'immobilisme des Algériens à « l'heure où les frères tunisiens et marocains se rebellaient sous le joug français ».

Face à cette organisation dont ils ne savaient rien si ce n'est « qu'elle était dirigée de l'étranger », Roger Léonard, Paul Cherrière et leur état-major firent l'inventaire de leurs moyens.

Le général Cherrière, commandant en chef en Algérie, disposait en tout et pour tout, ce 1er novembre 1954, de :

Deux bataillons de paras.

Trois bataillons de la IIe D.I. arrivés en août et en pleine organisation et instruction.

Un bataillon à constituer sur la Légion « au moment du besoin », c'est-à-dire sans cohésion.

« Bref, nous sommes à poil », dit le général.

Il avait raison. Il ne pouvait compter que sur 3 500 hommes vraiment utilisables!

Heureusement que Jacques Chevallier, le secrétaire d'Etat à la Guerre, put confirmer le départ de plusieurs bataillons parachutistes de la 25e D.I.A.P. de Pau. Ces bataillons que, la veille même, ni Cherrière ni Léonard ne trouvaient bien utile d'envoyer en Algérie!

En outre, trois Compagnies républicaines de Sécurité arrivaient par avion ainsi que des gardes mobiles.

Le général Lecocq, adjoint au général Boyer de La Tour, Résident général en Tunisie, promit que la Tunisie rendrait prochainement les unitées prêtées par l'Algérie, en particulier le bataillon de marche du 15e R.T.S. et le 9e escadron de spahis à cheval dont Spillmann pensait qu'ils feraient merveille en Algérie.

« L'essentiel, dit Cherrière, est donc maintenant de sauver partout les Français qui sont en danger et de tenir deux ou trois jours. Ensuite... La contre-attaque. Dur et fort! »

« Babar » Cherrière ne rêvait plus que d'en découdre dans les Aurès. Et plus personne ne pensait à mettre en doute les informations avancées le vendredi à Constantine par Jean Vaujour. Les preuves étaient données! Il fallait maintenant éviter que les zones traditionnellement dangereuses comme la Kabylie et l'ensemble des Aurès ne s'embrasent.

« Si au moins nous avions ces supplétifs que nous réclamons tous depuis si longtemps, dit Cherrière, le problème ne se poserait même pas.

— Outre les opérations de police déjà en cours, répliqua Léonard, j'ai l'intention de prendre les mesures suivantes : Rappel des réservistes de gendarmerie. Organisation de petites unités de supplétifs musulmans dans les villages. Autorisation aux préfets et administrateurs de recruter des auxiliaires et de lever sur place des goums. Je vais transmettre immédiatement ces suggestions au ministre de la Guerre.

— Souhaitons qu'il les entende rapidement. »

On revint encore une fois sur l'effet de surprise provoqué par cette flambée terroriste. Cherrière dit son indignation devant l'absence de renseignements civils et militaires. Vaujour défendit ses services civils qui, somme toute, avaient été les seuls à fournir des éléments positifs à « une heure où on écoutait peu les nouvelles pessimistes ». Cherrière, visé, n'insista pas sur ce point et tourna ses batteries sur l'inefficacité totale des caïds et fonctionnaires musulmans.

« C'est, je crois, dit Spillmann, une question à revoir entièrement.
— Quant à la stratégie que vous comptez employer, Messieurs? » coupa Léonard avec une exquise politesse qui cachait l'agacement provoqué par les critiques militaires. Il ne pardonnait pas à Cherrière de l'avoir convaincu la veille de faire annuler l'arrivée de la 25e D.I.A.P.

Le commandant en chef déclara qu'à son avis les opérations de police en cours suffiraient dans l'Algérois et en Oranie. Quant aux Aurès :

« Il faut réagir avec force et briser le mouvement. Je crois qu'il faut aller sur place pour juger sur pièce de la situation et pour comprendre comment certains notables musulmans ne nous ont pas prévenus de l'imminence d'un mouvement qu'ils ne pouvaient pas ignorer. »

On convint d'une conférence le lendemain à Batna et d'une tournée d'inspection. Tous les efforts devaient être dirigés pour éteindre l'incendie des Aurès.

« Il faut éviter un soulèvement général, conclut Vaujour, et donner confiance à la population qui d'emblée n'a pas « marché » avec les rebelles. »

Face à la lourde machine qui se préparait à entrer en action il y avait ce 1er novembre 1954 moins de 800 combattants et 400 armes dans les rangs de l'A.L.N. Le F.L.N. disposait d'un support supplémentaire d'environ 1 200 militants convaincus prêts à se lancer dans la lutte. Mais avec quoi? L'aide égyptienne? Aucun des six chefs historiques n'y comptait dans un proche avenir. Quant à la population, il fallait la convaincre et surtout s'en faire connaître.

Seuls les Chaouïas de l'Aurès étaient favorables à l'insurrection. Par atavisme. C'est donc dans l'Aurès que la guerre allait commencer.

Zoubir Bouadjadj, responsable des commandos d'Alger, n'avait pas la radio chez lui. Il sortit donc de bonne heure ce lundi et alla boire un café dans un bistrot de Colonne Voirol où la radio braillait du matin jusqu'au soir. Au bulletin d'information du matin : rien. Pas un mot des attentats de la nuit. Bouadjadj, qui avait guetté en vain de son observatoire du Bois-de-Boulogne les explosions qui « devaient embraser Alger », fut assailli par un doute affreux. Et si ses hommes s'étaient dégonflés comme ceux de Constantine, comme ceux de Blida? Mais ce n'était pas possible, il avait la plus grande confiance en Belouizdad et Merzougui. En outre, même si les Algérois n'étaient pas passés à l'action, Ouamrane et Bitat l'auraient fait à Boufarik et Blida. Krim, Didouche, Ben M'Hidi et Ben Boulaïd n'étaient pas non plus hommes à « craquer » au dernier moment. Et la radio ne parlait d'aucun attentat, ni en Kabylie ni en Oranie ni dans les Aurès. Bouadjadj pensa que la police avait peut-être ordonné le black-out pour mieux mener son enquête. Il faudrait attendre 19 heures, le rendez-vous au cinéma Splendid, pour que ses chefs de groupe lui donnent les résultats de leurs missions. Bouadjadj avait bien pensé aller voir lui-même sur place, mais c'était peut-être prendre des risques inutiles, se jeter dans la gueule du loup. Les abords des objectifs devaient être investis par la police.

C'est vers 17 heures que le chef des commandos d'Alger sut que l'opération avait eu lieu. *T.A.M. Dernières Nouvelles,* le seul journal qui parut en ce jour férié, était barré d'une manchette impressionnante : « Flambée de Terrorisme en Algérie. » Autour du kiosque, des groupes se formaient. Zoubir Bouadjadj s'en approcha. On commentait la nouvelle. Certains explosaient de joie mais dans l'ensemble la surprise dominait. Personne ne s'attendait à un mouvement pareil. Bouadjadj acheta un numéro et apprit enfin les résultats de l'insurrection. La portée psychologique semblait importante mais seule l'action de Ben Boulaïd dans les Aurès avait réellement frappé les observateurs. Tous les projecteurs étaient braqués sur l'Est algérien. Le journal soulignait pourtant la « coordination des attentats qui prouvait qu'on se trouvait devant un mouvement de rébellion organisé par un cerveau ».

Bouadjadj se sentit soulagé, regonflé. Même si les résultats n'étaient pas aussi spectaculaires qu'il aurait voulu, l'action des commandos d'Alger n'avait pas été inutile. Il fallait maintenant que cela continue.

A 19 heures, les chefs de groupe étaient au rendez-vous, mêlés à la foule qui faisait queue pour voir l'une des aventures de « Maciste » ou d' « Hercule » dont le Splendid, cinéma populaire, s'était fait une spécialité. Belouizdad, Merzougui, les deux Kaci et Bouadjadj se serrèrent la main comme de bons copains qui se retrouvent et profitent du jour férié pour sortir ensemble. Tout de suite ils firent le point de la situation. Ni Nabti Saddek, qui avait renoncé à l'attentat contre le dépôt de liège de Hussein Dey, ni

Bisker, responsable de l'échec au central téléphonique du Champ-de-Manœuvre, n'avaient osé se présenter.

Les cinq hommes bavardèrent sur le trottoir, bousculés par les gosses qui vendaient des cacahuètes et des gâteaux de semoule. La foule était dense en cette partie de la rue Colonna-d'Ornano qui se trouve entre l'Aletti et le square Bresson, elle avait cet air nonchalant et désœuvré des jours de fête. Les insurgés ne pouvaient choisir meilleur « paravent ».

« D'abord les objectifs, demanda Bouadjadj.

— Tous atteints à l'exception du liège Borgeaud et du central, répondit Merzougui.

— Mais comment se fait-il que je n'ai rien vu ni rien entendu?

— Où étais-tu?

— Au Bois-de-Boulogne.

— Tu étais trop loin et les bombes n'étaient pas assez puissantes. Leur force a été mal calculée.

— En définitive, dit Belouizdad, nous avons risqué gros pour un résultat décevant.

— Bien sûr, répondit Bouadjadj, les bombes n'étaient pas au point et j'en suis au moins aussi déçu que vous. Mais le travail n'a pas été inutile. Cette série d'attentats au cœur d'Alger a montré qu'il y avait dans la capitale des hommes décidés à s'insurger contre la force établie. Et puis, consolez-vous, à part les Aurès où il semble que l'insurrection continue, partout ailleurs les résultats n'ont pas été beaucoup plus spectaculaires, sauf peut-être en Kabylie. »

Les cinq hommes critiquèrent encore la fabrication des bombes. « On a confié cela à des gens qui ne s'y connaissaient pas très bien », dit Merzougui.

Le chef des commandos coupa son lieutenant :

« Et toi tu t'y connais mieux? On a fait ce que l'on a pu. Et nous n'avions qu'un artificier qui venait d'Orléansville. Les résultats auraient pu être bien pires! Maintenant écoutez-moi, je vous propose une opération qui va faire du bruit et qui rachètera notre demi-échec. »

Zoubir Bouadjadj avait pris une décision importante dont la réalisation aurait pu modifier complètement le cours de l'insurrection qui venait de se déclencher. Profondément déçu par le peu de retentissement des attentats algérois, il avait décidé d'une opération de plus grande envergure : faire exploser onze bombes de fort calibre de Bab-el-Oued à la rue Michelet.

« Même dans les couloirs d'immeubles », précisa-t-il.

Il aurait les bombes. Il suffisait de réunir vingt-deux hommes, onze équipes de deux. Un posant la bombe, le second le couvrant.

« Et nous ferons cela dans la journée!

— Mais, avança Belouizadad, tu sais bien que les ordres formels sont de ne plus bouger après le coup d'envoi de cette nuit!

— Je m'en fous. On ne peut pas rester sur un demi-échec comme celui-ci. Vous venez de vous en plaindre à l'instant même! »

Les quatre chefs de commandos tentèrent de raisonner leur chef. Puis, devant son entêtement, ils le désapprouvèrent violemment.

« Ils savent ce qu'ils font, dit Belouizdad. Si Mohamed — Bitat — nous a donné des ordres précis. Tu es notre chef mais toi aussi tu dois obéir aux ordres qui viennent de plus haut. Jusqu'ici on a exécuté tout ce que tu as commandé mais ne compte pas sur nous pour cette opération.

— Vous avez peur?

— Non! Et on l'a bien prouvé cette nuit, dit Merzougui, mais la guerre va durer longtemps et si on commence à ne pas appliquer les instructions on ne tiendra pas la distance... »

La conversation s'était animée. Bouadjadj qui s'était aperçu qu'on commençait à observer ce groupe d'hommes gesticulants, se calma aussitôt.

« Bien, je cède. Vous avez sans doute raison. »

Les cinq hommes se séparèrent en convenant que chaque chef de groupe devait rester en contact deux fois par jour avec ses hommes au cas où de nouvelles instructions arriveraient.

Bouadjadj devait recevoir des instructions de Bitat quand celui-ci jugerait utile de recommencer une action. Pour l'instant il « s'écrasait ». Pour se calmer Bouadjadj entra au cinéma dont la sonnette retentissait. Les aventures d' « Hercule » le défouleraient!

Rabah Bitat, le chef de la zone IV, était dans l'impossibilité de donner de nouvelles instructions à son adjoint. Après l'échec de l'attaque de la caserne de Blida, Bitat avait conduit dans la forêt de Chréa les cent Kabyles que lui avait envoyés Krim pour suppléer à la défection des militants de Blida. La zone montagneuse et l'épaisse forêt offraient à son avis un abri suffisant pour créer une « zone franche » tenue et contrôlée par le maquis A.L.N. et qui pourrait résister aux attaques de l'armée française. Mais durant son repli, Bitat dut faire face à un accrochage avec une patrouille française. Il laissa plusieurs morts sur le terrain et se replia en aidant les blessés et en abandonnant son idée utopique au cours de la retraite.

Il n'avait pas voulu comprendre, au moment de l'attaque avortée contre la caserne de Blida, que les hommes qu'il avait sous ses ordres étaient insuffisamment armés et qu'ils manquaient d'entraînement. L'accrochage lui prouvait cette faiblesse. Il résolut donc de se retrancher quelques jours dans la montagne de Chréa avant de renvoyer par petits groupes les hommes de Krim en Kabylie et de regagner lui-même Alger.

De son côté, le sergent Ouamrane, après avoir gagné une autre partie de la montagne de Chréa, au-dessus de Bouinan, n'eut plus qu'un désir : regagner au plus vite la Kabylie et, en compagnie de Krim, organiser et entraîner ses hommes pour en faire de véritables guérilleros. Plus lucide, endurci peut-être par l'expérience de sept années de maquis, Ouamrane n'était pas aussi abattu que Bitat par l'échec de leur action. Les attaques avaient raté soit, mais par la faute des poseurs de bombes; les attentats contre les hangars de la coopérative, contre les dépôts d'alfa avaient réussi. L'insurrection avait commencé, c'était là l'important. Il s'agissait maintenant de la mener à bien.

Il décida de quitter l'Algérois dès le dimanche matin. Il choisit quatorze hommes les mieux armés pour faire route avec lui et le protéger le cas échéant. Aux quatre-vingt-six hommes restants il donna l'ordre de rentrer par leurs propres moyens en Kabylie. « En car, en train, en taxis, comme vous voudrez, mais faites attention aux contrôles de police! »

Ces rusés montagnards mettront douze jours pour regagner la Kabylie sans tomber dans les filets de la police. Pas un des hommes de Ouamrane ne sera inquiété. La plupart parcourront à pied les quelque 150 km qui les séparaient de leur zone! Le sergent et ses quatorze hommes allèrent beaucoup plus vite. Ils descendirent à pied jusqu'à Hammamelouane, au-dessus de Rovigo. Là, dans la forêt, Ouamrane et l'un de ses hommes El Hadi, de Félix-Faure, abandonnèrent leur battle-dress vert olive et se remirent en civil, gardant leurs armes sous le burnous. Les autres attendirent à l'abri des arbres. Ouamrane voulait louer un de ces immenses taxis, de vieilles familiales brinquebalantes qui transportent les jours de marché les marchands aisés et les jours de football les supporters excités, et se faire conduire jusqu'à L'Alma au nord de Ménerville. De là ils sauraient regagner à pied le P.C. de Krim en traversant la

Kabylie familière. Mais Ouamrane cherchait en vain la voiture qui leur permettrait de fuir la zone dangereuse.

« Qu'est-ce que vous voulez exactement? »

Ouamrane n'avait pas entendu le garde champêtre venir. C'était un vieil homme tout ridé, le turban soigneusement roulé sur la tête, la plaque bien briquée sur le bras, et un solide gourdin à la main, tellement poli, tellement usé qu'il semblait verni, un garde champêtre plus vrai que nature, il ne lui manquait que la médaille militaire pendante.

« Vous cherchez du travail ou vous allez voir un marabout? »

Le sergent, sous son burnous, étreignait son 9 m/m autrichien.

« Nous sommes un groupe d'ouvriers et nous allons à une fête à Bellefontaine, mais nous n'avons pas de véhicule.

— Bougez pas. Je vais aller vous chercher une camionnette qui vous conduira. »

Et le vieux s'éloigna en trottinant. Ouamrane regarda El Hadi. Le garde champêtre allait-il les sauver ou revenir avec les gendarmes?

« Il faut tenter le coup! jugea le sergent. S'il revient avec les gendarmes on tire dans le tas. Ils ne doivent pas être bien nombreux dans un petit village comme celui-là. »

Mais le vieillard revint avec la camionnette. Un jeune homme était au volant.

« Le petit vous conduira, dit le garde, et bonne fête!

— Merci à toi. »

La chance était avec eux. Ouamrane monta près du chauffeur. Ils passèrent prendre les hommes qui s'étaient mis en civil et avaient caché leurs armes dans leurs vêtements militaires enveloppés de burnous ou de cachabias. En quelques mots Ouamrane expliqua au chauffeur où ils voulaient aller. Au fur et à mesure qu'on approchait de gros centres, le sergent, toujours prudent, faisait prendre de petites routes pour éviter les éventuels barrages de police à l'entrée des villes. Ils évitèrent ainsi Rovigo, L'Arba, Beni Moussa et L'Alma. A 3 heures de l'après-midi ils étaient à l'Alma Marine.

« Maintenant, dit Ouamrane, on se sépare. Partez deux par deux. Rendez-vous chez Taleb Amar à Félix-Faure. Vous devez y être vers 8 heures. Si l'on vous arrête dites que vous êtes des ouvriers saisonniers et que vous venez de la Mitidja. A tout à l'heure. »

Ils avaient cinq heures devant eux pour faire à pied un peu plus de trente kilomètres.

« Vous allez tous nous faire massacrer. On a nos femmes et nos enfants ici. On est isolé et le téléphone ne marche même pas. Quant à l'armée! Vous la voyez, vous, l'armée?

— Des renforts sont partis de Batna et ils vont arriver.

— Et en attendant vous voudriez que nous restions là, les mains dans les poches, sans seulement un couteau alors que les melons y sont tous dans le village en dessus à guetter, prêts à descendre... protégés par les fellagha qui nous tirent comme des lapins depuis les crêtes! »

Le nouveau commandant d'armes de Arris, l'ethnologue Jean Servier, avait toutes les peines du monde à récupérer les armes que l'administrateur dans son affolement avait distribuées aux Européens. Ces derniers ne voulaient plus s'en séparer. La situation dramatique de Arris, coupée au fond de sa vallée du reste de l'Aurès, entourée de pitons occupés par les rebelles, avait immédiatement posé le problème : d'un côté les Européens, de l'autre les « Arabes ». Plus la situation était grave plus le fossé se creusait.

« Si y'en a un qui approche, je tire... »

C'était la réaction unanime des Européens qui s'étaient réfugiés au bordj administratif transformé en camp retranché, et qui voyaient leurs femmes et leurs enfants installés sur des matelas à même le sol dans une ambiance de cataclysme. Il y avait quelques excuses à leur attitude. L'affolement, le danger dissipaient l'image idyllique du « bon Arabe... avec qui on a été à l'école... et qu'on aime bien ». La vérité des sentiments se dessinait.

Les armes étaient apparues et avec elles les images encore proches, trop proches, des massacres de Sétif... Les Européens pensaient à la « folie meurtrière », aux crimes rituels; les musulmans se souvenaient de la répression. C'était neuf ans auparavant à quelque 130 kilomètres à l'Ouest...

Servier, lui aussi, pensait à Sétif et guettait avec anxiété la montée de l'angoisse chez les Européens qui se voyaient abandonnés. Le bordj était à l'image de l'administration : des caisses d'armes éventrées jonchaient la cour, des petits groupes d'Européens véhéments se « montaient le coup » mutuellement ou allaient et venaient sans but, affolés comme un troupeau de bovins encerclé de cavaliers. Rey, l'administrateur, avait perdu de sa superbe. Le géant, la force de la nature, était dérouté. Sa « présence » indéniable en temps de paix ne servait plus à rien puisqu'il ne savait comment et à qui donner ses ordres. Aussi désemparé que les Européens, il n'avait su que distribuer les armes qu'il avait en dépôt pour les calmer et pour se donner bonne conscience. Faute de savoir les défendre il leur donnait ainsi la possibilité de le faire eux-mêmes. L'apparence du matamore fondait au soleil de la révolution.

Jean Servier s'aperçut bien vite qu'il serait impossible de désarmer les Européens. Il fallait pour cela attendre l'arrivée de la colonne de secours. A ce moment seulement, se voyant protégés, les Européens rendraient peut-être les armes. Il s'agissait donc, en attendant, d'éviter le pire. Et pour Servier le pire se présentait de deux façons. D'abord l'attaque de la petite cité par des fellagha de la montagne, une action concertée de bandes comme celles qui avaient attaqué le car M'Chounèche-Arris. Si leurs forces étaient importantes — et elles devaient l'être pour se permettre de bloquer Arris depuis les crêtes environnantes —, ils auraient tôt fait de massacrer les quelques dizaines de Français désemparés qui s'étaient réunis au bordj. Deuxième éventualité : à force de s'exciter mutuellement et devant l'incurie des autorités, les Européesn armés pouvaient à la suite d'un banal incident se livrer à une véritable ratonnade. La population musulmane de Arris ne s'y était pas trompée et s'était terrée dans le haut village. Il fallait donc transformer le bordj en fortin et organiser ces hommes armés en défense efficace et disciplinée. Ainsi, en cas d'attaque ennemie, Arris pourrait se défendre honorablement. Quant à éviter la ratonnade toujours possible... Servier ne vit qu'une solution : mêler des musulmans à la défense européenne du bordj. Il convoqua l'agha des Oulet Abdi :

« Il faut nous constituer en autodéfense. Tu viens avec nous et j'arme tes hommes.

— Pourquoi faire?

— Si les fellagha attaquent la ville, ça va faire mal! »

L'agha eut un geste qui exprimait toute la fatalité du monde, puis, sans ambages, il expliqua à Servier qu'il l'aimait bien mais que lui et sa tribu se foutaient pas mal de ce qui pouvait arriver aux Européens. Servier hésita un instant. Tout son plan risquait d'échouer. En un éclair le chef de guerre fit place à l'ethnologue. Il se souvint de la rivalité des deux tribus les Ouled Abdi et les Touabas.

« Ce sont les Touabas qui sont en rébellion », dit-il au chef traditionnel.

L'agha ne balança pas une seconde.

« Donne-nous des armes. On y va. Il y a bien longtemps que je dis qu'on ne devrait pas laisser vivre ces fils de chien. »

Les Ouled Abdi passaient du côté des Français. Et cela pour longtemps.

A Alger, dans les bureaux d'état-major, on se félicitera qu'une partie de la population du centre des Aurès soit « restée fidèle à la France ». Personne ne se doutera à quoi tenait cette « fidélité ».

Servier donna des ordres pour que l'on arme quelques Ouled Abdi « fidèles » et les fit encadrer par des Européens. Il fit fortifier le bordj avec des sacs de sable et placer des fusils mitrailleurs aux points stratégiques. Puis il se rendit à la brigade de gendarmerie de Arris. Pour les huit gendarmes c'était la vie de petit poste colonial. Pas grand-chose à faire, on vivait entre bobonne, les gosses et l'anisette. La réponse fut nette :

« Nous ne pouvons intervenir et ouvrir le feu que si nous sommes attaqués dans nos locaux. »

C'était le règlement. Les gendarmes sont faits pour l'observer. Ils avaient d'ailleurs bien l'intention de s'y conformer, de se barricader dans leur poste et de ne pas en sortir. Servier dira plus tard qu'ils refusèrent même d'y recevoir « les étrangers » à l'exception de l'instituteur qui n'accepta pas de participer à la défense du bordj et exigea — comme « officiel » — la protection de la gendarmerie.

Servier, « outré » par le règlement qui ne pouvait bien sûr prévoir des circonstances aussi exceptionnelles, revint vers le bordj administratif où tous les Européens qui se sentaient menacés s'étaient réfugiés avec femmes et enfants. La commune mixte prenait un visage de fortin du Far-West. Une discipline presque militaire avait fait place à l'affolement des premières heures. Le bâtiment intérieur avait été transformé en dortoir. Les épouses de l'administrateur et de son adjoint Cazebonne furent admirables. Sans s'affoler les femmes des plus importants fonctionnaires de la ville se transformèrent en infirmières, en nourrices, en bonnes fées, trouvant des matelas, du lait, de la nourriture, se procurant des dizaines de couvertures car, s'il faisait encore beau, la nuit s'annonçait fraîche.

Jean Servier dressa la liste de volontaires européens et chaouïas pour la garde de nuit. Il la donna à taper au secrétaire de la commune mixte. Il réunit ensuite tous les hommes et distribua les tours de garde. En lisant la liste tapée par le scribouillard de la commune mixte, il s'aperçut que le fonctionnaire avait mis « Monsieur » devant chaque nom européen et rien devant les noms musulmans. Il rectifia cet « oubli » et pensa que le mépris de « l'Arabe » était si bien ancré dans les mœurs qu'en des circonstances aussi graves on ne se rendait même pas compte de ses conséquences!

A la tombée de la nuit, vers 18 heures, Servier installa ses sentinelles sur les murs du bordj. Il était très inquiet. Il avait vraiment peur d'un massacre. Batna avait été prévenue par radio, la sous-préfecture avait promis des renforts mais elle aussi avait été attaquée et les renforts n'étaient pas arrivés. Pourtant de Batna à Arris il n'y avait qu'une cinquantaine de kilomètres!

Il fallait donc se débrouiller seul. En étudiant le terrain Servier s'aperçut que l'oued recouvert de broussailles constituait le seul point important d'infiltration possible. Il fit installer deux fusils mitrailleurs en tir croisé interdisant l'entrée de l'oued. Et le poste, inquiet, s'endormit. Seules les sentinelles veillaient. Sur les crêtes avoisinantes d'où les coups de feu étaient partis la nuit précédente, des feux brillaient. Feux de bergers ou feux de rebelles?

Servier procéda toutes les deux heures à la relève des sentinelles. Européens et musulmans mêlés. L'ethnologue connaissait ses Ouled Abdi, il avait confiance en eux. Jamais, lors de ses travaux, il n'avait eu à se plaindre de leur hospitalité. Mais la réponse de l'agha lui avait montré à quel point le fossé était grand entre Européens et musulmans. Et, lorsqu'il n'y avait pas haine, l'indifférence était le seul sentiment que les Chaouïas eussent pour les Européens.

Dans le bordj, les femmes, les gosses et les hommes qui n'étaient pas de garde étaient solidement barricadés. Les Chaouïas étaient « cantonnés » dans un autre coin du bâtiment. A 4 heures du matin Servier, s'écroulant de fatigue, décida d'aller dormir chez les Chaouïas. « On verra bien », pensa-t-il. Mais pour la première fois depuis des années qu'il travaillait seul dans le bled, étudiant les tribus les plus éloignées, il n'était pas très rassuré.

A 6 h 30 du matin il était toujours vivant! Le jour perçait difficilement. Servier s'en voulut d'avoir douté. Les sentinelles chaouïas étaient toujours aux aguets. Au côte à côte avec les Européens. Il n'y avait pas eu d'attaque fellagha. Seulement quelques coups de feu isolés.

Le groupe d'artillerie du capitaine Gazzerie arrivant de Batna fit son entrée au milieu de la matinée. Arris était débloquée. Jean Servier, le « commandant d'armes » de la place, s'aperçut alors que c'était son anniversaire. Il avait 36 ans. Il avait organisé la défense de la petite ville et évité le pire entre Européens et musulmans. Il s'était endormi au milieu des Chaouïas. Et s'était réveillé vivant.

« J'ai touché ce matin l'intérêt de mes années d'ethnologue », pensa-t-il.

Voyant les Chaouïas Ouled Abdi toujours à leur poste, il repensa à ce qu'il avait vécu dans leurs villages quarante-huit heures auparavant. La construction frénétique de mosquée, les discussions autour des émissions de *La Voix des Arabes,* le « vaudou » auquel il n'avait pu assister. Cette « prise en main politique », cette action antifrançaise depuis longtemps préparée, n'avaient pas suffi à entraîner ces hommes dans l'insurrection armée et à effacer la légendaire hostilité des deux tribus.

Jean Servier eut alors la certitude que cette révolution n'était pas celle du peuple algérien.

« Tout pour l'Aurès. » Telle était la décision unanime prise à Alger quelques heures après que les renseignements confirmés aient permis de faire un bilan sérieux de l'insurrection.

C'est au cœur des Aurès, à Batna, que dès le 2 novembre se réunirent Jacques Chevallier, secrétaire d'Etat à la Guerre, René Mayer député-maire de Constantine, le général Cherrière, commandant en chef, le général Spillmann commandant l'Est algérien et Pierre Dupuch, préfet de Constantine. Ils furent reçus par Jean Deleplanque, sous-préfet de Batna, et par le colonel Blanche, commandant militaire de la place.

Le gouverneur général Léonard, qui devait se rendre dans l'Est quelques jours plus tard, s'abstint d'accompagner son *brain-trust* dans ce voyage d'information.

Ce voyage avait d'ailleurs failli fort mal tourner dès le départ. L'avion, à bord duquel René Mayer et le général Spillmann avaient pris place la veille au soir pour gagner Constantine, avait été pris dans un sirocco particulièrement violent. Un moteur avait lâché et c'est avec des précautions extrêmes que le pilote avait réussi à ramener le « cercueil » à Boufarik. L'aviation militaire n'était pas plus brillante que l'armée de terre! Au 1er novembre 1954, l'état-major disposait en Algérie de quelques vieux avions de liaison et d'*un seul* hélicoptère!

La « caravane » se trouva tout de même au complet pour saluer dans la matinée les dépouilles de deux malheureuses sentinelles tuées dans la nuit du 31 octobre au 1er novembre. Puis les sept hommes se réunirent à la sous-préfecture pour, comme l'avait dit Cherrière à Alger, « juger sur pièces et savoir comment certains notables musulmans n'avaient pas prévenu les autorités de ce qui se tramait et qu'elles ne pouvaient ignorer ».

On fit un nouveau récit détaillé de la nuit d'insurrection, puis le colonel Blanche annonça que la colonne de secours qui, la veille, était parvenue à quelques kilomètres d'Arris bloquée, y avait fait son entrée le matin même.

« Alors plus de soucis à se faire pour Arris? demanda Cherrière.

— La route n'est pas sûre mais il n'y a plus de soucis à se faire, mon Général, répondit Blanche. Pourtant l'administrateur ne semble pas rassuré. Voici le type de message qu'il vous envoie. Celui-ci est de 7 h 55 ce matin. »

Rey était encore sous le coup de l'affolement et n'avait visiblement pas confiance en son « commandant d'armes », Jean Servier. Il avait lancé par radio le message suivant :

« Administrateur Arris à sous-préfet, Batna.

« Nuit relativement calme. Rafales tirées vers 3 heures du matin sur nos militaires sans résultat. Tentative d'infiltration dans centre par groupe de dix individus sur pont Arris reboutée par auto blindée. Crêtes étaient occupées par individus camouflés hier soir.

« Hommage célérité, efficacité et tenue colonne capitaine Maître. Aucune nouvelle colonne capitaine Gazzerie. Avons envoyé Piper-club pour renseignements à ce sujet et pour Foum-Toub.

« Troupes regroupées entre Medina et Chelia. D'après renseignements organisation adverse très puissante. Ne puis vous communiquer renseignements par radio car ils disposent de récepteurs-émetteurs. Inviter colonnes à se méfier mines puissantes à pression contre véhicule; nécessité absolue de maintenir dispositif militaire à Arris. Gendarmerie demande que Procureur République envoie par radio mandat perquisition très général suite rebellion et agressions. »

« Qu'est-ce que ça veut dire, Spillmann? interrogea Cherrière.

— On s'affole à Arris, mais il n'y a pas de quoi, mon Général. Il y a maintenant un peloton d'automitrailleuses, une cinquantaine d'artilleurs, les gens de la commune mixte et les Français du centre. A peu près 100 fusils et des armes automatiques. D'ailleurs il n'y a aucune perte, ce qui prouve le manque de mordant de nos adversaires. Quant aux mines et aux postes émetteurs, ils n'existent que dans l'imagination exacerbée par la panique de l'administrateur d'Arris. »

La question d'Arris réglée, Cherrière ne tenant pas en place, brûlait d'effectuer la tournée prévue : Khenchela et Souk-Ahras. On se mit en route en fin de matinée. La « caravane » commença par Khenchela où le commandant d'armes avait été tué et l'administrateur manqué d'être enlevé par les rebelles.

Lorsque, à Alger, le général Cherrière avait déclaré :

« Il faut savoir pourquoi « nos » notables musulmans ne nous ont pas prévenus de l'imminence d'un mouvement qu'ils ne pouvaient ignorer », Jacques Chevallier avait tout de suite pensé à son ami Si Achemi Ben Chenouf, grand officier de la Légion d'honneur, délégué à l'Assemblée algérienne, maire de Khenchela, celui-là même qui depuis longtemps disait au maire d'Alger : « Il faut faire quelque chose, des réformes dont on parle, sinon vous allez avoir de sérieux emmerdements. »

Et le secrétaire d'Etat à la Guerre s'était dit : « Ces corniauds-là vont tout de suite accuser Ben Chenouf d'être dans le coup. »

Cela n'allait pas manquer. Pour contrer les projets de ses collègues, Jacques Chevallier, descendant de voiture, embrassa ostensiblement le maire de Khenchela et s'enquit, en le tutoyant, de la situation. C'était, à la face de tous, dire : « Je le prends sous ma protection. Qui s'attaquera à lui m'en devra des comptes. »

L'attitude de chacun des membres de la commission d'enquête n'en fut pas moins hostile à Ben Chenouf. Roger Léonard lui-même pensait que « Ben Chenouf comblé de faveurs par la France n'avait pas été correct ». Il n'avait même pas prévenu son vieil ami Chevallier. Il était nécessaire d'aller « l'engueuler » et de le rappeler à l'ordre pour que, dans l'avenir, il fasse jouer toutes ses relations et toutes ses sources d'information. De son côté, le préfet de Constantine Pierre Dupuch avait de forts soupçons contre le maire de Khenchela.

L'administrateur de Khenchela, M. Vivie de Regie, n'allait rien faire pour balayer ces soupçons.

Le bel esprit de la vieille école, le seigneur qui « régnait » sur Khenchela, comme l'appelait avec beaucoup d'amitié le sous-préfet Deleplanque, avait eu une « trouille bleue ». Au moment où il s'apprêtait à partir en tournée d'inspection dans les Aurès et à faire sa jonction avec Rey quelque part entre Khenchela et Arris, le mouvement insurrectionnel l'avait frappé.

« Environ quatre-vingts hommes ont maîtrisé le petit commissariat de la police locale, raconta-t-il. Ils ont désarmé et enfermé les agents après avoir gravement blessé l'un d'eux. Les autres groupes ont attaqué le bordj militaire, tuant le commandant d'armes, et les bâtiments de la commune mixte. Un cavalier a été blessé dans la cour même de son logement. Un rebelle, ancien employé de la commune, cherchait à entrer dans mon appartement pour m'assassiner! Il a bien failli réussir... »

Le bon Vivie de Regie avait été totalement surpris. Il ne s'attendait pas à ce mouvement. En outre, étant marié à une très charmante femme qui avait du sang chaouïa aurésien dans les veines, et se croyant « par alliance » parfaitement au courant de tout ce qui se passait, il était ulcéré de n'avoir obtenu le moindre renseignement sur l'insurrection.

Il put simplement assurer à la super-commission d'enquête que plusieurs des agresseurs étaient de Khenchela et avaient pris le maquis sitôt le coup terminé.

Le général Spillmann nota dans ses carnets :

« Je n'étais pas étonné outre mesure que M. Vivie de Régie fût resté dans l'ignorance la plus complète. Mais je ne pouvais croire un seul instant que le maire de la commune de plein exercice de Khenchela, l'ex-bachagha Ben Chenouf, grand officier de la Légion d'honneur, ancien député apparenté M.R.P., présentement délégué à l'Assemblée algérienne et marié à une Française d'origine alsacienne, n'ait absolument rien su ou deviné de ce qui se tramait. Et cela d'autant plus que la *gens* Ben Chenouf, influente dans tout l'Aurès oriental, détenait nombre de postes de caïds et de charges diverses qu'elle s'était fait attribuer au détriment de sa rivale, la famille anciennement puissante des Ben Hassine. »

Ben Chenouf lui-même savait qu'on allait l'accuser. Lorsque Jacques Chevallier l'avait embrassé à sa descente de voiture il l'avait invité à déjeuner. M. Vivie de Regie déconseilla au ministre d'accepter l'invitation.

« Vous ne pouvez pas y aller, lui dit-il. Vous gêneriez considérablement le Gouverneur général en vous rendant chez cet homme.

— Si cela doit gêner Roger Léonard, je n'irai pas déjeuner. Mais j'irai prendre le café chez mon ami! Personne ne peut m'en empêcher. »

Jacques Chevallier, René Mayer et Pierre Dupuch se rendirent ensemble chez le maire de Khenchela, Mayer et Dupuch bien décidés à « se le prendre dans un coin et à le travailler au corps ». Le grand jeu y passa. Appel aux grands sentiments : « Vous êtes Français, marié à une Alsacienne. Vous êtes parlementaire. Vous êtes des nôtres. Intervenez! Dans l'avenir votre rôle peut être essentiel » Bref, ce fut le numéro de charme, d'appel à la raison, aux bons sentiments, au « bon Arabe », assorti de quelques menaces sous-jacentes sur ce qui pourrait arriver au cas où... Jacques Chevallier comptait les points mais par sa présence protégeait son ami.

D'après les souvenirs de Pierre Dupuch, Ben Chenouf eut « une attitude purement arabe, ne se vantant pas d'avoir de l'influence sur la rébellion, ce qui risquait de lui attirer de sérieux ennuis, mais laissant supposer qu'il pourrait tout de même agir grâce à ses relations ».

Et Ben Chenouf était sincère en protestant de sa bonne foi. Il ne savait rien. Il faisait partie de ces musulmans que les hommes du F.L.N. considéraient comme quantité négligeable, tout juste bon à tuer « pour faire un exemple » si le besoin s'en présentait. Il n'avait été au courant de rien, mais les hommes de l'A.L.N. n'avaient rien fait non plus contre lui. Il était jeté là dans un coin, inutile pour l'instant. Hors circuit.

Un peu rassuré par la présence de Jacques Chevallier, Ben Chenouf assura ses interlocuteurs de sa bonne foi. Il ne savait pas d'où venait ce coup mais se doutait que l'ex-P.P.A., le M.T.L.D., y avait trempé. Il ferait son possible pour avoir des renseignements. Mayer et Dupuch ne furent guère convaincus encore que le renseignement sur le M.T.L.D. vienne à l'appui de leurs thèses : une insurrection dirigée de l'étranger et réalisée en Algérie par le parti de Messali et Lahouel. Cette dernière fraction étant, d'après les R.G., la plus efficace; encore une fausse piste, encore une légende, après celle de Ben Bella, qui prenait corps...

Bref, Ben Chenouf promit son concours. Il avait tiré son épingle du jeu. Lorsque la « commission » quitta son domicile, le maire de Khenchela dit à Jacques Chevallier :

« Tu m'as sauvé la vie, car sans toi ils m'arrêtaient. Et tu sais comment on fait avouer les gens. »

L'un des conseillers municipaux d'Alger, moins chanceux que Ben Chenouf, sera ainsi interrogé par la police, empalé sur un manche à balai et estropié pour le restant de ses jours, sans avoir plus participé au mouvement insurrectionnel que Ben Chenouf. Le maire de Khenchela n'attendra que quelques mois avant de gagner prudemment la France. Il s'installera dans le pays de sa femme, fuyant la révolution et rompant à jamais avec cette « France d'Algérie » qui le soupçonnait à tort.

Les trois hommes sortirent de chez Ben Chenouf et regagnèrent Batna. A la sous-préfecture on parla à nouveau d'Arris qui, tout en étant débloquée par une petite colonne, était encore inquiète.

« Moi, dit Jacques Chevallier au commandant en chef Cherrière, je vous propose d'aller nous-mêmes à Arris.

— Mais ce n'est pas possible, monsieur le Ministre.

— Et pourquoi mon Général, cela rendrait la confiance à ces gens.

— Mais je n'ai qu'une automitrailleuse disponible.

— Montons dedans et prenons chacun une mitraillette.

— C'est tout à fait impossible, la route n'est guère sûre. Il faut une opération de force. Il faut « ratisser » tout cela! »

Jacques Chevallier ne pouvait obliger le grand patron de l'armée à aller là où il ne voulait pas se rendre!

La « tournée » se poursuivit le lendemain par la visite de Souk-Ahras. Jacques Chevallier et Cherrière avaient regagné Alger. Seuls René Mayer, le préfet Dupuch et le général Spillmann continuèrent l'inspection. Cette visite n'eut comme résultat que de confirmer les trois hommes dans l'idée que « tout venait de l'Egypte ». Le cadavre d'un « chef insurrectionnel » tué par ses hommes avait été retrouvé, jeté dans un puits de mine désaffecté. On avait découvert dans ses poches un passeport qui prouvait que l'homme avait séjourné un an en Egypte.

A part cette information et une habituelle querelle de clocher entre « le militaire » et « le civil » de Souk-Ahras, la commission ne trouva rien d'intéressant à apporter au dossier. A l'issue de ce voyage le président René Mayer confia au général Spillmann qu' « à son avis l'affaire serait dure, longue et difficile car le mal était profond ». Spillamnn en fut très frappé.

Cette tournée d'information n'apporta pas grand-chose aux autorités. On y donna surtout des directives, mais qui ressemblaient à des encouragements prodigués à des gardes-chasse ou à des rabatteurs un jour de battue importante. Des « ouvrez l'œil et le bon » pensa Dupuch; du « bla-bla-bla, des grandes et belles paroles destinées à rassurer les Européens, se souviendra Deleplanque; on ne parla que répression brutale, anéantissement des rebelles, retour au calme dans les délais les plus brefs ».

Le principal résultat de cette tournée fut négatif : On ne savait pas contre qui on allait lutter.

Les « pontes » d'Alger avaient demandé son avis à Pierre Dupuch. Le sérieux du fonctionnaire, son caractère froid et lucide, sans concession, leur donnaient confiance. Pour Dupuch, les fellagha, on les appelerait ainsi employant le nom donné aux rebelles de la Tunisie voisine, étaient peu nombreux. Tout au plus quelques bandes. Il fallait donc très vite les traquer dans l'Aurès, car cette région traditionnellement contaminable par les idées de révolution, d'indépendance risquait de « basculer » du côté des rebelles. Il fallait selon Dupuch éviter à tout prix la tache d'huile. « Ducourneau arrive dans quarante-huit heures, dit Cherrière, pour l'instant il suffira. »

Dupuch n'aimait guère Cherrière, « ce vaniteux-bavard à idées courtes et peu nombreuses ».

« Il faudra tout de même, précisa-t-il sèchement, s'entendre sur un plan offensif et défensif à employer dans cette région où l'on doit maintenir l'ordre à tout prix. »

Cherrière promit et la super-commission se disloqua. Les uns allant à Constantine, d'autres à Alger, d'autres à Souk-Ahras.

Ce soir-là, Deleplanque regagnant sa sous-préfecture de Batna fut frappé par la volonté de chacun de considérer cette affaire comme du maintien de l'ordre, de ne vouloir considérer la profondeur ni aborder les causes de l'insurrection. « Sans doute ont-ils raison, pensa-t-il, le mouvement est embryonnaire. »

Mais le resterait-il?

Il faisait doux et humide. Des nuages effilochés se traînaient dans le ciel bleu d'Alger nettoyé par une récente averse. Une patrouille militaire, cinq hommes et un sous-officier à la queue leu leu, parcourait lentement la rue d'Isly à la hauteur de la rue Henri-Martin qui descend de la Casbah. De temps à autre le sergent demandait les papiers d'un passant musulman déjà résigné. Les Algérois découvraient les patrouilles de quadrillage avec un peu d'étonnement, sans plus. La manifestation de la force n'a jamais déplu à l'Alger européenne. Et après les titres qu'arboraient les journaux du mardi 2 novembre, elle rassurait.

Ces patrouilles entraient dans le plan de protection que le préfet d'Alger, M. Trémeaud, avait mis en application. Comme la police, à qui revenait le contrôle de l'identité et les patrouilles en ville, ne disposait que d'effectifs squelettiques on avait fait appel à l'armée pour garder les bâtiments civils et pour effectuer certaines patrouilles. Ces files d'hommes en treillis kaki, l'arme à la bretelle, allaient bientôt s'intégrer à la vie quotidienne d'Alger. Elles ne quittèrent plus les rues de le capitale durant sept longues années. Dans quelques semaines on ne les remarquera pas plus que les myriades de *yaouleds* (petits cireurs) place du Gouvernement ou que la foule exhubérante des étudiants à la terrasse de l'Otomatic, rue Michelet.

Elles feront partie du décor. Elles deviendront même le baromètre de la tension algéroise. Les variations se mesurant à la façon dont les soldats porteront leurs armes : à la bretelle quand tout sera calme, à la main, prêtes à servir, lorsque la fièvre montera.

C'est essentiellement par la presse que la population avait appris l'insurrection. Le 1er novembre, jour férié, on n'avait pas beaucoup écouté la radio et la vente de *T.A.M. Dernières Nouvelles* n'était pas très forte. Mais le 2 novembre tout le monde fut au courant. Tous les journaux titrèrent sur l'insurrection. *L'Echo, Le Journal d'Alger, La Dépêche Quotidienne* sortirent avec des manchettes sensationnelles et consacrèrent la « Une » aux événements de la nuit du 31 octobre au 1er novembre.

« Attentats dans l'Algérois. A la même heure (1 h 15) dans la nuit de dimanche à lundi des terroristes ont opéré en divers points du territoire algérien » titrait *La Dépêche.* Peu de texte, mais des photos « parlantes », une carte impressionnante des lieux où s'étaient produits les attentats et les noms en caractère gras des sept morts (deux civils européens, trois militaires européens, deux civils musulmans) alertèrent l'opinion publique.

Pour dire vrai, les Européens ne s'affolèrent pas et si les éditions se vendirent mieux que d'habitude c'était en raison de ce super fait divers que l'on annonçait à grand fracas. Les Algérois n'avaient rien entendu des « bombes » qui avaient « explosé » aux quatre coins de leur ville. Seuls les voisins des points stratégiques visés avaient entendu l'explosion d'un « vague pétard ». Ce ne pouvait être bien grave. D'ailleurs, qui lisait les comptes rendus de *L'Echo,* de *La Dépêche* ou du *Journal d'Alger,* voyait que le centre de l'insurrection, s'il y avait insurrection, se trouvait dans les Aurès. Et dans les Aurès la violence était une tradition que connaissaient bien tous les Européens d'Algérie. Elle n'étonnait personne. Par contre la simultanéité des attentats montrait clairement que cette manifestation était bien coordonnée, donc qu'il fallait se méfier. Mais ce n'était pas suffisant pour engendrer la panique. La population, ce 2 novembre 1954, fut loin de mesurer l'importance de ce qui se passait. Et puis la violence, le risque étaient monnaie courante dans le « folklore » pied-noir. L'insécurité faisait partie depuis longtemps de la vie coloniale algérienne. S'il ne s'était rien passé depuis Sétif c'est qu'on avait « maté », qu'on

« avait ouvert l'œil » et qu'on avait contrôlé tous ces mouvements « subversifs ». La police en 1950, cinq ans après Sétif, avait su démanteler l'O.S. à temps et mettre en prison la plupart des meneurs. « La faiblesse ne paie pas en Algérie, Monsieur, tout le monde vous le dira. » Le calme de la vie quotidienne n'avait rien de naturel pour l'Européen. Il était le résultat de précautions constantes qui étaient entrées dans les mœurs. Et que l'on traduisait par le célèbre : « Desserrez un peu la vis... et vous verrez. » Eh bien on voyait. Sans plus.

Il suffirait de resserrer l'étau que des « responsables irresponsables » avaient eu la faiblesse de libérer pour que tout rentre dans l'ordre. « L'étranger » avait tout de suite profité de cette faiblesse car il était clair, pour le plus simple des Européens d'Algérie — tout comme, on l'a vu, pour les autorités algériennes —, que ce coup était signé. C'était un complot nassérien. Qui d'autre ce mouvement aurait-il pu servir?

Le Conseil général du département d'Alger, réuni le 2 novembre en séance exceptionnelle, vota une motion qui traduisait bien l'opinion publique du jour :

« Profondément ému par les incidents sanglants qui viennent d'endeuiller l'Algérie, s'incline douloureusement devant les innocentes victimes de ces lâches attentats perpétrés dans tous les milieux.

« Conscient que ces actes de terrorisme sont l'œuvre d'agents de l'étranger et d'individus que renie la totalité des Algériens demeurés unis et confiants :

« DEMANDE :

« *a*) que l'ordre soit fermement et rapidement restauré;

« *b*) les coupables, quels qu'ils soient, exemplairement châtiés;

« *c*) qu'aucune faiblesse en soit désormais tolérée;

« *d*) et que la politique française, naturelle, de compréhension, d'ordre et de progrès, soit assise sur les éléments sains de la population.

« Ainsi sera affermie cette politique d'union, expression de la volonté de l'Algérie.

« ADOPTÉ À L'UNANIMITÉ. »

Cela signifiait en clair, comme le nota Vaujour, « vous voyez qu'il faut les serrer, les tenir. Alors n'attendez pas. Arrêtez tous ces nationalistes. On n'est pas protégé. » La population ne s'inquiétait pas mais voulait, exigeait des mesures draconiennes contre les fauteurs de troubles. On savait où les trouver : le M.T.L.D.

Ce sentiment général, les plus extrémistes des colonialistes allaient s'en servir avec habileté. Chez Sérigny, chez Borgeaud, chez Schiaffino, c'est-à-dire au sein de leurs groupes, de leurs clans, on allait s'employer à mettre de l'huile sur le feu.

« De ce pétard, me dira plus tard Jacques Chevallier, on va faire une affaire politique. Sérigny et la fédération des maires d'Amédée Froger vont contribuer à établir dans les mois à venir un climat effroyable dans la population française. Climat qu'on commencera à ressentir en janvier 1955 avec le début de la crise gouvernementale. »

La malheureuse et inconsciente population européenne va servir de masse de manœuvre à des groupes politiques qu'elle appuiera de toutes ses forces. Jusqu'au moment où, sept ans plus tard, au bord de l'abîme, elle s'apercevra que ses intérêts ne sont pas ceux des hommes qu'elle a suivis aveuglément.

Quant aux réformes... quelles réformes? Oui. On verra plus tard. Bien plus tard. Quand l'ordre sera revenu. Nous n'allons tout de même pas céder à la menace d'une bande d'énergumènes, dont on a toléré par faiblesse la propagande, et qui, manipulée par l'étranger, nous dicterait ses volontés!

La population européenne dans sa quasi-unanimité mettait le doigt dans l'engrenage fatal que la folie conservatrice de quelques colons avait mis en marche. Il faut suspendre tout projet de réformes — et l'on se doute que ce Mendès-France que la métropole s'est choisie comme président du Conseil en prépare quelques-unes — jusqu'à ce que l'ordre soit rétabli.

Voilà donc sanctionné l'ensemble de la population musulmane qui, de l'avis même de ceux qui ne veulent à aucun prix entendre parler réformes, n'avait pas participé à l'insurrection, n'avait pas suivi la poignée de fellagha! On ne pouvait rendre un meilleur service aux hommes qui venaient de déclencher l'insurrection et dont le principal objectif était maintenant de se faire connaître par la population et de lui faire comprendre que leur sort était commun!

A l'annonce de l'insurrection, le premier réflexe de la population musulmane fut de rentrer la tête dans les épaules. Cette flambée de terrorisme n'allait lui apporter que des ennuis. Des ennuis d'autant plus graves qu'elle ne savait pas d'où venait le mouvement.

La joie qui envahit certains parmi les plus politisés — en particulier dans la Casbah d'Alger où l'on commentait favorablement la proclamation dont on avait déjà connaissance — fut tempérée par la certitude qu'il ne s'agissait pas d'un mouvement algérien. Jamais plus que dans ces journées suivant l'insurrection, les membres du F.L.N. n'eurent tant de mal à respecter les consignes de silence. Zoubir Bouadjadj avait envie de crier « mais c'est nous, c'est nous des Algériens qui avons mis le feu aux poudres! » lorsque des musulmans lui affirmaient que cette action armée était le fait de Tunisiens, de Marocains, même de commandos égyptiens! Personne dans la population musulmane ne crut qu'il pouvait s'agir d'un mouvement nationaliste « purement » algérien tant elle ne connaissait des partis comme le M.T.L.D. que les querelles stériles et l'anarchie qui peu à peu rendaient amorphe la masse des militants.

Au lendemain du 1er novembre 1954, pour l'ensemble du peuple algérien désireux d'émancipation, le recours à la violence n'était pas le procédé auquel il croyait. Les uns pensaient encore à la possibilité d'obtenir petit à petit ce que l'on désirait en marchandant sans relâche, les autres pensaient que les Français étaient trop forts, qu'il était impossible d'arracher quoi que ce soit et qu'il « fallait voir venir ».

Quant aux caïds, aux notables qui « auraient dû être au courant », ils surent très vite que leur ignorance allait leur valoir de la part de l'administration de sérieuses difficultés. Ils se firent tout petits dans leur coin, attendant l'algarade et bien décidés à ne sortir de leur trou que lorsque la France aurait mis sur pied un plan de lutte contre les rebelles.

Bref, ce n'est que dans le courant du mois de novembre et surtout au début de l'année 1955 que la population se rendit vraiment compte que les « événements du 1er novembre 1954 étaient sérieux ».

Pourtant, insensiblement, la France entrait dans la guerre. 27 juillet 1954 : fin de la guerre d'Indochine.

1er novembre 1954 : 1er jour de la guerre d'Algérie. La France n'avait eu que trois mois et quatre jours de paix. Si l'on pouvait considérer comme « temps de paix » la « péripétie » tunisienne.

Lorsque Pierre Nicolaï, directeur de cabinet de François Miterrand, arriva à Alger quelques heures à peine après que Roger Léonard et ses adjoints aient fait un premier bilan de l'insurrection, il n'était plus question de conversations mondaines entre membres du Conseil d'Etat. Mitterrand l'avait envoyé à Alger pour faire le point de la situation, pour qu'il puisse « renifler sur place » l'importance de l'insurrection.

Il fut accueilli par un Léonard qui avait retrouvé son calme et qui dressa un tableau « mesuré » de la situation que les trois préfets invités au rapport confirmèrent.

Lambert d'Oran était confiant dans l'autorité militaire. La répression était en cours contre les militants nationalistes fichés. En outre les opérations de police se poursuivaient. Les hommes qui avaient participé aux attentats de la nuit tragique étaient traqués. A Oran il fallait rester vigilant mais le préfet était rassuré.

A Alger, Trémeaud affirma qu'après un affolement passager bien compréhensible l'opitimiste revenait. Il se refusait à croire à un danger sérieux.

Dupuch fut moins « optimiste ». C'était chez lui, dans le Sud-Constantinois que se concentrait la rébellion. A son avis la situation était grave.

« Et que proposez-vous? demanda l'envoyé spécial de Paris.

— Un plan offensif et défensif, répondit le préfet. Un plan offensif pour l'Aurès c'est là le cœur de la rébellion. Il nous faut des renforts pour lutter contre les rebelles et s'implanter dans le pays.

— Et le plan défensif?

— Il doit à mon avis porter sur trois plans : la défense des points névralgiques, la protection des Français dans le bled et celle des populations fidèles. »

Pour Dupuch, la nuit du 31 octobre au 1er novembre, était le Barouf qui « ouvrait » la rébellion. Pas autre chose. Car, comment expliquer qu'aucun des ouvrages importants, des points névralgiques comme les transports de force, les chemins de fer, les grosses canalisations d'eau n'aient été visés? Il fallait maintenant les protéger. Car un attentat contre ces grands ouvrages serait très grave. Et aurait, s'il était réussi, un autre retentissement que les actions armées de la nuit de la Toussaint.

Quant aux Français du bled il faudrait très vite les protéger, les organiser avec l'aide officielle, leur donner les moyens de se défendre. Devra-t-on les armer? Depuis Sétif et les massacres organisés. cette question restait le cauchemar de tous les représentants de l'autorité. De toute façon elle se posait et il fallait rapidement la résoudre. Enfin la protection des populations fidèles. Pour éviter la tache d'huile il fallait que ces tribus, que ces douars soient protégés. Peut-être devait-on y créer des milices? Ou donner du moins aux villages le moyen de se défendre? Les rebelles ne manqueraient pas de « régler leurs comptes », dans un proche avenir.

Nicolaï avait écouté avec attention le rapport du préfet.

« Vous allez recevoir dans les quarante-huit heures les renforts nécessaires, rassura-t-il. Le colonel Ducourneau que nous vous envoyons pourra efficacement mener l'offensive contre ces bandes. Pour le reste, il faudra étudier sur place avec l'autorité militaire les mesures qu'il conviendra de prendre. »

Après avoir entendu le général Cherrière et le chef d'état-major de l'aviation et leur avoir recommandé de ne se servir de l'aviation que pour des missions de reconnaissance ou de support à des opérations terrestres, le directeur de cabinet du ministre de l'Intérieur envoya à son patron un premier rapport d'où il ressortait que les autorités françaises en Algérie « ronronnaient » doucement après ce coup de semonce porté par les insurgés algériens.

« Léonard, écrivit-il, est toujours aussi calme. Mais toujours privé du style que l'on souhaiterait chez un Gouverneur général. »

Parfait administrateur en temps de paix, il lui manquait toutes les qualités que l'on devait exiger d'un chef de guerre. Pierre Nicolaï critiqua ensuite l'armée de Cherrière « qui ne bougeait pas, qu'on ne voyait pas et qui ne risquait pas, occupée qu'elle était à des tâches de gardes stériles, de s'entraîner à combattre dans une nature hostile ».

Pour Nicolaï, il n'y avait en Algérie que « deux sortes de militaires. Ceux pour qui tout allait bien. Et ceux qui songeaient au napalm... » Napalm et aviation. Deux mots qui vont revenir souvent dans la deuxième quinzaine de novembre quand les Aurès auront pris leur visage de guerre, que les collines et les hauts plateaux glacés retentiront des premières rafales et que les silhouettes nerveuses des commandos-paras de Ducourneau se détacheront au sommet des crêtes sur le ciel gris et froid de l'hiver.

Mais, en ce début novembre, pour le directeur de cabinet de François Mietterrand, la situation n'avait rien de catastrophique. Les renforts envoyés par la France suffiraient largement à reprendre en main la situation dans les Aurès.

Une fois passé l'instant de panique provoqué par l'attaque surprise et l'absence de renseignements sur les insurgés qui l'avaient menée, la vie reprit son cours pour ceux qui, dans les Aurès, représentaient l'autorité, pour le préfet Dupuch et le général Spillmann, pour le sous-préfet Deleplanque et pour le colonel Blanche. Avec pourtant cette différence qu'il fallait faire la guerre, même si l'on appelait cela des « opérations de police », ce qui permit aux hommes de montrer ce dont ils étaient capables et aux sentiments de se faire jour.

Avant l'insurrection, l'antagonisme latent entre civils et militaires ne se manifestait que par de petites escarmouches, par des paroles quelquefois désagréables, par des mouvements d'humeur. Il éclata avec la révolution. La guerre c'était l'affaire des militaires! Et pourtant l'état de siège n'étant pas proclamé en Algérie, Léonard restait le patron de Cherrière, Dupuch celui de Spillmann et Deleplanque celui de Blanche!

C'est dans les Aurès que, dans les premières semaines de la révolution, vont s'opposer toutes les tactiques. On va tout proposer, il y aura des partisans du bombardement, du napalm, du quadrillage, ceux qui feront dans le « ratissage » et les nostalgiques du camp retranché, il y aura les partisans des zones de regroupement où l'on rassemblera tous les « bons », tous les « fidèles » en les déracinant de leurs douars natals sur lesquels l'aviation pourra « straffer » de bon cœur, puisqu'il ne fait aucun doute que seuls les « mauvais » y sont restés!

On parlera de gigantesques opérations où, au coude à coude ou presque, on « passera au peigne fin » les Aurès! On évoquera les villages fortifiés, l'autodéfense.

Dès les premiers jours de la guerre, alors qu'on ne sait pas encore que c'est la guerre, on énuméra, on proposa toutes les techniques qui seront employées les unes après les autres, avec plus au moins de bonheur, au cours des sept prochaines années.

A Constantine on redoutait déjà les « grandes idées du commandant en chef ». Le préfet Dupuch, parce qu'il considérait Cherrière comme un traîneur de sabre ventripotent, vaniteux et vindicatif; le général Spillmann, parce qu'il était partagé entre le désir de conserver les bonnes relations qui, contre toute attente, s'étaient établies avec le commandant en chef et la certitude que le général Cherrière allait préconiser de « grandes opérations », auxquelles Spillmann était opposé, dans l'Est algérien.

Ni l'un ni l'autre ne va être déçu. Le général Cherrière lâcha la bride. « Babar » fonce dans le tas. Les rebelles vont voir de quel bois il se chauffe. Il n'a qu'une idée en tête : ratisser. Sa vitalité lui impose cette forme de répression. On va sur le terrain, on laisse traîner le « chalut » et on ramasse les poissons. Pas plus difficile que cela.

Passer les Aurès au peigne fin! Trois vallées profondes, des forêts immenses, des plateaux de pierrailles, des cañons vertigineux, pas de route, ou presque. Mais l'énorme massif ne fait pas peur à Cherrière. Il ne sera pas le seul. Simplement le premier.

Et l'on verra dans les premiers mois de la guerre d'Algérie, alors même que Cherrière aura quitté son poste, ces gigantesques opération « ratisser » un massif impénétrable. On leur donnera même dans l'argot de la guerre d'Algérie un nom. On les appellera les « circuits touristiques ». Ils démontreront à quel point les premiers chefs militaires de cette guerre « pas comme les autres » se sont trompés. Le processus sera toujours le même.

On organisera en grand secret à l'état-major d'Alger une opération mirifique du type « peigne fin ». On enverra des télégrammes chiffrés à tous les responsables locaux qui, avec leurs unités, participeront à l'opération. En général on commencera à Biskra, à la porte du désert, pour remonter vers le nord.

Le malheur, c'est que l'on méprisera toujours les insurgés et leur organisation.

Alors les troupes arriveront. Cela fera du bruit. Les officiers s'installeront au Transat de Biskra, le seul hôtel confortable où le whisky soit glacé. Le confort avant tout. Et on discutera au bar, entre militaires de bonne compagnie, sans précautions — on est entre nous que diable —, avec des airs de matamore. Cette fois-ci sera la bonne. Les « fellagha » ne pourront passer entre les mailles du filet, entre les dents du peigne fin.

Au dessert, le pauvre boy au visage basané et à la veste blanche, qui a passé les whiskies, les plats, le café et le dessert connaîtra aussi bien l'opération que le commandant en chef. Lorsque après le « coup de l'étrier » pris au bar, les officiers bien douchés iront se coucher de bonne heure — demain il faudra se lever tôt — le garçon de restaurant ou le barman si stylé du Transat renseignera le responsable de l'organisation à Biskra. Dans la nuit des bandes de l'A.L.N. seront au courant.

Et même si ce jour-là on se méfiait des oreilles indiscrètes, les colonnes qui s'ébranleront au petit matin dans un bruit d'enfer signaleront leur présence aux guetteurs placés aux points stratégiques des Aurès. Dans le moins bon des cas, les hommes de l'A.L.N. connaîtront les positions exactes des Français vingt kilomètres à l'avance. Alors l'A.L.N. décrochera, se dissimulera dans les caches qu'aucun des soldats peu familiarisés avec ce terrain hostile ne pourra trouver : On jouera la comédie. Les armes disparaîtront dans la caches, les hommes de l'A.L.N. se transformeront en paisibles bergers, ne parlant que le chaouïa, un peu abrutis, un peu sournois, dont il n'y aura rien à tirer et que l'on méprisera. A l'arrivée on n'aura rien trouvé et l'armée se couvrira de ridicule non seulement devant le F.L.N. mais surtout, et ce sera le plus important, devant la population. Car ces villages attentistes qui n'auront pas encore pris parti se demanderont si réellement on doit avoir confiance en cette France dont les militaires si bien armés, si bien équipés sont si naïfs.

Le « peigne fin » c'était la tentation permanente. C'est l'idée principale du commandant en chef Paul Cherrière en ce début du mois de novembre. Répression brutale. Encerclement et destruction des rebelles, il ne connaissait que cela. Il fallait tuer dans l'œuf cette flambée nationaliste. Il proposa donc ce plan pour mater la rébellion des Aurès. Le préfet de Constantine s'y opposa immédiatement. Il s'éleva violemment contre l'opération de grande envergure à l'heure où chacun se plaignait du manque d'effectif. « Du Châtelet et pas de résultat! », grogna-t-il.

La lutte était engagée entre les deux hommes. Le peigne fin était bien une « idée courte » à la Cherrière.

Deleplanque, qui suivait à Batna son patron comme son ombre, s'opposa lui aussi à ce projet. Il connaissait le terrain, il commençait à se faire une certaine idée des hommes contre qui il fallait lutter. Le jeune sous-préfet résuma alors en une phrase ce que serait la guerre d'Algérie, le terrible engrenage de tortures, d'attentats, d'arrestations arbitraires, de contre-révolution qu'on appliquerait des dizaines de mois plus tard dans la lutte contre le F.L.N. Dès les premiers jours de novembre il pensa : « Nous sommes désarmés quoi qu'on fasse contre les hommes qui semblent appliquer la technique de la guérilla. Un gouvernement démocratique ne peut rien faire contre eux dans le cadre de la légalité. »

D'autres diront plus tard et à haute voix ce que le sous-préfet pensait ce jour-là! Et se soucieront peu de la légalité.

Pour Dupuch, comme pour Nicolaï le directeur de cabinet de Mitterrand lorsqu'il est venu se rendre compte sur place de la situation, il y a deux sortes de militaires : le type Cherrière qui veut tout casser avec de gros moyens, passer au peigne fin, à l'occasion bombarder les douars que l'on soupçonne d'être favorables à l'ennemi.

Et le type Spillmann qui ne veut en aucun cas se « filer dans un merdier », qui se rend compte que les effectifs sont peu nombreux et qui préfère s'enfermer dans un camp retranché avec sacs de sable et mitrailleuses, quitte à créer de nombreux camps retranchés.

Le général Spillmann avait en effet sa petite idée sur la conduite des opérations dans les Aurès.

Selon le commandant de l'Est algérien, il fallait se réimplanter dans l'Aurès, dans ce pays depuis longtemps livré à lui-même, ce pays « où on n'allait pas ». Tenir solidement Arris, et le sud de Khenchela dans les Bou Hamama, M'Chounèche aussi. « Tous ces bleds qu'on a laissé tomber faute d'hommes. » Une fois réimplantés, avoir des unités mobiles qui parcourraient la région, des services de renseignements efficaces pour mener la vie dure aux bandes qui « écument » la région. Organiser les populations indigènes et les faire participer à leur autodéfense. Bref reprendre contact avec des populations oubliées et non, comme le préconisait Cherrière, filtrer, ratisser, matraquer.

Mais organiser des services de renseignements efficaces en novembre 1954, c'était rêver! Il faudrait du temps. Reprendre contact avec des populations dont on ne se souciait guère hier, c'était quasiment impossible dans le moment et c'était donner aux hommes de l'A.L.N. un merveilleux argument que ceux-ci d'ailleurs ne manqueront pas d'employer vis-à-vis de la population : « Voyez comme on s'occupe de vous lorsqu'on crie sa misère le fusil au poing! »

Aucun de ces chefs militaires ne pense au début novembre à la guerre subversive. Aucun ne la connaît. La plupart la méprisent. Il faut dire aussi que toute l'armée moderne, celle qui a appris beaucoup de choses depuis 1945, est encore « à l'école » en Indochine ou assimile les leçons durement reçues en « convalescence » en métropole ou à bord d'un transport de troupe dans un convoi de rapatriés.

Dans les premiers jours de la lutte contre l'A.L.N., dans les Aurès, on s'efforça donc de parer au plus pressé sans appliquer un véritable plan d'ensemble. Les militaires s'élevèrent de plus en plus violemment contre « l'ingérence » des civils dans leurs affaires. « Ces pékins se mêlent de ce qui ne les regarde pas! » Cet antagonisme ira quelquefois loin, trop loin, alors que le péril est à la porte.

L'armée reprochera à l'autorité civile sa mollesse si par exemple elle recommande avant une opération : « Ménagez tel douar, sa population nous est fidèle. Attention de ne pas la matraquer. Elle passerait bien vite à l'ennemi. » Les militaires diront qu'ils n'ont pas à se mêler de « psychologie ». Ils changeront bien quelques mois plus tard!

A l'accusation de mollesse s'ajoute celle de trahison! De haute trahison, lorsque certain administrateur ou certain sous-préfet prendra directement contact avec tel musulman « influent » qui pourrait régler certains problèmes. Pour ces militaires « vieille-école » tout doit être clair, précis. En serrant la vis, en surveillant, en bombardant, tout doit très bien se passer! S'il faut en plus se soucier de la connaissance du monde arabe que ces satanés civils disent avoir mais qu'ils ont bien peu appliquée avant qu'il y ait « le feu à la maison », où irait-on!

Le général Cherrière, qui avait vu que son plan d'opérations spectaculaires serait contré par Dupuch, et qui, furieux, savait que c'était le préfet de Constantine qui était en dernier lieu le responsable de la zone, proposa au gouverneur Léonard une autre tactique.

« C'est dans les Aurès que tout se passe, expliqua-t-il, c'est même entre Batna et les Nemtchas que l'on peut approximativement situer le cœur de la rébellion; alors encerclons cette zone. Appliquons la politique de la nasse. Qu'ils entrent mais qu'ils ne puissent en sortir. Nous allons laisser un vide au cœur des Aurès où les fellagha se trouveront en sécurité dans une zone d'où nous aurons évacué les populations fidèles. On les laissera faire leurs petites affaires et au printemps, grande opération, on les « coxera » tous. Cette tactique aura l'avantage de renvoyer les « choses sérieuses » au printemps lorsque les Aurès seront plus accueillants. »

A sa grande surprise, Cherrière vit Dupuch considérer son plan avec intérêt. Mais c'est Spillmann qui s'en montra un farouche adversaire. Car la politique de Cherrière impliquait celle du regroupement.

« Cela revient, dit Spillmann, à créer des zones mortes où l'on n'a plus aucun renseignement, où les « salopards » peuvent faire ce qu'ils veulent et peuvent rassembler et entraîner à leur aise des éléments suspects. Quant à assurer l'étanchéité de la nasse, ce n'est pas sérieux! Ainsi on se ferait fort de laisser entrer certains hommes dans la zone et de les empêcher d'en sortir! Rigolade!

« Enfin, dans les camps de regroupement où seraient réunies les populations fidèles, le moindre « salopard » un peu intelligent ferait un travail de démolition remarquable.

« On offrirait, au F.L.N. sur un plateau, la possibilité de faire la plus intense propagande. Il aurait sous la main tout un monde désorienté, désemparé, qui vient d'être transplanté et qui n'a rien à faire. Les résultats seraient très positifs. Mais pas dans le sens prévu par l'état-major! » Voilà pour le 2e plan Cherrière!

Le plan Dupuch n'allait pas on s'en doute soulever l'enthousiasme des militaires. Il l'avait exposé à M. Nicolaï lors de son passage à Alger. Il était offensif contre les bandes des Aurès et défensif à l'égard des points névralgiques (grands ouvrages d'art, voie ferrée, etc.) des Français du bled et des populations fidèles.

Le préfet Dupuch qui, malgré l'antagonisme civil-militaire, entretenait les meilleures relations avec le général Spillmann — ils étaient du même monde —, s'en ouvrit avec franchise à son subordonné militaire.

C'est sur le premier point du système défensif que les deux hommes s'opposèrent.

Dupuch, qui craignait des attentats contre les voies ferrées, avait vu ses craintes prendre corps avec le déraillement d'un convoi entre Souk-Ahras et Duvivier. Il était sur le point de supprimer les trains de voyageurs de nuit. Son angoisse à ce propos était donc justifiée. Il demandait à l'armée de « contrôler » les grands ouvrages d'art de la voie ferrée Alger-Constantine-Tunis. En outre il désirait que l'on gardât également les barrages, les mines, les usines, toutes les centrales électriques, les transformateurs importants...

« Et pourquoi pas les fermes, coupa Spillmann.

— Mais j'y viens, mon Général; j'ajoute à ma liste déjà longue, je le reconnais, les grosses exploitations isolées, les dépôts d'essence, les usines à gaz, bref tous les points sensibles qui figurent sur notre plan de protection et qui sont effectivement défendus en cas de mobilisation!

— Mais il n'est pas question de mobilisation! Nous faisons du maintien de l'ordre et pas la guerre! »

Le général Spillmann expliqua à son ami le préfet que s'il répondait à toutes ses demandes ce serait bien mal employer les unités actives à des tâches statiques.

« Si j'émiette mes troupes, mon cher Préfet, nous serons faibles et vulnérables partout et forts nulle part. Nos gars seront mal installés, il faudra un va-et-vient incessant pour les ravitailler et ainsi on multipliera les risques d'embuscade. Ils auront le cafard. Ce sera la vie de petit poste. Et un beau jour les « salopards » leur tomberont dessus au moment où leur vigilance sera assoupie par ce travail intéressant, et les égorgeront. Voyez la politique des postes isolés en Indochine, et les résultats qu'elle a donnés! »

Et le général Spillmann en profita pour signaler à son préfet qu'il devait relever les C.R.S. affectés à la garde des fermes le long de la frontière algéro-tunisienne.

« Vos C.R.S., lui dit-il, ce sont des fonctionnaires et pas des militaires. Ils disent, et ils ont raison, qu'ils ne devraient pas faire plus de huit heures par jour plus un certain nombre d'heures supplémentaires par semaine. En outre ils n'ont pas à combattre offensivement. Il va donc déjà falloir un peloton ou une section par ferme. Et cela avant que les renforts soient arrivés! »

Spillmann fit donc une contreproposition. On discutait de la défense des Aurès comme des marchands de tapis, chacun cédant un petit bout du plan qui l'intéressait!

— « Les C.R.S. assurent la sécurité dans les villes et les gros centres ruraux.

— Les gendarmes mobiles, basés dans un centre ayant mauvaise réputation, parcourent le pays.

— Les renforts de gendarmerie viennent étoffer ceux qui sont déjà en poste ou servent à constituer des garnisons dans les centres où il n'y en n'a pas.

— L'armée s'implante dans le pays et devient l'ossature, le support et la réserve prête à intervenir rapidement. »

Restait encore les deux problèmes essentiels : les civils européens et les musulmans.

« Je propose, dit Spillmann, que les Français participent à la défense des centres de colonisation sous le contrôle de l'armée.

— Il faut donc les armer?

— Je le crois. »

Là se posait le plus grave problème pour Dupuch, comme il se posera plus tard pour d'autres préfets. Donner des armes aux Européens cela risquait d'être dangereux. Chaque préfet et sous-préfet d'Algérie vivait avec le souvenir des massacres de Sétif. 108 Européens tués. Au moins 15 000, et sûrement plus, musulmans assassinés en représaille. Dupuch était hostile à la constitution de milices civiles.

« Si nous leur donnons des armes, dit-il, et si nous les autorisons à s'en servir, ils vont massacrer tous les musulmans qu'ils verront et nous aurons un beau soir des centaines de tués sur les bras! Cela je ne le veux pas. »

Le gouverneut général Léonard était lui aussi opposé à accorder des armes aux Européens. Mais alors que faire pour les Européens isolés dans le bled? Léonard consentira à la création de groupes de défense mixtes européens et musulmans à condition que les armes soient groupées à la mairie.

Le secrétaire d'Etat à la Guerre, Jacques Chevallier, s'était trouvé lui aussi face au problème lors de la tournée d'information au lendemain de l'insurrection. Il avait reçu une délégation des colons de Foum Toub. Très excités, ceux-ci avaient exigé des armes. Jacques Chevallier avait ordonné au colonel Blanche d'en donner. Les colons ne s'en servirent pas contre les musulmans comme le craignait le préfet Dupuch, mais ils les donnèrent, me raconta Jacques Chevallier, aux hommes de l'A.L.N. pour « ne plus avoir d'embêtement et être protégés! »

Bref, quelle que soit la façon de s'en servir, les autorités civiles redoutaient de donner des armes aux Européens.

« Peut-être avez-vous raison, monsieur le Préfet, dit Spillmann, mais on en revient toujours au même point de départ : tout incombe à l'armée. Et celle-ci ne peut suffire à tout. »

Dupuch, à qui se posait le problème de conscience de refuser ou non des armes aux Pieds-Noirs isolés, cédera sur le principe de la constitution de milices dans les petits centres à condition qu'elles soient encadrées par des gendarmes. Il restera intraitable en ce qui concerne les grandes villes, particulièrement Constantine où « ses excités » crièrent sur tous les tons : « Il faut frapper vite et fort. On doit mater les Arabes. La répression doit être brutale. Donnez-nous des armes! Constituez des milices. »

Le dernier point que défendait le préfet de Constantine était la constitution de harkas, supplétifs musulmans, encadrés par des Français de souche recrutés à cet effet ou par des gendarmes. Deleplanque, qui était pratiquement le créateur de ce système, le défendait bien sûr avec opiniâtreté. Mais Dupuch pouvait-il armer des harkas face aux Européens à qui il attribuait des armes avec tant de réticence... Cela n'empêchera pas certains petits commandements de secteur d'avoir « illégamment » leur petite harka locale.

Spillmann ce jour-là nota dans ses carnets :

« Dupuch doit ménager l'opinion française de plus en plus opposée à tout ce qui est musulman. Et pourtant, comment prétendre tenir un tel pays avec uniquement des Français de France, sans réel appui des autochtones? »

Lorsque ce 5 novembre 1954, cinq jours après le déclenchement de l'insurrection, Dupuch fit le point de l'activité dans sa zone et en particulier dans les Aurès, il « piqua une violente colère ». Une de ces colères rentrées qui le faisaient paraître encore plus dur, encore plus inaccessible.

« Il faut que ça bouge à Constantine, pensa-t-il, il faut lutter et vite. »

Devant l'insurrection Dupuch réagissait selon son caractère : sans s'affoler mais durement. Il comprenait les plans si divers proposés par Cherrière ou par Spillmann. Lui-même n'était pas sûr d'avoir raison. Il est difficile de décider devant un type de guerre inconnu. Fallait-il être exclusivement offensif ou bien mélanger offensive et défensive? Ce qui était sûr c'était que les hommes, Cherrière et Spillmann, étaient à l'image de l'embryon d'armée qu'ils avaient à commander : plus une armée d'état-major qu'une armée opérationnelle.

Et Dupuch n'était sûr que d'une chose et il avait l'intention de s'y tenir tant qu'il resterait préfet de Constantine :

« C'est avec des hommes implantés sur place que l'on arrivera à des résultats. Pas avec des machines à écrire! »

Un homme allait répondre à ce désir, allait effacer les petites susceptibilités, éclipser aussi la « gloire » de certains, cet homme on allait le connaître sous le nom de Ducourneau-la-Foudre.

Cette 25e D.I.A.P. est attendue avec impatience dans les Aurès. Son chef en titre est le général Gilles qu'une maladie va tout de suite éloigner de sa divison. C'est le colonel Ducourneau qui, en fait, dirigera les para tant attendus.

Ducourneau arrive à Batna où tout le monde souhaite un chef « à poigne » qui puisse « faire quelque chose » contre cet adversaire inconnu que l'on ne peut « coincer » nulle part, précédé de la réputation d'un chef dur, intransigeant, du héros aussi qui sait galvaniser ses hommes et les entraîner victorieusement dans les plus extraordinaires aventures. Avant d'arriver, Ducourneau a déjà une légende. Il la mérite.

La tactique des commandos il l'a apprise en 1943. Il est le patron du premier groupe de commando. Il est alors capitaine. Mais c'est lors du débarquement de Provence qu'il forge sa légende. Un jeune lieutenant qui appartint à un commando de déminage et qui « fit » le débarquement en même temps que Ducourneau m'a raconté ce premier exploit sur la terre française.

Le commando de Ducourneau et le sien débarquent en Provence quarante-huit heures avant le jour J; leur mission? Prendre le fort du Coudon qui défend Toulon. Une sorte de mastodonte bardé de béton, truffé de canons, flanqué de mitrailleuses, un géant qui peut résister des jours et porter aux troupes de débarquement des coups qui feront mal. Il semble imprenable. Et ses occupants de la Kriegsmarine appuyés sur leurs arrières ne s'en laisseront pas conter. Cela ne fait pas peur au capitaine Ducourneau. Il connaît ses hommes et ses hommes le suivront partout. A la tête de son commando, pieds nus, Ducourneau part à l'attaque du fort comme un corsaire à l'abordage d'une caravelle espagnole. A l'aide de cordes et de grappins, s'écorchant les pieds sur le béton et le granit, ils se hissent sur les toits, grimpent sur le dôme du fort. Dans leurs battle-dress, à même la peau, chaque homme a des grenades Gammon au plastic. Inutile d'attaquer de face la garnison. Les hommes de la Kriegsmarine ne sont pas des enfants de chœur et ne feront qu'une bouchée du petit commando. Ducourneau désigne les cheminées. Un homme par cheminée. Une grenade par cheminée. 3, 2, 1, top. Les grenades au plastic éclatent à tous les étages du fort. Des murs s'écroulent, des hommes tombent : c'est la panique. Les diables verts de Ducourneau surgissent alors hurlant, mitraillant tout sur leur passage. La poignée d'hommes du capitaine est en train de gagner l'imprenable fort. Il va vaincre la garnison d'élite. A bout de ressources les Allemands donnent par radio l'ordre aux bâtiments allemands ancrés dans la rade de tirer eux-mêmes sur le fort! Peut-être ainsi arriveront-ils à faire déguerpir ce diable d'homme et ses sauvages. Mais c'est le débarquement. On connaît la suite. Le fort du Coudon ne causera pas de dommage...

Le jeune lieutenant du commando de déminage deviendra l'ami du capitaine. Il sera toujours fasciné par ces paras qui ne reculent devant rien, centurions des temps modernes; il s'appelle Jean Lartéguy.

Après le débarquement, ce sont les Vosges. Ducourneau prend Belfort et est gravement blessé à l'attaque de Cernay. Le voilà commandant. La guerre va finir. Il se remet en France de ses graves blessures. Il ne va pas rester longtemps tranquille. Il ne se sent pas bien à Paris.

Ducourneau est né à Pau. Il est militaire de carrière mais comme le sont les cadets de Gascogne dont il a l'allure. Petit, dur, sec, nerveux, intelligent. Il a fait Saint-Cyr, mais ses origines paysannes ne lui ouvrent pas les salons que fréquentent les militaires de caste. Pour lui un soldat ça se fait sur le terrain et pas dans les salons ou dans les bureaux des ministères. Cette théorie ne lui vaudra pas que des amis. Car ce Desaix n'a pas son Napoléon.

L'Indochine l'appelle bien vite. Adjoint du général Gilles il apprend sa nomination de colonel au fond d'un blockhaus lors de la défense de Na-Säm après avoir dirigé, sous de Lattre, l'évacuation de Cao-Bang. Là encore il vitupère contre des « salonnards » de la guerre. Il a le plus profond mépris pour ces officiers qui croient avoir hérité de la gloire militaire en même temps que du château de leurs ancêtres ou du salon mondain de leur tante! L'officier républicain qui aime bien « s'occuper de ce qui ne le regarde pas, en particulier de littérature... » craint déjà dans son blockhaus de Na-Säm le désastre de Dien-Bien-Phu. Car Ducourneau n'est pas seulement un fonceur au courage aveugle, il réfléchit, il prévoit. Il voudrait que l'on se penchât un peu plus sur la psychologie de l'adversaire.

« Je n'ai pas souvent peur, dit-il à cette époque, mais j'ai toujours la trouille d'être coincé dans une « connerie d'état-major », comme celle de Dien-Bien-Phu. Car c'est une cuvette où l'on déverse toutes nos forces sans s'apercevoir qu'elles sont coincées de tous côtés! »

Il jouit au sein d'une « certaine armée » d'un prestige qui le précédera en Algérie. Mais il ne soigne pas assez sa publicité. Il n'aime pas beaucoup la presse car il a horreur de l'imprécision. Il est un peu « pinailleur », telle unité, telle côte, telle colline, tel numéro, c'est clair et précis. C'est celui-là et pas un autre! Il voudrait des papiers rédigés aussi sèchement que des rapports d'état-major. Pour lui les journalistes ne sont pas des « gens sérieux ». Mais les hommes qui se sont illustrés en Indochine, qui feront beaucoup parler d'eux dans quelques mois en Algérie, et qui, eux, savent soigner leur publicité, l'aiment et le respectent.

En Indochine, Bigeard dit de lui : « Ducourneau? Le seul type auquel j'accepterais d'obéir dans cette bande de cons! »

Ducourneau évitera Dien-Bien-Phu car, ayant fini son temps, il est rapatrié en France avant le désastre.

C'est à Pau, sa ville natale, qu'il est affecté. Il va durant des mois y former « ses petits gars » de la 25e D.I.A.P.

Lorsque éclate l'insurrection algérienne, Mitterrand, après le rapport de Nicolaï sur « les militaires qu'il y a en Algérie », fait dire à Ducourneau :

« C'est dans les Aurès que semble se trouver le foyer le plus dur, Ducourneau je vous connais, allez là-bas. Et balayez-moi tout cela. »

Ducourneau arrive dans l'Est algérien à l'heure de l'affolement. Il n'y a pas de plan précis. Chacun critique l'action que veut mener l'autre. Il s'aperçoit tout de suite de l'antagonisme qui oppose civils et militaires et des conséquences graves que cela peut avoir. Par chance Ducourneau ne va pas avoir à en souffrir, car le préfet Dupuch est un ami d'enfance, palois lui aussi. Ils ont fait leurs études ensemble au lycée de Pau et se respectent mutuellement. La précision, la sécheresse de Dupuch plaisent à Ducourneau. Il est heureux de retrouver l'ami. Il sait qu'il s'entendra avec le fonctionnaire. Le général Spillmann, lui, fait partie de ceux qu'il appelle les « salonnards » mais il semble bien brave et il a préparé le terrain. Ducourneau n'a aucun intérêt à s'opposer à son chef. D'autant que dans la guerre qu'il soupçonne, cette action de guérilla et de contre-guérilla qu'il a connue en Indochine, c'est sur le terrain que tout se décidera. Et là il sera seul avec ses gars!

Avec Ducourneau, c'est la technique d'Indochine qui entre en Algérie. C'est le premier représentant des rescapés de cette armée moderne qu'on a engloutie en Extrême-Orient qui va appliquer en Afrique du Nord les leçons assimilées en Indochine.

Il est tout de suite envoyé au cœur de la rébellion : dans les Aurès. Spillmann, qui a préparé le travail d'état-major, lui dit qu'il commandera le 18e R.I.P.C. Le commandant de l'Est algérien a décidé, avant l'arrivée de Ducourneau, de pousser un bataillon du 18e R.I.P.C., à Arris, un autre à Foum Toub. Un bataillon du 1er R.C.P. dans la cuvette de Bou-Hamama et un bataillon de parachutistes coloniaux de T'Kout, pour relever les paras de la Légion qui sont allés délivrer les gendarmes et leurs familles bloqués sous le feu des rebelles. Les femmes et les enfants ont été évacués. Mme Pons a pu racheter un biberon pour son bébé à Constantine.

A Batna le sous-préfet Deleplanque s'entend tout de suite avec cet homme d'action : « La plus belle bête de guerre que j'aie jamais rencontrée, dira-t-il plus tard, mais au bon sens du terme car il est intelligent. Organisateur respecté mais jalousé de ses chefs, il est aimé, idolâtré par ses hommes. Il a une belle tête d'aventurier avec un sourire doux. Son rayonnement physique et intellectuel s'impose partout aussi bien auprès des civils que des militaires. »

Docourneau deviendra ami intime de Deleplanque. Mais ses relations avec le colonel Blanche ne seront pas aussi mauvaises qu'on aurait pu le penser. Ducourneau et Blanche, c'est le jour et la nuit. Mais Ducourneau méprise les querelles stériles et il a devant lui une tâche importante : réduire les Aurès.

Car ça bouge dans les Aurès. Contrairement aux hommes des quatre autres zones, ceux de Ben Boulaïd s'accrochent régulièrement avec l'armée. Ils apprennent la guerre, ils jaugent le nouvel ennemi. Il ne s'agit plus d'escarmouches contre des gendarmes isolés ou des militaires « encasernés » et cafardeux, l'adversaire est tout autre. Mais les hommes de l'A.L.N. se méfient. Ils refusent la bataille rangée. Ben Boulaïd a fait pour les chefs de groupe des cours de guérilla. Il reprend les trois commandements que se sont donnés les six chefs de l'insurrection, les trois « principes sacrés » des guérilleros :

Mouvant comme un papillon dans l'espace.

Rapide comme une anguille dans l'eau.

Prompt comme un tigre affamé.

Mais l'homme auquel ils vont se heurter dans les Aurès revient d'Indochine où il a vu appliquer les quatre règles de la « Grande Guérilla » de Mao Tse-toung :

« Quand l'ennemi avance en force, je bats en retraite.

« Quand il s'arrête et campe, je le harcèle.

« Quand il cherche à éviter la bataille, je l'attaque.

« Quand il se retire, je le poursuis et le détruis. »

Et ces règles Ducourneau n'a pas l'intention de les laisser appliquer contre ses hommes. Il aurait plutôt tendance à s'en servir lui-même.

Oui, à l'arrivée de Ducourneau, ça bouge dans les Aurès. Pas grand-chose mais assez pour prouver au chef de guerre que la situation est plus gangrenée qu'on ne le pensait d'abord.

Le 6 novembre, sur le versant nord des Nementcha, des gendarmes mobiles font fuir au petit jour trois hommes armés. Les gendarmes ont des consignes. Il faut faire les sommations légales. Cela donne aux trois hommes de l'AL.N. le temps de voir à qui ils ont affaire. La réponse aux sommations c'est l'engagement. Les gendarmes sont obligés de se terrer sous le feu bien ajusté des trois hommes.

C'est une mitrailleuse légère du 10ᵉ B.C.A. de Tébessa, en patrouille dans la région, qui les délivre et « étend au tapis » deux des trois maquisards. Le troisième jetant son arme parvient à s'enfuir. Le même jour aux abords de T'Kout, une patrouille de gendarmes et de paras accroche un groupe rebelle et fait un prisonnier. Le lendemain, des gendarmes mobiles capturent dans l'Aurès un homme de l'A.L.N. blessé à la jambe.

Ducourneau juge tout de suite la situation. Il faut s'implanter dans le pays, c'est le plan proposé par Spillmann, travailler sur renseignements, les exploiter très vite et « tomber comme la foudre sur le dos des fell ». Ducourneau-la-Foudre, le surnom va lui rester.

Pour appliquer cette technique de commando, pour employer contre les rebelles la même technique, il faut connaître la population, sa mentalité. Il faut tenter de vivre parmi elle comme un poisson dans l'eau. Dans les Aurès ce sera difficile.

Dès le 8 novembre les bérets bleus de Ducourneau s'implantent sur le terrain à Foum Toub. C'est le 2ᵉ bataillon du 18ᵉ R.I.P.C. qui se familiarise le premier avec les Aurès et qui « établit le contact avec les fell ». Un premier accrochage a lieu. Les hommes de Ducourneau tuent plusieurs maquisards, prennent des fusils. Mais les hommes de Ben Boulaïd sont aguerris et le 2ᵉ bataillon a plusieurs blessés. Le général Spillmann, impressionné par la vivacité de riposte de Ducourneau, va visiter les hommes. Il note dans son carnet :

« Les conditions de vie du bataillon, installé sous la tente et dans la boue, sont lamentables. Le Génie, l'Intendance et le Service de Santé, bien que n'ayant reçu aucun renfort, fournissent un effort considérable pour abriter au mieux, doter d'effets chauds, ravitailler, épouiller et soigner ces unités en opération. Il est juste de rendre hommage à l'activité de ces services dans des conditions extrêmement difficiles... Instruit par l'expérience marocaine, je redoute par-dessus tout le typhus exanthématique... » L'armée d'Algérie n'est visiblement pas prête à la guerre. Le général Spillmann, qui se soucie de ses hommes, n'aura « de cesse et de tranquillité d'esprit qu'après avoir obtenu les vaccins nécessaires à l'immunisation de tous les effectifs contre cette redoutable maladie épidémique ».

L'Aurès a pris sa « sale gueule » des mauvais jours d'hiver. C'est la pluie glacée, la boue avant la neige et le verglas. Mais ce qui est valable pour l'armée française l'est également pour les hommes de l'A.L.N. qui, bien qu'habitués au terrain, vivent dans des conditions très précaires.

Quels sont-ils ces hommes? Ducourneau tente de s'en faire une idée. Ils sont bien organisés. Chaque colonne, chaque commando français en patrouilles est suivi par d'invisibles guetteurs. C'est le Far-West, et les hommes, tout comme les pionniers de l'Ouest, voient leur présence signalée de crête en crête par des fumées. La nuit ce sont des fusées qui signalent leur passage.

A Arris où il est installé, Ducourneau se rend compte de la complexité du problème, de la réputation légendaire de certains hommes du maquis contre lesquels il va avoir à lutter. On lui raconte l'histoire de l'ethnologue Jean Servier nommé commandant d'armes d'Arris. Il découvre avec stupeur qu'ici, en Algérie, Jean Servier pourrait devenir un de ces chefs de guerre comme il en a connu en Indochine, perdus dans un petit centre, ayant levé des commandos autochtones et jouant, lui aussi, au prix de sa vie, au chef de bande.

Son aventure est peu croyable. Jean Servier, « commandant d'armes » d'Arris, a vu la colonne Gazzerie qui a débloqué le petit centre colonial. Le capitaine Gazzerie est un de ses anciens condisciples de philo au lycée de Constantine. Il est arrivé avec vingt engins blindés et une centaine d'hommes.

Mais « il ne sait que foutre dans ce bled où des blindés sont aussi utiles qu'un sac de ciment à un type qui se noie! » Deux conceptions s'affrontent : ou Gazzerie et ses blindés ou Servier et ses Chaouïas. Car depuis l'expérience de la nuit tragique, Jean Servier a levé une véritable harka de Ouled Abdi. Avec eux il fait des sorties. Il a confiance en ses Chaouïas. Il croit en leur fidélité. Des pères sont venus lui livrer leur fils en disant : « Mon fils fait la guerre à la France, je n'en veux plus. »

Le rôle de Servier est très vite connu. Le téléphone arabe n'est pas une légende. Les hommes de l'A.L.N. mettent dès le lendemain sa tête à prix : 1 million. Avec quoi paieraient-ils la prime? Ben Boulaïd lui-même n'a pas cette somme.

Servier riposte en mettant « la tête de rebelle » au tarif payé par la commune mixte pour les animaux nuisibles comme le chacal! 50 F! C'est le style d'insulte homérique qui a cours et impressionne les populations des Aurès.

Lorsque Ducourneau arrive à Arris, il écoute attentivement « ce savant qui a pris la mitraillette ».

Servier veut minimiser le problème. Il raisonne en homme qui connaît les Chaouïas et leur particularisme local. C'est pour cela que Ducourneau lui prête si grande attention.

L'ethnologue, par exemple, a employé les suspects arrêtés à balayer les rues de Arris. « Sans garde », précise-t-il.

Il fait confiance et ainsi minimise le problème aux yeux de la population. « Si l'on prend les rebelles au sérieux, prétend-t-il, les Chaouïas diront : les roumis ont peur. Ce sont les rebelles qui sont les plus forts! »

« De même, poursuit Servier, lorsque l'armée arrête une opération, elle trace le parcours la veille. On a besoin d'un guide. On prend donc des employés musulmans de la commune mixte et on les met la veille dans le secret. Le téléphone arabe marche très vite. Et l'opération tourne à la fantasia absurde.

— Y'a qu'à me foutre ces gars en tôle, réplique Ducourneau avec son solide bon sens, et ne me les libérer qu'au départ! »

Le colonel est un peu agacé par l'assurance du jeune savant. Servier a rendu service, soit. Mais qu'il retourne à ses chères études. Les gardes mobiles prendront en main sa harka. Pour Servier c'est fini.

L'aventure extraordinaire de ce chargé de recherches au C.N.R.S. aura duré près de quinze jours!

Il aura beaucoup frappé l'imagination des Chaouïas puisqu'une femme séparée de son mari — la femme chaouïa joue un rôle important dans la vie familiale des Aurès — le demandera même en mariage par l'intermédiaire de son fils. Servier refusera bien sûr et l'on composera une chanson, en chaouïa, que l'on chante peut-être encore aujourd'hui dans quelques douars des Ouled Abdi :

« Notre ami a vu la bouche des fusils et n'a pas baissé les yeux.

« Notre ami a vu la parure de corail, et a baissé les yeux! »

Le colonel Ducourneau n'était pas au bout de ses surprises. En interrogeant les suspects, les prisonniers, il se rendait compte que la prise en main des populations datait de longs mois, mais qu'en outre « on » avait su admirablement exploiter l'extraordinaire crédulité de certaines tribus des Aurès.

Pour ces gens simples le chef de la « rébellion » était Grine Belkacem, ce chef de « bandits d'honneur » qui courait depuis longtemps les Aurès et que Ben Boulaïd avait eu l'habileté de gagner à l'insurrection. Grine Belkacem, c'était un nom que les populations connaissaient bien, depuis longtemps. Des légendes couraient sur lui. On l'appelait le chef au beau visage et son corps était invulnérable aux balles. Les Chaouïas mêlaient la guerre moderne aux légendes d'Orient : pour eux Grine Belkacem volait à bord d'un avion en or massif. Ils l'avaient de leurs yeux vu!

L'avion en réalité était un Piper Club jaune que l'artillerie employait pour l'observation! Mais les prisonniers croyaient dur comme fer à l'avion d'or massif de Grine au beau visage. De même qu'ils étaient persuadés que la liberté viendrait de l'Egypte et qu'elle serait conquise « grâce à de magnifiques cavaliers verts montés sur des chevaux blancs. Des cavaliers invincibles! » On vivait en plein mythe!

Ducourneau, loin de se moquer de ces légendes, décida de s'en servir. Si le bandit légendaire, maintenant identifié, était abattu et ses hommes mis en déroute, les conséquences psychologiques sur la population seraient immenses.

Ainsi, à la mi-novembre 1954, se prépara le combat antique de deux hommes au prestige incomparable.

Frapper vite et fort, telle était la réaction unanime des Européens au lendemain de l'insurrection. C'était le thème de tous les éditoriaux des journaux algérois. C'était même le titre de *L'Echo d'Alger* d'Alain de Sérigny :

« Devant cette sanglante provocation, écrivait l'éditorialiste, sans doute destinée à frapper spectaculairement l'opinion mondiale, les populations de notre province conservent leur calme et font confiance à leur réseau de sécurité...

« Le problème demeure entier et le gouvernement devra faire preuve d'énergie pour le résoudre. »

De son côté, *La Dépêche Quotidienne* demandait de « frapper à la tête » et précisait :

« Il faut vouloir voir le mal où il se trouve et dénoncer les meneurs là où ils sont. On les connaît. Il ne suffit pas de renforcer les mesures de sécurité... Il faut frapper cette poignée d'agitateurs et les frapper à la tête. Il faut décapiter l'organisation. »

Quant au *Journal d'Alger*, de Blachette, il titrait son éditorial : « Après les fellagha, les terroristes... Il faut des actes immédiats. »

« Nous y sommes, écrivait *Le Journal d'Alger*, nous sommes au point logiquement prévu par les esprits clairvoyants et pressenti par tous ceux qui, vivant au contact des réalités quotidiennes, possèdent l'instinct des événements : l'Algérie a été remuée hier. Le terrorisme vient de faire son apparition en Algérie, désormais les erreurs seront des fautes... »

On connaît les responsables! Dans l'esprit de chacun, du Gouvernement général au dernier des vendeurs de merguez de Bab-el-Oued, en passant par la direction de la Sûreté : c'est le M.T.L.D. Fraction Messali ou fraction Lahouel? Les deux peut-être.

Pierre-Albin Martel écrit le 4 novembre dans *Le Monde* :

« Si l'on s'interroge sur le rôle du M.T.L.D. dans l'éclosion du terrorisme, si la présomption de responsabilité paraît légitime, il est en revanche étonnant qu'au cours des dernières semaines la scission survenue au sein du parti ait pu apparaître dans certains milieux responsables comme un gage nouveau de sécurité, la garantie d'un large répit, l'assurance d'un long prolongement du « calme algérien ».

Pour tout le monde c'est le M.T.L.D. qui a préparé l'insurrection. Les rapports du R.G. signalaient plusieurs jours avant le déclenchement de la révolution l'aide financière apportée par Lahouel au C.R.U.A. Etait-ce donc la fraction « Intellectuelle » de Lajouel qui était responsable?

Le vieux Messali, fou de rage à l'annonce du déclenchement de l'insurrection, avait très vite réagi. Il avait fait courir le bruit que cette rébellion était le fait de ses hommes. Le vieux prophète barbu laissait planer l'équivoque car il ne voulait pas se faire « chiper » sa révolution et entendait bien traiter avec « les hommes du C.R.U.A. », en particulier Krim Belkacem qu'il n'avait pas renoncé à amener dans ses rangs.

Pour le G.G., aux oreilles de qui les affirmations de Messali ne tardèrent pas à arriver, il fallait interdire le M.T.L.D. dans son ensemble. De plus cela calmerait pour un temps l'opinion publique. La décision fut prise quatre jours après l'insurrection lors du premier Conseil des ministres de la semaine.

Les arrestations en masse commencèrent, rendant un service immense au tout jeune F.L.N. Celui-ci restait ainsi la seule force politique valable! Le Gouvernement français le débarrassait de ses pires ennemis en mettant hors circuit les hommes qui l'avait combattu lors de la création du C.R.U.A. et qui n'avait pas été loin d'empêcher le déclenchement de l'insurrection!

Pour les dirigeants F.L.N. seul le M.T.L.D. était dangereux. L'U.D.MA.. de Ferhat Abbas ne leur importait pas plus que les caïds ou les musulmans profrançais type Ben Chenouf. En ce début novembre 1954, l'U.D.M.A. de F. Abbas résistait encore à toutes les sollicitations de la violence. Le leader de Sétif qui demandait désespérément au nom de toute une génération son intégration à la France n'avait pas changé d'opinion et les hommes qui avaient décidé de basculer dans l'action armée le considéraient déjà, lui et ses revendications, comme anachroniques.

Ferhat Abbas attendra un an et demi pour rejoindre Le Caire, découragé et certain après trente ans de lutte pour être Français, que les colons ne le permettraient jamais. Il reconnaîtra seulement à cette époque le bien-fondé pour son pays de la lutte entreprise un 1er novembre 1954!

Les services de police n'eurent aucun mal à « coffrer » la plupart des dirigeants M.T.L.D. qui, et pour cause, ne s'attendaient pas à se voir poursuivis. Il faudra Soustelle pour s'apercevoir de l'erreur commise. Ce sera en 1955, à l'heure où les Pieds-Noirs prenaient Soustelle pour un crypto-communiste!

Mais les Renseignements généraux et la D.S.T. ne s'étaient pas bornés à exécuter les ordres du gouvernement contre le M.T.L.D.; les deux polices poursuivaient leur enquête sur les terroristes qui dans la nuit du 31 octobre au 1er novembre avaient déclenché l'insurrection. Elle fut couronnée de succès...

A Alger, les hommes de Vaujour vont faire un travail de police extraordinaire. En dix jours exactement ils vont démanteler l'organisation algéroise que Bitat et Bouadjadj ont eu tant de mal à mettre au point.

C'est à travers la vie quotidienne de Zoubir Bouadjadj entre le 1er novembre 1954 et son arrestation que l'on peut le mieux juger du travail effectué par la police.

Le 2 novembre Bouadjadj rencontra incidemment Abdesselem Habachi, l'un des hommes du C.R.U.A. de Constantine que Lahouel avait convaincu de lâcher le mouvement. La conversation entre les deux militants fut dramatique. Habachi supplia Bouadjadj de le compter parmi les siens. Il se rendait compte, disait-il, que les centralistes qui « promettaient mots et merveilles, l'insurrection et tout et tout » étaient dépassés. Il voulait participer à la révolution. Habachi se mit à pleurer et conjura Bouadjadj de lui procurer un refuge, une arme et de le compter désormais parmi les siens. Bouadjadj ému par la « confession de ce militant », lui donna rendez-vous.

« Jeudi 4, devant le cinéma Marignan à Bab-el-Oued, dit-il, je t'aurai trouvé un flingue et une planque. Et tâche en attendant de pas te faire piquer. »

Bouadjadj se rendit ensuite chez Yacef Saadi, le fils du boulanger de la rue des Abderames dans la Casbah. Il avait dit à Didouche combien il croyait en ce jeune garçon. C'était le moment de le faire entrer dans le circuit et de le mettre à l'épreuve. Il le rencontra dans la Casbah au café d'Abdelkader Tchikou, rue Randon. Yacef Saadi, enthousiasmé par les résultats, pourtant bien maigres, de l'insurrection et par la portée psychologique du mouvement sur la Casbah, se mit à sa disposition.

« Envoie-moi ton gars, dit Yacef, je le logerai. » Quant au pistolet il avait réussi à s'en procurer plusieurs. Il remit à Bouadjadj un 7,65.

« S'il m'arrivait quelque chose, pensa le chef des commandos d'Alger en quittant le jeune « boulanger », ce Yacef ferait un fort bon agent de liaison pour Bitat. Il faudra que je lui en parle. Peut-être pourra-t-il même aller plus loin. »

Sans s'en douter Yacef Saadi venait de franchir le premier échelon dans l'organisation algéroise dont il serait un jour le chef, après avoir transformé Alger en zone autonome et la capitale en un champ de bataille meurtrier.

Le jeune Habachi n'était pas au rendez-vous. Bouadjadj attendit un quart d'heure à une cinquantaine de mètres du cinéma Marignan. Le pistolet qu'il avait coincé dans sa ceinture lui semblait de plus en plus importun. Au bout d'un quart d'heure Bouadjadj s'en alla. Pourquoi Habachi qui semblait si désespéré n'était pas venu au rendez-vous? Bouadjadj commença à être inquiet. D'autant plus inquiet que quelques heures plus tard il essuya un échec en menant une négociation qu'il croyait facile.

Puisqu'aucun ordre supérieur ne venait, Bouadjadj avait résolu, comme convenu dans le plan d'action du F.L.N., de grossir les rangs du mouvement. Il connaissait à Kouba quelques militants ex-centralistes qui, à son avis, seraient prêts, maintenant que la révolution était déclenchée, à entrer dans les rangs de l'A.L.N. Il fut très froidement accueilli. Les ex-centralistes n'étaient pas chauds pour se lancer dans une aventure. Ils avaient lu les journaux et l'on parlait de répression. Trop aventureux pour eux! Bouadjadj commença à avoir la puce à l'oreille et à regretter d'avoir dit à Merzougui, qui après l'attentat s'était réfugié à Birmandreis, de regagner son domicile de Belcourt.

Le 5, Bouadjadj apprit la dissolution du M.T.L.D. et l'arrestation de nombreux chefs et militants. Il s'agissait maintenant d'ouvrir l'œil et de ne pas commettre de faux pas. Le chef des commandos d'Alger ne pensait pas que la police puisse découvrir leur groupe encore que la double défection de Nabti et de Bisker puisse présenter des risques. Il résolut donc de ne plus sortir avec le pistolet confié par Yacef Saadi. Tant pis pour Habachi! Les risques devenaient trop importants. Alger étaient maintenant quadrillée de patrouilles militaires qui vérifiaient les identités et parfois fouillaient les passants musulmans. Et ce vendredi, Bouadjadj avait dû renoncer à assister à une réunion du groupe de réserve de Yacef Saadi chez Berrazouane, un des éléments recrutés par le jeune homme. Le boulevard Saint-Saëns où devait se tenir la réunion était entièrement bouclé par des militaires venus de Blida. Décidément les opérations de police se multipliaient. Bouadjadj souhaitait vivement que Bitat reprenne contact avec lui. Il commençait à perdre pied.

Le samedi matin à 5 heures — le jour n'était pas levé — la porte de la villa Monréal résonna sous les coups. Bouadjadj réveillé en sursaut comprit tout de suite. C'était la police. Il était inutile de fuir. Autant se livrer et nier toute participation. Il n'y avait rien dans la villa qui puisse compromettre le chef des commandos algérois. Il s'était heureusement débarrassé du pistolet.

Zoubir Bouadjadj alla ouvrir. C'était la D.S.T. Un commissaire et un membre musulman de la surveillance du territoire dirigeaient la perquisition. Le commissaire exhiba son mandat et la fouille commença.

« Habille-toi, commanda le commissaire.

— Mais qu'est-ce que j'ai fait? interrogea Zoubir.

— On t'expliquera ça chez nous. J'ai un mandat, non? Alors grouille-toi.

— Tenez, chef, ce qu'on a trouvé. »

Un inspecteur brandissait les journaux de la veille et un livre de chimie.

« Alors on s'instruit, mon bonhomme?

— Ce n'est pas un crime d'acheter les journaux!

— Tu sais bien que je m'en fous des journaux. C'est la chimie qui m'intéresse!

— Moi aussi!

— Tu trouves pas ça bizarre un vendeur de pièces détachées qui se passionne pour la chimie!

— J'ai le droit d'étudier!

— C'est ça! Le fonctionnement des bombes et des mélanges détonnants. Garde ta salive. Tu en auras besoin tout à l'heure! Embarquez le lascar! »

Bouadjadj fut conduit dans les locaux de la D.S.T. à la Bouzaréah. Il était inquiet mais avait l'intention de nier toutes les accusations. Ils n'avaient pas de preuves.

Après l'avoir laissé « mijoter » jusqu'à 9 heures, le commissaire le fit entrer dans son bureau.

« Ici, mon gars, tu es à la D.S.T. Nous on ne dépend que de Paris et tu vas avoir intérêt à nous raconter ce que tu sais.

— Mais je ne sais rien. Même pas pourquoi je suis ici.

— Eh bien tu manques pas de culot! On va te rafraîchir la mémoire. Je ne te demande même pas où tu étais dans la nuit du 31 octobre au 1er novembre. A une heure du matin par exemple? Ça ne te dirait rien, hein?

— Vous croyez que je suis dans cette affaire d'attentat? Mais je l'ai lue dans les journaux comme tout le monde!

— C'est ça. On va te présenter quelques petits copains qui eux se souviennent tous de toi. »

Bouadjadj pensa que son groupe avait été pris. Mais lorsque le commissaire fit entrer ses témoins, Zoubir se sentit soulagé. Il connaissait les six hommes auxquels on le confrontait. Il y avait un ami de Didouche, Naït Merzoug, mustapha Zergaoui qui avait participé au transport d'armes, Fodil Tafiroud un ancien de l'O.S., Mourad Boukechoura, dont la villa de la Pointe-Pascade avait servi aux Six de dernier lieu de réunion le dimanche avant l'insurrection, Habachi le cordonnier — rien à voir avec celui de Constantine — dont le magasin de la rue de Mulhouse avait servi de boîte aux lettres, enfin Aïssa Kedicha, le petit tailleur de la rue du Vieux-Palais dans la basse Casbah qui hébergeait souvent Bitat et Ben Boulaïd. Tous étaient liés à un titre ou à un autre à la préparation de la révolution mais aucun n'avait participé directement à l'action du 1er novembre.

« Alors tu ne les connais pas?

— Non, monsieur le commissaire, je connais pas ces hommes et je vous dis que je suis pour rien dans cette affaire.

— C'est bizarre. Eux par contre, ils te connaissent tous. Ils connaissent d'ailleurs beaucoup de monde, mais toi en particulier. »

Les six hommes, menottes aux mains paraissaient abattus et ne soufflaient mot.

« Eh bien, remettez ces clients dans leurs cellules, dit le commissaire à un gardien, on va maintenant s'occuper de notre ami. » La gifle atteignit Bouadjadj au moment où il s'y attendait le moins. Il chancela. Il avait compris ce que voulait dire le commissaire en parlant de « s'occuper de lui ». Il fallait qu'il tienne vingt-quatre heures. Même pas. Si ses chefs de commando ne le voyaient pas à six heures, comme tous les jours, ils sauraient qu'il s'était passé quelque chose et quitteraient immédiatement leur domicile, c'était le système de sécurité adopté depuis longtemps.

La « séance » dura jusqu'au soir. Gifles, coups de poing, coups de pied, règle triangulaire placée sous la plante des pieds, bras en l'air, tuyau à eau enfoncé au fond de la gorge et robinet grand ouvert, Bouadjadj résista.

« Je connais personne. Jamais vu ces types.

— Mais puisque Zergaoui a avoué t'avoir donné des armes! T'es cuit de toute façon. Qui travaillait avec toi? »

Et ça continuait. Vers 20 heures Bouadjadj faillit céder. Deux heures avaient dû suffire aux chefs de commandos pour s'enfuir.

Mais ce fut le commissaire qui céda.

« Tiens. Signe le procès-verbal. »

Zoubir Bouadjadj eut un immense espoir. C'était fini. Il n'avait rien avoué. Il allait être libre! Il signa.

« Emmenez-le à la villa Mahiédine! »

Bouadjadj comprit que la D.S.T. le lâchait au profit de la Police des Renseignements généraux. Ça allait recommencer.

A la villa Mahiédine il retrouva les hommes qui l'avaient reconnu et d'autres suspects. Introduit chez l'un des commissaires de la P.R.G. Bouadjadj fut à nouveau confronté.

« J'ai tout dit à la D.S.T., dit-il, c'est dans le procès-verbal! »

— Voilà ce que j'en fais moi de ton procès-verbal! »

Et le commissaire déchira lentement et soigneusement les feuillets pelures du compte rendu d'interrogatoire.

« Avec nous il va bien falloir que tu te mettes à table. On te connaît, tout le monde t'a donné, alors t'es quand même le pauvre con de pas parler! »

Les tortures recommencèrent. Au bout de quelques heures le chef des commandos terroristes reconnut que Zergaoui lui avait confié des armes qu'il avait remises à des inconnus. Il n'avait été qu'un maillon anonyme de la chaîne. Les hommes de la P.R.G. ne voulaient pas s'en tenir là. Et Bouadjadj sut que tout était perdu lorsqu'il vit entrer dans le bureau Kaci Mokhtar les menottes aux poignets et le visage tuméfié. Un militant interrogé avait donné son nom sans savoir quel était son rôle.

« C'est une connaissance, avait-il dit, mais il risque d'avoir été dans le coup... »

Kaci était le premier maillon de la chaîne. Merzougui suivit. Puis Belouizdad. Tout le commando fut pris dans les trois jours! Le travail de la P.R.G. avait été remarquable de vitesse et de précision.

Bouadjadj et les chefs de groupe, devant le fait accompli, racontèrent l'action du 1er novembre mais réussirent à préserver le commando de réserve de Yacef Saadi qui, à peine deux ans plus tard, mettrait polices et parachutistes sur les dents! Le système des surnoms préserva également Rabah Bitat que les policiers connurent sous le nom de Si Mohamed sans parvenir à l'identifier.

Le commissaire Carsenac, chef de la P.R.G. d'Alger, put à la mi-novembre remettre sur le bureau de M. Vaujour, directeur de la Sûreté, un épais rapport sur « les événements de la nuit du 31 octobre au 1er novembre à Alger ».

Le stock de bombes de Guesmia Abdelkader avait été saisi ainsi que la totalité des armes qui avaient servi à l'insurrection algéroise. Tous les commandos étaient démantelés, les chefs arrêtés. Nabti sera arrêté le dernier à la fin du mois de novembre.

Rabah Bitat se retrouvait seul quelque part dans la montagne de Chréa. Le F.L.N. à Alger, moins de quinze jours après l'insurrection, était représenté par un jeune boulanger d'à peine vingt-cinq ans : Yacef Saadi. Et par quelques éléments épars, sans armes, sans instructions.

Bouadjadj et ses hommes allaient vivre toute la guerre d'Algérie en prison. En sept ans ils auront le temps de faire connaissance avec toutes les centrales métropolitaines.

La P.R.G. avait remporté une victoire de taille. Elle ne put s'empêcher de s'en vanter auprès de ses collègues de la D.S.T., qu'elle ne pouvait sentir : ils n'avaient pas été capables d'aller jusqu'au bout!

Cela valut à Bouadjadj une solide raclée car les hommes de la D.S.T. vinrent lui « Casser la gueule » dans sa cellule pour lui apprendre à leur avoir préféré pour ses aveux les hommes des Renseignements généraux! La guerre des polices a parfois de ces conséquences...

Dans l'Oranais, le préfet Lambert « avait bien fait les choses » de l'avis même de ces colons qui, hier, voyaient en lui « l'affreux type de la Métropole » qui allait les ruiner par ses mesures « humanitaires » et qui encourageaient les musulmans à réclamer alors qu' « ils étaient si contents de leur sort ». En quelques jours, trente-huit membres du F.L.N. qui avaient pris part, le 1er novembre, aux attentats de la région de Cassaigne avaient été arrêtés. Dans cette même région le préfet et la police avaient été aidés par la population. Certains hommes de Ben M'Hidi avaient été conduits les mains liées aux services de police par des fellahs de la région. Seuls Boussouf à Marnia et Ben M'Hidi dans la région de Nemours purent se maintenir, mais leurs caisses étaient vides et ils n'avaient presque plus d'armes.

En Oranie, quinze jours après l'insurrection, le mouvement n'était plus qu'un souvenir. Il faudrait attendre exactement un an, le 1er novembre 1955, pour qu'Oran connaisse les attentats.

C'est le commissaire principal Norbert Courrieu, chef de la brigade mobile de Batna, qui mena l'enquête sur les événements qui, dans les Aurès, avaient marqué la nuit du 31 octobre au 1er novembre 1954.

Dès le 1er novembre il perquisitionna, munis de « délégations très larges » délivrées par le substitut de la République, M. Grevet, et par le doyen des juges d'instruction, M. Jannoles, au domicile de dix membres du P.P.A.-M.T.L.D.

Ils furent tous appréhendés aux fins d'interrogatoire à l'exception de Habidi Mohamed que nous connaissons mieux sous le nom de Hadj Lakhdar, responsable de l'attaque de Batna, de Bouchemal, secrétaire de la section du C.R.U.A. dans la capitale des Aurès et Omar Ben Boulaïd, frère de Ben Boulaïd Mostepha, l'un des six chefs « historiques ».

Chez Bouchemal on allait trouver la liste complète de tous les membres de la police de Batna ainsi qu'une lettre adressée par un membre d'une « organisation clandestine » qui signait Messaoud (nous le connaissons sous son vrai nom Chihani Bachir, adjoint de Ben Boulaïd) et qui donnait un mot de passe, « le ciel est bleu », ainsi que des consignes pour « un certain mouvement ».

En outre, dans la nuit du 1er au 2 novembre, un informateur, désirant garder l'anonymat, apportait au commissaire Courrieu des informations concernant la présence au cours de la nuit précédente de groupes « d'autochtones » armés. L'informateur signalait également la présence, la même nuit, de la Simca verte des frères Ben Boulaïd. Elle avait été repérée par le témoin à proximité d'un pont situé à seize kilomètres de Arris, pont qui avait été dynamité au cours de la nuit!

Le commissaire Courrieu allait compléter le fameux rapport des R.G. d'Alger envoyé le 23 octobre à Paris par des renseignements prouvant que le C.R.U.A était bien une organisation couvrant tout le territoire algérien.

L'un des hommes arrêtés, Bouchkioua Younes Ben Ali, de tendance lahoueliste, fit part au commissaire de renseignements « dus, dit-il, à son esprit d'observation ». Il dévoilà toute l'organisation du C.R.U.A. à Batna, donnant les noms des chefs « présumés » : Hadj Lakhdar, Bouchemal et Bellagoune. Le grand chef, ajouta-t-il, étant Mostepha Ben Boulaïd.

Le clan centraliste du M.T.L.D. à Batna venait de régler ses comptes avec Ben Boulaïd qui l'avait interdit dans l'Aurès!

Mais tous les détails de la nuit du 31 octobre au 1er novembre à Batna furent révélés par Bouchemal qui vint se présenter spontanément à la police.

« Me sachant recherché, dit-il au commissaire, je viens me livrer et vous faire des révélations car j'ai compris que j'avais été trompé et je ne veux pas poursuivre dans la voie où je m'étais engagé à la légère. Je tiens à vous dévoiler ce que je sais sur l'attaque de la caserne de Batna le 1er novembre à 3 heures du matin... »

Norbert Courrieu n'eut qu'à laisser courir sa plume. Bouchemal fit, selon la formule, « des aveux complets et circonstanciés venant parfaire le faisceau de présomptions déjà établi ».

Bouchemal avait craqué devant la vie qui s'offrait à lui. Il se sentait incapable de vivre en hors-la-loi dans ces Aurès que l'hiver — et les parachutistes — allaient rendre implacables. Il dévoila sans réticence tout le mécanisme du coup de main organisé sur Batna, mécanisme que nous connaissons déjà, et « donna » les noms de tout « l'encadrement » des montagnards de Ben Boulaïd.

« C'est le C.R.U.A. qui a tout préparé, avoua-t-il, et les cadres ont suivi leurs troupes dans le maquis. »

Le commissaire Norbert Courrieu conclut ainsi le rapport qu'il adressait au sous-préfet Deleplanque :

« En l'état, et partant des données très précises recueillies en cours d'information, il paraît plausible de conclure :

« 1° Que ce mouvement insurrectionnel a été conduit par des

cadres tant étrangers que locaux, obéissant à des mots d'ordre venant du Caire.

« A Bouchemal Ahmed, en effet, qui demandait à Ben Boulaïd Mostepha qui avait pris l'initiative du coup de main tenté sur les casernes de Batna, il fut répondu que « les ordres avaient été donnés du Caire où sont réfugiés Benbellat (*sic*), Khider et Ferhi Saïd ».

« De plus, aux 80 partisans réunis près de la demeure de Si Mohamed à deux heures de marche du centre de « Bouamar », Ben Boulaïd Mustapha a tenu ce langage : « Nous avons reçu des ordres « du Caire, nous prescrivant de mener la lutte comme les Tunisiens « et les Marocains. Le groupe dont vous faites partie est désigné « pour attaquer Batna. »

« 2° Que la troupe des exécutants a été recrutée parmi les montagnards de l'Aurès.

« 3° Que la tribu des « Touabas » dont sont originaires les frères Ben Boulaïd, grands responsables pour la région des Aurès, semble s'être ralliée complètement à la rébellion, voulant devancer dans la révolte l'autre tribu rivale qui lui est ancestralement hostile, celle des Beni Bou Slimane.

« 4° Que le plus grand calme n'a cessé de régner parmi les gens de la tribu des Ouled Abdi. »

Le commissaire Courrieu avait remarquablement travaillé mais il ne connaissait pas la légende d'Aïcha la Folle et du vieux Bourek!

L'organisation du C.R.U.A. (devenu F.L.N.) de Batna était, elle aussi, démantelée. Mais dans les Aurès c'était dans la montagne que la bataille allait se dérouler. Entre hommes de l'A.L.N. et parachutistes.

A Paris il faut avouer que l'insurrection algérienne ne fit pas grand bruit. *France-Soir* y consacra tout de même son titre : « Flambée terroriste en Algérie. » Mais *Le Monde* ne lui accorda que deux colonnes : « Plusieurs tués en Algérie au cours d'attaques simultanées de postes de police. » L'ouverture du journal était réservée sur trois colonnes aux élections américaines. Il faut dire que les sept morts de l'insurrection, à côté de Dien-Bien-Phu qui ne datait que de cinq mois, et des « événements » quotidiens en Tunisie et au Maroc, ne « faisaient pas le poids ». Et puis l'Algérie c'était loin.

Qui en Métropole, en novembre 1954, connaissait l'Algérie?

Ce n'était pas un pays à touristes. On n'y allait jamais. On en parlait encore moins. On savait seulement qu'il y avait des Français, et encore des Français souvent mâtinés d'Espagnol, de Maltais, d'Italien. Bref une colonie.

Sur le plan politique l'importance était tout autre. Pierre Mendès-France, soutenu par l'immense majorité de la population qui avait approuvé la politique du gouvernement envers la Tunisie, eut à faire face à l'opposition de droite qui tira des événements en Algérie des arguments non négligeables : « Voyez le résultat de la faiblesse française en Tunisie. Cela a commencé là-bas, cela continue en Algérie, après ce sera l'Afrique entière. » Cela ne facilitait pas la tâche du gouvernement. Pourtant Pierre Mendès-France ne considéra ce 1er novembre que comme une mauvaise nouvelle, sans plus. Il était fermement décidé à contrer les « gros colons » qui profitaient déjà des « événements » pour tenter à tout prix de bloquer les réformes que le gouvernement prévoyait.

La réaction du président du Conseil après le déclenchement de l'insurrection fut : « L'Algérie c'est la France. Faisons vite des réformes, en pensant dans un premier temps à l'application du statut de 47 et à des élections libres, mais qu'elles se fassent dans l'ordre. »

Les colons ne l'entendaient pas de cette oreille. Très vite ils firent jouer leurs leviers parisiens. On a vu combien un homme comme Borgeaud et « ses » députés conduits par René Mayer avaient d'influence à Paris. Que les députés Borgeaud votent contre Mendès et le gouvernement était renversé! Ils allaient donc dans un premier temps réagir contre la politique nord-africaine du président du Conseil. L'affaire tunisienne leur avait mis la puce à l'oreille. Le 1er novembre les déchaîna. La manœuvre fut habile. Ils invitèrent des groupes de parlementaires de droite à des « voyages d'études » en Algérie. Ce fut un incessant va-et-vient dans les quinze premiers jours du mois. Les parlementaires en revinrent affolés, paniqués. Les Européens d'Algérie leur avaient fait un « cinéma » incroyable.

« C'est la terreur avaient-ils dit. On n'ose plus sortir. Les salles de spectacle sont vides! » C'était le grand argument que l'on mettait en évidence au retour à Paris pour prouver l'insécurité qui régnait en Algérie; c'est ce qui donna à Mendès-France l'idée de contrôler les déclarations de taxes payées à l'Etat par les salles de cinéma. Ces droits étaient partout en augmentation sauf à Alger où ils étaient stationnaires. Cela n'empêcha pas l'argument de porter. Le bluff avait été le plus fort et avait en partie atteint son but. Il faut avouer que les « puissances algériennes » n'avaient pas ménagé leur peine. On vit même les toutes-puissantes chambres d'agriculture, dont Borgeaud était le maître incontesté, percevoir une taxe de chacun de leurs membres pour créer un fond de propagande contre le gouvernement.

« Bloquer les réformes », c'était le leitmotiv.

Les attaques contre Mendès déferlaient en rafales.

Le 12 novembre à l'Assemblée nationale Mendès accepta un bref débat « de fixation de date » sur la politique du gouvernement en Afrique du Nord. Il s'apprêtait à partir pour un voyage aux Etats-Unis; il y avait le règlement de l'affaire tunisienne qui traînait et surtout l'affaire des fuites qui pointait. Mendès demanda le renvoi à la suite. Le débat fut en effet renvoyé mais, au cours de la discussion qui allait prendre une grande partie de la séance, le gros colonat mit en place la première partie de son plan : discréditer la politique nord-africaine de Mendès et le sauver ensuite par le vote des « députés amis ». Ainsi le président du Conseil saurait qu'on votait encore pour lui mais qu'il ne fallait pas négliger les « conseils » venus d'outre-Méditerranée.

La lutte était engagée. Un dernier « ultimatum » fut lancé par les détenteurs de privilèges le mois suivant, en décembre, lorsque le gouvernement posa la question de confiance.

Une fois encore René Mayer fit voter ses amis pour Mendès-France. Malgré l'opposition des idées et la haine qui séparaient les deux hommes. La confiance fut votée : 294 voix contre 265. La vingtaine de voix « Mayer » sauva le gouvernement. Ce fut la dernière fois. Mendès sut définitivement à quoi s'en tenir. René Mayer déclara :

« L'Algérie est une province où existent un statut personnel, des crédits particuliers, une législation foncière spéciale. Elle n'est pas inéluctablement régie par les mêmes règles que la Métropole... Nous n'accepterons jamais l'assimilation. »

Cette fois c'est clair. Si Mendès tente de faire d'un Algérien un Français, s'il passe aux réformes on le coule. Pour cela il faudra attendre février 1955. Un 6 février. Encore.

Pendant ce temps, à Alger, après les « événements » du 1er novembre, on ne s'embarrasse pas de menaces à demi voilées à l'égard d'un gouvernement qui risque de ne pas suivre la politique des privilégiés européens d'Algérie. On appelle un chat un chat. Des réformes? Pas tant que l'ordre ne sera rétabli.

L'Algérie française? Avec l'égalité entre Européens et Musulmans? JAMAIS. C'est clair, c'est net, c'est précis.

Maintenant que le bruit des bombes s'est estompé, que les clairons de la sonnerie aux morts sur les sept cercueils des victimes de la « Toussaint rouge » se sont éteints, l'Algérie européenne entend bien que la vie continue et que de pareils attentats ne se renouvellent plus, que les musulmans ne se croient pas autorisés à « revendiquer ». Il faut que la révolte soit matée bien sûr, mais il faut que, comme après Sétif, l'esprit même, l'idée seule de la possibilité d'une révolution fasse frémir.

La politique de « l'huile sur le feu » va commencer. C'est la toute-puissante Fédération des maires qui ouvre le combat. Elle sait qu'elle sera soutenue par la presse locale, et que l'action entreprise sera poursuivie au grand jour à l'assemblée algérienne où nombre de ses membres ont leur fauteuil.

Amédée Froger, qui trouvera au cours de la guerre d'Algérie une mort tragique, ne manque pas l'occasion d'exploiter l'affaire sur le plan politique. Une réunion extraordinaire de la Fédération des maires se tient quelques jours après l'insurrection. Les membres influents de la fédération sont, outre Amédée Froger, le tout-puissant président Laquière qui parle aussi haut à la fédération que dans son fauteuil de président de l'Assemblée algérienne, M. Isella président de la Fédération des maires de Constantine, M. Dromigny dont l'influence au sein des bastions que sont les très réactionnaires chambres d'agriculture est immense, le sénateur potentat Borgeaud et quelques autres aux noms moins prestigieux mais à la volonté bien établie de « serrer la vis ».

Au cours de cette séance qui se tient à huis clos et ici dévoilée pour la première fois on va faire le procès du gouvernement Mendès, celui du gouvernement général et de la « honteuse faiblesse des autorités »; on sera d'autant plus violent qu'un membre de ce gouvernement si « secrètement honni » est là. C'est le maire d'Alger, le libéral Jacques Chevallier. Celui dont le conseil municipal compte tant de membres du M.T.L.D. Conseil municipal qui va singulièrement s'éclaircir dans le courant du mois de novembre au fur et à mesure des arrestations.

Dès l'ouverture de la séance on entre dans le vif du sujet : c'est bien sûr un mouvement téléguidé de l'étranger qui a « mis l'Algérie à feu et à sang ». On ne peut concevoir que « ces Arabes que l'on connaît bien » aient pu eux-mêmes mettre au point l'organisation insurrectionnelle du 1ᵉʳ novembre. C'est une solution qui permet de ne pas se pencher sur les mesures à prendre pour l'avenir. Les réformes ce sera pour « quand l'ordre sera établi ».

« Il faut modifier cette politique d'abandon, de soumission, de prime au terrorisme », s'écrie M. Dromigny.

L'habile président Laquière tient à calmer ses amis qui veulent voter une motion critiquant violemment l'attitude du gouvernement. Le président n'oublie pas les promesses de Mitterrand lorsqu'il a parlé d'une aide financière accrue. C'est ainsi qu'on pourra lutter contre le chômage sans réduire les bénéfices.

« Le Gouvernement, dit M. Laquière, serait prêt à nous accorder une cinquantaine de milliards... je me tourne vers notre ami Chevallier et lui dis : actuellement on vote le budget dans la Métropole. Faites-nous donner le plus d'argent possible. Il ne s'agit pas de vanité mais de nécessité. »

On a peine à coire le compte rendu de cette séance. Les délégués veulent, exigent une politique dure, exemplaire...

L'intervention de M. Gabet, maire de Koléa, vaut d'être reproduite car elle est représentative de la mentalité de certain colon européen qui « aime bien ses musulmans » :

« Dans ce pays nous vivons depuis cinq générations côte à côte depuis la naissance, avec les musulmans, dit le maire de Koléa. J'habite dans une ferme avec une centaine de musulmans qui sont mes amis, dont je caresse les enfants et entre eux et nous, il n'y a pas la moindre fêlure dans l'amitié que nous nous donnons et que nous voulons, nous, continuer.

« Il faut aussi que la Fédération des maires situe non seulement le problème d'aujourd'hui, mais celui de demain...

« D'ores et déjà, il y a du chômage, et du chômage menaçant. Alors quel est le problème? Est-il politique, tel qu'on entend le régler en Tunisie et au Maroc avec des réformes successives? Il y a ici deux problèmes : le politique et l'économique. Quelle est l'importance de l'un par rapport à l'autre?

« Est-ce le fait pour l'indigène du bled qui peine, qui ne travaille pas assez de jours dans l'année pour nourrir ses cinq ou six gosses, de voter pour les conseillers municipaux, généraux, voire même pour des délégués à l'Assemblée algérienne qui est une préoccupation dominante? Permettez-moi de vous dire qu'il se f... de ces opérations.

« Qui s'en préoccupe? Les agités, ceux à qui la France a donné l'instruction, ceux à qui cette instruction est encore journellement donnée.

« Et là, je dirais à l'Assemblée algérienne qu'avec son problème de scolarisation horizontale, qui amène des maîtres jusqu'à l'intérieur des forêts pour apprendre aux gosses qui gardent leurs chèvres en jouant de la flûte à se réciter à eux-mêmes des vers de La Fontaine, je dis que c'est une folie.

« C'est une folie que de vouloir faire de l'instruction horizontale. Modérez votre programme d'instruction. Ne l'élargissez pas!

« Lorsque l'enfant sort de l'école à quatorze, quinze ans, il sait lire et écrire, mais c'est tout ce que vous lui avez donné avec un diplôme et de l'orgueil. Il veut sortir de son milieu naturel et ne veut pas travailler de ses mains.

« Faites-lui à côté une école professionnelle. Celle-là lui donnera un métier. Vous en ferez un travailleur au lieu d'en faire un lecteur d'*Alger Républicain* ou de journaux communistes, car comme vous l'avez dit, c'est la masse indigène qui lit le plus ces journaux... »

A l'heure où M. Gabet parle il y a 15,4 % des enfants musulmans inscrits dans une école du premier degré. Cela veut dire que 1 683 000 enfants n'auront même pas ces premiers rudiments qui leur donneront un « diplôme et de l'orgueil ».

Dans l'enseignement technique : 4 102 musulmans sont inscrits dans le premier degré et 700 dans le second degré! Quant au secondaire il compte 6 260 jeunes gens inscrits! Pour toute l'Algérie.

Jacques Chevallier est maire d'Alger, membre du gouvernement et libéral, ce qui ne rend pas sa position facile au sein de la Fédération des maires d'Algérie où les sourires qu'on lui adresse sont souvent grinçants ou intéressés.

Voulant limiter les dégâts, il tente de raisonner ses collègues.

« Je pense, Messieurs, que nous ne devons pas tomber dans le piège qui nous est tendu : celui d'arriver, en semant la haine ou la défiance, à provoquer des troubles généralisés en Algérie.

« Il ne faut pas que nous prêtions le flanc à cette manœuvre en perdant notre sang-froid.

« Ce que l'on voudrait, c'est que des groupes de protection se constituent dans tous les points et qu'on divise de nouveau les deux collectivités, la musulmane et l'européenne, en les faisant se regarder le fusil à la main.

« Le jour où, les uns et les autres, nous aurons un fusil à la main les uns contre les autres, nous aurons beau avoir 170 000 hommes de troupe, une nouvelle affaire d'Indochine sera née et l'Algérie deviendra un nouveau Viet-Minh... »

Mais la plupart de ses collègues ne l'entendent pas de cette oreille et, loin de la conciliation, ne réclament que groupes de défense, milices armées, répression sévère.

Première semaine de guerre. Il serait grand temps de faire des concessions, de revoir la politique coloniale, d'appliquer les réformes votées en 47. NON! Montrons d'abord la force. Ensuite, on verra.

C'est tout vu. L'engrenage maléfique tourne déjà à plein régime. L'esprit de cette réunion à huis clos se retrouvera dans les débats de l'Assemblée algérienne qui veut, sur le plan politique, dominer le premier mois de cette guerre qui ne dit pas encore son nom... Qui ne le dira jamais.

Sitôt fait le bilan de la nuit du 31 octobre au 1er novembre en Kabylie, ce qui, en raison des liaisons difficiles entre Ighril Imoula, P.C. de Krim, et les différents lieux où l'insurrection avait éclaté, avait demandé plus de quarante-huit heures, le chef kabyle avait décidé pour les 400 hommes qui, de Ménerville à Yakouren, d'Azazga à la forêt des Beni-Mansour, tenaient les masuis, une politique de repli. Les 400 hommes étaient répartis au sein des 7 régions qui composaient la zone III de Kabylie. Krim Belkacem décida de vivre dans un premier temps avec les hommes de la région de Tizi-Ouzou dont le chef de daïra était Zamoum Ali. Avec lui Krim se sentait aussi à l'aise qu'avec Ouamrane. Il était « son second bras droit »!

Krim Belkacem n'avait pas été satisfait outre mesure de l'attaque des casernes. Elles avaient presque toutes échoué. Par contre les incendies provoqués par les hommes de l'A.L.N. avaient causé des dégâts importants et le résultat psychologique sur les autorités et la population était satisfaisant.

« La psychose est établie, avait confié Krim à Zamoum. Il faut maintenant l'entretenir et développer le mouvement. »

Les sept années que Krim venait de passer dans la clandestinité avant le déclenchement de l'action armée l'avaient rendu prudent et méfiant. Il ne se faisait aucune illusion sur la puissance de feu de ses hommes, elle était presque nulle. Les armes manquaient. 130

pour 400 hommes. Les Aurès avaient promis une aide. Un premier envoi, bien modeste, était arrivé quelques semaines avant l'insurrection, depuis plus rien. Et Krim, lisant les journaux et écoutant la radio, savait que Ben Boulaïd qui avait déclenché la guérilla contre les troupes françaises n'aurait pas trop d'armes pour tenter de résister. En outre, toutes les forces armées dont le Gouvernement général disposait étaient concentrées sur les Aurès, et il serait bien difficile à un convoi d'armes — même modeste — de sortir du massif. Là-bas c'était la guerre et toute la presse consacrait ses articles sur la flambée des Aurès. Si l'on en croyait les informations officielles les autres régions étaient calmes et on n'y procédait qu'à des contrôles de routine.

Cela n'empêcha pas Krim de donner à ses chefs de daïra de strictes consignes de repli. Tous les agents de liaison quittaient le P.C. du chef kabyle porteurs des ordres suivants :

« Chaque chef de région doit procéder au repli et se fondre dans la nature. Se déplacer de nuit. Le jour vivre sous le couvert d'arbres et de broussailles. Impératif : ne pas laisser les hommes inactifs, procéder à leur instruction physique et psychologique. Tenter de pénétrer les villages pour ravitaillement et recrutement mais agir avec précaution. L'action directe viendra plus tard. Changer le plus possible de P.C. Ne pas rester plus de quarante-huit heures au même endroit. Rappelez-vous : mouvant comme un papillon dans l'espace. Garder toujours le contact avec mon P.C. »

Krim avait fait respecter ces mêmes consignes par les hommes dont il partageait sa vie. Presque tous les jours la petite troupe pliait bagages et gagnait un lieu encore plus accidenté que le précédent. Ils étaient ainsi passés des figuiers et des oliveraies de la plaine aux forêts de chênes-lièges et de frênes que l'automne avait roussis et qui se dépouillaient lentement de leurs feuilles, pour gagner le maquis broussailleux des basses pentes du Djurdjura. De l'endroit où ils avaient établi leur dernière halte ils découvraient au-dessus d'eux la masse verdâtre du Djurdjura piquée des taches sombres des cèdres majestueux. Plus haut, au-delà de 2 000 m, le Ras-Timédouïne et le Lalla Kredidja étaient déjà recouverts d'une première couche de neige étincelant au soleil. L'hiver s'annonçait. Il serait rude. Il fallait à tout prix s'y préparer soigneusement.

Mais ce n'était pas le principal souci de Krim Belkacem. L'état d'esprit de ses hommes l'inquiétait beaucoup plus. Il savait qu'en aucun cas il ne fallait laisser les hommes, qui avaient déclenché le mouvement, sans travail, à réfléchir dans la solitude sur l'éventualité d'une victoire dans un combat qui s'avérait trop inégal. Il ne fallait pas qu'ils pensent à leurs chances de réussite, ni à leurs familles qui seules, auraient à affronter l'hiver, il fallait leur donner l'instruction des guérilleros, les « chauffer », leur donner de l'espoir.

Pour appliquer ce plan la technique de repli et d'attente ne facilitait pas les choses. Ben Boulaïd dans les Aurès n'avait sans doute aucun mal à tenir ses hommes qui semblaient combattre sans relâche. « L'action permanente » l'aidait dans sa tâche. Mais Krim se refusait dans un premier temps à appliquer cette méthode. Ni la région, ni les forces dont il disposait ne lui donnaient la moindre chance de résister seulement pendant un mois. « Je n'ai aucune vocation pour le suicide, disait-il à ses hommes, et je vous préfère en vie, vous préparant soigneusement à une guérilla qui durera longtemps, peut-être des années, que morts même en héros. Pour l'instant cela ne servirait à rien. »

Dès les premiers jours, les maquisards purent se faire une idée de la vie qui les attendait. Krim était inflexible sur la discipline. Les hommes qui avaient participé à l'action du 1er novembre s'étaient préparés au repli et chacun avait emporté le ravitaillement nécessaire pour tenir quelques jours : de la galette et des figues. Pendant la journée les hommes devaient rester cachés, camouflés dans des endroits touffus.

« Interdiction de sortir de vos abris, avait ordonné Krim, en aucun cas ne passez dans des endroits découverts car l'observation aérienne va commencer... soyez invisibles et silencieux... » Le dur apprentissage de la guérilla commençait. Rester toute la journée caché sous les arbres ou dans les fourrés en ne parlant qu'à voix basse et avec pour toute nourriture de la galette sèche et des figues n'était pas fait pour remonter le moral des hommes. Krim et Zamoum allaient de l'un à l'autre, bavardant avec eux. L'instruction militaire ne pouvait commencer qu'à la nuit tombée. C'est sur le terrain que les chefs de daïra apprirent à leurs hommes à placer des sentinelles aux endroits stratégiques, à les camoufler sous des branchages pour qu'elles ne puissent être détectées lors d'une observation aérienne. Les guérilleros apprirent à se déplacer de nuit, en silence. Invisibles.

La réaction militaire française prouva aux hommes que la tactique de Krim avait été la bonne. Trois jours après le déclenchement de la rébellion, la Kabylie fut parcourue de camions militaires, de patrouilles. Les survols d'observation se multiplièrent. En vain. Les troupes ne firent que contrôler des villages apeurés et parcourir un djebel désert. Voyant que l'armée ne pouvait accrocher le moindre rebelle, l'état-major entreprit d'interdire l'entrée des villages aux maquisards et d'établir dans chaque douar un système de renseignements rapides.

Les caïds et les chefs de fraction, à qui l'Administration reprochait vivement de n'avoir rien su des projets des « terroristes » ou de ne pas l'avoir prévenue, furent convoqués Leur travail était maintenant de convaincre la population, il fallait qu'à la tombée de la nuit tous les villages soient déserts, que la population se barricade. Les caïds « reprirent en main » les habitants de leurs villages. Ils voulaient se racheter aux yeux de l'Administration qui leur avait fait comprendre qu'ils étaient tout près de perdre « leur situation ». Ils firent du zèle.

« Ces hommes sont des bandits comme il y en a toujours eu dans les Aurès et chez nous, mais cette fois-ci ils sont plus nombreux. Barricadez-vous. A la tombée du soleil ils risquent d'envahir le village. Ils vont tout prendre, piller, violer. »

Les conseils de djemaa approuvèrent pour la plupart ces mises en garde. Les habitants suivirent.

Les hommes de Krim, lorsqu'il fallut se ravitailler, se rendirent compte de l'efficacité du plan établi.

Krim, après une semaine de repli complet, envoya quelques ravitailleurs habillés en civil pour convaincre les habitants des régions les plus isolées d'aider les hommes de l'A.L.N. Ils revinrent bredouilles.

« Les villages sont terrorisés, rapportèrent-ils à Krim, les habitants des maisons isolées chez qui nous avons pu pénétrer n'avaient qu'une hâte : nous voir partir. Ils nous ont dit : surtout ne bougez pas de la montagne. Il y a des indicateurs partout. La plupart des habitants croient que vous êtes des bandits, tout le monde est sur le qui-vive.

— Ceux que vous avez vus avaient l'air de le croire? interrogea Krim.

— Ils ne nous l'ont pas dit mais ils tremblaient de tous leurs membres. Et il semble que ce soit partout pareil...

— Et le ravitaillement?

— Ils nous ont dit qu'ils n'avaient rien. Qu'on verrait plus tard. Qu'il fallait partir. »

Bref, rien; l'échec complet. Le seul avantage de cette mise en garde officielle était que le moindre village était au courant de la rébellion. Il s'agissait maintenant de les pénétrer et de faire comprendre aux habitants que les maquisards n'étaient pas des bandits et que la révolution avait éclaté.

Krim ne voulait pas que ses hommes soient dispersés, mais il ne fallait pas non plus qu'ils restent isolés du peuple, c'était contraire à toutes les théories de la guérilla.

Problème n° 1 : la pénétration pour se ravitailler, pour donner confiance au peuple et enfin pour recruter et étendre le mouvement.

Krim avait pour l'instant 400 hommes dans le maquis, environ 1 600 en réserve, mais ceux-ci se trouvaient principalement dans les villes ou dans les gros villages et il était impossible de prendre contact avec eux en raison du quadrillage intense de l'armée.

Chaque maquisard fut donc chargé de trouver dans son village ou dans les villages voisins une personne sûre, un ami ou un membre de sa famille, qui pourrait faciliter la pénétration.

Les premiers essais se soldèrent par des échecs. Les villages qui devaient fournir la nourriture et grâce auxquels les hommes de l'A.L.N. pensaient faire de la propagande devenaient leurs principaux ennemis. L'administration locale avait fait diligence. Il n'était pas rare de voir un village déjà terrorisé par le portrait qu'on faisait des fellagha compter deux ou trois hommes au service exclusif de la police. Les services de police qui avaient obtenu les principaux résultats dans les grandes villes poursuivaient leur action dans les villages avec une célérité et une organisation remarquables. Personne ne bougeait, les fellah se sentaient observés, les petits propriétaires étaient terrorisés. Chaque village devenait un ennemi pour les hommes de l'A.L.N. qui devaient le plus possible les éviter. Mais éviter un village en Kabylie tient du prodige. C'est la région la plus peuplée d'Algérie et l'on ne peut guère faire plus de trois kilomètres sans en trouver un, principalement sur les routes de crêtes. Les maquisards devaient donc se réfugier dans les régions les plus déshéritées.

Krim voyait son organisation sur le point de se désagréger. Les hommes qui espéraient toujours voir venir les armes de l'Aurès se décourageaient. De plus, rester immobile presque toute la journée à l'abri d'arbres et de buissons, sans la possibilité de prendre un repas chaud, en restant silencieux le plus possible n'était pas fait pour les regonfler. Pourtant Zamoum Ali et Krim s'y employaient de toutes leurs forces. Mais les hommes perdaient la foi à vue d'œil.

« Jamais ils ne tiendront », pensa Krim. Et ceux-là étaient bien encadrés. Qu'en était-il de ceux qui restaient isolés dans le bled sous la seule surveillance d'un chef de daïra!

Pendant les dix jours qui suivirent l'insurrection les trente hommes de Zamoum et Krim ne se nourrirent que de galettes et de figues. Au dixième jour Krim envoya un homme en civil dans un marché qui se tenait dans un gros village acheter un peu de viande, du gras-double, et des légumes mais en faible quantité pour ne pas se faire remarquer. L'homme réussit. Krim et les survivants de cette époque se souviennent aujourd'hui encore du goût qu'avait la soupe préparée ce soir-là, de la chaleur du premier feu allumé au fond du ravin pour qu'on ne voie ni fumée ni feu. Des guetteurs se tenaient sur les hauteurs surplombant le ravin, attendant avec plus d'impatience que d'habitude l'heure de la relève. Ils interceptèrent un homme, un Arabe, qui devait ce soir-là partager la première soupe. Il s'agissait de Hadj Ali, un compagnon de Moulay Merbah, le représentant à Alger de Messali.

On a vu que le vieux prophète, de sa résidence surveillée en Métropole, avait fait courir le bruit que cette révolution — déclenchée sans lui, ce dont il était furieux — était le fait des hommes du M.T.L.D. L'argument avait porté à Alger où Messali avait grande influence et en Métropole où l'organisation était en majorité messaliste. La violente répression gouvernementale contre le M.T.L.D. avait accrédité cette thèse parmi la population. Il s'agissait maintenant pour les messalistes de prendre contact avec le F.L.N. Messali choisit de joindre Krim et Ouamrane, les deux membres influents du C.R.U.A. à avoir rompu les derniers avec lui. Reprendre le dialogue avec eux serait plus facile. El Zaïm, l'Unique, pensait que les deux « petits » seraient trop heureux de rejoindre ses rangs. Il envoya donc Hadj Ali, avec la mission de contacter Krim.

Mais si le chef kabyle accepta de partager sa précieuse gamelle de soupe avec l'envoyé messaliste, sa « collaboration » s'arrêtait là.

« Messali est décidé à rejoindre votre mouvement », lui assura Hadj Ali...

Krim n'en croyait rien et le poussa dans ses derniers retranchements en faisant mine d'accepter l'appui de Messali. Mais il ne s'était pas trompé. Ce que voulait l'exilé c'était l'inverse. Que les Kabyles de Krim rejoignent le M.T.L.D., que Messali les contrôle et les patronne. El Zaïm n'avait pas renoncé malgré le déclenchement de l'insurrection à rester l'Unique. Il n'avait toujours rien compris. Son envoyé fut « dirigé » vers Alger porteur d'un refus formel des Kabyles.

Krim effectua lui aussi un voyage éclair à Alger. La liaison entre la capitale et son P.C. était plus facile qu'avec les groupes disséminés dans la montagne kabyle. Bitat signalait à Krim et à Ouamrane la possibilité d'obtenir un appui financier de gros commerçants musulmans. Mais ceux-ci, ouverts à la propagande messaliste, ne croyaient pas à l'existence de maquis F.L.N. « Ils veulent avoir des contacts avec les maquisard, expliquait Bitat, sinon ils n'y croient pas. »

Krim et Ouamrane quittèrent quarante-huit heures la Kabylie pour convaincre ces « grossiums » de la semoule. Ils y parvinrent, non sans mal. Mais, revenant en Kabylie, Krim qui venait de se retremper quelques heures dans une vie normale s'aperçut que le moral de ses hommes était encore plus bas qu'il ne le pensait en vivant parmi eux. Il fallait très vite rompre cet isolement moral et psychologique qui les oppressait. Pour cela une seule solution : passer à l'action.

Krim réunit le 20 novembre sous sa présidence le comité de la zone III, qui comprenait Ouamrane et les sept chefs de région (daïra). « Il est nécessaire de passer à l'action, expliqua Krim, nos hommes ne tiendront pas bien longtemps si on les laisse dans cet état... »

Il était hors de question de s'attaquer dans un premier temps à l'armée. Il fallait donc trouver un moyen qui permette de forcer ce blocus qui séparait les maquisards de la masse kabyle.

Les chefs de daïra convinrent avec Krim et le « Sergent » que les renseignements étaient difficiles à obtenir, tellement la population était en garde contre eux. C'était un miracle que les sept groupes aient échappé jusqu'ici aux recherches de l'armée. Seules les précautions prises par Krim avaient pu les préserver de rencontres qui leur auraient été fatales.

« Il est nécessaire, dit Krim, compte tenu de nos faibles moyens militaires et de la « réserve » de la population à notre égard, de décider d'une action plus spectaculaire que meurtrière. »

Les villages, les gros bourgs, les petites villes étaient tenus par des éléments musulmans fidèles à la France et liés à l'Administration. C'était donc ces hommes qu'il fallait prendre comme objectif. Comme l'opération devait être « payante » il fallait s'attaquer à l'homme qui dans la région était, de notoriété publique, le plus favorisé par l'administration locale.

« Attention précisa Ouamrane, il ne s'agit pas de le tuer. Cela c'est simple. Mais de le rançonner et de lui faire peur au point que la population se dise : les hommes de l'A.L.N. ne sont pas des bandits mais ils sont si forts qu'un homme qui a tant d'appui chez les Français préfère leur céder. »

On se décida sur le nom de Tabani, un entrepreneur de transport qui assurait la liaison routière Alger-Kabylie et « faisait » les marchés de la région. L'opération se ferait un samedi, jour de marché à Tizi-Ouzou.

Le 27 novembre, un samedi, à 14 km de Tizi-Ouzou, vingt hommes de Zamoum dirigés par Krim Belkacem dressèrent une embuscade. Il était 6 heures du matin. Il faisait encore nuit noire. La propriété de Tabani se trouvait à une vingtaine de kilomètres de Tizi-Ouzou et le transporteur avait l'habitude tous les samedis d'accompagner, à bord de sa voiture personnelle, le convoi de deux cars et un camion qui transportait les paysans des villages avoisinants se rendant au marché. Krim savait que Tabani, depuis l'insurrection, avait reçu des autorités locales l'autorisation de lever une petite milice armée pour « protéger » ses convois. Krim prépara donc soigneusement l'embuscade. Un guetteur signalerait l'arrivée du convoi. Zamoum Ali et cinq de ses hommes en uniforme arrêteraient les cars, le reste de la troupe les tiendraient dans leur ligne de tir de part et d'autre de la route.

A 8 heures, le jour était blafard et un fin brouillard couvrait encore les champs situés en contrebas de la route. Krim vit les grands gestes du guetteur. Zamoum s'avança au milieu de la route dans les faisceaux des phares du premier car. Le convoi s'arrêta. Le chauffeur cria par la glace baissée :

« C'est le convoi de M. Tabani, tout le monde est en règle... » Mais Zamoum n'avait pas dévié d'un pouce le canon de sa mitraillette. Des ombres silencieuses, armées elles aussi, sortaient des fossés et braquaient leurs armes sur les quatre véhicules.

« Que les hommes armés descendent les premiers, cria Zamoum... et pas un geste sinon on tire... »

En silence, visiblement terrorisés, les hommes de la milice sortirent des trois véhicules et déposèrent leurs armes sur le bas-côté de la route.

Krim avait fait sortir l'homme qui conduisait la voiture particulière. C'était bien un Tabani mais pas le propriétaire que l'on voulait attaquer. C'était son fils aîné, un garçon de vingt-quatre ans. Tant pis! on s'en occuperait après.

L'opération psychologique passait avant tout et Krim avait devant lui près d'une centaine de villageois paniqués, tassés sur les fauteuils des cars ou sur les bancs de bois du camion.

Le chef kabyle les fit descendre.

« Ecoutez vous autres, leur cria-t-il. Nous sommes des soldats de l'Armée de Libération Nationale. Nous ne vous voulons pas de mal. Au contraire. C'est pour vous que nous combattons. On vous dit sur tous les tons que nous sommes des bandits, des hors-la-loi, de dangereux brigands. Ce n'est pas cela... »

Et Krim fit rapidement à ces paysans tremblants une « conférence » sur les buts de la révolution, sur l'indépendance et le sacrifice des hommes du F.L.N.

« Nous ne sommes pas des bandits mais des patriotes. C'est pour vous, pour le peuple que nous courons tous ces risques... »

Le discours avait porté. Et Krim fut tout étonné de voir les paysans, qui au fond n'aimaient guère Tabani, détruire complètement les trois véhicules et y mettre le feu lorsque la bombe que Zamoum avait apportée à cet effet fit long feu.

« Maintenant, gagnez Tizi ou vos villages! Racontez ce que vous avez vu. Et expliquez qui nous sommes! »

Krim fit relâcher également les hommes de la milice après leur avoir confiqué leurs armes. Ils ne pensaient pas s'en tirer à si bon compte...

Puis les hommes de l'A.L.N. se fondirent dans la nature emmenant avec eux le jeune Tabani.

Krim discuta avec lui, tout en marchant à travers le djebel. Il fut surpris de découvrir un jeune homme instruit qui possédait une solide formation de gauche. Les deux hommes parlèrent de la révolution. Tabani tenta de disculper son père. Krim l'arrêta bien vite.

« Nous ne lui voulons aucun mal... pour l'instant, dit-il au jeune homme. Tu vas rentrer chez toi. Nous fixons une première amende de 200 000 F et si ton père veut ne pas avoir d'ennuis qu'il quitte Tizi-Ouzou dans la semaine. Il mettra son affaire en vente, sinon... »

Krim qui, après ce coup de main, s'attendait à une réaction rapide de l'armée avait décidé de se cacher avec les hommes du commando à proximité de la propriété de Tabani, certain que les militaires ne viendraient guère le chercher là. Il risquait un coup de poker sur la confiance que le jeune homme lui avait inspirée. « Je te donne rendez-vous ici dans quatre heures. Tu auras le temps de convaincre ton père... »

Les quatre heures qui suivirent furent très tendues au sein de la petite troupe de maquisards. Krim se demandait s'il n'avait pas trop joué avec le feu. Les guetteurs, dissimulés en haut d'une colline qui dominait la propriété, ne signalaient aucun mouvement de troupe, pourtant ils flairaient le piège.

Si Krim s'était trompé, le jeune Tabani et son père avaient tout le temps de prévenir l'armée!

Mais le flair du chef kabyle l'avait servi. A l'heure dite le fils Tabani arriva avec une liasse de deux cents billets de mille francs.

« Voilà l'argent, dit-il, mon père partira le plus vite possible. Il a eu très peur et puis moi aussi je lui ai parlé de la révolution... »

Krim demanda encore au jeune homme de dire la vérité à la presse car il se doutait que l'affaire allait faire du bruit dans les heures qui venaient.

Les prévisions de Krim furent bien dépassées. Les témoins de l'embuscade, dès leur arrivée à Tizi-Ouzou, racontèrent leur mésaventure aux militaires mais en exagérant les faits. Krim et ses hommes leur avaient fait un peu de cinéma sur la discipline. Tout homme de l'A.L.N. qui devant eux s'était adressé à Krim ne l'avait fait qu'au garde-à-vous avec des marques de respect outrées. Cela avait porté. La petite troupe devint dans le récit des paysans une bande de quatre-vingts à cent hommes en uniforme, avec les armes automatiques les plus modernes, à tel point que le commandant d'armes de Tizi-Ouzou demanda des renforts à Ménerville et attendit leur arrivée avant de déclencher l'opération de recherche.

Les hommes du contingent surchargés de sacs, de grenades, de fusils parcoururent les pistes de la région mais, trop lourdement équipés, ils ne pouvaient « crapahuter dans le djebel » pour débusquer les hommes de Krim. L'opération fit chou blanc. La troupe n'était pas prête à la guerre subversive. Et les quelques bataillons efficaces étaient déjà engagés dans l'Aurès...

Cette embuscade avait regonflé les hommes de Krim. Ceux des autres régions de Kabylie bénéficièrent de ce succès car, à partir de ce 27 novembre, les contacts avec la population furent meilleurs. L'opération d'intimidation se retournait contre les éléments des villages qui effectuaient une surveillance des activités de la population. Plusieurs supplétifs musulmans qui avaient été armés par l'Administration furent attaqués. Les renseignements affluèrent alors au maquis. Krim sentait la situation se redresser. Les problèmes de ravitaillement étaient sur le point de se résoudre. La population commençait à connaître l'A.L.N. Les simples villageois, s'apercevant que l'Administration n'était pas toujours la plus forte, trouvèrent ainsi l'occasion de se venger des avanies qu'ils avaient eu parfois à subir. Krim était conscient des causes de ce revirement subit mais s'il avait déclenché l'insurrection en Kabylie avec 400 hommes et 130 armes ce n'était pas pour discuter les raisons qui poussaient une partie de la population à aider l'A.L.N. Il se donnait un mois pour vivre « comme un poisson dans l'eau » en Kabylie et déclencher les combats contre l'armée. Pour cela il lui fallait l'entière complicité de la population. Alors seulement, pour lui, la guerre pourrait vraiment commencer.

Dans les Aurès les « opérations de maintien de l'ordre » ressemblaient bien à la guerre.

Des renforts étaient arrivés mais cela n'empêcha pas, le 17 novembre, le général Cherrière d'avertir le Gouverneur général Léonard de la gravité de la situation.

Pour Cherrière, elle était devenue telle en quinze jours qu'il n'y avait que deux solutions :

« Ou continuer la politique de « gagne-petits », cette politique de « boutiquiers parcimonieux » que l'on pratiquait actuellement.

« Ce qui n'empêchera pas, ajouta le commandant en chef, la situation de pourrir. Nous serons obligés de demander de nouveaux moyens à Paris et nous n'en perdrons pas moins nos musulmans fidèles qui rejoindront, peut-être par peur, la rébellion. »

Réclamer encore à Paris voilà qui ne plaisait guère au Gouverneur général, et le commandant en chef le savait.

« Ou bien, et là « Babar » Cherrière ne cachait pas sa prédilection pour cette forme de combat, utiliser pleinement les moyens dont ils disposaient.

« Allons-y à fond, dit-il à Léonard, quelle que soit la puissance des moyens à employer. Vite et fort. En pays islamique la faiblesse ne paie jamais! »

Léonard se méfiait des grands déploiements de forces préconisés par « Cherrière-l'Avantageux ». Pourtant il fallait prendre une décision.

Si Cherrière se décidait à forcer un peu la main du bon Léonard c'est que dans l'Aurès la situation n'était pas brillante.

Rien de catastrophique, bien sûr, mais un enlisement dans un pays où l'hiver allait être dur et où le temps servait les rebelles. Dupuch, le préfet de Constantine, qui était pourtant un adversaire acharné des « grandes machines à la Cherrière », pensait aussi que la situation ne s'arrangeait pas.

Les autorités de l'Est algérien étaient surprises par la hargne des maquisards des Aurès qui depuis le 1er novembre — contrairement à toutes les autres régions d'Algérie — n'avaient pas cessé le combat. Et à la moitié du mois de novembre il semblait bien qu'ils n'aient aucune envie de se replier. Des escarmouches on était passé aux combats souvent furieux. La plupart de ces combats se déroulaient sur le territoire du douar Ichmoul dans le triangle Batna-Arris-Foum Toub. La population, touabas, était, selon les autorités, traditionnellement xénophobe et turbulente. C'était aussi le fief de Ben Boulaïd, là où ses montagnards lui étaient le plus fidèles.

Spillmann convint que cette région devait être particulièrement surveillée. Mais ce qui paraît simple sur une carte d'état-major — le triangle que couvrait le douar Ichmoul n'était pas bien important — s'avérait impossible sur le terrain. Pas de routes, quelques sentiers, un terrain escarpé, pierreux, boisé aussi; la forêt des Beni Melloul — une forêt naine dont aucun arbre ne dépassait la poitrine d'un homme tellement le climat était rigoureux — était, de l'avis de tous les officiers, le repaire des « salopards ».

« A moins d'y aller au lance-flammes ou à la bombe... », avait dit l'un d'entre eux. Le grand mot était lâché. Bombarder le douar en rébellion semblait être le seul moyen d'en venir à bout.

Cela se passa dans le petit bureau de Deleplanque à Batna. Il y avait là de Vivie de Régie, l'administrateur de Khenchela, Bougeot, administrateur d'El Madher au nord des Aurès, un homme tellement arabisé qu'il avait l'habitude de dire « Je rêve en arabe », le préfet Dupuch, le colonel Blanche toujours aussi renfrogné par la présence de « ces civils », et M. Vie délégué au maintien de l'ordre pour la zone Sud Aurès-Nementchas-Tébessa. Vivie de Régie et Bougeot, d'emblée, demandèrent le bombardement. Personne parmi les hommes assistant à la conférence ne protesta. C'était, semble-t-il, la seule solution.

« Mais attention, messieurs, dit l'administrateur Bougeot, je vous mets en garde. Je connais bien les populations d'ici. Je suis pour le bombardement mais si vous annoncez que vous allez bombarder — et cela on est forcé de le faire pour évacuer les populations qui n'ont rien à voir avec les fellagha — et que vous ne le faites pas, l'Algérie est perdue. Si pour une raison ou pour une autre l'ordre risque d'être annulé alors, pour l'amour du ciel, ne l'annoncez pas! »

Le préfet Dupuch, approuvé par le sous-préfet Deleplanque et le colonel Blanche, décida donc de prévenir le général Spillmann et de demander le feu vert du gouverneur Léonard.

Chacun au fond de lui-même pensait qu'une opération d'aussi vaste envergure frapperait les imaginations et ramènerait la confiance autant chez les musulmans fidèles que chez les Européens. Et ce ne serait pas superflu car une très mauvaise ambiance régnait depuis quelques jours. Les Européens étaient si montés contre les musulmans que Spillmann et Dupuch craignaient un affrontement qui leur semblait imminent.

Le général et le préfet, opposés aux grandes manœuvres de Cherrière, étaient persuadés que la solution était politique, administrative et économique. Ils étaient à fond pour la pacification. Mais ils avaient aussi l'impression de prêcher dans le désert. Dupuch passait son temps à contenir ses « hyperexcités » de Constantine qui, ayant perdu leur belle certitude d'avant le 1er novembre selon laquelle « chez nous il ne se passera rien », ne parlaient plus que d'en découdre. Menés par Gratien Faure, par Isella, appuyés par la Fédération des maires, par les Associations d'anciens combattants, ils réclamaient la répression brutale.

De son côté Spillmann, malgré les efforts de l'armée pour circonscrire la flambée des Aurès qui lentement se transformait en incendie, se voyait reprocher par certains Européens sa façon de mener les opérations. L'un d'entre eux, un personnage considérable de l'Est algérien, M. Burget, maire de Souk-Ahras, l'accrocha violemment. Le général commandant l'Est algérien l'avait informé qu'il allait retirer l'un des deux bataillons de paras qui stationnaient à Souk-Ahras.

« Ce sont des éléments qui doivent bouger pour être efficaces, avait rassuré le général Spillmann, d'ailleurs je vais les remplacer par mes tirailleurs algériens qui viennent d'arriver d'Oranie. »

Le colon avait bondit, indigné :

« Nous ne voulons pas de bicots ici, hurla-t-il, nous voulons nos paras. Les bicots envoyez-les dans les Aurès, avec les bicots! »

Spillmann me dira plus tard : « Pendant cette période, à ce poste, je n'ai jamais rencontré un seul Européen important qui soit compréhensif. Ils ignoraient totalement le monde musulman et « de bonne foi » ne pouvaient supposer son évolution. J'ai tout de même envoyé mes paras dans les Aurès et les fidèles tirailleurs ont fait leur travail. » Ils l'avaient bien fait pendant la campagne d'Italie... au prix de quelles pertes!

En novembre 1945 personne décidément n'était prêt à la guerre de guérilla, ni à même de la comprendre, encore moins prêt à s'y opposer. On ne ratait pas une maladresse.

Spillmann avait dû se battre pour que cesse une pratique scandaleuse qui opposait l'armée à la justice civile.

Comme on ne procédait officiellement en Algérie qu'à des opérations de police, comme le civil primait sur le militaire, chaque soldat tué était considéré comme la victime d'un crime quelconque et son corps devait être autopsié. Le juge d'instruction pouvait même — et il le fit parfois — demander une reconstitution de l'accrochage! Les premières victimes de la Toussaint Rouge avaient ainsi été disséquées. Les militaires s'opposaient aujourd'hui à cette pratique et refusaient de remettre à l'autorité civile les corps de leurs compagnons morts au combat.

Spillmann dut faire intervenir le Garde des Sceaux, Guérin de Beaumont, un ami de collège, pour faire cesser cette pratique. Mais on ne pouvait pas reprocher au procureur de la République de Batna de faire son devoir. Il avait la loi pour lui.

Ainsi tout le monde comptait sur le bombardement qui devait « réduire » le douar Ichmoul pour éclaircir la situation et faire baisser la tension qui régnait de tous côtés.

Cherrière avait donc présenté « la chose » à Léonard qui avait reçu la demande officielle de Dupuch. Devant l'approbation du préfet de Constantine, de Deleplanque, des administrateurs civils de l'Est, devant l'insistance de Cherrière, malgré l'avis réservé de Spillmann, Léonard se décida à demander « l'avis favorable » du ministre de l'Intérieur car François Mitterrand avait interdit de faire un usage quelconque de l'aviation sans son accord personnel.

Il semble bien que, dans un premier temps, le feu vert ait été donné par le ministre de l'Intérieur puisque le sous-préfet Deleplanque reçut à Batna l'autorisation de bombarder le douar Ichmoul à la condition expresse, réclamée par Mitterrand, Dupuch et Léonard, que la population serait prévenue par jet de tracts au-dessus des différents villages du douar visé; qu'en outre les émissaires prendraient contact avec ces populations pour les regrouper dans la vallée proche et qu'enfin les caïds surveilleraient et conseilleraient vivement cette évacuation.

C'était donc appliquer localement la politique de regroupement à laquelle Spillmann était hostile. Il renouvela sa mise en garde. Les gens d'Ichmoul étaient acquis à la rébellion, les décevantes tentatives de reprises de contact avec les habitants du douar le prouvaient. Il lui paraissait dangereux de les établir sans ressources suffisantes et de façon précaire dans une région, Touffana, située à cheval sur les communications de l'armée où ils ne manqueraient pas de contaminer d'autres populations qui ne demandaient peut-être qu'à l'être!

On voit que la lucidité du général Spillmann était grande et qu'il était loin de partager l'espoir de détente attendue par les autorités à la suite de ce bombardement.

On répondit au général que « les administrateurs, secondés par les caïds, les reprendraient vigoureusement en main et que les goums prochainement levés permettraient de les surveiller, qu'au surplus on allait leur donner vivres et subsides, autant par humanité que pour mieux asseoir notre emprise sur eux ».

Les ordres venaient d'Alger et le commandant de la division de Constantine, quel que soit son avis sur les résultats de l'opération, devait les appliquer.

Deleplanque à Batna, aidé de plusieurs administrateurs intéressés par l'opération, mit au point le texte des tracts qui devaient être lâchés sur le territoire du douar. Il fallait que ce texte soit simple pour être compris par les frustes Chaouïas — enfin ceux qui savaient lire! — et imagé pour frapper leur imagination. On arrêtera donc le texte suivant rédigé en arabe parlé :

« Appel à la population musulmane :

« Des agitateurs parmi lesquels des étrangers ont provoqué dans notre pays des troubles sanglants et se sont installés notamment dans votre région. Ils vivent sur vos propres ressources. Ils vous rencontrent et s'efforcent d'entraîner les hommes de vos foyers dans une criminelle aventure... Musulmans! Vous ne les suivrez pas et vous rallierez immédiatement, et avant le dimanche 21 novembre à 18 heures, les zones de sécurité avec vos familles et vos biens. L'emplacement de ces zones de sécurité vous sera indiqué par les troupes françaises stationnées dans votre région et par les autorités administratives des douars. Hommes qui vous êtes engagés sans réfléchir, si vous n'avez aucun crime à vous reprocher, rejoignez immédiatement les zones de sécurité avec vos armes et il ne vous sera fait aucun mal. Bientôt un malheur terrifiant, le feu du ciel, s'abattra sur la tête des rebelles. Après quoi régnera à nouveau la paix française. »

C'est la fin de ce tract que Ahmed Francis avait lu à la tribune de l'Assemblée algérienne en souhaitant que « cette paix française ne soit pas celle des cimetières ».

80 000 de ces tracts furent lâchés par des avions de reconnaissance au-dessus des douars Raschira, Ichmoul, Zenatou et Oued Taga.

Le sous-préfet Deleplanque qui croyait à fond dans le succès de l'opération décida de prendre lui-même la tête des émissaires qui devaient entrer en contact avec les populations rebelles. Il se fit accompagner par le caïd Saadi Abd el-Krim et par M. Bougeot farouche partisan du bombardement. C'est à Touffana, un tout petit centre sur la route de Batna, à Khenchela, au nord de Arris, qu'eut lieu la rencontre avec trois éléments « représentatifs de la population rebelle ».

Deleplanque n'y alla pas par quatre chemins. Le jeune sous-préfet s'était mis dans la peau d'un homme de guerre et il croyait tellement que ce regroupement suivi de bombardement nettoierait définitivement « ses chers Aurès » de la gangrène qui s'y était attaquée, qu'il mit véritablement le marché en main aux représentants chaouïas.

« Je vous donne trois jours, leur dit-il, pour vous rendre avec vos familles avant ce bombardement. Vous pourrez descendre ici à Touffana avec la population. Un camp d'accueil y est préparé. En échange je vous garantis sur ma parole l'impunité, du travail, le logement et la nourriture de toutes vos familles. »

De l'avis de Deleplanque le contact fut très bien accueilli. Les « délégués » chaouïas promirent de « faire leur possible » pour que la population du douar gagne Touffana.

Le 26 novembre — trois jours après — Deleplanque devait déchanter. Sa mission de « conciliation » avait échoué. A peine 150 personnes s'étaient rendues en trois jours! Avec peu d'armes. Quelques gros fusils de chasse rudimentaires. Les Chaouïas montraient leur solidarité avec la rébellion. Ils restaient accrochés à leurs douars.

Pourtant, relatant ces événements, *Le Monde* titrait : « Des « populations loyales » de l'Aurès arrivent au rendez-vous de Touffana. »

La dépêche de L'*A.F.P.* reproduite parlait de 1 053 réfugiés dans la zone de sécurité et estimait à 1 200 le nombre total de réfugiés attendus!

Les informations en provenance de Touffana soulignaient tout de même que « la majeure partie de l'élément masculin se composait d'hommes âgés ».

Alors bombardement ou pas bombardement? Cette affaire de bombardement n'a jamais été éclaircie. Disons tout de suite qu'il n'eut pas lieu.

Première version des faits :

Roger Léonard, foncièrement hostile au bombardement, le fit annuler car « la population des douars était en mouvement, rassemblant ses affaires dans des coffres, réunissant enfants et troupeaux.

« Il n'était pas possible de bombarder un douar où il y avait des femmes et des enfants. Seuls eurent lieu des passages à basse altitude pour impressionner la population. Aucun bombardement n'eut lieu de mon temps. »

Seconde version :

« L'ordre de bombardement a été donné et repris par le gouverneur Léonard qui craignait les réactions de Paris. »

Le préfet Dupuch me fit le récit de sa rencontre à Paris dans les couloirs de l'Assemblée nationale, avec M. Mitterrand qui commenta cette annulation. « Quand on a donné un ordre comme celui-là, lui dit le ministre de l'Intérieur, quand on a menacé par tract on ne doit plus se dégonfler. »

« C'était, me dit Dupuch, l'un des premiers grincements entre Mitterrand et Léonard. »

On va voir — lors de la visite que va faire Mitterrand à Batna — à quel point le problème posé par l'activité de l'aviation le préoccupait.

Enfin troisième version que j'ai pu recueillir :

Un journaliste métropolitain apprit le projet de bombardement et lut le tract diffusé dans le douar Ichmoul. Les mots « feu du ciel terrifiant » lui laissèrent croire qu'on s'apprêtait à utiliser le napalm, alors que seuls étaient autorisées officiellement les bombes de dix kilos. Les militaires, il faut l'avouer, en avaient déjà préparé de plus importantes. Le journaliste alerta directement le cabinet de M. Mendès-France qui était alors en visite officielle au Canada. On prétend que, informé de ce qui se passait au douar Ichmoul, le président du Conseil ordonna de différer ces bombardements. L'ordre présidentiel arriva quelques instants avant l'Heure H alors que les Nord 2 500 s'apprêtaient, bombes sous les ailes, à décoller de Telergma.

Le président Mendès-France ne se souvient pas d'avoir une seule fois entendu parler de bombardement.

Quoi qu'il en soit, les bombardements n'eurent pas lieu. C'était devenu une affaire publique. Les journaux titrèrent : « Bombardements différés. »

Bougeot, l'administrateur de Souk-Ahras qui avait dit : « Pour l'amour du ciel ne l'annoncez pas si vous risquez de ne pouvoir l'effectuer » ajouta : « Maintenant ça y est. Nous avons perdu la face. »

Plus que jamais les Aurès étaient de cœur et de corps avec Ben Boulaïd.

Le « feu terrifiant du ciel » se transforma en une balade spectaculaire dans les Aurès. Les troupes de Gilles et de Ducourneau « ratissèrent » la région du douar Ichmoul. Et il y avait du monde!

Sous le commandement du colonel Ducourneau, les trois bataillons du 18e R.I.P.C.; des parachutistes coloniaux, des éléments du 1er R.C.P., le 14e B.T.A., 1 bataillon de marche de chasseurs; formé par les 4e, 10e, 17e B.C.P., des chars légers de la coloniale, des unités du 9e R.C.A., l'escadron du 1er régiment de hussards parachutistes, les 11e, 14e R.A. avaient encerclé la région et commençaient à fouiller le pays, en allant lentement de la périphérie vers le centre.

Cherrière l'avait sa belle grande opération! Pour rassurer la population européenne, ça la rassurait! Tout ce que le pays comptait de paras crapahutait allègrement. Cherrière « bichait ». Par la force des choses « sa » technique était appliquée. On allait passer la région réputée comme la plus atteinte par la subversion « au peigne fin ».

Comme il fallait s'y attendre, les hommes de l'A.L.N. qui acceptaient le combat lorsqu'il avait une chance de leur être favorable se gardèrent bien de se heurter à cette énorme pieuvre dont les bras tentaculaires étaient bardés de mitrailleuses et de canons. Les hommes de Ben Boulaïd disparurent dans la nature; les armes, fort peu nombreuses, dissimulées dans des caches introuvables. Les hommes qui n'étaient pas fichés comme militants de vieille date se transformèrent en braves bergers parfaitement abrutis ne comprenant pas un mot de français ni d'arabe, les autres se réfugièrent dans des grottes indétectables par qui n'était pas du pays.

La « balade » ne fut pas inutile. C'est ce que déclara l'état-major qui pouvait difficilement dresser un constat d'échec après les roulements de tambours qui avaient précédé l'opération. Le général Spillmann, qui pourtant était farouchement opposé à ce genre d'opération, nota charitablement : « L'opération Ichmoul permit d'aguerrir les troupes, de les familiariser avec le pays, de patrouiller dans des ravins sauvages dont les habitants n'avaient pas vu de Français depuis des dizaines d'années; de diriger sur le centre de regroupement de Touffana des familles qui n'avaient pas encore obtempéré aux ordres de l'autorité civile, de saisir quelques armes de guerre dissimulées, d'arrêter enfin une quarantaine d'individus des plus suspects, vêtus parfois d'habits kaki d'apparence militaire, sous leur cachabia civile, et souvent armés de fusils de chasse à percussion centrale ou à broche, armes redoutables dans le combat rapproché en montagne et en forêt. »

Mais le général Spillmann lucide notait encore : « Il n'y avait aucune illusion à se faire sur le sort des suspects. A moins d'avoir déjà encouru une condamnation par contumace ou d'avoir été formellement identifiés au cours d'une précédente affaire, ils seraient remis en liberté après une vérification d'identité, aucune charge précise n'étant relevée à leur encontre. De toute façon, et bien que ce fût illégal, les fusils de chasse furent tous confisqués, purement et simplement. »

C'était l'échec complet. La balade. Ducourneau qui avait l'expérience de l'Indochine rigolait et attendait d'agir seul, comme il l'entendait.

Tous les hommes de Ben Boulaïd étaient passés entre les dents du « peigne fin » blottis dans leurs caches, utilisant à merveille un terrain hostile qu'ils connaissaient parfaitement, invisibles aux yeux d'une armée qui ratissait les Aurès comme des C.R.S. les Deux-Sèvres à la poursuite d'un kidnapper. C'était passer de l'eau au peigne fin!

Après la « balade », la « visite départementale »... Le ministre de l'Intérieur débarque à Batna flanqué du gouverneur Léonard, de Cherrière, de Dupuch, de René Mayer et de nombreux parlementaires du département. Tout le monde était sur son trente et un, petit doigt sur la couture du pantalon. Visiblement, les « visiteurs » de la Métropole et les parlementaires ne semblaient pas conscients que la nuit de la Toussaint avait marqué le début d'une rébellion qui ne faisait que progresser dans les Aurès. On écouta d'une oreille distraite les « topos » et comptes rendus militaires et on se soucia beaucoup plus du numéro d'ordre que portait la voiture officielle attribuée dans le cortège. Le respect du protocole semblait le plus important.

Le ministre voulut voir les chantiers de travail ouverts près de Arris, dans l'Oued El-Abiod, pour les « populations fidèles ».

On serra la main des vieux à burnous et à médailles, on aurait été bien en peine de serrer celles des jeunes. Il n'y en avait pas.

Mitterrand n'était pas au bout de ses peines. « Pourquoi marche-t-on si lentement? » demanda-t-il agacé par le long cheminement de la caravane officielle. On lui montra l'automitrailleuse qui ouvrait le chemin. Furieux, François Mitterrand voulut s'en débarrasser. Mais Cherrière et Spillmann, hommes dont la prudence naturelle et professionnelle était bien connue, s'y refusèrent avec raison. Visiblement l'ampleur des événements n'était pas parvenue jusqu'à Paris. Mitterrand n'avait même plus son sourire de commande mais plutôt le « masque » des mauvais jours. Les militaires et leurs précautions ridicules l'agaçaient prodigieusement. Il voulut aller à Biskra par les gorges de Tighanimine où l'instituteur Monnerot avait été assassiné. Cherrière et Spillmann, toujours eux, refusèrent.

« La liaison Arris-Biskra, dirent-ils, n'a pas encore été réalisée depuis le 1er novembre et la route n'est pas sûre! »

« Au moins je veux aller à T'Kout! »

Les militaires cédèrent. A T'Kout il y avait un bataillon de parachutistes coloniaux. Mais cette « escapade » avait considérablement modifié le *timing* du cortège et il faisait nuit lorsque le ministre de l'Intérieur, après avoir bavardé avec le général Gilles et le colonel Ducourneau, regagna Batna.

De Arris à Batna les militaires ne vivaient plus! Si une embuscade s'attaquait au convoi! Mais le cortège officiel regagna Batna sans encombre.

« Je crois, monsieur le Ministre, que nous avons eu de la chance! »

Ah! le pauvre Spillmann aurait mieux fait de tenir sa langue et de ne pas s'essayer à être aimable avec le ministre de l'Intérieur. Mais on ne se refait pas! La réplique fut cinglante :

« Sachez, Général, qu'il est bon qu'un ministre s'expose de temps à autre. Il n'aurait même pas été mauvais qu'on tire quelques coups de feu contre le cortège et que je sois quelque peu blessé. »

Spillmann pensa que si le ministre avait été quelque peu blessé, d'autres, en particulier dans l'escorte militaire, auraient pu être « quelque peu morts! »

Où l'héroïsme ne va-t-il pas se nicher? Pourtant le souhait de François Mitterrand n'avait pas été loin de se réaliser — il l'ignorera toujours — car le cortège était passé dans la journée à quelques centaines de mètres à peine de la cache où Grine Belkacem, le bandit au beau visage, l'homme à l'avion d'or, s'était réfugié avec ses hommes. Mais prudent, celui-ci, devant un pareil cortège, avait préféré se terrer dans sa grotte.

Décidément, ce soir-là l'atmosphère était à l'orage. Après le dîner à la sous-préfecture de Batna, Mitterrand fit une remarque fort sèche au général Spillmann.

« Mon collègue Ben Djelloul (député de Constantine) m'en apprend de belles sur vos aviateurs. Un de vos avions au cours d'un mitraillage a blessé une pauvre femme dans une mechta. Je vous rappelle encore une fois que les avions doivent observer et non mitrailler ou bombarder. Seule l'autorité civile peut décider d'une mission pareille! »

Toujours le conflit civil-militaire! Cherrière dont le caractère soupe-au-lait s'accommodait peu d'une pareille algarade, même si elle s'adressait à un de ses subordonnés, fit faire une enquête éclair dont il se fit un malin plaisir de donner des réslutats à la fin de la soirée.

C'était à la demande de l'administrateur de Arris que ce mitraillage avait été effectué sur une crête où une bande rebelle avait été signalée! Ni la région, ni la division n'avaient été prévenues.

« Voilà, monsieur le Ministre, le fin mot de cet incident que je regrette, dit Cherrière narquois, je vais d'ailleurs donner à l'aviation l'ordre de ne plus déférer aux demandes de l'autorité civile non revêtues de l'approbation du général Spillmann. »

Cherrière était ravi de ce retournement de situation. Il conclut en s'adressant au docteur Ben Djelloul :

« En ce qui concerne cette malheureuse femme blessée, cher député, je n'ai pu avoir aucun renseignement confirmant ou infirmant cette information. Nos modestes transmissions militaires marchent, semble-t-il, moins bien que votre téléphone arabe! » Et il lui tourna le dos!

Et la guerre dans tout cela? Il ne semblait pas que l'on s'en préoccupât beaucoup lors de cette visite, ni même qu'on y crût! Les petites salades politiques avaient le pas sur les préoccupations militaires. Même pour un Mitterrand qui fut l'un des rares à « sentir quelque chose » en Algérie, ce qui ne l'empêcha pas — la politique toujours! — de se montrer fort rassurant devant ses collègues de l'Assemblée. Lors de ce voyage les combines politiques devaient avoir quelques conséquences.

Cette visite ministérielle en Algérie marqua en effet pour Roger Léonard le commencement de la fin.

On a vu que François Mitterrand ne le considérait pas comme l'homme de la situation. Il faut ajouter qu'entre les deux hommes il n'y avait jamais eu une très grande cordialité.

Le ministre de l'Intérieur était très jaloux de son autorité sur l'Algérie et considérait le Gouverneur général comme un simple exécutant. Le haut fonctionnaire qu'était M. Roger Léonard pensait que le Gouverneur général était certes tenu à une loyauté rigoureuse et devait être le réalisateur de la politique gouvernementale mais que cela ne l'empêchait pas, au contraire, d'avoir des contacts directs avec le président du Conseil. Et cela Mitterrand ne l'admettait pas, l'homme de l'Algérie c'était lui, de même qu'il ne « digérait pas » que Jacques Chevallier, secrétaire d'Etat à la guerre, s'occupât trop de l'Algérie!

On le voit, les relations entre Mitterrand et Léonard toujours empreintes d'une très grande « correction » étaient loin de se placer sur un plan d'abandon.

La goutte qui allait faire déborder le vase déjà plein entre Mitterrand et Léonard fut — comme souvent en Algérie — une sordide histoire d'élection qui se déroula peu de temps après ce voyage.

Il s'agissait d'élire en Kabylie un conseiller général du premier collège. Le président Laquière qui, ce jour-là, avait décidé d'un tour de valse du côté de chez Blachette avait recommandé un candidat. Blachette toucha Mitterrand par l'intermédiaire de Jacques Chevallier et le ministre de l'Intérieur intervint auprès de M. Trémeaud, préfet d'Alger, pour que son « protégé » soit élu. Trémeaud s'en inquiéta auprès du Gouverneur général.

« Monsieur le Gouverneur, cette élection me semble impossible, car l'adversaire du protégé ministériel est un maire de grande valeur qui a toutes les chances d'être élu, aidez-moi. » Léonard convoqua le sous-préfet de Tizi-Ouzou auquel on conseilla « après quelques actes de pression sur les électeurs de faire son possible, mais pas trop ». Léonard mit Mitterrand au courant de la situation.

« Je veux que cet homme soit élu, lui répondit le ministre, faites des élections préfabriquées, vous en avez l'habitude... » Cela aussi était vrai!

Malheureusement pour Léonard, le candidat de Mitterrand fut blackboulé et le ministre fut persuadé que Léonard, par inimitié, avait fait battre son candidat. Décidément Léonard ne faisait plus l'affaire, il partira avant la fin de l'année!

On voit à la lumière de ces petites péripéties qu'à cette époque les responsables de la vie politique étaient loin de se douter qu'il s'agissait en Algérie d'une affaire qui allait tellement influer sur l'histoire politique de la France.

Léonard, satisfait de quitter l'Algérie, dira : « Pour une politique nouvelle il faut un homme nouveau. J'était peut-être trop lié à un système de vie politique pour pouvoir être cet homme. »

Mitterrand lui donnera en janvier 1955 le choix entre un poste dans la diplomatie, la présidence d'une société nationalisée et la première présidence de la Cour des comptes, poste que Roger Léonard acceptera avec joie. « Il correspondait à mon caractère. » Il se retrouvera dans son élément en quittant à temps un chaudron qui commençait seulement à frémir...

Une fois débarrassées les tables des banquets, une fois terminées les « grandes manœuvres » à la Cherrière, une fois apaisées les petites susceptibilités personnelles, Ducourneau, enfin seul, sur son terrain, décida de passer à l'action avec ses « gus ».

Soutenu, « couvert » comme il l'était par le préfet Dupuch, son ami d'enfance, épaulé sur le plan administratif par le sous-préfet Deleplanque à Batna il pouvait s'occuper uniquement de « casser du fell ».

Cette guerre qui commence n'est pas la guerre d'Indochine, il n'y a pas la proximité de Mao, ses techniques et ses millions d'hommes, mais Ducourneau ne s'y trompe pas, il a lu tous les rapports sur les événements du 1er novembre, il s'est familiarisé avec l'Aurès, il n'y a pas de doute c'est la guérilla. Ni Cherrière, ni Spillmann, tous vieux « arabisants » ne comprennent cette forme de guerre subversive, bien mieux ils n'y croient pas. Ducourneau lui la connaît, Cao Bang et Na Sam au Nord-Vietnam lui ont appris sur place à quels désastres elle peut mener. Il ne la néglige pas, au contraire, mais il semble heureux de la retrouver. Heureux comme un technicien qui va avoir à se servir d'une machine qu'il connaît parfaitement.

Dès son arrivée il a implanté ses « petits gars » sur le terrain. Lui fait la navette entre Arris et eux. A Pau il a fait de ses paras de merveilleuses machines tout terrain à obéir, à tuer. Sur le terrain il les met à l'épreuve, la machine ne tourne plus à vide. En France ses hommes l'aimaient. Dans les Aurès ils l'idolâtrent. Le héros de musée dans sa vitrine de Pau reprend du service, sa gloire s'anime sur le terrain. L'instructeur redevient le chef de guerre qui galvanise ses hommes. Et ils en ont besoin car l'ennemi inconnu est invisible et les conditions de vie sont rudes. L'hiver dans les Aurès transforme les pistes des vallées en fleuves de boue, les rochers des pitons en glace.

Vivant dans le bled au milieu de la population, Ducourneau a bien vite la confirmation de l'opération manquée de Touffana : la population est entièrement acquise aux idées révolutionnaires et la petite fraction qui ne l'est pas est terrorisée par les hommes de l'A.L.N. Le toute façon le peuple chaouïa fournit aux Moujahidines tout ce qu'ils demandent.

Pour renverser la situation et pouvoir travailler sur renseignements, il faut frapper un grand coup. On a vu le prestige dont jouissaient dans les esprits simples du peuple chaouïa des hommes comme Grine Belkacem. C'est contre ces hommes et contre Grine en particulier que le colonel va lutter.

Ducourneau-la-Foudre contre Grine-au-Beau-Visage! Le match sera court, car Ducourneau et ses bérets bleus du 18ᵉ R.I.P.C. vont être servis par la chance. Le colonel qui a étudié avec Blanche et le sous-préfet Deleplanque les zones préférées de l'insaisissable Chaouïa est maintenant persuadé qu'il se trouve entre Batna et Arris dans la zone ouest limitée par la route Batna-Arris.

Inlassablement les compagnies des deux bataillons de bérets bleus patrouillent le djebel, grimpant jusqu'aux crêtes isolées, fouillant les lits broussailleux d'oueds encaissés. Les mechtas isolées font connaissance avec les longues silhouettes musclées et les treillis camouflés des paras. Ils parcourent la montagne, bivouaquent en plein bled, repartent avant l'aube. Ducourneau rejoint souvent une compagnie. Il est en liaison radio avec chaque commandant. C'est la grande chasse. Pas de campagne de ratissage. On va un peu au hasard, en patrouille, cherchant l'accrochage.

Le lundi 19 novembre en fin de matinée une compagnie du 1ᵉʳ bataillon du 18ᵉ R.I.P.C. se trouve sur l'axe Arris-Batna à l'embranchement de la route qui s'enfonce dans le massif, suivant l'Oued El-Abiod, et se termine à Menaa. Route du bout du monde. Après il n'y a rien. Que la montagne et l'amorce du désert.

« On continue vers Batna, mon Commandant, ou on va vers Menna? », interroge un jeune sous-lieutenant.

Le commandant Grall le regarde en rigolant.

« Tu veux faire un pèlerinage à la maison d'André Gide?

— Pourquoi? il a habité là?

— Bien sûr. Et il en avait gardé une grande nostalgie, dit-on. Les petits Arabes du coin ne lui déplaisaient pas! »

En colonne, les hommes de la compagnie Grall empruntent la petite route. Deux patrouilles sont envoyées en couverture sur la pente qui domine la route. Les éclaireurs ouvrent l'œil, mitraillette à la main. La compagnie fera halte au premier village, le temps d'ouvrir une boîte de rations.

A quelques kilomètres du village les premiers coups de feu éclatent. Un éclaireur tombe, roule le long de la pente. Son corps est arrêté dans sa chute par un gros buisson de defla. Embuscade ou accrochage?

En quelques secondes la compagnie est en position de combat. Un feu nourri provenant des crêtes cloue dans un premier temps les bérets bleus au sol. Pour la plupart des appelés, c'est le deuxième combat. Une première escarmouche leur a servi de baptême du feu dix jours auparavant. A la puissance du feu, le commandant Grall comprend tout de suite que cette fois l'affaire est sérieuse. Les rebelles semblent accrochés à une colline abrupte flanquée de pitons rocheux d'où ils peuvent à l'aise « arroser » les paras. Une section conduite par un sous-lieutenant progresse déjà en direction du sommet. Par bonds successifs, s'aidant des buissons, se camouflant derrière le moindre rocher, les hommes-léopards gagnent du terrain. Grall se repère sur la carte. Il suffirait d'une autre compagnie attaquant la colline par la route Arris-Batna pour coincer les fells sur leurs arrières et détruire la bande! Par radio Grall appelle le P.C. Son message atteint Ducourneau qui bivouaque avec une autre compagnie dans les environs de Arris.

« Avons accroché bande fell importante. Feu nourri. Avons mort et plusieurs blessés. Possibilité contre-attaque... »

Ducourneau a repoussé son assiette, situe sur la carte la position de Grall et voit tout de suite la contre-attaque prévue par son surbordonné.

« Boufferez une autre fois, crie le colonel. En route. Et fissa! » Si on l'appelle Ducourneau-la-Foudre c'est qu'il attache une importance primordiale au renseignement et à la rapidité d'exécution. Ce n'est pas un renseignement que fournit Grall c'est une certitude. Les gamelles disparaissent. Les feux sont éteints. Les sacs bouclés en un éclair. Ducourneau et ses hommes sont prêts à partir neuf minutes après réception du message. Le colonel a prévenu ses réserves à Arris. Pour Ducourneau c'est le premier grand baroud de cette nouvelle guerre.

Tous les éléments sont sur place au début de l'après-midi. Grall reçoit des renforts. Et la contre-attaque sur les arrières commence. Les hommes de l'A.L.N. sont solidement accrochés et ne peuvent se dégager mais ils résistent farouchement. Ducourneau et Grall sont surpris par la puissance de feu.

« Ces gens sont bien armés, dit Ducourneau. On va pas moisir ici jusqu'à la nuit. Parce que là ils nous fileront entre les pattes. »

Le dernier assaut, furieux, est donné au crépuscule. Il est à peine 17 heures. Le feu cesse. Encore quelques coups sporadiques. Des Chaouïas en battle-dress olive, le visage creusé, lèvent les bras. Les paras les regroupent. Une protection l'arme au poing surveille les prisonniers; ils sont dix-huit! Une section ramasse les morts — vingt-trois rebelles tués — et récupère l'armement.

Les paras ont eu un mort, trois blessés graves et sept blessés moyens qui sont tout de suite conduits à l'hôpital de Batna. Les trois blessés les plus durement touchés meurent à l'hôpital.

La nuit est tombée lorsque la troupe arrive à Arris. Le téléphone arabe a fonctionné et la population sur le pas des portes voit ces garçons à la silhouette mince et nerveuse avançant le visage noirci par le combat, encore abrutis par le bruit des rafales qui n'ont pas cessé cinq heures durant, silencieux. Ils n'ont rien de vainqueurs et pourtant ils amènent avec eux sur un camion vingt-trois cadavres de rebelles. Dix-huit hommes de l'A.L.N., entourés d'un cordon de paras mitraillette à la main, les suivent. C'est la première fois qu'on capture tant de rebelles. La population européenne, qui voit pour la première fois ces hommes qui ont mis l'Aurès en feu le 1er novembre, les regarde avec curiosité. En silence. Le village « arabe » regarde lui aussi le visage des vaincus, anxieux de reconnaître parmi les hommes épuisés par le combat un visage ami. Rien. Les Chaouïas semblent étrangers à la région de Arris.

Ducourneau qui veut très vite exploiter les renseignements réceptionne lui-même les prisonniers et les fait interroger au fur et à mesure de leur arrivée.

Les hommes de l'A.L.N. sont très bien équipés, leur armement est important et bien entretenu. Ils sont dans une condition physique parfaite. Ducourneau n'est pas loin de croire que ces hommes viennent de l'étranger. Et puis non! Un d'entre eux qui semble découragé donne le chef : c'est la bande de Grine que le colonel vient d'accrocher. Des hommes qui tiennent le maquis depuis longtemps. Bien avant l'insurrection.

« Et lui où est-il? fait demander le colonel par un interprète chaouïa de la commune mixte.

— Mort, parmi les morts », répond le prisonnier.

Le cadavre de Grine gît sur le carrelage aux pieds de Ducourneau. Il correspond au signalement que la gendarmerie possédait : grand, athlétique, très beau visage. Huit personnes le reconnaîtront le lendemain.

Le succès du 18ᵉ R.I.P.C. transporte de joie la population européenne. De quoi « nos » paras ne sont-ils pas capables? Le mythe des paras naît à Arris. Ils deviennent les enfants chéris des Pieds-Noirs.

La mort de Grine Belkacem « tué par le colonel Ducourneau » a un immense retentissement dans la population musulmane des Aurès. Certains ne veulent pas croire à sa mort.

« Le chef au beau visage est invulnérable aux balles des roumis », disent-ils.

Mais très vite l'annonce de sa mort est confirmée.

« C'est le chef chrétien qui est le plus fort... », entend-on maintenant dans beaucoup de mechtas.

Ces âmes simples qui croyaient en l'invulnérabilité du chef de maquis, qui, souvent, tremblaient devant ses hommes mais les soutenaient par esprit de clan, face aux gendarmes et aux Européens, sont ébranlées. Les déploiements de force, les paras qui circulent dans des douars où l'on n'avait pas vu d'Européens depuis des années, et ce combat qui va entrer dans leur légende orale, créent un certain flottement dans la population de douars réputés hostiles.

De leur côté les partisans chaouïas n'affichent plus la belle certitude du 1ᵉʳ novembre. Mais Ben Boulaïd qui s'est replié avec son état-major dans une grotte au sud de Arris, à la limite des Nementchas, le pays sans route, n'a pas l'intention de perdre l'influence qu'il exerce sur la population. Il va réagir.

Le colonel Ducourneau, lui, veut exploiter très vite cette première victoire qui a eu un retentissement inespéré sur la population.

Oui, c'était la première bataille. L'insurrection est dépassée. La guerre commence vraiment dans les Aurès où déjà l'on murmure :

« *Ach'Koun ir'Bah?*

Lequel des deux va gagner? »

Paris-Alger
Javea-Paris
1ᵉʳ novembre 1966-11 novembre 1967.

Remerciements

L'auteur désire adresser ici ses remerciements à de très nombreux témoins. Pendant les mois d'enquête qu'a nécessités la préparation de cet ouvrage il les a souvent importunés, exigeant que, pendant de longues heures, ils fouillent dans leur mémoire. La recherche des documents demandait une grande amabilité de la part de leurs possesseurs. Mais la quête de souvenirs douloureux a bien souvent rouvert des plaies encore mal cicatrisées. Sans s'y arrêter, tous ces témoins se sont employés avec grande franchise, souvent avec émotion, à m'expliquer leur vérité de l'époque et les raisons de leur action.

Je tiens à remercier particulièrement M. le président Mendès-France, M. le premier président de la Cour des comptes Roger Léonard, M. le préfet Pierre Dupuch, M. le préfet Jean Vaujour et M. le contrôleur général Grasser qui n'ont pas hésité à distraire de longues heures aux hautes fonctions qu'ils occupent afin de m'éclairer dans la préparation de mon ouvrage.

J'évoque avec émotion le long entretien que m'a accordé M. le préfet Jean Deleplanque avant son départ pour des territoires d'Outre-Mer et je le remercie pour les précieux documents qu'il m'a fournis.

Outre leurs souvenirs, le général Spillmann et le colonel Schœn n'ont pas hésité à me confier pour de longues études, l'un ses précieux carnets, l'autre les archives très secrètes du S.L.N.A. auquel il a consacré une grande partie de son activité en Algérie. Qu'ils soient remerciés de cette confiance.

Que M. le préfet Trémeaud et M. le préfet Lambert, ainsi que M. le contrôleur général Costes soient remerciés d'avoir bien voulu troubler le calme de leur retraite pour évoquer des souvenirs souvent cruels.

Merci aussi à M. le ministre Jacques Chevallier pour ses explications et ses documents d'un intérêt exceptionnel; ainsi qu'à M. Lagugne-Labarthet et à M. Martial Pons.

Je me souviendrai toujours de notre émotion, M. Jean Servier, en évoquant un pays passionnément aimé.

Jean Lartéguy et Georges Lehva ont ajouté leur témoignage à une amitié de longue date. Merci à eux.

Je tiens aussi à exprimer ma reconnaissance au service de presse du ministère de l'Intérieur, à M. W.-P. Romain et à M. Duprey.

Mais cet ouvrage qui traite des débuts de la guerre d'Algérie n'aurait pu se faire sans l'aide, la compréhension, la gentillesse de nombreux témoins algériens.

Je tiens à remercier tout particulièrement M. Krim Belkacem qui au long des mois m'a raconté les détails d'une histoire qui fut aussi tragique pour son pays que pour le mien. Il y mit une objectivité, un souci de la vérité et du détail dont je veux le remercier ici.

Ma reconnaissance va également au colonel Ouamrane qui fit en ma compagnie un véritable pèlerinage sur les lieux où se déroulèrent les événements ici relatés, et à M. Zoubir Bouadjadj qui inlassablement démonta pour moi le mécanisme complexe de l'insurrection. Que MM. Merzougui et Belouizdad sachent que j'ai compris les raisons de leur réticence.

Merci à M. Ali Mahsas qui dans son exil m'a raconté son entrée dans la vie politique.

Je veux également remercier M. Hocine Sedikhi et l'agence A.P.S. qui ont toujours répondu à mes appels pour retrouver tel ou tel témoin. Ainsi que M. Yacef Saadi.

Que M. Abderhamane Yacine et sa femme, qui ont si bien su me prodiguer leur amitié et recréer pour moi le climat de la vie musulmane des années 1954, soient ici remerciés.

Comment pourrais-je oublier le plus vieux de mes amis musulmans des bons et des mauvais jours, mon cher Mahiéddine Allouache, qui depuis l'idée première de ce livre n'a cessé de me renseigner, de rechercher et retrouver les rescapés de la tourmente, et à qui je renouvelle ma reconnaissance et mon amitié.

Qu'enfin les « anciens » de la Casbah, les responsables de Arris, tous ceux — Arabes, Kabyles, Chaouïas — qui m'ont accompagné sur les lieux du drame, qui, tout au long des multiples voyages de documentation que j'ai effectués en Algérie, m'ont aidé, ont su comprendre et respecter mon émotion devant certains lieux tragiques, qui m'ont prouvé par leur accueil — comme ils le font aujourd'hui pour n'importe quel visiteur — que la haine est bannie de leur cœur, que tous ceux-là reçoivent un grand merci.

Que tous ceux Français et Algériens que je n'ai pu citer ici sachent que je leur garde une grande reconnaissance.

Enfin il est deux personnes que je tiens à remercier à la fin de cet ouvrage, deux personnes sans qui ce livre ne se serait pas fait : Estelle Courrière qui a su retrouver, dépouiller, classer des centaines de témoignages et a collaboré avec moi depuis le commencement de cette longue enquête.

Et, Charles Orengo, qui a su m'apporter son aide et sa confiance et qui, au cours des mois, a manifesté son intérêt pour cette histoire tragique qui me tenait à cœur.

A tous : merci.

Y. C.

Annexe

Texte intégral de la proclamation F.L.N. diffusée le 1er novembre 1954.

« Peuple Algérien,
« Militants de la cause nationale.

« A vous qui êtes appelés à nous juger (le premier d'une façon générale, les seconds tout particulièrement), notre souci en diffusant la présente proclamation est de vous éclairer sur les raisons profondes qui nous ont poussés à agir en vous exposant notre programme, le sens de notre action, le bien-fondé de nos vues dont le but demeure l'Indépendance nationale dans le cadre nord-africain. Notre désir aussi est de vous éviter la confusion que pourraient entretenir l'impérialisme et ses agents : administratifs et autres politicailleurs véreux.

« Nous considérons avant tout qu'après des décades de lutte, le Mouvement National atteint sa phase finale de réalisation. En effet le but d'un mouvement révolutionnaire étant de créer toutes les conditions d'une action libératrice, nous estimons que, sous ses aspects internes, le peuple est uni derrière le mot d'ordre d'indépendance et d'action et, sous les aspects extérieurs, le climat de détente est favorable pour le règlement des problèmes mineurs, dont le nôtre, avec surtout l'appui diplomatique de nos frères arabo-musulmans. Les événements du Maroc et de Tunisie sont à ce sujet significatifs et marquent profondément le processus de la lutte de libération de l'Afrique du Nord. A noter dans ce domaine que nous avons depuis fort longtemps été les précurseurs de l'unité dans l'action, malheureusement jamais réalisée entre les trois pays.

« Aujourd'hui, les uns et les autres sont engagés résolument dans cette voie, et nous, relégués à l'arrière, nous subissons le sort de ceux qui sont dépassés. C'est ainsi que notre Mouvement National, terrassé par des années d'immobilisme et de routine, mal orienté, privé du soutien indispensable de l'opinion populaire, dépassé par les événements, se désagrège progressivement à la grande satisfaction du colonialisme qui croit avoir remporté la plus grande victoire de sa lutte contre l'avant-garde algérienne — l'heure est grave!

« Devant cette situation qui risque de devenir irréparable, une équipe de jeunes responsables et militants conscients, ralliant autour d'elle la majorité des éléments encore sains et décidés, a jugé le moment venu de sortir le Mouvement National de l'impasse où l'ont acculé des luttes de personnes et d'influences, pour le lancer aux côtés des frères marocains et tunisiens dans la véritable lutte révolutionnaire.

« Nous tenons à cet effet à préciser que nous sommes indépendants des deux clans qui se disputent le pouvoir. Plaçant l'intérêt national au-dessus de toutes les considérations mesquines et erronées de personnes et de prestige, conformément aux principes révolutionnaires, notre action est dirigée uniquement contre le colonialisme, seul ennemi et aveugle, qui s'est toujours refusé à accorder la moindre liberté par des moyens de lutte pacifique.

« Ce sont là, nous pensons, des raisons suffisantes qui font que notre mouvement de rénovation se présente sous l'étiquette de :

Front de Libération Nationale

se dégageant ainsi de toutes les compromissions possibles et offrant la possibilité à tous les patriotes algériens de toutes les couches sociales, de tous les partis et mouvements purement algériens, de s'intégrer dans la lutte de libération sans aucune autre considération.

« Pour préciser, nous retraçons ci-après les grandes lignes de notre programme politique :

« BUT : L'indépendance nationale par :

« 1. — La restauration de l'Etat algérien souverain démocratique et social dans le cadre des principes islamiques.

« 2. — Le respect de toutes les libertés fondamentales sans distinction de race et de confession.

« OBJECTIFS INTÉRIEURS :

« 1. — Assainissement politique par la remise du mouvement national révolutionnaire dans sa véritable voie et par l'anéantissement de tous les vestiges de corruption et de réformisme, causes de notre régression actuelle.

« 2. — Rassemblement et organisation de toutes les énergies saines du peuple algérien pour la liquidation du système colonial.

« Objectifs extérieurs :

« — Internationalisation du problème algérien.

« — Réalisation de l'unité nord-africaine dans son cadre naturel arabo-musulman.

« — Dans le cadre de la Charte des Nations Unies, affirmation de notre sympathie à l'égard de toutes les nations qui appuieraient notre action libératrice.

« Moyens de lutte :

« Conformément aux principes révolutionnaires et compte tenu des situations intérieures et extérieures, la continuation de la lutte par tous les moyens jusqu'à la réalisation de notre but.

« Pour parvenir à ces fins le Front de Libération Nationale aura deux tâches essentielles à mener de front et simultanément : une action intérieure tant sur le plan politique que sur le plan de l'action propre, et une action extérieure en vue de faire du problème algérien une réalité pour le monde entier avec l'appui de tous nos alliés naturels.

« C'est là une tâche écrasante qui nécessite la mobilisation de toutes les énergies et toutes les ressources nationales. Il est vrai, la lutte sera longue, mais l'issue est certaine.

« En dernier lieu, afin d'éviter les fausses interprétations et les faux-fuyants, pour prouver notre désir réel de paix, limiter les pertes en vies humaines et les effusions de sang, nous avançons une plate-forme honorable de discussion aux autorités françaises si ces dernières sont animées de bonne foi et reconnaissent une fois pour toutes aux peuples qu'elles subjuguent le droit de disposer d'eux-mêmes.

« 1. — La reconnaissance de la nationalité algérienne par une déclaration officielle abrogeant les édits, décrets et lois faisant de l'Algérie une terre française en déni de l'histoire, de la géographie, de la langue, de la religion et des mœurs du peuple algérien.

« 2. — L'ouverture des négociations avec les porte-parole autorisés du peuple algérien sur les bases de la reconnaissance de la souveraineté algérienne, unie et indivisible.

« 3. — La création d'un climat de confiance par la libération de tous les détenus politique, la levée de toutes mesures d'exception et l'arrêt de toute poursuite contre les forces combattantes.

« En contrepartie :

« 1. — Les intérêts français, culturels et économiques, honnêtement acquis, seront respectés ainsi que les personnes et les familles.

« 2. — Tous les Français désirant rester en Algérie auront le choix entre leur nationalité d'origine et seront de ce fait considérés comme étrangers vis-à-vis des lois en vigueur ou opteront pour la nationalité algérienne et dans ce cas seront considérés comme tels en droits et en devoirs.

« 3. — Les liens entre la France et l'Algérie seront définis et feront l'objet d'un accord entre les deux puissances sur la base de l'égalité et du respect de chacun.

« Algérien! Nous t'invitons à méditer notre Charte ci-dessus. Ton devoir est de t'y associer pour sauver notre pays et lui rendre sa liberté. Le Front de Libération Nationale est ton front, sa victoire est la tienne.

« Quant à nous, résolus à poursuivre la lutte, sûrs de tes sentiments anti-impérialistes, nous donnons le meilleur de nous-mêmes à la Patrie. »

1er novembre 1954
Le Secrétariat.

Références bibliographiques :

R. Aron : *Grands dossiers d'Histoire Contemporaine* (P. de la Cité).
R. Aron : *Les Origines de la guerre d'Algérie* (Fayard).
S. Bromberger : *Les Rebelles Algériens* (Plon).
R. Buchard : *Organisation Armée Secrète* (Albin Michel).
R. Buron : *Carnets Politiques de la Guerre d'Algérie* (Plon).
J. Chevallier : *Nous, Algériens* (Calmann- Lévy).
C.-H. Favrod : *Le F.L.N. et l'Algérie* (Plon).
J. Lacouture : *Cinq hommes et la France* (Seuil).
A. Mandouze : *La Révolution Algérienne par les textes* (F. Maspero).
R. Merle : *Ahmed Ben Bella* (N.R.F.).
P. Nora : *Les Français d'Algérie* (Julliard).
Th. Oppermann : *Le Problème Algérien* (Fr. Maspero).
Cl. Paillat : *Dossier Secret de l'Algérie* (Presses de la Cité).
P. Rouanet : *Mendès-France au Pouvoir* (R. Laffont).
Y. Saadi : *Souvenirs de la bataille d'Alger* (Julliard).
J. Servier : *Adieu Djebel* (France Empire).
J. Servier : *Les Portes de l'Année* (R. Laffont).
Revue de la Défense Nationale, décembre 1956.
J. O. d'Algérie, octobre-novembre 1954.
J. O. de la République Française, novembre 1954.
Carnets du général Spillmann.
Documents de la collection du colonel Schoen.
Documents privés.

CHRONOLOGIE DE LA GUERRE D'ALGÉRIE

	1954
1er novembre	Le Comité révolutionnaire d'unité et d'action issu de la scission du M.T.L.D. (Mouvement pour le triomphe des libertés démocratiques) déclenche la rébellion armée. M. Mendès-France est chef du gouvernement. M. Léonard est gouverneur général d'Algérie.
5 novembre	Le gouvernement dissout le M.T.L.D. et envoie des renforts en Algérie.
	1955
26 janvier	M. Jacques Soustelle est nommé Gouverneur général, en remplacement de M. Léonard.
6 février	Le gouvernement de M. Mendès-France est renversé.
23 février	M. Edgar Faure est investi par l'Assemblée nationale. Il confirme M. Soustelle dans ses fonctions de Gouverneur général.
31 mars	Le Parlement vote le projet de loi sur l'état d'urgence et son application en Algérie.
19 mai	Le Conseil des ministres décide le premier rappel de disponibles et l'envoi de renforts.
29 juillet	L'Assemblée prolonge de six mois l'état d'urgence en Algérie.
20 août	(Anniversaire de l'exil de Mohammed V). Une tentative insurrectionnelle a lieu dans le Nord-Constantinois. 71 Européens sont massacrés.

30 septembre	L'Assemblée générale de l'O.N.U. vote l'inscription à l'ordre du jour de l'affaire algérienne (majorité d'une voix, la délégation française quitte l'Assemblée). Elle s'en dessaisira deux mois plus tard à l'unanimité; la délégation française reprendra sa place.
18 octobre	L'Assemblée nationale vote la confiance au gouvernement de M. Edgar Faure, après un débat sur l'Algérie.
12 décembre	Les élections en Algérie sont reportées.

1956

2 janvier	En France, le Front républicain l'emporte aux élections législatives. La campagne a été axée sur la paix en Algérie.
	M. Guy Mollet, secrétaire général de la S.F.I.O., est chargé de former le gouvernement.
28 janvier	Le général Catroux est nommé ministre résident en Algérie.
31 janvier	M. Guy Mollet, dans la déclaration d'investiture, propose pour l'Algérie des élections libres au collègue unique.
2 février	M. Soustelle quitte Alger. La ville lui fait des adieux inoubliables.
3 février	M. Laquière, ancien président de l'Assemblée algérienne, traite le F.L.N. de « poignée de terroristes ».
6 février	A Alger, M. Guy Mollet est l'objet de vives manifestations d'hostilité; le général Catroux démissionne.
8 février	Messali Hadj, leader du Mouvement national algérien, suggère la réunion d'une table ronde pour régler le problème algérien.
9 février	M. Robert Lacoste est nommé ministre résident.
12 mars	L'Assemblée adopte la loi sur les pouvoirs spéciaux (les communistes ont voté pour).

11 avril	Plusieurs décrets prescrivant le rappel des disponibles, la dissolution de l'Assemblée algérienne et la réforme agraire sont adoptés en Conseil des ministres.
22 avril	MM. Ferhat Abbas, Ahmed Francis (U.D.M.A.) et Tawfik El Madani (uléma) gagnent Le Caire et se rallient au F.L.N.
18 mai	19 militaires français sont tués ou mutilés lors d'une embuscade (près de Palestro).
5 juin	L'Assemblée approuve de nouveau la politique algérienne de MM. Guy Mollet et Lacoste.
6-11 juin	300 rebelles sont tués en Kabylie (opérations « Arquebuse » et « Basque »).
1er juillet	Le Congrès socialiste réuni à Lille recommande au gouvernement d'aboutir le plus vite possible au cessez-le-feu « avec ceux qui combattent ».
août	Les chefs F.L.N. de l'intérieur se réunissent pour la première fois en Kabylie. C'est le Congrès de la Soummam d'où sortira la « plateforme », colonne vertébrale de la politique F.L.N.
1-5 septembre	A Rome, M. Pierre Commin, secrétaire général adjoint de la S.F.I.O., entre secrètement en contact avec trois leaders du F.L.N. : MM. Khider, Kiouane et Yazid.
24 septembre	M. Farès, ancien président de l'Assemblée algérienne, se déclare favorable au dialogue avec le F.L.N.
11 octobre	M. Bourguiba suggère, dans *Le Monde*, la création d'un ensemble nord-africain.
22 octobre	Des chefs du F.L.N., dont Ben Bella, qui allaient de Rabat à Tunis en avion afin de rencontrer le sultan du Maroc et M. Bourguiba, sont interceptés, arrêtés à Alger et transférés à Paris.
25 octobre	L'Assemblée nationale confirme sa confiance dans le gouvernement.

29 octobre	MM. Guy Mollet et Lacoste lancent un nouvel appel en faveur du cessez-le-feu, pendant qu'Israël déclenche une action militaire contre l'Egypte.
15 novembre	L'Assemblée générale de l'O.N.U. inscrit la question algérienne à son ordre du jour.
5 décembre	Le gouvernement dissout les conseils généraux d'Algérie et les municipalités.
29 décembre	De violentes manifestations ont lieu à Alger à l'occasion des obsèques de M. Amédée Froger, président de l'Interfédération des maires d'Algérie, assassiné par un terroriste.

1957

7 janvier	Le général Massu, à la tête de 8 000 hommes, est chargé du maintien de l'ordre à Alger.
9 janvier	M. Guy Mollet prononce sa « déclaration d'intention » sur l'Algérie.
16 janvier	Un attentat au bazooka est commis à Alger contre le général Salan, commandant la Xe région militaire.
28 janvier	Le F.L.N. déclenche une grève de huit jours, en prévision du débat algérien à l'O.N.U. Cette grève marque le début de la « Bataille d'Alger ».
10 février	Des attentats à Alger font 15 morts et 60 blessés.
15 février	L'Assemblée générale de l'O.N.U. vote une résolution recommandant en Algérie une solution « pacifique, démocratique et juste ».
25 février	Larbi Ben M'Hidi, membre du Comité de coordination du F.L.N., est arrêté à Alger. Il meurt dans sa cellule quelques jours plus tard (version officielle).
28 mars	Le général de Bollardière, qui proteste contre les méthodes employées pour réduire la rébellion, demande à être relevé de son commandement en Algérie.

Le gouvernement de M. Guy Mollet obtient la confiance de l'Assemblée nationale.

5 avril Le gouvernement institue une Commission de sauvegarde des droits et libertés individuels.

15 avril Le général de Bollardière est frappé de 60 jours d'arrêts de forteresse.

11 mai 35 militaires sont tués, 27 blessés, au cours d'une embuscade dans le Nord-Constantinois.

18 mai M. Guy Mollet bloque les 12 milliards de crédits destinés à la Tunisie.

21 mai M. Guy Mollet présente la démission de son gouvernement au président René Coty.

26 mai M. Ali Chekkal, ancien vice-président de l'Assemblée algérienne, est assassiné à Paris par un terroriste.

28 mai Une bande F.L.N. massacre 300 hommes dans un village de petite Kabylie : Melouza.

4 juin Trois bombes explosent à Alger et font 9 morts et une centaine de blessés.

12 juin M. Bourgès-Maunoury est investi par l'Assemblée nationale.

2 juillet Le sénateur Kennedy demande devant le Congrès que le gouvernement américain intervienne en faveur d'une solution « qui reconnaisse la personnalité indépendante de l'Algérie ».

4 juillet Le F.L.N. maintient la reconnaissance de l'indépendance algérienne comme condition préalable à une négociation.

19 juillet L'Assemblée nationale vote un texte étendant à la métropole certaines dispositions de la loi sur les pouvoirs spéciaux.

13 août M. Bourguiba demande aux « frères algériens » de respecter la souveraineté tunisienne.

20 août Les dirigeants du F.L.N., réunis au Caire, décident l'élargissement des organes directeurs du mouvement et la création d'un « front nord-africain » à l'O.N.U.

1er septembre	Après plusieurs avertissements, le « droit de suite » est exercé en Tunisie par les troupes françaises.
13 septembre	Le projet de loi-cadre pour l'Algérie est approuvé en Conseil des ministres.
20 septembre	L'Assemblée générale de l'O.N.U. inscrit définitivement à l'ordre du jour la question algérienne.
24 septembre	Le chef F.L.N. de la zone d'Alger, Yacef Saadi, est arrêté dans la Casbah.
30 septembre	Le projet de loi-cadre pour l'Algérie est repoussé par l'Assemblée nationale. M. Bourgès-Maunoury présente la démission de son gouvernement.
2 octobre	M. Delavignette rend publique sa démission de membre de la Commission de sauvegarde; il est suivi par Me Maurice Garçon et M. Pierre Gérard.
7 octobre	M. Bahi Lagdham présente devant l'Assemblée de l'O.N.U. la proposition d'une Conférence à quatre (France, Tunisie, Maroc, F.L.N.) pour régler le problème.
17 octobre	8 méharistes français sont assassinés au sud du Grand Erg.
25 octobre	Les dirigeants F.L.N., réunis à Tunis, arrêtent des décisions militaires et politiques en vue du débat de l'O.N.U.
29 octobre	L'Assemblée nationale refuse la confiance à M. Guy Mollet.
6 novembre	M. Félix Gaillard obtient la confiance de l'Assemblée.
29 novembre	L'Assemblée nationale vote la loi-cadre pour l'Algérie et la loi électorale algérienne (adoptées définitivement en janvier 1958).
13 décembre	Publication du rapport de synthèse de la Commission de sauvegarde des droits et libertés individuelles.

1958

11 janvier — Venue, selon toute apparence, du territoire tunisien, une bande rebelle capture et emmène 4 militaires français dans le village de Sakhiet-Sidi-Youssef; cet incident provoque un échange de notes de protestation, l'interruption de négociations en cours avec la Tunisie et le refus par M. Bourguiba de recevoir le général Buchalet, envoyé spécial du gouvernement français.

19-21 janvier — Le navire yougoslave *Slovenjâ* transportant une importante cargaison d'armes, que l'on présume destinées aux rebelles algériens, est arraisonné au large d'Oran.

28 janvier — L'Assemblée nationale adopte définitivement par 292 voix contre 249 la loi électorale pour l'Algérie. Le gouvernement décide la dissolution de l'Union générale des étudiants musulmans algériens (U.G.E.M.A.).

31 janvier — L'Assemblée nationale adopte définitivement la loi-cadre pour l'Algérie par 296 voix contre 244.

8 janvier — En risposte aux attaques du F.L.N. provenant du territoire tunisien, le village de Sakhiet-Sidi-Youssef est bombardé par l'aviation française : 69 civils sont tués et 130 blessés. Le gouvernement tunisien ordonne aux troupes françaises de Tunisie de demeurer dans leurs cantonnements. Il exige l'évacuation de toutes les bases militaires, y compris Bizerte, et admet le principe d'un recours à l'O.N.U.

11 février — L'affaire de Sakhiet provoque un débat à l'Assemblée nationale. Après les déclarations du gouvernement, M. Félix Gaillard, qui se refuse à condamner publiquement le raid, obtient la confiance par 355 voix contre 179.

13-21 février — M. Bourguiba saisit le Conseil de Sécurité de l'affaire de Sakhiet, La France dépose une plainte contre « l'aide apportée par la Tunisie aux rebelles algériens ». Mais Paris et Tunis acceptent une offre de « bons offices » anglo-américains, dont seront chargés MM. Murphy et Beeley.

19 février Le Conseil des ministres décide la création en Algérie d'une zone interdite tout au long de la frontière tunisienne qui sera protégée par un barrage électrifié.

7 mars M. Félix Gaillard propose un plan de coopération économique France-Maghreb pour l'exploitation du Sahara et la création d'une Communauté de défense méditerranéenne.

22-23 mars Le Conseil national des républicains sociaux demande le maintien de Bizerte comme base française, le contrôle de la non-belligérance tunisienne et le respect des conventions franco-tunisiennes; il adopte une motion de politique générale qui se termine par un appel au général de Gaulle.

15-22 avril La Conférence des Etats africains indépendants à Accra réaffirme son attachement aux principes de la Charte des Nations unies, se préoccupe de l'avenir des pays non indépendants d'Afrique, condamne la ségrégation raciale, demande à la France de mettre fin aux hostilités et de retirer ses troupes d'Algérie.

15 avril M. Felix Gaillard expose à l'Assemblée nationale les résultats de la mission de « bons offices » menée par MM. Murphy et Beeley entre la France et la Tunisie. Il préconise l'acceptation de leurs propositions. Il est mis en minorité (321 voix contre : communistes, gaullistes, modérés, poujadistes; pour, 255).

26 avril Une manifestation silencieuse réunit à Alger 30 000 personnes « pour un gouvernement de salut public »

27-30 avril A la Conférence maghrébine de Tanger (Istiqlal, le Destour et le F.L.N.), le F.L.N. obtient de l'Istiqlal et du Destour l'engagement d'un appui renforcé.

30 avril	300 supplétifs musulmans désertent dans l'Ouarsenis, après avoir tué leur chef, Kobus, rallié aux forces de l'ordre.
9 mai	M. Coty fait appel à M. Pflimlin pour constituer le gouvernement, après avoir pressenti M. Georges Bidault (20 avril), M. Pleven (26 avril). Le F.L.N. annonce dans un communiqué à Tunis l'exécution de 3 militaires prisonniers français, soulevant une vive indignation à Alger et à Paris.
12 mai	M. Lacoste évoque à Périgueux l'éventualité d'un « Dien-Bien-Phu » diplomatique en Algérie.
13 mai	A Alger, des manifestants envahissent l'immeuble du Gouvernement général de l'Algérie; un Comité de salut public est créé sous la présidence du général Massu. Un appel au général de Gaulle est lancé.
14 mai	Le président Coty adresse un message à l'armée d'Algérie, lui donnant « l'ordre de rester dans le devoir sous l'autorité du gouvernement de la République ». Au cours d'une conférence de presse, le général Massu affirme que le coup de force l'a pris à l'improviste et qu'il a dû canaliser le mouvement.
15 mai	Déclaration du général de Gaulle qui se dit « prêt à assumer les pouvoirs de la République ». Le général Salan se déclare solidaire de la foule algérienne et fait acclamer le nom du général de Gaulle.
16-17 mai	L'Assemblée nationale (par 462 voix contre 112) et le Conseil de la république (par 211 voix contre 94) votent « l'état d'urgence » pendant 3 mois.
16 mai	Une nouvelle manifestation a lieu à Alger avec la participation de nombreux musulmans.

17 mai	M. Soustelle arrive à Alger, suivi le lendemain de MM. Dronne et Arrighi.
18 mai	Le général Lorillot est nommé chef d'état-major de l'armée de terre en remplacement du général Ely, démissionnaire.
19 mai	Rabat demande à Paris de retirer « dans les plus brefs délais » les troupes françaises stationnées au Maroc.
20 mai	Par 473 voix contre 93, l'Assemblée nationale renouvelle au gouvernement Pflimlin les pouvoirs spéciaux en Algérie.
23 mai	Un Comité central de salut public d'Algérie et du Sahara, autorisé par le général Salan et présidé par le général Massu, se constitue à Alger.
24 mai	Des Comités de salut public sont créés en Corse à l'instigation d'envoyés d'Alger, MM. Arrighi et Delbecque, et des parachutistes avec le colonel Thomazo.
26 mai	M. Pflimlin rencontre le général de Gaulle tard dans la nuit.
28 mai	M. Pflimlin obtient 408 voix contre 165 sur la révision constitutionnelle, mais présente la démission de son gouvernement en raison du retrait des ministres modérés. Une grande manifestation pour la défense de la République se déroule à Paris, de la place de la Nation à la place de la République.
29 mai	Dans un message au Parlement, M. Coty demande d'investir le général de Gaulle comme chef de gouvernement. Pressenti par le président de la République, le général de Gaulle accepte. « Pour mettre fin à l'agression continue des forces militaires françaises », la Tunisie demande la réunion immédiate du Conseil de Sécurité. La délégation française riposte en déposant une plainte reconventionnelle contre la Tunisie.

31 mai Le président Coty accepte officiellement la démission de M. Pflimlin.

1er juin L'Assemblée nationale investit le général de Gaulle par 339 voix contre 224.

L'Assemblée nationale reconduit les pouvoirs spéciaux en Algérie par 337 voix contre 197: le Conseil de la République par 269 voix contre 28.

4-7 juin Pendant son premier voyage en Algérie, le général de Gaulle prononce des discours à Alger, à Constantine, à Oran, à Bône et à Mostaganem, proclamant qu'il n'y a en Algérie « que des Français à part entière avec les mêmes droits et les mêmes devoirs ».

4 juin Le général Ely reprend ses fonctions de chef d'état-major général des forces armées.

9 juin Le général Salan est nommé délégué général du gouvernement en Algérie, puis décoré de la médaille militaire. M. Serge Baret est nommé secrétaire général de la délégation.

10 juin Le Comité de salut public d'Algérie et du Sahara adresse au général de Gaulle une motion — approuvée par le général Salan — réclamant la suppression des partis politiques et l'abrogation de la loi-cadre. Dans sa réponse, le général de Gaulle écrit que l'envoi de cette motion a provoqué un incident « fâcheux et intempestif ».

Le général Massu est chargé d'assumer les fonctions de préfet d'Alger.

17-20 juin La Conférence nord-africaine de Tunis (Istiqlal, Néo-Destour, F.L.N.) décide une action diplomatique commune en vue d'un règlement pacifique du conflit algérien.

17 juin Accord franco-tunisien portant sur un regroupement des forces françaises en Tunisie, qui constitue en fait une promesse d'évacuation, Bizerte étant réservée.

27 juin — Dans une allocution télévisée, le général de Gaulle en appelle à l'unité, « ce qui signifie que j'en appelle à tout le monde ».
Le général André Zeller devient chef d'état-major des armées de terre.

1er-3 juillet — Deuxième voyage du général de Gaulle en Algérie où il prend un contact direct avec l'armée.

13 août — Le gouvernement décide de reconstituer la Commission de sauvegarde des droits et libertés individuelles en Algérie, sous la présidence de M. Maurice Patin, président de la Cour de cassation.

25-27 août — Des attentats terroristes algériens ont lieu contre des dépôts d'essence à Toulouse, à Marseille, à Narbonne et à Rouen.

27-29 août — S'arrêtant en Algérie au retour de son voyage africain, le général de Gaulle déclare que « l'évolution nécessaire de l'Algérie doit s'accomplir dans le cadre français ».

13 septembre — M. Masmoudi est exclu du bureau politique du Néo-Destour pour s'être solidarisé avec la direction du journal *L'Action,* interdit par M. Bourguiba. Le 15, il sera relevé de ses fonctions d'ambassadeur de Tunisie à Paris.

15 septembre — M. Jacques Soustelle échappe à un attentat du F.L.N.

17 septembre — M. Couve de Murville confirme que l'O.N.U. n'est pas qualifiée pour se saisir de la question algérienne et que la France ne participera à aucun débat sur ce problème.

19 septembre — Les leaders du F.L.N. constituent au Caire le premier « gouvernement algérien libre », présidé par M. Ferhat Abbas.

28 septembre — La nouvelle Constitution est approuvée par voie de référendum à une importante majorité : 79,25 % de « oui » en métropole, 95 % en Algérie.

2-5 octobre	Le général de Gaulle effectue son quatrième voyage en Algérie. A Constantine, il annonce un plan de cinq ans de développement économique et de promotion culturelle et sociale de l'Algérie et rappelle l'existence de la « personnalité algérienne ».
8-16 octobre	Le général de Gaulle adresse au général Salan des instructions pour la préparation des élections en Algérie. Les militaires ne pourront pas se présenter et devront se retirer sans délai des organisations à caractère politique, notamment des Comités de salut public.
11 octobre	M. Ferhat Abbas déclare que le « gouvernement algérien » est prêt à discuter les conditions politiques et militaires d'un cessez-le-feu.
20 octobre	4 prisonniers français sont libérés par le F.L.N. à Tunis.
23-25 octobre	Dans une conférence de presse tenue à l'hôtel Matignon, le général de Gaulle propose au F.L.N. « la paix des braves ». Il suggère que des représentants de l' « organisation extérieure » viennent à Paris discuter avec lui de la fin des hostilités. Cette offre sera rejetée le 25 par les dirigeants F.L.N. réunis au Caire.
3-6 décembre	Le cinquième voyage du général de Gaulle en Algérie est consacré plus particulièrement à la visite des champs pétrolifères.
3 décembre	8 militaires français sont libérés par le F.L.N.
9-11 décembre	Session inaugurale du Parlement de la Ve République : M. Chaban-Delmas (U.N.R.) est élu président de l'Assemblée nationale, M. Monnerville réélu à la présidence du Sénat.
12 décembre	M. Paul Delouvrier est nommé délégué général en Algérie, le général Maurice Challe commandant en chef des forces en Algérie.
13 décembre	La motion afro-asiatique reconnaissant le droit du peuple algérien à l'indépendance est adoptée par la commission politique de l'O.N.U., mais rejetée par l'Assemlée générale.

19 décembre	Le général Salan quitte Alger où M. Delouvrier, son successeur, entre en fonctions.
21 décembre	Le général de Gaulle est élu président de la République et de la Communauté.
30 décembre	Le Conseil des ministres adopte plusieurs ordonnances sur l'organisation générale de la Défense nationale, la réforme des finances locales, le régime foncier en Algérie.

1959

30 janvier	De Gaulle renouvelle l'offre de paix en Algérie.
7 mars	M. Ben Bella est transféré à l'île d'Aix.
22 juillet	L'opération « Jumelle » est déclenchée en Kabylie.
27 août	De Gaulle effectue en Algérie la première « tournée des popotes ».
16 septembre	De Gaulle proclame le droit des Algériens à l'autodétermination par voie de référendum.
28 septembre	Le G.P.R.A. se déclare « prêt à entrer en pourparlers ».
2-3 novembre	Le Comité central du parti communiste approuve la formule de l'autodétermination en Algérie.
20 novembre	De Gaulle refuse d'entamer les pourparlers avec Ben Bella.
5 décembre	L'oléoduc Hassi-Messaoud-Bougie est inauguré.

1961

16-18 janvier	Le Conseil national de la Révolution algérienne se réunit à Tripoli.
18 janvier	Le général Massu est remplacé par le général Crépin.
19 janvier	Le F.L.N. prend en considération le recours à l'autodétermination.

24 janvier	Pour protester contre le rappel à Paris du général Massu et contre la politique d'autodétermination du général de Gaulle, les activistes algérois se retranchent au cœur d'Alger. Une « semaine de barricades » commence.
1er février	Les émeutiers se rendent.
2 février	L'Assemblée nationale accorde au gouvernement les pouvoirs spéciaux pendant un an « pour le maintien de l'ordre et la sauvegarde de l'Etat ».
13 février	La première bombe atomique française explose à Reggane.
29 février	M. Ferhat Abbas, au nom du G.P.R.A., accepte le principe de l'autodétermination.
3-5 mars	De Gaulle effectue une seconde « tournée des popotes » en Algérie.
30 mars	Le général Crépin remplace le général Challe.
27-29 mai	Les élections cantonales ont lieu en Algérie.
14 juin	De Gaulle renouvelle son offre de négociations.
20 juin	Le G.P.R.A. accepte, si Ferhat Abbas rencontre de Gaulle.
25-29 juin	Les pourparlers préliminaires à Melun échouent.
6 septembre	Le « Manifeste des 121 » sur l'insoumission est publié.
10-11 septembre	En Bretagne, de Gaulle évoque la possibilité d'une trêve en Algérie.
14 septembre	Le général Salan prend position à Alger contre la politique algérienne gaulliste et revient à Paris.
22 septembre	Il est interdit à Salan de retourner en Algérie.
27 sept.-10 oct.	MM. Ferhat Abbas et Ben Tobbal effectuent un voyage à Moscou et à Pékin.
31 octobre	M. Ferhat Abbas refuse le principe d'un référendum.

22 novembre	M. Louis Joxe est nommé ministre d'Etat chargé des affaires algériennes.
9-13 décembre	Le voyage de De Gaulle en Algérie donne lieu à de violentes manifestations (96 morts à Alger).
19 décembre	L'Assemblée générale de l'O.N.U. reconnaît le droit du peuple algérien à l'autodétermination et à l'indépendance.

1961

8 janvier	La politique algérienne du général de Gaulle est approuvée par référendum (75,25 % pour).
1er février	Le général Gambiez est nommé commandant en chef en Algérie.
27 février	Le général de Gaulle et Bourguiba se rencontrent à Rambouillet.
31 mars	M. Camille Blanc, maire d'Evian, est tué par une charge de plastic. Les négociations, qui devaient débuter le 7 avril, sont ajournées par le G.P.R.A.
22-25 avril	Les généraux en retraite Challe, Jouhaud et Zeller, rejoints par Salan, s'emparent du pouvoir à Alger (nuit du 21 au 22).
23 avril	De Gaulle condamne « le quarteron de généraux en retraite » et assume les pleins pouvoirs selon l'article 16.
25 avril	Challe se rend à la justice. La sédition s'effondre.
10 mai	La Conférence d'Evian est annoncée simultanément à Paris et à Tunis.
20 mai	A l'ouverture de la Conférence d'Evian, M. Joxe annonce un trêve unilatérale et la libération de 6 000 internés et prisonniers.
7 juin	Le général Ailleret est nommé commandant supérieur des forces interarmées en Algérie.
13 juin	La Conférence d'Evian est suspendue.

11 juillet	Les ex-généraux Salan, Jouhaud, Gardy et les ex-colonels Argoud, Broizat, Gardes, Godard, Lacheroy sont condamnés à mort par contumace.
14 juillet	On enregistre une recrudescence des attentats activistes en Algérie et en métropole.
22-28 juillet	Les représentants de la France et du G.P.R.A. se rencontrent à Lugrin (Haute-Savoie).
5 août	L'O.A.S. diffuse sa première émission pirate à Alger. Dans la soirée, de nombreux attentats se produisent en Algérie et en France.
27 août	M. Youssef Ben Khedda remplace M. Ferhat Abbas à la présidence du Gouvernement provisoire algérien.
8 septembre	Un attentant contre le général de Gaulle, sur la route de Colombey-les-Deux-Eglises, échoue.
20 septembre	Le commissaire Goldenberg est assassiné par l'O.A.S.
2 octobre	Le général de Gaulle laisse prévoir « l'institution d'un Etat algérien souverain et indépendant par la voie de l'autodétermination ».
17-18 octobre	20 000 Algériens manifestent à Paris contre le couvre-feu. De violents incidents ont lieu (12 000 arrestations).
1er novembre	De nombreuses violences ont lieu en Algérie, à l'occasion de l'anniversaire de la rébellion (74 morts, 130 blessés).
14-19 décembre	Un débat sur l'Algérie est ouvert à la commission politique de l'O.N.U., qui invite la France et le G.P.R.A. à reprendre les négociations. La motion est adoptée par l'Assemblée générale.
16 décembre	Le colonel Rançon est assassiné par l'O.A.S.
19 septembre	Les syndicats organisent une journée contre l'O.A.S. et pour la paix.
29 décembre	Le général de Gaulle annonce le retour de 2 divisions d'Algérie.

1962

10 janvier	La Conférence du G.P.R.A. se termine.
22 janvier	M. Morin annonce de nouvelles mesures spéciales de maintien de l'ordre à Alger, Oran et Bône.
5 février	Dans une allocution, le général de Gaulle condamne l'O.A.S. et évoque l'Algérie, « Etat souverain et indépendant ».
8 février	Une manifestation anti-O.A.S., organisée par les syndicats et interdite par le gouvernement, donne lieu à de violentes échauffourées au métro Charonne, à Paris (8 morts, 150 blessés).
10 février	MM. Joxe, Buron et de Broglie rencontrent secrètement les membres du G.P.R.A., aux Rousses, près de la frontière suisse.
18 février	Aux Rousses (Jura), la France et l'Algérie se mettent d'accord sur un cessez-le-feu.
21 février	Le Conseil des ministres approuve cet accord.
22-27 février	Le C.N.R.A. examine le texte des accords mis au point.
28 février	Le G.P.R.A. annonce que le C.N.R.A. l'a mandaté pour « poursuivre les négociations en cours ».
7 mars	Les négociations s'ouvrent officiellement à Evian.
18 mars	A Evian, la France et le G.P.R.A. signent les accords sur le cessez-le-feu. Ben Bella est libéré. De Gaulle annonce le référendum.
19 mars	A 12 heures, le cessez-le-feu est proclamé en Algérie. A Paris, le Conseil des ministres approuve les accords d'Evian. M. Fouchet est nommé haut-commissaire de France à Alger et M. Farès, président de l'Exécutif provisoire.
20-21 mars	Après un message du président de la République au Parlement sur les accords d'Evian, un débat est ouvert, marqué par de nombreux incidents.

8 avril	Au référendum, auquel l'Algérie n'a pas participé, 90,7 % des suffrages exprimés approuvent les accords. Il y a 24,39 % d'abstentions et 4,08 % de bulletins blancs et nuls.
1er-17 juin	Négociations O.A.S.-F.L.N. pour mettre fin aux attentats et destructions.
1er juillet	En Algérie, au référendum d'autodétermination, l'indépendance est approuvée par 99,72 % des suffrages exprimés. Elle est annoncée par le général de Gaulle. M. Jeanneney est nommé ambassadeur à Alger.
3 juillet	Le G.P.R.A., conduit par Ben Khedda, s'installe à Alger où l'indépendance est proclamée. A Paris, les 68 députés et 34 sénateurs d'Algérie quittent le Parlement.

Table

LA GUERRE D'ALGÉRIE

YVES COURRIÈRE

LE TEMPS DES LÉOPARDS

1955/1957:
œil pour œil

LA GUERRE D'ALGÉRIE
YVES COURRIÈRE
L'HEURE DES COLONELS
1957/1960 : un espoir sans lendemain

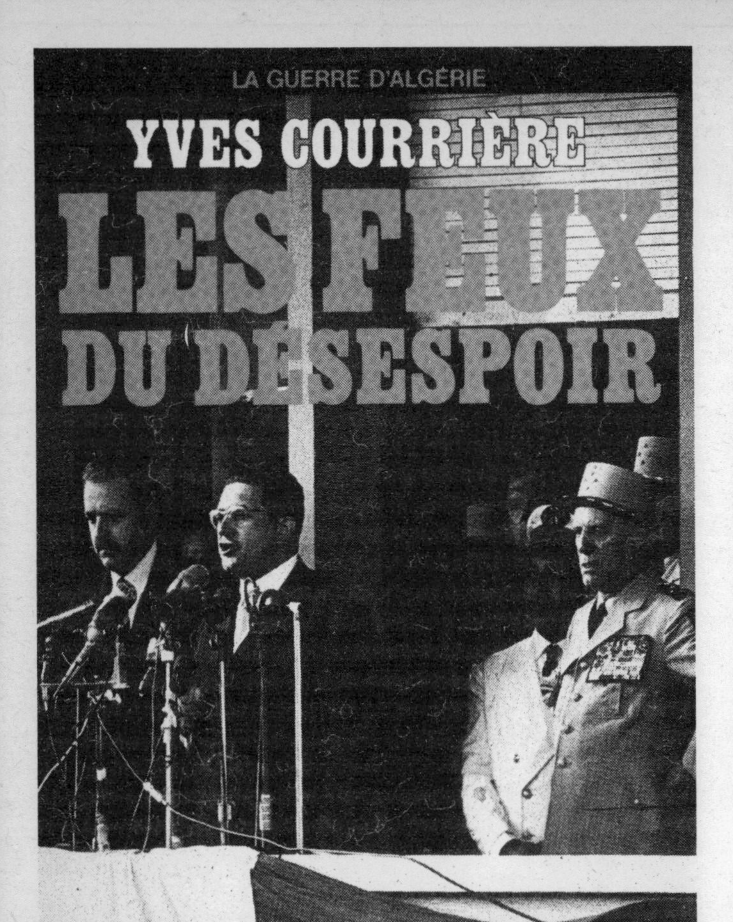

Achevé d'imprimer sur les presses de **Scorpion**,
à Verviers pour le compte des nouvelles éditions **Marabout**.
D. avril 1985/0099/54
ISBN 2-501-00669-0

40 **5432** 6